Inhalt

KU-024-617

Kurt Sontheimer
Wilhelm Bleek

Grundzüge des politischen Systems Deutschlands

Aktualisierte Neuausgabe

Piper München Zürich

Aktualisierte Neuausgabe
1. Auflage September 1984 (SP 351)
14., aktualisierte Ausgabe Februar 2002
© 1971, 2001 Piper Verlag GmbH, München
Umschlag: Büro Hamburg
Isabel Bünermann, Meike Teubner
Foto Umschlagvorderseite: Senta Völter
Foto Umschlagrückseite: Isolde Ohlbaum (Kurt Sontheimer),
Irit C. Tommasini (Wilhelm Bleek)
Gesamtherstellung: Clausen & Bosse, Leck
Printed in Germany   ISBN 3-492-21200-X

Vorwort

Die Entwicklung der Bundesrepublik Deutschland in den nun schon über 50 Jahren seit ihrer Gründung im Jahr 1949 illustriert die Tatsache, daß parlamentarische Demokratien mit ihren institutionellen Möglichkeiten des friedlichen politischen Wandels wesentlich stabiler sind als andere politische Systeme. So ist auch die zweite Übernahme der Bundesregierung durch eine sozialdemokratische Führung im September 1998 wesentlich undramatischer verlaufen und wahrgenommen worden als die erste Kanzlerschaft der SPD im Jahre 1969. Inzwischen wirft bereits die nächste Bundestagswahl im Herbst 2002 ihre Schatten voraus. Wie immer diese Wahl ausfällt, sie wird die demokratische Erfolgsgeschichte der Bundesrepublik Deutschland fortsetzen. Die Neubearbeitungen des vorliegenden, seit 30 Jahren erscheinenden Lehrbuchs haben mit ihren Aktualisierungen, aber auch der Übernahme bewährter Textteile das Leitmotiv dieser Veröffentlichung bestätigt: Die Stabilität des politischen Systems der Bundesrepublik Deutschland beruht gleichermaßen auf der Beständigkeit seiner grundlegenden Strukturen und dem Wandel der Details deutscher Politik während der letzten 50 Jahre.

Im Spannungsbogen zwischen der Kontinuität des Bewährten und der notwendigen Anpassung an gewandelte Gegebenheiten steht auch die Neubearbeitung eines Lehrbuchs mit langer Veröffentlichungstradition. Dieses Buch versteht sich weiterhin primär als ein Beitrag zur politischen Bildung. Dabei soll das Wesentliche des Gegenstandes so klar und verständlich wie nur möglich formuliert werden. Was das Wesentliche eines politischen Systems ist, unterliegt natürlich verschiedenen Deutungen, so daß diese Darstellung eine unter vielen möglichen Interpretationen beinhaltet. Beide Autoren sind der Überzeugung, daß man wesentlichen Problemen unserer politischen und sozialen Ordnung mit einer *wertfreien* Betrachtung nicht gerecht werden kann. Unsere eigene Beurteilung entspringt einer bewußten Parteinahme für die im Grundgesetz der Bundesrepublik ausgesprochenen Grundsätze einer freiheitlichen, pluralistischen und sozialen Demokratie.

Beibehalten wurde die zeitgeschichtliche Fundierung des politikwissenschaftlichen Abrisses. Kurt Sontheimer hat sich in diesem Lehrbuch, wie schon in seinen anerkannten Beiträgen zum »Antidemokratischen Denken in der Weimarer Republik« und zur Adenauer-Ära, als ein historisch orientierter Politikwissenschaftler profiliert. Hinter diesem methodischen Zugriff steht die Auffassung, daß gegenwärtige Phänomene und Probleme nur durch die Erkenntnis ihrer Herkunft verstanden werden können. Daher steht am Anfang des Buches ein historischer Teil. Er umfaßt nach einem Kapitel über die deutsche Teilung in der Nachkriegszeit zwei Abrisse über die Geschichte der Bundesrepublik Deutschland und der Deutschen Demokratischen Republik sowie ein Kapitel über das jüngste Jahrzehnt seit Ende der DDR und der staatlichen Vereinigung. Auch in den folgenden Abschnitten über die einzelnen Institutionen und Prozesse des politischen Systems Deutschlands wird immer wieder auf deren historische Begründung zurückgegriffen. Gleichzeitig beschränkt sich die Darstellung nicht auf den engeren politischen Bereich des sogenannten Regierungssystems, sondern ergänzt dessen Interpretation durch die Berücksichtigung des wirtschaftlichen und sozialen Systems, der politischen Kultur und der Stellung Deutschlands in der Welt.

Mit dieser multidisziplinären Vorgehensweise wird auch der leitenden Fragestellung unseres Lehrbuchs Rechnung getragen. Im Mittelpunkt steht die zentrale Frage nach der Stabilität der Demokratie in Deutschland und ihren politischen, historischen, gesellschaftlichen und wirtschaftlichen Voraussetzungen. Wir sind der Auffassung, daß die Festigkeit der demokratischen Ordnung unseres Gemeinwesens auf einem fragilen Gleichgewicht zwischen notwendiger Kontinuität der politischen Institutionen und Strukturen und gleichzeitigem Wandel der politischen Aufgaben und Lösungen beruht.

Diese Verbindung von Altem und Neuem charakterisiert auch das politische System der Bundesrepublik Deutschland nach der Vereinigung. Zwar sind nach dem Beitritt der neuen Bundesländer die verfassungsrechtlichen Strukturen der alten Bundesrepublik Deutschland weitgehend beibehalten worden. Aber nicht nur die Vereinigung von Ost- und Westdeutschen, sondern auch der europäische Integrationsprozeß sowie der Wandel der weltpolitischen Lage und die globalen Strukturkrisen – nicht zuletzt infolge der Terroranschläge vom 11. September 2001 – haben neue Herausforderungen und Konstellationen zur Folge. In diesem Zusammenhang ist auch der Titel der »Grundzüge« leicht verkürzt worden: Während in den Jahrzehnten der Teilung Deutschlands die Bundesrepublik Deutschland zur Unterscheidung von der DDR mit ihrem vollen Staatsnamen bezeichnet werden mußte, kann nach der Wiedergewinnung des deutschen Nationalstaates – wie international üblich – auf die Erwähnung der Staatsform verzichtet und unser Gemeinwesen lediglich mit seinem Territorium bezeichnet werden: Deutschland, Germany, Allemagne, Tyskland usw.

Der Text des vorliegenden Lehrbuchs ist von mir als dem Koautor und langjährigen Mitarbeiter von Kurt Sontheimer Anfang 1997 völlig überarbeitet und für die jetzige Auflage besonders im Hinblick auf das Datenmaterial, die Zeittafel und das Literaturverzeichnis erneut aktualisiert worden. Bei der Redaktion haben Katinka Netzer, Rainer Bovermann, Thomas Pfeiffer und Joachim Schörken in bewährter Weise Hilfe geleistet. Auch diese aktualisierte Neuausgabe ist der Erinnerung an Doris Sontheimer (†1987) gewidmet, mit der beide Autoren in der ersten Hälfte der siebziger Jahre am Geschwister-Scholl-Institut der Universität München auf angenehmste Weise zusammengearbeitet haben, unter anderem bei der Erstellung des Erstmanuskripts dieses Buches.

Bochum, im September 2001   Wilhelm Bleek

I. Kapitel

Die deutsche Teilung (1945 – 1949)

1. Von Bismarck zu Hitler

Der deutsche Nationalstaat, 1871 als ein Bund deutscher Fürsten gegründet, ist ein Dreivierteljahrhundert später an seiner eigenen Hybris zugrunde gegangen. Bismarck hatte ihn durch seine kluge Politik zusammengefügt und Preußen zum Kernland des Deutschen Reiches gemacht. Im Deutschen Reich fand der Drang des deutschen Volkes nach politischer Einheit in *einem* Staatswesen seine Erfüllung. Nicht erfüllt wurde hingegen das Verlangen der deutschen liberalen Bewegung, die 1848/49 in der Frankfurter Paulskirche ihren Höhepunkt und ihre Niederlage erlebte, das geeinte Deutschland solle sich auf die demokratische Souveränität des deutschen Volkes gründen. So wurde Deutschland, vergleicht man es mit der Entwicklung der westlichen Länder, nicht nur verspätet zu einer Nation, seine Nationwerdung vollzog sich auch unter dem Vorzeichen eines konstitutionellen Obrigkeitsstaates, der die politischen Einstellungen der Deutschen lange prägte.

Der Reichsgründer Bismarck hatte das von ihm geschaffene Deutschland für »saturiert« erklärt, doch seine Nachfolger, vor allem aber Kaiser Wilhelm II., der ihn 1890 aus der Politik gedrängt hatte, hielten solche Bescheidenheit der wirtschaftlich zunehmend erstarkenden Nation für unwürdig. So erwuchs aus Bismarcks Reichsgründung ein Wilhelminischer Staat, der im Reizklima des europäischen Nationalismus mit seiner Machtstellung in Europa und der Welt nicht mehr recht zufrieden war und nach einem »Platz an der Sonne« drängte, ein Staat, der von sich glaubte, daß seine politische Lebensform der Ordnung anderer Länder überlegen sei, und der schließlich immer begieriger wurde, dies der Welt auch auf militärischem Felde zu beweisen.

Im 20. Jahrhundert unternahm Deutschland zweimal den Versuch, seine Machtstellung in Europa zu einer Hegemonie auszubauen. Wie die historischen Forschungen, vor allem durch Fritz Fischer und seine Schule, ergeben haben, betrachteten Politiker und Militärs des kaiserlichen Deutschland den Ersten Weltkrieg als eine Chance zur Verbreiterung der Machtbasis des Deutschen Reiches. Der Ausbruch des Krieges war für sie nicht allein das Ergebnis der komplizierten europäischen Machtlage zu Beginn des 20. Jahrhunderts, sondern ein Mittel zum »Griff nach der Weltmacht« (Fritz Fischer). Der Versuch scheiterte nach vier blutigen Kriegsjahren.

Die europäische Friedensordnung von Versailles hatte es schwer, dem Frieden dienstbar zu sein. Sie war verständlicherweise von den Interessen der Siegermächte, vor allem Frankreichs, diktiert worden, und dies machte sie für die Deutschen kaum erträglich. Viele Deutsche litten unter dem nationalistischen Trauma, auf dem Schlachtfeld nicht besiegt worden zu sein (»Dolchstoßlegende«) und doch die bitteren Früchte der Niederlage essen zu müssen. Das demokratische Regime, das die neuen deutschen Politiker nach einer unvollständigen Revolution mit Hilfe des Militärs aus der Taufe hoben, konnte sich von dem Makel nicht befreien, ein Geschöpf der Niederlage und ein aufgezwungener Importartikel des Westens zu sein. Die in Weimar ausgearbeitete Reichsverfassung, nach der die Republik ihren Namen erhielt, wurde von vielen als ein Produkt rein westlicher und darum fremder, undeutscher Ideen empfunden. Die durch den Versailler Vertrag den deutschen Regierungen auferlegte Politik galt in den Kreisen der Nationalisten verächtlich als die Politik der Erfüllung. Sie wurde von den verantwortlichen deutschen Politikern nur widerstrebend betrieben. Ziel der deutschen Politik konnte nur die Revision von Versailles sein.

Die halbherzige Revolution von 1918/19 hatte die sozialen Machtverhältnisse im Reich nur wenig geändert. Zwar wurde durch die maßgebliche Rolle der SPD und auch der Gewerkschaften im neuen Staat der politische Einfluß der Arbeitnehmer stärker, aber die gesellschaftlich und wirtschaftlich bedeutsamen Positionen blieben weitgehend in den Händen der Bourgeoisie und des Adels, die sich mit den Zielen und Werten der liberalen und sozialen Demokratie kaum oder nur aus Opportunismus identifizierten. Aus den Kreisen des Bürgertums, vor allem des wirtschaftlich verunsicherten Kleinbürgertums, erwuchs der Weimarer Republik dann jene entschieden antidemokratische nationale Opposition, aus der die von Adolf Hitler gegründete NSDAP in den Jahren der Weltwirtschaftskrise das Potential für ihre auf den Umsturz der Demokratie gerichtete Massenbewegung schöpfen konnte. Der deutsche Nationalismus speiste sich aus negativen Affekten gegen die Versailler Friedensregelung, aus dem Bewußtsein einer Sonderrolle Deutschlands in Europa und für die Welt und aus der Verachtung der liberalen, humanitären und individualistischen Werte der westlichen Demokratien zugunsten militaristischer, gemeinschaftsorientierter und nationalistischer Werte.

Nur eine Minderheit der Deutschen hat die baldige Zerstörung der Weimarer Demokratie und das Heraufkommen der Diktatur entschlossen bekämpft. Die große Mehrheit stand hingegen in Erwartung des »starken Mannes«. Sie geriet nach der Machtergreifung der Nationalsozialisten unter ihrem Führer Adolf Hitler im Januar 1933 schnell in die Maschinerie des totalitären Nazistaates, der aus den Deutschen einen Block bereitwilliger und ergebener Gefolgschaft formte, die dem Diktator bis zum bitteren Ende die Treue hielten. Der Widerstand gegen das Naziregime war zu schwach, zu zaudernd und vereinzelt, um erfolgreich zu sein.

Hitlers außenpolitische Ziele waren populär, doch das galt auch für einen großen Teil seiner repressiven innenpolitischen Maßnahmen. Außenpolitisch ging es ihm scheinbar um dasselbe wie seinen demokratischen Vorgängern, nämlich um die Revision des Versailler Vertrages und das Wiedererstarken Deutschlands als einer politischen Macht im Herzen Europas. Tatsächlich jedoch war Hitlers Außenpolitik nicht nur revisionistisch getarnt, sondern im Kern expansionistisch. Von Anfang an beherrschte ihn die Vorstellung, Deutschland müsse sich nach Osten erweitern.

Die Entfesselung des Zweiten Weltkrieges durch das nationalsozialistische Deutschland – der Überfall der deutschen Wehrmacht auf Polen im September 1939, auf die Niederlande, Belgien und Frankreich im Mai 1940 sowie der Einmarsch in die Sowjetunion im Juli 1941 – war somit der zweite in diesem Jahrhundert unternommene Versuch Deutschlands, der deutschen Nation eine hegemoniale Stellung in Europa zu verschaffen. Für eine kurze Zeit, zwischen 1939 und 1942, kam Hitler dank seiner erfolgreichen Kriegsführung diesem Ziel ziemlich nahe. Dann wendete sich das Blatt. Auf der Konferenz von Casablanca (Januar 1943) hatten sich Roosevelt und Churchill als Regierungschefs der amerikanisch-britischen Allianz gegen Hitler-Deutschland bereits darauf geeinigt, von den Deutschen die bedingungslose Kapitulation zu fordern. Sie wurde nach dem vorangegangenen Selbstmord Hitlers am 8. Mai 1945 durch führende deutsche Generäle unterzeichnet und trat am 9. Mai in Kraft.

Es war klar, daß die alliierten Sieger nach diesem mörderischen Zweiten Weltkrieg erst recht entschlossen waren, allen hegemonialen deutschen Machtträumen ein für allemal einen Riegel vorzuschieben. Auf verschiedenen Konferenzen im Verlauf des Krieges hatten die Alliierten, einschließlich der Sowjetunion unter Stalin, auch über die Zukunft Deutschlands beraten. Sie waren sich darin einig, daß alles getan werden müsse, um das deutsche militärische Potential zu zerschlagen und die wirtschaftliche Macht Deutschlands so klein zu halten, daß jede Aggression für alle Zukunft ausgeschlossen sein würde. Die Siegermächte, allen voran die USA, stimmten darin überein, daß der Ungeist des Nationalsozialismus als Ursache des deutschen Übels zu beseitigen sei. Danach sollten langsam wieder die Voraussetzungen für eine demokratische Entwicklung in Deutschland geschaffen werden.

Obwohl also gewisse Grundlinien für eine gemeinsame Politik der Alliierten gegenüber Deutschland gegeben waren, erwies sich die einheitliche Durchführung dieses Programms als sehr schwierig. Die Ausübung der alliierten Herrschaft über Deutschland wurde nämlich binnen kurzem zum Modellfall der die Nachkriegszeit beherrschenden Auseinandersetzung zwischen den an liberaler Demokratie und Marktwirtschaft orientierten Westmächten und der planwirtschaftlichen Diktatur der Sowjetunion in Osteuropa.

Aus der Unfähigkeit der Siegermächte, Deutschland nach gemeinsamen Grundsätzen zu verwalten und zu einer einheitlichen Politik zu finden, erwuchs im Rahmen des Ost-West-Konflikts die Teilung Deutschlands. Etwas über vier Jahre nach der bedingungslosen Kapitulation riefen die westlichen Besatzungsmächte einen deutschen Weststaat ins Leben, der sich Bundesrepublik Deutschland nannte; kurz darauf schufen die Sowjets im Gebiet ihrer Besatzungszone ebenfalls ein deutsches Staatsgebilde, die Deutsche Demokratische Republik. Seither existierte Deutschland nicht mehr als politische Einheit. Es war aufgespalten in einen westlichen Teil, der, seiner Entstehung gemäß, ein integrierter Teil des westlichen Bündnissystems wurde, und eine kleinere östliche Hälfte, die voll in das von der Sowjetunion beherrschte osteuropäische Staatensystem des Sozialismus eingegliedert wurde.

Die deutsche Teilung, die ihren Ausdruck in der Bildung zweier voneinander unabhängiger deutscher Staaten gefunden hatte, war primär die Folge der gegensätzlichen Interessen der Sowjetunion einerseits, der USA, Großbritanniens sowie Frankreichs andererseits, die in den Kalten Krieg hineinführten. Es wäre jedoch falsch, die Ursache der deutschen Teilung allein in der Interessendivergenz der Siegermächte zu suchen. Ursächlich für die Entstehung der deutschen Teilung war vielmehr die kriegerische Expansionspolitik Deutschlands unter Hitler, die mit der totalen Niederlage des »Dritten Reiches« endete und den siegreichen Alliierten die Herrschaft über Deutschland verlieh.

2. Das Besatzungsregime

Nach der bedingungslosen Kapitulation der Wehrmacht des Deutschen Reiches übernahmen die Militärbefehlshaber der vier alliierten Siegermächte am 5. 6. 1945 die oberste Gewalt in Deutschland. Eine zentrale Regierung für das Reich bestand nicht mehr, die Souveränität über Deutschland ging auf die Militärregierungen über. In früheren Vereinbarungen zwischen den Alliierten war festgelegt worden, daß Deutschland für die Zwecke der militärischen Besetzung in Besatzungszonen aufgeteilt werden sollte. So bestand von 1945 bis 1949 ein in vier Zonen aufgeteiltes und von vier verschiedenen Militärregierungen beherrschtes Deutschland (vgl. S. 24 und 369). Berlin als die ehemalige Hauptstadt des Deutschen Reiches wurde ebenfalls in Sektoren unter der Oberherrschaft der vier Siegermächte aufgeteilt. Die Zonengrenzen wirkten in den ersten Jahren der Besetzung wie Staatsgrenzen. Innerhalb ihrer Besatzungszone setzten die jeweiligen Militärbefehlshaber weitgehend die politischen und ökonomischen Konzeptionen ihrer Regierungen durch, ohne sich intensiv um die Frage einer gemeinschaftlichen Regelung für ganz Deutschland zu kümmern, wie sie auf der Potsdamer Konferenz im August 1945 vereinbart worden war. Die Periode der Besatzungsherrschaft war dementsprechend für die Deutschen in den verschiedenen Besatzungsgebieten unterschiedlich hart: am härtesten zweifellos in der Sowjetzone, etwas gemildert in der französischen Zone, am erträglichsten in der amerikanischen und britischen Zone.

Die Besatzungspolitik der USA gegenüber den Deutschen war anfangs durch ein gewisses Schwanken zwischen Extremen gekennzeichnet. Teilweise dominierte die Vorstellung, daß die Deutschen, in erster Linie die Nazis, nicht streng genug bestraft werden könnten, andererseits hegte man übertriebene Erwartungen in eine schnelle Demokratisierung. Der amerikanische Präsident Roosevelt hatte stets betont, daß es ihm nicht darum gehe, das deutsche Volk für immer zu unterdrücken, wohl aber, seine verantwortlichen Führer von der Macht zu entfernen. Die Überzeugung, daß es gelingen könne, durch Umerziehung – *re-education* – die Deutschen zu guten Demokraten zu machen, hat die Amerikaner früh zur Übertragung autonomer demokratischer Rechte an deutsche politische Stellen veranlaßt. Im ganzen haben sie sich am intensivsten für eine demokratische Neugestaltung Deutschlands eingesetzt, dabei allerdings vornehmlich amerikanische Vorstellungen von Demokratie auf Deutschland übertragen.

Die Haltung Großbritanniens gegenüber Deutschland war stetiger. Der britische Premierminister Churchill war der Auffassung gewesen, daß man im Krieg Entschlossenheit zeigen müsse, im Sieg jedoch Großmut, im Frieden guten Willen. Churchill ist auf den Konferenzen mit Roosevelt und Stalin der umsichtigste und vorsichtigste Verhandlungspartner gewesen. Er hat früher als die Amerikaner die neue weltpolitische Konstellation des Ost-West-Konfliktes erkannt und die berühmte Formel vom »Eisernen Vorhang«, der West- und Osteuropa zertrenne, publik gemacht. Die Besatzungspolitik der Briten in ihrer Zone war wenig auffallend. Sie versuchte, Festigkeit mit Milde zu verbinden. In den politischen Zielen gegenüber Deutschland gab es unter der Regierung des Labour-Führers Attlee, der nach den britischen Wahlen vom August 1945 Premierminister geworden war, keine entscheidenden Abweichungen von den Vorstellungen seines konservativen Vorgängers. In der Übertragung demokratischer Kompetenzen auf deutsche Behörden war man zögernder als in der US-Zone. Einschneidende Veränderungen der Wirtschafts- und Sozialstruktur sowie des Erziehungswesens nahm man trotz der damals amtierenden Labour-Regierung nicht vor. Nur im Bereich der Kommunalverfassung hat die britische Besatzungspolitik sichtbare Spuren hinterlassen.

Frankreich durfte an der Potsdamer Konferenz der Siegermächte, bei der 1945 die Richtlinien über die gemeinsame Politik gegenüber Deutschland festgelegt wurden, nicht teilnehmen. Es revanchierte sich dadurch, daß es die Potsdamer Beschlüsse nicht als bindend anerkannte, da es an ihnen nicht mitgewirkt hatte. Frankreich tat durch seine eigenwillige Deutschlandpolitik den ersten Schritt zum Scheitern einer gemeinsamen Besatzungspolitik der vier Mächte. Für Frankreich war die militärische Herrschaft über einen ihm benachbarten Teil Deutschlands ein Unterpfand für seine schon nach dem Ersten Weltkrieg verfolgten Pläne, Deutschland in kleinere Einheiten zu zerschlagen und die ihm direkt benachbarten Gebiete unter seinen Einfluß zu stellen. Das Saargebiet, auf das Frankreich Anspruch erhob, wurde sofort in das französische Wirtschaftsgebiet eingegliedert, kam jedoch schließlich nicht zu Frankreich, sondern trat nach einer Volksabstimmung im Jahr 1955 anderthalb Jahre später der Bundesrepublik bei. Nach dem Ende des Zweiten Weltkrieges setzten sich in der französischen Deutschlandpolitik erst langsam jene Kreise durch, die in der Annäherung zwischen den beiden lange verfeindeten Nationen die Grundlage jeder konstruktiven europäischen Politik sahen. Zu diesem Zeitpunkt war die Bundesrepublik Deutschland jedoch bereits im Entstehen.

Die Sowjetunion hatte von allen späteren Siegermächten am meisten unter dem deutschen Eroberungskrieg zu leiden gehabt. Sie war deshalb von Anfang an darauf bedacht, sich so weit wie möglich für ihre Verluste zu entschädigen und Bedingungen zu schaffen, die jedes Wiedererstarken eines unabhängigen Deutschland ausschlossen. Stalin als der sowjetische Führer dachte zunächst an eine Zerstückelung Deutschlands, ließ diesen Gedanken jedoch nach Kriegsende wieder fallen. Die von ihnen besetzte Zone betrachteten die Sowjets als Ausbeutungsobjekt, um wenigstens einen kleinen Teil der ihnen zugefügten Schäden durch Reparationen auszugleichen.

Die sowjetische Deutschlandpolitik war stets darauf bedacht, Möglichkeiten zur Einflußnahme auch in den anderen Teilen Deutschlands zu erhalten, etwa bei der Verwaltung des Ruhrgebiets. Als die Sowjetunion sah, daß sie keine Chance hatte, ihre Konzeption einer Einflußnahme auf Gesamtdeutschland durchzusetzen, konzentrierte sie sich ganz darauf, aus ihrer Zone einen zuverlässigen und von ihr abhängigen sozialistischen deutschen Staat zu machen.

Die Anfänge einer selbständigen deutschen Politik vollzogen sich demnach unter der Kontrolle der Besatzungsmächte. Doch in dieser Phase wurden bereits personell wie inhaltlich einige entscheidende Weichen für die Zukunft der beiden deutschen Staaten gestellt.

Die Deutschen durchlitten die ersten Jahre nach dem Ende des Zweiten Weltkrieges in einer gewissen politischen Apathie. Die noch vorhandene Lebensenergie war ganz darauf gerichtet, sich unter den extrem schwierigen Bedingungen am Leben zu erhalten. Hinzu kam, daß Deutschland in den Monaten nach Kriegsende von einem Strom von Millionen von Flüchtlingen aus dem Osten überschwemmt wurde, den Heimatvertriebenen. Ihre Anwesenheit verstärkte die wirtschaftliche Not und drückte den allgemeinen Lebensstandard noch tiefer nach unten. Die Aufnahme der Flüchtlinge durch die einheimische Bevölkerung erwies sich oft als schwierig.

Das politische Interesse der breiten Bevölkerung war in den ersten Nachkriegsjahren eher gering. Man wollte vom Nationalsozialismus nichts mehr wissen, und an die Demokratie mochte man nicht recht glauben. Um so stärker war der Wunsch nach politischer Betätigung bei jenen, die nach der zwölfjährigen Naziherrschaft nun wieder eine Möglichkeit sahen, politisch zu wirken und ein demokratisches Deutschland zu errichten, mochte es auch vorerst unter der Kontrolle der Besatzungsmächte stehen.

Spätestens Ende 1945 hatten alle Besatzungsmächte der Gründung von politischen Parteien durch die Deutschen ihre Zustimmung gegeben. Diese Parteien mußten jedoch von den Besatzungsbehörden zugelassen, d. h. lizenziert werden. Die Alliierten hatten in Anknüpfung an das Parteiensystem der Weimarer Republik bei gleichzeitiger Reduzierung der früheren Parteienvielfalt zunächst vier Parteirichtungen zugelassen: (1) die Sozialdemokraten, denen es dank der Energie und Willenskraft ihres ersten Vorsitzenden Kurt Schumacher in relativ kurzer Zeit gelang, eine einheitliche Organisation für ganz Westdeutschland aufzubauen; (2) die Christlichen Demokraten, die erst nach der (späteren) Gründung der Bundesrepublik überhaupt eine nationale Organisationsstruktur erhalten haben, dank der neuartigen politischen Verbindung von Katholiken und Protestanten aber in allen Ländern relativ stark waren; (3) die Freien Demokraten und (4) die Kommunisten. Mit Ausnahme der Kommunisten sind diese Parteien die maßgeblichen politischen Kräfte in der Bundesrepublik geblieben. In der sowjetischen Besatzungszone waren es die Kommunisten, die von Anfang an die übrigen Parteien dominierten.

Die sich in den Parteigründungen wieder formierenden deutschen Politiker arbeiteten in den Nachkriegsjahren in unterschiedlichen Konstellationen mit ihrer jeweiligen Besatzungsmacht in den einzelnen Zonen zusammen. Anfangs fungierten sie bloß als deren Erfüllungsgehilfen und Verwaltungspersonal, gewannen dann jedoch wachsenden Einfluß auf die Entscheidungen auf den Gebieten der Innen-, aber noch nicht der Außenpolitik. Zwei Politikfelder standen im Mittelpunkt der innenpolitischen Entwicklung in den einzelnen Besatzungszonen: zum einen die Art und Weise der Bewältigung der nationalsozialistischen Vergangenheit, zum anderen die Gestaltung der Wirtschaftsordnung. Auf beiden Gebieten leiteten sich die Grundentscheidungen der Besatzungsmächte wesentlich aus ihren unterschiedlichen politischen und wirtschaftlichen Weltbildern im allgemeinen und ihrem Verständnis der Entstehungsbedingungen des Nationalsozialismus im besonderen ab.

Die intellektuellen und politischen Eliten der USA führten gemäß ihrer idealistisch-liberalen Denkweise die Machtergreifung der nationalsozialistischen Diktatur wesentlich auf Fehlentwicklungen in der politischen Geistesgeschichte in Deutschland, vor allem auf die Traditionen des Autoritarismus und Militarismus zurück. Daher stand die »re-education« (Umerziehung) der Deutschen von obrigkeitsgläubigen Untertanen zu liberal-demokratischen Staatsbürgern im Mittelpunkt der amerikanischen Besatzungspolitik. Das fand seinen Ausdruck nicht nur in der Neugestaltung von Lehrplänen und Schulbüchern, sondern auch in der Wiedergründung der akademischen Lehre von der Politik, die in Deutschland gegen Ende des 19. Jahrhunderts weitgehend untergegangen war, als einem allgemeinbildenden Universitätsfach.

Während diese Bemühungen der USA um eine neue demokratische politische Kultur der Deutschen auf längere Sicht sehr erfolgreich waren, wirkte die von den amerikanischen Militärbehörden durchgeführte pauschale Entnazifizierung von Millionen nominellen NSDAP-Mitgliedern mit Hilfe schematischer Fragebögen eher abschreckend. Die Deutschen gewannen den Eindruck, daß aktive und prominente Nazis, deren schwerere Fälle erst später behandelt wurden, aufgrund der inzwischen gelockerten Bestimmungen viel milder davonkamen als früher verurteilte kleinere Parteigenossen. Auf wirtschaftlichem Gebiet zerschlug die amerikanische Besatzungsmacht zwar größere Konzerne wie den Chemiegiganten IG Farben, die als Steigbügelhalter der nationalsozialistischen Machtergreifung galten, stellte aber verständlicherweise die in den USA geltende marktwirtschaftlich-kapitalistische Wirtschaftsordnung in ihrer deutschen Besatzungszone nicht in Frage.

Die britische Nachkriegsregierung setzte ebenfalls auf die staatsbürgerliche Erziehung der Deutschen in ihrer Zone, war aber von Anfang an skeptischer gegenüber einer pauschalen Entnazifizierung. Die Labourpolitiker an der Spitze Großbritanniens unterstützten anfangs nicht nur die von den deutschen Sozialdemokraten und Kommunisten, sondern von fast allen deutschen politischen Parteien getragenen Vorschläge zu einer grundlegenden Reform der deutschen Wirtschaftsordnung durch die Vergesellschaftung von Schlüsselindustrien und die Ausarbeitung von Wirtschaftsplänen. Doch angesichts der wirtschaftlichen Notlage im eigenen Land und unter dem amerikanischen Einfluß rückten die britischen Deutschlandpolitiker auf der Linken bald von solchen Experimenten ab. Wichtig war Großbritannien vor allem die rechtsstaatliche Bestrafung von nationalsozialistischen Hauptkriegsverbrechern, wie sie in den Nürnberger Prozessen angestrebt wurde.

Die französische Besatzungspolitik war anfangs von tiefem Mißtrauen gegenüber allen Deutschen geprägt, die dreimal innerhalb von sieben Jahrzehnten ihre westlichen Nachbarn überfallen hatten. Frankreich setzte daher zunächst am wenigsten auf Einsicht und Umorientierung der Deutschen, sondern auf eine Politik der harten Hand. Wichtig war den Franzosen vor allem, daß der deutsche Machtstaat als eine Quelle der Gefährdung des europäischen Friedens ein für allemal zerschlagen würde.

Die Gegenposition zu den Westmächten nahm in der Besatzungs- und Deutschlandpolitik die kommunistische Sowjetunion ein. Aufgrund ihres gegensätzlichen politischen Weltbildes war der deutsche Faschismus vor allem auf die Wirtschafts- und Gesellschaftsordnung des Kapitalismus zurückzuführen; er wurde als dessen höchste und blutigste Form angeprangert. Nach einer rigiden personellen Säuberung vor allem im Justiz-, Lehr- und Verwaltungspersonal wurde die Entnazifizierung in der sowjetischen Besatzungszone 1947 abgeschlossen; später in der DDR war es dann sogar ehemaligen Nazis möglich, in höhere Funktionen zu gelangen, sofern ihre Loyalität zum kommunistischen System zweifelsfrei gewährleistet schien. Viel wichtiger als die personelle und ideelle Entnazifizierung war der sowjetischen Besatzungsmacht und den mit ihr verbrüderten deutschen Kommunisten die 1946 durchgeführte Bodenreform, durch welche nicht nur adlige Großgrundbesitzer, die sogenannten »Junker«, darunter die Familien der von Hitler nach dem 20. Juli 1944 ermordeten Widerständler, sondern auch Bauern mit mehr als 100 Hektar Land ihren Besitz entschädigungslos verloren. Bald darauf setzte die Überführung von privatem Industriebesitz in Volkseigentum, faktisch Staatseigentum, sowie die Reglementierung der gesamten Volkswirtschaft durch eine planwirtschaftliche Ordnung ein. Derartige sozialistische Experimente waren, wie schon gesagt, in der Nachkriegszeit auch in den Westzonen, selbst bei bürgerlichen Parteien, populär. Besonders problematisch für das Erbe der kommunistischen Diktatur in der deutschen Geschichte sollte die von den Kommunisten immer wieder propagierte Auffassung werden, daß durch die radikalen Gesellschafts- und Wirtschaftsreformen in der Sowjetischen Besatzungszone bzw. der späteren DDR der Faschismus mit seinen Wurzeln ausgerottet worden sei. Seit dem Ende des SED-Regimes und der deutschen Vereinigung im Jahr 1989/90 hat sich gezeigt, daß in der früheren DDR viele autoritäre und fremdenfeindliche Denk- und Verhaltensstrukturen fortbestanden haben.

Aufgrund der unterschiedlichen Interessen und Weltbilder der Siegermächte hat sich das politische, gesellschaftliche und wirtschaftliche Leben in den drei Westzonen und der Ostzone schon 1946 und 1947 auseinanderentwickelt. Die damit eingeleitete Teilung Deutschlands wurde im Jahr 1948 offensichtlich, als im Juni

1948 anstelle der völlig entwerteten Reichsmark in den Westzonen die »Deutsche Mark« und in der Ostzone eine separate Währung eingeführt wurde, später als »Mark der DDR« bezeichnet. Diese Währungsreformen führten auch die Auseinandersetzungen der Siegermächte um Berlin auf eine Spitze, als Stalin durch die Blockade der Landverbindungen die Westmächte zum Rückzug aus der ehemaligen Reichshauptstadt zwingen wollte, diese aber mit einer Luftbrücke die Versorgung der Westberliner Bevölkerung erfolgreich sichern konnten. Seitdem wurde das geteilte Berlin, zumal nachdem die Sektorengrenze am 13. August 1961 durch eine Mauer zementiert wurde, zum weltweiten Symbol der Konfrontation von westlichen Demokratien und östlicher Diktatur.

So sind die Grundlagen nicht nur der deutschen Teilung, sondern auch der beiden aus ihr hervorgehenden Staaten mit ihren antagonistischen politischen, gesellschaftlichen und wirtschaftlichen Strukturen schon in den Besatzungsjahren nach 1945, also Jahre vor den offiziellen Staatsgründungen (1949) gelegt worden. Die deutsche Teilung war das Produkt des Kalten Krieges zwischen den Mächten der Anti-Hitler-Allianz des Zweiten Weltkrieges, die ihrerseits durch die deutsche Politik unter den Nationalsozialisten bewirkt worden war. Deutschland war somit die Ursache und das erste Opfer des Kalten Krieges (Ernst Nolte). Erst nachdem die Bipolarität der Weltpolitik 1989/90 zusammengebrochen war, konnte die deutsche Teilung überwunden werden.

3. Der Aufbau des politischen Lebens in den Westzonen

Durch die Bildung von Besatzungszonen ergab sich nach dem Ende des Zweiten Weltkrieges eine neue politisch-administrative Gliederung Deutschlands. Da die (West-)Alliierten – am stärksten die Franzosen, am wenigsten die Briten – darauf bedacht waren, in Deutschland keine starke Zentralgewalt mehr einzurichten, wurden die Länder zu den zunächst wichtigsten politischen Einheiten der deutschen Nachkriegspolitik. Einige von ihnen wurden völlig neu geschaffen. Die amerikanische Besatzungszone bestand aus Bayern, Hessen und den nördlichen Teilen von Baden und Württemberg; hinzu kam, als Exklave, Bremen. In der britischen Besatzungszone entstand, neben der Freien Hansestadt Hamburg, aufgrund der Auflösung Preußens eine völlig neue regionale Gliederung mit den Ländern Nordrhein-Westfalen, Niedersachsen und Schleswig-Holstein. Die französische Zone bestand aus dem kleinen Land (Süd-)Baden, dem kaum größeren Württemberg-Hohenzollern und im nordwestlichen Teil des Besatzungsgebietes aus Rheinland-Pfalz und dem Saarland mit seinem Sonderstatus.

Die Besatzungsmächte haben somit die Grundlage für den deutschen Föderalismus in seiner heutigen Gestalt geschaffen. Mit Ausnahme der aus den früheren Ländern Baden und Württemberg geschnittenen drei Länder, die sich 1953 zu einem Südweststaat mit der offiziellen Bezeichnung Baden-Württemberg zusammenschlossen, ist die von den Besatzungsmächten geschaffene Ländereinteilung trotz eklatanter Unausgeglichenheiten in territorialer Größe und Wirtschaftskraft nicht mehr geändert worden.

Durch die Einrichtung der Länder, die sich bald darauf eigene demokratische Verfassungen gaben, prägten die Alliierten die künftige Gestalt des deutschen Föderalismus sehr nachhaltig. Ihr Modell für einen künftigen westdeutschen Staat war demzufolge ein Bundesstaat, der durch möglichst weitgehende autonome Entscheidungsbefugnisse der Länder und Gemeinden charakterisiert sein sollte. Innerhalb der Besatzungszonen gab es einige Ansätze für föderative Zentralinstanzen. So schuf man, um überregionale Angelegenheiten zu regeln, in der amerikanischen Zone einen Länderrat, der aus den drei Ministerpräsidenten bestand: eine Art Ministerpräsidentenkonferenz, mit dem Ziel, sich bei bestimmten Maßnahmen gegenseitig abzustimmen. Zentralistischer war die Verwaltungsstruktur der britischen Zone mit ihren Zonenbeiräten. Sie waren befugt, Anweisungen an alle Länderregierungen zu geben. Die britische Struktur der Gemeindeverwaltung ist übrigens auch über die unmittelbare Besatzungszeit hinaus im Bereich der britischen Zone in den Grundzügen bis in die 90er Jahre weitgehend erhalten geblieben. Ansonsten haben die Briten keine einschneidenden Eingriffe in die politische Struktur vorgenommen.

Ab September 1946 wurden in der amerikanischen und britischen Zone die ersten *bizonalen* deutschen Verwaltungseinrichtungen geschaffen. Man verteilte sie zunächst auf verschiedene Städte der Bizone, um die Wahl einer westdeutschen Hauptstadt nicht zu präjudizieren. Die bizonale deutsche Verwaltung war den Militär-gouverneuren verantwortlich, aber sie verfügte auch über parlamentarische Gremien. Das Ur-»Parlament« der Nachkriegszeit war der Wirtschaftsrat in Frankfurt am Main, bestehend aus Abgeordneten der Länder; die »Regierung« war der Verwaltungsrat, der aus den Direktoren der verschiedenen Verwaltungsressorts bestand, die wiederum die Grundlage für die späteren Ministerien bildeten. Die spezifischen Interessen der Länder nahm der Länderrat wahr, eine Vorform des Bundesrates.

Diese bizonalen Institutionen sind in gewisser Hinsicht die Vorläufer des späteren (west)deutschen Regierungssystems gewesen. Ihre führenden Persönlichkeiten und Ministerialbeamten waren teilweise identisch mit der ersten Führungsgarnitur der Bundesrepublik.

Die Franzosen hielten sich zunächst abseits, zumal sie schon im Alliierten Kontrollrat (in Berlin) gegen die Einrichtung zentraler Institutionen votiert hatten. Die wirtschaftliche Lage ihrer Zone und ihres eigenen Landes sowie die sich immer schärfer abzeichnende Kluft zwischen Ost und West auf der internationalen Bühne zwangen die Franzosen jedoch nach und nach, ihre Besatzungspolitik dem Kurs der angelsächsischen Mächte anzupassen. So wurden schließlich gemeinsame *trizonale* Ausschüsse aller drei Westalliierten geschaffen, bis der Entschluß zur Bildung eines Weststaates die Sonderstellung der französischen Besatzungsmacht endgültig aufhob.

Bereits im Juli 1946 hatte der amerikanische Militärbefehlshaber an seine alliierten Kollegen die Aufforderung zu einer wirtschaftlichen Zusammenarbeit in allen Zonen gerichtet. Da keine Zone sich selbst erhalten könne, solle man darangehen, zwei oder mehr Zonen zu einer wirtschaftlichen Einheit zusammenzufassen. Als auch Frankreich seine Obstruktion gegenüber dem Vereinheitlichungskonzept aufzugeben begann, war schließlich der Weg frei für die Schaffung zentraler deutscher Regierungsstellen in Westdeutschland, die jedoch noch eine Zeitlang unter alliierter Oberaufsicht stehen sollten. Auf der Londoner Konferenz in der ersten Hälfte des Jahres 1948 erzielte man Einigkeit über die Schaffung eines alle westlichen Zonengebiete umfassenden westdeutschen Staates.

Daraufhin übergaben die drei westlichen Militärgouverneure den nach Frankfurt gebetenen Ministerpräsidenten der Länder der Westzonen am 1. Juli 1948 drei Dokumente. Das wichtigste war die Aufforderung an die Länderchefs, bis zum 1. September 1948 eine verfassungsgebende Versammlung einzuberufen, die eine »demokratische Verfassung föderalistischen Typs« ausarbeiten sollte. Die anderen Schriftstücke betrafen die Neugliederung der Länder (wovon die westdeutschen Politiker leider keinen Gebrauch machten) sowie die Grundzüge eines Besatzungsstatuts, das die alliierten Rechte gegenüber der deutschen (Bundes-)Regierung klar umschrieb, bis die volle formale Souveränität gewährt werden könne. Damit war der schrittweise demokratische Aufbau Westdeutschlands hin zu einer zentralen, allerdings föderalistisch beschränkten Regierung an sein Ziel gelangt. Es sollte wieder einen deutschen Staat geben. Drei Jahre nach dem Ende deutscher Staatlichkeit wurde den Deutschen erlaubt, eine Verfassung für diesen Staat auszuarbeiten. Es konnte allerdings nur eine Konstitution für das Gebiet der drei Westzonen und somit die Organisation eines deutschen *Teilstaates* sein.

Die westdeutschen Politiker waren zwar von Anfang an daran interessiert, mehr Befugnisse und eine größere Autonomie zu erhalten; sie wollten als Deutsche aber nicht mit dazu beitragen, Deutschland zu teilen. In dieser Lage machten sie mit Worten Politik. Die Ministerpräsidenten der Länder trugen daher den Militärgouverneuren vor, daß sie sehr wohl eine möglichst vollständige Autonomie für die Deutschen erstrebten, doch solle das neue Gebilde kein vollgültiger deutscher Staat sein, sondern, da er nur einen Teil Deutschlands umfasse, ein Provisorium. Deshalb solle die Verfassung nicht von einer verfassungsgebenden Nationalversammlung, die allein Gesamtdeutschland zustünde, sondern von einem aus Länderparlamentariern bestehenden »Parlamentarischen Rat« beraten werden. Außerdem solle diese Verfassung auch nicht Verfassung heißen, sondern nur »Grundgesetz«. Eine Volksabstimmung hielt man gleichfalls nicht für angebracht, vielmehr wollte man die demokratische Legitimation für das Grundgesetz des neuen Staates möglichst schwach halten.

Die (West-)Alliierten willigten schließlich ein, daß ein Parlamentarischer Rat ein Grundgesetz beraten und daß die Länderparlamente es ratifizieren sollten, nicht das Volk. Sie gaben allerdings deutlich zu verstehen, daß sie an eine vollgültige Verfassung dachten, auch wenn diese als vorläufig deklariert werden sollte, bis eine deutsche Nationalversammlung eine Verfassung für ganz Deutschland würde beschließen können.

Im Endeffekt beschwichtigten die verbalen Vorbehalte der westdeutschen Politiker nur deren gesamtdeutsches Gewissen. Die Beratungen des Parlamentarischen Rates haben schnell gezeigt, daß es um die Ausarbeitung einer echten Verfassung ging, auch wenn man aus nationalen Gründen den bescheideneren Namen Grundgesetz vorzog.

Die Errichtung zentraler Regierungsbehörden in der späteren Bundeshauptstadt Bonn litt übrigens viele Jahre unter dem Vorbehalt des westdeutschen Provisoriums. Die Entstehungssituation offenbarte die Zwiespältigkeit der deutschen Politik nach 1949: einerseits die gebotene Chance einer Eigengestaltung des politischen Lebens ergreifen zu müssen und andererseits keine unwiderruflichen Tatsachen schaffen zu wollen, die eine gesamtstaatliche Lösung ausschlossen. Erfolgreich konnte eine auf Gesamtdeutschland bezogene Politik nur durch die Wahrung rechtlicher Fiktionen sein, nicht durch Tatsachen. Diese wirkten vielmehr mit Macht auf die Verfestigung der deutschen Teilung hin und machten sie scheinbar unwiderruflich.

4. Die Konstituierung der Bundesrepublik

Die Deutschen aus den Westzonen hielten den ihnen von den Militärgouverneuren gesetzten Termin ein. Am 1. September 1948 trat in Bonn der Parlamentarische Rat zu seiner ersten Sitzung zusammen, um das sogenannte Grundgesetz zu beraten. Die Grundlinien der Verfassung waren von den Alliierten vorgegeben: Sie sollte demokratisch und föderalistisch sein und die Grundrechte sichern. Im übrigen wurde den deutschen Politikern weitgehend freie Hand gelassen.

Aus den Landtagen der Länder waren insgesamt 65 Parlamentarier in die verfassunggebende Versammlung gewählt worden, unter denen die Juristen dominierten. Die beiden großen Parteien, CDU/CSU und SPD, zählten je 27 Abgeordnete, der Rest verteilte sich auf die kleineren Parteien. Die Versammlung wählte Konrad Adenauer, den Vorsitzenden der CDU in der britischen Zone, zu ihrem Präsidenten (auch weil man meinte, durch die Wahl eines älteren Politikers die Besetzung der Spitzenämter der zu gründenden Bundesrepublik nicht zu präjudizieren). Doch Adenauer nutzte seine Position geschickt aus, indem er sich zum Sprecher der Versammlung gegenüber den Alliierten machte und damit in der Übergangsphase als der führende Repräsentant des zu schaffenden Staates erschien.

Dem Rat lag ein Verfassungsentwurf vor, den eine von den westdeutschen Ministerpräsidenten bestellte Expertengruppe im August 1948 auf Schloß Herrenchiemsee in Bayern ausgearbeitet hatte. Dazu kamen andere Entwürfe geringerer Bedeutung. Die Beratungen gingen relativ zügig voran, da über die Grundprinzipien der Verfassungsordnung – schon wegen der alliierten Auflagen – keine Meinungsverschiedenheiten bestanden und die Verfassungsgeber trotz aller Vorbehalte hinsichtlich der Endgültigkeit der Verfassung an der Schaffung des Grundgesetzes ernsthaft interessiert waren. Gerade die Tatsache, daß man sich vornahm, nur ein Provisorium zu schaffen, ließ die Meinungsverschiedenheiten nicht so grundsätzlich werden.

Die eigentliche Streitfrage innerhalb des Parlamentarischen Rates betraf die zu schaffende föderalistische Ordnung – damit zusammenhängend kam es zweimal zu Interventionen der Besatzungsmächte. Hinsichtlich des Föderalismus fand man einen Kompromiß zwischen einer von der SPD vertretenen stärker zentralistisch orientierten Konstruktion des Bundes und der von süddeutschen CDU/CSU-Mitgliedern propagierten Bundesstaatsform, die als eine Art Dach über der Eigenstaatlichkeit der Länder fungieren sollte.

Die Interventionen der Besatzungsmächte erfolgten in der Form von zwei dezidierten Aufforderungen an den Parlamentarischen Rat, man möge bei der Behandlung bestimmter Verfassungsfragen doch die alliierten Anregungen, meint Anweisungen, beachten, andernfalls sei die Zustimmung zum Grundgesetz nicht gesichert. Dadurch wurde den deutschen Verfassungsgebern immer wieder zu Bewußtsein gebracht, daß sie ihre Funktion nicht kraft eigener Souveränität ausübten, sondern unter der Oberhoheit der Besatzungsmächte, die das Grundgesetz am Ende auch genehmigen mußten. Es handelte sich also um eine überwachte Verfassungsgebung, bei der gewisse Richtlinien einzuhalten waren.

Was die Organisation des neuen Staates anging, so wollten die deutschen Politiker ganz bewußt die Fehler der Weimarer Republik vermeiden. Bis heute ist das Scheitern der Weimarer Demokratie und die Machtergreifung der nationalsozialistischen Diktatur ein Trauma der deutschen Politik und wird mit dem Buchtitel des Schweizer Publizisten Fritz René Allemann immer wieder beschworen: »Bonn ist nicht Weimar«. Die Strukturmängel der Weimarer Reichsverfassung erblickte man vor allem in der zu großen Machtstellung des Reichspräsidenten, in der Leichtigkeit, mit der die Reichsregierung gestürzt werden konnte, und in den Formen der plebiszitären Willensbildung.

Infolgedessen wurde das Grundgesetz eine reine Repräsentativverfassung, in der das Volk seine Souveränität nur indirekt durch die Teilnahme an Wahlen ausüben kann. Der Bundespräsident wurde im Gegensatz zum Reichspräsidenten nur mit geringen Machtbefugnissen ausgestattet; statt dessen stärkte man die Position des Bundeskanzlers als Regierungschefs, der von der Parlamentsmehrheit gewählt werden muß und mittels seiner Richtlinien-Kompetenz die übrigen Regierungsmitglieder fest an seine Politik bindet. Einen Sturz der Regierung sollte es nicht mehr geben können, nur einen Wechsel des Regierungschefs, da der Kanzler nur abgewählt werden kann, wenn sich im Parlament gleichzeitig eine Mehrheit für einen neuen Bundeskanzler findet.

Ferner war man bestrebt, nach dem nationalsozialistischen Unrechtsregime eine Verfassung mit starken individuellen Rechtsgarantien und einem ausgeprägten Verfassungsschutz zu schaffen. Die Grundrechte wurden bewußt an den Anfang des Grundgesetzes gestellt, außerdem wurden die Voraussetzungen für eine umfassende richterliche Kontrolle auch des staatlichen Handelns geschaffen. Die Bundesrepublik Deutschland hat darum eine besonders stark ausgebaute Verfassungsgerichtsbarkeit.

Schließlich ging es den Verfassungsgebern darum, die Verfassung und die von ihr umschriebene freiheitliche demokratische Grundordnung vor möglichen Feinden zu schützen. Auch diese Konzeption der streitbaren oder wehrhaften Demokratie war eine Lehre aus der Weimarer Zeit. Die Grundprinzipien der Verfassung – Demokratie, Republik, Föderalismus, Rechts- und Sozialstaatlichkeit – sind von jeder Verfassungsänderung ausgenommen.

An der Ausarbeitung der Verfassung hat die mit existentiellen Sorgen und dem wirtschaftlichen Wiederaufbau beschäftigte westdeutsche Bevölkerung nur geringen Anteil genommen. Doch innerhalb des Parlamentarischen Rates und durch den Druck von außen haben die wichtigsten sozialen Gruppen und Interessen auf die Beratungen Einfluß zu nehmen versucht und deutliche Spuren hinterlassen. Sie waren bestrebt, für sich selbst innerhalb der neuen politischen Struktur Westdeutschlands ein Höchstmaß an Autonomie und Einfluß zu erlangen.

Das Grundgesetz ist dadurch zu einer Verfassung geworden, an der man die Wirksamkeit der Interessenpolitik der wichtigsten gesellschaftlichen Gruppen sehr gut ablesen kann. Die stärkste Interessengruppe bildeten die föderalistisch orientierten Politiker der Länder und die hinter ihnen stehende Bürokratie, die zudem noch das Interesse der Besatzungsmächte für sich nutzen konnten. Die starke föderalistische Ausprägung der Verfassung, in der die Kompetenzvermutung für die legislative Zuständigkeit grundsätzlich bei den Ländern liegt, geht auf ihr Konto.

An zweiter Stelle ist der Einfluß der Beamten und Richter zu nennen. Die Beamten erwirkten, daß das Berufsbeamtentum als eine verfassungsmäßig geschützte Institution garantiert wird. Damit wurde – dank der Übernahme der Prinzipien, die das deutsche Beamtenkorps in langer Tradition entwickelt hatte – die Einführung neuer Ideen und Strukturen in der öffentlichen Verwaltung erschwert. Es gelang ihnen, auch im Grundgesetz die Respektierung der, wie es hieß, »hergebrachten Grundsätze des Berufsbeamtentums« durchzusetzen. Entscheidend für den gesamten Komplex der Restauration des Beamtentums waren die Regelungen, die aufgrund Art. 131 GG getroffen wurden. In Durchführung dieses Artikels der Verfassung sind nach 1949 die meisten Angehörigen des öffentlichen Dienstes der Zeit vor 1945 wieder in öffentliche Ämter übernommen worden. Eine durchgreifende personelle Erneuerung der Beamten- und Richterschaft hat in Westdeutschland nicht stattgefunden.

Auch die christlichen Kirchen vermochten im Parlamentarischen Rat ihren Einfluß geltend zu machen. Sie erreichten, daß ihnen der besondere staatliche Schutz zugesichert wird und sie dennoch vom Staate unabhängig bleiben. Auch auf die Formulierung der Grundrechte nahmen sie Einfluß, insbesondere hinsichtlich des Bereichs von Ehe und Familie.

Am interessantesten und folgereichsten ist die Frage, warum es der damals schon relativ mächtigen Organisation der westdeutschen Gewerkschaften nicht gelang, ihre Vorstellungen von einer modernen Industriegesellschaft wirksamer im Grundgesetz zu verankern. Das Grundgesetz schweigt sich über die Grundlinien der Wirtschafts- und Sozialordnung weitgehend aus. Zwar enthält der Grundrechteteil den Hinweis, das private Eigentum solle dem Wohle der Allgemeinheit dienen (Art. 14), und Art. 15 sieht die mögliche Sozialisierung von Grund und Boden, Naturschätzen und Produktionsmitteln vor. Doch abgesehen von diesen vagen bzw. Kann-Bestimmungen enthält das Grundgesetz keine konkreten Normen für die Ausgestaltung der Wirtschaftsverfassung.

Die Gewerkschaften hatten weitergehende Konzeptionen. Sie wollten unter anderem das Streikrecht verfassungsrechtlich verankert wissen. Aber sie machten den Fehler, die Wahrung ihrer Interessen ganz den ihnen nahestehenden Vertretern in der SPD und dem linken Flügel der CDU zu überlassen und nicht durch eigenen direkten Druck auf die Ausgestaltung der Verfassung Einfluß zu nehmen. Die Politiker wiederum, besonders in der SPD, sahen im Grundgesetz vor allem ein Organisationsstatut und glaubten, die konkrete Ausgestaltung der Wirtschafts- und Sozialverfassung sei der Entwicklung zu überlassen. Tatsächlich ist das Grundgesetz in bezug auf die Wirtschaftsordnung neutral: Sie kann in einem mehr sozialistischen wie auch in einem mehr kapitalistisch-liberalen Sinne ausgefüllt werden. Als das Grundgesetz dann in Kraft trat und die erste Bundesregierung gebildet worden war, waren jedoch die Würfel bereits eindeutig zugunsten einer freien Marktwirtschaft mit relativer Begünstigung der Unternehmer gefallen.

Durch den Umstand, daß die bundesdeutsche Verfassung sich ganz wesentlich auf die Fragen der Organisation der *Staatsgewalt* konzentriert, enthält sie in der Tat neben den Grundrechten nur einen geringen Bestand an verbindlichen Normen für die inhaltliche Ausgestaltung des demokratischen Staates. Diese Ausgestaltung blieb fast völlig den politischen Kräften überlassen, die im neuen Staat die Macht übernahmen. Diejenigen, die aufgrund der Anfälligkeit Deutschlands für den Faschismus den Schluß gezogen hatten, es sei auch eine Änderung der sozial-ökonomischen Bedingungen der neuen deutschen Demokratie einzuleiten, drangen mit ihren Ideen nicht durch. Der Grund dafür war, daß zwischen der massiven Veränderung der sozial-ökonomischen Verhältnisse in der sowjetisch besetzten Zone (SBZ), die auf alle Deutschen, außer die Kommunisten, höchst abschreckend wirkte, und der demokratisch verbrämten Restauration des Kapitalismus eine klare mittlere Linie in den wirren Verhältnissen der Nachkriegszeit nicht leicht zu einem Verfassungsprogramm zu formulieren war. Da sowohl die CDU wie die SPD glaubte, daß jeweils ihr ein maßgeblicher Anteil an der realen Gestaltung des neuen Deutschland zufallen werde, ließ man die Fragen der Wirtschafts- und Gesellschaftsordnung in der Verfassung einfach offen. So erhielt die weitere Entwicklung der sozialen und ökonomischen Verhältnisse in Westdeutschland das entscheidende Gewicht für die Entwicklung der Bundesrepublik, wie sie sich heute darstellt.

Die Beratungen des Grundgesetzes haben nur etwas über ein halbes Jahr in Anspruch genommen. Ohne den erbitterten Streit um die Finanzverfassung, der damit endete, daß hinsichtlich der Finanzen weder die Länder vom Bund, wie in der Weimarer Republik, noch umgekehrt der Bund von den Ländern, wie im Kaiserreich, abhängig wurden, wäre man schneller zum Ende gekommen. Am 8. Mai 1949, genau vier Jahre nach der deutschen Kapitulation, wurde das Grundgesetz vom Parlamentarischen Rat mit 53 zu 12 Stimmen angenommen. Wenige Tage später übermittelten die (west)alliierten Militärgouverneure den Ministerpräsidenten der deutschen Länder ihre Zustimmung zur Verfassung. Die Länderparlamente nahmen in der darauffolgenden Woche das Grundgesetz an; allein Bayern, dessen Mehrheit im Landtag zu München die föderalistischen Interessen für nicht genügend berücksichtigt erachtete, lehnte die Zustimmung zum Grundgesetz ab, verpflichtete sich jedoch zu seiner Anerkennung. Am 23. Mai 1949 wurde das Grundgesetz offiziell verkündet.

Nach Verabschiedung des Wahlgesetzes und nach den am 14. August abgehaltenen Wahlen zum Ersten Deutschen Bundestag konstituierte sich das neue deutsche Parlament am 7. September 1949. Es wählte zuerst den Liberalen Theodor Heuss zum Bundespräsidenten, dann Konrad Adenauer zum Bundeskanzler. Adenauers Politik und die politische Vorherrschaft der Christlich-Demokratischen Union haben die Bundesrepublik fast zwanzig Jahre lang geprägt.

Der Parlamentarische Rat fällte nach Verabschiedung des Grundgesetzes noch eine folgenschwere Entscheidung. Er entschied sich für Bonn als Bundeshauptstadt, nicht für Frankfurt am Main. Adenauer, der in der Nähe Bonns wohnte, favorisierte aus persönlichen Gründen die Provinzstadt am Rhein, wäre damit aber nicht durchgedrungen, hätte nicht die Vorstellung vom staatlichen Provisorium sich auch auf die Frage der zu wählenden Hauptstadt ausgewirkt. Bonn schien für ein Provisorium gerade richtig.

In den vier Jahrzehnten bis 1989 war Bonn am Rhein eine eher ungeliebte Hauptstadt. Die Regierenden, die Parlamentarier und die Bürokraten waren nicht in das gesellschaftliche und kulturelle Leben einer Metropole integriert, sondern lebten und agierten wie auf einer Insel in einem Mikrokosmos; das politische Leben in Bonn hatte darum einen gewissen Inzuchtcharakter an sich. Dem offiziellen Anspruch, daß Bonn nur die provisorische Hauptstadt sei und nach einer Wiedervereinigung Berlin erneut an seine Stelle treten würde, wurde nicht nur in Reden und Proklamationen, sondern jahrzehntelang auch in Architektur und Städtebau Rechnung getragen.

Doch gerade als man der Permanenz der Bonner Republik durch den Neubau von Regierungsgebäuden und vor allem des Deutschen Bundestages am Rhein Rechnung trug, eröffnete der Zusammenbruch der DDR Ende der 80er Jahre die Chance zur deutschen Vereinigung. Es folgte eine heftige Debatte um die Hauptstadt des geeinten Deutschland. Dieselben politischen und intellektuellen Kreise, die zuvor in Bonn die Verkörperung der von ihnen kritisierten kleinkarierten Entwicklung der Bundesrepublik sahen, plädierten jetzt für die Beibehaltung der rheinischen Hauptstadt als einem internationalen Symbol deutscher Bescheidenheit und innenpolitischem Ausdruck föderalistischer Vielfalt. Im Einigungsvertrag vom August 1990 wurde zwar auf Drängen der Ostdeutschen der nominelle Titel Berlins als deutsche Hauptstadt bestätigt, die Entscheidung über den Sitz des Parlaments und der Regierung der vereinigten Bundesrepublik jedoch zunächst aufgeschoben. Nur mit einer sehr knappen Mehrheit hat sich der

Bundestag im Juni 1991 für Berlin als seinen Sitz und damit auch als Sitz der Bundesregierung entschieden. Im September 1996 hat auch der Bundesrat, gegen den Widerstand Nordrhein-Westfalens, seinen Umzug nach Berlin beschlossen. Doch auch nach dieser Grundsatzentscheidung flammte die Debatte um deren Verwirklichung wegen der Kosten des Umzugs in Zeiten knapper öffentlicher Mittel, aber auch infolge emotionaler Vorbehalte gegen Berlin wegen seiner östlichen Lage im vereinten Deutschland und der von ihm angeblich verkörperten fragwürdigen Traditionen deutscher Politik immer wieder auf. Inzwischen sind Parlament und Regierung der Bundesrepublik Deutschland mit Ausnahme einiger Ministerien nach Berlin umgezogen. (Auf die mit dem Übergang von der Bonner zur Berliner Republik verknüpften realpolitischen und symbolischen Veränderungen wird im Schlußkapitel einzugehen sein.)

5. Die Vorgeschichte der DDR und die deutsche Teilung

Im Vergleich zur Entwicklung in den Westzonen, die auf die Schaffung einer bürgerlich-liberalen Demokratie unter Beibehaltung des kapitalistischen Wirtschaftssystems hinauslief, sind die ökonomischen und gesellschaftlichen Grundlagen in der sowjetischen Besatzungszone nach dem Zweiten Weltkrieg sehr viel durchgreifender verändert, ja revolutioniert worden. Obwohl die machtbestimmende kommunistische Partei, die eng mit der sowjetischen Militärverwaltung zusammenarbeitete, anfangs erklärt hatte, es ginge ihr nicht um die Einführung des sowjetischen Systems, sondern um die Errichtung einer antifaschistischen demokratischen Ordnung, wurden schon gleich zu Beginn der Besatzungszeit in der sowjetischen Zone einschneidende Reformen auf dem Gebiet der Landwirtschaft und der Industrie durchgeführt, welche die sozial-ökonomischen Voraussetzungen für den späteren Aufbau eines kommunistischen Systems schaffen sollten. Durch diese Reformen wurde eine soziale und wirtschaftliche Entwicklung der Ostzone eingeleitet, die sich von der im Westen entscheidend abhob. Sie war begleitet vom Aufbau einer neuen Machtstruktur, die den Kommunisten die beherrschende Stellung sicherte.

Die sowjetische Besatzungsmacht hatte schon am 10. Juni 1945, einen Tag nach ihrem offiziellen Amtsantritt als Sowjetische Militär-Administration in Deutschland (SMAD) und nur einen Monat nach der Kapitulation Hitler-Deutschlands, in ihrer Besatzungszone und in dem Berliner Ostsektor die Bildung von politischen Parteien erlaubt, die allerdings unter der Kontrolle der SMAD tätig sein und gemäß ihren Instruktionen arbeiten sollten. Aufgrund dieser, die westlichen Besatzungsmächte überraschenden frühen Zulassung von politischen Parteien wurden vier Parteien von der Besatzungsmacht lizenziert: 1. die Kommunisten (KPD), 2. die Sozialdemokraten (SPD), 3. die Christlichen Demokraten (CDU) und 4. die Liberaldemokraten (LDP).

Als erste deutsche Partei konstituierte sich am 11. Juni 1945 die KPD wieder. Wichtige KPD-Führer waren bereits Wochen vorher unter der Leitung von Walter Ulbricht aus Moskau in die sowjetische Besatzungszone eingeflogen worden mit dem Ziel, die Rote Armee beim Aufbau einer deutschen Verwaltung zu unterstützen. Sie haben den Aufbau und die Festigung der kommunistischen Herrschaft in der Sowjetzone entscheidend mitgestaltet. Vor diesem Hintergrund war es erstaunlich, daß die KPD in ihrem Gründungsaufruf erklärte, daß sie nicht die Absicht habe, Deutschland das Sowjetregime aufzuzwingen, es gehe vielmehr um die »Aufrichtung eines antifaschistischen demokratischen Regimes, einer parlamentarisch-demokratischen Republik mit allen Rechten und Freiheiten für das Volk«. Die SPD in der sowjetischen Besatzungszone unter ihrem Vorsitzenden Otto Grotewohl trat in ihrem Gründungsaufruf ein für »Demokratie in Staat und Gemeinde, Sozialismus in Wirtschaft und Gesellschaft« und warb nach den gemeinsamen Erfahrungen der Niederlage und Verfolgung durch die Nazis für die organisatorische Einheit der deutschen Arbeiterbewegung. Doch den deutschen Kommunisten schien der Zeitpunkt für eine sozialistische Einheitspartei noch nicht gekommen, denn es war zunächst das Ziel der KPD, mit der entsprechenden Unterstützung durch die sowjetische Besatzungsmacht innerhalb des neuen Parteiensystems die Vorherrschaft zu gewinnen. Als betont bürgerliche Parteien traten die CDU und die LDP auf den Plan. Entscheidend für die weitere Entwicklung des Parteiwesens in der SBZ wurde die am 14. Juli 1945 beschlossene Errichtung eines »Blocks der antifaschistisch-demokratischen Parteien«. Dieser Block arbeitete mit Hilfe eines paritätischen Ausschusses, der eine gemeinsame Politik entwickeln und auf der Basis der Einstimmigkeit arbeiten sollte. Da jedoch die KPD von der Sowjetmacht ganz eindeutig bevorzugt und unterstützt wurde, war es ihr trotz der paritätischen Zusammensetzung ein leichtes, in diesem Gremium die Macht an sich zu reißen.

Die Phase der Selbständigkeit der SPD im Rahmen des antifaschistischen Blocks sollte nicht lange dauern. Ende 1945 begann die KPD immer stärker auf einen Zusammenschluß der beiden Parteien zu drängen, dem sie sich anfangs verweigert hatte. Die ostzonale Führung der SPD war nach der Erfahrung der einseitigen Begünstigung der KPD durch die Sowjets kaum mehr an einer Fusion interessiert, zumal der starke Vorsitzende der SPD in den Westzonen, Kurt Schumacher, von Anfang an ein entschiedener Gegner eines solchen Zusammenschlusses war und dementsprechend auf seine Genossen in Berlin einzuwirken versuchte.

Doch die Macht der Verhältnisse war stärker als alle Skepsis. In den Fusionsgesprächen zwischen den Führungsgremien der beiden Parteien machte die KPD geschickt einige formale Zugeständnisse. Die Besatzungsmacht forcierte ihrerseits die Fusion durch Zwangsmaßnahmen gegen ihre Gegner. Sie übte vor allem Druck auf lokale Parteiorganisationen aus, die vielerorts auf unterer Ebene die Vereinigung schon vollzogen, noch bevor sie durch den Fusionsparteitag offiziell beschlossen wurde. Hinzu kam, daß die Ost-SPD in dieser Frage selbst gespalten war. Nachdem die Kommunisten sogar bereit waren, sich auf die bemerkenswerte These von einem »besonderen deutschen Weg zum Sozialismus« festzulegen, schwand der Widerstand gegen die Fusion schließlich auch bei den sozialdemokratischen Parteiführern in der Ostzone, die ohnehin nur geringe wirksame Widerstandsmöglichkeiten gegen die Fusion sahen. Einzig die Berliner Sozialdemokraten, die im Westteil der Stadt durch die westlichen Besatzungsmächte geschützt wurden, führten unter ihren Mitgliedern in *ganz* Berlin eine Urabstimmung über die Frage der Fusion durch. Dabei sprach sich eine überwältigende Mehrheit von 82 Prozent gegen eine Vereinigung mit der KPD aus. Somit war offensichtlich, daß die ostzonale SPD nicht frei und aus eigener Überzeugung die geforderte Verschmelzung mit der KPD vollzog.

Der Vereinigungsparteitag, auf dem die Sozialistische Einheitspartei Deutschlands (SED) gegründet wurde, fand am 21. und 22. April 1946 in Berlin-Mitte statt. Der Vorstand der neuen Partei setzte sich paritätisch aus Sozialdemokraten und Kommunisten zusammen: Wilhelm Pieck von der KPD und Otto Grotewohl von der SPD wurden zu Vorsitzenden der Einheitspartei bestimmt. Symbolischer Ausdruck der Einheit war der Händedruck der beiden Parteiführer. Er zierte das Emblem der SED.

Dank der vollzogenen Fusion war die SPD für die von der östlichen Besatzungsmacht protegierte KPD kaum mehr ein Problem. Der Weg zur Entwicklung der SED als einer kommunistischen Partei in enger Anlehnung an die KP der Sowjetunion und getragen von den Lehren des Marxismus-Leninismus-Stalinismus war nunmehr frei. Er ist dann auch seit der Propagierung einer leninistischen »Partei neuen Typus« auf dem 2. Parteitag der SED im September 1947 systematisch beschritten worden. Am Ende dieses Weges stand die SED als eine kommunistische Partei sowjetischen Musters, in der das sozialdemokratische Element sich nicht mehr zur Wirkung bringen konnte und dessen Anhänger aus der Partei gesäubert worden waren.

Zur Schwächung der bürgerlichen Kräfte, die sich nicht so einfach gleichschalten ließen, wurden 1948 mit Genehmigung der SMAD zwei weitere Parteien gegründet: die Nationaldemokratische Partei Deutschlands (NDPD) und die Demokratische Bauernpartei Deutschlands (DBD). CDU und LDP büßten ihre relative Eigenständigkeit zusehends ein und konnten unter der sich immer fester etablierenden Herrschaft der kommunistischen SED kein nennenswertes politisches Eigenleben mehr entfalten. Der Block der Parteien wurde außerdem ergänzt durch die Einbeziehung der Massenorganisationen, insbesondere des Freien Deutschen Gewerkschaftsbundes (FDGB), die von Anfang an von den Kommunisten beherrscht waren. Damit war die Nationale Front, der am 4. Oktober 1949 offiziell vollzogene Zusammenschluß aller politischen Parteien und Organisationen unter Führung der SED, vollendet.

Die SED und die mit ihr im antifaschistischen Block verbundenen politischen Gruppen haben anfangs unablässig das Thema der staatlichen Einheit Deutschlands betont. Sie beschuldigten die Westmächte und die mit ihnen zusammenarbeitenden Deutschen der Spaltung des Landes und der bewußten Mißachtung der Potsdamer Beschlüsse. Zur Demonstration ihres Willens zur Wiederherstellung der deutschen Einheit organisierten sie im Dezember 1947 den ersten Deutschen Volkskongreß für Frieden und Einheit, an dem auch eine Anzahl vorwiegend kommunistischer Delegierter aus den Westzonen teilnahm.

Aus dem 2. Volkskongreß im März 1948 ging ein Deutscher Volksrat hervor, der sich als die rechtmäßige Vertretung des deutschen Volkes ausgab und einen Ausschuß einsetzte, der parallel zu den Beratungen des Parlamentarischen Rates in Bonn Richtlinien für die Verfassung einer sich auf ganz Deutschland beziehenden »Deutschen Demokratischen Republik« ausarbeitete. Die dann vom 3. Volkskongreß im Mai 1949 angenommene Verfassung für eine solche Republik entsprach weitgehend einem schon 1946 von der SED vorgelegten ersten Entwurf. Diese (erste) Verfassung der DDR war im wesentlichen eine den neuen Verhältnissen angepaßte Kopie der Weimarer Reichsverfassung. Auch sie wahrte bewußt den gesamtdeutschen Charakter, obwohl es klar war, daß sie nur für den ostdeutschen Teilstaat von Geltung sein würde. So proklamierte Art.1: »Deutschland ist eine unteilbare demokratische Republik.«

Die Propagierung der Einheit Deutschlands durch die SED und die mit ihr verbundenen Parteien und Massenorganisationen fiel den Politikern der Ostzone um so leichter, als die Westmächte jeden Versuch der Wiederherstellung der deutschen Einheit im Sinne der Forderungen der sowjetischen Besatzungsmacht und der SED als einen Versuch zur Expansion des kommunistischen Einflusses auf deutschem Boden verstanden und darum abblockten. Auch achteten die Sowjets und die ostdeutschen Politiker sehr genau darauf, daß alle faktischen Schritte, die zur Spaltung des Landes führten, von den Westmächten zuerst gemacht wurden und darum von diesen zu verantworten waren. Die Sowjetunion protestierte Anfang Oktober 1949 unverzüglich gegen die im September in Bonn vollzogene Konstituierung des Ersten Deutschen Bundestages und die Bildung der Bundesregierung und teilte den Westmächten mit, »daß sich aufgrund der Bildung der Bonner Separatregierung in Deutschland eine neue Lage herausgebildet« habe. Diese neue Lage führte wenige Tage später, am 7. Oktober 1949, zur bestens vorbereiteten Konstituierung der Deutschen Demokratischen Republik als dem zweiten deutschen Staat, indem sich der Volksrat zur provisorischen Volkskammer erklärte und die von ihm ausgearbeitete Verfassung in Kraft setzte. Der Kommunist Wilhelm Pieck wurde zum ersten Präsidenten und der frühere Sozialdemokrat Otto Grotewohl zum ersten Ministerpräsidenten der DDR bestimmt.

Die Bundesregierung in Bonn unter Bundeskanzler Adenauer bezeichnete den neuen ostdeutschen Staat als illegitim, da die Bevölkerung der Sowjetzone ihren politischen Willen nicht habe frei äußern können. Adenauer nahm entsprechend dem Grundgesetz der Bundesrepublik Deutschland für seine Regierung in Anspruch, allein die Interessen des gesamten deutschen Volkes zu vertreten. Die DDR könne in Fragen, die Gesamtdeutschland beträfen, kein Mitspracherecht beanspruchen. Obwohl eine Wahl in der Ostzone tatsächlich *nicht* stattgefunden hatte, erklärte Ministerpräsident Grotewohl für die DDR, seine Regierung habe ihre Legitimation vom Volke erhalten, sie sei die erste wahrhaft unabhängige deutsche Regierung.

Betrachtet man die Ereignisse, die zur Teilung Deutschlands in zwei separate Staaten unter dem dominierenden Einfluß der jeweiligen Besatzungsmächte führten, in eher vordergründiger Weise, so liegt die Verantwortung für die Teilung bei den Westmächten und den westdeutschen Politikern, die deren Wünschen nach Bildung eines Teilstaates entsprach. Unleugbar sind die entscheidenden formalen Schritte, die zur Spaltung Deutschlands führten – sehen wir vom Auszug der Sowjets aus dem Alliierten Kontrollrat im März 1948 ab –, von den Westmächten zuerst getan worden. So erfolgte auch die formale Staatsgründung der DDR erst nach der der Bundesrepublik. Sie war die Antwort der Sowjets auf die durch die Westmächte innerhalb deren Zonengebieten geschaffenen neuen Tatsachen.

In der politischen Wirklichkeit der vier Jahre zwischen dem Ende des Zweiten Weltkrieges und der Konstituierung der beiden deutschen Staaten im Sommer und Herbst 1949 führten allerdings zeitlich parallele Separatentwicklungen in den Westzonen und der Ostzone zur staatlichen Teilung Deutschlands. Diese begannen 1945 mit der getrennten Zulassung der deutschen Parteien durch die Besatzungsmächte und setzten sich im Herbst 1946 mit der Bildung länderübergreifender Verwaltungsstellen in der amerikanischen und britischen bzw. sowjetischen Zone und im Juni 1947 mit der Bildung des Wirtschaftsrates in Frankfurt am Main bzw. der Deutschen Wirtschaftskommission in Ost-Berlin fort. Sie erreichten im Juni 1948 mit den getrennten Währungsreformen in den Westzonen und der Ostzone, vor allem aber in den Besatzungssektoren von Berlin, einen kaum mehr überbietbaren Höhepunkt. Die Gründung zweier deutscher Staaten im Jahre 1949 war danach nur die notarielle Besiegelung einer längst absehbaren Entwicklung.

Die Deutschen selbst haben für ihre nationale Einheit in diesen Jahren nicht viel tun können. Wenn sie in Westdeutschland wieder ein Mindestmaß an Souveränität und politischem Handlungsspielraum zurückgewinnen wollten und wenn sie – wie es der Fall war – gleichzeitig ein Interesse daran hatten, das ihnen durch die Sowjets in deren Zone vorexerzierte »volksdemokratische« Muster des staatlichen Wiederaufbaus abzuwehren, so konnten sie das nur im Verein mit den Westmächten und in deren Sinne tun. Sie handelten mit einem schlechten gesamtdeutschen Gewissen, weil sie wußten, daß die deutsche Teilung vorerst noch definitiver würde, als diese durch die Trennung in Ost- und Westzonen nach 1945 ohnehin schon geworden war. Eine wirkliche Alternative hatten sie jedoch nicht.

So hat sich die deutsche Spaltung aus dem immer unvereinbarer werdenden Interessengegensatz der Westmächte und der Sowjetunion zwangsläufig entwickelt. Beide Seiten waren nicht bereit, die ihnen überlassenen deutschen Gebiete und deren Bevölkerung einer Entwicklung anheimzugeben, die sie politisch nicht kontrollieren konnten und die sich möglicherweise gegen ihre eigenen machtpolitischen Interessen kehren würde. Beide konnten sich eine einheitliche Ordnung für das gesamte Deutschland stets nur in der Perspektive ihrer eigenen politischen Herrschaftsform vorstellen: demokratisch-pluralistisch-kapitalistisch die Westmächte und die meisten westdeutschen Politiker – volksdemokratisch-sozialistisch, als »Staat der Arbeiter und Bauern«, die Sowjetunion und die deutschen Kommunisten. (Zur Teilung Berlins vgl. insbesondere S. 395 ff.) Folglich nahm die Geschichte eines in zwei Staaten geteilten Deutschlands ihren Lauf. Sie währte vierzig Jahre, kam dann aber plötzlich und unverhofft an ihr Ende.

II. Kapitel

Geschichte der Bundesrepublik Deutschland (1949–1990)

1. Die Ära Adenauer (1949–1961)

Mit politischen Systemen ist es wie mit Menschen: Je älter sie werden, um so mehr wird ihnen ihre Vergangenheit bewußt, insbesondere ihre Prägung durch Kindheit und Jugend. Die Bundesrepublik steht inzwischen in ihrem sechsten Lebensjahrzehnt, ein im Vergleich zur Dauer früherer politischer Systeme in Deutschland fortgeschrittenes Alter. Viele heutige Eigenarten der deutschen Politik kann man nur verstehen, wenn man um ihre geschichtliche Entstehung und Entwicklung weiß.

Für die Einteilung der politischen Geschichte der Bundesrepublik Deutschland erscheint die Periodisierung nach den jeweils regierenden Parteienkoalitionen und vor allem den Kanzlern am geeignetsten, prägten diese doch nicht nur die jeweilige Richtung der Regierungspolitik, sondern spiegeln darüber hinaus deutlich unterscheidbare gesellschaftliche und wirtschaftliche Lagen sowie verschiedenartige öffentliche Meinungskonstellationen wider. Aufgrund dieses Kriteriums der Herrschaftsausübung ergibt sich für die vierzigjährige Geschichte der alten Bundesrepublik eine Periodisierung in vier Zeitabschnitte, an deren Anfang die von Adenauer als dem ersten deutschen Bundeskanzler geprägten und repräsentierten fünfziger Jahre stehen.

Zu Beginn der Bundesrepublik hatten die bürgerlichen Parteien unter der Führung der Christdemokraten die entscheidungsfähige Mehrheit zur Durchsetzung ihrer politischen Zielvorstellungen. Sie besaßen in Konrad Adenauer die beherrschende staatsmännische Figur der deutschen Nachkriegsgeschichte. Wie immer man zu der unter Historikern so heftig diskutierten Frage steht, welches die historisch wirksamen Faktoren sind – einzelne Menschen oder soziale und ökonomische Kräfte –, niemand kann übersehen, daß der erste deutsche Bundeskanzler die in der historischen Situation des staatlichen Neubeginns angelegten Möglichkeiten mit großer Sicherheit erfaßte und nutzte; er hat einer Entwicklung den Weg gebahnt, bei der im einzelnen schwer auszumachen ist, ob Adenauer mehr von den seine Politik tragenden Kräften und Konstellationen bestimmt wurde oder ob nicht umgekehrt der erste Bundeskanzler selbst Wesentliches zu einer politischen Entwicklung beigetragen hat, die der Bundesrepublik innerhalb einer kurzen Zeitspanne ihren politischen Standort und ihre klaren verfassungspolitischen Konturen verlieh. Nicht ohne Grund eröffnete Arnulf Baring seine bedeutsame Untersuchung über Adenauers Politik der Westintegration (»Außenpolitik in Adenauers Kanzlerdemokratie«) mit dem vom Anfang des Johannes-Evangeliums inspirierten Satz: »Am Anfang war Adenauer.« Auch die zeitgenössischen Kritiker der ersten Jahre der Bundesrepublik haben der so verstandenen Bedeutung des ersten Bundeskanzlers Rechnung getragen, indem sie den neuen Staat als »Adenauer-Republik« zu denunzieren versuchten.

Konrad Adenauer verkörperte in seiner Person individuelle und politische Werte, mit denen sich die Mehrheit der Deutschen nach den leidvollen Erfahrungen mit der Nazidiktatur in der zweiten Demokratie auf deutschem Boden identifizieren konnte und mochte. Er war 1917, noch im vorletzten Jahr des Wilhelminischen Kaiserreiches, zum Oberbürgermeister seiner Heimatstadt Köln gewählt worden. In der Ausübung dieses Amtes, aber auch durch den Vorsitz im Preußischen Staatsrat bis zum Ende der Weimarer Republik war er schon vor 1933 nicht bloß ein rheinischer Kommunalpolitiker, sondern führender Repräsentant des weltoffenen politischen Katholizismus in Deutschland gewesen. Adenauer hatte aus seiner Abneigung gegen die Nationalsozialisten nie einen Hehl gemacht und wurde nach deren Machtergreifung abgesetzt und politisch drangsaliert; er gehörte daher zur Minderheit der Deutschen ohne braune Flecken, was ihn nach 1945 den Besatzungsmächten empfahl. Auf der anderen Seite war Adenauer nie ein Anhänger der rigiden Entnazifizierung und ließ es als Bundeskanzler zu, daß zahlreiche Mitläufer des Dritten Reiches wieder in führende Positionen in Verwaltung und Bundeswehr aufsteigen konnten, was ihn aber in den Augen der damaligen Mehrheit der Westdeutschen eher als sympathisch erscheinen ließ. Auch mit der dem »alten Fuchs« eigentümlichen Mischung von Prinzipienfestigkeit in einigen Grundüberzeugungen und taktischer Schläue und Anpassungsfähigkeit in den meisten Alltagsfragen konnten sich die Westdeutschen aufgrund ihrer eigenen Überlebensstrategien im und nach dem Krieg identifizieren. Nach den schlechten Erfahrungen mit den bombastischen und korrupten Repräsentanten des Naziregimes wirkte die Kargheit und das Pflichtbewußtsein des ersten Bundeskanzlers auf die meisten Westdeutschen als ein wohltuender Kontrast, auch wenn etwa der Wortschatz und rheinische Dialekt des Bundeskanzlers von manchen Intellektuellen bespöttelt wurde. So entsprach Adenauers Person und Politik dem Überlebensmotto der Deutschen im ersten Nachkriegsjahrzehnt: »Mehr sein als scheinen.«

Die Ära Adenauer umfaßt drei Legislaturperioden des Deutschen Bundestages. Er selbst trat zwar erst 1963, in der Mitte der vierten Legislaturperiode, aus der aktiven Politik ab, doch in den beiden letzten Jahren war er als Bundeskanzler wegen des Koalitionsdiktats der erstarkten FDP, die seinen Rücktritt vor Ablauf der Legislaturperiode zur Bedingung gemacht hatte, nicht mehr der unangefochtene »Große Alte« der westdeutschen Nachkriegspolitik. Auch hatte sich 1961 durch den Bau der Berliner Mauer nicht nur die deutschlandpolitische, sondern auch die internationale Lage so entschieden verändert, daß Adenauers Politik und Weltbild überholt und antiquiert erschienen. Die beiden letzten Jahre seiner Amtszeit, in denen er sich vergeblich bemühte, die von ihm mit Recht für problematisch gehaltene Wahl Ludwig Erhards zum Bundeskanzler zu verhindern, sind darum besser dem nächsten historischen Zeitabschnitt unter dem Motto »Unruhe und Wandel« zuzuschlagen.

Bereits in den ersten vier Jahren von Adenauers Kanzlerschaft hatten sich in Westdeutschland die Konturen des für jede demokratische Politik maßgeblichen gesellschaftlichen Kräftefeldes herausgebildet. Einer starken und selbstbewußten Einheitsgewerkschaft standen die im Entscheidungsfall stets noch etwas einflußreicheren Verbände der Unternehmer und der Industrie gegenüber. Die Kirchen hatten sich auf ein partnerschaftliches Verhältnis zum neuen

Staat eingelassen und stützten ihn. Die übrigen Interessengruppen gewannen an Profil und Einfluß, je mehr sich dank des wirtschaftlichen Aufstiegs die soziale Lage konsolidierte. Die Intellektuellen waren abwartend und eher distanziert, weil ihnen zuviel »Restauration« im Spiele zu sein schien, aber sie arrangierten sich, wenn auch etwas mürrisch, mit den neuen Verhältnissen, zumal sie in ihrer Schaffensfreiheit nicht eingeengt waren. Das soziale System des politischen *Pluralismus* gewann so unter Adenauers Kanzlerschaft in relativ kurzer Zeit feste Konturen, die im wesentlichen bis heute erhalten geblieben sind.

Die unentbehrliche Grundlage für die erfolgreiche Politik des politischen Wiederaufbaus und der sozialen Befriedung, zu der insbesondere die Integration von Millionen Flüchtlingen und Vertriebenen in die westdeutsche Gesellschaft zu rechnen ist, war der wirtschaftliche Aufschwung, der nach Ausbruch des Koreakrieges 1950 zu einem bis in die sechziger Jahre anhaltenden Boom führte. Die von der CDU/CSU unter Führung von Ludwig Erhard betriebene liberale Wirtschaftspolitik leitete, für alle sichtbar, aus der Zeit des Hungers, der Not und des Mangels heraus in eine dynamische Ära vorwiegend materialistisch bestimmter Wünsche und Bestrebungen, die mit einem starken Interesse an Kontinuität und Sicherheit gekoppelt waren. »Keine Experimente!« war nicht nur eine sehr erfolgreiche Wahlkampfparole des Jahres 1957, sondern wurde zur Signatur eines ganzen Jahrzehnts. Wesentliche strukturelle Änderungen in der deutschen Wirtschaft, wie vor allem die drastische Verminderung der Zahl der in der Landwirtschaft Beschäftigten oder einschneidende Veränderungen im Bereich der Energiegewinnung durch die weitgehende Substitution von Kohle durch Erdöl, gingen ohne dramatische soziale Konflikte vonstatten und fügten sich in ein soziales Klima ein, das Klassenkampfparolen kaum Ansatzpunkte bot und sich, ungeachtet fortbestehender und neu entstehender sozialer Unterschiede, vorwiegend an mittelständischen Normen und Erwartungen orientierte.

Doch sowohl im Urteil der Zeitgenossen als auch in der heute vorherrschenden historischen Betrachtung waren diese inneren Entwicklungen gewissermaßen beiläufige Folgen einer umfassenderen Politik, die ihren Schwerpunkt auf dem Gebiet der Außenpolitik hatte. Adenauers bleibende historische Leistung ist die entschiedene, sich auf keine unsicheren Kompromisse einlassende Integration der Bundesrepublik in das von den Amerikanern geführte westliche Verteidigungs- und Bündnissystem. Für die Vollendung der Westintegration riskierte er gegen beträchtlichen inneren Widerstand die Durchsetzung der Wiederbewaffnung Westdeutschlands; nicht zuletzt ertrug er den die politische Auseinandersetzung ein Jahrzehnt lang beherrschenden schweren Vorwurf, er habe die realen Möglichkeiten für eine Wiedervereinigung Deutschlands nicht genügend ausgelotet, ja, er sei entgegen seinen Beteuerungen an einer Wiedervereinigung im Grunde gar nicht interessiert (gewesen). Neben der innenpolitischen Kontroverse über die Wirtschafts- und Sozialpolitik war dieser außenpolitische Streit zwischen der SPD-Opposition unter Kurt Schumacher, nach dessen Tod im Jahr 1952 unter dem blasseren Erich Ollenhauer, einerseits und Adenauer mit seiner breiten politischen Gefolgschaft andererseits das die deutsche Politik aufwühlende und beherrschende Thema der fünfziger Jahre.

Neben dem Ziel, die im Wiederaufbau begriffene Bundesrepublik nicht in Gefährdungen und Unwägbarkeiten einer Existenz zwischen den großen Machtblöcken oder gar dem Zugriff der Sowjetunion auszusetzen und sie sicher unter den Schutz der Westmächte zu stellen (was zugleich in deren Interesse war), hat Adenauer mit großer Zähigkeit sein zweites Hauptziel verfolgt, die Bundesrepublik Schritt für Schritt zu einem gleichberechtigten, wirtschaftlich und später auch militärisch starken Partner innerhalb des westlichen Bündnisses zu machen. Darum setzte er auch konsequent auf die europäische Karte, soweit sie unter den sich verstärkenden nationalstaatlichen Tendenzen der fünfziger Jahre spielbar war.

Daß Adenauer dabei die Mehrheit des deutschen Volkes hinter sich wissen durfte, hatten die für die CDU/CSU so erfolgreichen Wahlen von 1953 und 1957 deutlich genug erwiesen. Sein starker *Antikommunismus* wurde in der Zeit des Kalten Krieges, die mit Adenauers Machtentfaltung zusammenfällt, auch von den meisten jener westdeutschen Bürger geteilt, die seine Partei nicht wählten. Die Ursache dieser weitverbreiteten und tiefsitzenden Vorbehalte in der bundesdeutschen Bevölkerung nicht nur gegen kommunistische Systeme, sondern oft auch gegen sozialistische Ideen – denen schließlich die SPD durch ihren Programmumschwung von 1959 Rechnung tragen mußte –, war doppelt und teilweise zwiespältig. Sie führte sich sowohl auf die weltanschauliche Propaganda der Nationalsozialisten gegen den Bolschewismus als auch auf die reale zeitgenössische Erfahrung der Diktatur in den osteuropäischen Volksdemokratien zurück. So wurde der Antikommunismus zum bestimmenden ideologischen Signum der Ära Adenauer: »Die Entwicklung der Bundesrepublik ist schlechthin nicht zu verstehen, wenn man von der tiefen Wirkung absieht, die eine breite antikommunistische und antisowjetische Grundströmung in ihren formativen Jahren ausgeübt hat« (Richard Löwenthal).

Das antikommunistische Grundgefühl der wirtschaftlich erstarkenden und zu politischer Gleichberechtigung aufrückenden Bundesrepublik hat lange Zeit eine nationale Wiedervereinigung unter anderen Vorzeichen als freien demokratischen Wahlen in ganz Deutschland und ungehinderter nationaler Selbstbestimmung aller Deutschen als nicht denkbar erscheinen lassen. Nicht nur die »Väter des Grundgesetzes«, sondern auch die große Mehrheit der Deutschen gingen in den fünfziger Jahren davon aus, daß die deutsche Wiedervereinigung in absehbarer Zeit auf dem Wege einer Erweiterung der Bundesrepublik um das Gebiet der DDR, die immer noch als »Sowjetische Besatzungszone« verstanden wurde, erreicht würde. Die deutsche Bundesregierung unter Adenauer und ihre amerikanischen Verbündeten mit dem damaligen Außenminister Dulles an der Spitze setzten dabei auf das Konzept einer »Politik der Stärke«, womit vor allem die wirtschaftliche, weniger die militärische Überlegenheit des Westens gemeint war, welche die Sowjetunion zu Zugeständnissen in der Frage der deutschen Wiedervereinigung veranlassen sollte. Doch diese Politik, die nicht auf Verhandlungen und Ausgleich mit der Sowjetunion, sondern deren Nachgeben, letztlich Kapitulation setzte, erwies sich in den fünfziger Jahren als eine Fehleinschätzung. In Sachen Wiedervereinigung bewegte sich trotz der Aufnahme diplomatischer Beziehungen zur Sowjetunion 1955 fortan überhaupt nichts mehr. Vielmehr zog die Westintegration der Bundesrepublik als unausweichliche Parallelaktion die Ostintegration der DDR und damit die Vertiefung der staatlichen Teilung Deutschlands nach sich. Es ist noch heute eine Frage der historischen Spekulation, ob die behutsame Prüfung und eventuelle Nutzung der von Stalin 1952 dem Westen angebotenen Möglichkeiten einen akzeptablen Weg zur Lösung der deutschen Frage eröffnet hätten.

Die in der Ära Adenauer gelegten inneren und äußeren Grundlagen der politischen Existenz der Bundesrepublik erwiesen sich als so solide, daß auch die führenden Politiker der SPD und FDP schließlich der großen politischen Leistung Adenauers ihre Reverenz erwiesen, vor allem als sie 1969 die Bundesregierung übernahmen. Die mit seinem Regierungsstil damals oft verbundene Floskel vom »autoritären Kanzler« ist aus heutiger Sicht verblaßt; die legendäre Einfachheit seiner politischen Sprache und die Geradlinigkeit seiner Perspektive sieht man ihm nach, weil man sie für richtig hält. Doch so beständig das von ihm geschaffene Werk der Westintegration und der europäischen Verankerung der westdeutschen Politik auch bis heute geblieben ist, so funktional sich die politischen Institutionen des Grundgesetzes auch erwiesen – die Christdemokraten hatten mit Adenauers Abgang ihren einzigen Politiker staatsmännischen Formats verloren. Sie boten der Mehrheit der deutschen Wähler Ende der sechziger Jahre nicht mehr die Garantie, der deutschen Politik und Demokratie die notwendigen Impulse für die Zukunft zu geben.

Was linke Autoren damals etwas abschätzig als »CDU-Staat« bezeichneten, das war, sieht man von einigen christdemokratischen Schlagseiten und Verfilzungen ab, im Grunde der Staat der Bundesrepublik. Es spricht für die Stärke dieser Konstruktion, daß mit Übernahme der Regierung durch die Sozialdemokraten allen Wandlungen des politischen Klimas zum Trotz kein neuer Staat, kein »SPD-Staat« entstanden ist.

So war die Ära Adenauer konstituierend für das politische System der Bundesrepublik. Man kann die fünfziger Jahre als die Kindheitsjahre in der Lebensgeschichte der alten Bundesrepublik verstehen. In diesem Jahrzehnt lernten die Westdeutschen – nach den Erfahrungen des Scheiterns und Versagens in der Weimarer Demokratie und der Unterdrückung in der Nazidiktatur – mühsam die ersten Schritte im demokratischen Verhalten. In diesem demokratischen Lernprozeß wurden sie außenpolitisch durch das Bündnis mit den USA als der westlichen Vormacht beschützt und vom Vertrauensvorschuß der westeuropäischen Nachbarn getragen; innenpolitisch wurden sie motiviert durch die wirtschaftlichen und sozialen Leistungen der zweiten deutschen Demokratie, an deren Spitze die starke und strenge Vaterfigur Adenauers stand. Doch wie die Kindheit im Leben eines Menschen mußte auch diese erste Phase der Bonner Demokratie zu einem notwendigen Ende kommen.

2. Unruhe und Wandel (1961–1969)

Mit Adenauers Rückzug aus der aktiven Politik – er war die letzten Jahre seines Lebens bis zu seinem Tode im Jahr 1967 ganz mit der Abfassung seiner Memoiren beschäftigt – zeigte sich relativ schnell, daß tatsächlich eine Ära zu Ende gegangen war. Innenpolitisch wurde dies sowohl in der Regierung und in der führenden Regierungspartei CDU/CSU sichtbar als auch im gewandelten Verhalten der Oppositionspartei SPD, deren mit dem Godesberger Parteitag von 1959 eingeleitete politische Strategie der vorsichtigen Anpassung an die von Adenauer geschaffenen Verhältnisse von zeitgenössischen Beobachtern mit Vorliebe als Umarmungstaktik charakterisiert wurde. Adenauers Nachfolger als Bundeskanzler, der zuvor (seit 1949) als Wirtschaftsminister so erfolgreiche *Ludwig Erhard*, konnte zwar 1965 für seine Partei nochmals einen großen Wahlsieg erringen. Doch seine Führungsschwäche war bald so eklatant, daß sie nicht nur die eigene Partei beunruhigte und zu inneren Kämpfen darüber führte, wer das Erbe Adenauers am besten zu verwalten geeignet sei, sondern auch allgemein das Problem aufwarf, ob der Regierungschef die ihm nach der Verfassung zu Gebote stehenden Führungsmittel richtig einsetze. Nach der scheinbaren Übersteigerung der Kanzlerdemokratie unter Adenauer erschien Erhards unsicheres Regiment fast wie eine kanzlerlose Demokratie, zumal Adenauers schwerfälliger Nachfolger sich einbildete, er könne ein ganz über den Parteien schwebender »Volkskanzler« sein. Unter Erhard machten überdies auch ideologisch höchst fragwürdige Parolen von einem »neuen Nationalismus« und einer »formierten Gesellschaft« die Runde, die zweifellos dazu beitrugen, den sich langsam bildenden Widerstand gegen das System auf der extremen Rechten wie Linken zu begünstigen, der die Bundesrepublik in der zweiten Hälfte der sechziger Jahre ein wenig das Fürchten lehrte und zumindest journalistisch den Rückfall in die gefürchteten Weimarer Verhältnisse heraufbeschwor. Hinzu kam, daß die SPD auf der Grundlage ihres sogenannten Godesberger Programms von 1959 und mit neuen Männern wie Willy Brandt, Fritz Erler und Herbert Wehner an der Spitze in den sechziger Jahren entschlossener denn je ihrem Ziel der Regierungsbeteiligung zustrebte und jede sich bietende Chance nutzte. Das machte nach der eher langweiligen ersten Hälfte der sechziger Jahre deren zweite Hälfte um so ungewöhnlicher und unruhiger.

Der Bruch der CDU/FDP-Koalition und der Rücktritt Erhards als Bundeskanzler verschafften 1966 der SPD das so lange begehrte Eintrittsbillet in die Bundesregierung. Sie mußte sich zwar mit *Kurt-Georg Kiesinger* als einem christdemokratischen Bundeskanzler abfinden (dem noch dazu der Makel anhaftete, Mitglied der NSDAP gewesen zu sein), aber die Jahre der Großen Koalition erwiesen sich als die notwendige Durchgangsphase der langjährigen Oppositionspartei zur führenden Regierungsbeteiligung im Jahre 1969.

Nur unter diesem Gesichtspunkt – daß endlich ein demokratischer Machtwechsel möglich wurde – war die Große Koalition einigermaßen zu rechtfertigen. Nach den Spielregeln der parlamentarischen Demokratie ist die Bildung einer Regierung, die fast alle Abgeordneten hinter sich weiß und der nur eine kleine Opposition wie die damalige FDP gegenübersteht, eher fragwürdig. Auch den Legitimationsanspruch, nur durch eine große parlamentarische Mehrheit besonders strittige und schwierige nationale Probleme lösen zu können, hat die Große Koalition lediglich bei der Strukturreform von Wirtschafts- und Haushaltspolitik eingelöst, auf den meisten anderen Politikfeldern hingegen brillierte sie durch »Ausklammern«. Wer, wie weithin im westlichen Ausland, gehofft hatte, die Große Koalition sei in der Lage, die Oder-Neiße-Linie als Polens Westgrenze anzuerkennen und den obsolet gewordenen Rechtsstandpunkt der Bundesregierung in bezug auf das andere Deutschland durch beweglichere Formeln zu ersetzen, wurde enttäuscht. Das Hauptwerk der Großen Koalition blieb bei den Bürgern die äußerst umstrittene Notstandsgesetzgebung, die zwar zur Ablösung der alliierten Notstandsrechte fällig war, aber in einem politischen Klima durch das Parlament gezogen wurde, das für die Bundesrepublik völlig neuartig und verstörend war.

Ausgehend von Querelen innerhalb der Freien Universität in West-Berlin, doch in engem Zusammenhang mit der damaligen weltweiten Protestbewegung von Studenten, hat sich in der Zeit der Großen Koalition eine lautstarke »Außerparlamentarische Opposition« (APO) gebildet, die dem als erstarrt und verkrustet empfundenen »Establishment« und seinem »System« einen radikalen Kampf ansagte. In den Aktionen gegen die Notstandsverfassung sollte das einen absoluten Höhepunkt erreichen. Gleichzeitig hatte sich unter einer in Erhards Regierungszeit allzu wohlwollend geduldeten nationalistischen Phraseologie in der Nationaldemokratischen Partei Deutschlands (NPD) ein starkes Sammelbecken für Rechtsextremisten und Nationalisten unter Einschluß einer Reihe von Protestwählern gebildet, was vor allem im Ausland die Befürchtung nährte, die Bundesrepublik Deutschland sei gegenüber rechtsradikalen Phrasen und Parteien doch nicht genügend widerstandsfähig und könne eines Tages wieder einem nationalistischen bzw. faschistischen Rattenfänger auf den Leim kriechen. Das parallele Aufkommen einer ideologisch zunächst noch unsicheren, aber um so vehementeren Linksbewegung und einer extremen, sich noch zurückhaltend gebenden Rechtspartei mit einem nicht gering zu veranschlagenden Wählerpotential ließ den Rückblick auf Weimar erneut zu einem Standardthema der politischen Publizistik und Politikwissenschaft werden.

Wandel war auch das Kennzeichen der außenpolitischen Entwicklung in den sechziger Jahren. Die Vereinigten Staaten drängten unter Präsident John F. Kennedy nach der gefahrvollen Berlin-Krise der Jahre 1958 bis 1961 und der Kuba-Krise von 1962 auf eine Entspannung des Verhältnisses zur östlichen Führungsmacht Sowjetunion. Dieser Entspannungspolitik wurde die von der Bundesrepublik immer wieder erneuerte Inpflichtnahme der Westmächte für das Ziel der deutschen Wiedervereinigung in Frieden und Freiheit eher lästig. Sie drängten die Bundesrepublik, auch ihren Teil zum weltweiten Entspannungsprozeß beizutragen, was nur bedeuten konnte, die juristischen Fiktionen des Alleinvertretungsanspruchs der Bundesrepublik für alle Deutschen zurückzustellen und mit den östlichen Nachbarn einen Ausgleich auf der Basis des faktischen, nach dem Zweiten Weltkrieg geschaffenen Status quo zu suchen.

Der an Adenauers antikommunistische Grundlinie gewöhnten CDU/CSU fiel es äußerst schwer, von starren Rechtspositionen wie der »Hallstein-Doktrin« gegen die Anerkennung der DDR durch Drittländer herunterzukommen. Erst in der Regierung mit der SPD unter deren Parteivorsitzendem, Vizekanzler und Bundesaußenminister Willy Brandt wurden nach den zaghaften Ansätzen eines Austauschs von Handelsmissionen mit osteuropäischen Ländern weitergehende Initiativen diskutiert. Die CDU war damals jedoch nicht die Partei, welche die Kraft und die Beweglichkeit besaß, ein umfassendes Neuarrangement mit der Sowjetunion, Polen und der DDR einzuleiten. Es blieb ab 1969 der Regierungsverantwortung der SPD und der in deutschlandpolitischen Fragen immer schon relativ flexiblen FDP vorbehalten, die entscheidenden Schritte zu tun, die international mit dem Begriff »Ostpolitik« verbunden wurden und die Anfang der siebziger Jahre in den Verträgen mit Moskau, Warschau und Ost-Berlin sowie in dem Berlin-Abkommen der vier Siegermächte ihren Niederschlag gefunden haben.

Wirtschaftlich erfuhr die Bundesrepublik nach Jahren der kontinuierlich zunehmenden Wachstumsraten 1966/67 erstmals eine z. T. selbst verschuldete Rezession. Deren rasche Überwindung gehört noch auf das Pluskonto der Großen Koalition. Jetzt wurden endlich die von Ludwig Erhard zäh gehegten Vorbehalte gegenüber vorausschauender Planung und staatlicher Steuerung auch innerhalb eines marktwirtschaftlichen Systems abgebaut, wie überhaupt die lenkenden Mittel des Staates zur Regulierung der Konjunktur durch eine Vielzahl neuer Instrumente erfolgreich zur Wirkung gebracht wurden – ein Verdienst des SPD-Wirtschaftsministers Karl Schiller, der damals eng mit Franz Josef Strauß von der CSU als Finanzminister zusammenarbeitete.

Der beängstigend rasche Aufstieg der NPD, die bei einigen Landtagswahlen zwischen 1966 und 1968 nahezu jeweils zehn Prozent der Stimmen eroberte, blieb Episode. In der für ihre weitere politische Zukunft entscheidenden Bundestagswahl von 1969 stagnierte diese rechtsextreme Partei knapp unter 5 Prozent. Ende der achtziger und Anfang der neunziger Jahre sind die »Republikaner« dann nochmals in mehrere Landtage eingezogen, doch inzwischen hat sich das rechtsextremistische Potential im vereinigten Deutschland nicht nur radikalisiert, sondern auch zersplittert.

Folgenreicher war die studentische Protestbewegung der sogenannten »68er«. In ihrem Kielwasser wurde nicht nur der Marxis-
mus als politische und wissenschaftliche Theorie und Ideologie eine
Zeitlang zu einem festen Bestandteil der geistigen und politischen
Kultur der Bundesrepublik, für die er seit dem Zweiten Weltkrieg,
mit Ausnahme der wenigen, durch das Verbot der KPD 1956 illegal
gemachten Kommunisten, praktisch inexistent gewesen war.
Ebenso schwerwiegend und folgenreich war die Erprobung neuer
Techniken der politischen Demonstration und der aktiven politischen Auseinandersetzung, wie man sie bis dahin in der westdeutschen Demokratie nicht für üblich gehalten hatte, mit neuartigen
Anwendungsformen, die teils unkonventionell-witzig, teils provo-
katorisch bis an die Grenze der bewußten Rechtsverletzung, teils
offen gewalttätig waren. Insgesamt hat die in der Mitte der sechziger Jahre ausgebrochene Unruhe unter den Studenten, die sich
dann auch auf Schulen und andere Kulturbereiche, z. B. Theater
und Medien, übertrug, das politische Bewußtsein der Bundesrepublik nachhaltig beeinflußt und dauerhaft verändert.

Warum haben die sechziger Jahre, die so konventionell begonnen
hatten, all dies ausgelöst? Dieses Jahrzehnt wurde von vielen Menschen als eine Zeit des Stillstands, der Stagnation erlebt: Die alten
politischen Formeln liefen leer, der sich vermehrende Wohlstand
vermochte das menschliche Verlangen nach sinnhafter Existenz
nicht zu befriedigen. Die nationale Geschichte präsentierte sich als
ein Trümmerhaufen; der Traum, aus der unseligen Geschichte der
Nationalstaaten eine neue Nation Europa hervorgehen zu lassen,
war verflogen. Eine Lösung der deutschen Frage, die Adenauer wider allen Augenschein kühn in Aussicht gestellt hatte, war nicht
(mehr) in Sicht. Die Demokratie schien zu einem Ritual miteinander verfilzter Oligarchien zu verkommen, bei dem der Bürger nur
gefragt war, wenn es alle paar Jahre um seine Stimme ging. Die
»Spiegel«-Affäre, bei der 1962 Verteidigungsminister Strauß von
der CSU gegen alle rechtsstaatlichen Regeln den Chefredakteur
des Hamburger Nachrichtenmagazins wegen des letztlich unbegründeten Verdachts auf Landesverrat in Untersuchungshaft nehmen ließ, hatte das schon vorhandene Mißtrauen der geistigen Elite
Westdeutschlands in die demokratischen Tugenden der christdemokratischen Parteipolitiker noch verstärkt. Kein Geringerer als

der seit 1948 in Basel lehrende deutsche Philosoph Karl Jaspers schrieb 1966 vor dem Hintergrund der erregten Debatte über die Verjährung von Naziverbrechen und der anhebenden Diskussion über die Notstandsgesetzgebung ein höchst einseitiges und düsteres Buch, das wie ein Menetekel wirkte: »Wohin treibt die Bundesrepublik? Tatsachen – Gefahren – Chancen«. Er verhieß ihr nichts Gutes, wenn sie sich nicht schleunigst auf den Weg der Umkehr mache.

Die Umkehr kam, auch wenn es nicht ganz jene Art von innerer Umkehr war, die der Philosoph gemeint hatte. Im Frühjahr 1969 wählte die Bundesversammlung in Berlin Justizminister Gustav Heinemann und damit erstmals einen Sozialdemokraten, der noch dazu Anfang der fünfziger Jahre aus dem ersten Kabinett Adenauer und dann aus der CDU ausgetreten war, zum Bundespräsidenten. Als dieser in seiner Wahl »ein Stück Machtwechsel« erblickte, gab sich die CDU/CSU empört, doch Heinemann sah richtig, denn er war auch mit den meisten Stimmen der FDP-Delegierten gewählt worden. Die von der neuen Parteiführung der Liberalen unter Walter Scheel geschickt eingeleitete politische Wendung warf ihren Schatten auf die entscheidenden Bundestagswahlen im September 1969 voraus. Die beiden Partner der Großen Koalition gingen als entschiedene Gegner in den Wahlkampf. Es gelang der SPD, bei einer wachsenden Zahl von Wählern die Zuversicht zu wecken, daß sie besser in der Lage sei als die abgestandene, sich auf den verwelkten Lorbeeren Adenauers ausruhende CDU, die zahlreichen großen Aufgaben der Zukunft zu meistern, der Demokratie neue Vitalität einzuflößen und »das moderne Deutschland zu schaffen«. Mit der knappen Mehrheit von 12 Stimmen bildeten SPD und FDP eine neue, die sozial-liberale Bundesregierung unter Willy Brandt als Kanzler und Walter Scheel als Vizekanzler und Außenminister.

Die sechziger Jahre waren in der Geschichte der Bundesrepublik eine Zeit des meist spannungsreichen und oft stürmischen Übergangs von der Kindheit zum Erwachsenenalter der westdeutschen Demokratie. Nach den ersten zaghaften Schritten in demokratischer Beteiligung lernten die Westdeutschen im folgenden Jahrzehnt, daß Demokratie legitimerweise auch Kontroverse, Konflikt und Wandel beinhaltet, was bis dahin eher verpönt war. Die Veränderungen im politischen Klima und in der politischen Kultur der Bundesrepublik gingen wesentlich auf den Generationenwechsel zurück. Die jüngeren Westdeutschen, die das Dritte Reich und den Wiederaufbau nach dem Krieg nicht aktiv erlebt hatten und jetzt das staatsbürgerliche Mündigkeitsalter erreichten, »hinterfragten« die Gewohnheiten und Selbstverständlichkeiten der Gründergeneration der Bundesrepublik. Für diese Jugendlichen waren Anspruch und Wirklichkeit der Demokratie nicht notwendigerweise identisch; sie überprüften mit der kritischen Sonde einer idealen Demokratie die oft autoritären Verhältnisse nicht nur in der Politik, sondern auch in gesellschaftlichen Bereichen wie Betrieben, Schulen und Hochschulen. Vor allem aber konfrontierten sie ihre biologischen als auch akademischen und politischen Väter mit der Frage nach deren Alltagsverhalten in der nationalsozialistischen Vergangenheit und entlarvten so manchen deutschen Professor, Politiker und hohen Verwaltungsbeamten als Mitläufer der Hitler-Diktatur, die sich nach 1945 dann als überzeugte Demokraten ausgaben. Dieser politische Konflikt zwischen den Generationen ist bekanntlich als normaler Vorgang der Adoleszenz, der Ablösung vom Elternhaus und Suche nach einer selbständigen Identität zu verstehen. Wie die meisten Eltern, neigte die ältere Generation in den sechziger Jahren dazu, in solchem Verhalten nur Undankbarkeit und Impertinenz zu sehen. Sie übersah, daß auch in der politischen Generationenabfolge auf Phasen der Absetzung und Verselbständigung neue Zeiten partnerschaftlicher Kooperation und des Verständnisses zwischen den Generationen folgen. Diese Chance bot sich in der nun folgenden Periode der Geschichte der Bundesrepublik.

3. Die sozial-liberale Ära (1969–1982)

Die Bildung der neuen SPD/FDP-Regierung wurde im In- und Ausland weithin als ein echter Machtwechsel in der bundesdeutschen Politik empfunden und von den Anhängern der neuen Regierung auch als solcher gefeiert. Die CDU/CSU allerdings empfand den Regierungsverlust als einen Betriebsunfall und fand sich nur schwer mit der ihr so plötzlich und unerwartet zugefallenen Rolle als parlamentarischer Opposition zurecht. Sie sann umgehend auf Möglichkeiten, das Geschehen rückgängig zu machen, ohne Wahlen abwarten zu müssen. Zu Hoffnungen dieser Art gaben einige konservative Abgeordnete der FDP Anlaß, die mit der neuen sozial-liberalen Richtung ihrer Partei nicht einverstanden waren und zur CDU/CSU überwechselten. Selbst in der SPD ließ sich vielleicht dieser oder jener Abgeordnete ausfindig machen, der unter Umständen für einen Fraktionswechsel gewonnen werden könnte. So nagte die Opposition 1970/71 verbissen an der knappen parlamentarischen Mehrheit der neuen Regierung und versuchte, diese durch das Gewinnen von Fraktionswechslern zu stürzen.

Der einschneidende Wechsel in der bundesdeutschen Politik im Herbst 1969 wurde auch durch die Person des neugewählten Bundeskanzlers verkörpert. *Willy Brandt* gehörte nach den bürgerlich-konservativen Kanzlern Adenauer, Erhard und Kiesinger nicht nur einem ganz anderen politischen Lager an, auch sein Lebensweg personifizierte ein anderes Deutschland. Aufgewachsen im Lübecker Arbeitermilieu, schloß er sich gegen Ende der Weimarer Republik der kleinen Sozialistischen Arbeiterpartei an und mußte 1933 nach Norwegen emigrieren. Nachdem ihn die Nationalsozialisten 1938 ausgebürgert hatten, nahm Willy Brandt die norwegische Staatsbürgerschaft an, was ihm in späteren Wahlkämpfen von seinen bürgerlichen Opponenten mehr oder weniger offen als Landesverrat angekreidet wurde, von anderen Unterstellungen ehrenrühriger Art ganz zu schweigen. Nach dem Ende des Zweiten Weltkriegs kehrte Willy Brandt nach Deutschland zurück und machte in Berlin zunächst journalistische, dann politische Karriere. Als Regierender Bürgermeister von Berlin in den Jahren 1957 bis 1966 stieg er in der geteilten Stadt zur Symbolfigur einer neuen Deutschland- und Ostpolitik auf, welche sich die Abmilderung der humanitären Härten der deutschen Teilung zum Ziel setzte. So wurde der Berliner Bürgermeister zum Hauptvertreter einer Entspannungspolitik nach dem Beispiel des amerikanischen Präsidenten John F. Kennedy, den sich Brandt und seine Berater auch im modernen und zukunftsorientierten Politikstil zum Vorbild nahmen. Bei seinem dritten Anlauf als sozialdemokratischer Kanzler*kandidat* erreichte Willy Brandt und mit ihm seine Partei das lange angestrebte Ziel: die Übernahme der Regierung in der Bundesrepublik Deutschland.

Der erste SPD-Bundeskanzler hatte die sozial-liberale Ära in seiner Regierungserklärung vom 29. Oktober 1969 mit einem eindrucksvollen, fast kein Gebiet aussparenden Katalog von Reformversprechen eingeleitet. Doch ab 1970 wurde ein großer Teil der Energie des Parlaments durch die Frage absorbiert, ob und wie lange die sozial-liberale Mehrheit noch halten würde, nachdem im Vollzug der neuen Ostpolitik ein paar weitere Abgeordnete sich anschickten, die Seiten zu wechseln. Fast schien es so, als könnte es der CDU/CSU tatsächlich gelingen, eine neue parlamentarische Mehrheit für die Wahl eines CDU-Kanzlers mit Hilfe sogenannter Überläufer zusammenzubringen. Doch der unter maßgeblichem Druck der bayerischen CSU zustandegekommene Versuch, Willy Brandt durch ein konstruktives Mißtrauensvotum zu stürzen und den Oppositionsführer Rainer Barzel zum Kanzler zu küren, scheiterte im Frühsommer 1972 an zwei Stimmen.

Es war gut für die deutsche Demokratie, daß der Versuch der CDU/CSU, die Regierung ohne demokratische Legitimierung durch eine Wahl zurückzuerobern, damals erfolglos blieb. Nicht minder wichtig war, daß Bundeskanzler Brandt danach die gemäß dem Grundgesetz etwas umständliche Prozedur der Parlamentsauflösung und die Ausschreibung von Neuwahlen einleitete, als seine Regierung im Bundestag keine stabile Mehrheit mehr hatte, sondern mit der CDU/CSU-Fraktion in eine Pattsituation geraten war. Die vorgezogenen Bundestagswahlen führten im November 1972 zu einer klaren Mehrheit von 36 Sitzen der beiden Koalitionsparteien über die Christdemokraten und machten die SPD vier Jahre lang zur stärksten Fraktion des Deutschen Bundestages. Der Wahlsieg der SPD von 1972 erschien so überwältigend, daß manche SPD-Genossen, unterstützt durch Wahlanalysen, sich in der ersten Hochstimmung der Hoffnung hingaben, die Vorherrschaft der SPD/FDP-Koalition würde mindestens ebenso lange dauern wie die Herrschaft der bürgerlichen Koalition aus CDU und FDP in den ersten sechzehn Jahren der Republik, ja, die Sozialdemokratie würde bei weiterem Fortschreiten des »Genossen Trend« in naher Zukunft sogar die absolute Mehrheit der Wähler für sich gewinnen können.

Der wichtigste Erfolg der sozial-liberalen Bundesregierung und damit ein historischer Meilenstein in der Geschichte der Bundesrepublik war die von Willy Brandt im Zusammenwirken mit seinem Chefunterhändler Egon Bahr und Außenminister Walter Scheel zwischen 1970 und 1972 durchgeführte Vertragspolitik mit der Sowjetunion, der Volksrepublik Polen und der DDR. Mit der Sowjet-union ging es um den Abschluß eines Vertrages über den beidersei-tigen Gewaltverzicht, der die Anerkennung der bestehenden Gren-zen zwischen Ost und West einschloß. Im Verhältnis zu Polen ging es um die bundesdeutsche Anerkennung der Oder-Neiße-Linie als endgültiger polnischer Westgrenze. Im Grundlagenvertrag mit der DDR vom Dezember 1972 wurde die Aufnahme zwischenstaat-licher Beziehungen geregelt mit dem Ziel, »über ein geregeltes Ne-beneinander zu einem gutnachbarlichen Miteinander zu kommen«, wobei die Bundesregierung stets darauf bestand, den besonderen Charakter der Beziehungen zwischen den beiden deutschen Staa-ten herauszustellen, da sie zu einer gemeinsamen deutschen Nation gehörten. Notwendige Vorbedingung für jeden Vertragsabschluß von bundesdeutscher Seite war, daß die vier Siegermächte sich im Jahre 1971 über ein neues, den Rechtsstatus von West-Berlin defi-nierendes und die Lage der Stadt stabilisierendes Berlin-Abkom-men hatten einig werden können.

Am Ende kamen alle Verträge unter Dach und Fach, bei teilweise heftigem Widerstand der Opposition, auch wenn diese ihr Inkraft-treten schließlich doch nicht scheitern lassen wollte. Die Verhand-lungen und die notwendigen parlamentarischen Ratifikationen folgten nach den vielen Jahren der Unbeweglichkeit in der Deutsch-land- und Ostpolitik so schnell, daß sich, besonders beim Grundla-genvertrag mit der DDR, in weiten Kreisen der Bundesrepublik die leicht euphorische Hoffnung einstellte, die Zeit des gutnachbar-lichen Miteinander stehe kurz bevor und die Verträge könnten so-gar eine innere Umwandlung im Ostblock herbeiführen. Doch gab es sowohl bei der Auslegung des Berliner Viermächteabkommens als auch in den Beziehungen zur DDR, ja selbst im Verhältnis zu Po-len bald Grund zur Ernüchterung, obwohl auch die Bundesregie-rung immer wieder vor zu großen Erwartungen gewarnt hatte.

Der historisch fällige Ausgleich mit dem Osten ist von der sozial-liberalen Regierung auf dem Boden der festen Verankerung im westlichen Bündnis vollzogen worden und hat dieses nicht beein-trächtigt. Vielmehr hat gerade der Beitrag der Bundesrepublik zur Entspannung zwischen Ost und West der westdeutschen Außenpo-litik einen größeren Spielraum verschafft und das politische Ge-wicht der Bundesrepublik in der Welt verstärkt. Die von Konrad

Adenauer eingeleitete Westpolitik und die von Willy Brandt initiierte Ostpolitik ergänzten sich. Die damalige christdemokratische Opposition sah das zunächst nicht so, doch Helmut Kohl hat später als Kanzler seine Vereinigungspolitik ausdrücklich in dieser doppelten Kontinuität gesehen.

Die neue sozial-liberale Regierung hatte sich in ihrer ersten Regierungserklärung vor allem als ein Kabinett der inneren Reformen vorgestellt, und Brandts Versprechen »Wir wollen mehr Demokratie wagen!« wurde bei vielen im Land mit großem Beifall aufgenommen. Vor allem die junge Generation wollte Taten sehen. Der parlamentarische Machtwechsel hatte die Gruselparolen der Außerparlamentarischen Opposition (APO) vom unmittelbar drohenden Notstandsstaat und der allmählichen Faschisierung der Bundesrepublik Lügen gestraft und der radikalen außerparlamentarischen Bewegung weitgehend den Boden entzogen. Sie zerfiel in einander bekämpfende ideologische Sekten bis hin zu terroristischen Kleingruppen wie der »Roten Armee Fraktion« (RAF). Doch einen großen Teil der durch die Studentenbewegung politisierten Jugendlichen zog es in die politischen Parteien, vorwiegend in die SPD, wo die Jungsozialisten ab 1969 zur Opposition innerhalb der Partei wurden, zu kleineren Teilen in die Mitte der sechziger Jahre neugegründete Deutsche Kommunistische Partei (DKP). Aber auch in der CDU drängten jüngere Politiker nach vorn – an deren Spitze sich der rheinland-pfälzische Ministerpräsident Helmut Kohl stellte – und nutzten die Oppositionszeit zur organisatorischen und programmatischen Reform der Partei.

Es bleibt eine der nur schwer erklärbaren Merkwürdigkeiten in der Geschichte der sozial-liberalen Koalition, daß der von ihrem Zustandekommen ausgehende Elan in der deutschen Politik gerade dann erlahmte, als die deutsche Wählerschaft die Regierung Brandt/Scheel in einer selbst die Skeptiker überraschenden Deutlichkeit von neuem demokratisch legitimiert hatte. Jedenfalls hat es die Koalition nicht verstanden, die Gunst der Stunde für eine umfassende und ausgewogene Politik innerer Reformen zu nutzen, die sie neben der Fortsetzung ihrer erfolgreichen Politik der Entspannung den Wählern versprochen hatte. Zur baldigen Erschlaffung der durch den Machtwechsel 1969 freigesetzten politischen Energien trugen sowohl der oft heillose Theoriestreit innerhalb der SPD, die Bremswirkung des Koalitionspartners FDP und die Reformen ohne Augenmaß im Bildungsbereich bei, aber auch die durch den Ölpreisschock ausgelöste Unruhe in der Wirtschaft und das Nachlassen der Führungskraft des Bundeskanzlers selbst. Das Jahr 1974 brachte schließlich eine klare personelle Zäsur in der Geschichte der sozial-liberalen Ära: Brandts Kanzlerschaft gelangte über den Tag der Aufdeckung der Spionageaffäre Guillaume, eines DDR-Spions in seiner unmittelbaren Umgebung, nicht hinaus. Er machte Helmut Schmidt als Bundeskanzler Platz, behielt jedoch den Vorsitz der Sozialdemokratischen Partei bei. Die Bundesversammlung wählte den Liberalen Walter Scheel zum Nachfolger Gustav Heinemanns als Bundespräsident. Scheels Stelle in der Partei und der Regierung übernahm Hans-Dietrich Genscher, ein äußerst gewiefter Politiker, der auch nach der erneuten Wende von 1982 unter dem christdemokratischen Kanzler Kohl bis 1992 Außenminister bleiben sollte.

Helmut Schmidt übernahm sein Amt inmitten einer schweren weltwirtschaftlichen Krisensituation und erwarb sich das bleibende Verdienst, die Bundesrepublik Deutschland – verglichen mit den meisten anderen europäischen Ländern – am wenigsten beschädigt aus der lang anhaltenden Weltwirtschaftskrise herausmanövriert zu haben. Es waren nicht zuletzt seine ökonomische Kompetenz und politische Führungskraft, die bei den Wahlen des Herbstes 1976 ein weiteres Mal den Ausschlag dafür gaben, daß die sozial-liberale Regierung an der Macht blieb, obwohl die CDU unter ihrem neuen Parteichef Helmut Kohl und vor allem die CSU unter Franz Josef Strauß sie hart bedrängten.

Der Wechsel an der Spitze der sozial-liberalen Bundesregierung war nur das sichtbare äußere Zeichen dafür, daß die kurze Zeitspanne oft euphorischer Zukunftserwartungen und unkontrollierter Veränderungswünsche von der Einsicht in die begrenzten Möglichkeiten staatlichen Handelns endgültig abgelöst worden war. Die sozial-liberale Ära trat damit nach dem Aufschwung der Anfangsjahre in ein eher nüchternes Stadium. Es waren die Auswirkungen der weltwirtschaftlichen Veränderungen, besonders in Verbindung mit der drastischen Erhöhung der Ölpreise, sowie die militärstrategischen Probleme, die sich aus dem Abklingen der Entspannungspolitik Ende der siebziger Jahre ergaben, welche die Regierungszeit

Bundeskanzler Schmidts nachhaltig prägten. Schmidt erwarb sich großen Respekt in fast allen politischen Lagern durch seine Fähigkeit zum Krisenmanagement, durch seine nüchterne und realistische Einschätzung politischer Lagen und durch seine Autorität, insbesondere in wirtschaftlichen Fragen.

In Schmidts Regierungszeit fiel das Anwachsen der sogenannten Neuen Sozialen Bewegungen, die in den studentischen Protestbewegungen aufgekeimt waren und sich dann rasch ausbreiteten: die ökologische Bewegung, die Frauenbewegung und schließlich die zeitweilig machtvoll auftretende Friedensbewegung, die sich namentlich gegen die Folgen der von Schmidt eingeleiteten Politik der Nachrüstung auf der Grundlage des NATO-Doppelbeschlusses wandte und die Stationierung atomarer Mittelstreckenraketen in der Bundesrepublik um fast jeden Preis verhindern wollte. In der Zeit Schmidts kam es auch zu den meisten Attentaten des linken Terrorismus in der Bundesrepublik auf Wirtschaftsführer und Politiker, die auf das Konto der RAF, eines kriminell gewordenen Ablegers der studentischen Protestbewegung, gingen.

Die Entstehung der Neuen Sozialen Bewegungen außerhalb der etablierten Parteien, aus denen schließlich die Partei der Grünen hervorging (die jedoch erst nach der Ära Schmidt, erstmals 1983, in den Bundestag einzog), brachte einen neuen Faktor in die ansonsten relativ überschaubare innenpolitische Szene. Unter den großen politischen Parteien war es vor allem die SPD, die das Gedankengut und die Aktionen der Neuen Sozialen Bewegungen als eine Aufforderung an sich empfand, ihre traditionellen Positionen aus der Ära der demokratischen Industriegesellschaft der ersten 25 Jahre der Bundesrepublik zu überdenken und sich neu zu orientieren. So kam es zu einer heftigen Auseinandersetzung innerhalb der Partei über die Aufgaben und Ziele sozialdemokratischer Politik in Gegenwart und Zukunft. Schmidt gelang es nur mit Mühe, auf den wichtigen Parteitagen während seiner Kanzlerschaft die Mehrheit für seine pragmatische Politik zu gewinnen. Er hatte es versäumt, den Parteivorsitz anzustreben, den Willy Brandt als eine Art »Übervater« unangefochten bis 1987 beibehielt. Brandt suchte die Partei zukunftsoffen zu halten und wollte sie nicht auf die nüchterne Linie Schmidts zwingen.

Zwar konnte Helmut Schmidt dank seines hohen persönlichen

Ansehens als Bundeskanzler die Wahlen von 1980 gegen den umstrittenen Franz Josef Strauß noch einmal zugunsten der sozial-liberalen Koalition entscheiden, aber es war schon damals unverkennbar, daß nach den Jahren des Aufbruchs und der Erneuerung, aber auch nach den Erschütterungen durch den Terrorismus und den heftigen Konfrontationen zwischen den Neuen Sozialen Bewegungen und der etablierten Politik eine konservative »Tendenzwende« eingetreten war. Die sich weitende Kluft zwischen den Anhängern Schmidts in der SPD und den Sympathisanten mit den diversen Sozialen Bewegungen in der Partei konnte nur mehr notdürftig zugekleistert werden.

Es lag in der Natur der Sache, daß der liberale Koalitionspartner der SPD, der von den Sozialdemokraten stets sehr nachsichtig und pfleglich behandelt worden war, die Entwicklung beim größeren Partner aufmerksam verfolgte, zumal das allgemeine politische Schicksal der FDP als Regierungspartei mit dem Wohl und Wehe der SPD notwendig verknüpft war. Trotz eines feierlichen Bündnisversprechens für weitere vier Jahre, das die FDP 1980 abgab, bereitete sie unter der Führung von Hans-Dietrich Genscher und unterstützt von den Anhängern des konservativen Wirtschaftsflügels der Partei heimlich die Wende vor. Sie verschärfte in der wirtschafts- und sozialpolitisch sehr viel schwieriger gewordenen Lage der frühen achtziger Jahre bewußt die Differenzen in der Koalition mit der Absicht, zu gegebener Zeit den Bruch herbeizuführen und einer von der CDU/CSU geführten Regierung in den Sattel zu helfen. Dies alles im Interesse des Überlebens der FDP als einer für jede Koalition unentbehrlichen Regierungspartei, wobei die FDP die Entwicklung innerhalb der SPD zum Vorwand für ihr Ablösungsmanöver nahm, da die Regierungspolitik Schmidts als solche ihr kaum Ansatzpunkte für einen Koalitionsbruch bot.

Im Sommer 1982 kam es zum Ende der sozial-liberalen Koalition – die immerhin 13 Jahre gewährt hatte –, zu jener »Wende« in der deutschen Politik, welche die christdemokratische Opposition unter Helmut Kohl seit langem gefordert hatte. Bundeskanzler Schmidt entließ die Minister der FDP, als klar wurde, daß sie nicht mehr zu halten waren. Kohl hatte mit Bedacht die Verbindung zu den Liberalen niemals abreißen lassen und auf die Stunde gewartet, in der sie bereit sein könnten, ihm zu einer Regierungsmehrheit zu verhelfen. Am 1. Oktober 1982 sprach der Bundestag mit seiner neuen christdemokratisch-liberalen Mehrheit dem amtierenden Bundeskanzler Helmut Schmidt das Mißtrauen aus und wählte zugleich mit dieser Mehrheit den CDU-Vorsitzenden Helmut Kohl zum neuen Bundeskanzler.

Damit ging die dritte Ära der Bundesrepublik zu Ende. 1969 übernahm nicht nur erstmals die Opposition die Regierung, sondern es wurden auch viele der Forderungen der Protestbewegung der sechziger Jahre in die Partei- und Regierungsprogramme aufgenommen. Zahlreiche Vertreter der Studentenbewegung rückten in verantwortliche politische Ämter auf. So bewährte sich die 1949 konstituierte Demokratie erstmals im politischen Wechsel nicht nur von Regierung und Opposition, sondern auch von Generationen – ein Zeichen des Erwachsenwerdens des politischen Systems. Auch wenn die konservativ-liberalen Kräfte rhetorisch auf die Zurücknahme vieler Reformen der sozial-liberalen Ära setzten, haben sie doch nach ihrer neuerlichen Regierungsübernahme 1982 in der praktischen Politik kaum eine Restauration der Verhältnisse der fünfziger Jahre herbeigeführt. Vielmehr hat die Regierung Kohl weitgehend an die Politik ihrer sozial-liberalen Vorgängerregierungen, insbesondere derjenigen unter Kanzler Schmidt, angeknüpft. So zeigte sich gerade im politischen Wechsel der Bundesregierungen ein Grad an inhaltlicher Kontinuität, der wesentlich zur Stabilität der demokratischen Ordnung in der Bundesrepublik Deutschland beigetragen hat.

4. Wende und Kontinuität unter konservativen Vorzeichen (1982–1990)

Helmut Kohls Wahl zum Bundeskanzler am 1. 10. 1982 war zunächst die Folge einer innerparlamentarischen Machtverschiebung, nämlich des Zusammengehens der Mehrheit der Freien Demokraten mit den Christdemokraten. Doch hielt Kohl die Sanktionierung dieser parlamentarischen Entscheidung durch das Votum des Volkes in einer allgemeinen Wahl für unerläßlich, um seine Regierung demokratisch zu legitimieren. Zu diesem Zweck ließ er sich im Bundestag bei Stimmenthaltung der Regierungsfraktionen von der

Opposition das Mißtrauen aussprechen und danach vom Bundespräsidenten den Bundestag auflösen – eine Prozedur vielleicht nicht gegen den Buchstaben, aber sicherlich gegen den Geist des Grundgesetzes, der später das Bundesverfassungsgericht ausnahmsweise zustimmte (vgl. S. 268). Die Wahlen vom 6. März 1983 ergaben eine eindrucksvolle Bestätigung der neuen Regierung durch die Bürger. Die SPD erhielt mit einem Wahlergebnis, das sie wieder unter die 40-Prozent-Marke drückte, die Quittung für ihr unentschiedenes Hin- und Herschwanken zwischen sogenannter alter und neuer Politik. Die Grünen etablierten sich erstmals als selbständige parlamentarische Partei und kanalisierten dadurch die bis dahin eher amorphen und unstrukturierten Neuen Sozialen Bewegungen.

Ziel der Regierung Kohl war es, unter dem Schlagwort der »Wende« die angeblich von der sozial-liberalen Koalition und ihrer Politik verursachten schädlichen und problematischen Wirkungen für Wirtschaft und Gesellschaft der Bundesrepublik zu korrigieren. Dabei orientierte man sich rhetorisch an den Grundsätzen und Maßstäben Konrad Adenauers und seiner Politik. Die neue Koalition setzte Akzente, die sie von ihrer Vorgängerin klar unterschieden: In der Außenpolitik verhielt sie sich gegenüber dem mächtigen Bündnispartner USA mehr anpassend als kritisch-konstruktiv, bekräftigte gegen den zuletzt massiven Widerstand der Friedensbewegung nachdrücklich den NATO-Doppelbeschluß und leitete die Installierung neuer atomarer Mittelstreckenraketen in der Bundesrepublik ein. Dies hatte zur Folge, daß danach die Friedensbewegung praktisch in sich zerfiel. Im wirtschaftspolitischen Bereich, der zu einer wichtigen Domäne der neuen Regierung wurde, ging es der konservativ-liberalen Koalition in erster Linie um eine Verbesserung der wirtschaftlichen Rahmenbedingungen zugunsten der unternehmerischen Wirtschaft, zum Teil auf Kosten der Forderungen der Gewerkschaften. In der Sozialpolitik zögerte sie nicht, Sozialleistungen dort abzubauen, wo es vertretbar schien. Ähnliche Tendenzen zeigten sich im Bereich der Bildungspolitik, während sie gleichzeitig, wenn auch tastend, bemüht war, die von ihr scharf kritisierte geistige Vorherrschaft der reformistischen linken Intelligenz im Kulturbereich zugunsten einer Stärkung konservativer Elemente abzubauen, was ihr vor allem im Bereich der Massenmedien durch die Zulassung privater Fernsehprogramme weitgehend gelang.

Mit Recht ist immer wieder darauf hingewiesen worden, daß es auf der anderen Seite in den Beziehungen der Bundesrepublik zur DDR unter Bundeskanzler Kohl keine Wende gegeben hat, wie die neue Regierung insgesamt bestrebt blieb, die Ergebnisse der deutschen Ostpolitik aus der Ära der Entspannung auch unter den seit dem sowjetischen Einmarsch in Afghanistan im Jahr 1979 schwieriger gewordenen Beziehungen zwischen den USA und der UdSSR nach Möglichkeit zu bewahren. Gerade in der Zeit des Kälteeinbruchs in den Beziehungen der beiden Supermächte während der ersten Hälfte der achtziger Jahre bemühten sich die konservative Regierung in der Bundesrepublik und die kommunistische Führung in der DDR um eine Schadensbegrenzung im zwischendeutschen Verhältnis. Dabei tat sich insbesondere Franz Josef Strauß, bis dahin ein scharfer Kritiker der neuen Deutschlandpolitik, durch die Vermittlung eines Milliardenkredits an die DDR hervor. Im Gefolge dieser zwischendeutschen Kontakte konnte 1987 der Staatsratsvorsitzende der DDR und Generalsekretär der SED, Erich Honecker, zu seinem langersehnten ersten offiziellen Besuch in die Bundesrepublik kommen und wurde hier von der Bundesregierung Kohl mit allen Ehren eines Staatsgastes empfangen, auch wenn der Bundeskanzler ihm in der Frage der Menschenrechte die Meinung sagte. Das Element der Kontinuität von der Regierung Schmidt zur Regierung Kohl war in diesem Bereich offensichtlich stärker als das Interesse an einer Korrektur oder echten Wende.

Insgesamt hat sich die neue Regierung nicht dazu verleiten lassen, in der Bundesrepublik eine so pointiert konservative Politik zu betreiben, wie dies zur selben Zeit in Großbritannien Margaret Thatcher praktizierte. Selbst bei einigen der Themen, welche die Neuen Sozialen Bewegungen auf die Tagesordnung der öffentlichen Diskussion gebracht hatten, zeigte sich die christdemokratisch-liberale Koalition mehr oder weniger aufgeschlossen und lernfähig, auch wenn sie damit die Absicht verbunden hat, die grüne Partei zu isolieren, indem sie versuchte, die von dieser aufgeworfenen Probleme mit ihren eigenen Mitteln anzugehen.

Im Vergleich zu den bewegten, durch die Ölpreiskrisen zusätzlich verunsicherten siebziger Jahren waren die achtziger Jahre eine Art Erholungspause für die deutsche Politik, in der, unterstützt von relativ günstigen allgemeinwirtschaftlichen Bedingungen, die politischen Verhältnisse mit einer leicht konservativen Schlagseite konsolidiert werden konnten. Dies bestätigte sich deutlich in der Bundestagswahl vom Januar 1987, in der es Helmut Kohl und seiner Regierungskoalition gelang, sich durch eine klare Mehrheit für weitere vier Jahre im Amt bestätigen zu lassen. In seiner Partei, mit der er verwachsen war wie kaum ein anderer Bundeskanzler vor ihm, konnte er sich unangefochten behaupten und alle potentiellen Rivalen in ihre Schranken verweisen.

Außenpolitisch pflegte Helmut Kohl besonders das Verhältnis zu Frankreich, mit dessen sozialistischem Präsidenten François Mitterrand er sich in dem Bemühen einig war, die Europäische Gemeinschaft zu stärken. Auch zur Sowjetunion unter ihrem neuen Regierungschef Michail S. Gorbatschow entwickelte er gute Beziehungen, die sich später als Trumpfkarte in der Deutschlandpolitik und damit auch bei der Wiederwahl Kohls in das Kanzleramt erweisen sollten. Da auch das Verhältnis zum amerikanischen Präsidenten Ronald Reagan sehr herzlich war, konnte Helmut Kohl ein staatsmännisches Image entwickeln, das dem aus der rheinland-pfälzischen Provinz kommenden Politiker früher, zumal im Vergleich mit dem Weltökonomen Helmut Schmidt, völlig gefehlt hatte.

In der Innenpolitik der Bundesrepublik bahnte sich Ende der achtziger Jahre allerdings eine erneute Wende an. Dazu trug vor allem die nach innen eher glanzlose und höchstens durch Pannen und Skandale auffallende Politik der christlich-liberalen Koalition bei. Insbesondere die Affäre um den grundlos homosexueller Verfehlungen beschuldigten Bundeswehrinspekteur Günther Kießling, in welcher Verteidigungsminister Wörner seinen Hut nehmen mußte, war für das Image der Bundesregierung höchst peinlich. Auch die sogenannte Barschel-Affäre – der christdemokratische Ministerpräsident von Schleswig-Holstein hatte seinen sozialdemokratischen Konkurrenten bespitzeln lassen – fand bundesweites Interesse. In der Folge gewann die SPD nicht nur in dem nördlichsten Bundesland, sondern auch in anderen langjährig von der CDU regierten Ländern wie Niedersachsen und selbst in Rheinland-Pfalz, dem Stammland Helmut Kohls, die Landtagswahlen.

Die Sozialdemokratische Partei, die zu Ende der Kanzlerschaft von Helmut Schmidt völlig in sich zerstritten war, hatte der vormalige Bundesjustizminister Hans-Jochen Vogel wieder zusammengeführt: ab 1983 zunächst die Bundestagsfraktion und dann, nach dem Rücktritt Willy Brandts vom Parteivorsitz, ab 1987 auch die Partei selbst. Im Jahr 1987 blieb zwar der Kanzlerkandidatur des populären nordrhein-westfälischen Ministerpräsidenten Johannes Rau, auch aufgrund innerparteilicher Querschüsse, der Erfolg versagt, doch als neuer sozialdemokratischer Kanzlerkandidat konnte sich der saarländische Ministerpräsident Oskar Lafontaine gute Aussichten auf einen erneuten Machtwechsel für die 1991 anstehenden Bundestagswahlen ausrechnen.

Im Mai 1989 feierte die Bundesrepublik den 40. Jahrestag der Verabschiedung des Grundgesetzes. Vieles sprach dafür, daß sie in den vier Jahrzehnten ihrer staatlichen Existenz ein ganz normaler Staat geworden war. Längst war die Bundesrepublik kein Provisorium mehr, verstand sich nicht primär aus einem Feindverhältnis zur DDR als dem anderen deutschen Staat und agierte kaum mehr unter dem Vorbehalt der baldigen Wiedervereinigung Deutschlands. Lediglich an Gedenktagen wie dem 17. Juni wurde auf die Wiederherstellung der deutschen Einheit hingewiesen; in der praktischen Politik nach innen wie außen und im Bewußtsein der westdeutschen Bevölkerung spielte die deutsche Frage jedoch kaum eine Rolle mehr. Die Bundesrepublik war zu einem politischen und sozialen Gemeinwesen geworden, das seine Stabilität und Legitimität aus den eigenen Leistungen und Werten ableitete. In der ersten Hälfte des Jahres 1989 erwartete man in der Bundesrepublik einen Wechsel in der parteipolitischen Zusammensetzung der Regierung, aber keine Veränderung im Zuschnitt von Staatsvolk und Staatsgebiet, jenen zwei von drei Elementen, die nach der von Georg Jellinek formulierten klassischen Staatslehre grundlegend für die Identität eines Staates sind.

Doch dann kam ab der zweiten Hälfte des Jahres 1989 alles ganz anders. Durch den Zusammenbruch der kommunistischen Parteidiktatur in der DDR und den wirtschaftlichen und politischen Kollaps dieses Staates war die deutsche Frage plötzlich offener denn je seit dem Kriegsende und wurde schließlich durch die staatliche Vereinigung Deutschlands am 3. Oktober 1990 beantwortet. Die Bundesregierung unter Kanzler Kohl, die schon im Fallen war, wurde durch die überraschende Entwicklung nicht nur gerettet, sondern danach in den neunziger Jahren für weitere zwei Legislaturperioden im Amt bestätigt. Während so die Bonner Regierungskonstellation erhalten blieb, veränderte sich zwar nicht die Verfassung, wohl aber die innere und äußere Lage der Bundesrepublik auf dramatische Weise. Auch wenn das vereinigte Deutschland mit seinen verfassungsrechtlichen und politischen Strukturen weitgehend an die alte Bundesrepublik anknüpft, so hat es doch nicht nur durch den territorialen und bevölkerungsmäßigen Zuwachs, sondern vor allem infolge der völlig veränderten weltpolitischen Lage und der neuartigen Aufgaben des wirtschaftlichen, gesellschaftlichen und kulturellen Zusammenwachsens der über vierzig Jahre geteilten Nation eine neue Gestalt angenommen.

Mit dem 2. Oktober 1990 ist daher die Geschichte der alten Bundesrepublik als dem auf Westdeutschland und West-Berlin beschränkten Teilstaat zu ihrem Abschluß gekommen, am Tag darauf hat die Gegenwart der neuen Bundesrepublik als des geeinten und demokratischen deutschen Nationalstaates begonnen. Diese »zweite Geburt« der Bundesrepublik Deutschland haben nicht die in der Bundesrepublik, sondern die in der DDR lebenden Deutschen herbeigeführt. Die gegenwärtige Lage und zukünftige Entwicklung der Bundesrepublik ist daher nicht zu verstehen, wenn man sie nur als Fortsetzung der alten Bundesrepublik begreift. In ihr ist vielmehr auch die Geschichte der Deutschen Demokratischen Republik und damit der Erfahrungshintergrund der Deutschen in den neuen Ländern aufgegangen.

III. Kapitel

Geschichte der Deutschen Demokratischen Republik (1949–1990)

1. Diktatorischer Aufbau des Sozialismus (1949–1961)

Im Hinblick auf die 41 Jahre Existenz der DDR zwischen ihrer Gründung am 7. Oktober 1949 und ihrer staatlichen Auflösung am 3. Oktober 1990 liegt eine Periodisierung ihrer Geschichte nach dem Kriterium der Herrschaftsausübung noch näher als bei der Geschichte der alten Bundesrepublik. Handelte es sich doch bei der DDR von Anfang an um eine Diktatur, in welcher nicht der politische Wille des Volkes und der von ihm gewählten Repräsentanten, sondern die Eigenmächtigkeit der sich selbst rekrutierenden Herrschenden über alle politischen, gesellschaftlichen und wirtschaftlichen Maßnahmen entschied. Der zweite deutsche Staat nannte sich zwar »Deutsche Demokratische Republik«, doch diese sogenannte Volksdemokratie beruhte der kommunistischen Ideologie zufolge auf dem Prinzip der Diktatur des Proletariats und faktisch auf der Diktatur der *Partei* des Proletariats, hier in Gestalt der Sozialistischen Einheitspartei Deutschlands (SED). Deren Parteispitze unter ihrem Ersten Sekretär beherrschte die gesamte Entwicklung in Politik, Wirtschaft und Gesellschaft.

Ausgehend vom Kriterium der obersten Herrschaftsausübung sind in der Geschichte der DDR eigentlich nur zwei Phasen zu unterscheiden: das Regime Walter Ulbrichts bis zum Jahr 1971 und daran anschließend die Herrschaft seines Nachfolgers Erich Honecker bis zum Zusammenbruch der SED-Diktatur im Herbst 1989. Das könnte zu dem Schluß führen, dem politischen System der DDR sei eine besonders große Stabilität zuzusprechen, haben doch in vierzig Jahren nur zwei politische Führer, von denen der zweite noch dazu der langjährige Kronprinz des ersten war, an der Spitze der regierenden Partei und damit auch des Staates gestanden. In Wirklichkeit offenbart diese Beständigkeit in der politischen Führung eine Hyperstabilität, die sich dem Wandel und der Anpassung des Systems an veränderte Bedingungen und neue Herausforderungen weitgehend verschloß und durch seine Starrheit den eigenen Untergang herbeiführte. Weil in der Diktatur der DDR kein Mechanismus friedlichen und periodischen Regierungswechsels vorgesehen war, wurde schließlich nicht nur das ganze politische System abgelöst, sondern auch sein Staat aufgelöst.

Die 21 bzw. 19 Jahre, die Ulbricht und Honecker mit ihren Gefolgsleuten jeweils die DDR beherrscht haben, lassen sich ihrerseits in zwei Unterabschnitte teilen. Für die Ära Ulbricht war die Abschottung der DDR durch den Bau der Berliner Mauer im August 1961 ein entscheidender Einschnitt. Damit folgte nach einem Jahrzehnt fast permanenter Krisen in den fünfziger Jahren eine Zeit relativer Reformwilligkeit und Stabilität des Systems in den sechziger Jahren. Umgekehrt war der Ablauf unter Erich Honecker, der sich zunächst in den siebziger Jahren einer Periode des außenpolitischen Gewinnzuwachses und der innenpolitischen Beständigkeit erfreuen konnte, die dann aber in den achtziger Jahren durch zunehmend krisenhafte Entwicklungen auf den Gebieten von Wirtschaft, internationaler Bündnispolitik und innerer Systemakzeptanz abgelöst wurde, was schließlich alles zum Zusammenbruch der Parteidiktatur der SED im Herbst 1989 führte. Danach existierte die DDR als Staat zwar noch ein knappes weiteres Jahr. Doch mit den ersten freien Wahlen im März 1990 veränderte sich nicht nur der Charakter ihres politischen Systems völlig, sondern ab Frühjahr 1990 war die Vereinigung ihres Territoriums mit der Bundesrepublik bereits abzusehen. Der Untergang der SED-Herrschaft und des DDR-Staates soll daher im folgenden Kapitel als die wesentliche Voraussetzung der deutschen Vereinigung von 1990 behandelt werden. Daß sich die vier Perioden der eigentlichen DDR-Geschichte weitgehend mit der Einteilung der Geschichte der alten Bundesrepublik decken, kann als erster Hinweis auf die Wechselbeziehungen zwischen der Geschichte der beiden Staaten des geteilten Deutschlands angesehen werden.

Bei der Gründung der DDR am 7. Oktober 1949 war die politische Vorherrschaft der Kommunisten im Osten Deutschlands bereits fest verankert, zumal sie mit der sowjetischen Besatzungsmacht im Bunde waren, die auch nach der Gründung des Staates und dessen formaler Souveränitätserklärung im Jahre 1954/55 die Oberherrschaft behielt. Die DDR war der Staat der SED. Die übrigen Parteien wurden zwar nicht eliminiert – weil man sich den demokratischen Anschein eines Mehrparteiensystems erhalten wollte –, doch sie wurden auf die unterwürfige Anerkennung der politischen Führungsrolle der SED verpflichtet und lebten als sogenannte Blockparteien ganz im Schatten der SED. Diese überließ ihnen zwar einige subalterne Funktionen und Mandate, hatte aber von ihnen bis zuletzt keine echte Opposition zu befürchten.

Vor der Inkraftsetzung der ersten DDR-Verfassung am 7. 10. 1949 hätte es eigentlich demokratische Wahlen geben müssen, welche die politische Kräfteverteilung im neuen Staat festlegten. Die SED setzte sich jedoch mit ihrem Vorschlag durch, diese Wahlen erst ein Jahr später abzuhalten. So vollzog sich die Staatsgründung von oben, indem sich der Deutsche Volksrat zur provisorischen Volkskammer erklärte und dann den Kommunisten Wilhelm Pieck zum ersten Präsidenten und den früheren Sozialdemokraten Otto Grotewohl zum Ministerpräsidenten der DDR ernannte. Der führende Politiker aber war der Altkommunist Walter Ulbricht, nicht nur weil ihm als stellvertretendem Ministerpräsidenten der staatliche Sicherheits- und Wirtschaftsapparat unterstellt war, sondern auch, weil er im Juli 1950 zum Generalsekretär der SED und damit zum Führer der Staatspartei gewählt wurde. Die Regierung wurde zwar aus Vertretern aller Parteien der »Nationalen Front« gebildet, doch hatte die SED die wichtigsten Ministerien besetzt. Im Grunde war die DDR von Anfang an faktisch ein Einparteistaat in der Hand der kommunistischen SED.

Unter Ulbrichts Führung wurde die Umgestaltung der politischen und wirtschaftlichen Ordnung nach dem Vorbild der Sowjetunion zum Programm. So lautete lange Jahre in der DDR die zentrale Parole: »Von der Sowjetunion lernen heißt siegen lernen!« Mit Rücksicht auf die gesamtdeutschen Ambitionen der Sowjetunion wurde allerdings der »Aufbau des Sozialismus« erst im Juli 1952 von der 2. Parteikonferenz der SED verkündet, zuvor sprach man von der »Vollendung der antifaschistisch-demokratischen Ordnung«. Die Grundlagen eines diktatorischen und planwirtschaftlichen Gefüges waren jedoch schon ab 1947 gelegt worden. Nach der formellen Konstituierung des zweiten deutschen Staates ging man daran, sie systematisch und zügig auszubauen. Schon am 8. Februar 1950 wurde ein Ministerium für Staatssicherheit errichtet, dessen Bedeutung für die totale Kontrolle und Überwachung der gesamten DDR im Sinne der wirksamen Ausschaltung jeder Opposition immer mehr wuchs. Wir wissen heute aus den Akten dieses skrupellosen Apparates, daß die »Stasi« das zentrale Instrument der totalitären SED-Herrschaft war. Allerdings darf man nicht in den Fehler verfallen, das Ministerium für Staatssicherheit als die oberste Herrschaftsinstanz der ehemaligen DDR anzusehen – dies war stets die Einheitspartei mit ihrem Politbüro und dem Ersten Sekretär an der Spitze.

Für das formale politische System des anderen deutschen Staates wurde eine Grundentscheidung im Oktober 1950 getroffen, als bei den ersten Volkskammerwahlen, entgegen den Bestimmungen in der ersten DDR-Verfassung und den öffentlichen Zusicherungen bei der Verschiebung der Wahlen im Herbst 1949, bereits eine Einheitsliste der Nationalen Front aufgestellt wurde. Seitdem dienten Wahlen in der DDR nicht der Auswahl von Volksvertretung und Regierung, sondern der möglichst hundertprozentigen Bestätigung der vom Apparat der SED getroffenen Entscheidungen durch die Bürger in einer weitgehend offenen Akklamation. Die Mandate in der Volkskammer sind nach einem stets gleichbleibenden Schlüssel, bei dem die SED und die von ihr beherrschten Massenorganisationen die Mehrheit der Sitze erhielten, schon vor der Wahl aufgeteilt worden. All dies sollte für die gesamte Dauer der DDR-Existenz so bleiben, wobei inzwischen auch erwiesen ist, daß die DDR-Organe sich nicht scheuten, Wahlergebnisse nach Belieben zu manipulieren, um die von den »Wahlen« erwartete überwältigende Zustimmung der Bevölkerung zum DDR-System eindrucksvoll zu dokumentieren. Eine zweite einschneidende Abweichung von der 1949 verabschiedeten Verfassung wurde im Juli 1952, immerhin in einer förmlichen Verfassungsänderung, dokumentiert, als gemäß dem Prinzip des demokratischen Zentralismus die föderale Selbstverwaltung durch die Auflösung der fünf Länder beseitigt wurde und an ihre Stelle 14 Bezirke und (Ost-)Berlin als sogenannte »Hauptstadt der

DDR« im Rang eines fünfzehnten Bezirkes traten, die zusammen mit den Kreisen, Städten und Gemeinden lediglich als untere Organe eines zentral verwalteten Einheitsstaates fungierten.

Auch die Wirtschaft der DDR wurde seit 1950, aufbauend auf den Reformen der Besatzungszeit, konsequent zu einer kommunistischen Planwirtschaft nach sowjetischem Modell umgestaltet. Der Anteil des sogenannten volkseigenen Sektors an Produktion und Handel wuchs weiterhin, die Kollektivierung der Landwirtschaft in Gestalt Landwirtschaftlicher Produktionsgenossenschaften (LPG) wurde eingeleitet und die Schwerindustrie bevorzugt aufgebaut, zu Lasten vor allem der Versorgung der Bevölkerung mit Konsumgütern. Diese rigorose Transformationspolitik geriet mit dem Tode Stalins (5. 3. 1953) in eine erste große Krise. Die neue sowjetische Führung befahl der SED einen geschmeidigeren »Neuen Kurs« größerer politischer und wirtschaftlicher Rücksichtnahme auf die Bedürfnisse der ostdeutschen Bevölkerung. Da aber im Gegensatz zu den Zwangsmaßnahmen gegen Bauern, Selbständige und Intelligenz die kurz zuvor erhöhten Normen für die Arbeiter nicht zurückgenommen wurden, kam es am 16. Juni 1953 – ausgehend von den Vorzeigebaustellen auf der Stalinallee – zu einem spontanen Streik von Ostberliner Bauarbeitern, der sich am folgenden Tag zu einer allgemeinen Protestbewegung für verbesserte Arbeitsbedingungen, freie Wahlen und die Ablösung der Regierung der DDR ausweitete. Angesichts der Ohnmacht der Partei- und Staatsführung der DDR mußte diese Auflehnung im ganzen Land durch sowjetische Panzer niedergeschlagen werden.

Sowohl der Ablauf der Proteste am 16./17. 6. 1953 als auch der sowjetische Truppeneinsatz machten überdeutlich, daß in der DDR nicht nur die bürgerlichen Schichten, sondern vor allem die Arbeiterschaft gegen den sogenannten »Staat der Werktätigen« waren, der sich in Wirklichkeit als eine Diktatur von Funktionären des deutschen Kommunismus unter dem Schutzschirm der Sowjetmacht darstellte. Der Arbeiterprotest in Ost-Berlin und anderen ostdeutschen Städten ist bald darauf in der Bundesrepublik unter Reduzierung seines sozialpolitischen Ausgangspunktes und Überbetonung seiner gesamtdeutschen Forderungen aufgrund einer Initiative von SPD und CDU/CSU als »Tag der deutschen Einheit« zum bundesdeutschen Staatsgedenktag erklärt worden. Tatsächlich hat sich damals die Hoffnung auf Wiederherstellung der staatlichen Einheit Deutschlands, als sie durch den Kollaps der Herrschaft der SED am nächsten schien, eher zerschlagen. Die Ereignisse ließen die sowjetische Führung, die schon die Einsetzung eines moderateren deutschen Kommunisten als ihrem Statthalter auf dem vorgeschobenen Posten des Ostblocks erwogen hatte, an Walter Ulbricht als dem Garanten von Sicherheit und Ordnung in der DDR festhalten. Ulbricht und seine Gefolgsleute zogen aus dem Geschehen die Lehre, am Ziel einer separaten Ordnung für Ostdeutschland zwar festzuhalten, dessen Verwirklichung aber mit geschmeidigeren Methoden anzustreben und vor allem auf die materiellen Bedürfnisse der arbeitenden Bevölkerung größere Rücksicht zu nehmen. Der Protest von Arbeitern gegen den ostdeutschen »Arbeiter- und Bauernstaat« im Juni 1953 blieb bis zum Ende der DDR das große Trauma der SED-Spitze.

Nach der ersten großen Existenzkrise im Juni 1953 brachten die folgenden Jahre zunächst eine relative Festigung der innenpolitischen Herrschaft der SED und der internationalen Position der DDR. 1955 übertrug die Sowjetunion, nach dem endgültigen Scheitern ihrer Bemühungen, die politische und militärische Westintegration der Bundesrepublik auf diplomatischem Wege zu verhindern, der DDR die »volle Souveränität«. Nachdem der ostdeutsche Staat schon 1950 in den »Rat für Gegenseitige Wirtschaftshilfe« (RGW) als der osteuropäischen Wirtschaftsgemeinschaft aufgenommen worden war, trat er 1955 auch dem Warschauer Pakt als der Militärallianz des Ostblocks bei und begann folgerichtig mit dem Aufbau einer »Nationalen Volksarmee«.

Zur innenpolitischen Stabilisierung der DDR trug in der Mitte der fünfziger Jahre vor allem die verbesserte allgemeine Lebenslage der ostdeutschen Bevölkerung bei. Die SED-Führung unter Walter Ulbricht überstand auch die durch die sowjetische Entstalinisierung in der UdSSR bewirkte Krise und konnte 1956 intellektuelle Kritiker wie Wolfgang Harich und 1958 die letzten parteiinternen Konkurrenten wie Karl Schirdewan und Erich Wollweber ausschalten. Im September 1960 trat nach dem Tode Wilhelm Piecks an die Stelle des bisherigen Staatspräsidenten der Staatsrat als kollektives Staatsoberhaupt unter dem Vorsitz von Ulbricht.

Ende der fünfziger Jahre erhöhten überspannte Wirtschaftspläne, die erneute Forcierung der Kollektivierung der Landwirtschaft und die durch Drohungen des neuen sowjetischen Führers Nikita S. Chruschtschow verschärfte internationale Krise um Berlin erneut die Labilität der DDR. Die Flüchtlingswelle von Ost- nach West-Berlin schwoll wieder dramatisch an; insgesamt wechselten von 1949 bis Mitte August 1961 rd. 2,7 Millionen Deutsche aus dem östlichen in den westlichen Staat Deutschlands, insbesondere über die Sektorengrenze in Berlin. Die Herrschaft der SED stand erneut am Abgrund, und das Regime glaubte der mit dieser Migration verbundenen personellen und wirtschaftlichen Ausblutung des Staates nur durch die – von der UdSSR als letzter Instanz sanktionierte – Schließung der Grenzen der DDR gegenüber dem Westen, dem Bau der Berliner Mauer, Einhalt gebieten zu können.

2. Das System Ulbricht (1961–1970)

Am Sonntag, dem 13. August 1961, begann das SED-Regime unter der organisatorischen Leitung des früheren kommunistischen Jugendführers Erich Honecker an der Grenze der DDR zur Bundesrepublik Deutschland, insbesondere aber an der Sektorengrenze in Berlin mit der völligen Abschottung der Grenzen. Durch ihre in den Folgejahren immer perfektere Ausgestaltung, vor allem aber durch die Verfolgung von sogenannten Grenzverletzern bis hin zur Tötung durch Grenztruppen auf der Grundlage des Schießbefehls wurden sie zu einem kaum mehr zu überwindenden Hindernis bei der Flucht aus der DDR. Damit war es für die Ostdeutschen unmöglich geworden, sich dem sozialistischen System durch die Flucht in den Westen zu entziehen, sie waren auf sprichwörtliche Weise eingemauert.

Der Bau der Berliner Mauer ist damals vom Westen als Eingeständnis der totalen Schwäche und Unmenschlichkeit der kommunistischen Diktatur in der DDR angeprangert worden. Doch in den folgenden Jahren wurde er zum Ausgangspunkt einer zeitweiligen Konsolidierung des SED-Regimes. Die DDR-Bürger mußten sich nun mit ihrem politischen System abfinden, aber auch die herrschende Partei mußte sich mit der Gesamtheit der Bevölkerung, selbst mit den Systemgegnern, arrangieren. Erst in den siebziger und achtziger Jahren griff man wie schon in den fünfziger Jahren wieder zum Mittel der bewußten Abschiebung von »subversiven Elementen«. Doch auch in Zeiten der relativen inneren Stabilität und weltweiten Anerkennung der DDR blieb die Mauer in der Mitte der früheren deutschen Hauptstadt das weltweite Symbol des Kalten Krieges zwischen den beiden Weltlagern und der Absurdität der Teilung nicht nur einer Nation, sondern noch mehr einer durch Verwandtschaftsbeziehungen und Freundeskontakte verflochtenen Stadt. So wurde die Berliner Mauer, insbesondere die Sperrung des geschichtsträchtigen Brandenburger Tores, zum eigentlichen Symbol der DDR, und das Regime versuchte die damit verbundene negative Identität umzukehren, indem es die Mauer in ideologischer Verdrehung als »antifaschistischen Schutzwall« gegen angebliche Überfälle aus dem kapitalistischen Westen propagierte. Die mehr zufällige Öffnung der Berliner Mauer am 9. November 1989 hat dann folgerichtig eine Implosion der DDR bewirkt, deren Staat sich durch einen rigiden Grenzwall definierte, dessen Wegfall ihn aufheben mußte.

Doch zunächst bewirkte in den sechziger Jahren der Bau der Berliner Mauer eine deutliche Stabilisierung und Modernisierung des DDR-Regimes. Auf dem VI. Parteitag im Januar 1963 beschloß die SED nicht nur ihr (erstes) Parteiprogramm, sondern verkündete mit dem »Neuen Ökonomischen System der Planung und Leitung der Volkswirtschaft« (NÖSPL) auch ein flexibleres Wirtschaftssystem. Es zielte durch den Einbau marktwirtschaftlicher Elemente in die Planwirtschaft auf eine stärkere Beteiligung der Betriebe und Arbeiter und damit auf eine höhere Produktivität. Mit der Modernisierung des ökonomischen Systems gingen Reformen im gesellschaftlichen Bereich einher, z. B. durch das Bildungsgesetz von 1965. Die DDR nahm Züge einer »sozialistischen Leistungsgesellschaft« an, in der nicht mehr nur politische Rechtgläubigkeit, sondern auch fachliche Qualifikation über berufliche und damit gesellschaftliche Stellungen entschieden. Fachleute, wie Ökonomen und Techniker, rückten in politische Führungspositionen auf. Verfassungsrechtlich festgeschrieben wurden die gesellschaftlichen Veränderungen 1968 in einer neuen (zweiten) Verfassung der DDR, welche die durch die politische Praxis längst ausgehöhlte scheindemokratische Verfassung von 1949 ablöste. Diese Verfassung bezeichnete die DDR als einen »sozialistischen Staat deutscher Nation« und verankerte den schon immer faktisch geltenden politischen Führungsanspruch der SED auch verfassungsmäßig.

Die Konsolidierung des SED-Staates unter Walter Ulbricht machte in den sechziger Jahren solche Fortschritte, daß der SED-Chef und Vorsitzende des Staatsrates der DDR sogar die Führungsrolle der Sowjetunion und den Modellcharakter ihres Systems in Frage stellte und vorsichtig den Versuch wagte, die DDR von der absoluten Vorherrschaft der Sowjetunion etwas zu lösen. Die DDR sollte selbst das Modell für eine erfolgreiche sozialistische Staatsordnung und »Menschengemeinschaft« sein. Als Ulbricht Anfang der siebziger Jahre nicht nur eine Vorrangstellung unter den Führern der kommunistischen Staatengemeinschaft beanspruchte mit Hinweis auf die Tatsache, daß er noch persönlich mit Lenin zusammengearbeitet habe, sondern sich auch den deutschlandpolitischen Entspannungsbemühungen zwischen der neuen sozial-liberalen Bundesregierung und der Sowjetunion widersetzte, war für die Machthaber im Kreml der Zeitpunkt zur Ablösung ihres Statthalters in Ostdeutschland gekommen. Am 3. Mai 1971 sah sich Walter Ulbricht, offiziell unter Verweis auf »Altersgründe«, zum Rücktritt von seinem Amt als Erster Sekretär der SED genötigt. Damit ging in der Geschichte der DDR eine Epoche zu Ende. Ulbricht, der zunächst als altkommunistischer Apparatschik und sächselnder Pedant äußerst unbeliebt gewesen war und in den fünfziger Jahren als der eigentliche Repräsentant der terroristischen Herrschaftspraxis der SED gegolten hatte, hat sich in den letzten mehr paternalistischen Jahren seines Regiments sogar eines gewissen landesväterlichen Ansehens erfreut.

3. Kurskorrekturen unter Erich Honecker (1971–1980)

Erich Honecker, der von Ulbricht das Amt des Ersten Sekretärs der SED und nach dessen Tod sowie einer Interimszeit von Willi Stoph 1976 auch den Vorsitz im Staatsrat übernahm, war schon in dem vorangegangenen Jahrzehnt der von Ulbricht ausgewählte und geförderte »Kronprinz« gewesen. Im Gegensatz zu seinem politischen Ziehvater war Honecker zunächst bereit, die von der sowjetischen

Führung unter Leonid I. Breschnew in ihn gesetzten Erwartungen uneingeschränkt zu erfüllen. Auf dem VIII. Parteitag der SED im Juni 1971 verkündete der neue Parteichef einen einschneidenden ideologischen und politischen Kurswechsel der SED. Die Partei- und Staatsführung erteilte allen früheren Vorstellungen von einem unabhängigen Kurs der DDR eine Absage und beschwor, unter anderem in einem 1975 vereinbarten neuen Freundschafts- und Beistandsvertrag mit der UdSSR, die »führende Rolle« des Vaterlandes aller Werktätigen und stellte den Vorbildcharakter der auf dem Weg zum Kommunismus befindlichen Sowjetunion für alle realsozialistischen Staaten heraus. Insbesondere in der Wirtschaftspolitik verstärkte die DDR in den siebziger Jahren die Zusammenarbeit mit der Sowjetunion und die industrielle Arbeitsteilung innerhalb des RGW. Dabei gereichte dem ostdeutschen Staat seine technische Spitzenstellung unter den osteuropäischen Staaten zum Vorteil; gleichzeitig machte er sich jedoch auch von der im weltwirtschaftlichen Rahmen zweifelhaften Leistungskraft des Ostblocks abhängig.

Vor allem schwenkte die neue DDR-Führung unter Honecker auf den von der Sowjetunion verfolgten Kurs der Entspannungspolitik und deren Umsetzung in Mitteleuropa ein. Nach dramatischen Verhandlungsrunden einigte sich die DDR im Dezember 1972 mit der Bundesrepublik Deutschland auf den Grundlagenvertrag, durch den die Beziehungen zwischen den beiden deutschen Staaten erstmals auf eine rechtliche Basis gestellt wurden. Die sozial-liberale Bundesregierung schrieb zwar in der Präambel dieses Vertrages ihre Auffassung vom Fortbestehen der Einheit der deutschen Nation fest, sie gestand der DDR nur eine staatsrechtliche, keine völkerrechtliche Anerkennung zu und tauschte daher mit ihr keine Botschafter, sondern lediglich »Ständige Vertreter« aus. Doch hatte Honecker erreicht, worum Ulbricht jahrzehntelang vergebens gekämpft hatte: nicht nur die Hinnahme seines Staates durch die Bundesrepublik Deutschland und deren Verzicht auf die Hallstein-Doktrin als Instrument einer Nichtanerkennungspolitik, sondern im Gefolge dieses zwischendeutschen Ausgleichs auch die weltweite Anerkennung der DDR.

Die Kehrseite dieses Erfolges für die DDR-Führung war allerdings, daß sie fortan nicht nur die Verbindungen West-Berlins mit der Bundesrepublik respektieren, sondern sich auch zum Ausbau des innerdeutschen Reiseverkehrs verpflichten mußte. Der Grundlagenvertrag von 1972 beseitigte zwar nicht die 1961 errichtete Mauer zwischen den beiden deutschen Staaten, machte sie aber erstmals wieder durchlässiger, vor allem von Westen nach Osten, nur sehr eingeschränkt von Osten nach Westen. Aufgrund der vertraglichen Abmachungen im Rahmen der neuen Deutschlandpolitik konnten Bundesbürger und Westberliner wieder ihre Verwandten und Freunde in der DDR besuchen und wurde DDR-Bürgern im Rentenalter die Reise in den Westen gestattet, jüngere Ostdeutsche allerdings durften nur in dringenden Familienangelegenheiten, wie bei Sterbefällen, auf eine Besuchsgenehmigung hoffen. Die DDR-Führung tat alles, um für sie unliebsame Begleiterscheinungen der neuen Kontaktchancen von Ost- und Westdeutschen unter Kontrolle zu halten. Nicht nur wurde die Möglichkeit von innerdeutschen Besuchsreisen durch bürokratische und finanzielle Hindernisse erschwert, auch mußten sich ganze Gruppen der ostdeutschen Bevölkerung in politischen, wirtschaftlichen und akademischen Führungspositionen verpflichten, keine Westkontakte aufzunehmen. In diesen Jahren der offiziellen Öffnung der Staatsgrenze wurde aus Sorge um das Eindringen subversiven Gedankenguts aus dem kapitalistischen Westen das Ministerium für Staatssicherheit zu einem flächendeckenden und tief in alle Teile der ostdeutschen Gesellschaft und des Alltagslebens eindringenden Bespitzelungs- und Überwachungsapparat ausgebaut.

Auch ideologisch bemühte sich die kommunistische Führung um eine Abgrenzung von allen Versuchungen eines wachsenden innerdeutschen Zusammengehörigkeitsgefühls. In einer bei Nacht und Nebel durchgezogenen Verfassungsänderung zum 25. Jahrestag der Gründung der DDR wurden im Oktober 1974 alle Hinweise auf die »deutsche Nation« und das bis dahin propagierte Ziel ihrer Wiederherstellung unter sozialistischen Vorzeichen aus der Verfassung getilgt: Seitdem galt die DDR in den agitatorischen Erklärungen und der Staatsbürgerkunde Ostdeutschlands als ein endgültiges Produkt der deutschen Nationalgeschichte, das als »sozialistische Nation« keine Gemeinsamkeiten mehr mit der »kapitalistischen Nation« in der Bundesrepublik habe. Ostdeutsche Germanisten entdeckten damals im Auftrage der politischen Führung sogar, daß sich in der

DDR eine gesonderte deutsche Sprache herausgebildet habe, und damit meinten sie nicht die herkömmlichen regionalen Dialekte, sondern den Einfluß der sozialistischen Produktionsverhältnisse. Im Zuge dieser ideologischen Abgrenzungspolitik wurden auch die Bezeichnungen zahlreicher staatlicher Institutionen, etwa des Fernsehens oder der Akademie der Wissenschaften, von »Deutschland« bzw. »deutsch« auf »DDR« umgestellt; Währungseinheit wurde die »Mark der DDR«.

Nachdem die Bundesrepublik Deutschland im Rahmen der neuen Deutschland- und Ostpolitik endgültig die vorangegangene Nichtanerkennungspolitik und die sie begleitende Hallstein-Doktrin aufgegeben hatte, konnte die DDR unter Honecker in der ersten Hälfte der siebziger Jahre auch endlich jene weltweite völkerrechtliche Anerkennung erlangen, die sie zuvor unter Ulbricht auf dem Schleichweg der Handelsbeziehungen und internationalen Sporterfolge angestrebt hatte. Zahlreiche Staaten der Dritten Welt hatten schon 1972, als sich die zwischendeutsche Normalisierung abzeichnete, Beziehungen zur DDR aufgenommen. Ihnen folgten in den Jahren darauf alle in der Europäischen Gemeinschaft und der NATO mit der Bundesrepublik verbündeten Staaten, darunter im September 1974 auch die USA. Im September 1973 wurde die DDR neben der Bundesrepublik Deutschland als Mitglied in die Vereinten Nationen aufgenommen. Doch auch diese internationale Anerkennung hatte ihren Preis. Er bestand nicht nur in den Kosten einer weltweiten diplomatischen Präsenz und der Erfordernis, zu internationalen Krisen und Streitfragen Stellung nehmen zu müssen, sondern vor allem in den völkerrechtlichen Verpflichtungen, die der zweite deutsche Staat nun als von der Völkergemeinschaft anerkanntes Mitglied übernehmen mußte. Am deutlichsten wurde dieser Zusammenhang von Rechten und Pflichten in der Teilnahme der DDR an der Konferenz für Sicherheit und Zusammenarbeit in Europa (KSZE), die im August 1975 in Helsinki tagte und auf der Honecker seinen ersten großen internationalen Auftritt hatte. Die Schlußakte, welche er für die DDR unterzeichnete, begünstigte die DDR nicht nur durch die im sogenannten Korb I gewährleistete Unverletzlichkeit der bestehenden Grenzen und Staaten in Europa, sondern verpflichtete die ostdeutsche Regierung auch zu den im Korb III postulierten humanitären und menschenrechtlichen Forderungen wie Ermöglichung von Familienzusammenführungen und freien Nachrichtenaustausch. Auf diese von der DDR-Spitze unterschriebenen internationalen Zusagen konnten sich dann die oppositionellen Bürgerrechtsbewegungen berufen, die seit Ende der siebziger Jahre auch im zweiten deutschen Staat entstanden. Die politische Führung ging allerdings davon aus, daß die internationale Anerkennung ihres Staates in ähnlicher Weise die innenpolitische Anerkennung ihrer Herrschaft durch die Bevölkerung fördern würde.

Noch stärker setzte das DDR-Regime auf die Gewinnung der Zustimmung der Menschen durch die Gewährung materieller Verbesserungen des Lebensstandards. Mit dieser Erwartung folgten die ostdeutschen Kommunisten nicht nur ihren materialistischen Grundauffassungen und ihren Schlußfolgerungen aus den Arbeiterprotesten vom 16./17. Juni 1953, sondern knüpften an ältere deutsche Traditionen des paternalistischen Wohlfahrtsstaates an. Die Strategie der Gewinnung der Massenloyalität stand auch hinter der von Honecker auf dem IX. Parteitag der SED im Mai 1976 verkündeten Parole von der »Einheit von Wirtschafts- und Sozialpolitik«, mit der das Regime der Bevölkerung einen Pakt vorschlug: Das Wachstum der Wirtschaft sollte sich in Fortschritten des materiellen Lebensstandards niederschlagen, allerdings wurden umgekehrt die sozialen Verbesserungen von der Steigerung der industriellen Produktivität durch den größeren Arbeitseinsatz der Werktätigen abhängig gemacht. Diesem Programm entsprechend wurden in den siebziger Jahren in der DDR nicht nur die Löhne, sondern auch die Renten erhöht, die Leistungen für berufstätige Mütter ausgebaut und Verbesserungen im Gesundheitswesen durchgeführt.

1973 wurde von der SED ein Wohnungsbauprogramm verkündet, wonach bis zum Jahr 1990 an die 3 Millionen Wohnungen neu gebaut bzw. renoviert werden sollten. Bis dahin lebten die meisten Ostdeutschen und Ostberliner in zwar extrem mietgünstigen, meist aber äußerst reparaturbedürftigen und vor allem im Hinblick auf die sanitäre Ausstattung sehr rückständigen Altbauten. Seit den siebziger Jahren wurden in der DDR in riesigen Trabantenstädten Neubausiedlungen in Plattenbauweise hochgezogen, die ihren Bewohnern einen erheblichen Zuwachs an Wohnkomfort brachten, wenn auch auf eher bescheidenem Raum. In den Stadtkernen verkam die historische Bausubstanz weiterhin, war ihre Instandsetzung und Modernisierung doch wesentlich kostenaufwendiger und nicht mit den Methoden der industriellen Großbauweise zu bewältigen. Lediglich zu Feierlichkeiten, wie dem 750. Gründungsjahr Berlins 1985, wurde die Renovierung nicht nur von Vorzeigebauten wie dem Berliner Dom und dem Nikolaiviertel, sondern auch mancher alter Straßenzüge in Angriff genommen. Die meisten Stadt- und viele Dorfkerne zwischen Elbe und Oder zerfielen inzwischen immer mehr. So verbesserte sich unter Honecker zwar der individuelle Lebensstandard der meisten DDR-Bürger, aber planwirtschaftliche Mängel und beschränkte Ressourcen führten zu einem weitgehenden Verfall der gesamten Infrastruktur.

Während der siebziger Jahre konnten im Vergleich zu den vorangegangenen Jahrzehnten in der DDR Regierende wie Regierte eindeutige Verbesserungen ihrer Lage verzeichnen. Die politische Führung erreichte die internationale Anerkennung ihres Staates und die Hinnahme, wenn auch nicht Akzeptanz ihres Regimes durch die Mehrheit der DDR-Bürger. Die ostdeutsche Bevölkerung konnte einen Rückgang der offenen Unterdrückung durch die kommunistische Diktatur feststellen und erfreute sich eines wachsenden Lebensstandards, selbst Reisen ins westliche Ausland rückten in den Bereich der (wenn auch nur sehr restriktiv gewährten) Möglichkeiten. Mit dem Fortschreiten der Jahre und dem Nachwachsen jüngerer Generationen verblaßten allerdings auch in der DDR die Erinnerungen an die vorangegangene Mängelzeit. Aufgrund der durch die neue Deutschlandpolitik ermöglichten innerdeutschen Kontakte wurde für die überwiegende Mehrheit der ostdeutschen Bevölkerung der Vergleich mit der westdeutschen Bundesrepublik immer mehr zum ausschlaggebenden Maßstab. Die in der DDR herrschenden Marxisten-Leninisten mußten die zwiespältige Dialektik des von ihnen angestrebten und erreichten Erfolgs erfahren: Nachdem auf internationaler und zwischendeutscher Ebene das Paria-Dasein eines nicht anerkannten Staates zugunsten der staatlichen Anerkennung weggefallen war, konnten sie sich im zwischendeutschen Verhältnis nicht mehr pauschal mit dem ideologischen Feindbild einer kapitalistischen Bundesrepublik begnügen und innenpolitisch auf die Abgrenzung ihres Herrschaftsgebietes und die Faktizität ihrer Herrschaft setzen. Sie mußten vielmehr im Wettbewerb zwischen den beiden deutschen Staaten und den von ihnen verkörperten politischen, gesellschaftlichen und vor allem wirtschaftlichen Ordnungen bestehen. In diesem innerdeutschen Systemwettbewerb war die ostdeutsche Bevölkerung nicht nur über das gesamtdeutsche Medium des (West-)Fernsehens ein höchst aufmerksamer Zuschauer, sondern auch der letztlich entscheidende Schiedsrichter.

4. Die Kumulation der Krisen (1981 – 1989)

In den achtziger Jahren wurde in zunehmendem Maße offenkundig, daß die DDR im Hinblick auf ihre ökonomische Leistungsfähigkeit und den materiellen Lebensstandard ihrer Bürger zwar im Vergleich zu den übrigen kommunistischen Staaten an der Spitze stand, doch im Weltmaßstab und besonders im Vergleich mit der Bundesrepublik als ihrem deutschen Konkurrenten vom Abstieg bedroht war. Für die politische Stabilität und Akzeptanz des Regimes wurde besonders bedrohlich, daß die ostdeutsche Bevölkerung die Einschätzung ihrer eigenen Lage stets an der Situation der Westdeutschen und nicht der osteuropäischen Nachbarvölker orientierte. Der DDR-Führung blieb nichts anderes übrig, als sich auf diese Gegebenheit einzustellen, doch damit unterwarf sie sich letztlich einer aussichtslosen Aufholjagd, schienen die wachsenden materiellen Ansprüche der Ostdeutschen doch den ökonomischen Möglichkeiten ihrer Befriedigung davonzulaufen.

Schon in den siebziger Jahren wurde es für die ostdeutsche Volkswirtschaft aufgrund ihrer unterdurchschnittlichen Ressourcenausstattung vor allem mit Energieträgern und der Preisexplosion für Erdöl immer schwieriger, die notwendigen Importe zu finanzieren. Die Folge war, daß die Volkswirtschaft der DDR nicht nur vermehrt auf den Einsatz der einheimischen Braunkohle mit all seinen umweltschädlichen Folgen zurückgriff, sondern auch in verstärktem Maße westliche Devisen erwirtschaften mußte, um Käufe auf dem Weltmarkt zu finanzieren. Damit begab sie sich in einen gefährlichen Kreislauf: Sie konnte ihre Produkte auf dem Weltmarkt oft nur unter den Herstellungskosten absetzen und mußte große Investitionen wiederum mit westlichen Devisen tätigen, um für den

Westexport attraktive Güter herstellen zu können. In der Folge geriet die DDR-Wirtschaft durch die Finanzierung des gleichzeitigen Imports von Energieträgern, modernen Investitionsgütern und nicht zuletzt von Konsumgütern für die eigene Bevölkerung in wachsende Außenhandelsdefizite, deren Löcher wiederum nur durch Kredite aus dem Westen, vor allem vom »Klassenfeind« Bundesrepublik, gestopft werden konnten. Es muß den regierenden Kommunisten in der DDR hart aufgestoßen sein, offenbarte aber auch die Irrelevanz des von ihnen der eigenen Bevölkerung immer wieder aufoktroyierten Weltbildes, daß sie im Jahr 1983 durch die Vermittlung des bayerischen Ministerpräsidenten Franz Josef Strauß, eines notorischen Antikommunisten und Feindbildes aller Linken in Deutschland, von bundesdeutschen Banken einen Milliardenkredit erhielten. Am Ende dieser risikoreichen Politik, mit welcher sich die Planwirtschaft der DDR durch ihre Teilnahme am Welthandel den Regeln der Marktwirtschaft unterwarf, stand schließlich der staatliche Bankrott. Danach war es, rein ökonomisch gesehen, nur folgerichtig, daß die Bundesrepublik Deutschland als der Hauptgläubiger des anderen deutschen Staates mit den Schulden auch dessen Inventar übernahm.

Die Konkurserklärung der DDR-Volkswirtschaft kam erst Ende der achtziger Jahre, weil man zuvor über viele Jahre von der Substanz lebte. Seit Beginn der achtziger Jahre kam es auch in der DDR zu Protesten gegen Umweltgefährdungen durch Wasser- und Luftverschmutzung, Industriegifte und Risiken der Atomenergie. Unter dem Einfluß der Neuen Sozialen Bewegungen in der Bundesrepublik und dem Schutz vor allem der Evangelischen Kirche trafen sich kleine Gruppen von Intellektuellen, bei denen die herrschenden Funktionäre zu ihrem Erschrecken viele ihrer eigenen Kinder entdecken mußten, um für postmaterialistische Werte einzutreten. Dazu gehörte auch der Protest gegen die zunehmende Militarisierung der offiziellen Gesellschaft der DDR, z. B. durch die Einführung eines obligatorischen Wehrkundeunterrichts an den Schulen, und die Forderung nach Gewährung jener Menschenrechte, welche die Honecker-Führung im Helsinki-Abkommen zugesagt hatte. Insbesondere die Einschränkung der Reisefreiheit für die meisten Bürger wurde zum Kristallisationspunkt des wachsenden Unmuts in der DDR-Bevölkerung. In wachsendem Maße empfand man es als absurd und anstößig, daß sich die führenden Repräsentanten des Regimes mit Honecker an der Spitze auf Staatsbesuchen in fernen Ländern wie den afrikanischen Staaten, Japan und Mexiko, im Jahr 1987 schließlich sogar erstmals in der Bundesrepublik, abbilden und feiern ließen, während die einfachen DDR-Bürger, vor allem aber die kleinen Funktionsträger in Partei, Wirtschaft und Gesellschaft, nur ans Schwarze Meer und in die Sowjetunion reisen konnten.

Eine wachsende Zahl von DDR-Bürgern hatte in den achtziger Jahren die DDR-Verhältnisse so satt, daß sie sogar ihre Übersiedlung in die BRD beantragten, obwohl sie danach oft jahrelang bürokratischen und beruflichen Drangsalierungen ausgesetzt waren. Das Regime versuchte mit kleinen Schritten des Entgegenkommens, z. B. durch die Erweiterung von Besuchsmöglichkeiten im Rahmen der zwischendeutschen Familienkontakte, Druck abzulassen, erzeugte aber nur neue Wünsche und Unzufriedenheiten. Die Krux der ideologischen Rechtfertigungsbemühungen wurde immer größer, wenn beispielsweise auf der einen Seite Ausreisewilligen die Erfüllung ihres Wunsches über Jahre versagt wurde und andererseits kritische Geister wie der Liedermacher Wolf Biermann, der in der DDR bleiben wollte, zwangsweise ausgebürgert wurden. Dies alles wurde zum Ausgangspunkt von zunächst informellen oppositionellen Zirkeln, aus denen im Verlauf der achtziger Jahre in der DDR eine Vielzahl von Bürgerrechtsgruppen hervorgingen.

Das Regime reagierte auf die Umwelt-, Friedens- und Menschenrechtsbewegung mit ideologischen Abwehrmaßnahmen, vor allem aber obrigkeitsstaatlicher Repression. Wir wissen heute aus den Akten des Ministeriums für Staatssicherheit, in welchem Umfang die Stasi die kritischen und resistenten Bürgerrechtsgruppen bespitzelt, terrorisiert und unterwandert hat. Trotzdem konnte der Staatssicherheitsapparat den Zerfall der kommunistischen Herrschaft in der DDR nicht aufhalten, trieb ihn sogar gegen die Absicht der Herrschenden voran. Das zum Schluß völlig absurde Überwachungssystem, in welchem sogar die banalsten akademischen Doktorarbeiten geheimgehalten wurden, erzeugte bei den Herrschenden ein falsches Gefühl der Kontrolle und Sicherheit, welches sie gegen die Wahrnehmung der eigentlichen Gefährdungen ihres Regimes immunisierte. Als Ende der achtziger Jahre die Staatssicherheit dem Politbüro unter Honecker Katastrophennachrichten aus

Wirtschaft und Gesellschaft in unvorstellbarem Maße melden mußte, war die vergreiste Führung nicht mehr fähig, diese Hiobs- botschaften zu verarbeiten. Nicht zuletzt erforderten die flächen- deckenden und zeitintensiven Bespitzelungen der Staatssicherheit einen personellen und finanziellen Aufwand, der die labile Wirt- schaftslage der DDR noch zusätzlich belastete. So trug der Staats- sicherheitsapparat, der offiziell als »Schild und Schwert« der kom- munistischen Partei fungieren sollte, mit zum Untergang der Partei- diktatur bei.

Aus heutiger Sicht, mit dem Wissen um die Ereignisse des Wen- dejahres 1989/90, waren der Zerfall der SED-Herrschaft und die Auflösung ihres Staates unausweichlich. Daher haben auch scharf- züngige Tadler der bundesdeutschen DDR-Forschung, welche die- ses dramatische Ende der SED und DDR nicht vorhergesagt hat, wissenschaftliches Versagen, wenn nicht politisch motivierte Schön- färberei der diktatorischen und maroden Verhältnisse im anderen deutschen Staat vorgeworfen. Doch diese nachträglich so klugen Kritiker können selbst keine entsprechenden Voraussagen aus den Jahren vor 1989 vorweisen. Sie übersehen auch, in welchem Maße die DDR bereits in früheren Perioden ihrer vierzigjährigen Ge- schichte existenzgefährdende Krisen durchgemacht und überstan- den hatte. So war die wirtschaftliche Lage Ostdeutschlands in den fünfziger Jahren viel desolater als in den achtziger Jahren, vom Ver- gleich des Lebensstandards der Bevölkerung in diesen beiden Jahr- zehnten ganz zu schweigen. Auch Ausbrüche von Unmuts- und Op- positionserscheinungen, sei es in hervorgehobenen Schichten der Intelligenz, sei es in breiten Arbeiterschichten, hat es bereits in frü- heren Zeiten der DDR gegeben. Die Reaktion des Regimes auf diese Erscheinungen der Opposition und Resistenz war in den An- fangsjahren der DDR mehr durch offen terroristische Repressions- maßnahmen und in den achtziger Jahren mehr durch sublime Be- nachteiligungen und Beeinflussungen charakterisiert. Angesichts dieser jahrzehntelangen zeitgeschichtlichen Erfahrungen der DDR-Führung mit dem Überstehen von Krisen war gegenüber Un- tergangsorakeln eher Skepsis angebracht. Doch in der zweiten Hälfte der achtziger Jahre traten nicht nur all diese wirtschaftlichen, gesellschaftlichen und legitimatorischen Krisenerscheinungen zu- sammen auf, hinzu kamen noch zwei zusätzliche Gefährdungen:

eine bündnispolitische Krise und eine weltpolitische Entwicklung, welche in ihrer Gesamtheit von der ostdeutschen Partei- und Staatsführung nicht mehr zu bewältigen waren, selbst wenn sie einsichtiger und flexibler gewesen wäre als die alten Männer an der Spitze der DDR.

In der Sowjetunion übernahm 1985 Michail S. Gorbatschow die Führung im Kreml und leitete einen politischen und gesellschaftlichen Reformkurs ein, der mit der Propagierung der Prinzipien *Glasnost* und *Perestroika* (Offenheit und Erneuerung) auch die kommunistische Führung der DDR immer mehr unter Druck setzte. Die SED behauptete allerdings, man brauche im Gegensatz zur UdSSR keine politischen und wirtschaftlichen Reformen, habe diese vielmehr in der DDR bereits vollzogen. Diese Abwiegelungspolitik brachte Kurt Hager, Chefideologe der SED, damals (1987) auf einen sehr bildhaften Nenner, als er in einem Interview mit der Hamburger Illustrierten »Stern« erklärte: »Wenn der Nachbar seine Wohnung neu tapeziert, ist man nicht selbst verpflichtet, die eigene Wohnung ebenfalls neu zu tapezieren.« Damit setzten sich die in Ostdeutschland herrschenden Kommunisten, wie in den letzten Jahren der Herrschaft Ulbrichts, wieder ideologisch vom »Vaterland aller Werktätigen« ab. Sie gingen so weit, die Auslieferung sowjetischer Zeitschriften in der DDR zu unterbinden, wenn ihnen deren Beiträge zur Aufarbeitung der sowjetischen Geschichte nicht paßten. Mit diesem unabhängigeren und selbstbewußten Kurs gegenüber der Vormacht im realsozialistischen Lager ging die DDR-Führung ein erhebliches Risiko ein. Sie verärgerte nicht nur die eigene Bevölkerung, die nach der Einleitung der sowjetischen Reformpolitik der alten Parole »Von der Sowjetunion lernen heißt siegen lernen« wieder etwas abgewinnen konnte. Auch isolierte sich das DDR-Regime im kommunistischen Lager, bahnte sich doch Ende der achtziger Jahre ein dem sowjetischen ähnlicher Reformkurs in der Tschechoslowakei und Ungarn an, während Polen mit der Unterdrückung der Demokratiebewegung durch eine De-facto-Militärdiktatur einen gegenteiligen Weg eingeschlagen hatte. So blieben auf europäischem Boden nur Albanien, in Mittelamerika Kuba und im fernen Asien die Volksrepublik China und Nordkorea als Partner einer reformfeindlichen und reaktionären Politik übrig. Die ostdeutsche Bevölkerung mußte es als Provokation und böses

Omen empfinden, daß im Sommer 1989 Egon Krenz als zweiter Mann der DDR die blutige Niederschlagung der chinesischen Demokratiebewegung in Peking lobte. Die Sowjetunion wurde durch die Betonmentalität der DDR-Gerontokraten in einem Maße verärgert, daß ihre Führung nicht bereit war, für die ostdeutschen Genossen die Erfolge der Entspannungspolitik zu riskieren. Die Existenz einer kommunistischen Diktatur in der DDR wurde nicht mehr als Sicherheitsgarantie, sondern als Belastung für die Interessen der Sowjetunion und ihrer reformkommunistischen Führung empfunden. Damit verlor das DDR-Regime jene Schutzmacht, die es schon zweimal, im Juni 1953 und im August 1961, vor dem Untergang bewahrt hatte.

Mehr als alles andere wurde die Herrschaft der SED und die Existenz ihres Staates aber durch die gesamteuropäischen und weltpolitischen Veränderungen des Jahres 1989 in Frage gestellt. Mit dem Schwinden des Ost-West-Konfliktes büßte die DDR nicht nur die Blocksolidarität der osteuropäischen Staaten, sondern insbesondere ihre Bedeutung als vorgeschobener Posten des Ostblocks ein. Im Sommer 1989 füllten in Budapest, Prag und Warschau ostdeutsche Flüchtlinge zu Tausenden die bundesdeutschen Botschaften und wurden nicht zurückgeschickt. Vielmehr öffnete Ungarn am 11. September 1989 seine Grenzen und erlaubte den ostdeutschen Ausreisewilligen die Weiterfahrt nach Österreich. Das muß ein Tag gewesen sein, an dem in Ost-Berlin die Alarmglocken geläutet haben, doch vielleicht waren die Herrschenden bereits taub geworden.

Die DDR war in den Jahren nach dem Zweiten Weltkrieg als Produkt des Kalten Krieges entstanden. Der Wegfall der weltweiten Konfrontation zwischen den freiheitlich sowie marktwirtschaftlich orientierten Demokratien des Westens auf der einen sowie den totalitär und planwirtschaftlich orientierten Diktaturen des Ostens auf der anderen Seite bewirkte in der DDR, im Gegensatz zu den anderen osteuropäischen Staaten, die auf eine eigene nationalstaatliche Identität zurückblicken konnten, nicht bloß einen Wechsel des Herrschaftssystems, sondern die Aufhebung der separaten Staatlichkeit. Wie die deutsche Spaltung im Jahr 1948/49 Ausdruck der Teilung der Welt gewesen war, so wurde nun die Vereinigung Deutschlands zum Symbol der Überwindung des Kalten Krieges.

Zwar ist die Diktatur der SED im Herbst 1989 zusammengebrochen und hat die DDR am 3. Oktober 1990 nach fast 41 Jahren aufgehört, als eigenständiger Staat zu existieren, doch ihre Geschichte wird noch lange Zeit in Deutschland nachwirken. Aus dieser Einsicht heraus hat der Deutsche Bundestag 1992 eine Enquete-Kommission zur »Aufarbeitung von Geschichte und Folgen der SED-Diktatur in Deutschland« eingesetzt, die in der darauf folgenden Legislaturperiode ihre Arbeit unter dem Titel »Überwindung der Folgen der SED-Diktatur im Prozeß der deutschen Einheit« fortgesetzt hat. An deren Stelle ist nach der Bundestagswahl vom 27. 9. 1998 eine bundesunmittelbare »Stiftung zur Aufarbeitung der SED-Diktatur« getreten, die die Opfer des SED-Staates beraten und Initiativen zur wissenschaftlichen Erforschung der DDR-Geschichte fördern soll. Auch wenn die Arbeit dieser Enquetekommissionen nicht frei von Mißverständnissen zwischen Ost- und Westdeutschen sowie parteipolitischen Rechthabereien war, so ist doch festzustellen, daß die Auseinandersetzung mit der DDR als der »zweiten deutschen Diktatur« (Karl Dietrich Bracher) heute viel aktiver und offener erfolgt als die Bemühungen in den ersten Jahrzehnten der Bundesrepublik, die nationalsozialistische Vergangenheit der Deutschen aufzuarbeiten.

Nicht nur die eher unrühmliche Vergangenheit des SED-Regimes, einschließlich seiner direkten Verbrechen gegen die eigenen Bürger, sowie die ökonomischen und ökologischen Erblasten seiner Herrschaft werden die Bundesrepublik Deutschland und die jetzt vereint in ihr lebenden Deutschen noch viele Jahre beschäftigen. Auch die Prägungen durch mehr als 40 Jahre realsozialistische Diktatur – und wenn man die Nazidiktatur des Dritten Reiches hinzuzählt, mehr als 56 Jahre Gewaltherrschaft – werden noch lange Zeit zu Spannungen und Verwerfungen zwischen den westlichen und den östlichen Bundesländern führen. Aber auch die besonderen Erfahrungen familiären und freundschaftlichen Zusammenhalts, welche das Leben in der ehemaligen DDR lebenswert machten, werden in der Erinnerung nachwirken und sollten keineswegs als bloße Nostalgie abgetan werden. Wer die Gegenwart und die Zukunftsaufgaben des vereinigten Deutschlands verstehen will, der muß die Geschichte beider deutscher Staaten berücksichtigen.

IV. Kapitel

Die deutsche Vereinigung (1989–2001)

1. Die Auflösung der DDR

Die dramatischen Ereignisse des Jahres 1989/90 bewirkten in vielfacher Hinsicht eine historische Wende. Mit dem Niedergang der kommunistischen Diktaturen in Osteuropa und der Auflösung der Sowjetunion als Vormacht des Ostblocks ging der Kalte Krieg zwischen den beiden Weltlagern endgültig zu Ende. An die Stelle der bipolaren trat wieder eine multipolare Weltordnung mit einer hervorgehobenen Führungsposition der Vereinigten Staaten von Amerika. Besonders einschneidend waren die Auswirkungen dieser globalen Veränderungen in der Mitte Europas, wo sie nicht nur zum Untergang des realsozialistischen Herrschaftssystems in der DDR, sondern auch zum Verschwinden dieses Staates selbst führten. Zu Recht ist festgestellt worden, daß in jenem Wendejahr die Nachkriegszeit zu Ende ging und eine neue Epoche begann, die mit ihren neuartigen Herausforderungen und Komplexitäten unvermindert andauert.

In der DDR waren die Zeichen des Wandels bereits im Sommer 1989 unübersehbar: Die Zunahme allgemeiner Unzufriedenheit und der wachsende Widerstand in der Bevölkerung, die Formierung von Oppositionsgruppen, das Anschwellen des Flüchtlingsstromes von DDR-Bürgern zunächst über die Grenze von Ungarn nach Österreich, die dramatische Besetzung der bundesdeutschen Botschaften in Warschau, Prag, Budapest und der Ständigen Vertretung der Bundesrepublik in Ost-Berlin sowie die immer offenere Reformpolitik der Sowjetunion unter Michail S. Gorbatschow ließen die Vorbereitung und Durchführung des 40. Jahrestages der Gründung der DDR am 7. Oktober 1989 durch die ostdeutsche Partei- und Staatsführung als absurdes Spektakel erscheinen. Die Mehrheit des unruhigen, ja renitenten Staatsvolkes der DDR nahm nicht an der gespenstischen Geburtstagsfeier teil, wurde vielmehr durch die Sicherheitskräfte vom »Palast der Republik« in der »Hauptstadt der DDR« ferngehalten. Zehntausende und bald Hunderttausende von DDR-Bürgern zogen es statt dessen vor, auf den Montags-Protestmärschen vor allem in Leipzig für die Erhaltung des Friedens, für einschneidende politische und gesellschaftliche Veränderungen im zweiten deutschen Staat zu demonstrieren. Die Organe der Staatssicherheit mußten ihren Vorgesetzten nicht nur vom wachsenden Unmut und Widerstand in der Bevölkerung berichten, sondern standen Gewehr bei Fuß zur blutigen Niederschlagung der Proteste und zur Festsetzung von Oppositionellen in Schutzhaftlagern. Der sowjetische Parteichef, zu den Feiern in die Hauptstadt der DDR eingeladen, machte seinen Gastgebern unverblümt klar, daß das Leben jene bestraft, die zu spät kommen, den Wandel der Zeit zu erkennen. Trotzdem beharrte die Honecker-Führung bei der Geburtstagsfeier ihres Staates darauf, daß mit dem ostdeutschen Regime alles in Ordnung sei. Nicht nur erklärte sie süffisant – wohl vor allem gegenüber der eigenen Bevölkerung –, die Berliner Mauer würde noch weitere hundert Jahre stehen. Sie provozierte auch den sowjetischen Ehrengast mit der Rede von einem eigenständigen »Sozialismus in den Farben der DDR«. Nur wenige Tage später schnitten Demonstranten aus der Staatsflagge der DDR das sozialistische Wappen mit Ährenkranz, Hammer und Zirkel heraus. Einige Wochen später trat an die Stelle der realsozialistischen Symbolik das Sinnbild der ostdeutschen Friedensbewegung (»Schwerter zu Pflugscharen«). Spätestens seit Anfang Dezember 1989 wurden auf den Demonstrationen in den Städten der DDR die gesamtdeutschen Farben Schwarz-Rot-Gold dominierend, und viele Demonstranten machten ihre Wunschvorstellung überdeutlich, indem sie sogar die Dienstflagge der Bundesrepublik Deutschland mit dem Adler in der Mitte schwenkten. So war der 40. Jahrestag des zweiten deutschen Staates am 7. Oktober 1989 der Anfang vom Ende nicht nur des kommunistischen Regimes der DDR, sondern auch dieses Staates selbst. Zehn Tage später trat die Führung unter Honecker zurück, und innerhalb weniger Wochen zerfiel die Parteidiktatur der SED.

Als sich Mitte Oktober mehrere Mitglieder des Politbüros, bezeichnenderweise auf Rat des Staatssicherheitschefs Erich Mielke, angesichts eines unbelehrbaren und halsstarrigen Staats- und Parteichefs Honecker endlich zu der Einsicht durchrangen, daß sie etwas tun müßten, um das Regime noch zu retten, glaubten sie mit der am 17. Oktober 1989 vollzogenen Absetzung des langjährigen Generalsekretärs der SED und Staatsratsvorsitzenden der DDR die notwendige personelle Voraussetzung für einen neuen Kurs geschaffen zu haben. Doch sein Nachfolger Egon Krenz war ebenfalls ein Repräsentant des alten Systems, hatte diesem an der Spitze der Jugend- und Sicherheitspolitik gedient und sich in den Augen der Bürger durch die Beteiligung an den Fälschungen der Kommunalwahlergebnisse vom Mai 1989 diskreditiert. Krenz gab zwar vor, eine »Wende« in der DDR-Politik einleiten zu wollen, konnte jedoch bei der immer freier und offener gegen das DDR-System demonstrierenden Bevölkerung nicht das geringste Vertrauen gewinnen und wurde binnen 48 Tagen ebenfalls aus dem Amt gejagt. Am 8. November trat auch Willi Stoph, der langjährige Vorsitzende des Ministerrates der DDR, zurück. Nachfolger wurde der Dresdner Parteichef Hans Modrow, zuvor ein moderater Hoffnungsträger der SED. Unter seiner Führung versuchte die zu einer »Partei des Demokratischen Sozialismus« (PDS) mutierende Einheitspartei durch Eingehen auf die Wünsche der Bürger von ihrer Herrschaft zu retten, was zu retten war.

An erster Stelle der Sehnsüchte der Ostdeutschen stand die Reisefreiheit. Noch wichtiger als der Wunsch, in die Bundesrepublik übersiedeln zu können, war der nach Besuchs- und Ferienreisen in alle Welt, nicht unähnlich den Lebenswünschen, deren Verwirklichung die Westdeutschen schon seit Jahrzehnten als selbstverständlich betrachteten. Der Ministerrat der DDR entschied daher auf Anregung des Politbüros der SED am 9. November 1989, daß die Ausreise aus der DDR und »Privatreisen nach dem Ausland« mit sofortiger Wirkung ohne Gefahr von Repression beantragt und kurzfristig genehmigt werden könnten. Die Partei- und Staatsführung wollte sich mit diesem Angebot vom Unmut der Ausreisewilligen entlasten und vor allem die Zustimmung der Bevölkerung zu ihrem Reformkurs erreichen. Günter Schabowski als Informationssekretär des SED-Zentralkomitees teilte diesen Entschluß jedoch in einer Weise mit, daß die Öffentlichkeit den Eindruck gewann, die Berliner Mauer sei ab sofort voraussetzungslos geöffnet. Daher kümmerten sich die Menschen in der DDR und vor allem in Ost-Berlin nach der Bekanntgabe dieses Entgegenkommens nicht um die vorgeschriebenen Formalitäten, sondern stürmten noch am selben Abend die Grenzübergänge, überrannten förmlich die Grenzposten und fanden sich zu ihrer großen Überraschung im ersehnten Westen. Da gleichzeitig Westberliner und Westdeutsche den freien Übergang in den Osten nutzten, entfaltete sich in der Nacht vom 9. auf den 10. November 1989 und den folgenden Tagen an der Berliner Sektorengrenze ein großes gesamtdeutsches Verbrüderungsfest, bei dem sich völlig Unbekannte aus Ost und West in die Arme fielen und die Öffnung der Berliner Mauer feierten. Dieses Ereignis wurde zum eigentlichen Symbol der politischen Wende in Deutschland und Europa. Binnen Tagen entstanden neue Grenzübergänge und wurde die Besuchspraxis völlig liberalisiert, innerhalb weniger Wochen wurde die Berliner Mauer zum Steinbruch für Touristen aus aller Welt, und schon nach einem Jahr war von dem Wahrzeichen des Kalten Krieges und der deutschen Teilung so wenig übrig, daß Museen heute nach Reststücken dieser 28 Jahre lang nur unter Lebensgefahr überwindbaren Grenzbefestigung suchen.

Mit der Öffnung der Berliner Mauer am Abend des 9. November 1989 begann der eigentliche Zusammenbruch des kommunistischen Regimes in der DDR. Zuvor hatte es durch seine totalitäre Herrschaftspraxis die gesamte Gesellschaft kontrolliert und noch die nebensächlichsten Alltagserscheinungen im Griff gehabt, jetzt setzte es durch eine mehr zufällig zustandegekommene Entscheidung seine Identität aufs Spiel und konnte die beschlossene Maßnahme nicht mehr regelgerecht umsetzen, geschweige denn von ihr profitieren. Die Umstände und Folgen der Öffnung der Berliner Mauer 1989 charakterisieren wie kein anderer Vorgang im Wendejahr 1989/90 die Eigenart des Untergangs der SED-Diktatur und des Staates DDR. Es war weniger eine Revolution, wenn auch der Protest der Bürgerrechtsgruppen zu einer radikalen Veränderung der politischen Strukturen wesentlich beigetragen hat. Es war auch weniger eine Transformation, selbst wenn die Umformung der politischen und vor allem wirtschaftlichen Verhältnisse in der DDR ein wesentliches Element des Veränderungsprozesses ausmachte. Der

Untergang der DDR und ihres politischen Regimes war vielmehr eine Implosion, ein Zusammenbruch von Herrschaftsstrukturen nach innen. Als die DDR ihre Staatsgrenzen öffnete und der lang angestaute Überdruck entweichen konnte, führte dies nicht zur Stabilisierung, sondern zum Kollaps der Regimestrukturen, die nur durch Abkapselung und Zwang hatten aufrechterhalten werden können, unter den Bedingungen der Offenheit und freien Zustimmung hingegen in sich zusammenfielen.

Die SED versuchte weiterhin, die politische Initiative und Kontrolle wiederzugewinnen, die sie innerhalb weniger Wochen an die oppositionellen Gruppen und die Bevölkerung verloren hatte. Am 3. Dezember 1989 beschloß das gesamte Politbüro der Einheitspartei, die einstige Machtzentrale des Systems, seinen eigenen Rücktritt. Am 4. Dezember wurde der Altkommunist und langjährige Partei- und Staatsführer Erich Honecker aus jener Partei ausgeschlossen, der er seit seinen Jugendjahren gedient hatte. Die SED-Führung, unter dem Druck einer unruhig gewordenen Basis und von Parteiintellektuellen, die eine Reform der Partei forderten, mußte am 7. und 8. Dezember 1989 einen außerordentlichen Parteitag abhalten; die Delegierten distanzierten sich mehrheitlich von der bisherigen Politik der Einheitspartei und erzwangen die Umwandlung der SED in eine neue Partei, die sich *Partei des Demokratischen Sozialismus (PDS)* nannte und an deren Spitze der junge und dynamisch wirkende Rechtsanwalt Gregor Gysi trat. Doch die unter Leitung des Reformkommunisten Hans Modrow stehende DDR-Regierung lavierte auch weiterhin zwischen dem massiven Bedürfnis des Volkes nach Veränderung und Demokratisierung sowie den Beharrungs- und Herrschaftsinteressen der überkommenen Machtstruktur hin und her und wurde so zum letzten und letztlich nicht erfolgreichen Konkursverwalter des alten Systems.

Immerhin kam es unter Modrows Leitung am 7. Dezember 1989 erstmals zur Einberufung des sogenannten »Runden Tisches«, eines Gremiums, in dem Vertreter der mehr oder weniger erneuerten politischen Parteien und der neuen, erst im Herbst 1989 zugelassenen Reformgruppen umständlich nach Wegen einer grundlegenden Neugestaltung des politischen Systems der DDR im westlichdemokratischen Sinne suchten. So wurde am 1. Dezember 1989 der Führungsanspruch der SED aus der DDR-Verfassung gestrichen und diese durch weitere Veränderungen der demokratischen Entwicklung angepaßt. Anfang 1990 konzipierten die am Runden Tisch versammelten ostdeutschen Bürgerrechtsgruppen, mit Hilfe westdeutscher Berater aus dem linken und grünen Spektrum, sogar den Text einer neuen Gesamtverfassung für eine wirklich demokratische, unabhängige, sozialstaatlich sowie ökologisch orientierte DDR. Ministerpräsident Modrow öffnete schließlich am 5. Februar 1990 durch die Bildung einer »Regierung der nationalen Verantwortung« unter Beteiligung aller politischen Kräfte den Ministerrat auch für Vertreter der neuen Opposition.

Zu diesem Zeitpunkt waren der wirtschaftliche Zusammenbruch und der politische Umbruch in der DDR bereits über solche Reformversuche hinweggegangen. Das Volk, das durch seine friedlichen Demonstrationen den raschen Zerfall des SED-Regimes wesentlich mit herbeigeführt hatte, hatte sich bereits zu einer selbständigen, politisch aktiven Größe entwickelt. Seit Dezember 1989 mehrten sich in der ostdeutschen Bevölkerung die Stimmen, die nicht mehr, wie die Bürgerrechtsbewegungen und die intellektuelle und künstlerische Elite, eine demokratische Erneuerung in der DDR, sondern die Vereinigung des zweiten deutschen Staates mit der Bundesrepublik Deutschland forderten. Auf den großen Demonstrationen waren nicht mehr »*Wir* sind das Volk«, sondern »Wir sind *ein* Volk« und »Deutschland einig Vaterland« die Parolen. Da die Übersiedlerwelle aus Ost- nach Westdeutschland weiter anschwoll und nicht nur die DDR auszubluten drohte, sondern auch die Bundesrepublik durch den Zustrom völlig überfordert wurde, blieb der DDR-Regierung unter Modrow und dem Runden Tisch nur noch die Aufgabe, die ersten freien Wahlen in der DDR zu organisieren, die angesichts der dramatischen Entwicklung vom geplanten Termin am 6. Mai um sieben Wochen vorgezogen wurden.

Das Ergebnis der Volkskammerwahlen vom 18. März 1990, welche die ersten freien und zugleich die letzten Wahlen in der DDR waren, brachte eine große Überraschung, die nicht nur für das Schicksal der DDR und die Frage der deutschen Einheit, sondern auch für die weitere politische Entwicklung der Bundesrepublik Deutschland langfristige Auswirkungen hatte. Es kam nicht zu dem von vielen Beobachtern erwarteten und von Meinungsforschern vorhergesagten Sieg der SPD in ihren früheren ostdeutschen Traditionsgebieten, in denen sie – sieht man von den Bürgerrechtsgruppen ab – als einzige der Parteien unbelastet durch eine Vergangenheit als Blockpartei hatte antreten können. Vielmehr erreichten die Kandidaten der christlich-demokratischen Parteien, die sich auf energischen Druck von Helmut Kohl erst kurz zuvor im Wahlbündnis der »Demokratischen Allianz« zusammengefunden hatten, eine fast absolute Mehrheit der Stimmen und Sitze. Die CDU erhielt mit 40,8 Prozent fast doppelt so viele Stimmen wie die SPD mit 21,9 Prozent. Die im Bündnis 90 zusammengeschlossenen Bürgerrechtsgruppen landeten weit abgeschlagen bei 2,9 Prozent, während die ehemalige SED, nun PDS, auf 16,4 Prozent der Stimmen kam. Damit war klar, daß die neue Regierung von der CDU geführt werden würde. Der Rechtsanwalt und gläubige Protestant Lothar de Maizière trat am 12. April 1990 an die Spitze der letzten DDR-Regierung, einer großen Koalition aus Christdemokraten, Sozialdemokraten und Freien Demokraten.

Der Ausgang dieser Wahl war ein Plebiszit der Mehrheit der Ostdeutschen für Bundeskanzler Kohl und die von ihm verkörperte Wiedervereinigungspolitik, von der man sich eine schnelle und umfassende Besserung der Lebensverhältnisse erwartete. Die eindeutige Mehrheit der Ostdeutschen wollte am materiellen und immateriellen Lebensstandard der Bundesrepublik teilhaben und wählte daher die von dem bundesdeutschen Regierungschef getragene und personifizierte Politik. Nach dieser Entscheidung konnte es nur mehr um die »Abwicklung« des staatlichen Endes der DDR gehen, wie es bald darauf in der Vertrags- und Beamtensprache des deutschen Vereinigungsprozesses hieß. Die Vereinigung Deutschlands, an die vor dem Herbst 1989 kaum jemand mehr wirklich geglaubt hatte, stand nun überraschend auf der Tagesordnung der Geschichte.

2. Die internationale Absicherung der Vereinigung

Die Ostdeutschen und die Westdeutschen hätten 1990 nicht die staatliche Vereinigung Deutschlands herbeiführen können, wenn ihnen die Völkergemeinschaft und insbesondere die Siegermächte des Zweiten Weltkrieges nicht zuvor grünes Licht gegeben hätten.

War bereits die deutsche Teilung nach 1945 das Produkt der internationalen Konstellation gewesen, so beruhte auch die schließliche Wiedererlangung der nationalstaatlichen Einheit Deutschlands auf einer gewandelten weltpolitischen Lage, mehr noch auf der internationalen Zustimmung der wichtigsten Mächte. So gingen im Wendejahr 1989/90 innen- und außenpolitische Entwicklungen Hand in Hand, wie es für die Deutschlandpolitik schon in den vier Jahrzehnten der staatlichen Teilung charakteristisch gewesen war.

Unter allen Mächten haben die Vereinigten Staaten von Amerika am nachdrücklichsten und einhelligsten die deutsche Vereinigung unterstützt. Das war in den Augen der USA eine selbstverständliche Konsequenz des von den Amerikanern hochgehaltenen Prinzips des Selbstbestimmungsrechts der Völker. Es war nicht nur eine theatralische Geste, sondern Ausdruck amerikanischer Grundüberzeugungen, als Präsident Ronald Reagan 1987 an der Mauer vor dem Brandenburger Tor gen Osten rief: »Mister Gorbatschow, open the wall!« Hinzu kamen die enge wirtschaftliche Zusammenarbeit, Partnerschaft und das politische Vertrauensverhältnis, das sich in den Jahren der deutschen Teilung zwischen der Vormacht des Westens und der Bundesrepublik entwickelt hatte. Den USA konnte es nur gelegen kommen, wenn einer ihrer wichtigsten Partner in Europa durch das Ende des Kalten Kriegs und der deutschen Teilung noch mehr Einfluß auf die gesamteuropäische Entwicklung, auch und gerade nach Osten hin, gewann. Daher unterstützten die USA, zumal im Wendejahr 1989/90, uneingeschränkt den Vereinigungswillen der Deutschen, stellten jedoch die eine, allerdings elementare Bedingung, daß das vereinigte Deutschland den bundesrepublikanischen Kurs der politischen, wirtschaftlichen und auch kulturellen Westorientierung fortsetze.

Wesentlich skeptischer, zeitweise sogar ausgesprochen ablehnend war die Einstellung Großbritanniens gegenüber der Aussicht auf eine deutsche Vereinigung. Das Vereinigte Königreich stand immer noch unter dem Trauma, daß sein Sieg über Hitler-Deutschland den eigenen Niedergang als Weltmacht eingeleitet hatte. Die Briten sahen ihr traditionelles Axiom eines Gleichgewichts auf dem europäischen Kontinent, durch welches sie ihren eigenen Einfluß bewahren konnten, durch das zunächst wirtschaftliche und dann politische Wiedererstarken der Bundesrepublik gefährdet. Um so mehr mußten sie ein Wiedererwachen des deutschen Nationalismus und Hegemoniestrebens in einem vereinten Deutschland befürchten. Premierministerin Margaret Thatcher und viele ihrer Berater und Parteifreunde machten aus diesen oft nur psychologisch zu verstehenden Vorbehalten gegen die deutsche Vereinigung keinen Hehl. Wenn überhaupt, dann sollte die Vereinigung Deutschlands erst nach Jahren, vielleicht erst Jahrzehnten kommen. Schließlich mußte sich aber auch Großbritannien mit der unabwendbaren Entwicklung abfinden. Die britische Regierung drängte nun, auch als Fürsprecher der polnischen Belange, entschieden darauf, daß die erweiterte Bundesrepublik keine Gebietsforderungen im Osten stellen dürfe.

Historisch noch begründeter und tiefer sitzend mußte das Mißtrauen Frankreichs gegenüber einer deutschen Vereinigung sein, hatte Deutschland doch innerhalb von 70 Jahren dreimal seinen westlichen Nachbarn militärisch und politisch gedemütigt. Die deutsche Vereinigungspolitik profitierte aber von der Tatsache, daß sich zwischen den meisten französischen Präsidenten und bundesdeutschen Regierungschefs ein enges Vertrauensverhältnis entwickelt hatte, selbst und gerade wenn sie verschiedenen politischen Lagern angehörten; es sei nur an die persönliche Freundschaft zwischen Charles de Gaulle und Konrad Adenauer, Valéry Giscard d'Estaing und Helmut Schmidt sowie zwischen François Mitterrand und Helmut Kohl erinnert. Der französische Staatspräsident Mitterrand stattete zwar im Dezember 1989 der demokratisch gewendeten DDR einen Besuch ab und illustrierte damit das Bonmot des französischen Schriftstellers und Politikers François Mauriac, er liebe Deutschland so sehr, daß er froh sei, daß es davon zwei gebe. Doch sah auch Mitterrand ein, daß die baldige deutsche Vereinigung nicht aufzuhalten war. Wie in der Nachkriegszeit die Franzosen der Gründung der Bundesrepublik unter der Voraussetzung der Einbindung Westdeutschlands in europäische Allianzen zugestimmt hatten, so stimmte Frankreich nun der deutschen Vereinigung unter der Bedingung zu, daß die erweiterte Bundesrepublik nicht nur fest im westlichen Bündnis verankert bleibe, sondern auch den europäischen Einigungsprozeß weiterhin fördere.

Die größten Bedenken gegen eine deutsche Vereinigung mußten von seiten der Sowjetunion kommen. Ohne die Zustimmung der Sowjetunion war, jedenfalls auf gewaltlosem Wege, die Vereinigung

Deutschlands nicht zu erreichen. So galt seit den fünfziger Jahren in der Deutschlandpolitik das geflügelte Wort: »Der Schlüssel zur deutschen Frage liegt in Moskau.« Nachdem über Jahrzehnte die deutsche Zweistaatlichkeit die Grundlage der sowjetischen Deutschlandpolitik gewesen war, bahnte sich nach 1985 ein entscheidender Wandel in den sowjetischen Prioritäten und Strategien an. Zunehmend empfand die reformkommunistische Sowjetführung unter Michail S. Gorbatschow die Teilung Deutschlands und die politische Praxis des DDR-Regimes, insbesondere die Arroganz und Ignoranz seiner Führer, als eine Belastung und sah in der Kooperation mit der westdeutschen Bundesrepublik einen Stützpfeiler sowjetischer Entspannungspolitik und Wirtschaftsreformen. Gorbatschow und seine Politik erreichten in der Bundesrepublik eine Popularität, die selbst das Ansehen der politischen Chefs der verbündeten westlichen Staaten in den Schatten stellte. So reaktivierte die Reformführung im Kreml jene sowjetische Politik der deutschen Einheit und des Ausgleichs mit einem vereinten Deutschland, die als zweite Variante der sowjetischen Deutschlandpolitik stets in der Reserve gehalten worden war. Entscheidend für die sowjetische Zustimmung nicht nur zur staatlichen Vereinigung Deutschlands, sondern auch zu den westorientierten Bedingungen, unter denen sie stattfand, wurde nicht nur das persönliche Vertrauensverhältnis zwischen Gorbatschow und Kanzler Kohl, sondern mehr noch der Zeitpunkt der deutschen Vereinigung im Auflösungsprozeß des östlichen Lagers. Auf der einen Seite war die Allmacht des Kreml über die anderen kommunistischen Staaten schon im Schwinden und die innere Stärke der Sowjetführung, gerade auf dem Gebiet der Wirtschaft, erheblich angeschlagen; auf der anderen Seite war die sowjetische Spitze noch stark genug, um der deutschen Einigung zustimmen zu können. Das Zustandekommen der deutschen Vereinigung ist ein Musterbeispiel dafür, daß Entwicklungen auf verschiedensten Ebenen konvergieren müssen, um eine jahrzehntelang nicht für möglich gehaltene Eventualität plötzlich Wirklichkeit werden zu lassen.

Aufgrund dieser Konvergenz fanden sich die Siegermächte des Zweiten Weltkrieges Anfang 1990 zur Absprache über die internationalen Voraussetzungen der Vereinigung Deutschlands zusammen. Am Rande einer Konferenz der Außenminister der NATO und des Warschauer Paktes beschlossen die Außenminister der beiden deutschen Staaten und der vier Siegermächte des Zweiten Weltkrieges am 13. Februar 1990 in der kanadischen Hauptstadt Ottawa, in sogenannte »Zwei-plus-Vier-Verhandlungen« einzutreten. Ein halbes Jahr später, am 12. September 1990, unterzeichneten sie nach vier Verhandlungsrunden in Moskau den »Vertrag über die abschließende Regelung in bezug auf Deutschland«, der nach der Ratifizierung durch die Sowjetunion als letztem Vertragspartner am 15. März 1991 in Kraft trat. Mit diesem Vertrag, der an die Stelle des nach 1945 von den Alliierten in Aussicht genommenen, aber nie zustandegekommenen gemeinsamen Friedensvertrages mit Deutschland trat, wurden auch die letzten Reste des Besatzungsregimes in Deutschland hinfällig, erhielt die vereinte Bundesrepublik Deutschland die volle Souveränität über alle inneren und äußeren Angelegenheiten zurück. Bundeskanzler Kohl hatte im Juli 1990 im Kaukasus dem sowjetischen Präsidenten Gorbatschow die Zusicherung abringen können, daß das vereinte Deutschland frei und selbständig darüber entscheiden könne, welchen Bündnissen es angehören wolle. Somit war es der Bundesrepublik möglich, auch nach der Vereinigung innerhalb ihrer militärischen und sonstigen Bündnisse zu verbleiben. Damit war der Weg zur Einheit Deutschlands auch völkerrechtlich geebnet und gebilligt worden.

Die internationale Zustimmung zum Recht der Deutschen auf ihre nationalstaatliche Vereinigung erfolgte indessen nicht bedingungslos, sie hatte die Übernahme bestimmter Pflichten durch das vereinte Deutschland zur Voraussetzung. An erster Stelle ist die endgültige Anerkennung der Oder-Neiße-Grenze zu Polen zu nennen, die zwar durch die DDR bereits 1950 anerkannt worden war, aber von einflußreichen politischen Kräften in der Bundesrepublik immer wieder in Frage gestellt wurde. Bundeskanzler Kohl mußte den vor allem in seiner eigenen Partei aktiven Vertriebenenpolitikern deutlich machen, daß an eine Wiedergewinnung der früheren deutschen Ostgebiete nicht mehr zu denken und ohne einen definitiven Verzicht auf die Gebiete jenseits von Oder und Neiße die deutsche Vereinigung nicht zu erhalten sei. Die vereinigte Bundesrepublik hat dann im Grenzvertrag mit Polen vom 14. November 1990 diese Grenze verbindlich anerkannt; sie hat darüber hinaus durch eine Verfassungsänderung im Grundgesetz verankert, daß dessen territorialer Geltungsbereich nach der deutschen Vereinigung unabänderlich ist.

Zwar nicht vertragsrechtlich verankert, aber von großer politischer Verbindlichkeit wurde die mit der Zustimmung der westlichen Partnerstaaten zur deutschen Vereinigung verknüpfte Erwartung, daß sich das erweiterte Deutschland nicht aus dem europäischen Vereinigungsprozeß zurückziehen, sondern ihn weiterhin tatkräftig unterstützen werde. Vor allem aber verband die internationale Staatengemeinschaft mit der deutschen Vereinigung die Hoffnung, daß die Bundesrepublik sich fortan nicht mehr unter Berufung auf die Teilung des Landes und die noch ausstehende volle Souveränität vor der Übernahme eines größeren Maßes internationaler Verantwortung drücken werde. In den Augen der internationalen Öffentlichkeit wurde Deutschland durch die Vereinigung zu einem ganz normalen Staat, wenn auch das Erbe der jüngsten deutschen Geschichte stets als besondere Verpflichtung für die Deutschen gesehen wird. Diese Gratwanderung zwischen Normalität und Besonderheit, welche Deutschland nach der Vereinigung unternimmt, wird vor allem in Staaten wie Israel, den Niederlanden und Polen besonders kritisch beobachtet, deren Bürger unter den Exzessen des »Großdeutschen Reiches« besonders zu leiden hatten. Die Welt hat 1990 der deutschen Vereinigung zugestimmt, weil die (West-) Deutschen und die Bundesrepublik als ihr Staatswesen in den vorhergehenden Jahrzehnten internationales Vertrauen gewonnen haben – ein sehr vergängliches Gut, das im Äußeren wie Inneren in der täglichen Politik immer wieder verdient werden muß.

3. Die Herstellung der staatlichen Einheit

Nachdem im Herbst 1989 die alte Partei- und Staatsführung der DDR unter Erich Honecker abgelöst und durch die Öffnung der Berliner Mauer die rigide Abschottung zwischen den beiden deutschen Staaten hinfällig geworden war, wurden in der ostdeutschen Bevölkerung die zunächst zaghaften Rufe nach Wiederherstellung der staatlichen Einheit Deutschlands immer lauter. Bundeskanzler Kohl ging Ende November 1989 bei der Vorlage eines Zehn-Punkte-Plans zur Wiedergewinnung der staatlichen Einheit Deutschlands noch davon aus, daß die beiden Staaten erst nach einer längeren Phase der konföderativen Zusammenarbeit zu einer föderalistischen Einheit finden würden. Doch in dem Maße, in dem der Ruf der Mehrheit der DDR-Bürger nach umfassender Veränderung ihrer Lebensverhältnisse und der Vereinigung Deutschlands dringlicher wurde, beschleunigten sich auch die Pläne der verantwortlichen Politiker in beiden deutschen Staaten. Am 1. Februar 1990 sprach sich selbst Hans Modrow als reformkommunistischer Regierungschef der DDR für die politische Vereinigung der beiden Staaten und damit die Auflösung des eigenen Staates aus, wollte allerdings das vereinigte Deutschland neutralisieren, womit er auf den entschiedenen Widerspruch seiner Bonner Verhandlungspartner stieß. Je mehr der wirtschaftliche Niedergang der DDR fortschritt und die Übersiedlungswelle von Ost nach West anschwoll, um so kurzfristiger wurden die politischen Terminplanungen zur Herstellung der vollen staatlichen Einheit Deutschlands.

Dabei konnten die verantwortlichen Politiker auf alternative Schubladenpläne zurückgreifen, die bereits seit Anfang des Jahres 1990 in den Bonner Ministerien von improvisierten und engagierten Arbeitsgruppen ausgearbeitet worden waren. Während die Spitzenpolitiker, jedenfalls im Jahr 1990, für ihre Bemühungen um die Herstellung der deutschen Einheit viele öffentliche Lorbeeren und anschließend einen großen Wahlerfolg einheimsten, sind diese Zuarbeiter meist im Schatten der Aufmerksamkeit geblieben, obwohl sie in Detailfragen oft die Entscheidung präjudizierten. Die staatliche Vereinigung Deutschlands im Jahr 1990 war die große Stunde der bundesdeutschen Ministerialbeamtenschaft, in der diese sich nicht bloß als administratives Beratungs- und Ausführungsorgan, sondern mehr noch als Teilhaber an der politischen Führung bewährt hat.

Schon ab Februar 1990 machte man sich in Bonn und Ost-Berlin konkrete Gedanken über eine *wirtschaftliche* Vereinigung. Nachdem die Mehrheit der Ostdeutschen in der Volkskammerwahl vom 18. März 1990 ihre Regierung mit einem schnellen Zusammenschluß der beiden deutschen Staaten beauftragt hatte, wurde innerhalb weniger Wochen durch den Staatsvertrag vom 18. Mai 1990 eine Währungs-, Wirtschafts- und Sozialunion zwischen der Bundesrepublik Deutschland und der DDR geschaffen. Mit dem Inkrafttreten dieses Vertrages am 1. Juli 1990 wurde Deutschland wirtschaftlich vereinigt. Damit setzte jener dramatische wirtschaftliche und gesellschaftliche Transformationsprozeß auf dem Gebiet der ehemaligen DDR ein, der mit allen Höhen und Tiefen in den neu hinzugekommenen Bundesländern und indirekt auch in den westlichen Bundesländern heute noch andauert. Gemäß der absoluten Priorität der politischen Forderungen der Ostdeutschen stand an erster Stelle der durch den Staatsvertrag bewirkten Neuerungen die Einführung der bundesdeutschen D-Mark als offiziellem Zahlungsmittel auch in der DDR. Darüber hinaus wurden vom noch existierenden zweiten deutschen Staat insgesamt die Prinzipien der sozialen Marktwirtschaft und die Grundstrukturen des Sozialsystems der Bundesrepublik übernommen. Die Währungs-, Wirtschafts- und Sozialunion war 1990 für die Herstellung der deutschen Einheit so grundlegend wie die Währungsreform im Juni 1948 für die Gründung der Bundesrepublik im Jahre 1949.

Viele Einzelheiten der wirtschaftlichen und sozialpolitischen Vereinigung, wie der Umtauschkurs (weitgehend 1 : 1) und die Berechnung der Renten, waren damals und sind noch heute, auch in Kreisen der wirtschaftswissenschaftlichen Experten, höchst umstritten. Oskar Lafontaine als sozialdemokratischer Kanzlerkandidat des Jahres 1990 hat mit seinen Warnungen vor den unkalkulierbaren Kosten der wirtschaftlichen Vereinigung Deutschlands recht behalten. Die Wählerschaft, zumal in Ostdeutschland, wollte jedoch in der Stunde der Erfüllung langgehegter gesamtdeutscher Hoffnungen von solchen Kassandrarufen nichts wissen. Lafontaine hat sich durch von ihm inszenierte taktische Manöver bei der Verabschiedung des Staatsvertrages – die Sozialdemokraten lehnten ihn im Bundestag ab (wo ihre Stimmen gegenüber der Koalitionsmehrheit ohnehin nicht zählten), stimmten ihm aber mit der Mehrheit ihrer Landesregierungen im Bundesrat zu (wo sie den Ausschlag gaben) – um den Ruf politischer Geradlinigkeit und nationaler Courage gebracht.

Bald nachdem die wirtschaftliche und sozialpolitische Vereinigung Deutschlands in die Wege geleitet worden war, begannen im Sommer 1990 die Verhandlungen über die *politische* Vereinigung. Offiziell wurden sie zwischen einer Delegation der Bonner Bundesregierung unter dem damaligen Bundesinnenminister Wolfgang Schäuble und einer Abordnung der DDR-Regierung unter Staatssekretär Günther Krause geführt, doch die eigentlichen Kontroversen spielten sich in der Bundesrepublik zwischen der Bundesregierung auf der einen und den inzwischen mehrheitlich von der SPD regierten Bundesländern auf der anderen Seite ab. Bei der vertraglichen Regelung der politischen Vereinigung Deutschlands ging es ja vor allem um Grundsatzfragen der bundesstaatlichen Ordnung und insbesondere der Finanzverfassung, die einer Zweidrittelmehrheit in Bundestag und Bundesrat bedurften. So war der eigentliche Kontrahent von Minister Schäuble nicht der ostdeutsche CDU-Politiker Krause, sondern Wolfgang Clement, Chef der nordrhein-westfälischen Staatskanzlei, der als Verhandlungsführer der Bundesländer und indirekt der sozialdemokratischen Bundesopposition fungierte.

Die schon aufgrund der politischen Konstellation sehr komplizierten Verhandlungen über den »Vertrag über die Herstellung der Einheit Deutschlands«, kurz »Einigungsvertrag«, standen im Sommer 1990 angesichts des Kollapses der wirtschaftlichen und administrativen Ordnung der DDR, aber auch der Zustimmung Gorbatschows, die im Hinblick auf die Instabilität in der Sowjetunion möglicherweise nur von begrenztem Wert sein würde, noch dazu unter äußerstem Zeitdruck. Nach dramatischen Verhandlungsrunden unterzeichneten Schäuble und Krause am 31. August 1990 im Kronprinzenpalais in Ost-Berlin den Vertragsentwurf, obwohl am Vortag in Bonn, bewirkt durch die Länge der bürokratischen Anlagen des Vertrages, noch das vorgeschriebene Dokumentenpapier ausgegangen war. Nachdem durch den Abschluß der Zwei-plus-Vier-Verhandlungen am 12. September 1990 in Moskau die internationale Zustimmung zur deutschen Vereinigung gesichert war, konnten der Deutsche Bundestag und die Volkskammer der DDR am 20. September 1990 und der Bundesrat am folgenden Tag der zwischendeutschen Regelung der deutschen Vereinigung im Einigungsvertrag zustimmen, dessen Inkrafttreten am 3. Oktober 1990 den Tag der Wiederherstellung der nationalstaatlichen Einheit Deutschlands markierte.

Der Einigungsvertrag normierte vor allem das kontroverse Verfahren zur Herstellung der deutschen Einheit. In Westdeutschland bevorzugten viele auf der linken Seite des politischen Spektrums stehende Politiker, Publizisten und Wissenschaftler den Weg über Art. 146 des Grundgesetzes, weil dieser nicht nur eine umfassende Verfassungsreform und möglicherweise eine ganz neue Verfassung, sondern auch deren Legitimation durch die gesamte deutsche

Staatsbürgerschaft in einer Volksabstimmung erlaubt hätte. Es wurde jedoch sehr schnell klar, daß diese Lösung nicht im Interesse der überwältigenden Mehrheit der Ostdeutschen lag, die nach den Jahrzehnten des realsozialistischen Abenteuers nicht noch weitere Experimente, und seien sie noch so demokratisch, über sich ergehen lassen, sondern schlicht und einfach an den Lebensbedingungen der Bundesrepublik teilhaben wollten. Für die meisten Ostdeutschen beinhaltete der Beitritt zum Geltungsbereich des bestehenden Grundgesetzes die Erfüllung ihrer politischen Träume. Aber auch die in der Bundesrepublik regierende Koalition aus bürgerlichen und konservativen Parteien hatte kein Interesse daran, sich aus Anlaß der deutschen Vereinigung eine andere, neue Verfassung aufdrängen zu lassen, hatte sich doch in ihren Augen das Grundgesetz optimal bewährt. Daher entschieden sich die beiden unter Führung ihrer jeweiligen CDU stehenden deutschen Regierungen im Einigungsvertrag für den Weg der schnellen Vereinigung Deutschlands durch den Beitritt der in der DDR neukonstituierten Länder zum Grundgesetz gemäß Art. 23 des Grundgesetzes. Die Volkskammer schuf dafür die rechtliche Voraussetzung, indem sie am 22. Juli 1990 mit dem Ländereinführungs- und Länderwahlgesetz die Gliederung der DDR in Länder wiederherstellte. Dabei griff man auf jene fünf Länder zurück, die bereits von 1945 bis 1952 existiert hatten: Brandenburg, Mecklenburg-Vorpommern, Sachsen, Sachsen-Anhalt und Thüringen. Sie werden in der politischen Umgangssprache des vereinigten Deutschlands heute von vielen als die »fünf neuen Bundesländer« bezeichnet.

Durch den Einigungsvertrag wurde gleichzeitig jener Art. 23 alter Fassung, der soeben die deutsche Vereinigung verfassungsrechtlich ermöglicht hatte, für die weitere Zukunft aufgehoben. Auf diese Weise sollte insbesondere gegenüber der internationalen Welt dokumentiert werden, daß das vereinigte Deutschland keine weiteren territorialen Ansprüche, auch nicht auf die früheren deutschen Ostgebiete, erhebt. In der Präambel des Grundgesetzes wurde festgelegt, daß die Vollendung der Einheit und Freiheit Deutschlands in freier Selbstbestimmung nicht mehr ein anzustrebendes Ziel, sondern eine vollendete Tatsache sei. Die Stellung Berlins als Hauptstadt des vereinigten Deutschlands, die in den Jahren der Teilung immer wieder beschworen worden war, wurde bestätigt, doch die Entscheidung in der heiß umstrittenen Frage nach dem Sitz von Parlament und Regierung auf einen späteren Zeitpunkt verschoben. Auch die Kontroverse um eine gesamtdeutsche Regelung des Schwangerschaftsabbruchs konnte nur durch eine solche dilatorische Lösung entschärft werden. Ferner wurde die Gewichtung der Stimmenzahl im Bundesrat den gewandelten Verhältnissen angepaßt, damit die großen Bundesländer nicht nach dem Beitritt der ostdeutschen Länder von den kleinen majorisiert werden konnten. Schließlich wurde den Anhängern einer Verfassungsreform zugestanden, daß innerhalb von zwei Jahren nach der Vereinigung künftige Verfassungsänderungen vor allem im Hinblick auf die föderalistische Ordnung und die Staatszielbestimmungen von den verfassungsgebenden Körperschaften beraten werden sollten.

Diese Verfassungsreformdebatte hat 1992/93 stattgefunden, doch weitgehend unter Ausschluß der Öffentlichkeit und mit minimalen Ergebnissen. Herausgekommen ist vor allem die Angleichung des Grundgesetzes an den fortschreitenden Prozeß der europäischen Integration, z. B. durch die Anpassung der bundesrepublikanischen Staatsorganisation an die deutsche Mitwirkung in der Europäischen Union (Art. 23 GG neu), die Einführung des Kommunalwahlrechtes für alle EU-Bürger (Art. 28 GG) und die Ermächtigung zur Errichtung einer Europäischen Zentralbank (Art. 88 GG). Weiterreichende Verfassungsänderungswünsche der damals in Opposition befindlichen Sozialdemokraten und Grünen, z. B. die Einführung plebiszitärer Elemente auch auf Bundesebene, scheiterten an der für Verfassungsänderungen erforderlichen Zweidrittelmehrheit in Bundestag und Bundesrat. Vor allem hat man die mit der deutschen Vereinigung verbundene Chance verpaßt, dem Grundgesetz durch eine Volksabstimmung jene plebiszitär-demokratische Legitimität zu geben, die man 1949 bei seiner Ausarbeitung lediglich aus Rücksicht auf den provisorischen Charakter einer Staatsgründung im geteilten Deutschland vermieden hatte.

Der Einigungsvertrag von 1990 regelte in seinen weiteren Artikeln vor allem Grundsatzfragen der Übertragung des Organisationsgefüges und Rechts der Bundesrepublik Deutschland auf die ehemalige DDR. Doch die eigentlichen Detailanweisungen für die Angleichung der neuen Bundesländer an die Struktur der alten Bundesländer finden sich in den umfangreichen Anlagen zum Einigungsvertrag, die mehr als 90 Prozent des gesamten Textes ausmachen. In diesen für Laien nur schwer verständlichen Rechtsregelungen wurden auch so umstrittene Materien wie die Eigentumsfragen, die Akten des ehemaligen Ministeriums für Staatssicherheit und die Beschäftigung von Mitarbeitern des Staatsapparates der ehemaligen DDR behandelt. Diese Einzelheiten der deutschen Einigung sind Gegenstand zahlreicher Rechtsstreitigkeiten vor Gerichten bis hinauf zum Bundesverfassungsgericht geworden und beschäftigen viele Juristen in Rechtsprechung und Verwaltung. So hat sich auch das Prozedere der deutschen Vereinigung als Ausdruck der für Deutschland eigentümlichen politischen Kultur – Vorherrschaft des beamteten Sachverstandes und Juridifizierung der Politik – erwiesen.

Am 3. Oktober 1990 ist nach den Bestimmungen des Art. 1 des Einigungsvertrages durch den Beitritt der fünf neuen Bundesländer zum Geltungsbereich des Grundgesetzes die DDR aufgelöst und die Bundesrepublik Deutschland zum »saturierten« (so Otto von Bismarck über das Deutsche Reich von 1871) deutschen Nationalstaat erweitert worden. Die Feier dieses Ereignisses fand um Mitternacht in der Mitte Berlins auf symbolische Weise vor dem Deutschen Reichstag in nächster Nähe des Brandenburger Tores und der früheren Mauer zwischen beiden deutschen Staaten statt. Im historischen Vergleich zu früheren Staatsgründungsfeiern sowohl in Deutschland als auch in anderen Teilen der Welt war die Stimmung der Deutschen bei der Wiederherstellung ihrer staatlichen Einheit im Jahr 1990 eher gedämpft und nüchtern, doch das darf angesichts der nationalistischen Verirrungen des deutschen Volkes nicht verwundern. Das Ereignis markierte aber eindeutig das Ende einer langen Übergangszeit und den Anfang eines neuen historischen Abschnitts in der Geschichte der Deutschen. Zu Recht ist seitdem der 3. Oktober der gesetzliche Staatsfeiertag der Bundesrepublik Deutschland und hat als »Tag der Deutschen Einheit« jenen eigentümlichen Gedenktag abgelöst, an welchem die Westdeutschen seit 1954 den Protest der ostdeutschen Arbeiter vom 17. Juni 1953 gewürdigt haben.

Die staatliche Vereinigung Deutschlands ist erst durch die ersten gesamtdeutschen Wahlen zum Deutschen Bundestag abgeschlossen worden – ganz abgesehen davon, daß der innere Vereinigungsprozeß auf den Gebieten der Politik, Gesellschaft und Wirtschaft noch heute andauert und auf absehbare Zeit nicht beendet sein wird. Zeitpunkt und Formalitäten der ersten gesamtdeutschen Wahlen waren im Sommer 1990 nicht nur zwischen den beiden deutschen Regierungen, sondern mehr noch zwischen den politischen Lagern in der Bundesrepublik höchst umstritten. Im Vertrag vom 3. August 1990 über die Vorbereitung und Durchführung der ersten gesamtdeutschen Wahlen zum Deutschen Bundestag haben sich die Regierungen der Bundesrepublik und der DDR auf die Übernahme der Bundeswahlordnung in den neu beitretenden Bundesländern geeinigt, doch hob das Bundesverfassungsgericht in Karlsruhe am 29. September 1990 die für das gesamte Wahlgebiet vorgesehene Fünfprozent-Sperrklausel auf und erkannte für die erste gesamtdeutsche Wahl auf getrennte Sperrklauseln für die beiden Wahlgebiete, damit die spezifisch ostdeutschen Parteien und Bewegungen nicht sofort vor dem politischen Aus stünden. Daher gelang es den im Bündnis 90 zusammengeschlossenen ostdeutschen Bürgerrechtsgruppen, aber auch der PDS, in den Bundestag einzuziehen, trotz ihrer, bezogen auf das ganze Land, weit unter fünf Prozent liegenden Wahlergebnisse

Das wichtigste Resultat der ersten gesamtdeutschen Bundestagswahlen am 2. Dezember 1990 war die eindeutige Bestätigung der CDU/CSU-FDP-Bundesregierung unter Helmut Kohl. Vor allem in den neuen Bundesländern erreichten die Christ- und Freidemokraten triumphale Wahlergebnisse, in denen sich nicht nur die Zustimmung zum Kurs der deutschen Vereinigung, sondern auch die Erwartungen der Ostdeutschen an die ihnen von der Bundesregierung versprochene baldige Teilhabe an den gouvernementalen und wirtschaftlichen Segnungen der Bundesrepublik Deutschland niederschlugen. Hingegen rutschte die SPD unter Oskar Lafontaine mit ihrem gerade in der Frage der deutschen Vereinigung zwiespältigen Kurs auf ein Drittel der Wählerstimmen ab, eine Zahl, die sie bei Bundestagswahlen seit 1961 stets überschritten hatte.

Helmut Kohl hatte es verstanden, die ihm von der Geschichte zugespielte Chance der Wiederherstellung der deutschen Einheit mit sicherem Instinkt zu nutzen. In den siebziger Jahren hatte er als Oppositionsführer lediglich bei der Reform der CDU zu einer modernen Mitgliederpartei unumstrittenes Profil gewonnen, ansonsten wurde der frühere rheinland-pfälzische Ministerpräsident von der staatsmännischen Erscheinung Helmut Schmidts überstrahlt. Nachdem Kohl 1982 dank einer Wende der FDP die Kanzlerschaft von Schmidt übernommen hatte, war seine Regierung in den achtziger Jahren zwar außenpolitisch durch Festigkeit in der NATO-Politik, innenpolitisch jedoch eher durch Pannen und Peinlichkeiten gekennzeichnet. 1990 wuchs Kohl dann über sich selbst hinaus, entfaltete bei der Verfolgung des Ziels der Herstellung der deutschen Einheit eine ungeahnte innenpolitische wie internationale Initiativkraft und konnte dabei auch alle Mißgeschicke vermeiden. Er gewann das Vertrauen der Mehrheit der ehemaligen DDR-Bürger und vereinigte seine Partei mit der Ost-CDU, obwohl diese eine Blockpartei des realsozialistischen Systems gewesen war. Dem studierten Historiker Kohl gelang es, sich als »Bundeskanzler der deutschen Einheit« zu profilieren und damit in die Geschichtsbücher einzugehen. Zwar gestaltet sich die praktische Politik der Vereinigung weitaus schwieriger und langwieriger, als er es selbst geglaubt und unter dem Versprechen »blühender Landschaften« angekündigt hatte. Doch bleibt Helmut Kohl das historische Verdienst, das von der Verfassung vorgegebene politische Hauptziel der Bundesrepublik, »die Einheit und Freiheit Deutschlands zu vollenden«, verwirklicht zu haben. Durch die deutsche Vereinigung ist der frühere Provinzpolitiker zu einem in aller Welt angesehenen Staatsmann geworden und damit in eine Reihe mit Adenauer, Brandt und Schmidt als seinen Vorgängern im Bundeskanzleramt aufgerückt. Diese Bedeutung des sechsten Kanzlers ist noch unstrittiger geworden, seit die Kanzlerschaft von Helmut Kohl durch die Wahlniederlage der von ihm geführten Bundesregierung am 27. 9. 1998 zu Ende gegangen ist. Sie ist allerdings kein Freibrief, mit dem der Altbundeskanzler die Zweifel an seinem politischen Alltagsverhalten, vor allem beim Finanzgebaren als Parteichef, vom Tische wischen kann.

4. Das fortdauernde Vereinigungsexperiment

Inzwischen ist über ein Jahrzehnt vergangen, seit nach vierzig Jahren der politischen, gesellschaftlichen, wirtschaftlichen und vor allem auch menschlichen Teilung Deutschlands am 3. Oktober 1990 durch den Beitritt der Länder der ehemaligen DDR zur Bundesrepublik die staatliche Einheit der deutschen Nation wiederhergestellt wurde. Jahrestage wie zuletzt der 3. Oktober 2000 sind immer wieder Anlaß zu kritischen Zwischenbilanzen des in den meisten Lebensbereichen noch fortdauernden deutschen Vereinigungsprozesses: In welchem Umfang haben sich die strukturellen Verhältnisse in Ost- und Westdeutschland, vor allem aber auch die individuellen Einstellungen und Verhaltensweisen der dort lebenden Deutschen angeglichen, möglicherweise aber voneinander entfernt? Mit welchen Kosten, nicht nur materieller, sondern auch immaterieller Art, ist das Zusammenwachsen der deutschen Nation verbunden? Worauf sind die Verzögerungen und Verwerfungen des deutschen Vereinigungsprozesses zurückzuführen? Wie viele Jahre, wenn nicht Jahrzehnte wird es noch dauern, bis die deutsche Einheit nicht nur auf staatlichem Gebiet, sondern auch auf der wirtschaftlichen und gesellschaftlichen, insbesondere auch der mentalen Ebene vollendet ist? Die Vielfalt der Antworten auf diese Fragen, wie sie in einem freiheitlichen Pluralismus nicht anders zu erwarten ist, schlägt sich auch in den unterschiedlichen Begrifflichkeiten nieder, mit denen der deutsche Vereinigungsprozeß nicht nur analysiert, sondern auch bewertet worden ist.

In den Jahren der staatlichen Teilung Deutschlands war es üblich, im Hinblick auf das Ziel der Wiederherstellung nationalstaatlicher Einheit von »*Wiedervereinigung*« zu sprechen. Allerdings regte sich seit Mitte der 60er Jahre Kritik an diesem Begriff, weil er nicht nur die historische Komponente in den Mittelpunkt stellte, sondern auch eine Rückkehr zum Deutschen Reich Bismarckscher Prägung und damit zu autoritären und gewaltsamen Traditionen des deutschen Nationalstaats assoziierte, die letztendlich zur nationalsozialistischen Diktatur geführt hatten. Auch wurde das Ziel der Wiedervereinigung oft mit der Forderung nach Wiederherstellung des Deutschen Reiches in den Grenzen von 1937 verknüpft, ein Anspruch, der völkerrechtlich möglich, aber politisch insbesondere gegenüber Polen nicht zu realisieren war. Nachdem sich 1989/90 überraschend die Möglichkeit zur Lösung der zuvor immer wieder beschworenen »deutschen Frage« eröffnet hat, spricht man kaum noch – auch nicht in konservativen Kreisen, wo es früher gang und gäbe war – von »Wiedervereinigung«.

Linke Intellektuelle und Politiker im Westen formulierten im

Jahr der deutschen Vereinigung (wenn sie überhaupt diesem Ziel zustimmten) das Programm einer *»Neuvereinigung«*, wonach sich die Deutschen in beiden deutschen Staaten in einer politischen Grundsatzdebatte auf eine neue gemeinsame politische und verfassungsrechtliche Ordnung einigen sollten. Damit verknüpften sie die Erwartung, daß das bundesrepublikanische System zwar nicht *in toto* aufgehoben, aber doch in wesentlichen Bereichen reformiert und vor allem jene plebiszitäre Legitimierung erhalten würde, die ihm 1949 vorenthalten wurde. Doch die in Bonn amtierende konservative Regierung, aber auch die Mehrheit der Ostdeutschen wollte in jenem Wendejahr die in Westdeutschland gewordene und bewährte Ordnung nicht in Frage stellen, sondern auf Gesamtdeutschland übertragen. Die Mehrheit der Politiker und der Staatsbürger in beiden Teilen Deutschlands wollte 1990 sich nicht jenen Ungewißheiten und Zeitverzögerungen aussetzen, die mit dem Programm einer »Neuvereinigung« verbunden gewesen wären.

Der ersten frei gewählten und letzten DDR-Regierung unter Lothar de Maizière ging es darum, daß es bei der Regelung der deutschen Einheit mit der Bundesregierung entsprechend dem Wunsch ihrer Wählerschaft zwar nicht zu einer »Neuvereinigung«, aber doch zu einer *»Einigung«* kommen würde: Mit diesem Begriff wird postuliert, daß die beiden Verhandlungspartner aufeinander zugehen und ihre Anliegen gleichgewichtig einbringen können. Es ist der ostdeutschen Verhandlungsseite denn auch im Sommer 1990 gelungen, diesen Begriff im Kurztitel des grundlegenden Vertrages zwischen den beiden deutschen Staaten vom 31. August 1990, des »Einigungsvertrages«, zu verankern. Trotzdem muß bezweifelt werden, ob es 1990 wirklich zu einer »Einigung« zwischen den Deutschen in Ost und West gekommen ist. Hatte doch die ostdeutsche Delegation angesichts des rasanten wirtschaftlichen Zusammenbruchs der DDR und des Ungleichgewichts im politischen Durchsetzungsvermögen weitgehend zu akzeptieren, was die westdeutsche Regierung vorschlug. Höchstens kann davon gesprochen werden, daß sich damals die föderalistischen Kräfte der alten Bundesrepublik über die Formen des staatlichen Vereinigungsprozesses und seine Konsequenzen für die politische Ordnung der erweiterten Bundesrepublik geeinigt haben.

Aus Enttäuschung über Form und Inhalt der deutschen Vereinigung ist diese in der Folgezeit sowohl von ostdeutschen Bürgerrechtlern als auch von westdeutschen Linken begrifflich denunziert worden. So ist der Beitritt der ostdeutschen Länder zur Bundesrepublik Deutschland als »*Anschluß*« bezeichnet worden. Damit wird keineswegs ein synonymer Ausdruck verwandt, sondern auf unterschwellige Weise eine historische Vergleichbarkeit der deutschen Vereinigung von 1990 mit der Einverleibung Österreichs in das nationalsozialistische Großdeutsche Reich unterstellt. Wie so oft hinkt auch dieser Vergleich, dient mehr der politischen Polemik als der rationalen Aufklärung und enthält eine Geschichtsklitterung: Österreich war 1938 kein unschuldiges Opfer deutscher Expansionsgelüste, sondern viele seiner Bürger wollten wie schon vor 1870 und dann wieder 1918/19 zu Deutschland gehören – in dieser Hinsicht stimmt entgegen der Absicht seiner Autoren der Vergleich –, doch was vor dem Zweiten Weltkrieg nur eine Etappe in der gesamteuropäischen Eroberungspolitik Hitlers war, ist nach dem leidvollen Lernprozeß der Deutschen in den folgenden fünf Jahrzehnten Ausdruck der endgültigen Saturierung und europäischen Einbindung des deutschen Nationalstaates.

Ähnlich fragwürdig wie der historisch daherkommende Begriff des »Anschlusses« ist die in der politischen und sozialwissenschaftlichen Argumentation anzutreffende Darstellung des deutschen Vereinigungsprozesses als einer strukturellen »*Kolonialisierung*« Ostdeutschlands durch Westdeutschland. Damit wird analog der kolonialen Herrschaft der europäischen Mächte über ihre überseeischen Gebiete eine politische Eroberung, kulturell-ideologische Herrschaft und vor allem wirtschaftliche Inbesitznahme sowie Ausbeutung der östlichen neuen durch die westlichen alten Bundesländer suggeriert. Dieser Sichtweise wird man entgegnen müssen, daß die Erweiterung der Bundesrepublik um die ehemalige DDR von deren Bevölkerung und nicht von den Politikern und Wirtschaftsbossen der Bundesrepublik ausging; auch, daß keineswegs eindeutig ist, ob »unter dem Strich« die westdeutsche Wirtschaft von den hinzugekommenen Märkten in Ostdeutschland profitiert hat oder ob nicht vielmehr die hohen Transferzahlungen aus West- nach Ostdeutschland die Vereinigung zu einem Zuschußgeschäft haben werden lassen.

In den beiden zitierten Begriffen spiegeln sich weniger die Realitäten des tatsächlichen Vereinigungsprozesses als mehr die subjektiv verständlichen Frustrationen der Autoren solcher denunziatorischen Bezeichnungen wider. Bei den ostdeutschen Bürgerrechtlern, die während der friedlichen »Revolution«, d. h. Umwälzung der politischen Verhältnisse in der DDR, den Kopf für den Sturz der SED-Diktatur hingehalten haben, aber auch bei den Reformkommunisten in der ehemaligen SED und heutigen PDS, die auf Erhalt einer demokratisch geöffneten DDR gesetzt hatten, ist es die Desillusionierung über den mehrheitlichen Drang ihrer Landsleute in eine Bundesrepublik, die mit politischen und wirtschaftlichen Reformen relativ wenig im Sinn hatte. Bei den westdeutschen linken Kritikern des Vereinigungsprozesses ist es der Frust, daß sie ihre politischen Alternativkonzeptionen in der alten Bundesrepublik nicht verwirklichen konnten, und die eigentümliche Enttäuschung darüber, daß die Revolution in der DDR und den übrigen realsozialistischen Staaten Osteuropas nicht zur Umwälzung der politischen und gesellschaftlichen Ordnungen in den westlichen Demokratien führte, keinen »dritten Weg« zwischen Kapitalismus und Kommunismus eröffnete. Beklagt wird von diesen Skeptikern und Kritikern der deutschen Vereinigung oft, daß dabei eine demokratische Chance in Ost und West ausgelassen worden sei. Damit wird übersehen, daß Demokratie nicht das progressive Bewußtsein von Minderheiten, sondern die politische Entscheidung durch die Mehrheit beinhaltet. Bei aller berechtigten Kritik an Details des deutschen Vereinigungsprozesses kann nicht in Zweifel gezogen werden, daß die Mehrheit der Deutschen in Ost und West 1990 die Form und den Inhalt des Vereinigungsprozesses, wie er dann umgesetzt wurde, tatsächlich wollte.

Nicht nur die damals in Bonn regierende konservative Bundesregierung und die meisten Westdeutschen, auch die Mehrheit der Ostdeutschen bevorzugten in jenem Wendejahr den vom Grundgesetz vorgesehenen Weg des »Beitritts«, wonach die ostdeutschen Länder der Bundesrepublik Deutschland und ihrem bewährten Verfassungs- und Verwaltungsgefüge beitreten würden. Diese Konzeption einer Beitrittsvereinigung kam 1990 auch den Interessen der europäischen Partner der Bundesrepublik an einer möglichst geringen Verunsicherung der internationalen Lage durch die nationalstaatliche Vereinigung Deutschlands entgegen. Wurden doch auf diese

Weise nicht nur die Verfassungsordnung und der Staatsname, sondern auch die innenpolitischen und internationalen Grundentscheidungen der Bonner Bundesrepublik in Gestalt der repräsentativ-pluralistischen Demokratie sowie der außenpolitischen und ideologischen Westbindung beibehalten. So hat die Vereinigung Deutschlands aus verfassungsrechtlicher Perspektive nichts Neues gebracht, weder einen neuen Staat, noch einen neuen Namen, noch eine neue Verfassung, sondern nur die Erweiterung der Bundesrepublik Deutschland und des Geltungsbereiches ihres Grundgesetzes. Doch ist es eine Illusion – die 1990 allerdings von vielen gehegt und gepflegt wurde –, daß diese formale Kontinuität einschneidende Wandlungsprozesse ausschließen würde, die wir im Gefolge der Vereinigung und der damit einhergehenden europäischen und weltpolitischen Veränderungen des Jahres 1989/90 auf allen Bereichen des politischen, wirtschaftlichen und gesellschaftlichen Alltags nicht nur in Ost-, sondern auch Westdeutschland zu beobachten haben.

Diese Einsicht spricht auch gegen die Verwendung des Begriffs »Transformation« im Zusammenhang mit der deutschen Vereinigung. Damit ist der Austausch einer politischen, wirtschaftlichen und gesellschaftlichen Grundform gemeint, insbesondere der Übergang von diktatorischen und autoritären zu demokratischen politischen Systemen und von Zentralverwaltungsökonomien zu Marktwirtschaften, wie er zu Beginn der 90er Jahre des 20. Jahrhunderts in allen ehemals kommunistisch regierten Staaten Osteuropas stattfand. Diese begriffliche Beschreibung trifft sicherlich auch auf die ostdeutschen Bundesländer zu, doch berücksichtigt sie nur einen Teil der durch die deutsche Vereinigung bewirkten Veränderungen. In Wirklichkeit hatten und haben die dramatischen Wandlungen in den neu hinzugekommenen Bundesländern erhebliche, wenn auch nicht systemtransformierende Auswirkungen auf die westlichen Bundesländer. So wird der Begriff der Transformation bzw. der »Integration« dem interdependenten Charakter des deutschen Vereinigungsprozesses nicht gerecht. Von Transformationsdruck wird man heute eher im weltweiten Zusammenhang mit der Veränderung der Informationssysteme und der Globalisierung der Märkte, Verkehrsströme und Migrationsbewegungen sprechen müssen, denen insbesondere auch das vereinigte Deutschland in der Mitte Europas ausgesetzt ist.

Während die vorgenannten Begriffe nur einzelne Aspekte des Zusammenschlusses der beiden Teile Deutschlands beleuchten oder durch eine spezifische politische Wertung voreingenommen sind, hat sich im allgemeinen Sprachgebrauch weitgehend der neutralere, aber doch nicht inhaltslose Terminus »*Vereinigung*« durchgesetzt. Nachdem sich 1989/90 überraschend die Möglichkeit zur Lösung der zuvor immer wieder beschworenen »deutschen Frage« eröffnet hat, spricht man heute überwiegend, selbst in konservativen Kreisen, die früher die »Wiedervereinigung« forderten, von der »deutschen Vereinigung«. Mit diesem mehr prozessualen Terminus wird die Vorstellung verknüpft, daß zwar auf der verfassungsrechtlich-institutionellen Ebene der Beitritt erfolgte und abgeschlossen wurde, doch das politische, wirtschaftliche und kulturelle Zusammenwachsen zweier Gesellschaften, die über vierzig Jahre lang ganz verschiedene Wege gegangen sind, heute noch längst nicht vollendet ist.

Vor allem bezeichnet der Begriff »Vereinigung« nicht lediglich Veränderungen in Ostdeutschland und dessen Angleichung an bundesrepublikanische Verhältnisse, sondern weist auf erhebliche Veränderungen in der politischen Wirklichkeit der erweiterten Bundesrepublik und damit auch in Westdeutschland hin. Der größte Wandel im Gefolge der deutschen Vereinigung ist im bundesstaatlichen System zu erkennen. So ist der traditionelle Gegensatz zwischen den Ländern mit CDU- und SPD-Regierungen sowie zwischen den eher armen Bundesländern im Norden Westdeutschlands und den wohlhabenderen Ländern im Süden schon sehr bald vom Antagonismus zwischen den westdeutschen »alten« und den ostdeutschen »neuen« Bundesländern überlagert worden.

Noch ambivalenter sind die Auswirkungen der deutschen Vereinigung auf das Parteiensystem, wie es sich in den Jahrzehnten der Bonner Bundesrepublik ausgebildet hat. Auf der einen Seite ist durch den Hinzutritt der PDS aus einem Vier- ein Fünfparteiensystem mit allerdings ganz erheblichen regionalen Unterschieden in der Stärke der einzelnen Parteien geworden: Während CDU und SPD in Ostdeutschland annähernd so stark wie in Westdeutschland sind, krebsen FDP und Bündnis 90/Die Grünen weit unterhalb der Fünfprozentgrenze und besitzt die PDS in den neuen Bundesländern ihre existentielle Hochburg. Noch keine der traditionellen bundesdeutschen Parteien hat ihr politisches Zentrum vom Westen in die Mitte, ganz zu schweigen in den Osten verlagert. In den neuen Bundesländern leiden alle Parteien, die 1990 aus dem Zusammenschluß von west- und ostdeutschen Parteien hervorgegangen sind, unter einem erheblichen Mitgliederschwund, oder sie erreichen, wenn sie wie die SPD neu aufgebaut werden mußten, von vornherein nur sehr geringe Mitgliederzahlen. Politiker aus dem Osten spielten bisher auf Bundesebene meist nur eine untergeordnete oder bloß temporäre Rolle, weil sie nicht dem Rollenverständnis und den Professionalitätsansprüchen der westdeutschen Berufspolitiker genügten. Immerhin ist im Oktober 1998 mit der Wahl von Wolfgang Thierse (SPD) zum Bundestagspräsidenten für die laufende Legislaturperiode erstmals ein Politiker aus den neuen Bundesländern Inhaber eines der Spitzenämter der Republik geworden. Auch im Aufstieg von Angela Merkel zur Parteivorsitzenden der CDU im März 2000 kündigen sich neue Zeiten an, wobei die Berücksichtigung einer Frau mindestens ebenso revolutionär ist wie die Berücksichtigung einer Ostdeutschen – allerdings wird sich erst noch zeigen müssen, ob die Partei ihr auf Dauer Vertrauen schenkt und welches gesamtdeutsche Wahlergebnis sie bei der nächsten Bundestagswahl einfahren kann.

Die politischen Nachwirkungen der staatlichen Teilung Deutschlands zeigen sich besonders im Wahlverhalten der Deutschen. Die letzte Bundestagswahl vom September 1998, die nach sechzehn Jahren Kanzlerschaft Helmut Kohls einen politischen Wechsel in Deutschland herbeiführte, hat abermals dokumentiert, daß sich die politischen Präferenzen im Osten und Westen Deutschlands zwar angenähert, aber noch längst nicht angeglichen haben. So hat in den neuen Bundesländern die CDU mit 9 Prozent fast doppelt so viele Stimmen verloren wie in den alten Bundesländern, während dort die SPD zwar gleichmäßig zugenommen hat, aber immer noch mehr als 7 Prozent unter ihrem westdeutschen Ergebnis liegt. Vor allem aber konnte die postkommunistische PDS, die im Westen nur 1 Prozent erreichte, ihre Position in der ehemaligen DDR mit 19,5 Prozent noch weiter ausbauen und damit erstmals über die gesamtdeutsche Fünfprozenthürde springen. Wie die Wähler zwischen Elbe und Oder 1990 hauptsächlich zur Fortdauer der Kanzlerschaft Helmut Kohls beitrugen, so haben sie 1998 wesentlich dessen Abwahl bewirkt. Die fortdauernden Differenzen im Wahlverhalten von Ost-

und Westdeutschen erklären sich nicht nur aus der unterschiedlichen aktuellen Betroffenheit durch die Arbeitslosigkeit, sondern auch aus dem Nachwirken der unterschiedlichen politischen Kulturen und Traditionen des vormals geteilten Deutschland.

Die äußerst angespannte Wirtschaftslage der 90er Jahre hat dazu geführt, daß die politisch-staatsbürgerliche Vereinigung zwischen Ost- und Westdeutschen nicht nur abgeschwächt wurde, sondern vielfach ganz ausgeblieben ist. Viele Bürger in den neuen Bundesländern stehen unter dem Eindruck, daß die Deutschen in den alten Bundesländern sie nicht an jenem Wohlstand teilhaben lassen wollen, den die Westdeutschen schon seit vier Jahrzehnten genießen. Auf der anderen Seite befürchten die Westdeutschen, daß die enormen Transferleistungen aus dem Westen in den Osten an die Substanz ihres eigenen Lebensstandards gehen. Vermutlich könnten sowohl die West- als auch die Ostdeutschen mit den erheblichen finanziellen Kosten und langfristigen Lasten der deutschen Vereinigung besser umgehen, wenn ihnen nicht 1990 von der Bundesregierung unter Kanzler Kohl in Aussicht gestellt worden wäre, daß die deutsche Vereinigung, bildlich gesprochen, aus der Portokasse bezahlt werden könne und es schon in wenigen Jahren in den neu beigetretenen Bundesländern zu einer Angleichung an die Wirtschaftskraft und Lebensqualität der alten Bundesländer kommen würde.

So wird der Vereinigungsprozeß von Bürgern der alten Bundesrepublik und Bürgern der ehemaligen DDR auf dem Gebiet ihrer gegenseitigen mentalen Einstellungen und Verhaltensweisen am langwierigsten und schwierigsten verlaufen. Die deutsche Vereinigung war 1990 das Produkt des ausdrücklichen Willens der Mehrheit der 16 Millionen Ostdeutschen. Diese drängten im Herbst 1989 zunächst auf politische Veränderungen in der DDR und traten seit 1990 für die Vereinigung mit der westdeutschen Bundesrepublik ein. In der Zwischenzeit haben sie erfahren müssen, daß ihre Erwartungen an das schnelle Erreichen des westdeutschen Lebensstandards naiv und überzogen waren. Viele Ostdeutsche reagieren auf diese Enttäuschung mit einer nostalgischen Verklärung der DDR-Vergangenheit und unterstellen ihren westdeutschen Landsleuten eine Verschwörung zur »Kolonialisierung« der neuen Bundesländer. Die Westdeutschen ihrerseits akzeptierten die Vereinigung als eine Erweiterung der Bundesrepublik, wenn sich nur dadurch die gewohnten Lebensbedingungen nicht veränderten und es vor allem nichts kosten würde. Zwischen Westdeutschen und Ostdeutschen ist bisher, im Gegensatz zu den Ebenen der Wirtschaft und des politischen Systems, kein Gesellschaftsvertrag über die Teilung der Lasten der Vereinigung zustande gekommen, weder in der verfassungsrechtlichen Gestalt eines gesamtdeutschen Referendums über die Einheit noch informell in der öffentlichen Meinung.

Die in den letzten Jahren zwischen Ost- und Westdeutschen zu beobachtenden Mißverständnisse und Schuldzuweisungen sind Gegenstand vieler wechselseitiger Vorwürfe zwischen »Ossis« und »Wessis«. Diese Stereotypen verbergen jedoch, daß es inzwischen auch zu einer Ausdifferenzierung der gegenseitigen Einstellungen gekommen ist. Nicht nur sind als dritte Gruppe die »Wossis« entdeckt worden, jene aus dem Westen stammenden Deutschen, die, nach dem Osten übergesiedelt, sich dort engagiert für dessen Belange einsetzen – Paradebeispiel sind der sächsische Ministerpräsident Biedenkopf und der thüringische Ministerpräsident Bernhard Vogel, aber auch Lothar Späth als der Chef der Firma Jenoptik. Auch gibt es längst nicht mehr, insbesondere nicht auf dem Gebiet der politischen Kultur, einen einheitlichen Typus von Ost- oder Westdeutschen. Vor allem in den neuen Bundesländern haben sich die individuellen und gesellschaftlichen Einstellungen zur deutschen Vereinigung je nach Generationszugehörigkeit, wirtschaftlichem Erfolg und gesellschaftlichen Kontaktmöglichkeiten mit Westdeutschen bereits erheblich verändert. Längst arbeiten West- und Ostdeutsche in vielen wirtschaftlichen Bereichen zusammen, haben auch ansatzweise zu persönlichen Freundschaften und Lebensgemeinschaften gefunden. Das nach der ersten Euphorie des Jahres 1990 derzeitig schwierige Zwischenstadium im deutschen Vereinigungsprozeß berechtigt zu keiner pauschal negativen Prognose. Vielmehr sollte einleuchten, daß es Jahre brauchen wird, bis die vier Jahrzehnte voneinander getrennten Deutschen wieder zu einem natürlichen Umgang miteinander gefunden haben. Auch sollten die Unterschiede in den politischen Einstellungen und sozioökonomischen Wirklichkeiten zwischen Ostdeutschland und Westdeutschland nicht immer durch die Brille der Nachwirkungen der deutschen Teilung – beispielhaft ist das Gerede von der »Mauer in den Köpfen« – gesehen werden; sie spiegeln inzwischen auch innerhalb der neuen Bundesländer eine Vielfalt wider, wie sie dem bundesrepublikanischen Prinzip des Föderalismus zu eigen ist.

Der in der Gegenwart andauernden und zur Zukunft hin offenen Eigenart des deutschen Vereinigungsprozesses sucht die sozialwissenschaftliche Begleitforschung durch den Begriff des »Experiments« Rechnung zu tragen. Damit wird keineswegs in politisch wertender Weise unterstellt, daß dieser Test notwendigerweise gelingen oder scheitern müsse. Vielmehr wird die deutsche Vereinigung verstanden als ein umfassender Feldversuch der Annäherung von gesellschaftlichen und wirtschaftlichen Lebensbedingungen zweier Bevölkerungen, die in über vier Jahrzehnten ganz unterschiedlichen politischen und ideologischen Systemen ausgesetzt waren. Dabei handelt es sich keineswegs, wie viele meinen, nur um eine Annäherung der ostdeutschen an die westdeutschen Verhältnisse. Vielmehr ist die gesellschaftliche und mentale Entwicklung in der ehemaligen DDR in vielem derjenigen in der alten Bundesrepublik voraus, wie immer man das im einzelnen bewerten mag. So spricht manches dafür, daß die in den neuen Bundesländern zu beobachtenden Tendenzen der Politikverdrossenheit und Parteienabstinenz, aber auch der Entkirchlichung und der jugendlichen Gewaltsamkeit die ersten Anzeichen einer gesamtdeutschen Entwicklung sind. Das Experiment des Zusammenwachsens der beiden Teile Deutschlands bietet zwei Möglichkeiten des Lernens voneinander: des Lernens dessen, was vorbildhaft ist, oder, auf der anderen Seite, was vermieden werden sollte.

Die Durchführung dieses umfassenden Experiments der deutschen Vereinigung ist nicht nur eine Aufgabe der politischen und wirtschaftlichen Eliten, sondern eine Herausforderung aller Deutschen in West und Ost. An diesem Experiment nehmen wir nicht bloß als nörgelnde Beobachter oder distanzierte Sozialwissenschaftler, sondern als betroffene und mehr oder weniger engagierte Staatsbürger selbst teil. Von uns allen hängt es ab, bis wann die fortbestehenden politisch-kulturellen Differenzen zwischen den beiden Teilen Deutschlands im wesentlichen überbrückt werden können.

V. Kapitel

Wirtschaft

1. Die Wirtschaftsordnung

In Deutschland hat die wirtschaftliche Lage mit ihren Auswirkungen auf den materiellen Lebensstandard der breiten Bevölkerung stets eine große Bedeutung für die Akzeptanz des jeweiligen politischen Systems gehabt. So ist in der Weimarer Republik der erste Versuch der Etablierung einer parlamentarischen Demokratie nicht zuletzt an der ökonomischen Dauerkrise der zwanziger und frühen dreißiger Jahre gescheitert, und der danach einsetzende wirtschaftliche Aufschwung, auch wenn er überwiegend auf kriegswirtschaftliche Vorbereitungen zurückging, hat wesentlich zur Massenloyalität der Deutschen gegenüber dem nationalsozialistischen Regime beigetragen. Nach dem Ende des Dritten Reiches spielte die wirtschaftliche Entwicklung eine große Rolle bei der Gründung und Legitimierung der westdeutschen Bundesrepublik, während in Ostdeutschland die wirtschaftliche Mangellage nicht nur die permanente Krisenanfälligkeit des SED-Regimes, sondern auch seinen endlichen Untergang und den Drang der Bevölkerungsmehrheit der DDR in die deutsche Vereinigung bewirkt hat. Auch gegenwärtig wird die politische Stimmung im vereinigten Deutschland maßgeblich von der wirtschaftlichen Lage, mehr noch von deren subjektiver Einschätzung durch die Bürger bestimmt.

Im Sommer 1949 ist der Wahlkampf zum Ersten Deutschen Bundestag von der CDU mit der Devise »Soziale Marktwirtschaft« gegen die SPD geführt worden, die glaubte, daß die Mangelerscheinungen im deutschen Wirtschaftsleben nur durch staatliche Kontrolle behoben und der Wiederaufbau nur durch wirtschaftliche

Lenkung gesichert werden könnten. Die CDU ging aus diesem Kampf als Sieger hervor, weil bereits innerhalb etwas mehr als einem Jahr sichtbar geworden war, daß die von Ludwig Erhard, dem Direktor der bizonalen deutschen Verwaltung für Wirtschaft, verfolgte Politik einer freien Marktwirtschaft, d. h. einer weitestgehenden Liberalisierung des Marktes, zu einer beachtlichen Steigerung der Produktion und zu einer besseren Befriedigung der aufgestauten Nachfrage nach Konsumgütern geführt hatte. Es war darum, zumal es sich bei der ersten Regierungskoalition um bürgerliche Parteien (namentlich die CDU/CSU und FDP) handelte, ganz klar, daß die Regierung unter Bundeskanzler Adenauer und Bundeswirtschaftsminister Erhard dieses einfache, aber erfolgversprechende wirtschaftliche Konzept weiterverfolgen würde, auch wenn die Sozialdemokraten unter Kurt Schumacher diese Politik als restaurativ und unsozial kritisierten.

Ideologisch wurde die Politik der freien Marktwirtschaft durch die notwendige Aufeinanderbezogenheit von wirtschaftlicher und politischer Freiheit gerechtfertigt. Man behauptete, die politische Freiheit der Demokratie sei nur dort voll realisierbar, wo auch wirtschaftliche Freizügigkeit herrsche. Die Mängel des alten liberalen Wirtschaftssystems, die im Deutschland der Weimarer Republik zu einer massenwirksamen antikapitalistischen Bewegung von links wie von rechts geführt hatten, glaubte man durch ein bewußtes Eingreifen des Staates bei Störungen der marktwirtschaftlichen Ordnung beseitigen zu können: durch staatliche Bekämpfung von konjunkturellen Krisen, Sicherung der Geldwertstabilität und Abwehr der Bildung wirtschaftlicher Machtblöcke wie Monopole und Kartelle.

Die *theoretische* Grundlage für diese Wirtschaftspolitik lieferte die neoliberale Schule der Nationalökonomie, die in dem Freiburger Professor Walter Eucken ihren bedeutendsten Kopf hatte. Sie verstand die Marktwirtschaft als ein Ordnungsprinzip, das der Ordnung der auf staatlicher Planung und Lenkung beruhenden Zentralverwaltungswirtschaft entgegengesetzt wurde, wie sie in allen kommunistisch regierten Staaten einschließlich der damaligen Sowjetischen Besatzungszone Deutschlands, der späteren DDR, realisiert worden war. Gleichzeitig distanzierten sich die Neoliberalen angesichts der historischen Erfahrungen vom traditionellen Wirtschaftsliberalismus der früh- und hochkapitalistischen Zeit, dem Manchester-Liberalismus des sogenannten Nachtwächterstaates, indem sie die regulative Funktion des Staates als Ordnungsgarant für eine freie Wirtschaft betonten. Wirtschaftliche Macht sollte mit Hilfe eines starken Staates neutralisiert werden, wobei der Staat wiederum auf das für seine Ordnungsfunktion notwendige Maß beschränkt bleiben müßte. Ein starker, von wirtschaftlichen Machtinteressen unabhängiger Staat hatte für die Aufrechterhaltung eines freien Wettbewerbs, für die Sicherung des sozialen Lebensminimums und für die Verbindung von wirtschaftlicher Freiheit mit einem relativ hohen Maß an sozialer Gerechtigkeit Sorge zu tragen.

Das Privateigentum an den Produktionsmitteln wurde in der neoliberalen Theorie als eine notwendige Voraussetzung für eine marktwirtschaftliche Wettbewerbsordnung angesehen. Die Neoliberalen sahen sehr wohl, daß Privateigentum zur Quelle von wirtschaftlicher und damit letztendlich auch politischer Macht werden könnte, doch sie glaubten, in der vollen Ausgestaltung des Wettbewerbs ein brauchbares Kontrollmittel für privatwirtschaftliche Macht zu haben. Es hat sich allerdings gezeigt, daß dieses Kontrollmittel nur begrenzt wirksam ist.

Die Sozialdemokratische Partei, die als stärkste Oppositionsfraktion des Deutschen Bundestages mehr als fünfzehn Jahre lang die große Widersacherin der herrschenden bürgerlichen Mehrheit auf dem Gebiet der Wirtschafts- und der Deutschlandpolitik war, sah sich angesichts des für die meisten Deutschen greifbaren Erfolges der Erhard-Adenauerschen Wirtschaftspolitik nach und nach gezwungen, ihre alten Positionen, einschließlich der Forderung nach Sozialisierung der Grundstoffindustrien, aufzugeben und das marktwirtschaftliche Modell im Prinzip zu übernehmen. Im Godesberger Programm von 1959 bekannte sich die SPD zu dem marktwirtschaftlichen Grundsatz »Wettbewerb so weit wie möglich – Planung so weit wie nötig«. Die Unterschiede der Wirtschaftspolitik, wie sie unter dem sozialdemokratischen Wirtschaftsminister Karl Schiller von 1966 an gegenüber der Erhardschen Praxis zutage treten sollten, waren nicht mehr prinzipieller Natur, sondern betrafen nur mehr die Handhabung des staatlichen Instrumentariums zur richtigen Steuerung des Wirtschaftsprozesses im Sinne der Vollbeschäftigung, des stetigen Wachstums und der Geldwertstabilität.

Die gegebene Struktur der Wirtschaft selbst wurde nun von keiner der maßgeblichen politischen Gruppen mehr in Frage gestellt, die bundesdeutsche Wirtschaftsordnung als eine marktwirtschaftliche Wirtschaftsordnung mit sozialpolitischen Akzenten anerkannt. Auch der antikapitalistische Protest der Studentenbewegung in den sechziger Jahren blieb eine Episode – einflußreich in marxistischen Zirkeln an den Hochschulen, jedoch ohne Bedeutung für die öffentliche Debatte und noch weniger für die tatsächliche Wirtschaftspolitik.

Die in der Bundesrepublik herrschende kapitalistische Wirtschaftsform wurde, wie schon gesagt, mit dem Namen »Soziale Marktwirtschaft« versehen. Geprägt hat diesen Begriff Alfred Müller-Armack, der als Professor für Nationalökonomie und Soziologie an den Universitäten Münster und Köln lehrte und von 1958 bis 1963 Staatssekretär im Bundeswirtschaftsministerium war. Damit sollte zum Ausdruck gebracht werden, daß es sich um eine Wettbewerbswirtschaft handelte, in der soziale Maßnahmen und angemessene Interventionen des Staates dafür zu sorgen hätten, daß die wirtschaftlich Starken die wirtschaftlich Schwächeren nicht rücksichtslos ausbeuten könnten. Auf diese Weise sollte die freie ökonomische Initiative mit einem gerade durch die marktwirtschaftliche Leistung gesicherten sozialen Fortschritt verbunden werden. Die eigentliche politische Verkörperung dieses populären Konzepts wurde Ludwig Erhard als langjähriger Bundeswirtschaftsminister, nicht nur aufgrund seiner einschlägigen Reden und Schriften, sondern mehr noch durch das von ihm personifizierte »Wirtschaftswunder«.

Das Grundgesetz, die Verfassung der Bundesrepublik Deutschland, hat in Art. 14 das Privateigentum garantiert und damit auch das Privateigentum an den Produktionsmitteln gesichert. Die zahlreichen Interventionen des Staates, die der Förderung des allgemeinen Wirtschaftswachstums dienten und schlechtergehende Wirtschaftszweige durch Subventionen mannigfacher Art unterstützten, tangierten darum nie die Institution des Privateigentums; im Gegenteil, sie stabilisierten die Besitzstruktur. Unter dem Zeichen eines sogenannten Volkskapitalismus wurden in den sechziger Jahren sogar größere Industriebetriebe, die in der Hand des Bundes waren, z. B. das Volkswagenwerk, durch einen Aktienverkauf an breitere Schichten privatisiert. Diese Politik der umfassenden Privatisierung von Staatsunternehmen ist in den neunziger Jahren aktiv wiederaufgenommen worden. Dafür stehen die Privatisierung von Bahn und Post sowie der Verkauf der letzten Bundesanteile an der Lufthansa, wobei allerdings nicht nur ordnungspolitische Motive, sondern auch staatliche Finanzengpässe eine Rolle spielten.

Über die Frage, ob das Grundgesetz der Bundesrepublik Deutschland sich zu einer bestimmten Wirtschaftsverfassung bekennt, ist durch die Rechtsprechung des Bundesverfassungsgerichts weitgehend Klarheit geschaffen worden. In dem sogenannten Investitionshilfe-Urteil von 1954 heißt es unmißverständlich: »Das Grundgesetz garantiert weder die wirtschaftspolitische Neutralität der Regierungs- und Gesetzgebungsgewalt noch eine nur mit marktkonformen Mitteln zu steuernde soziale Marktwirtschaft. Die wirtschaftspolitische Neutralität des Grundgesetzes besteht lediglich darin, daß sich der Verfassungsgeber nicht ausdrücklich für ein bestimmtes Wirtschaftssystem entschieden hat. Dies ermöglicht dem Gesetzgeber, die ihm jeweils sachgemäß erscheinende Wirtschaftspolitik zu verfolgen, sofern er dabei das Grundgesetz beachtet. Die gegenwärtige Wirtschafts- und Sozialordnung ist zwar eine nach dem Grundgesetz mögliche Ordnung, keineswegs aber die allein mögliche.«

Es kann also weder die Rede davon sein, daß das Grundgesetz ausschließlich die »soziale Marktwirtschaft« sanktioniere, noch läßt sich umgekehrt aus dem Grundgesetz die Rechtfertigung für die Errichtung einer sozialistischen Planwirtschaft ableiten. Ungeachtet des relativ großen Ermessensspielraums, den die staatliche Wirtschaftspolitik nach der Verfassung besitzt, schließt das Grundgesetz mit Rücksicht auf eine Reihe von in ihm enthaltenen Freiheitsnormen die Einführung zentralistischer wirtschaftspolitischer Ordnungsmodelle aus.

Innerhalb des ziemlich weitgesteckten Rahmens der Verfassung ist die Wirtschaftsordnung der Bundesrepublik durch eine Reihe von wichtigen Gesetzen im einzelnen konkretisiert worden. Dazu gehört das 1957 verabschiedete Gesetz gegen Wettbewerbsbeschränkungen, das sogenannte Kartellgesetz, das von der neoliberalen Schule als eine Art Eckpfeiler ihrer Ordnungspolitik angesehen wurde, dem liberalen Kredo jedoch nur unzureichend entspricht.

Ordnungspolitisch bedeutsamer war das im selben Jahr in Kraft getretene Bundesbankgesetz, aufgrund dessen die Deutsche Bundesbank, im Gegensatz zu den Zentralbanken der meisten anderen Staaten, ein hohes Maß an Autonomie erhielt, um die ihr zugewiesene zentrale Aufgabe der Sicherung der Währung angemessen und unabhängig von staatlichen Weisungen erfüllen zu können. Die relativ autonome Stellung der Deutschen Bundesbank erklärte sich aus den negativen Erfahrungen mit Inflationen in der deutschen Vergangenheit: Die Geldpolitik sollte vor politischem Mißbrauch geschützt sein.

Mit der Einführung des Euro als europäischer Gemeinschaftswährung sind die Aufgaben der Deutschen Bundesbank überwiegend an die Europäische Zentralbank (EZB) übergegangen. Diese neue Institution ist im Hinblick auf ihre Strukturen und Funktionen, aber auch ihre weitreichende Unabhängigkeit stark am deutschen Modell orientiert, und es hat nicht nur symbolische, sondern auch realpolitische Bedeutung, daß es Deutschland gelungen ist, als Sitz der EZB Frankfurt am Main durchzusetzen.

Von ordnungspolitischer Bedeutung sind ferner die verschiedenen Mitbestimmungsregelungen, durch welche die deutschen Gewerkschaften sich von Anfang an darum bemühten, unmittelbaren Einfluß auf wirtschaftliche Entscheidungen in den großen Betrieben auszuüben. Sie erreichten einen ersten großen Erfolg durch die paritätische Mitbestimmung für den Teilbereich Montanindustrie, die bereits 1951 beschlossen worden ist, sodann im Betriebsverfassungsgesetz von 1952, das den Arbeitnehmern eine Vertretung in den Entscheidungsgremien der Betriebe mit einem Drittel der Stimmen gewährleistet, und schließlich 1976 durch die per Gesetz geregelte Mitbestimmung in Großunternehmen der Wirtschaft. Entgegen dem politischen Willen der Gewerkschaften sichert die Mitbestimmung der Arbeitgeberseite im Streitfall jedoch eine knappe Mehrheit. Durch diese Regelungen ist allerdings auch eine unmittelbare Mitverantwortung der Arbeitnehmer in der deutschen Wirtschaft gesetzlich verankert worden, die das verglichen mit anderen westlichen Ländern relativ kompromißfreundliche Klima zwischen den Tarifparteien sicherlich begünstigt hat. Der Versuch der Arbeitgeber, Teile des Mitbestimmungsgesetzes von 1976 für verfassungswidrig erklären zu lassen, ist vom Bundesverfassungsgericht zurückgewiesen worden, das bei dieser Gelegenheit seine schon 1954 aufgestellten Leitsätze zur Frage der Wirtschaftsordnung nach dem Grundgesetz bekräftigt hat.

Schließlich ist darauf hinzuweisen, daß die Bundesrepublik durch ihren Beitritt zur Europäischen Wirtschaftsgemeinschaft (EWG) im Jahre 1957 in einen wirtschaftlichen Integrationsprozeß auf westeuropäischer Ebene einbezogen worden ist, der vor allem in der Wirtschafts- und Agrarpolitik zu einer sehr engen Zusammenarbeit mit den Organen der Europäischen Gemeinschaft (EG) und den in ihr zusammengeschlossenen Ländern geführt hat. Die EG in Brüssel – heute Europäische Union (EU) – ist für weite Bereiche der Wirtschaftspolitik, insbesondere für die Agrarpolitik, zum maßgeblichen Entscheidungszentrum geworden.

2. Die Wirtschaftspolitik im Wandel

Der politische Erfolg der frühen Bundesrepublik war die Folge eines außerordentlichen wirtschaftlichen Aufschwungs. Sein wirtschaftspolitischer Grundstein wurde schon in den Jahren 1947/48 mit dem Beginn der amerikanischen Marshallplan-Hilfe und der Währungsreform gelegt. Unterstützt von den Westalliierten, wagten westdeutsche Politiker und Wirtschaftsfachleute schon vor der staatlichen Gründung der Bundesrepublik den Übergang von einer verwalteten Wirtschaft des Mangels zu einer freien Marktwirtschaft, in welcher der Preis wie im liberalen Modell durch Angebot und Nachfrage bestimmt wird. Dadurch wurde das wirtschaftliche Klima schlagartig verändert: Das Geld war wieder etwas wert, das Warenangebot stieg. Bei der großen Nachfrage kletterten jedoch auch die Preise, die erst langsam stabilisiert werden konnten. Diese ökonomische Struktur wurde in der Folgezeit maßgebend für die Strukturierung der sozialen Ordnung der Bundesrepublik Deutschland und deren politischer Ausdrucksform.

Die erste Bundesregierung ermutigte die Unternehmer durch Investitionsanreize und andere Steuerungsmittel zu einer kräftigen Expansionspolitik. Mit ihrer Hilfe wurde erreicht, daß die Industrieproduktion rapide anstieg: Sie befand sich Mitte der fünfziger Jahre bereits wieder auf dem Stand von 1936. Die Zuwachsraten der ersten Jahre bewegten sich durchschnittlich um 10 Prozent und pendelten sich in den sechziger Jahren bei 5 bis 7 Prozent ein, während die siebziger Jahre dann gewisse Wachstumsschwächen zeitigten. Auf diesem Wege wurde die Bundesrepublik innerhalb weniger Jahre zu einer der führenden Wirtschaftsmächte der Welt.

Die Gründe für das enorme Wachstum in der Wiederaufbauphase lagen freilich nicht allein in der die industrielle Produktion begünstigenden Wirtschafts- und Steuerpolitik der Bundesregierung. Sie lagen auch in dem vitalen Interesse aller Westdeutschen, durch intensive Arbeit wieder eine bessere materielle Existenzgrundlage nach den Entbehrungen und Zerstörungen des verlorenen Krieges zu schaffen. Die positiven Energien der Menschen richteten sich fast ausschließlich auf den wirtschaftlichen Erwerb und die Arbeit, unter Vernachlässigung des politischen Engagements. Hinzu kam, daß die deutschen Gewerkschaften diese Expansion der westdeutschen Wirtschaft kaum durch massive Arbeitskonflikte hemmten. Sie kämpften mit Erfolg für eine laufende Verbesserung der Arbeitseinkommen, doch gelang es ihnen nicht, die Diskrepanz zwischen den durchschnittlichen Unternehmergewinnen und den Masseneinkommen wesentlich zu verringern. Schon in den ersten Jahren nach der Währungsreform konnten viele Unternehmer und Kapitalgesellschaften beträchtliche Vermögen ansammeln. Es zeigte sich, daß die totale Nivellierung aller Einkommen bei der Währungsreform von 1948, als jede Person nur 40 DM erhielt und Sparguthaben nur zu zehn Prozent umgewandelt wurden, die Besitzer von Sachwerten und Industriepapieren außerordentlich begünstigt hatte. So wurde die alte Besitzstruktur aus der Vorkriegszeit weitgehend restauriert. Aber es gab auch echte Chancen für einen neuen Anfang. Der wirtschaftliche Aufschwung der Bundesrepublik ist zugleich auch die Geschichte des spektakulären Aufstiegs neuer Unternehmer, die, wie in der Gründerzeit des Wilhelminischen Kaiserreiches nach 1870/71, innerhalb weniger Jahre zu großem Reichtum und zu sozialem Ansehen kamen. Die sogenannten »Neureichen« haben das soziale Bild der Bundesrepublik und die Mentalität der Bundesdeutschen in den fünfziger Jahren mitgeprägt.

Die zu Beginn der Bundesrepublik eingeleiteten Maßnahmen zur Förderung von Investitionen, die Praxis der Selbstfinanzierung der

Investitionen aus den Gewinnen, die Vermeidung einer exzessiven Besteuerung hoher Einkommen, die hierzulande als konfiskatorisch gilt, blieben charakteristisch für das Wirtschaftsleben der Bundesrepublik auch nach den Anfangsjahren. Binnen kurzem waren die Interessenvertretungen der deutschen Wirtschaft so stark, daß sie jede massive Abweichung von einer wirtschaftsfreundlichen Politik mit Erfolg bekämpfen konnten. Die Wirtschaft ist in der Bundesrepublik zu einem Machtfaktor geworden. Damit sind jedoch nicht die Anliegen aller am Wirtschaftsprozeß Beteiligten gemeint, sondern vorrangig die Interessen der Unternehmer und der Wirtschaftsmanager. Eine strukturelle Reform der Wirtschaftsverfassung, insbesondere ihrer Besitzverhältnisse, ist darum kaum durchsetzbar. Auch die sozialdemokratisch geführten Bundesregierungen waren in den siebziger Jahren außerstande, die Wirtschaftsordnung entscheidend zu ändern, selbst wenn sie es gewollt hätten, weil sie gegen die Macht der Wirtschaft schwer ankamen und für ihre sozialpolitischen Maßnahmen auf die Sicherung eines weiteren Wirtschaftswachstums im Rahmen der etablierten Strukturen angewiesen waren.

Nach der Rezession von 1966/67 hat man in der Bundesrepublik erstmals versucht, das im liberalen System der Marktwirtschaft angelegte Prinzip der weitestgehenden Selbststeuerung durch die Wirtschaft zu ergänzen durch eine vom Staat betriebene sogenannte Globalsteuerung. Bundeskanzler Erhard mußte mit seiner bürgerlichen Koalition und seiner allzu optimistischen Wirtschaftspolitik abtreten, und eine große Koalition aus CDU/CSU und SPD bemühte sich vor allem um die notwendigen wirtschaftspolitischen Strukturveränderungen. Träger dieser wirtschaftspolitischen Wende wurden in der Regierung vor allem Karl Schiller (SPD) als Bundeswirtschaftsminister und Franz Josef Strauß (CSU) als Bundesfinanzminister. Sie standen 1967 hinter der Verabschiedung des »Gesetzes zur Förderung der Stabilität und des Wachstums der Wirtschaft«, das oft als »prozeßpolitisches Grundgesetz« bezeichnet worden ist. Durch dieses Gesetz sind Bund und Länder verpflichtet, im Rahmen der vorgegebenen marktwirtschaftlichen Ordnung eine Reihe von Zielen gleichzeitig anzustreben und nach Möglichkeit zu erreichen: einen hohen Beschäftigungsstand, stabile Preise, außenwirtschaftliches Gleichgewicht und stetiges Wirtschaftswachstum.

Durch das Stabilitätsgesetz ist das wirtschaftspolitische Instrumentarium des Staates erweitert worden. So macht die Fiskalpolitik der Öffentlichen Hand, die im föderalistischen System der Bundesrepublik Deutschland vielhändig ist, den Versuch, durch entsprechende Gestaltung ihrer Einnahmen und Ausgaben die Wirtschaftstätigkeit günstig zu beeinflussen. Dabei müssen die Haushalte des Bundes, der Länder und der Gemeinden möglichst positiv koordiniert werden, was nicht immer einfach ist. Außerdem sollte die Bundesbank durch ihre spezifischen Mittel der Geld- und Kreditpolitik günstige Voraussetzungen für die wirtschaftliche Entwicklung schaffen; sie brauchte allerdings dank ihrer Unabhängigkeit den Direktiven des Staates nicht direkt Folge zu leisten. Ferner sind im Bereich der außenwirtschaftlichen Beziehungen aufgrund der internationalen Verflechtung die Möglichkeiten zur Anwendung eines wirksamen Instrumentariums naturgemäß eng begrenzt. Ähnliches gilt für die Einkommenspolitik, die dank der Tarifautonomie allein den Tarifparteien obliegt und auf die der Staat nur mittelbaren Einfluß nehmen kann, obgleich sie für die wirtschaftliche Stabilität von eminenter Bedeutung ist. Seit den späten sechziger Jahren hat der Bundeswirtschaftsminister durch die sogenannte Konzertierte Aktion versucht, auf die Tarifpartner in seinem Sinne einzuwirken. In ihr kamen Repräsentanten der wichtigsten staatlichen, wirtschaftlichen und sozialen Interessen zusammen, um ihr wirtschaftspolitisch relevantes Verhalten so weit wie möglich aufeinander abzustimmen, ohne sich durch feste Abmachungen zu binden. Die Konzertierte Aktion ist den in sie gesetzten Erwartungen nie ganz gerecht geworden und wurde 1977 von den Gewerkschaften aus Protest gegen die Verfassungsklage der Arbeitgeber gegen das neue Mitbestimmungsgesetz suspendiert. Bemühungen um ihre Wiederbelebung waren lange Zeit nicht erfolgreich, zumal in dem verschärften wirtschaftspolitischen Klima der achtziger und neunziger Jahre. Auf Drängen insbesondere der Gewerkschaften organisiert die rot-grüne Bundesregierung, vor allem um gesamtgesellschaftliche Wege zum Abbau der Arbeitslosigkeit zu finden, seit 1998 ein »Bündnis für Arbeit«, dessen Wirksamkeit sich aber erst noch herausstellen muß (siehe unten S. 156).

Die von Karl Schiller verkörperte Politik der Globalsteuerung des Wirtschaftsprozesses beruhte auf den volkswirtschaftlichen

Theorien des englischen Nationalökonomen John Meynard Keynes, wonach der Staat mit seinen wirtschaftspolitischen Instrumenten die Konjunktur lenken und vor allem in Rezessionen gegensteuern könne. In der Praxis haben sich die Rezepte von Keynes allerdings nicht als Allheilmittel erwiesen. Vielmehr zeigte sich vor allem in der ersten Hälfte der siebziger Jahre, daß die Möglichkeiten der Politik, den Wirtschaftsprozeß im Sinne der Erreichung aller erwünschten Ziele wirkungsvoll zu steuern, relativ begrenzt sind und daß es dabei nicht allein auf die weltwirtschaftliche Situation ankommt, sondern auch auf die kooperative Zusammenarbeit aller am Wirtschaftsprozeß Beteiligten. In den siebziger Jahren wurde nicht nur die inflationäre Entwicklung zu einem Problem für die deutsche Wirtschaft, sondern auch die zunehmende Zahl der Arbeitslosen: Mitte der siebziger Jahre war ihre Zahl bereits auf über eine Million angestiegen, um in den achtziger Jahren infolge zunehmender Rationalisierungsprozesse sowie der Umstrukturierung der Weltwirtschaft auf über zwei Millionen zu klettern. Das Arbeitslosenproblem hat sich nach der deutschen Vereinigung vor allem in den neuen Bundesländern drastisch verschärft; heute läßt es sich eine Bundesregierung schon als Erfolg anrechnen, wenn die Zahl der Arbeitslosen unter vier Millionen gedrückt werden kann (siehe unten S. 152 ff.).

In den achtziger und neunziger Jahren hat die Wirtschaftspolitik der Bundesrepublik, wie die vieler anderer westlicher Industriegesellschaften auch, einen erneuten Wandel durchgemacht. Unter dem Einfluß der sogenannten monetaristischen Theorien der Chicago School des amerikanischen Nationalökonomen Milton Friedman spielt jetzt die Geldpolitik eine größere Rolle als die Fiskalpolitik, steht die Angebotsorientierung anstelle der Nachfragesteuerung im Mittelpunkt und wird generell auf eine Reduzierung der staatlichen Aktivitäten und die Stärkung des privatwirtschaftlichen Entscheidungsrahmens gesetzt. Vor allem wird eine Begrenzung, wenn nicht sogar ein Abbau der staatlichen Schuldenlast gefordert, weil diese entgegen der keynesianischen Politikannahme den wirtschaftlichen Aufschwung nicht stimuliert habe, vielmehr hätten die von ihr bewirkte hohe Zinsquote und Inflationsrate die Entfaltung und Selbstheilungskräfte der Wirtschaft gelähmt. Auch wenn der Übergang zu dieser konservativeren Wirtschaftspolitik in der Bundesrepublik nicht so rigoros ausgefallen ist wie in Großbritannien unter Margaret Thatcher, so ist doch auch in Deutschland eine erneute wirtschaftspolitische Wende eingetreten, zumal nach dem Regierungswechsel im Jahre 1982 von den Sozialdemokraten zu den Christdemokraten.

Schon in den siebziger Jahren war das relativ planlos erfolgte Wachstum der deutschen Wirtschaft mit einer sich stetig steigernden Produktivität unter den immer größeren Druck einer kritischer gewordenen Öffentlichkeit geraten. Dies gilt besonders für alle mit dem Schutz und der Sicherung der Umwelt zusammenhängenden Probleme, für welche die öffentliche Meinung eine außerordentlich starke Sensibilität entwickelt hat, die sich vielfach in Bürgerinitiativen Ausdruck verschafft. Es gilt ebenso für die negativen Folgen einer starren Eigentumsideologie, wie sie sich vor allem im Bereich der Boden- und Wohnungsspekulation bemerkbar machten. Und es gilt schließlich gegenüber allen Anzeichen eines puren Konsum- und Vergeudungskapitalismus sowie für krasse Unterschiede des Reichtums und der Privilegierung, die mit dem Prinzip des demokratischen Sozialstaates und der von ihm geforderten sozialen Gerechtigkeit nicht vereinbar erscheinen.

Umweltfreundliche und sozialpolitisch günstige Lösungen lassen sich in einer kapitalistischen Wirtschaftsordnung nicht immer durchsetzen, da der Staat für die Durchführung seiner sozialpolitischen und ökologischen Maßnahmen auf die Funktionsfähigkeit der Wirtschaft angewiesen bleibt und nach Möglichkeit solche Lösungen vermeiden muß, die zu einem Rückgang der gesamtwirtschaftlichen Produktivität führen könnten. Gleichwohl hat die enorm gestiegene Empfindlichkeit der Öffentlichkeit vor allem im Bereich der Ökologie in zahlreichen Fällen, z. B. beim Bau von Kernkraftwerken, rein technokratische Lösungen verhindert und deutlich gemacht, daß die weitere wirtschaftliche Entwicklung von einer Verbesserung der humanen, sozialen und umweltlichen Lebensbedingungen begleitet sein muß, wenn sie von der Bevölkerung akzeptiert werden soll.

3. Die Integration der Wirtschaft in die Weltwirtschaft

Zentral für die politische Stabilität der Bundesrepublik Deutschland ist die Erhaltung und der Ausbau der Leistungsfähigkeit der deutschen Wirtschaft im internationalen Wettbewerb. Hier wurden in letzter Zeit immer wieder Zweifel geäußert, ob es der deutschen Wirtschaft angesichts der technologischen Entwicklungen und weltwirtschaftlich bedingten Strukturveränderungen auch in Zukunft gelingen werde, ihre führende Rolle zu behaupten. Zwar ist die Bundesrepublik Deutschland nach ihrer Gründung innerhalb weniger Jahrzehnte hinter den USA und Japan zur drittgrößten Wirtschaftsmacht der Welt geworden. Dies bedeutet aber auch, daß die Entwicklung der bundesdeutschen Wirtschaft aufs engste mit der Entwicklung der Weltwirtschaft verflochten ist und von den weltwirtschaftlichen Konjunkturen abhängt. Etwa ein Drittel des Bruttosozialprodukts, das die Deutschen erwirtschaften, geht in den Export. Deshalb wird immer wieder darauf hingewiesen, daß viele Arbeitsplätze in Deutschland von den Exportmöglichkeiten der deutschen Industrie abhängig sind. Die Bundesrepublik erwirtschaftet in der Regel einen hohen Außenhandelsüberschuß, d. h. die Ausfuhren übersteigen den Wert der Einfuhren bei weitem.

Der hohe Exportanteil hängt zusammen mit der Qualität der Produkte, der Verläßlichkeit der Lieferungen, der relativen Stetigkeit der Wirtschaftspolitik, so daß externe Faktoren, z. B. Fluktuationen in der weltwirtschaftlichen Konjunktur oder die Wechselkurs-Abhängigkeit vom Dollar als Leitwährung der Weltwirtschaft, die außenwirtschaftliche Leistungsfähigkeit der deutschen Wirtschaft bisher nicht ernsthaft haben erschüttern können. Gleichwohl ist die Sorge um die Erhaltung der internationalen Wettbewerbsfähigkeit ein Dauerthema in den Reden deutscher Wirtschaftsführer und Wirtschaftspolitiker. Zwar sind die Klagen der Unternehmer über zu hohe Arbeitslöhne, insbesondere über zu hohe Lohnnebenkosten, sowie über Steuern und Abgaben, die in der Bundesrepublik angeblich besonders hoch seien, seit längerem notorisch. Trotzdem ist Deutschland hinter den USA (und vor Japan) immer noch das zweitgrößte Exportland der Welt.

Die außerordentlich starke Verflechtung des weltwirtschaftlichen Geschehens mit seinen laufenden größeren und kleineren Veränderungen stellt selbstverständlich große Anforderungen an die Flexibilität und Anpassungsbereitschaft der exportierenden Industrie, doch hat die Bundesrepublik Deutschland inmitten der stetigen Veränderungen in der Weltwirtschaft relativ gut mithalten können. Der weltwirtschaftliche Strukturwandel, durch den eine Reihe von wirtschaftlich früher schwachen Ländern sich stark industrialisiert haben (schon früh Japan, dann Korea und andere sogenannte Schwellenländer in Südostasien), hat sowohl zu einer Verlagerung deutscher wirtschaftlicher Aktivitäten in diese Länder geführt wie andererseits die Wirtschaftsstruktur der Bundesrepublik einem tiefgreifenden Wandel unterworfen. Am stärksten betroffen sind die ursprünglich für die deutsche Industrie so maßgeblichen Bereiche Kohle und Stahl mit dem Ruhrgebiet als dem einstigen Zentrum der deutschen Industrie. Diese Entwicklungen lassen sich einigermaßen verkraften, wenn der Strukturwandel in einer Phase relativ starken Wirtschaftswachstums erfolgt. Er wird jedoch zu einem komplizierten Problem für Wirtschaft und Staat, wenn wie seit den achtziger Jahren die Wachstumsraten gering sind und die technologischen Innovationen durch das Vordringen von Computern und den Einsatz von Robotern nicht genügend Ersatz für verlorengehende Arbeitsplätze schaffen.

In Deutschland sind die wirtschaftlichen Handlungsweisen sowohl der Arbeitgeber (»Manager«) als auch der von den Gewerkschaften vertretenen Arbeitnehmer traditionell von einem starken Sicherheitsinteresse geprägt. Daher werden Veränderungen des weltwirtschaftlichen Geschehens eher als eine Bedrohung denn als eine Herausforderung empfunden. Wichtig bleibt, daß die Herausforderungen der Zukunft nur dann bewältigt werden können, wenn es weiterhin gelingt, (1.) das wirtschaftliche und technische Leistungsniveau zu halten und gegebenenfalls zu steigern, (2.) wenn die Beziehungen zwischen Arbeitgebern und Arbeitnehmern weiterhin vom Geist einer produktiven Kooperation bestimmt sind und (3.) auch die politischen Rahmenbedingungen, die bislang für eine relativ stabile und kontinuierliche Wirtschaftspolitik gesorgt haben, in der gesamten Bundesrepublik erhalten bleiben.

4. Die Wirtschaft nach der Vereinigung

Schon vor dem staatlichen Beitritt der ehemaligen DDR zur Bundesrepublik am 3. Oktober 1990 begann mit der am 1. Juli 1990 in Kraft getretenen Wirtschafts-, Währungs- und Sozialunion die wirtschaftliche Vereinigung Deutschlands. Das entsprach nicht nur den Wünschen der eindeutigen Mehrheit der ostdeutschen Bevölkerung, sondern trug auch dem wirtschaftlichen Kollaps der DDR Rechnung. Doch die mit der Wirtschaftsunion verbundenen optimistischen Erwartungen erwiesen sich rasch als übertrieben. Das traf insbesondere für die Hoffnung zu, die Einführung der harten D-Mark als neuer Währung im Gebiet der ehemaligen DDR und der Aufbau einer kapitalistischen Wirtschaftsorganisation und Wirtschaftsstruktur könnten binnen kurzem die Verhältnisse in den neuen Bundesländern so grundsätzlich bessern, daß es, wie Bundeskanzler Kohl sagte, in den neuen Bundesländern keinem schlechter, vielen aber besser gehen würde, und zwar in kürzester Frist. Die Politiker, die diese hohen Erwartungen nährten und die sogar der Meinung waren, sie könnten diesen Anpassungsprozeß ohne die Erhöhung von Steuern und Abgaben finanzieren, machten ihre Versprechungen allerdings nicht wider besseres Wissen, sondern unter dem Eindruck der günstigen Lage der westdeutschen Wirtschaft und Staatsfinanzen im Jahr 1990. Auch hatten sie keine zutreffende Kenntnis von den wahren Verhältnissen in Ostdeutschland und kaum ausreichendes Wissen über die außerordentlichen Probleme und Aufgaben, die der wirtschaftliche Vereinigungsprozeß mit sich bringen würde.

Nachdem die Euphorie über die von der Geschichte gewährte Gunst der deutschen Vereinigung vergangen war, machten sich Nüchternheit und Enttäuschung breit, besonders unter der Bevölkerung der ehemaligen DDR, die in ihrer Mehrheit davon ausgegangen war, daß der Beitritt zur Bundesrepublik ihr sozusagen die Pforten des Paradieses öffnen würde. Weder die Menschen in der DDR noch die in der Bundesrepublik hatten im Grunde ausreichende Kenntnisse voneinander. In den achtziger Jahren hatte sich in der öffentlichen Meinung der Bundesrepublik ein relativ positiv gefärbtes Bild von der DDR als einer erfolgreichen sozialistischen Wirtschaftsgesellschaft durchsetzen können, während umgekehrt die DDR-Bevölkerung ihr Bild (genauer: *Fernsehbild*) von der Bundesrepublik vorwiegend aus jenen Elementen zusammensetzte, die mit Freiheit, Freizügigkeit und Wohlstand verbunden waren. Mit dem Zusammenbruch der DDR wurde dann rasch offenbar, daß die Wirklichkeit der im Rahmen des sozialistischen Systems scheinbar so erfolgreichen DDR-Wirtschaft ganz und gar nicht dem positiven Bild entsprach, das man sich von ihr gemacht und das sie selbst von sich verbreitet hatte.

Die realsozialistische Wirtschaft des zweiten deutschen Staates beruhte auf dem System einer Zentralverwaltungswirtschaft, worin die ökonomischen Entscheidungen von einer weitverzweigten und schwerfälligen Bürokratie gefällt wurden. Im Mittelpunkt dieser Planwirtschaft standen gewaltige Industriekombinate mit Hunderttausenden von Beschäftigten, Tausenden von Fertigungsorten und riesigen Serviceorganisationen (z. B. Fuhrparks), die als »Dinosaurier« des Industriezeitalters nach außen imposant wirkten, doch nach innen extrem inflexibel und kostenträchtig waren. Daher konnte es nicht verwundern, daß die wirtschaftliche Produktivität der DDR, d. h. der mit derselben Arbeitsleistung erzielte produktive Ertrag, weit unter dem Niveau der westlichen Industriestaaten lag und nur etwa 40 Prozent der westdeutschen Produktivität ausmachte. Auf diese Weise konnte zwar die ganze Bevölkerung beschäftigt und Arbeitslosigkeit somit offiziell vermieden werden. Ihre Produkte konnte die DDR im Rahmen des RGW in den übrigen Ostblockländern mit noch geringerem Entwicklungsstand und Produktivität absetzen, doch auf dem Weltmarkt, wo die für dringende Investitionsgüter benötigten Devisen zu erwirtschaften waren, war die DDR kaum wettbewerbsfähig und mußte den Preis ihrer Erzeugnisse durch Subventionen künstlich niedrig halten. Seit Mitte der siebziger Jahre, als die weltweite Energie- und Rohstoffkrise auch die DDR traf, konnte diese wirtschaftlich nur auf Kosten der Substanz überleben, indem sie die Instandsetzung ihrer Industrieanlagen und die Erneuerung der öffentlichen Infrastruktur total vernachlässigte. So war die DDR am Ende ihrer Existenz nicht nur im äußeren Erscheinungsbild ihrer Städte und Dörfer, sondern auch im Hinblick auf ihre innere Wirtschaftssubstanz ein weitgehend maroder Staat geworden.

Die in sich geschwächte ostdeutsche Wirtschaft wurde durch die

Öffnung der Grenzen in Deutschland und Europa sowie den Zusammenbruch des kommunistischen Wirtschaftslagers einem gewaltigen Schock ausgesetzt. In Ostdeutschland produzierte Waren ließen sich auf dem Weltmarkt kaum mehr verkaufen, der Zusammenbruch des Ostblocks zog den Verlust der Märkte nach sich, welche die DDR vorrangig bedient hatte. Die Struktur und Organisation der Wirtschaft erwiesen sich, gemessen an westlichen Standards, sowohl in betriebswirtschaftlicher wie in technologischer Hinsicht als völlig unzureichend. Hinzu kamen die enormen ökologischen Altlasten, die eine rücksichtslose Ausbeutungswirtschaft im Land hinterlassen hatte. Schnell wurde klar, daß es trotz der von der Bundesrepublik geleisteten finanziellen Unterstützung in Höhe von vielen hundert Milliarden DM in kurzer Zeit nicht möglich sein würde, die ostdeutsche Wirtschaft insgesamt umzustrukturieren und dem Produktivitätsniveau der westdeutschen anzunähern. Aus den wenigen Jahren, die man ursprünglich veranschlagt hatte, um eine gewisse Gleichwertigkeit der Lebensverhältnisse, wie das Grundgesetz sie gebietet, zu erreichen, sind inzwischen prospektiv Jahrzehnte geworden. Die hohe Erwartungshaltung der von der kommunistischen Herrschaft so überraschend befreiten ehemaligen DDR-Bürger ist weithin einer breiten Enttäuschung, z. T. auch Verbitterung gewichen. Das vielzitierte »Zusammenwachsen dessen, was zusammengehört« (Willy Brandt) erweist sich gerade in wirtschaftlicher Hinsicht als außerordentlich schwierig. Die ostdeutschen Bundesländer werden wohl noch viele Jahre brauchen, um ein Sozialprodukt zu erwirtschaften, das dem westdeutschen Niveau gleichkommt. So ist das Ost-West-Gefälle und seine Überwindung vor allem im wirtschaftlichen Bereich zum Hauptproblem des Einigungsprozesses geworden. Es tangiert nicht nur den Umbau der wirtschaftlichen Strukturen und die vor allem den Ostdeutschen auferlegte Anpassung an die neuen Verhältnisse, es belastet auch die wirtschaftliche und vor allem die finanzielle Stabilität der Bundesrepublik im internationalen Wettbewerb und ist zu einem erheblichen Unsicherheitsfaktor für die politische Stabilität unseres Gemeinwesens geworden. Der wirtschaftliche Vereinigungsprozeß, der noch eine lange Geschichte vor sich haben wird, ist eine außerordentliche Herausforderung für die deutsche Politik und auch für die deutsche Gesellschaft, in der die in 40 Jahren gewachsene westdeutsche Demokratie, die nun um die Länder der ehemaligen DDR erweitert worden ist, vor eine wirkliche Bewährungsprobe gestellt ist.

Das Gelingen des wirtschaftlichen Aufbaus und Umbaus der ehemaligen DDR ist an zwei wesentliche Voraussetzungen geknüpft: zum einen an die Bereitschaft der dortigen Bevölkerung, dem für sie mit vielen Nachteilen verbundenen Strukturwandel positiv gegenüberzutreten und sich in ihrem Verhalten sowie in ihren Einstellungen den neuen Verhältnissen konstruktiv zu öffnen. Diese Erwartung stellt die Ostdeutschen angesichts des dramatischen Beschäftigungsabbaus vor große Hürden, hat doch ein Drittel aller Arbeitskräfte durch die Liquidation von Betrieben und Entlassungen aus gesundschrumpfenden Unternehmen ihren angestammten Arbeitsplatz verloren. Nur ein Bruchteil von ihnen konnte neue Arbeitsplätze finden oder sich selbständig machen. Offiziell sind mit 1,4 Millionen Ostdeutschen »nur« knapp 18 Prozent der Arbeitsbevölkerung in den neuen Bundesländern arbeitslos (April 2001). Berücksichtigt man die verdeckte Arbeitslosigkeit in Gestalt eines vorgezogenen Ruhestandes, der Fortbildung und Umschulung, der Kurzarbeit und der Arbeitsbeschaffungsmaßnahmen, dann kommt noch eine weitere Million hinzu. Diese mit dem wirtschaftlichen Strukturwandel in den neuen Bundesländern verbundene Arbeitslosigkeit belastet nicht nur die finanzielle Situation von privaten und öffentlichen Haushalten, sie verdüstert noch mehr die gesellschaftliche Stimmungslage und stellt individuelle und familiäre Lebensschicksale in Frage.

Auf der anderen Seite wird von der Bevölkerung in den alten Bundesländern die anhaltende Bereitschaft erwartet, den enorm kostspieligen Umwandlungs- und Angleichungsprozeß weiterhin finanziell so zu fördern, daß er zu einem wirtschaftlichen Aufschwung im Osten Deutschlands führt. Seit 1991 sind von den Öffentlichen Händen im Westen jährlich über 150 Milliarden DM Transferzahlungen in den Osten gegangen, insgesamt in den Jahren zwischen 1991 und 1998 rund 1370 Milliarden DM (wobei die Steuereinnahmen aus den neuen Bundesländern schon abgezogen sind). Die Hauptlast dieser zwischendeutschen Zahlungen trägt der Bund. Der größte Teil der Transferleistungen geht in die Arbeits- und Sozialpolitik sowie in den Finanzausgleich zwischen den armen und reichen Bundesländern, nur ein Viertel wird investiv verwendet, und ein Fünftel fließt in die Infrastruktur. Anfangs haben die bundesdeutschen Politiker den Eindruck erweckt, als ob diese gewaltige Finanzierung durch den von der Vereinigung im Westen bewirkten Wirtschaftsaufschwung und aus den Reserven aufgebracht werden könnte – inzwischen ist jedem Steuerzahler klar, daß er selbst diese Zahlungen direkt durch den Solidaritätszuschlag (»Soli«) und vor allem indirekt durch die gewaltig angestiegene Staatsverschuldung zu tragen hat. Es ist nicht ausgemacht, daß die Westdeutschen auf Dauer zu diesem innerdeutschen Lastenausgleich bereit sein werden, wird doch die westdeutsche Bevölkerung heute mit der höchsten Steuer- und Abgabenquote aller Zeiten belastet, wodurch die wirtschaftliche Stellung Deutschlands in der Welt bereits spürbar geschwächt worden ist.

Die Umstrukturierung der ehemals realsozialistischen und staatlich gelenkten Wirtschaft der DDR ist vor allem in Form einer umfassenden Reprivatisierung im Rahmen des Kapitalismus erfolgt. Diese Aufgabe gelingt nur in dem Maße, in dem private Unternehmen des Westens bereit sind, im Osten Betriebe zu übernehmen und entsprechende Investitionen zu tätigen. Zahlreiche westdeutsche Firmen sind zwar inzwischen in den neuen Bundesländern tätig geworden, begnügen sich aber meist mit Zulieferbetrieben. Kaum eines der bundesdeutschen Großunternehmen hat seinen wirtschaftlichen Mittelpunkt in den Osten verlegt. Die wichtigste Institution in diesem Transformationsprozeß war die Berliner Treuhand-Anstalt, die alle staatlichen Unternehmen der ehemaligen DDR in ihren Besitz genommen und, soweit möglich, an private Unternehmer verkauft hat. Anfangs hoffte man, die Treuhand würde Gewinne machen und diese dann für gemeinnützige Zwecke in der ehemaligen DDR ausschütten können. Bald stellte sich statt dessen heraus, daß die Anstalt finanzielle Lasten in Höhe von vielen hundert Milliarden DM übernehmen mußte. Auch gelang es keineswegs, alle Betriebe zu privatisieren. Zwar ist die Treuhand-Anstalt zum 1. 1. 1995 aufgelöst worden, doch führen mehrere Nachfolgeeinrichtungen, wie die »Bundesanstalt für vereinigungsbedingte Sonderaufgaben«, ihre Arbeit fort. Diese Institutionen sind für viele ostdeutsche Bürger zum Buhmann für ihre schlechte wirtschaftliche Entwicklung geworden, obwohl sie die Aufgabe hatten und haben, den Umstrukturierungsprozeß so effizient und so sozialverträglich wie möglich durchzuführen.

Hinsichtlich Löhnen und Einkommen hinken die neuen Bundesländer immer noch erheblich hinter den Durchschnittswerten der alten Bundesländer her. Die zwischenzeitlich abgeschlossenen Tarifverträge sehen aber eine allmähliche Angleichung der ostdeutschen Löhne und Gehälter an das westdeutsche Niveau vor, auch wenn manchen Ökonomen dieser Angleichungsprozeß zu rasch vor sich geht, weil die im Vergleich zum Westen insgesamt relativ niedrigere Arbeitsproduktivität der Wirtschaft im Osten nicht rasch genug steigt. Aus politischen Gründen wird sich jedoch die baldige völlige Angleichung der Tariflöhne und Gehälter zwischen West und Ost kaum aufhalten lassen, denn es geht hierbei in erster Linie darum, den ehemaligen Bürgern der DDR das Empfinden zu nehmen, Deutsche zweiter Klasse zu sein, und ihre Integration in die gesamtdeutsche Gesellschaft so gut wie möglich zu fördern.

In bezug auf die Besitzverhältnisse an Immobilien hat sich der im Vereinigungsvertrag niedergelegte Grundsatz, daß die Rückgabe an die alten Eigentümer vor deren Entschädigung gehen solle, an dem die bürgerliche Koalition festhalten zu müssen glaubte, als Stein des Anstoßes erwiesen, weil er sich ungerecht auswirkte und notwendige Investitionen verhinderte bzw. verzögerte. Die Bundesregierung war jedoch nicht bereit, westdeutsche und andere Besitzansprüche im Gebiet der ehemaligen DDR, die aus der Zeit vor der Einführung des sozialistischen Systems stammten, nicht zu berücksichtigen. Die Rückgabe gilt aber nicht für diejenigen Enteignungen von Grund und Boden, die zwischen 1945 und 1949 durch die sowjetische Besatzungsmacht vorgenommen worden sind – eine Bestandsgarantie, die angeblich die Bundesregierung 1990 gegenüber der sowjetischen Führung erklären mußte, um deren Zustimmung zur deutschen Vereinigung zu erreichen.

Die wirtschaftlichen Aufgaben, die in den kommenden Jahren und Jahrzehnten in den neuen Bundesländern zu bewältigen sind, sind enorm, wie überhaupt die Umwandlung eines ehemals sozialistischen Systems der Planwirtschaft in eine kapitalistische Wirtschaftsordnung historisch ohne Beispiel ist. Es geht um den Aufbau effizienter Industrien, die auch auf dem Weltmarkt zu konkurrieren in der Lage sind; es geht um die Entwicklung einer besseren Infrastruktur, vor allem im Verkehrswesen und im Kommunikationsbereich; es geht um Wohnungssanierung und Wohnungsbau in außerordentlichen Dimensionen; es geht um die allmähliche Beseitigung von Altlasten und ökologischen Schäden schwersten Ausmaßes; es geht nicht zuletzt um den Wandel von Gewohnheiten, Mentalitäten und Erfahrungen, der in dem Prozeß der Umstrukturierung zweifellos notwendig ist.

Auch ein Jahrzehnt nach der deutschen Vereinigung ist die wirtschaftliche Lage Deutschlands, aber mehr noch deren Einschätzung durch Bürger und Politiker von Widersprüchlichkeit und Zwiespältigkeit gekennzeichnet. Auf der einen Seite hat die wirtschaftliche Vereinigung im Jahr 1990 in Westdeutschland zu einem Nachfrageboom geführt, durch den die damals weltweit einsetzende Rezession für die westdeutsche Industrie verzögert wurde. In Ostdeutschland sind in der Zwischenzeit viele neue Unternehmen entstanden, im Baugewerbe sowie im Bereich der privaten Dienstleistungen war eine Expansion zu verzeichnen, die das Schlagwort vom »Aufschwung Ost« nahelegte. Auf der anderen Seite sind ganze großindustrielle Bereiche wie der Maschinen- und der Schiffsbau oder so traditionelle Branchen wie Textilien und Bekleidung, Leder und Schuhe zusammengebrochen. Kritiker sprechen im Zusammenhang mit dieser De-Industrialisierung heute oft von einem »Abschwung Ost«. Diese Wertung ist zu pauschal, doch ist der wirtschaftliche Aufholprozeß in Ostdeutschland ins Stocken geraten, was sich um so gravierender auswirkt, als auch in Westdeutschland die Wirtschaftsdynamik zurückgegangen ist und auch hier die Arbeitslosigkeit alarmierend hoch geblieben ist.

Noch zwiespältiger als die objektive Wirtschaftslage ist deren subjektive Einschätzung, wie sie sich seit längerer Zeit in den Meinungsumfragen widerspiegelt. Darin wird die allgemeine wirtschaftliche Lage in Deutschland überwiegend negativ beurteilt, hingegen die eigene wirtschaftliche Situation als sehr viel besser eingeschätzt. Besonders kraß ist die Schere zwischen der Einschätzung der allgemeinen und der eigenen wirtschaftlichen Lage bei den Bürgern der neuen Bundesländer. Weit über 50 Prozent der Ostdeutschen sehen ihre eigene wirtschaftliche Situation als »gut« an, doch nur etwas über 10 Prozent kommen auch im Hinblick auf die gesamte wirtschaftliche Lage zum selben Urteil.

Offensichtlich sind die Deutschen in West und Ost durch die Vereinigung in ihren kollektiven wirtschaftlichen Zukunftshoffnungen erheblich skeptischer geworden. Hinzu kommt die zusätzliche Verunsicherung durch den europäischen Integrationsprozeß und den globalen Strukturwandel. Im Vertrag von Maastricht (1992) hat sich die Bundesregierung unter Helmut Kohl auf ihre eigene Initiative hin verpflichtet, strikte Kriterien in bezug auf die wirtschaftliche Stabilität und finanzielle Solidität zu erfüllen, bevor die Bundesrepublik Deutschland der europäischen Währungsunion beitreten kann. Nachdem diese Kriterien erfüllt worden sind, ist am 1. Januar 1999 das europäische Währungssystem feierlich aus der Taufe gehoben worden und wird der Übergang von den nationalen Währungen zu einer europäischen Gemeinschaftswährung am Jahresbeginn 2002 durch die Einführung europäischer Geldscheine und Münzen abgeschlossen. Die immer noch beträchtliche Skepsis auch und gerade in Deutschland gegen die Einführung des »Euro« entspringt weniger konkreten Vorbehalten gegen dieses Projekt, sondern ist mehr Ausdruck der allgemeinen Verunsicherung der Bürger durch die mit der europäischen Vereinigung verbundenen wirtschaftlichen und politischen Transformationsprozesse und die Folgen des Terroranschlages vom 11. September 2001 auf die weltwirtschaftliche Konjunktur

Zur Verunsicherung durch den europäischen Integrationsprozeß kommen Sorgen über den globalen Wandel der Produktionsstrukturen und -standorte und dessen Auswirkungen auf die gewohnten Strukturen der deutschen Wirtschaft und Arbeitsgesellschaft. Manche Beobachter meinen, daß bei diesem Anpassungsprozeß die östlichen Bundesländer aufgrund des Neuanfangs von 1990 gegenüber den westlichen Bundesländern im Vorteil seien – ähnlich wie Westdeutschland und Japan nach 1945 im Wettbewerb mit anderen Industrienationen von der Zerstörung (bzw. Demontage) ihrer alten Industrieanlagen und den daher meist völlig neuen Fabriken profitierten. Wer immer recht behalten wird, eines ist sicher: Der durch die deutsche Vereinigung, die europäische Integration und die globalen Prozesse bewirkte Strukturwandel auf dem Gebiet der Wirtschaft wird die deutsche Gesellschaft und ihr demokratisches System auf längere Zeit vor große Aufgaben und mentale Probleme stellen.

VI. Kapitel

Gesellschaft

1. Staat und Gesellschaft

Zu jedem Staat mit seinem politischen System gehört eine auf seinem Territorium lebende Bevölkerung, eine durch die Geschichte und ihre Wechselfälle geprägte Gesellschaft, die in enger Verzahnung mit dem zivilisatorischen und politischen Prozeß spezifische Strukturen ausgebildet hat und gleichwohl einem stetigen Wandel unterliegt. Im Anschluß an die klassische Definition Max Webers verstehen wir den Staat als die politische Organisation einer Gesellschaft, die in modernen Zeiten über das Monopol der physischen Gewaltsamkeit verfügt. Im heute üblichen Begriff des politischen Systems kommt die Aufeinanderbezogenheit von Staat und Gesellschaft unmittelbar zum Ausdruck, ist doch das politische System jener Teil des umfassenderen sozialen Systems, dessen Funktion darin besteht, die Interessen der Gesamtgesellschaft nach außen zu sichern und die im Inneren dieser Gesellschaft auftretenden Probleme und Konflikte nach geregelten, durch Verfassung und Gesetze bestimmten rechtsstaatlichen Verfahren zu bearbeiten und die gesellschaftliche Entwicklung im Rahmen einer freiheitlichen Ordnung zu gestalten.

Die Gesellschaft mit ihren vielfältigen Gruppen und Interessen ist also sowohl der Gegenstand als auch das Substrat der Politik: Gegenstand, weil alles politische Handeln auf die Gesellschaft bezogen ist und auf sie einwirkt, Substrat oder Grundlage, weil die Notwendigkeit politischer Organisation und politischen Handelns aus dem Leben und der Entwicklung der Gesellschaft selbst hervorwächst und diese sich ihr politisches System schafft.

Die Größe einer Gesellschaft wird naturgemäß durch die in den Grenzen eines Staates lebende Bevölkerung bestimmt. Nach der Niederlage der nationalsozialistischen Diktatur im Zweiten Weltkrieg wurde die deutsche Bevölkerung auseinandergerissen und 1949 auf zwei Staaten mit einander völlig entgegengesetzten gesellschaftlichen Ordnungen verteilt: einer freiheitlich-pluralistischen im Westen und einer von der kommunistischen Einheitspartei gelenkten, tendenziell totalitären Gesellschaft im Osten Deutschlands. Die politisch bedingte verschiedenartige Entwicklung der beiden deutschen Gesellschaften in West und Ost erklärt sich aus der Verschiedenartigkeit der politischen und wirtschaftlichen Systeme. Während das System der Bundesrepublik aus einem Prozeß freier politischer Willensbildung der gesellschaftlichen Gruppen und den aus ihnen sich bildenden politischen Parteien hervorging, war die politische Macht in der DDR ganz in den Händen der führenden kommunistischen SED konzentriert, welche die Gesellschaft durchdrang, ihre Gestaltung und Entwicklung kontrollierte und ihr jede echte Möglichkeit zur autonomen Mitwirkung an der politischen Gestaltung entzog. Das politische System der Bundesrepublik war weitgehend Ausdruck der gesellschaftlichen Interessen und Verhältnisse; das politische System der DDR machte die Interessen einer ideologisch geprägten Herrschaftskaste zum verbindlichen gesellschaftlichen Gesamtinteresse.

Es liegt auf der Hand, daß eine so entgegengesetzte gesellschaftliche bzw. politische Entwicklung, wie sie in den beiden deutschen Staaten 40 Jahre lang verlief, tiefe Spuren hinterlassen hat, die eine Angleichung der Gesellschaft der ehemaligen DDR an die der Bundesrepublik schwieriger machen, als 1990 abzusehen war. Dessen ungeachtet gilt, daß durch die am 3. Oktober 1990 vollzogene staatliche Vereinigung Deutschlands zwei Gesellschaften zusammenwachsen, die allerdings in einem komplizierten, die deutsche Politik vor große Aufgaben stellenden Prozeß erst noch ihre gemeinsame Gestalt finden müssen. Dabei liegt die Last des Angleichungsprozesses vorrangig auf der ostdeutschen Bevölkerung, die einer harten Anpassung an die westdeutsche Gesellschaftsstruktur unterworfen ist.

2. Die Bevölkerungsentwicklung

Hinsichtlich der Größe der Gesellschaft der Bundesrepublik Deutschland, ihrer Bevölkerungszahl und ihrer Zusammensetzung sind durch die Vereinigung neue Daten gesetzt worden, deren politische Bedeutung für die Zukunft Deutschlands in Europa und in der Welt keineswegs übersehen werden darf. Mit etwas über 82 Millionen Einwohnern hat die Bundesrepublik Deutschland jetzt die größte Bevölkerung unter den Ländern der Europäischen Union. Sie ist damit, vor allem im Hinblick auf die wirtschaftliche Potenz des Landes und ungeachtet der Schwierigkeiten des Vereinigungsprozesses, zu einem stärkeren Machtfaktor in der internationalen Politik geworden.

Wie sehen die demographischen Grunddaten des vereinten Deutschlands aus? Zum Zeitpunkt der Herstellung der staatlichen Einheit wurden, im Oktober 1990, in der Bundesrepublik 79,7 Millionen Einwohner gezählt – das sind 20 Millionen mehr als im Deutschland des Jahres 1939. Davon lebten in Westdeutschland (mit West-Berlin) 63,5 Millionen, im Gebiet der ehemaligen DDR 16,2 Millionen. Die Bevölkerungsentwicklung war in den beiden deutschen Staaten sehr unterschiedlich: Im Jahr 1950 lebten in der Bundesrepublik knapp 50 Millionen Einwohner, in der DDR 18,4 Millionen. Vierzig Jahre später war die Einwohnerzahl der Bundesrepublik um fast 14 Millionen gestiegen, die der DDR um 2,3 Millionen gesunken. Der starke Bevölkerungszuwachs in Westdeutschland ist vor allem auf die massive Fluchtbewegung aus der DDR sowie die Aussiedler aus Ost- und Südosteuropa zurückzuführen. Seit Mitte der sechziger Jahre wird die Bevölkerungsentwicklung der Bundesrepublik außerdem stark durch die ausländischen Zuwanderer bestimmt, deren Zahl 1998 bei rd. 7,4 Mio. lag.

Ganz anders die Entwicklung in der DDR: Auch sie hatte auf ihrem Gebiet in den ersten Nachkriegsjahren über 4 Millionen Vertriebene aufgenommen, doch wegen der starken Abwanderung in die Bundesrepublik ging die ostdeutsche Einwohnerzahl ab 1948 bis zum Bau der Mauer 1961 stetig zurück. Der Bevölkerungsschwund konnte auch nach 1961 nur vorübergehend (bis 1973) gestoppt werden, dann sank die Einwohnerzahl der DDR erneut. Der Rückgang wurde im Sommer und Herbst 1989 durch die massive Fluchtbewegung noch einmal dramatisch verschärft, so daß die DDR zuletzt nur mehr 16,2 Millionen Einwohner zählte. 1999 lebten in den neuen Bundesländern und in Ost-Berlin 15,4 Millionen Menschen.

Die Bevölkerungsdichte, d. h. die Zahl der Einwohner pro Quadratkilometer, lag in der Bundesrepublik vor der Vereinigung bei 252 Personen. Da die DDR vor allem in ihren nördlichen Regionen mit zuletzt 152 Einwohnern pro Quadratkilometer wesentlich schwächer besiedelt war als die Bundesrepublik, liegt die Bevölkerungsdichte im vereinigten Deutschland heute bei nur mehr 230 Einwohnern pro Quadratkilometer. Hinsichtlich der Bevölkerungsdichte steht Deutschland damit in Europa an vierter Stelle nach den Niederlanden (356 Einwohner/km^2), Belgien (326/km^2) und Großbritannien (235/km^2). Bemerkenswert ist, daß der Grad der Urbanisierung in der alten Bundesrepublik höher war als in der DDR: 1989 lebten noch 24 Prozent der DDR-Bewohner in Orten unter 2000 Einwohnern, während es in der Bundesrepublik nur mehr 6 Prozent waren. 34 Prozent der Bewohner der Bundesrepublik lebten in Großstädten über 100 000 Einwohner, in der DDR waren es nur 27 Prozent.

Kennzeichnend für das Bevölkerungswachstum in ganz Deutschland ist eine sinkende Geburtenrate, die hinter den Sterbeziffern zurückbleibt, so daß eine ausgeglichene Bevölkerungsentwicklung nur durch Zuwanderung erreicht werden kann. In den Jahren vor der Vereinigung flammte in der Bundesrepublik immer wieder eine Diskussion über die Frage auf, wie dem Geburtenrückgang – der sich in den jüngsten Jahren allerdings etwas abgeschwächt hat – zu begegnen sei; nach der Vereinigung und der Umwälzung der politischen Verhältnisse in Osteuropa, die zu starken Wanderungsbewegungen in die Bundesrepublik geführt haben, ist das Thema etwas in den Hintergrund getreten. Jetzt geht es vielmehr um die Kanalisierung und Regulierung der Zuwanderung. Diese wird in gewissen Grenzen weiterhin für notwendig gehalten, hat aber auch zur Folge, daß die deutsche Gesellschaft in ihrer ethnischen Zusammensetzung immer weniger homogen wird und sich der Frage stellen muß, inwieweit sie eine multikulturelle Gesellschaft ist bzw. sein kann und will (vgl. dazu auch S. 156 ff.).

Ein weiteres Problem der demographischen Entwicklung, das alle entwickelten Industriegesellschaften berührt, ist die Veränderung im Altersaufbau der Bevölkerung. Im heutigen Gesamtdeutschland beträgt der Anteil der Kinder unter 15 Jahren nur mehr 16 Prozent, während die Altersgruppe der über 65jährigen, die vor dem Ersten Weltkrieg nur 5 Prozent der Gesamtbevölkerung ausmachte, inzwischen ebenfalls 16 Prozent erreicht hat und weiter ansteigt. Die Folgen, welche diese Umschichtung im Altersaufbau für die heutige Politik mit sich bringt, liegen auf der Hand: Die *Senioren* sind zu einer wichtigen Zielgruppe für die Parteienpolitik geworden, und die noch immer steigende Lebenserwartung berührt fast alle Aspekte des modernen Sozialstaates, insbesondere den sogenannten Generationenvertrag zwischen der arbeitenden und der nicht mehr arbeitenden Bevölkerung bei der Finanzierung der Altersrenten.

3. Sozialer Wandel

Zur Homogenisierung der deutschen Gesellschaft haben bereits nach dem Zweiten Weltkrieg die starken Wanderungsprozesse in der Bevölkerung beigetragen, die durch den Krieg und die Kriegsfolgen sowie die wirtschaftliche Aufwärtsentwicklung bedingt wurden. Sie haben zu einer weitgehenden Durchmischung der früher sehr verschiedenartigen deutschen Stämme geführt. Die Millionenzahl der Flüchtlinge und Vertriebenen hat das lange noch recht scharf konturierte unterschiedliche Profil, sei es Schwabens oder Bayerns, der Hannoveraner oder der Rheinländer, verwischt und damit dem deutschen Föderalismus seine traditionelle ethnische Basis zum Teil entzogen. Hinzu kam die für eine expandierende Industriegesellschaft typische Mobilität, die neuerdings jedoch nachläßt. Aber immer noch wandern über 160 000 Menschen in jedem Jahr aus den neuen in die alten Bundesländer, obwohl die dramatischen Zahlen des Jahres 1989/90 nicht mehr erreicht werden.

Die Bereiche großer Bevölkerungskonzentrationen haben sich in den Nachkriegsjahren kaum verändert. Der Trend zur Ausweitung der bestehenden industriellen Ballungsräume hat sich fortgesetzt, da es kaum gelungen ist, die Wirtschaftsansiedlungen geographisch besser zu streuen. Gut die Hälfte der Bevölkerung der heutigen Bundesrepublik lebt in den sogenannten Verdichtungsräumen, d. h. in städtischen Agglomerationen, die weniger als 10 Prozent des

Staatsgebietes ausmachen. In jüngster Zeit stagniert jedoch erstmalig die Bevölkerungszahl der großen Städte, sie ist zum Teil sogar rückläufig, während die die Kernstädte umlagernden Vorstädte einen Bevölkerungszuwachs verzeichnen. Durch diesen Prozeß der *Suburbanisierung*, wie er im automobilen Nordamerika besonders typisch ist, werden auch in Deutschland die traditionellen Unterschiede zwischen Stadt und Land weiter verwischt.

Da der Bevölkerungsanteil in den ländlichen Gebieten leicht abnimmt, in den Ballungsgebieten dagegen besonders stark zunimmt, ist es eine wichtige sozialpolitische Aufgabe der Zukunft, die Verteilung der Bevölkerung innerhalb einer langfristigen wirtschaftlichen und sozialen Planung so zu gestalten, daß eine günstigere wirtschaftsgeographische Aufteilung der Gesamtbevölkerung erreicht oder wenigstens die weitere Entvölkerung des flachen Landes eingeschränkt werden kann. Dies ist die Aufgabe der Raumordnungs- und Regionalpolitik, der sowohl in den Städten als auch in den ländlichen Gebieten wachsende Bedeutung zukommt. In den ländlichen Gebieten werden heute von der Öffentlichen Hand Leistungen erwartet, wie sie früher nur in städtischen Zonen geboten werden konnten. Dies gilt insbesondere für die Bildungspolitik.

Zu den gesellschaftlichen Veränderungen, welche die Gestaltungskraft des politischen Systems vor immer neue und umfassendere Herausforderungen stellen, gehört auch der Wandel im Bereich von Ehe, Familie und der Größe der Haushalte. Er hat dazu geführt, daß für die Bonner Bundesrepublik und demnächst auch für Ostdeutschland die charakteristische Familienstruktur der Industriegesellschaft, nämlich ein Elternpaar mit durchschnittlich zwei Kindern, längst nicht mehr die typische Lebensform ist, wie dies in der Adenauerzeit noch unstreitig der Fall war. Heute sind 36 Prozent aller Haushalte Einpersonenhaushalte, 33 Prozent bestehen aus zwei Personen. Während zu Beginn des Jahrhunderts fast die Hälfte aller Privathaushalte fünf oder mehr Personen umfaßte, sind Haushalte dieser Größenordnung bei uns jetzt unter 5 Prozent geschrumpft. Die durchschnittliche Haushaltsgröße umfaßte in der alten Bundesrepublik zuletzt nur mehr 2,2 Personen und tendiert weiter nach unten.

Auch das Interesse an der Ehe ist abnehmend. Während in den fünfziger Jahren noch rund 90 Prozent der in Frage kommenden Altersjahrgänge heirateten, sind es heute nur noch 70 Prozent. Ehen werden, nicht zuletzt aufgrund längerer Ausbildungszeiten, im Durchschnitt später eingegangen. Die Scheidungsquote von inzwischen 30 Prozent bezeugt die Labilität der Ehe und der Familienstrukturen. Infolgedessen gab es im Gebiet der alten Bundesrepublik fast eine Million alleinerziehender Mütter oder Väter. Neben die Ehe sind andere Formen individueller Partnerschaft getreten, die heute zunehmend ihre öffentliche und auch rechtliche Anerkennung einfordern und beispielsweise in der sogenannten Hamburger Ehe auch erreicht haben. Der traditionelle Familienstand büßt also seine faktische und normative Vorherrschaft zusehends ein. Die für die Industriegesellschaft typische Normalehe und Normalfamilie werden immer stärker von hiervon abweichenden Lebensformen und einer entsprechenden Gestaltung der Wohnverhältnisse flankiert, was in soziologischer Terminologie als »Pluralisierung der Lebensformen« bezeichnet wird.

Auch die Familie selbst ist einem erheblichen Wandel unterworfen. Durchgesetzt hat sich wohl endgültig die Kleinfamilie, die nur zwei Generationen umfaßt und einen großen Teil jener Funktionen, die früher von der Großfamilie wahrgenommen wurden, anderen Institutionen der Gesellschaft überantwortet. Zwar ist die Familie nach wie vor das Reich der Intimität und Privatheit im Gegensatz zum Bereich des Öffentlichen, doch haben die modernen Konsum- und Freizeitgewohnheiten (z. B. Fernsehen oder Internet) das innere Leben der Familie kollektiven Veränderungsfaktoren unterworfen und verwandeln es weiter. Die Fähigkeit der Kleinfamilie, die nachwachsende Generation zu sozialisieren und damit ihren Werten und Traditionen entsprechend in die bestehende Gesellschaft zu integrieren, hat sichtlich nachgelassen. Dasselbe gilt *mutatis mutandis* für große Teile des Schulwesens.

Der Pluralisierung von Lebens- und Sozialformen, die mit einer starken Tendenz zur Individualisierung der eigenen Lebensgestaltung einhergeht, entspricht auch eine zunehmende Vielfalt der Lebensläufe, die in der postindustriellen Gesellschaft von heute nicht mehr so stark standardisiert sind, wie dies in früheren Phasen der Industriegesellschaft der Fall war. Zwar gab es hinsichtlich der Struktur von Ehe, Familie und Lebensgestaltung in der früheren DDR durchaus einige Abweichungen vom bundesrepublikanischen

Modell, aber schon jetzt zeigt sich, daß in den östlichen Bundesländern ähnliche Tendenzen Platz greifen, wie sie in Westdeutschland bereits länger sichtbar geworden sind.

Der wirtschaftliche und gesellschaftliche Wandel läßt sich auch an den Veränderungen in der Struktur der Erwerbstätigkeit sowie, nicht zuletzt, der Erwerbslosigkeit ablesen. Die Erwerbstätigen machen 44,4 Prozent der Gesamtbevölkerung aus (1999). Davon sind 34 Prozent Lohnarbeiter. Die Zahl der Angestellten und Beamten steigt stetig und liegt jetzt bei 54,9 Prozent. Die Zahl der Selbständigen nimmt dagegen weiter ab und liegt heute bei 9,8 Prozent. Im Hinblick auf den Fortschritt des deutschen Vereinigungsprozesses ist interessant, daß sich in den neuen Bundesländern zwar inzwischen die Quote der Selbständigen der Zahl in den alten Bundesländern weitgehend angeglichen hat, doch im Gebiet der früheren DDR durchschnittlich noch wesentlich mehr Arbeiter und wesentlich weniger Angestellte und Beamte tätig sind als in Westdeutschland. Insgesamt dokumentiert diese Entwicklung die Veränderung der deutschen Industriegesellschaft: Durch Konzentrationsprozesse wird die Zahl der Selbständigen vermindert, die der abhängig Erwerbstätigen aber erhöht; innerhalb dieser Gruppe nimmt die Kategorie der Angestellten stetig zu. Wenn es für den Typus der frühen Industriegesellschaft kennzeichnend war, daß Arbeiterschaft und Selbständige die großen sozialen Blöcke bildeten, so ist die Bundesrepublik im Zuge der Tertiärisierung auf dem Weg zu einer entwickelten Dienstleistungsgesellschaft.

Untersucht man die Entwicklung der Erwerbsstruktur nach Wirtschaftsbereichen, so fällt auf, daß die Zahl der in der Landwirtschaft Beschäftigten in ständigem Abbau begriffen ist: Sie betrug 1950 noch 22 Prozent aller Erwerbstätigen und liegt heute bei 3 Prozent. Der Anteil der im produzierenden Gewerbe Beschäftigten bewegt sich bei 33 Prozent. Fast explodiert ist die Zahl der in Dienstleistungsberufen Beschäftigten, die heute 64 Prozent aller Erwerbstätigen stellen. Die berufsstrukturelle Entwicklung der Gesellschaft der Bundesrepublik bestätigt also die schon vor Jahrzehnten aufgestellte Theorie, daß in den entwickelten Industriegesellschaften die Zahl der im primären Sektor (Landwirtschaft und Bergbau) Beschäftigten stetig abnimmt, während die Zahl der im sogenannten tertiären Sektor (Dienstleistungssektor) Beschäftigten unaufhaltsam wächst, und zwar wesentlich auch auf Kosten der Beschäftigten im sekundären Sektor, dem produzierenden Gewerbe.

Es entspricht der Entwicklung zur Dienstleistungsgesellschaft, daß Freizeit und Konsumverhalten und die damit verknüpften Anforderungen und Erwartungen zu einem der Schwerpunkte des gesellschaftlichen Lebens geworden sind. Soziologische Theorien, die von den entwickelten Industriegesellschaften des Westens als »postindustriellen Gesellschaften« sprechen, fußen auch auf der Beobachtung eines *Wertewandels*: fort von den Maßstäben und Zielsetzungen der bisherigen Arbeits- oder Leistungsgesellschaft, hin zur verstärkten Betonung des Anspruchs auf individuelles Glück (»happiness«) und Wohlleben (»wellness«), für dessen Erfüllung die Gesellschaft die notwendigen Voraussetzungen bereitstellen soll. Durch die sozialen Wandlungsprozesse haben sich traditionelle Sozialstrukturen, in denen die Menschen Halt und Geborgenheit finden konnten, mehr und mehr aufgelöst zugunsten vielerlei Milieus und Gruppen mit oft sehr widersprüchlichen Lebensauffassungen und Erwartungshaltungen. Beruf und Privatleben sind zwar nach wie vor die wichtigsten Bezugsfelder, in denen sich das Leben des Einzelnen abspielt, doch bekommt, im Gegensatz zu früher, das Privatleben eine immer größere Bedeutung.

Die Industriegesellschaft, die nach Überwindung der Nachkriegsmisere fast überall in der westlichen Welt dank steigender Wachstumsraten und der Verbreitung neuer Technologien einen außerordentlichen Siegeszug angetreten hat, der mit laufenden materiellen Verbesserungen der Lebensbedingungen und wachsenden sozialstaatlichen Absicherungen der Lebensrisiken einherging, ist seit Mitte der siebziger Jahre in eine kritische Phase ihrer Entwicklung eingetreten. Zum einen kam es zu einer starken Abschwächung des wirtschaftlichen Wachstums durch weltweite Krisentendenzen, zum anderen zu einem tiefgehenden, vor allem in den jüngeren Altersgruppen artikulierten Wandel des Wertebewußtseins, der zu einer mehr oder weniger radikalen Infragestellung der Werte und Institutionen der auf Wachstum programmierten Industriegesellschaft führte. Die Erhaltung einer lebenswerten Umwelt und menschenwürdiger Sozialbeziehungen wurde vielen Menschen wichtiger als die ungezügelte industrielle Expansion zugunsten materieller Verbesserungen, deren soziale und ökologische Auswirkungen bisher kaum bedacht worden waren. Auch hat die durch die unaufhörlich wachsende Arbeitsproduktivität ermöglichte Verringerung der wöchentlichen Arbeitszeit auf unter 40 Stunden zu einer gesellschaftlich relevanten Ausdehnung der Freizeit geführt mit der Folge, daß die Arbeitswelt der Industriegesellschaft nicht mehr das allein bestimmende, maßgebende Zentrum des sozialen Lebens ist bzw. daß sie diese zentrale Funktion immer mehr verliert. So stehen die mit bürgerlichen Tugenden wie Arbeitsamkeit, Sparsamkeit, Disziplin, Leistungswille, Fleiß und Hingabe umschriebenen traditionellen Wertorientierungen der Industriegesellschaft mehr und mehr unter dem Druck ihnen entgegengesetzter, alternativer Werte, die teils aus der Freizeitwelt herrühren, teils aus einer entschiedenen Opposition gegen die Zerstörung einer humanen Lebenswelt durch die industrielle Expansion und die ihr zugrundeliegende Rationalität.

Man kann sich den Wandel der Lebensverhältnisse der Bürger der Bundesrepublik während der letzten fünf Jahrzehnte kaum drastisch genug vorstellen, obwohl die Entwicklung ziemlich stetig verlief. Auch wenn man von den besonders schwierigen Existenzbedingungen der unmittelbaren Nachkriegszeit absieht, haben sich die materiellen Lebensumstände der Menschen in der Bundesrepublik im Durchschnitt so erheblich verändert, daß wir es – verglichen mit dem »Not- und Verstandesstaat« (Hegel) der Nachkriegsära – heute mit einer ganz neuen Gesellschaft zu tun haben, deren Alltagserfahrungen mit den Jahrzehnten zwischen 1914 und 1950 nicht mehr viel gemein haben. Aus einer Gesellschaft, die in der Nachkriegszeit um ihr Überleben rang, ist innerhalb weniger Jahrzehnte eine prosperierende Konsumgesellschaft geworden, die sich weit mehr mit den Problemen des Überflusses als denen des Mangels herumschlagen muß. Die materiellen Einkommensverhältnisse haben sich vervielfacht. Dinge, die in früheren Zeiten einer privilegierten Minderheit vorbehalten blieben, sind Allgemeingut der meisten Haushalte geworden, z. B. Telefon, Auto, Farbfernseher, Personal Computer, Handy – bis hin zum Recht auf »bezahlbares Benzin« und mehr als eine Urlaubsreise im Jahr. Die Bundesrepublik ist heute im weltweiten Vergleich eines der Länder mit dem höchsten Lebensstandard. Die traditionelle Arbeitsgesellschaft, die im Mittelpunkt der industriellen Entwicklung stand, zeigt seit den siebziger Jahren immer mehr Züge einer Freizeitgesellschaft, die allerdings neue Dienstleistungsfunktionen hervorbringt. Angesichts der sich in den neunziger Jahren verschärfenden ökonomischen Krisen und der damit verbundenen hohen Arbeitslosigkeit werden allerdings auch immer mehr Menschen von dieser Wohlstandsentwicklung ausgeschlossen, so daß man inzwischen bereits von einer Zwei-Drittel-Gesellschaft spricht.

Die Entwicklung zu einer Freizeit-, Konsum- und Wohlstandsgesellschaft hat neue und gestiegene Ansprüche, Erwartungen und Forderungen an den Staat als die politische Organisation der Gesellschaft bewirkt. Unter den neuen Bedingungen konnte sich der Freiraum für die gesellschaftliche Betätigung des Individuums und der Gruppen außerordentlich erweitern; man erwartet jedoch von den politischen Organisationen, daß sie auch in diesen neugewonnenen Tätigkeitsfeldern unterstützend und helfend eingreifen.

Die Erweiterung der gesellschaftlichen Tätigkeitsbereiche, in deren Mittelpunkt nicht mehr wie einst die Arbeit in ihren verschiedenen Ausprägungen steht, hat also nicht zu einer größeren Autonomie der Gesellschaft vom Staat geführt, sondern die gegenseitige Durchdringung von Staat und Gesellschaft noch verstärkt. Gesellschaftliche und politische Tätigkeiten sind so eng miteinander verzahnt, daß die im 19. Jahrhundert selbstverständliche Trennung von Staat und Gesellschaft, wie sie besonders in der deutschen politischen Tradition ideologisch untermauert worden war, allenfalls noch theoretisch Bedeutung besitzt, in der Praxis jedoch weitgehend einer intensiven Verflechtung von Staat und Gesellschaft Platz gemacht hat. Dies bedeutet, daß gesellschaftliche Wandlungsprozesse unmittelbar auf die Politik durchschlagen und die Politik selbst Ausdruck solcher Wandlungsprozesse wird, die über die politischen Parteien, denen eine Vermittlungsfunktion zwischen Staat und Gesellschaft zukommt, in den politischen Prozeß eingebracht werden. Die Beobachtung gesellschaftlicher Wandlungsprozesse, wie sie insbesondere die Soziologie vornimmt, und ihre Transformation in politische Forderungen und Artikulationen politischen Willens und politischer Gestaltung sind darum zu einem wichtigen Feld der modernen Gegenwartspolitik geworden. Auch wenn der soziale Wandel die politischen Institutionen, wie sie in der Verfassung festgelegt sind und sich seit 1949 historisch herausgebildet haben, nicht direkt in ihrem Charakter und ihrer Organisationsstruktur verändert, so verwandelt er gleichwohl die politischen Inhalte, die durch die Verfassung artikuliert, diskutiert und in den üblichen Verfahren realisiert werden.

Die Dinge sind noch zu sehr im Fluß, als daß vertretbare Prognosen über die künftige gesellschaftliche Entwicklung gewagt werden könnten. Unbestreitbar ist jedoch, daß die Probleme und Herausforderungen der deutschen Gesellschaft seit den achtziger Jahren von teilweise anderer Natur sind als zu Zeiten des sogenannten Wirtschaftswunders. Der soziale Konsens über die Grundlagen und Ziele der gesellschaftlichen Entwicklung ist aufgeweicht und zu einem Streitgegenstand der Politik geworden. Ein neuer Kompromiß muß sich erst in den sozialen Auseinandersetzungen und in Antwort auf die technologische und ökonomische Entwicklung herausbilden. Die deutsche Gesellschaft ist gegenwärtig in einer Phase der Umorientierung, ja des Umbruchs, die unmittelbar auf die Politik zurückwirkt. Aus der relativ stabilen, durch Konflikte nur wenig zerrissenen Gesellschaft der Nachkriegszeit ist eine »unruhige Gesellschaft« (Helmut Klages) geworden.

4. Gesellschaftliche Herausforderungen

Auch wenn man für Deutschland insgesamt feststellen kann, daß die in früheren historischen Perioden bestehenden Konfliktfelder der gesellschaftlichen Entwicklung (z. B. Klassenunterschiede, konfessionelle Gegensätze, regionale und landsmannschaftliche Differenzen) durch einen Prozeß sozialer Homogenisierung an Bedeutung verloren haben, so haben sich im Zuge der jüngsten Entwicklung der modernen Gesellschaft neue Problemfelder aufgetan, die zu Spannungen im sozialen Gefüge führen und die Politik permanent »in die Pflicht nehmen«. Wir können in dieser Übersicht nur einige der wichtigsten herausgreifen und kurz darstellen:

(a) Arbeitslosigkeit

Aufgrund des wirtschaftlichen Aufschwungs wurde in der Bundesrepublik in den fünfziger Jahren die Vollbeschäftigung für selbstverständlich gehalten. Mitte der sechziger Jahre geriet die westdeutsche Wirtschaft erstmals in ernstere Turbulenzen, die sowohl das

Ende der stürmischen Wiederaufbauphase nach der Währungsreform als auch ein Ende der Vollbeschäftigung bedeuteten. Der Grund für jenen massiven Konjunktureinbruch lag sowohl in strukturellen Problemen, zum Beispiel der Verdrängung der heimischen Kohle durch das Erdöl als primärer Energiequelle und der dadurch bewirkten Bergbaukrise, als auch in einer erheblich verringerten Inlandsnachfrage nach Konsumgütern. Verschärft wurde die wirtschaftliche Lage durch finanzpolitische Sünden. So hatte die expansive und damit antizyklische Haushaltspolitik in den Boomjahren zwischen 1961 und 1965 dazu geführt, daß keine zusätzlichen öffentlichen Mittel mehr zur Verfügung standen, als man sie in der Zeit des Konjunkturabschwungs gebraucht hätte. Damit geriet die Bundesrepublik Mitte der sechziger Jahre in eine erste Rezession, die vielen aufgrund der vorausgegangenen Wirtschafts- und Finanzpolitik als hausgemacht erschien und Ludwig Erhard, dem Vater des bundesdeutschen Wirtschaftswunders, das Bundeskanzleramt kostete.

Unter der Großen Koalition und insbesondere dem wirtschafts- und finanzpolitischen Ministergespann Karl Schiller/Franz Josef Strauß konnte auch durch Ankurbeln der Konjunktur die strukturelle Vollbeschäftigung nicht mehr vollständig hergestellt werden, selbst wenn die beiden nach keynesianischen Regeln verabschiedeten nachfrageorientierten Konjunkturprogramme die Arbeitslosigkeit bis Mitte 1969 auf 179000 Personen verringerten. Der wirtschaftliche Boom in den Jahren 1970 und 1971 hat dann erneut und letztmalig in Westdeutschland eine De-facto-Vollbeschäftigung bewirkt, die aber mit dem konjunkturellen Abschwung ab 1972 abzubröckeln begann und Ende 1973 infolge der ersten Ölpreiskrise einen tiefen Einbruch erlebte. Die keynesianische Wirtschafts- und Finanzpolitik der sozial-liberalen Bundesregierung unter Willy Brandt und vor allem Helmut Schmidt führte, beispielsweise durch das Zukunfts-Investitions-Programm (ZIP), zu rund 400000 neuen Arbeitsplätzen im Umweltschutz und in der Wärme- und Klimatechnik sowie im Straßenbau. In den Jahren 1974 bis 1976 wurden jährlich mehr als 230000 Arbeitsplätze geschaffen oder gegen Wegfall gesichert. Auf diese Weise blieb die Arbeitslosenquote in der Bundesrepublik erheblich geringer als in den westeuropäischen Nachbarstaaten und vergleichbaren OECD-Ländern. 1975 überschritt die

Arbeitslosenzahl erstmals die Schwelle von einer Million, konnte aber bis 1979 wieder auf rd. 875 000 Erwerbslose gesenkt werden.

Die zweite Ölpreiskrise 1979/80, hervorgerufen durch die Revolution der fundamentalistischen Mullahs im Iran und den ersten Golfkrieg zwischen Iran und Irak, verschärfte das weltwirtschaftliche Klima erneut auf dramatische Weise. In der Bundesrepublik waren die finanziellen Mittel für ein *deficit spending* zur Unterstützung von Konjunkturprogrammen aufgebraucht worden; zum anderen bestand in der regierenden sozial-liberalen Koalition kein wirtschaftspolitischer Konsens mehr. Die Scheinalternative von freidemokratischer Haushaltskonsolidierung bzw. sozialdemokratischer Arbeitsmarktpolitik machte ein aktives beschäftigungspolitisches Handeln der Bundesregierung unter Helmut Schmidt zum Schluß unmöglich.

An dieser Situation änderte auch die Wende von 1982 mit der Übernahme der Regierung durch die CDU/CSU unter Helmut Kohl wenig. Die immer wieder angekündigte, jedoch nie durchgeführte Haushaltskonsolidierung vereitelte jegliche Arbeitsmarktprogramme, zumal diese mit dem seines linksliberalen Flügels beraubten Koalitionspartner FDP auch nicht politisch durchsetzbar waren. Im Ergebnis stieg die Arbeitslosenzahl kontinuierlich an und erreichte 1985 offiziell 2,3 Millionen; hinzu kamen Hunderttausende Erwerbslose, die durch neue Etikettierungen aus der Arbeitslosenstatistik herausgetrickst wurden. Damit rutschte die Bundesrepublik auf dem Beschäftigungssektor innerhalb von rund zehn Jahren von einem Land, das die weltwirtschaftlichen Verwerfungen erheblich besser verkraftet hatte als vergleichbare Nationen, auf einen Platz im Mittelfeld der internationalen Rangordnung ab.

Trotz der seit 1983 wieder einsetzenden Wachstumstendenzen der Volkswirtschaft scheint man sich in Deutschland damit abgefunden zu haben, daß es eine Vollbeschäftigung wie früher nicht mehr geben wird. Zwar hat Heiner Geißler 1982 die unrealistische Vision der Halbierung der Zahl von damals einer Million Arbeitslosen innerhalb von vier Jahren vertreten, und Helmut Kohl sprach noch 1996 von einer Reduzierung der Arbeitslosenzahl um zwei Millionen bis zum Jahr 2000. Diese Hoffnung erfüllte sich nicht. Zeitweise steuerte die Arbeitslosenzahl sogar auf die 5-Millionen-Grenze zu, und sie erreichte im Wahljahr 1998 einen Jahresdurchschnitt von 4,4 Millionen.

Inzwischen (Mai 2001) ist die Zahl der Arbeitslosen in Deutschland auf 3,7 Millionen gefallen, doch ist diese erfreuliche Tendenz auf demographische Veränderungen und nicht auf eine einschneidende Trendwende zurückzuführen, die auch durch den weltweiten Konjunkturabschwung nach den Terroranschlägen vom 11.9.2001 in Frage gestellt wird. Die politischen Antworten – Stichworte sind Frühverrentung, Teilzeitarbeit oder Job-Sharing – mögen die offizielle Arbeitslosenquote bereinigen, sie führen jedoch dazu, daß ehemalige Vollzeitbeschäftigte bei einer nur noch halben Arbeitsstelle mehr als fünfzig Prozent von dem leisten müssen, was sie vorher getan haben, bei erheblicher Verringerung der eigenen Einkünfte und einer radikalen Senkung der späteren Rentenansprüche.

So bleiben trotz diverser und intensiver Gegenmaßnahmen der Länder und Gemeinden zur Wirtschaftsförderung bei jeder Betriebsschließung bestimmte Arbeitnehmer übrig, die anschließend nicht mehr vermittelbar sind, als arbeitslos und arbeitsuchend geführt werden, um damit zunächst die Bundesanstalt für Arbeit und später dank Zubilligung einer vorzeitigen Rente aufgrund langjähriger Arbeitslosigkeit das Sozialsystem zu beanspruchen. Gleichzeitig steigt infolge ihrer sozialen Absicherung die Abgabenbelastung sowohl der Arbeitnehmer als auch der Arbeitgeber, was zu einer erheblich geringeren Akzeptanz des Sozialstaates führt, was wiederum einen althergebrachten und grundlegenden Gesellschaftskonsens in der Bundesrepublik zunehmend in Frage stellt.

Noch einschneidender als die quantitative Ausweitung der Arbeitslosigkeit ist ihr qualitativer Wandel. Immer mehr Menschen bleiben immer länger arbeitslos und gelten nach zwei Jahren als Langzeitarbeitslose für schwer oder gar nicht mehr vermittelbar. Sie erhalten nach abgeschlossenem Bezug von Arbeitslosengeld bestenfalls Arbeitslosenhilfe oder Sozialhilfe, ohne daß eine Wiedereingliederung in den Erwerbsprozeß absehbar ist. Diese Langzeitarbeitslosigkeit hat nicht nur einschneidende familiäre, psychologische und soziale Folgen für die Betroffenen, sondern strapaziert auch dauerhaft die öffentlichen Haushalte, vor allem der Städte und Gemeinden. Durch die deutsche Vereinigung sind diese Probleme nun in erheblich größerem Umfang auf die neuen Bundesländer ausgeweitet worden, deren Arbeitslosigkeit mit durchschnittlich 18 Prozent (April 2001) wesentlich höher liegt. Verschärfend kommt hinzu, daß die Erwerbslosigkeit in Ostdeutschland eine Bevölkerung trifft, die mit diesem Phänomen bis vor wenigen Jahren ganz unvertraut gewesen ist.

Die Massenarbeitslosigkeit kostet heute rund 170 Milliarden DM im Jahr. Sie rüttelt an den Grundfesten des Gemeinwesens und gefährdet den demokratischen Grundkonsens in der Bundesrepublik Deutschland. Aus dieser Einsicht heraus hat auch die neue rotgrüne Bundesregierung bei ihrer Regierungsübernahme den Abbau der Arbeitslosigkeit und insbesondere der Jugendarbeitslosigkeit (Lehrstellenmangel) zu ihrem obersten Ziel erklärt. In Anknüpfung an frühere Modelle der Konzertierten Aktion hat sie ein »Bündnis für Arbeit« ins Leben gerufen, in welchem Staat, Gewerkschaft und Wirtschaft dauerhaft mit dem Ziel des Abbaus von Arbeitslosigkeit und der Stärkung der Wettbewerbsfähigkeit in Deutschland zusammenarbeiten sollen. Zweimal im Jahr treffen sich unter Leitung des Bundeskanzlers Bosse von Gewerkschaften und Arbeitgebern zu Spitzengesprächen. Ihre Erörterungen werden vorbereitet durch Arbeits- und Expertengruppen zu zentralen Fragen wie der Steuerpolitik und dem Aufbau Ost. Aber auch Wissenschaftler, insbesondere Sozialwissenschaftler, tragen durch die sogenannte Benchmarkinggruppe zur Politikberatung auf diesem für die wirtschaftliche, gesellschaftliche und politische Zukunft zentralen Feld – der Bewältigung der Arbeitslosigkeit – bei. Bisher allerdings ist das »Bündnis für Arbeit« wegen der Verteidigung von gewohnten Strukturen und Interessen eher erfolglos geblieben. Nach der bevorstehenden Bundestagswahl im September 2002 dürfte eine Neubestimmung der Arbeitsmarktpolitik im Rahmen einer zukunftsorientierten Umstrukturierung der deutschen Wirtschaft unabwendbar sein.

(b) Zuwanderung

Mit der Arbeitsmarktlage hängt auch die sogenannte Ausländerfrage zusammen, wobei dieser Zusammenhang allerdings oft in fragwürdiger, wenn nicht agitatorischer Weise verkürzt wird. In den Jahren des kontinuierlichen Wachstums der westdeutschen Volkswirtschaft von der Währungsreform (1948) bis zur ersten wirtschaftlichen Rezession (1966/67) hatte der Zustrom von Millionen Heimatvertriebenen aus dem Osten und Flüchtlingen aus der DDR der westdeutschen Wirtschaft die Chance geboten, die für ihre Expansion benötigten Arbeitskräfte zu finden. Mit dem Bau der Berliner Mauer versiegte ab 1961 dieser Flüchtlingsstrom, und man ging mehr und mehr dazu über, Arbeitskräfte aus dem europäischen Ausland anzuwerben. Diese Entwicklung wurde schon durch die 1957 gegründete Europäische Wirtschaftsgemeinschaft gefördert, was in den fünfziger Jahren vor allem die Anwerbung italienischer Arbeiter begünstigt hatte. In den sechziger Jahren kam es aufgrund von Anwerbeverträgen mit Spanien, Griechenland, der Türkei, Marokko, Portugal, Tunesien und Jugoslawien zu einem kontinuierlichen Anstieg der Zahl ausländischer Erwerbspersonen.

In der bundesdeutschen Umgangssprache nannte man die ausländischen Arbeitskräfte mit einer etwas euphemistischen Bezeichnung »Gastarbeiter«, nicht nur um den nach der Nazizeit verpönten Begriff »Fremdarbeiter« zu vermeiden, sondern auch um der politischen Zielsetzung Rechnung zu tragen, daß diese ausländischen Arbeiter nur auf beschränkte Zeit in der Bundesrepublik tätig sein und dann wieder in ihr Heimatland zurückkehren würden. Bei den ersten Gastarbeitergruppen aus dem Mittelmeerraum war das auch weitgehend der Fall, doch ab Mitte der sechziger Jahre folgten immer mehr Ehefrauen und Kinder ihren in Deutschland arbeitenden Männern nach. Inzwischen umfassen die Familien ausländischer Arbeitnehmer in Deutschland oft bereits drei Generationen, und der Begriff »Gastarbeiter« hat damit jeden Realitätsbezug verloren, zumal im Hinblick auf die nachwachsenden, in Deutschland geborenen Generationen.

1998 betrug die Zahl der im gesamten Bundesgebiet lebenden ausländischen Mitbürger rd. 7,4 Millionen, wozu noch 3 Millionen nach Deutschland migrierte deutschstämmige Aussiedler kommen. Diese Zahl wird, trotz des bereits 1973 von der Bundesregierung verfügten Anwerbestopps für ausländische Arbeitskräfte und der seit 1993 bestehenden Beschränkung der Zuwanderung von Aussiedlern, eher noch steigen. 1997 und 1998 haben allerdings erstmals mehr Ausländer das Land verlassen als eingewandert sind. Die Ausländer machen ca. 9 Prozent der Bevölkerung aus (1998). Sie verteilen sich ganz unterschiedlich auf die verschiedenen Regionen der Bundesrepublik, wobei der stärkste Anteil in den Großstädten und Ballungsgebieten lebt. Eine Differenzierung nach Nationalitäten zeigt, daß die Türken mit 2,05 Mio. etwa ein Drittel der bei uns lebenden Ausländer stellen, gefolgt von der Gruppe der Jugoslawen mit rd. 740000 Personen, ca. 615000 Italienern, 365000 Griechen, ca. 290000 Polen, 215000 Kroaten und ca. 170000 Bosniern. Zwei Drittel der 1,5 Millionen ausländischen Jugendlichen unter 18 Jahren sind in Deutschland geboren und aufgewachsen.

Während viele aus dem Ausland stammende Arbeitnehmer längst in der Bundesrepublik integriert, wenn nicht assimiliert sind, werden die bei uns lebenden Türken in vielfacher Hinsicht in der deutschen Gesellschaft immer noch als Fremdkörper empfunden. Ihr Schicksal war es nicht nur, in die am wenigsten attraktiven Arbeitsplätze einzurücken und manchmal in ghettoartigen Wohnverhältnissen zu leben, was ihre Integration in die deutsche Gesellschaft erschwerte und gleichzeitig die deutsche Bevölkerung auf die Neuankömmlinge herabsehen ließ. Auch wurden die Einheimischen durch die Türken am stärksten mit dem Phänomen einer kulturellen Verschiedenheit konfrontiert, nicht nur auf dem Gebiet der religiösen Weltanschauung durch die islamische Glaubenszugehörigkeit, sondern noch mehr in den alltäglichen Verhaltensweisen innerhalb der Familien und zwischen den Generationen. Doch sicherlich spielte auch die schlichte Tatsache des oft andersartigen Aussehens eine große Rolle bei den Vorbehalten gegenüber diesen Mitbürgern. Dadurch wurden alte Ängste und Aggressionen gegen Fremde in der gesellschaftlichen Kultur der Deutschen wieder virulent und selbst die nach dem Dritten Reich tabuisierten rassistischen Perzeptionen wieder wirksam.

Das hier entstehende soziale Konfliktpotential wurde zunächst von den politisch Verantwortlichen nicht erkannt, da man die ausländischen Arbeitskräfte als eine Art »industrieller Reservearmee« betrachtete und davon ausging, daß es sich bei ihrer Beschäftigung nur um ein vorübergehendes Phänomen handele. Doch in Verbindung mit der in den siebziger Jahren einsetzenden wirtschaftlichen Rezession entstand in der Bundesrepublik ein zunächst wirtschaftliches, dann gesellschaftliches und schließlich politisches Problem. Zunächst dachte man daran, die knapper werdenden Arbeitsplätze deutschen Arbeitnehmern vorzubehalten und die Ausländer in ihr Herkunftsland zurückzuschicken. Allerdings waren die deutschen Arbeitnehmer vielfach nicht bereit, die von Ausländern ausgeübten, häufig unattraktiven Beschäftigungen zu übernehmen. Auch ließen sich die Ausländer nicht so einfach »abschieben«, sind sie doch, trotz der Schwäche ihrer politischen Interessenvertretung, als Arbeitnehmer nicht rechtlos, sondern haben durch ihre Arbeitsleistung berechtigte Ansprüche auf sozialstaatliche Leistungen erworben. Man mußte daher materielle Anreize für ihre Rückkehr schaffen, die aber nur begrenzt wirksam waren.

Mit der zunehmenden Zahl der Asylbewerber, seit den neunziger Jahren insbesondere aus dem ehemaligen Ostblock, wurde die Diskussion über die Ausländer noch verschärft. Die bundesdeutschen Verfassungsväter haben 1948/49 aufgrund der bitteren Erfahrungen während des Dritten Reiches – als viele vom Naziregime aus rassischen und politischen Gründen Verfolgte im Ausland nur mit Müh und Not Zuflucht fanden, andere zurückgewiesen und in Deutschland umgebracht wurden – in Art.16 Abs. 2 GG allen politisch Verfolgten Asylrecht gewährt (seit 1993 Art. 16a Abs. 1 GG). Da die deutsche Politik bis in jüngste Zeit eine legale Einwanderung nach Deutschland weitgehend abgelehnt hat, wurde für viele Ausländer der Antrag auf Asyl die einzige Möglichkeit, nach Deutschland zu kommen und hier zu bleiben. Die Behörden haben im Einzelfall zu prüfen, ob ein nach dem Grundgesetz legitimes Asylbegehren vorliegt oder ob es sich nur um sogenannte »Wirtschaftsflüchtlinge« aus Ländern der Dritten Welt handelt, die von den besseren deutschen Lebensverhältnissen angezogen werden. Die Begleiterscheinungen dieser langwierigen Asylverfahren sind Frust und Unverständnis sowohl bei den Asylbewerbern als auch in der deutschen Öffentlichkeit. Während die Asylbewerber bis vor kurzem in ihrer oft jahrelangen Wartezeit offiziell nicht arbeiten durften und der Ungewißheit über ihr Schicksal ausgeliefert waren, sehen die Einheimischen in ihnen Müßiggänger, die von den Wohltaten des deutschen Sozialstaates leben, ohne in ihn einzuzahlen. Rechtsextremistische Agitatoren und Parteien haben seit Ende der siebziger Jahre die »Asylanten«, wie die Flüchtlinge in der Öffentlichkeit häufig bezeichnet werden, als ein populistisches Thema (»Das Boot ist voll«, »Deutschland den Deutschen«) entdeckt, mit dem sie Anhänger gewinnen und die Parteien der Mitte in Verlegenheit bringen können.

In den Wahlkämpfen der letzten Jahre hat die Frage der Asylbewerber eine wachsende Rolle gespielt, auch wegen der populistischen Neigungen bei Politikern aller Couleur. Vor dem Hintergrund der durch die wirtschaftliche Rezession hervorgerufenen Existenzängste und insbesondere der durch die deutsche Vereinigung bewirkten Umstellungs- und Anpassungsprozesse fühlen sich viele Deutsche aus allen gesellschaftlichen und politischen Schichten durch die Flut unerwünschter Gäste in ihrem Toleranzvermögen überfordert. In allen Bundesländern kam es zu erschreckenden Erscheinungen der Ausländerfeindlichkeit und des Fremdenhasses bis hin zu Mordanschlägen auf in Deutschland lebende Menschen fremder Herkunft. Besonderes Entsetzen bewirkten die Überfälle in den neuen Bundesländern, führten und führen sie doch deutlich vor Augen, daß das faschistische und gewalttätige Potential vor allem bei Jugendlichen durch die Jahrzehnte des offiziellen Antifaschismus und der »Völkerfreundschaft« keineswegs ausgerottet worden ist.

Aus Sorge um die Grenzen der Belastbarkeit des Toleranzvermögens der Deutschen, aber auch aus Angst vor Stimmengewinnen rechtsextremistischer Gruppierungen und Parteien durch fremdenfeindliche Strömungen hat Ende 1992 die damalige christdemokratisch-liberale Regierung mit der sozialdemokratischen Opposition im sogenannten Asylkompromiß die Einschränkung des Asylrechts und die Beschleunigung des entsprechenden Anerkennungsverfahrens durch eine Grundgesetzergänzung vereinbart. Dies hat zu einem zeitweisen Rückgang der Asylbewerber und auch der Wahlergebnisse rechtsextremistischer Parteien geführt.

Seit Beginn des Jahres 2000 ist in der Ausländerthematik ein politischer Stimmungswechsel in Deutschland zu verzeichnen. Den Anfang machte Bundeskanzler Schröder durch seine am US-amerikanischen Vorbild orientierte Greencard-Initiative, durch welche ausländischen Computer-Spezialisten für die Dauer von fünf Jahren eine Arbeitserlaubnis gewährt werden soll. Danach begann eine intensive Diskussion um Notwendigkeit und Grenzen einer gesteuerten Einwanderung, jetzt »Zuwanderung« genannt. Sie entsprang vor allem der Erkenntnis, daß Deutschland trotz seiner Arbeitslosigkeit viele qualifizierte Stellen nicht mit einheimischen Bewerbern besetzen kann und daher auf entsprechende ausländische Arbeitskräfte angewiesen ist. Noch allgemeiner war die Einsicht in die Notwendigkeit von Zuwanderung eine Reaktion auf die Sorge um die in Deutschland absehbare Bevölkerungsentwicklung, die angesichts der sinkenden Geburtenrate und der anwachsenden Zahl älterer Menschen eine dramatische Krise der Sozialversicherungssysteme erwarten läßt. Schließlich wurde den Verantwortlichen bewußt, daß die wirtschaftliche, gesellschaftliche und politische Integration der bereits in Deutschland lebenden Millionen von zugewanderten Ausländern und ihren hier geborenen Kindern zahlreiche ungelöste Probleme mit sich brachte, es sei nur an die bisher mangelhafte Vermittlung deutscher Sprachkenntnisse, die überdurchschnittlich hohe Arbeitslosenquote unter jungen Zuwandererkindern und die Frage des Staatsbürgerschaftsrechtes erinnert. Die Bundesregierung hat eine Zuwanderungskommission unter Leitung der früheren Bundestagspräsidentin Rita Süssmuth eingesetzt, die im Juli 2001 detaillierte Vorschläge zur Steuerung der Migration und Verbesserung der Integration vorgelegt hat. Nach dem Schock, daß die Terroranschläge vom 11. September 2001 auch von in Deutschland lebenden Ausländern ausgeführt wurden, zeichnet sich zwischen den Parteien eine Übereinkunft darüber ab, die striktere Ausländergesetzgebung von der freizügigeren Regelung der Einwanderung zu trennen. So ist zu hoffen, daß die leidige Problematik der Zuwanderung in absehbarer Zeit durch einen breiten Parteienkonsens gelöst werden kann.

Ganz gleich, zu welchen rechtlichen Lösungen in der Einwanderungsthematik man sich durchringen wird, die Herausforderung der Deutschen im Umgang mit den unter ihnen lebenden, aus dem Ausland stammenden Bürgern wird weiterbestehen. Deutschland muß Abschied von seiner langjährigen Illusion nehmen, kein Einwanderungsland zu sein, und vielmehr versuchen, durch eine geordnete und zielgerichtete Zuwanderungspolitik sowohl den wirtschaftlichen Möglichkeiten und Notwendigkeiten als auch den gesellschaftlichen Integrationsmöglichkeiten sowie seinem Anspruch auf eine liberale und weltoffene Demokratie Rechnung zu tragen. Wir Deutschen müssen insbesondere in der Auseinandersetzung mit den multikulturellen Erscheinungen, die heute schon unseren Gesellschaftsalltag prägen und von denen wir in vielfacher Weise profitieren, zu einem neuen Selbstverständnis unseres politischen Gemeinwesens finden, das nicht auf ethnischer Herkunft und Homogenität, sondern auf staatsbürgerlicher Gleichheit der Rechte und Pflichten aller in Deutschland lebenden Menschen beruht.

(c) Die Gleichberechtigung der Frauen

Nicht nur im gesellschaftlichen und wirtschaftlichen Alltag, sondern auch für die Politik spielt das Verhältnis der Geschlechter eine wichtige Rolle. Frauen mußten während und nach dem Zweiten Weltkrieg in Deutschland aufgrund der durch Kriegsdienst und Gefangenschaft bedingten Abwesenheit der Männer nicht nur die primäre Verantwortung für die Familien, sondern auch für die Erwerbstätigkeit in der Wirtschaft übernehmen. In den fünfziger Jahren kam es zu einer Restauration der alten Geschlechter- und Familienverhältnisse: Männer übernahmen wieder die eindeutigen Führungspositionen im Arbeits- und Familienleben, Frauen wurden auf die Hausfrauen- und Mutterrolle verwiesen.

Öffentlich in Frage gestellt wurde die Ungleichheit der Geschlechter in gesellschaftlicher Wirklichkeit und juristischer Norm erst seit Ende der sechziger Jahre durch die neue Frauenbewegung, die als Teil der sogenannten Neuen Sozialen Bewegungen entstand. Die neue Frauenbewegung nahm dabei auch Forderungen der ersten deutschen Frauenbewegung wieder auf. Deren Entwicklung geht bis in den Vormärz des 19. Jahrhunderts zurück und stellte die Bildungs- und Erwerbsfrage sowie schließlich, an der Wende zum 20. Jahrhundert, die Kampagne für das Frauenwahlrecht in den Vordergrund, was alles in der Weimarer Republik zur verfassungsrechtlichen, aber noch nicht gesellschaftlichen Gleichstellung der Frauen führte.

Der Beginn der neuen Frauenbewegung in der Bundesrepublik Deutschland geht zurück auf die Studentenunruhen Ende der sechziger Jahre. Innerhalb des Sozialistischen Deutschen Studentenbundes (SDS) bildeten sich sogenannte »Weiberräte«, die den Widerspruch zwischen dem emanzipatorischen Pathos ihrer Genossen und deren tatsächlichem Verhalten anprangerten. So stellten die Initiatorinnen der neuen Frauenbewegung unter dem Motto »Das Private ist politisch« insbesondere die persönlichen Beziehungen in den Mittelpunkt der Diskussion. In den siebziger und achtziger Jahren wurden die Befreiung der Frau aus sexueller Unterdrückung und ökonomischer Abhängigkeit vom Mann sowie die ersatzlose Streichung der Strafandrohung des Strafgesetzbuches gegen den Schwangerschaftsabbruch zu zentralen Forderungen der Frauenbewegung. In einer spektakulären Aktion bezichtigten sich im Juni

1971 in der Illustrierten »Stern« 375 Frauen, darunter nicht wenige prominente, der Abtreibung und rückten damit die Auseinandersetzung um den § 218 StGB als zentrales Thema der Frauenbewegung ins Licht der Öffentlichkeit.

Doch Ende der siebziger Jahre erfolgte innerhalb der Frauenbewegung ein »Rückzug nach innen«. Nachdem 1975 die Fristenlösung beim Schwangerschaftsabbruch vom Bundesverfassungsgericht für verfassungswidrig erklärt und lediglich die Indikationslösung zugelassen worden war, traten eher schrille Aktionen der Frauenbewegung wieder in den Hintergrund. Statt dessen entwickelten sich zahlreiche feministische Projekte, in denen Frauen versuchten, frauenpolitische Forderungen und Ideen in den verschiedensten Lebensbereichen (Literatur, Gesundheitswesen, Buchhandlungen und -verlage, Beratungsstellen etc.) zu verwirklichen und ökonomisch zu sichern. Unter der Ägide der sozial-liberalen Bundesregierung wurde 1977 mit der Familienrechtsreform zwar das offizielle Leitbild der »Hausfrauenehe« aufgegeben, doch verhindern sozialpolitische Regelungen und gesellschaftspolitische Rahmenbedingungen auch weiterhin eine wirkliche Chancengleichheit der Geschlechter und eine Aufhebung der traditionellen Rollenzuweisung. So blockieren unzulängliche Kinderbetreuungsmöglichkeiten nach wie vor die Vereinbarkeit von Beruf und Familie und erfordern private Lösungen, zumeist auf dem Rücken der Mütter.

Dennoch stieg die Erwerbsquote von Frauen in der Bundesrepublik von 43,8 Prozent im Jahr 1962 auf 55,3 Prozent im April 1997 an. Frauen verstehen heute zunehmend die Erwerbstätigkeit als festen Bestandteil ihres Lebens, auch wenn sie aufgrund der Mutterschaft temporäre Unterbrechungen ihrer Karriere hinnehmen müssen. Seit den achtziger Jahren wird die Durchsetzung frauenpolitischer Forderungen durch Gleichstellungsbeauftragte und Gleichstellungsorgane auf vielen politischen und gesellschaftlichen Ebenen, wie in Kommunen und Verbänden, unterstützt.

In der DDR gab es unter der Herrschaft der SED lediglich eine von dieser instrumentalisierte Frauenorganisation. Eine unabhängige Frauenbewegung bildete sich erst, wie auch die übrigen Bürgerrechtsbewegungen, in den achtziger Jahren unter dem Schutzschirm der Kirche. Als sich 1989 die Grenzen zwischen den beiden Staaten öffneten und es 1990 zur staatlichen Vereinigung kam, standen sich in

Deutschland nicht nur zwei verschiedene Frauenbewegungen und Frauenleitbilder, sondern auch zwei soziopolitische Lebensrealitäten von Frauen gegenüber. So lag in der DDR die Frauenerwerbsquote bei rund 91 Prozent, ähnlich wie in den anderen realsozialistischen Staaten. Diese hohe Erwerbsbeteiligung der Frauen wurde durch ein ausgefächertes System staatlicher Versorgungsleistungen, flächendeckende Kinderbetreuungseinrichtungen sowie zahlreiche Freistellungsrechte für berufstätige Mütter ermöglicht. Die vergleichsweise hohe Frauenerwerbstätigkeit darf allerdings nicht darüber hinwegtäuschen, daß auch in der DDR Frauen auf die traditionellen Rollen verwiesen waren und ihre Zuständigkeit für den Bereich der Reproduktion durch die zahlreichen Freistellungsrechte im Erwerbsbereich eher noch festgeschrieben wurde.

Mit der Übertragung des westdeutschen Arbeits- und Sozialsystems auf die ehemalige DDR mußten sich die ostdeutschen Frauen auf völlig veränderte gesellschaftliche Rahmenbedingungen einstellen. Im Zuge des dramatischen Beschäftigungsabbaus sind Frauen überproportional von Arbeitslosigkeit betroffen. Die Schließung zahlreicher Kinderbetreuungseinrichtungen und die Aufhebung der früheren Freistellungsregelungen hat auch in Ostdeutschland dazu geführt, daß die Vereinbarkeit von Erwerbstätigkeit und Familie wie in Westdeutschland primär ein individuelles Problem darstellt.

In Artikel 31 des Einigungsvertrages stellte sich der gesamtdeutsche Gesetzgeber die Aufgabe, »die Gesetzgebung zur Gleichberechtigung zwischen Männern und Frauen weiterzuentwickeln« und »angesichts unterschiedlicher rechtlicher und institutioneller Ausgangssituationen bei der Erwerbstätigkeit von Müttern und Vätern die Rechtslage unter dem Gesichtspunkt der Vereinbarkeit von Familie und Beruf zu gestalten«. Bisher ist er dieser Verpflichtung kaum gerecht geworden. In der Verfassungsreform vom November 1994 wurde Art. 3 Abs. 2 GG »Männer und Frauen sind gleichberechtigt« lediglich durch den Programmsatz ergänzt: »Der Staat fördert die tatsächliche Durchsetzung der Gleichberechtigung von Frauen und Männern und wirkt auf die Beseitigung bestehender Nachteile hin.« Zwar sind in den letzten Jahren viele frauenpolitische Forderungen in die Programme der Parteien eingegangen, nicht zuletzt mit Rücksicht auf das weibliche Wählerpotential.

Daß der Gleichheitsgrundsatz noch nicht umfassend realisiert worden ist, kann man der eigentümlichen Forderung der rot-grünen Koalitionsvereinbarungen vom Oktober 1998 nach einem »effektiven Gleichstellungsgesetz« entnehmen. So steht heute die volle Gleichberechtigung der Frauen und insbesondere die Beseitigung der geschlechtsspezifischen Zuteilung sozialer Rollen in der deutschen Gesellschaft immer noch aus, ist allerdings weniger eine Frage rechtlicher und gesellschaftlicher Normen als vielmehr ein Problem individueller und alltäglicher Verhaltensweisen.

5. Soziale Ungleichheit in der pluralistischen Gesellschaft

Auch die demokratisch organisierte moderne Gesellschaft ist keine Gesellschaft gleicher Bürger. Zwar besitzen die Bürger nach dem Grundgesetz gleiche politische Freiheiten und Rechte, aber deren Wahrnehmung ist bis zu einem gewissen Grade abhängig von der gesellschaftlichen Stellung des Individuums. Der soziale Status setzt sich aus einer Reihe von Faktoren zusammen: Zugehörigkeit zu einer bestimmten sozialen Schicht, Einkommens- und Vermögensverhältnissen, Bildungsniveau, dem beruflichen Prestige und anderem mehr. Für die bürgerliche Gesellschaft wird als selbstverständlich betrachtet, daß es soziale Unterschiede geben darf, ja geben muß, daß aber im demokratischen Staat die notwendigen Voraussetzungen dafür geschaffen sein müssen, daß jeder Bürger eine echte und faire Chance besitzt, einen seinen Fähigkeiten und Leistungen entsprechenden Platz in der Gesellschaft zu erringen.

Die politische Diskussion in der Bundesrepublik war in den siebziger Jahren, vor allem im Zusammenhang mit den angestrebten Reformen des Bildungssystems, stark von der Auseinandersetzung bestimmt, in welcher Weise ein Maximum an Chancengleichheit oder zumindest Chancengerechtigkeit für den einzelnen Bürger sichergestellt werden könne. Die Debatte entzündete sich am Bildungswesen, weil in der wissenschaftlich-technischen Gesellschaft die innerhalb des vielstufigen Bildungssystems erreichbaren Qualifikationen eine wichtige Voraussetzung für die spätere soziale Stellung sind. Die faktischen sozialen Ungleichheiten in der Bundesrepublik rückten damit stärker in den Blick.

Im Vordergrund der Diskussion um die soziale Ungleichheit steht immer wieder die Ungleichheit in den Einkommens- und Vermögensverhältnissen. Hier geht es vor allem um die Verteilung des Produktivvermögens. Frühe Untersuchungen aus den sechziger Jahren hatten ergeben, daß bis zu 70 Prozent des privaten Produktivvermögens im Besitz von nur 2 Prozent der Haushalte der Bundesrepublik lagen. Hinsichtlich des Gesamtvermögens ist der Unterschied allerdings weniger kraß: 2,5 Prozent der Haushalte waren im Besitz von etwa 20 Prozent des gesamten privaten Vermögens. Verläßliche Informationen über diese Relationen sind nur schwer zu gewinnen, weil die Berechnungsmethoden unterschiedlich sind. Es bleibt jedoch festzuhalten, daß es beachtliche Unterschiede gibt und daß die begrenzten staatlichen Bemühungen, die Vermögensunterschiede stärker auszugleichen und auch in Arbeitnehmerhand Vermögen zu bilden, die Gesamttendenz nicht wesentlich verändern konnten.

Ungleich, mit zum Teil extremen Ausschlägen im unteren und oberen Bereich der Skala, sind seit langem die Einkommensverhältnisse. Hier hat sich im mittleren Bereich der Einkommen eine gewisse Nivellierung vollzogen, während in den oberen und unteren Rängen stärkere Differenzierungsprozesse eingesetzt haben. Im ganzen sind die Einkommen in der Bundesrepublik etwas gleichmäßiger verteilt als das Vermögen, aber trotzdem gibt es enorme Unterschiede zwischen den Spitzeneinkommen und den unteren Masseneinkommen. Vor allem in ökonomischen Krisensituationen mit anhaltend hoher Arbeitslosigkeit treten die Einkommensdisparitäten besonders deutlich in Erscheinung, was insbesondere auf die neuen Bundesländer zutrifft

Die kritischere Durchleuchtung der Einkommens- und Vermögensverhältnisse hat auch, trotz der zunehmenden Prosperität der Gesamtgesellschaft, zu einem verstärkten Interesse für das Problem der Armut in der reichen Bundesrepublik geführt. Untersuchungen haben ergeben, daß etwa 10 Prozent der Bevölkerung der Bundesrepublik in Armut leben, d. h. auf Sozialhilfe angewiesen sind. Die auffälligsten sozialen Armutsgruppen sind ältere alleinstehende Menschen, alleinstehende Mütter mit Kindern sowie kinderreiche Familien mit geringem Einkommen. Natürlich ist Armut eine relative Größe, aber es kann nicht geleugnet werden, daß es in Deutschland das Phänomen der Armut gibt.

Seit der Zunahme der Arbeitslosigkeit in den achtziger Jahren, die damals bis zu 10 Prozent der erwerbstätigen Bevölkerung umfaßte, spricht man des öfteren von einer Zweiklassengesellschaft neuer Art: nämlich denjenigen, die Arbeit haben, und denjenigen, die keine Arbeit haben und auch keine Aussicht besitzen, wieder Arbeit zu bekommen. Es ist schwer, genau zu beurteilen, wie belastend dieses Phänomen der Zweiteilung für unser soziales System tatsächlich ist. Ohne Zweifel ist die Spaltung der Gesellschaft in Menschen mit Arbeit und solche ohne Arbeit, zumal wenn sich daraus Langzeitarbeitslosigkeit entwickelt, ein alarmierendes Merkmal nicht nur für ökonomische, sondern auch für gesellschaftliche und vor allem sozialpsychologische Ungleichheit.

Während bei der Betrachtung und Beurteilung sozialer Ungleichheiten in erster Linie die materiellen Lebensbedingungen im Vordergrund stehen, gibt es natürlich auch beachtliche Unterschiede im Bereich der Bildung, des sozialen Prestiges, der sozialen Sicherheit, der Arbeitsbedingungen sowie der Chancen, Zugang zu den Einrichtungen des öffentlichen Lebens zu gewinnen. In all diesen Feldern – natürlich auch im Bereich der politischen Machtverteilung – finden wir Menschen, die besser dran sind als andere.

Man könnte die faktische soziale Ungleichheit leichter hinnehmen, wenn sie die Folge individueller Fähigkeiten und Leistungen bzw. des entsprechenden Versagens wäre, doch sind die persönlichen Lebensmöglichkeiten und sozialen Aufstiegschancen auch mit soziologischen Gegebenheiten verknüpft, die der einzelne nicht von sich aus verändern und korrigieren kann. Gewiß, im Gegensatz zur ständischen Gesellschaft früherer Jahrhunderte ist eine enorme Demokratisierung der Lebenschancen eingetreten (heute muß niemand nach Amerika auswandern, um Millionär zu werden). Aber auch die prinzipiell offene Gesellschaft, die wir entwickelt haben, verteilt die Chancen nicht wirklich gleichmäßig und zeigt die Tendenz, die Nachteile der Benachteiligten zu verstärken und die Vorteile der ohnehin schon Bevorzugten zu vermehren.

Soziale Gruppen, die besonders benachteiligt und aus der gesamtgesellschaftlichen Integration eher ausgeschlossen sind, werden als Randgruppen bezeichnet. Man spricht demgemäß von Prozessen der Marginalisierung, die bestimmte Gruppen an den Rand der Gesellschaft drängen. Als Randgruppen hat man in der Bundesrepublik vor allem Behinderte, ältere alleinstehende Menschen, Obdachlose und bis zu einem gewissen Grad die Ausländer ausgemacht. Bei ihnen kumulieren die negativen Aspekte sozialer Ungleichheit.

In den fünfziger und Anfang der sechziger Jahre dominierte nicht nur in der deutschen Soziologie, sondern auch in der Öffentlichkeit die Auffassung, die westdeutsche Gesellschaft sei eine »nivellierte Mittelstandsgesellschaft« (Helmut Schelsky). Dieser These zufolge gab es keine markanten sozialen Unterschiede mehr, denn die Gesamtgesellschaft war auf die Mittelschicht orientiert. Die unteren Schichten erstrebten diesen Status, und die Oberschichten waren durch soziale Deklassierungsprozesse in den Kriegs- und Nachkriegsjahren stark nach unten, zur Mitte hin, *nivelliert* worden. In den sechziger Jahren gewann demgegenüber im Gefolge der Studentenbewegung und der Wiederbelebung marxistischer Theoreme die Auffassung an Boden, daß die sozialen Unterschiede in der Bundesrepublik und die daraus resultierenden Herrschaftsphänomene in einem weiteren Sinne sehr wohl noch als Klassenstruktur begriffen werden könnten.

In der Ära Adenauer hat man die Ideologie einer klassenlosen, wenn auch differenzierten deutschen Gesellschaft mit Erfolg propagieren können, weil diese Anschauung nur das Massen-Konsumverhalten und die gängigen Wertemuster, nicht aber die ökonomischen Besitz- und Herrschaftsverhältnisse berücksichtigte. Zwar haben sich die Konsumgewohnheiten in der Tat stark angeglichen, aber damit ist nur die Demokratisierung des Konsums, nicht jedoch die der Herrschaftsverhältnisse bewiesen, von denen der Massenkonsum teilweise gesteuert wird. Insofern kann von einer weitgehenden Nivellierung der deutschen Gesellschaft in allen Lebensbereichen nur bei einer sehr oberflächlichen Betrachtung die Rede sein. Weder die Einkommensentwicklung noch die Vermögensentwicklung rechtfertigen einen solchen Schluß.

Wissenschaftlich weniger umstritten als die Thesen der »nivellierten Mittelstandsgesellschaft« oder der »Klassengesellschaft« war lange Zeit die These von der bundesrepublikanischen Gesellschaft als einer pluralistischen Gesellschaft, die vornehmlich von der deutschen Politikwissenschaft (Ernst Fraenkel) propagiert wurde. Im Laufe der Zeit hat man die dieser These zugrundeliegende Annahme der effektiven Chancengleichheit aller sozialen Gruppen in einer prinzipiell offenen Gesellschaft stärker kritisiert und empirisch überprüft. Es zeigte sich, daß in Deutschland zwar eine pluralistische Vielfalt von sozialen Anschauungen, Gruppen und Interessen besteht, die sich gegenseitig durchkreuzen und in Konkurrenz miteinander stehen, daß aber innerhalb dieses Systems manche Gruppen, zum Beispiel die Bauern durch ihren Verband und lange Zeit auch die Arbeiter durch die Gewerkschaften, sehr viel größere Chancen haben, ihre Interessen kontinuierlich durchzusetzen, als andere soziale Gruppen. Aus strukturellen Gründen, die vor allem in unserer Wirtschaftsordnung begründet sind, haben bestimmte soziale Gruppen mehr Macht als andere, auch wenn sie zahlenmäßig nicht die größten sind. Der nur einige tausend Mitglieder umfassende Bundesverband der Deutschen Industrie war immer um einiges mächtiger als die Gewerkschaften mit ihren Millionen Mitgliedern.

Da Interessen sowohl ihrer Natur als auch ihrer Stärke nach unterschiedlich sind und Pluralismus nichts anderes sein kann als ein offenes System zur Artikulation und möglichen Durchsetzung verschiedenartiger Interessen, maß die linke Kritik des realen Pluralismus diesen an einem irrealen Maßstab. Doch die Verteidiger der Idee des sozialen Pluralismus hatten nie behauptet, daß zum Pluralismus die Gleichgewichtigkeit der sozialen Interessen gehöre; sie hatten lediglich betont, daß in einer offenen Gesellschaft verschiedenartige Interessen gegeben sind, die innerhalb eines gegebenen sozialen Systems durch bestimmte soziale und politische Mechanismen zu einem gewissen Ausgleich gebracht werden müssen, ohne daß dabei die verschiedenartigen Interessen in gleicher Weise und mit gleicher Wirkung zum Zuge kommen können.

Größere Beachtung verdient die von der linken Pluralismuskritik entwickelte These, der zufolge im kapitalistischen System nur diejenigen Interessen eine relativ große Durchschlagskraft besitzen, die in der Lage sind, Konflikte herbeizuführen, welche für die Produktion und Reproduktion der Gesellschaft von Belang sind. Daher sind die im Wirtschaftsprozeß organisierten Gruppen, vor allem die Organisationen der Arbeitgeber und Arbeitnehmer, in besonderer Weise konfliktfähig und somit eher als andere Gruppen in der Lage, ihre Interessen in der pluralistischen Gesellschaft durchzusetzen.

In einer pluralistischen Gesellschaft sind verschiedenartige Interessen zwar rechtlich gleichgestellt, aber sie sind weder gleichgerichtet noch gleich stark. Vielmehr ist es gerade die Aufgabe der Politik, in einer pluralistischen Gesellschaft die verschiedenartigen Interessen in einer bestimmten, vorab nicht genau zu fixierenden Weise zum Ausgleich zu bringen. Die Politik ist dabei auch der Anwalt jener Interessen, die weniger organisations- und konfliktfähig sind als die zentralen Interessen in einer kapitalistischen Wirtschaftsstruktur – wenngleich nicht zu übersehen ist, daß im Kapitalismus die für diese Struktur zentralen Interessen eine Privilegierung besitzen. Doch ist in der Gesellschaft der Bundesrepublik gerade in den letzten Jahren und sicherlich auch unter dem Einfluß der linken Kritik das Bewußtsein dafür gewachsen, daß die Interessen des organisierten Pluralismus immer wieder der Korrektur durch die politischen Organe bedürfen und daß das Wohl der gesamten Gesellschaft keineswegs identisch ist mit dem Ausgleich der in dieser Gesellschaft mächtigen sozialen und wirtschaftlichen Interessen.

Der soziale Friede in der Bundesrepublik basiert darauf, daß es gelang, die in den fünfziger Jahren in Verbindung mit der Wirtschaftsordnung eingespielte und stabilisierte Form des gesellschaftlichen Pluralismus als demokratisch akzeptabel durchzusetzen und die Führungsspitzen der pluralistischen Machtgruppen zu einem weitgehenden Konsens über das soziale System zu bringen. Die – verglichen mit der Weimarer Republik – bemerkenswerte Stabilität der deutschen Demokratie rührt nicht zuletzt daher, daß die gegenwärtige Gesellschaftsordnung von sozialen Machtgruppen als verbindlich und annehmbar akzeptiert wird und, von kleinen Minderheiten abgesehen, nicht radikal in Frage gestellt wird. Die vorhandene gesellschaftliche Ungleichheit würde die politische Stabilität der deutschen Demokratie nur dann gefährden, wenn sich zu den Positionen der Stärkeren keine Gegenmacht bilden könnte und die Schwächeren keine Aussicht auf Verbesserung ihres Zustandes mehr sähen.

Die Einsicht in die Ertragbarkeit der sozialen Ungleichheit – weil vorübergehend – trifft auch auf das Verhältnis zwischen den Deutschen in der alten Bundesrepublik und denen in der ehemaligen DDR zu. Sie beinhaltet aber gleichzeitig die Forderung an die Politik, die derzeitigen Ungleichheiten zwischen den alten und neuen Bundesländern nicht einfrieren zu lassen.

6. Die gesellschaftliche Situation in den neuen Bundesländern

Verglichen mit der Bundesrepublik war die DDR in ihrer sozialen Struktur eine traditionelle Industriegesellschaft, in welcher der produzierende Bereich mit der Arbeiterschaft im Mittelpunkt eindeutig dominierte und die Bürger, einschließlich der meisten Frauen, eines festen Arbeitsplatzes sicher sein konnten. Die Gesellschaft der DDR zeichnete sich im Vergleich zur bundesdeutschen Gesellschaft durch eine größere soziale Gleichheit aus, allerdings auf wesentlich niedrigerem Wohlstandsniveau. Sie war weit stärker als die Bundesrepublik eine egalitäre Arbeitsgesellschaft, auch wenn es in ihr viele Privilegien, vor allem für die herrschenden Kader, gegeben hat. Die kommunistische Ideologie hat in der DDR die Entfaltung einer differenzierten, den Pluralismus begünstigenden sozialen und wirtschaftlichen Entwicklung verhindert. Diese »Gesellschaft der kleinen Leute«, wie Günter Gaus sie genannt hat, war eine unfreie, von der Partei und dem Staatssicherheitsdienst kontrollierte Gesellschaft, die keine autonomen, durch Selbständigkeit und Selbstverantwortung bestimmten Züge zulassen konnte. Dadurch wurden die Bürger in der DDR-Gesellschaft bewußt daran gehindert, jene Fähigkeiten und Verhaltensweisen auszubilden, die für eine differenzierte pluralistische Lebensgestaltung im westlichen Sinn unverzichtbar sind. Die außerordentliche Machtkonzentration in den Händen der SED-Elite führte dazu, daß auch die wichtigen Funktionen der DDR-Wirtschaft von Personen besetzt wurden, die politisch loyal waren und damit die Entfaltung des qualitativen und kreativen Potentials in der DDR-Bevölkerung nicht zuließen. So entstand eine Sozialstruktur, die in ihrer Leistungsfähigkeit gehemmt, ja zum Teil gelähmt war und deren Nachwirkungen den Anpassungsprozeß an die Entwicklung der Bundesrepublik naturgemäß erschweren. Diesen auf der Basis von Planwirtschaft und Parteidiktatur entstandenen Strukturen einer gesellschaftlichen Egalität bei gleichzeitig extremer politischer Ungleichheit sind durch den Beitritt der DDR zur wirtschaftlichen und politischen Ordnung der Bundesrepublik die Fundamente entzogen worden.

Die anfängliche Hoffnung auf eine rasche Aufwärtsentwicklung der vormaligen DDR-Wirtschaft und Angleichung der gesellschaftlichen Verhältnisse Ostdeutschlands an diejenigen Westdeutschlands durch die am 1. Juli 1990 in Kraft getretene Währungs-, Wirtschafts- und Sozialunion hat sich angesichts der rückständigen, teilweise sogar ruinösen Verfassung der ostdeutschen Wirtschaft und des Zusammenbruchs des sowjetischen Imperiums als Absatzmarkt der DDR nicht erfüllen können. Es wurden im Vergleich zur Bundesrepublik enorme ökonomische Disparitäten deutlich mit einer in dieser Höhe nicht für möglich gehaltenen faktischen Arbeitslosigkeit von 30 bis 40 Prozent und eine tiefgehende Ernüchterung über die Möglichkeit einer raschen Angleichung der sozialen Verhältnisse in den neuen Bundesländern an die Situation in den alten. Zu den auch schon im System der Bundesrepublik bestehenden sozialen Unterschieden und Ungleichheiten innerhalb der westdeutschen Gesellschaft trat nun als ein besonders gravierendes politisches Problem die enorme Diskrepanz zwischen den west- und ostdeutschen Lebensverhältnissen hinzu, die wohl erst in einer Reihe von Jahren abgemildert und entschärft werden kann.

Mit der Vereinigung der 40 lange Jahre voneinander getrennten Teile Deutschlands hat die deutsche Politik die Verpflichtung übernommen, die Lebensverhältnisse der Menschen in beiden Teilen Deutschlands einander anzugleichen, was faktisch allein die Hebung des Lebensstandards der ehemaligen DDR-Bevölkerung auf das westdeutsche Niveau bedeuten kann. In der Euphorie über die nicht mehr erwartete, aber nun (1989/90) plötzlich doch möglich gewordene deutsche Vereinigung hat man fast überall, vor allem aber in der Bundesregierung, die praktischen Schwierigkeiten des Vereinigungsprozesses unterschätzt und sich nicht genügend klar gemacht, daß die Einführung einer harten Währung und eines kapitalistischen Wirtschaftssystems allein nicht ausreicht, um ein durch die sozialistische Planwirtschaft geprägtes Land und dessen Gesellschaft rasch in ein florierendes westliches Wirtschafts- und Gesellschaftsmodell zu überführen.

Man kann sich in den westlichen Bundesländern sicher nur schwer vorstellen, was es für viele ehemalige DDR-Bürger bedeutet, aus den gewohnten Verhältnissen, insbesondere aus langjährigen sicheren Arbeitsverhältnissen, gerissen zu werden und sich in allen Lebenslagen auf neue Formen der Daseinsbewältigung einrichten zu müssen. Nicht nur die Verführungen der Konsumgesellschaft und die Möglichkeiten des globalen Tourismus, auch das große Einkommensgefälle, die Arbeitslosigkeit, der Verlust mancher sozialpolitischer Errungenschaften sind im Positiven wie im Negativen ein gewaltiger Schock für die Deutschen in den neuen Bundesländern. Der plötzliche Zusammenbruch der wenn auch zumeist ungeliebten, aber doch vertrauten gesellschaftlichen Strukturen der DDR hat in den neuen Bundesländern Anfang der neunziger Jahre zu dramatischen Lähmungserscheinungen in der Privatsphäre geführt, wie sie in der Halbierung der Eheschließungen und der Geburtenziffer, aber auch in der Reduzierung der (früher über Westniveau liegenden) Scheidungen um mehr als zwei Drittel deutlich wurden. Offensichtlich wurden die Ostdeutschen von den Auswirkungen des gesellschaftlichen und wirtschaftlichen Wandels so sehr in Anspruch genommen, daß sie in ihrem Privatleben vor einschneidenden Veränderungen zurückschreckten. Seit 1993 haben sich die Zahlen der Eheschließungen und Geburten wie auch der Scheidungen wieder verdoppelt.

Bei allen Klagen über neue Ungleichheiten und Anpassungsschwierigkeiten, welche die Deutschen in den neuen Bundesländern führen, muß doch festgehalten werden, daß sich im Durchschnitt ihr Lebensstandard sowohl im Hinblick auf das Einkommen als auch auf die materielle Ausstattung der Haushalte, die Wohnungssituation und Umweltbelastung nach der Vereinigung erheblich verbessert hat. Auch mag gegenüber früheren Gesellschaftsumbrüchen ein Trost sein, daß die enormen Struktur- und Verhaltensanpassungen, vor denen die Menschen in der ehemaligen DDR heute stehen, durch sozialstaatliche Maßnahmen und Zuwendungen abgemildert werden, die wesentlich durch Transferzahlungen aus den alten Bundesländern finanziert werden. Trotzdem bleibt die notwendige und sicher langwierige Anpassung der Lebensverhältnisse eine Aufgabe von außerordentlicher Tragweite – nicht nur für die Geduld der Ostdeutschen, sondern auch für das Solidargefühl der Westdeutschen.

VII. Kapitel

Politische Kultur

1. Verständnis und Bedeutung der politischen Kultur

Die Einstellungen der Gesellschaft und ihrer Individuen zum politischen System, seinen Strukturen und Trägern schlagen sich vor allem im Phänomen der politischen Kultur nieder. Deren Erforschung geht auf die bahnbrechenden Untersuchungen zur *political culture* zurück, welche die amerikanischen Politikwissenschaftler Gabriel Almond und Sidney Verba in den fünfziger Jahren durchführten und 1963 erstmals veröffentlichten. Doch der Anlaß für dieses neue Konzept war ein spezifisch deutscher: der Schock über den Untergang der Weimarer Demokratie und die Machtergreifung der Nationalsozialisten in Deutschland. Die Weltöffentlichkeit fragte sich, wie in einem für seine Bildung und Kultur hochgeachteten Land mit seiner um Perfektion bemühten Verfassung anscheinend kampflos die Demokratie untergehen und die Diktatur siegen konnte. Die Beantwortung dieser elementaren Frage, die auch für die zahlreichen deutschen Emigranten in den amerikanischen Sozialwissenschaften und den Versuch einer erneuten Etablierung der Demokratie in Deutschland einschließlich der (Wieder-)Gründung der Politikwissenschaft nach der Befreiung von der nationalsozialistischen Diktatur zentral war, verwies auf die Bedeutung von politischen Einstellungen, Verhaltensweisen und Werten der einzelnen Staatsbürger für den Erhalt der demokratischen Ordnung. So ist das Konzept der politischen Kultur die politikwissenschaftliche Antwort auf die zeitgeschichtliche Einsicht, daß eine Demokratie ohne Demokraten nicht überlebensfähig ist.

Seit diesen frühen amerikanischen Studien hat die Politische-

Kultur-Forschung einen internationalen Siegeszug angetreten und ist zum Allgemeingut der Politikwissenschaft in allen Ländern geworden. Auch in der Bundesrepublik findet die politische Kultur nach anfänglichem Zögern seit den siebziger Jahren öffentliches und wissenschaftliches Interesse. Zwar sind die angemessenen Methoden ihrer Erforschung und der Aussagewert ihrer Ergebnisse nicht unumstritten. Aber das große zeitgenössische Interesse an den Fragen und Ergebnissen der Politischen-Kultur-Forschung bezeugt, daß es sich um einen wichtigen Problemkreis handelt, der über so zentrale Fragen wie die Stabilität, Wandlungsfähigkeit und innere Entwicklung eines politischen Systems Auskunft zu geben verspricht. Die deutsche Vereinigung, die auf der Übertragung des demokratischen Systems der alten Bundesrepublik auf die wiederbegründeten Länder der ehemaligen DDR als einer langjährigen Diktatur beruht, hat das Interesse an der Politischen-Kultur-Forschung nochmals verstärkt.

Politische Kultur hat mit Kultur im traditionellen Verständnis von geistigen, religiösen und ästhetischen Inhalten nichts zu tun, sondern steht als Inbegriff für die in einer Gesellschaft vorhandenen bzw. vorherrschenden Einstellungen, Glaubenshaltungen und Verhaltensweisen der Bürger in bezug auf das politische System, in dem sie leben. Der Politischen-Kultur-Forschung ging es anfänglich vor allem um die Erkenntnis der subjektiven Komponenten eines politischen Systems, die durch die moderne Umfrageforschung der Wissenschaft zugänglich geworden sind. Mit Hilfe der Meinungsforschung versuchte sie zu ermitteln, was die Angehörigen eines politischen Systems über dieses System und seine Institutionen wissen (kognitiver Aspekt), welche Gefühlshaltungen sie dazu einnehmen (emotionaler Aspekt), wie sie ihr politisches System, seine wichtigsten Institutionen, seine Leistungsfähigkeit (*output*) und seine Handlungsmöglichkeiten für den Bürger (*input*) beurteilen (wertender Aspekt), und schließlich, wie sie sich innerhalb dieses Systems politisch verhalten (partizipatorischer Aspekt).

Bei dem subjektiven Verhältnis von Systemangehörigen und ihrem politischen System kann zwischen eher kurzfristigen Meinungen, längerfristigen Einstellungen und tiefsitzenden Wertorientierungen unterschieden werden. Zu diesen verschiedenen Aspekten gibt es dank der kontinuierlichen demoskopischen Ermittlungen und gezielter Forschungsbemühungen auch für die Bundesrepublik eine Fülle von empirischen Daten. Doch erschöpft sich die politische Kultur eines Landes nicht in den subjektiven Reaktionen der Staatsbürger auf die Politik und Natur des jeweiligen Systems, sondern es sind, vermittelt durch die historische Entwicklung und durch den Prozeß der politischen Bewußtseinsbildung, auch die Institutionen eines politischen Systems von Bedeutung. Man kann die politische Kultur eines Systems nicht allein von der subjektiven Seite her erfassen, sondern muß auch die objektiven Gegebenheiten und historischen Prozesse berücksichtigen, die für die Entstehung der subjektiven Einstellungen und Gefühlshaltungen oft von entscheidender Bedeutung sind.

Der Begriff »politische Kultur« war in der politischen Rhetorik der Bundesrepublik lange Zeit nicht gebräuchlich, er ist erst über die Wissenschaft auch in die Sprache der Politik gelangt. Dann allerdings hat er in wenigen Jahren die Öffentlichkeit erobert und ist heute in aller Munde. Die häufige Verwendung des Begriffs hat allerdings nicht zu einer Schärfung und Klärung des Begriffs beigetragen, er wird in der Gegenwartssprache der Politik sowohl für die Umschreibung der oben beschriebenen Verhaltensweisen und Einstellungen gegenüber der Politik benutzt wie auch – und dies insbesondere in den neuen Bundesländern nach der deutschen Vereinigung – als Inbegriff für Normen des politischen Handelns und Denkens, die als demokratiegemäß eingeschätzt werden.

Die Verwendung des Begriffs politische Kultur als eines Inbegriffs von Maßstäben für demokratiegemäßes politisches Verhalten ist in den letzten Jahrzehnten durch eine Anzahl problematischer Vorgänge in der (west)deutschen Innenpolitik gefördert worden. Die Unregelmäßigkeiten in der Parteienfinanzierung, die in der sogenannten Flick-Affäre und in jüngster Zeit durch Praktiken in der CDU besonders deutlich zutage traten, sowie das vom reinen Interesse an Machterhaltung bzw. Machtgewinn diktierte Wahlkampfverhalten verantwortlicher Politiker in Schleswig-Holstein, wie es in der sogenannten Barschel-Affäre deutlich wurde, sind in der Öffentlichkeit als hervorstechende Beispiele eines problematischen Mangels an demokratiegemäßer politischer Kultur in der Bundesrepublik empfunden und entsprechend kontrovers diskutiert worden. Die Enthüllung solcher Vorgänge hat das Vertrauen der Öffentlichkeit in die Moral der Parteien und ihrer Politiker nicht gerade stärken können, andererseits aber das Bewußtsein dafür geschärft, daß es eine Verpflichtung der Politiker auf die Normen einer demokratischen politischen Kultur gibt, auch wenn diese Verpflichtung in der Praxis oft vernachlässigt wird.

Es ist in den ersten vier Jahrzehnten der Bundesrepublik gelungen, ein aus verschiedenen Bestandteilen zusammengesetztes Ensemble von politischen Einstellungen und Verhaltensweisen zu entwickeln, das als Konsens über die politischen und wirtschaftlichen Grundentscheidungen des Gemeinwesens anzusehen ist. Das politische Bewußtsein der Bevölkerung befindet sich somit weitgehend in Übereinstimmung mit dem demokratischen Staat. Traditionelle Elemente, die sich unter anderen Voraussetzungen, z. B. in der Weimarer Republik, gegen das demokratische System ausgewirkt haben, konnten in der Bundesrepublik aufgrund ihrer Entstehungsgeschichte und der starken Vorherrschaft des demokratischen Elements in den führenden Parteien vom System ohne allzu großen Schaden assimiliert werden. Der Verfassungskonsens war so stark, daß radikale politische Gruppierungen, für die es in der Tradition der deutschen politischen Kultur genügend Anknüpfungspunkte gab, keinen bestimmenden Einfluß auf die Politik und das politische Bewußtsein der Bundesrepublik gewinnen konnten. Vielmehr geht gerade aus empirischen Umfragen hervor, daß die überwiegende Mehrheit der Bürger der Bundesrepublik ein relativ positives Verhältnis zu ihrer politischen Ordnung besitzt.

Die Demoskopie bestätigte weitgehend das Bild, das die offiziellen Vertreter der Politik und des Staates von der Bundesrepublik zeichneten. Die Befragten sahen mehrheitlich die Bundesrepublik als einen Staat, in dem Freiheit, Wohlstand und Ordnung herrschen. Andererseits wurde aus den Umfragen auch ersichtlich, daß, ähnlich wie in anderen Demokratien, die Politik eindeutig nicht im Mittelpunkt der Interessen der Bürger steht. Die persönlichen und privaten Angelegenheiten und Bedürfnisse haben einen weitaus höheren Rang in der Skala der Interessen der Bundesbürger als die politischen. Insofern offenbart ihr Verhältnis zum Staat eine gewisse Distanz, die von Kritikern gern als Entpolitisierung bezeichnet wird. Für diese Entpolitisierung gibt es in den empirischen Untersuchungen zweifellos eine Reihe von Belegen, doch stellt sich sofort die Frage, wie man sich eine vollpolitisierte und zugleich freie Gesellschaft, in der die politischen Interessen die höchste Priorität genießen, vorstellt und ob man diese will.

Im Grunde ist die politische Kultur in Deutschland vielfältig und vielschichtig, erst recht seit der deutschen Vereinigung. Sie ist nicht bestimmt durch einen Block von gefestigten Überzeugungen, wie sie die Existenz erfolgreicher politischer Institutionen vermitteln kann. Vielmehr ist die deutsche politische Geschichte der letzten zwei Jahrhunderte durch so einschneidende Traditionsbrüche und einen so abrupten Wechsel der politischen Institutionen charakterisiert, daß sich eine einheitliche politische Kultur noch nicht ausbilden konnte. Der deutsche Nationalstaat entstand bekanntlich sehr spät und auch nicht kontinuierlich. Die deutsche bürgerliche Gesellschaft konnte sich im 19. Jahrhundert nur unvollkommen entfalten und gegenüber den feudalen Interessen nie voll durchsetzen. Die beiden demokratischen Republiken – die von Weimar und die von Bonn – waren nicht, wie man immer wieder betonen muß, das Produkt eines revolutionären nationalen Wollens oder einer kontinuierlichen Evolution, sondern das Ergebnis von verlorenen Kriegen. Die Bonner Demokratie hat aber im Gegensatz zu ihrer Weimarer Vorgängerin in langen Jahrzehnten der Prosperität und Stabilität ein demokratisches Legitimationsvertrauen ihrer Bürger aufbauen können, das heute nicht nur auf ihrer wirtschaftlichen Leistungskraft, sondern auch auf der direkten Akzeptanz der staatsbürgerlichen Werte durch die große Bevölkerungsmehrheit beruht. Davon profitiert nach der deutschen Vereinigung auch die Berliner Republik.

In der DDR ist das diktatorische System zwar von innen heraus gestürzt worden, doch die demokratische Revolution vom Herbst 1989 wurde zunächst nur von einer Minderheit getragen. So stellt sich in den neuen Bundesländern die Aufgabe, jene Staatsbürgerkultur noch zu entwickeln – die auch im Westen Deutschlands angesichts der älteren deutschen Traditionen nicht vom einen Tag auf den anderen erreicht wurde.

2. Traditionen

Bedingt durch die politischen Systemumbrüche der jüngeren deutschen Geschichte gibt es keine feststehende politische Tradition und keine historische Kontinuität in den politischen Einrichtungen Deutschlands, sondern nur Traditionselemente, die zu verschiedenen Zeiten, je nach den äußeren Bedingungen, unterschiedlich stark gewesen sind. Diese Traditionsbestände prägen zum Teil auch heute noch das politische und soziale Bewußtsein. Daß hier eine zentralstaatliche Organisation fehlte, daß es in Deutschland keine Hauptstadt mit der Ausstrahlungskraft von London oder Paris gab, hat den Diversifikationsprozeß der politischen Kultur noch gefördert.

Zu Beginn des 19. Jahrhunderts brachte die Zeit des Biedermeiers den politisch nicht engagierten Bürger hervor, das idyllische Vorbild des unpolitischen Deutschen, der gleichwohl nicht reiner Individualist ist, sondern sich gern mit seinesgleichen zusammentut. Seitdem spielt das Gemeinschaftsbewußtsein eine große Rolle für die psychische Verfassung der Deutschen. Die Wilhelminische Epoche produzierte gegen Ende des 19. Jahrhunderts jene ungute Verbindung von nationaler Prestigesucht und harter Realpolitik, die Deutschland im 20. Jahrhundert zu einem so schwierigen Partner im Konzert der europäischen Mächte gemacht hat. Unter den Deutschen wuchs die Sehnsucht nach Weltgeltung oder, wie die Parole hieß, »einen Platz an der Sonne« zu erlangen.

Das industrielle Deutschland der Zeit vor dem Ersten Weltkrieg ist mit einer schizophrenen politischen Philosophie groß geworden: Es spannte alle seine Kräfte an, um mit den Mitteln wirtschaftlicher und wissenschaftlicher Rationalität eine industrielle Gesellschaft des technischen Fortschritts aufzubauen, und war dabei auch sehr erfolgreich. Auf der anderen Seite verharrte es in seinen geistigen Grundüberzeugungen und politischen Verhaltensweisen weitgehend nicht nur in der vormodernen Zeit, sondern rechtfertigte diesen, im Hinblick auf die anderen westeuropäischen Staaten, deutschen »Sonderweg« mit einem eigenwilligen Partikularismus und Irrationalismus, den es nach innen und außen verteidigte und auch zur ideologischen Rechtfertigung des Ersten Weltkrieges einsetzte. Das politische Bewußtsein der Deutschen und ihr politisches Verhalten in der Gegenwart sind somit von vielen geschichtlichen Faktoren geprägt worden, die aus oft gegenläufigen Tendenzen herrühren. Das Bild des säbelrasselnden Deutschen, das Deutschland der reaktionären preußischen Junker, kriegslüsternen Militaristen und unterwürfigen, strammstehenden Untertanen ist allerdings erst zu Anfang des 20. Jahrhunderts aufgekommen und hat vor allem die Einstellung vieler Menschen in den westlichen Demokratien gegenüber den Deutschen bestimmt. Aber dieses Deutschlandbild entsprach nie der ganzen Wirklichkeit – heute erst recht nicht.

Der Nationalsozialismus mit seiner falschen Romantik, seiner menschenfeindlichen Rassenlehre und seiner gut geölten Maschinerie des totalitären Staates hat freilich die negativen Bilder des Deutschen noch einmal in aller Welt verbreitet und zum Stereotyp werden lassen. Heute, wo die Deutschen mit Recht anders zu sein glauben, wo sie die Demokratie ernst nehmen, fällt es ihnen schwer zu begreifen, daß ihr internationales Image noch immer von den negativen Erfahrungen der Jahre zwischen 1914 und 1945 bestimmt wird.

Jeder tiefe historische Einschnitt verändert das politische Bewußtsein, das immer auch von den äußeren Bedingungen, unter denen ein Volk lebt, mitgeformt wird. Das Ende des Nationalsozialismus war ein solcher Einschnitt. Deutschland lag am Boden, und es konnte als politisches Gemeinwesen nur wieder Gestalt gewinnen, wenn es bereit war, bestimmten politischen Traditionen, die es in die Katastrophe geführt hatten, abzuschwören. In der Tat haben die Deutschen nach dem Zweiten Weltkrieg ihre nationalsozialistischen, militaristischen und antidemokratischen Traditionen weitgehend unterdrückt – nicht vollständig, aber doch so stark, daß sie keinen bestimmenden Einfluß mehr auf das politische Bewußtsein der Deutschen der Bundesrepublik haben gewinnen können. Deutschland schloß sich wieder der politischen Kultur des Westens an: Es wurde ein Land westlicher Zivilisation.

Die offizielle Politik der Bundesregierungen und der führenden Parteien konnte in der Tat kaum mehr die Befürchtungen nähren, die man in der ersten Hälfte des Jahrhunderts im Ausland immer wieder mit der deutschen Politik assoziiert hatte. Infolge der Katastrophe von 1945 konnte Deutschland sein westlich-demokratisches Potential entwickeln. Aber innerhalb dieses Rahmens wirken gleichwohl einige der alten Traditionen nach, die Deutschland davon abgehalten hatten, bereits im 19. Jahrhundert eine liberale Verfassung zu entwickeln und sich ein parlamentarisches Regierungssystem zu geben.

(a) Die etatistische Tradition

Unter den aus der Vergangenheit nachwirkenden Faktoren ist als erster die Tradition der Staatsgläubigkeit zu nennen, die sich nach dem Zeitalter der Glaubenskriege im Absolutismus entfaltet hat. In Deutschland galt der Staat immer besonders viel. Georg Wilhelm Friedrich Hegel hat ihn zur Wirklichkeit der sittlichen Idee erhoben; seine zahlreichen Epigonen sahen im Staat den Zuchtmeister der sonst ungeordneten Gesellschaft. Der Staat war die Inkarnation des Gemeinwohls. Obwohl auch der über den Parteien stehende Staat vor 1918 sehr wohl die Interessen der herrschenden Klassen wahrte, gelang es ihm, seine Politik den Untertanen als gemeinwohlorientiert darzustellen. Das deutsche politische Denken sah seit der Mitte des 19. Jahrhunderts die ungeformte Gesellschaft als Gegenspieler des geformten Staates. Es sah im Staat nicht die politische Organisation der Gesellschaft, sondern das unanfechtbare Instrument zur Sicherung und Ordnung der gesellschaftlichen Verhältnisse. Dementsprechend wurden Zucht, Pflicht und Gehorsam stets höher eingeschätzt als Freiheit, Individualität und Opposition.

Aus dieser Einstellung erwuchs das Unbehagen an gesellschaftlicher Spontaneität, die Schwierigkeit, Parteien und Interessenverbände anders zu begreifen denn als Manifestationen partikularer Interessen, die sich gegen den Staat als Verkörperung des Allgemeininteresses richteten. Die konservative Kritik am Pluralismus wird im Gefolge des umstrittenen Staatsrechtslehrers Carl Schmitt (1888–1985) immer noch durch diese deutsche Staatsideologie bestimmt. In der politischen Aktivität gesellschaftlicher Gruppen sieht sie ein potentiell anarchisches Element.

Diese Tradition ist nach 1949 jedoch nicht mehr wirklich mächtig geworden. Sie beherrschte in der Ära Adenauer zwar zum Teil noch die offizielle Terminologie der Politik, die den Bürger fester an den Staat binden wollte, aber faktisch hatte sich das pluralistische System der Parteien und Interessenverbände – den heutigen Triebkräften der politischen Willensbildung – voll durchgesetzt. Die moderne deutsche Politikwissenschaft hat vor allem durch die Pluralismustheorie ihres Berliner Gründungsvaters Ernst Fraenkel (1898–1975) einiges zum theoretischen Verständnis des modernen Demokratiemodells beigetragen.

(b) Die unpolitische Tradition

In einem losen Zusammenhang mit dem Etatismus steht die Nachwirkung der Tradition des unpolitischen Deutschen. Sie ist die Fortsetzung der obrigkeitsstaatlichen Untertanengesinnung in die Epoche der Demokratie hinein. Sie drückt sich in der Haltung aus, daß die Politik nicht potentiell Angelegenheit des ganzen Volkes sei, sondern vorzugsweise derer, die dazu berufen seien. Die unpolitische Tradition wurde zunächst verstärkt durch die negativen Erfahrungen mit dem Naziregime. Dessen klägliches Ende belebte in der Masse der Deutschen den Wunsch, nie wieder etwas mit Politik zu tun zu haben. So blieb das Interesse, sich in Parteien zu organisieren, nur auf ca. 3 Prozent der Bevölkerung beschränkt, und auch die vielen Verbände der Bundesrepublik zählen unter ihren Mitgliedern zumeist nur passive Anhänger, die sich an den Prozessen der Meinungs- und Willensbildung kaum beteiligen. Die unpolitische Tendenz wird unterstützt durch die wachsende Bürokratisierung des Staates und die zunehmende Oligarchisierung seiner politischen Führungsgruppen. Der einzelne hat in Deutschland weniger als in den klassischen westlichen Demokratien den Eindruck, er könne die Gestaltung der Verhältnisse mitbestimmen und durch Partizipation am politischen Leben Spuren seines Engagements hinterlassen.

Aus der Tradition des sich auf seine häusliche Sphäre zurückziehenden und dem Kult der Innerlichkeit hingebenden Deutschen, die aus dem Pietismus und dem Biedermeier stammt, kommt die noch immer verbreitete Auffassung, Politik sei nichts für einen anständigen Menschen, man mache sich damit nur die Hände schmutzig: »Politik verdirbt den Charakter!« Dieses Vorurteil begünstigt freilich die Opportunisten und Karrieremacher und bestätigt eben deshalb den bei vielen Bürgern vorherrschenden negativen Eindruck vom politischen Geschäft und seinen Prozeduren.

Die demokratischen Staatsorgane haben sich bemüht, diese Ressentiments gegenüber der Politik bei den Bürgern abzubauen. Sie haben durch politische Bildungseinrichtungen den Versuch gemacht, die Bürger an die Politik heranzuführen. Weniger diese Bemühungen als ein seit 1967 sich stärker artikulierendes Interesse an Partizipation haben den »Ohne-mich«-Standpunkt der Deutschen spürbar zurückgedrängt und zu neuen Formen des Engagements in sogenannten Bürgerinitiativen geführt.

(c) Die Tradition des »deutschen Idealismus«

Im politischen Denken der Bundesrepublik, speziell in einigen politischen Theorien, die um abstrakte Normen kreisen, findet man immer wieder Spuren dessen, was man abgekürzt als die Tradition des »deutschen Idealismus« bezeichnen könnte. Die idealistische Tradition unserer politischen Kultur hängt mit der bereits erwähnten etatistischen und unpolitischen Tradition eng zusammen, doch findet sie ihre charakteristische Ausprägung in einer Denkhaltung, welche die vorfindlichen politischen und sozialen Verhältnisse an einem *idealen* Maßstab mißt und darum zu mehr oder weniger vernichtenden Urteilen über die bestehenden Verhältnisse kommt. Aufgrund dieser Tradition hat sich in Deutschland immer wieder ein unversöhnlicher Gegensatz zwischen Geist und Macht entwickelt, der auch die zum Teil extrem kritische oder zumindest skeptische Einstellung vieler Schriftsteller gegenüber der Politik der Bundesrepublik und ihrer Organe erklärt. Die idealistische Tradition begünstigt immer von neuem die *Spekulation*, den unguten Hang auch eines Teils der modernen Sozialwissenschaft in der Bundesrepublik während der sechziger und siebziger Jahre, sich in theoretischen Spitzfindigkeiten zu ergehen, die mit der empirischen Wirklichkeit wenig zu tun haben, oder diese Wirklichkeit an einem abstrakten, weltfremden theoretischen Ideal zu messen, vor dem sie nicht bestehen kann.

In der studentischen Protestbewegung seit 1966/67 kam es zeitweilig zu einem erneuten Durchbruch dieser idealistischen Denktradition. Die politischen Verhältnisse in der Bundesrepublik erschienen folglich als total verdorben, ja als Auftakt zu einem neuen Faschismus. Die in der politischen Theoriediskussion entwickelten Entwürfe und Erwartungen, z. B. zur Rätedemokratie oder zur Rolle der sozialen Randgruppen als der neuen Statthalter des revolutionären Proletariats, erwiesen sich aber als so wenig mit der konkreten Wirklichkeit vereinbar, daß sie für die politische Praxis untauglich waren.

Nach wenigen Jahren des idealistischen Überschwangs ist seit Mitte der siebziger Jahre eine »Tendenzwende« eingetreten. Heute sind im politischen Denken der Bundesrepublik neben fortdauernden idealistischen Denkrichtungen wieder jene skeptischen und antiideologischen Einstellungen einflußreich, welche die politische Kultur schon während der ersten zwei Jahrzehnte seit Bestehen der Bundesrepublik charakterisierten.

(d) Die Tradition der Konfliktscheu

Das Gewicht der Tradition wird ferner spürbar im Unvermögen vieler Deutschen, den begrenzten und geregelten Konflikt als Mittel produktiver Gesellschaftsgestaltung anzuerkennen. Die Deutschen haben ihre Sucht nach Harmonie, nach einem alle verbindenden Band nationaler Gemeinschaft fast immer dem Interesse an fairer Konkurrenz und offenem Wettbewerb übergeordnet. Zum Beispiel ist die innere Ordnung der Parteien nicht nur ein Problem zwischen der Masse der Parteimitglieder und der Führungsspitze, sondern auch ein Problem der konfliktscheuen deutschen Öffentlichkeit, die Richtungskämpfe und interne Differenzen innerhalb und zwischen politischen Gruppen gern als Zeichen der Schwäche deutet. Konflikte erscheinen in dieser Perspektive als Ausdruck der Unvollkommenheit einer sozialen Ordnung.

Vor diesem Hintergrund ist das immer wieder aufflackernde Interesse der Deutschen an sozialen Utopien zu erklären, an Gesellschaftsentwürfen, die Konflikte und Meinungsverschiedenheiten nicht kennen, weil alle sich einig seien. Dieses radikale Verlangen nach einer besseren Ordnung, das bei vielen mit einer ebenso radikalen Ungeduld gepaart ist, hat sich im Wiederaufleben des Rechtsextremismus und im studentischen Linksradikalismus erneut manifestiert. Dadurch schien die pragmatische Grundhaltung, die so viel zur Stabilisierung der politischen Verhältnisse in Westdeutschland beigetragen hat, ernsthaft in Frage gestellt. Während der Studentenrebellion und im Gefolge der Vereinigung ist ein Zug der Intoleranz und Ungeduld in die deutsche Politik gekommen, der die Tradition des deutschen Radikalismus und Irrationalismus, welche nach 1945 abgebrochen zu sein schien, wieder verstärkt hat, ohne allerdings die Stabilität der politischen Verhältnisse ernsthaft gefährden zu können.

(e) Die Tradition des Formalismus

Als letztes ist noch eine Eigenheit des deutschen politischen Lebens zu erwähnen, die sich auch in der Bundesrepublik ziemlich ungebrochen fortgesetzt hat: die Tendenz, politische Probleme in formale Rechtsprobleme zu transformieren und unter juristischen Gesichtspunkten zu diskutieren. Diese Tendenz geht vor allem auf das Konto der Juristen, die seit jeher das Rückgrat der deutschen Bürokratie und der Interessenorganisationen bilden und das öffentliche Leben bis hin zu den heutigen Parlamenten stark geprägt haben. Der juristische Formalismus wird von Nichtjuristen oft kopiert und noch übertrumpft, z. B. in Geschäftsordnungsdebatten. Damit hängt zusammen, daß heute in Deutschland, ob im Westen oder Osten, die Lösung politischer Fragen oft abhängig gemacht wird von rechtlichen Voraussetzungen. Juristische Fiktionen haben zum Beispiel die Deutschlandpolitik der Bundesrepublik viele Jahre belastet. Rechtliche Streitigkeiten hemmen die Entwicklung eines balancierten Föderalismus, und die Politiker selbst haben die Neigung, politische Streitigkeiten durch die höchsten Gerichte klären zu lassen. Die Fixierung auf das formale, gesetzte Recht verstellt dabei oft den Blick auf die eigentlichen Probleme.

Im ganzen ist das Gewicht der negativen politischen Traditionen allerdings nicht mehr so stark, daß es das politische Bewußtsein der Deutschen in einen direkten Gegensatz zu den Prinzipien der demokratischen Ordnung bringen könnte. Andererseits ist das gegenwärtige politische Bewußtsein noch kein verläßlicher Garant für eine Sicherung der demokratischen Verfassungsordnung auch in Krisenzeiten.

3. Wandlungen im politischen Bewußtsein

Während die politische, soziale und wirtschaftliche Struktur der Bundesrepublik im wesentlichen gleichgeblieben ist, d. h. sich so fortentwickelte, wie sie sich in der Nachkriegszeit herauskristallisiert hatte, machte das politische Bewußtsein in Westdeutschland einige bemerkenswerte Wandlungen durch, vor allem in den Jahren zwischen 1965 und 1975. Waren die allerersten Jahre nach dem Krieg vor allem bestimmt durch die Konzentration auf den Wiederaufbau, die Behebung der wirtschaftlichen Not und die Sicherung der privaten Lebensverhältnisse, so setzte in den fünfziger Jahren zunehmend eine Tendenz zur Identifizierung der Bevölkerung mit den Grundwerten der politischen und ökonomischen Ordnung ein, welche die Bundesrepublik geschaffen hatte. Es war die Identifikation mit einem politischen System, das offenbar in der Lage war, die dringendsten materiellen Bedürfnisse zu befriedigen und darüber hinaus stetig neue, erweiterte Möglichkeiten individueller Selbstgestaltung und materieller Statusverbesserung bereitzustellen.

In den sechziger Jahren geriet dieses Identitätsbewußtsein in eine gewisse Krise, und zwar sowohl in außenpolitischer wie in innenpolitischer Hinsicht. Außenpolitisch wurde die Westorientierung der Bundesrepublik von manchen zunehmend in Frage gestellt, nicht nur weil diese entgegen den (Wahl-)Versprechungen Adenauers keine Wiedervereinigung herbeigeführt hatte, sondern auch, weil die amerikanische Bündnisvormacht durch ihre Verwicklung in den Vietnamkrieg in Verruf kam. Innenpolitisch zeigte sich, daß die Wohlstandsgesellschaft nicht nur Vorteile, sondern auch vielfältige Probleme neuer Art mit sich brachte, für die es noch keine befriedigende Antwort gab. Damals kamen in wachsendem Maße Bestrebungen auf, die gesellschaftliche Entwicklung stärker zu planen, das bisher vorherrschende Interesse an einem ungezügelten Wirtschaftswachstum durch eine bewußte Politik der Sicherung der Umwelt und der Schaffung humaner Lebensordnungen zu korrigieren. Schließlich trat als ein besonders wichtiges Problem die Reform der Bildungsinstitutionen und ihre Anpassung sowohl an den technischen Fortschritt als auch an die gewachsenen Bedürfnisse nach größerer Chancengleichheit auf den Plan. Ein neues Interesse an Fortentwicklung und Veränderung der Gesellschaft brach durch, das sich besonders vehement in der studentischen Protestbewegung mit ihrem starken Affekt gegen jede Autorität manifestierte, aber auch in dem erfolgreichen Slogan der sozialdemokratischen Wahlkampagne von 1969 seinen Ausdruck fand: »Wir bauen das moderne Deutschland!« Es schien, als habe man nach dem vollzogenen und stetig weitergetriebenen Wiederaufbau von Wirtschaft und Gesellschaft nun erstmals das Bedürfnis nach durchgreifenden Veränderungen, nach inneren Reformen, mit deren Hilfe die Bundesrepublik zu einer besonders fortschrittlichen und sozial gerechten demokratischen Republik entwickelt werden sollte. Dieses geistige Klima bestimmte die Jahre von 1966 bis 1974.

In der Studentenrevolte, die 1966/67 von (West-)Berlin ihren Ausgang nahm, wurde das Unbehagen der jungen Generation gegenüber einer als erstarrt, immobil und autoritär empfundenen Gesellschaft und Politik unmittelbar virulent. Die studentische Protestbewegung war das auslösende Moment für eine Veränderung des politischen Bewußtseins in der Bundesrepublik, die zwar den bis dahin gültigen Wertekonsens der Bevölkerung nicht ernsthaft in Mitleidenschaft ziehen konnte, gleichwohl in den führenden, die geistige Situation bestimmenden Schichten der Gesellschaft Wirkungen zeigte. Auch Gruppen und Organisationen, wie z. B. die politischen Parteien und die führenden Organe der öffentlichen Meinung, die an sich kein vorrangiges Interesse an einer Umgestaltung der Gesellschaft und ihrer Wertmaßstäbe hatten, wurden unter Druck gesetzt, sich mit der von der studentischen Bewegung ausgehenden kritischen Bestandsaufnahme der Bundesrepublik auseinanderzusetzen und gewisse Themen und Grundgedanken dieser Theoriedebatte in ihre Programme und in ihre politische Rhetorik zu übernehmen.

Der Wandel im politischen Bewußtsein, der in den sechziger und siebziger Jahren in der Bundesrepublik vor sich ging, verdankt sich weitgehend einem Konflikt zwischen den Generationen. Die erste Generation der Bundesdeutschen hatte nach den Zerstörungen von 1945 den Wiederaufbau geleistet; deren Nachfolger hatten sich als zweite Generation in den neuen Verhältnissen häuslich einzurichten begonnen; die dritte, die kritische Generation war nicht mehr bereit, den Wiederaufbau als ein positives Verdienst zu sehen. Sie war wegen der fehlenden historischen Erfahrung auch nicht mehr in der Lage, das Geleistete mit den Verhältnissen der nationalsozialistischen Diktatur oder der ersten Republik zu vergleichen. Sie maß vielmehr die bestehenden Verhältnisse an sehr hohen, zum Teil utopischen Maßstäben, die ihr durch die idealistische Tradition oder durch eine in sich geschlossene (marxistische) Theorie geliefert wurden. Eine Folge dieser Ideologisierung war seit 1969 die Polarisierung zwischen den Regierungsparteien und der Opposition, obwohl in fast allen Fragen der praktischen Politik die Differenzen zwischen den Parteien eher geringfügig waren. In der durch die Regierung Brandt 1969 ausgelösten Reformeuphorie, die mit großen Erwartungen in bezug auf Veränderungen des politischen Systems verbunden war, konnten sich die neuen Ideen zunächst entfalten. Sie wirkten jedoch in erster Linie auf die Form der intellektuellen Auseinandersetzung ein, besaßen aber nicht genügend verwandelnde Kraft, um die politische Realität dauerhaft umzugestalten.

Studiert man die zahlreichen demoskopischen Umfragen, die im Laufe der Jahre zur Ermittlung von Tendenzen der politischen Kultur in der Bundesrepublik erhoben worden sind, so ergibt sich ein deutliches Zurücktreten autoritärer und obrigkeitsstaatlicher Einstellungen und Verhaltensdispositionen, und zwar am sichtbarsten in der jungen Generation, bei der sich bereits eine starke Orientierung auf die sogenannten postmateriellen Werte zeigt. Leitideen wie die freie Selbstbestimmung des Menschen und eine vom industriellen Wachstumsprozeß abgekoppelte Idee der Lebensqualität stehen nun im Vordergrund. So wurde die politische Einstellung der jungen Generation in der postindustriellen Gesellschaft nach den herkömmlichen Kriterien zwar demokratischer, sie befand sich jedoch oft auch im Konflikt mit den für die Aufbauperiode bestimmenden Werten der Leistungsgesellschaft. In den neuen Einstellungen wurden antiautoritäre und romantische Tendenzen wirksam, die oberflächlich als demokratisch firmierten, aber, wie im extremsten Fall des linken bzw. rechten Terrorismus, auch destruktiv auf eine politische Kultur einwirken können.

Insgesamt aber haben sich die Veränderungen im politischen Bewußtsein der Bundesdeutschen während der sechziger und siebziger Jahre sehr positiv auf die politische Kultur in der Bundesrepublik ausgewirkt, was insbesondere von ausländischen Beobachtern hervorgehoben worden ist. So gaben Almond und Verba 1980 einen Folgeband zu ihrem klassischen Werk (siehe oben S. 174) heraus, in welchem sie Konzept und Befunde der Politischen-Kultur-Forschung einer Überprüfung und Aktualisierung unterzogen. In dem Länderbeitrag über die Bundesrepublik Deutschland kam der amerikanische Politikwissenschaftler David Conradt anhand der Auswertung neuerer Umfrageergebnisse zu dem Schluß, daß in Deutschland in der Zwischenzeit autoritäre zugunsten von demokratischen Verhaltensweisen zurückgetreten seien; die Bürger seien nicht mehr einseitig an den wohlfahrtsstaatlichen Leistungen, sondern auch an den politischen Strukturen und Einflußmöglichkeiten interessiert; und individualistische Einstellungen hätten begonnen, den traditionellen deutschen Kollektivismus zu verdrängen. Schon 1977 hatte der amerikanische Sozialwissenschaftler Ronald Inglehart in einer bahnbrechenden Studie über die »Stille Revolution« in den westlichen Industriegesellschaften festgestellt, daß auch in der Bundesrepublik ein Übergang von den eher materialistischen Orientierungen an Lebensstandard und Einkommen hin zu postmaterialistischen Werthaltungen, z. B. in der Bewahrung des Friedens und der Umwelt, festzustellen sei.

In der gegenwärtigen Strukturkrise der westlichen Volkswirtschaften und des demokratischen Sozialstaates wird man solche Schlußfolgerungen über einen umfassenden Wertewandel in der modernen Gesellschaft sicherlich einschränken müssen. Doch gibt es keine Anzeichen dafür, daß die Bundesbürger mit ihren politischen Einstellungen und Verhaltensweisen wieder völlig in die traditionelle deutsche politische Kultur zurückzufallen drohen. Vielmehr sind sich alle deutschen und ausländischen Experten darin einig, daß sich die politische Kultur in Deutschland derjenigen einer modernen Demokratie weitgehend angenähert hat. Die Bundesrepublik ist mit den Einstellungen, Verhaltensweisen und Werten in vielem den westlichen Demokratien ähnlich geworden, auch wenn spezifische deutsche Traditionen immer noch nachwirken. Die im Rahmen der konservativen Regierungsübernahme im Jahre 1982 verkündete geistige »Wende« zurück zu den Werten der politischen Kultur aus der Zeit vor der 68er-Revolution ist weitgehend nicht eingetreten. Vielmehr hatte die CDU in den siebziger Jahren unter ihrem neuen Vorsitzenden Helmut Kohl zahlreiche Modernisierungsanstöße aufgenommen und bemühte sich seit der Regierungsübernahme ansatzweise auch um die Integration von alternativen Interessen. Diese Abmilderung der traditionellen Gegensätze zwischen den politischen Lagern der Bundesrepublik hat dazu geführt, daß der jüngste Regierungswechsel vom Oktober 1998 in der öffentlichen Wahrnehmung wesentlich undramatischer als seine Vorgänger im Jahre 1969 und 1982 gesehen wird.

Im Rückblick auf die Entwicklung der politischen Kultur in Westdeutschland ergibt sich das erfreuliche Fazit, daß demokratische Einstellungen und Verhaltensweisen zwar nicht vom einen auf den anderen Tag mit einem Systemwandel oder einer neuen Verfassung veränderbar, aber doch über längere Zeiträume zu erlernen sind. Diese Leistung hat der Sozialphilosoph Jürgen Habermas 1986 in einem Zeitungsartikel, mit welchem er den sogenannten Historikerstreit eröffnete, auf die Formel gebracht: »Die vorbehaltlose Öffnung der Bundesrepublik gegenüber der politischen Kultur des Westens ist die große intellektuelle Leistung unserer Nachkriegszeit.« Dem ist hinzuzufügen, daß diese Leistung keineswegs allein das Verdienst einer intellektuellen Elite war, sondern von der breiten Bevölkerung erbracht wurde.

Die Vereinigung Deutschlands hat auch für die politische Kultur der nunmehr vergrößerten Republik eine völlig neue Lage geschaffen. Jetzt steht die deutsche Politik und Gesellschaft in der unerwarteten und schwierigen Pflicht, das Zusammenwachsen zweier, durch eine vierzigjährige Trennung voneinander geschiedener politischer Kulturen zu erreichen – ein Experiment, das zur Zeit in vollem Gange ist, aber vermutlich noch sehr viel mehr Zeit beanspruchen wird als die äußere Angleichung der Lebensverhältnisse in Ost- und Westdeutschland.

4. Die politische Kultur nach der deutschen Vereinigung

Die vierzigjährige Trennung der beiden deutschen Staaten hat naturgemäß in Ost- und Westdeutschland zwei verschiedene politische Kulturen hervorgebracht. Es gehört zu den wichtigsten Aufgaben des sich vollziehenden Einigungsprozesses, diese wieder einander anzunähern. Die politische Kultur der Bundesrepublik war das Ergebnis einer freien politischen Entwicklung, die sich im Zusammenwirken von politischen Institutionen und Bürgern unter gleichzeitiger Verarbeitung von Traditionsbeständen entfaltet hat. Im Gegensatz zur sozialistischen DDR konnte es in der Bundesrepublik eine offizielle, durch die Staatsorgane zu realisierende politische Kultur nicht geben. Diese war vielmehr das Ergebnis eines historischen Prozesses, der zu einem weitgehenden, häufig angefochtenen Konsens über die grundlegenden Werte und Prinzipien der demokratischen Ordnung in der Bundesrepublik geführt hat.

In der DDR hielt es die SED als führende Partei für ihre Aufgabe, mit den Mitteln totalitärer Herrschaft eine politische Kultur zu entwickeln, die der marxistisch-leninistischen Ideologie entnommen war und auf die Herausbildung einer wahrhaft sozialistischen Gesellschaft und eines dieser Gesellschaft gemäßen neuen Menschen abzielte. Die sozialistische Persönlichkeit, wie sie durch die Sozialisationsinstanzen Familie, Betrieb und Massenorganisationen sowie die Institutionen des Bildungssystems zu erziehen war, sollte sich durch Freude zur Arbeit, solidarisches Kollektivverhalten, antifaschistische und internationalistische Einstellungen, aber auch durch »Haß gegen den Klassenfeind« auszeichnen.

Doch die von Partei und Staat in der DDR verordnete neue politische Kultur knüpfte durchaus an ältere deutsche Traditionen an, indem sie der Gesellschaft, den führenden Parteien und dem Staat einen eindeutigen Vorrang vor den Bedürfnissen und Neigungen der Individuen zuwies. Die traditionelle deutsche Staatsloyalität ließ sich trotz der ideologischen Unterschiede auch auf die SED-Herrschaft übertragen. Allerdings ist es den Machthabern in der DDR nicht gelungen, die von ihnen gewollte politische Kultur im Volk wirklich durchzusetzen. So bestand neben der offiziellen politischen Kultur, die man eine *Ziel*kultur genannt hat, eine *reale* politische Kultur des Verhaltens und der Einstellungen der Mehrheit der DDR-Bürger, die von den geforderten Normen der offiziellen politischen Kultur bemerkenswert abwich. Die große Masse der DDR-Bürger arrangierte sich nach außen mit den Forderungen der Partei, leistete ihnen Lippendienst und vermied nach Möglichkeit jede kritische Konfrontation mit der sozialistischen Staatsmacht. Zugleich waren die DDR-Bürger in ihrer Mehrheit bestrebt, ihre private Sphäre dem Zugriff des Staates zu entziehen und sich individuelle, politikferne Freiräume für ihre persönliche Lebensgestaltung zu schaffen, die man als »Nischen« (Günter Gaus) bezeichnet hat.

Die beiden politischen Kulturen der DDR, die offizielle und die reale, standen in einem komplizierten Beziehungsverhältnis. Sie waren nicht antagonistisch aufeinander bezogen, sondern existierten dualistisch nebeneinander. Die DDR-Bürger lebten in einer gespaltenen politischen Kultur: Im öffentlichen Dasein fügten sie sich den Anforderungen der offiziellen politischen Kultur, im privaten Leben machten sie sich soweit wie möglich davon frei und führten ein bewußt unpolitisches Dasein (mit dem, auch hier, heißbegehrten Automobil und möglichst einer »Datscha«). Beide Arten der politischen Kultur der DDR waren stärker als die der Bundesrepublik mit Traditionsbeständen behaftet, die aus der deutschen Geschichte übernommen waren. Die Erfahrungen und Überlebensstrategien in der DDR als der »zweiten deutschen Diktatur« (Karl Dietrich Bracher) führten dazu, daß die autoritären, etatistischen, gouvernementalen, heimatverbundenen und solidarischen, aber z. T. auch ausländerfeindlichen Einstellungen und Werte von den Ostdeutschen stärker und länger als von den Westdeutschen bewahrt wurden. Deshalb wirkte die DDR-Gesellschaft im Urteil mancher Beobachter »deutscher« und anheimelnder als die sich immer rascher modernisierende und internationalisierende Bundesrepublik.

Der Zusammenschluß der beiden Staaten soll auch die bislang getrennten politischen Kulturen der alten Bundesrepublik und der DDR langfristig zu *einer* politischen Kultur verbinden. Dieser Prozeß wird noch mehr Zeit benötigen als die in Gang befindliche wirtschaftliche und soziale Integration der ehemaligen DDR in die Bundesrepublik, denn lang eingeübte Verhaltens- und Denkweisen lassen sich sehr viel schwerer verändern als Institutionen. Zwar ist in den neuen Bundesländern von der offiziellen politischen Kultur der DDR nach dem Zusammenbruch des SED-Regimes so gut wie nichts übriggeblieben, stand doch die kommunistische Utopie einer neuen sozialistischen Persönlichkeit auf eher tönernen Füßen. Doch die reale politische Kultur, welche die Ostdeutschen während der DDR-Zeit gelebt haben, wird auch im vereinigten Deutschland auf lange Zeit nachwirken. Sie beruht vor allem auf den Erfahrungen der Ostdeutschen in vier Jahrzehnten DDR, die sie nicht von einem Tag auf den anderen vergessen können. Bei diesen Erinnerungen handelt es sich kaum, wie im Westen beklagt wird, um nostalgische Gefühle für die ehemalige DDR als einem Staat und noch weniger um Sehnsucht nach dem alten politischen System des autoritären Kommunismus. Vielmehr bestehen die Deutschen in den neuen Bundesländern auf einem natürlichen Selbstwertgefühl, wenn sie darauf stolz sind, auch in der DDR etwas geleistet zu haben, z. B. den weitaus größten Teil der Schuldenlast gegenüber der Sowjetunion getragen und Jahrzehnte einer wirtschaftlichen wie politischen Mangelgesellschaft ausgehalten zu haben. Die ostdeutschen Einstellungen und Werte, die dieses Überleben ermöglicht und schließlich sogar eine mutige Minderheit im Herbst 1989 zur friedlichen Revolution motiviert haben, können nicht pauschal mit dem Aufgehen der DDR in der Bundesrepublik Deutschland *ad acta* gelegt werden.

Seit der staatlichen Vereinigung Deutschlands im Oktober 1990 wächst die politische Kultur der Ost- und der Westdeutschen in einem schwierigen und vielschichtigen Prozeß zusammen. Es ist keineswegs so, wie manche im Westen postulieren, daß die Deutschen in den neuen Bundesländern mit der Verfassungsordnung der Bonner Bundesrepublik auch pauschal deren politisches Bewußtsein zu übernehmen hätten oder übernommen haben. Die Umfrageforschung hat zwar ergeben, daß sich die kurzfristigen Meinungen zu politischen Alltagsfragen in den neuen und alten Bundesländern schon fast angeglichen haben. Aber in den längerfristigen Einstellungen und noch mehr in den zugrundeliegenden Werthaltungen unterscheiden sich die Deutschen in Ost und West noch erheblich voneinander. In den neuen Bundesländern beruht die Zustimmung zum politischen System der Bundesrepublik und seinen Institutionen noch überwiegend auf der wirtschaftlichen Leistungskraft des – jetzt demokratischen – Staates und entspricht damit der älteren deutschen politischen Tradition, wie sie auch in den fünfziger Jahren grundlegend für die Zustimmung der Westdeutschen zur Demokratie des Grundgesetzes war. Partizipative Werthaltungen, wie sie in der Bundesrepublik seit den sechziger Jahren größere Bedeutung gewannen, sind in den neuen Bundesländern noch unterentwickelt. Das darf nach fast sechs Jahrzehnten, welche die Deutschen zwischen Elbe und Oder unter zwei Diktaturen verbringen mußten, nicht verwundern.

Die noch bestehenden Unterschiede zwischen den politischen Kulturen der Deutschen in Ost und West können erst in einem langwierigen Lernprozeß ausgeglichen werden. Dabei zeigen sich schon heute sehr unterschiedliche Fortschritte zwischen den verschiedenen Generationen. Die älteren Deutschen, die als Jugendliche in Deutschland-Ost oder in Deutschland-West aufgewachsen und sozialisiert worden sind, werden wahrscheinlich zeit ihres Lebens Ost- bzw. Westdeutsche bleiben. Die Heranwachsenden, welche die deutsche Vereinigung im Jahr 1989/90 als Jugendliche erlebt haben, finden schon heute leichter Zugang zueinander. Doch erst mit jenen Generationen, die im vereinigten Deutschland geboren worden sind, werden sich die Unterschiede der politischen Kulturen vom Gegensatz zwischen Ostdeutschland und Westdeutschland auf regionale Andersartigkeiten reduzieren, wie sie sozusagen traditionell z. B. zwischen Mecklenburgern und Sachsen oder Bayern und Westfalen bestehen.

Die politische Kultur, die einmal aus diesen langwierigen Lernprozessen hervorgehen dürfte, wird wesentlich an die politische Kultur der alten Bundesrepublik anknüpfen, aber nicht mit ihr identisch sein. Nicht nur werden in diese gesamtdeutsche politische Kultur auch Elemente der realen politischen Kultur der ehemaligen DDR, wie der dort fortgeschrittenere Prozeß der Entkirchlichung und Säkularisierung, möglicherweise sogar der Entfremdung von Politik und insbesondere Parteien, eingehen. Auch hat sich die internationale Lage des vereinigten Deutschlands in einem Maße geändert, insbesondere auch nach dem Zusammenbruch des kommunistischen Systems gegenüber dem Osten Europas geöffnet, daß das politische Bewußtsein der Bundesdeutschen wohl nicht mehr so einseitig nach Westen ausgerichtet sein wird wie in den Zeiten der deutschen Teilung. Diese Lern- und Orientierungsprozesse auf dem Gebiet der politischen Kultur erfordern von allen Deutschen viel Geduld, zumal angesichts der Herausforderungen und Folgen der europäischen Integration für die Einstellungen und Verhaltensweisen der Bürgerinnen und Bürger in den Mitgliedstaaten.

Prägnanter als alle Sozialwissenschaftler hat der damalige Bundespräsident Richard von Weizsäcker die Situation in seinem ersten Interview mit dem Fernsehen der DDR Mitte Dezember 1989 nach der Öffnung der Berliner Mauer auf den Begriff gebracht, ist dafür aber auch von konservativen Parteifreunden gerügt worden, als er im Anschluß an ein berühmtes Wort Willy Brandts vom Abend des 9. November konstatierte: »Meine Meinung ist, daß wir eine Nation sind, und was zusammengehört, wird zusammenwachsen. Es darf nicht der Versuch gemacht werden, daß es zusammenwuchert. Wir brauchen die Zeit.«

VIII. Kapitel

Verbände

1. Die Macht der Verbände

Die Verfolgung partikularer Interessen gilt in der deutschen Tradition des politischen Denkens von der Einheit des Staates und seinem Vorrang vor der Gesellschaft als eher anrüchig. Vor diesem Hintergrund werden die Interessengruppen zumeist Verbände genannt, um mit einem solchen vermeintlich wertneutralen Begriff zu suggerieren, daß es sich um Organisationen des gesellschaftlichen Lebens handele, die mit Politik und deren Beeinflussung primär nichts zu tun hätten. Den Verbänden selbst, auch den politisch einflußreichen, ist es ebenfalls lieber, wenn von ihnen nicht als »Interessenvertretungen« oder im Sinne des amerikanischen Sprachgebrauchs als »*Pressure-groups*«, Druck ausübenden Gruppen, gesprochen wird. Noch allergischer reagieren sie auf den durch die Politikwissenschaft auch in Deutschland eingeführten Begriff des *Lobbyismus*, der sich von der Lobby, der Vorhalle des englischen Parlaments, ableitet, in welcher die Verbandsvertreter ihre Anliegen den Volksvertretern nahebringen.

Tatsächlich verfolgt die Mehrzahl der deutschen Verbände nicht primär politische Interessen. Bei den meisten der über 2500 Verbände handelt es sich um relativ unpolitische Organisationen, Standesvertretungen für bestimmte Berufsgruppen, Vereinigungen zur Erreichung bestimmter Ziele oder zur Pflege von Traditionen, die nur selten, nämlich in für ihr Interesse wichtigen Situationen, auch politischen Druck auszuüben versuchen. Die ständige Beobachtung und Einwirkung auf die Politik ist nur für jene Großverbände typisch, die mit Hilfe eines zum Teil aufwendigen bürokratischen

Apparates ihren Standpunkt bei Regierung und Parlament zu Gehör bringen, da ihre Interessen jederzeit durch politische Entscheidungen berührt werden können.

Diese Großverbände bestimmen das Bild des organisierten Pluralismus in Deutschland. Besonders einflußreich sind dabei in der deutschen Industriegesellschaft die Verbände zur Vertretung der Interessen der Arbeitgeber und der Arbeitnehmer, die Kirchen, die Verbände der Bauern und Beamten sowie als zeitgeschichtlich bedingte Erscheinung lange Zeit die Organisationen der Kriegsgeschädigten und Vertriebenen. Sie alle verfolgen mit unterschiedlicher Intensität und unterschiedlichen Schwerpunkten die Politik der Bundesregierung und haben ein weitverzweigtes Netz von Einflußkanälen geschaffen, um die politischen Entscheidungsträger davon abzuhalten, etwas gegen ihre Interessen zu tun, bzw. sie dazu zu veranlassen, in ihrem Interesse zu handeln.

Auch wenn ein Teil der heutigen Interessenorganisationen der Bundesrepublik erst nach der Gründung des westdeutschen Staates ins gesellschaftliche Leben trat, so war doch die Interessenstruktur der deutschen Gesellschaft schon lange vorher in der zweiten Hälfte des 19. Jahrhunderts in der Phase des »organisierten Kapitalismus« (Rudolf Hilferding) ausgebildet worden. In vielen Fällen, wie z. B. auf seiten der Arbeitgeber, handelte es sich nach 1945 nur um die Fortführung der alten Organisationen unter neuer Führung. Ziele und Taktik jeder Interessengruppe, nämlich möglichst viel Macht und Einfluß für sich zu gewinnen, werden naturgemäß an den bestehenden politischen Strukturen orientiert. So waren etwa die Kirchen als im Dritten Reich einigermaßen integer und intakt gebliebene Organisationen in den Jahren nach 1945 besonders einflußreich, während die Arbeitgeber wegen ihrer durch die Kooperation mit dem nationalsozialistischen Regime zunächst angeschlagenen Machtposition erst in Verbindung mit dem deutschen Wirtschaftsaufschwung wieder Einfluß gewinnen konnten. Umgekehrt war die Organisation der Vertriebenen in den fünfziger Jahren stärker und einflußreicher als seit den späten sechziger Jahren, da nun die Integration der Flüchtlinge in die deutsche Gesellschaft bereits sehr weit fortgeschritten war.

Abgesehen von solchen Machtverschiebungen haben sich die bestimmenden Interessen der deutschen Gesellschaft nach dem

Kriege überraschend schnell organisatorisch artikuliert und jenen soliden Pluralismus hervorgebracht, welcher der deutschen Parteipolitik nur mehr einen relativ engen Spielraum für eine freie Gestaltung und Veränderung der Gesellschaft läßt. Das pluralistische System besitzt in der Bundesrepublik Deutschland eine große Macht. Es ist im wesentlichen ein System zur Erhaltung eines einmal – und zwar durch den Wiederaufbau und die Politik der ersten Jahre der Regierung Adenauer – geschaffenen *Status quo*. Innerhalb dieses Systems stehen die Interessenverbände zwar oft in Konkurrenz miteinander, sie stellen jedoch ebensowenig wie die staatstragenden Parteien das System in Frage. Dadurch erhält der gesellschaftliche Status quo ein so starkes Gewicht, daß der Parteienstaat notgedrungen zu einem System koordinierenden Ausgleichs und der Bewahrung des etablierten sozialen Pluralismus geworden ist.

Die solide Fundamentierung des deutschen Interessenpluralismus ist vor allem der Tatsache zuzuschreiben, daß es der westdeutschen Gesellschaft, im Gegensatz zur Situation in der Weimarer Republik, gelungen ist, das Interessengefüge durch eine weitgehende Arbeitsteilung zu rationalisieren. In aller Regel gibt es für ein bestimmtes dominierendes gesellschaftliches Interesse nur einen Interessenverband. Nur in sehr begrenztem Maße sind die deutschen Interessengruppen gezwungen, sich im Kampf um die Werbung von Mitgliedern gegenseitig Konkurrenz zu machen. Die staatlichen Stellen oder die Interessenopposition können darum selten rivalisierende Gruppen mit gleichen Interessen gegeneinander ausspielen. Dies gibt dem jeweils tonangebenden Interessenverband naturgemäß eine starke Machtstellung in der Gesellschaft und verhindert Ausbrüche einzelner Gruppen aus dem die Verhältnisse stabilisierenden pluralistischen Konsens, die das eingespielte System aus dem Gleichgewicht werfen könnten.

Trotz der festen Verankerung des Interessenpluralismus in der bundesdeutschen Wirklichkeit ist dessen faktische Situation theoretisch noch nicht hinreichend bewältigt. Noch immer ist es dem deutschen politischen Denken aus seiner etatistischen Tradition heraus unbehaglich, wenn von der »Herrschaft der Verbände« (Theodor Eschenburg) gesprochen wird. Noch immer meint man, entsprechend der überholten Theorie vom Dualismus zwischen Staat und Gesellschaft, daß der Einfluß von gesellschaftlichen Interessen auf die politische Entscheidung illegitim sei. Die Verbände ihrerseits tragen diesem Umstand Rechnung, indem sie immer wieder versuchen, ihre Sonderinteressen mit der Aura des Gemeinwohls zu umgeben und der Öffentlichkeit darzulegen, daß die Berücksichtigung von je eigenen Interessen dem Wohl des Ganzen diene. Dadurch kommt ein Zug von Unaufrichtigkeit und ein weltanschauliches Pathos in die deutsche Interessenpolitik, der mit der pragmatischen Grundorientierung dieser Politik immer wieder in Konflikt gerät. Der Berliner Politikwissenschaftler Ernst Fraenkel hat deswegen – vor dem Hintergrund der in dieser Hinsicht unbefangeneren US-amerikanischen Demokratie – die Auffassung vertreten, die Bundesrepublik leide nicht nur an einer »Verbandsprüderie«, sondern auch an einem »unterentwickelten Pluralismus«. Gemeint ist nicht ein zu geringer Umfang der Tätigkeit von Interessengruppen im deutschen politischen System, sondern die Verschämtheit und Unehrlichkeit, mit der die Macht der Interessen legitimiert und ausgeübt wird. So groß der faktische Konsens der führenden Interessengruppen über ihre Rolle und Stellung im demokratischen System auch ist, das politische Bewußtsein der deutschen Führungsschicht hat noch immer nicht voll akzeptiert, daß Interessenartikulation und Interessendruck auf den Staat notwendig zu einer freien Staatsbürgergesellschaft gehören.

Aus dieser reservierten Einstellung gegenüber der politischen Einflußnahme von Interessenverbänden kann sich unter kritischen Verhältnissen eine Gefahr für die Aufrechterhaltung eines gezügelten Pluralismus ergeben, die in Deutschland erneut zur Verstärkung der staatlichen Autorität auf Kosten der gesellschaftlichen Freiheit führen könnte. Diese aus der etatistischen Tradition herrührende Gefahr wird durch die Neigung der Verbände verstärkt, das partikulare Interesse, welches sie vertreten, für das Allgemeininteresse auszugeben. In vielen Fällen arbeiten die Verbände in der Öffentlichkeit mit einem Vokabular, das etwa dem Szenario eines Jüngsten Gerichts oft angemessener wäre als der geregelten Austragung von Konflikten zwischen verschiedenartigen Interessen in einer differenzierten Gesellschaft.

Gegenüber dem organisierten Machtsystem der Verbände erscheint das politische Gewicht der Parteien eher sekundär. Nicht nur reproduzieren sich in den Parteien selbst die in den Verbänden spezifisch organisierten Interessen, wenn auch nicht in einem direkten Entsprechungsverhältnis; die politischen Parteien reagieren darüber hinaus in der Regel bloß auf das soziale Geschehen, wie es durch die Verbände artikuliert und angetrieben wird. Das gesellschaftliche Machtsystem der Verbände bestimmt in der Regel, was im politischen Gemeinwesen an Themen, welche der öffentlichen Behandlung und Regelung bedürfen, in den Vordergrund gerückt wird. Zwar entscheiden letzten Endes die politischen Parteien durch die Verfassungsorgane über die konkrete Ausgestaltung solcher Regelungen, doch sind sie dabei in mannigfacher Weise mit den Verbänden verkoppelt. So kommt die Initiative für Änderungen und Neuerungen vorwiegend aus dem Verbändesystem, das zugleich die Macht besitzt, bestimmte Themen von einer öffentlichen Erörterung weitgehend auszuschließen. Hier kann nur eine aufmerksame und wache öffentliche Meinung dahin wirken, Tabuzonen zu durchbrechen und neue Themen auf die Tagesordnung zu setzen. Die Verbände und ihre Politik bestimmen somit in Deutschland zu einem maßgeblichen Teil das allgemeine Bewußtsein, und sie zwingen die politischen Organisationen, insbesondere die Regierung, zu entsprechenden Reaktionen.

Andererseits verfügen die Regierungen in Bund und Ländern mit dem organisierten Verbandssystem über einen Partner, den sie nicht nur zwangsläufig brauchen, um die anstehenden Entscheidungen mit dem notwendigen Sachverstand fällen zu können, sondern der auch die Auswirkungen solcher Entscheidungen berechenbarer und verläßlicher macht. So pendelt die Politik in der pluralistischen Demokratie beständig zwischen den Forderungen und Maßnahmen der organisierten Gesellschaft einerseits und den für die politische Gestaltung letztlich zuständigen Verfassungsorganen andererseits. Anzumerken ist, daß in diesem Prozeß beständiger Aktion und Reaktion die Exekutive und die Legislative nicht ausschließlich als bloße Ausgleichsinstanzen zwischen den verschiedenen Interessen fungieren, sondern durchaus auch in der Lage sind, partikular organisierten Interessenstrukturen einen am Gemeinwohl orientierten Willen aufzuzwingen.

2. Die Großverbände

Auf der Grundlage eines weitverzweigten Systems gesellschaftlicher Vereinigungen und Verbände der verschiedensten Art und Zielsetzung bildet sich in der industriellen Gesellschaft jeweils eine kleine Gruppe machtvoller Großverbände heraus. Die Macht dieser Organisationen beruht in erster Linie auf der Stellung, die sie im Produktionsprozeß, d. h. in der Wirtschaftsstruktur einnehmen. Doch auch die Zahl ihrer Mitglieder und ihre finanzielle Ausstattung sowie schließlich die Fähigkeit, ihre jeweiligen Sonderinteressen als die Interessen der Allgemeinheit oder zumindest eines großen Teils davon auszugeben, sind von Bedeutung. Die politische Schlag- und Durchsetzungskraft der Großverbände beruht ferner auf ihrem hohen Organisationsgrad und auf der Fähigkeit, leistungsfähige Bürokratien bzw. Stäbe zu entwickeln, welche unablässig darum bemüht sind, die politischen Einwirkungsmöglichkeiten zu prüfen und, soweit es geht, in ihrer Wirkung zu optimieren.

In jeder demokratischen Industriegesellschaft sind die Verbände der Arbeitgeber und der Arbeitnehmer die beherrschenden sozialen Machtgruppen. Daher wird in Art. 9 GG, der allgemein das Recht zur Bildung von Vereinen und Gesellschaften gewährleistet, in besonderer Weise das Recht zur Organisation von Vereinigungen »zur Wahrung und Förderung der Arbeits- und Wirtschaftsbedingungen« hervorgehoben (Abs. 3). Aufgrund des außerordentlichen Aufschwungs der westdeutschen Wirtschaft nach 1950 mußte deren Bedeutung gegenüber früheren Epochen der deutschen Geschichte sogar noch zunehmen.

Die Interessen der Arbeitgeber und insgesamt der gewerblichen Wirtschaft werden in Deutschland von sehr vielen Einzelorganisationen wahrgenommen, die jedoch in drei großen Dachverbänden, gewissermaßen »Verbände-Verbänden«, zusammengefaßt sind: dem Bundesverband der Deutschen Industrie, der Bundesvereinigung der Deutschen Arbeitgeberverbände und dem Deutschen Industrie- und Handelstag. Obwohl alle drei Spitzenverbände die Interessen der Wirtschaft im Sinne der Unternehmer vertreten, folgen sie einer gewissen Arbeitsteilung, die sich offensichtlich bewährt hat.

Der *Bundesverband der Deutschen Industrie (BDI)* repräsentiert die deutsche Unternehmerschaft des industriellen Bereichs und stellt die politisch einflußreichste und wirksamste Organisation der deutschen Arbeitgeber dar. Er vertritt rund 80 000 Unternehmen mit mehr als 11 Millionen Beschäftigten. Sein Sitz war lange Zeit in Köln, doch Ende 1999 ist der BDI zusammen mit dem BDA und DIHT nach Berlin in das »Haus der Wirtschaft« gezogen. Dem BDI gehören heute 16 Landesverbände und 34 Branchenverbände an, die sich ihrerseits aus zahlreichen Fachverbänden für fast jeden Industriezweig zusammensetzen. Allerdings ist es ein Strukturproblem des BDI, daß er bisher den neuentstehenden Dienstleistungsunternehmen, z. B. im Bereich der Medien und der elektronischen Datenverarbeitung, kaum Rechnung trägt. Es ist aber die Gründung eines Bundesverbandes für Informationswirtschaft, Telekommunikation und neue Medien geplant. Zur wissenschaftlichen Beratung verfügt der BDI über ein eigenes Institut der Deutschen Wirtschaft. Sein Tätigkeitsschwerpunkt liegt auf der dauernden Beeinflussung der staatlichen Wirtschaftspolitik, sowohl in der Bundeshauptstadt als auch in wachsendem Maße auf der europäischen Ebene in Brüssel.

Obwohl der BDI nach dem DIHT der größte und mächtigste Wirtschaftsverband in Deutschland ist, werden die Tarifverhandlungen nicht von ihm geführt. Diese Aufgabe übernehmen die mehr als 1000 Arbeitgeberverbände, die in der *Bundesvereinigung der Deutschen Arbeitgeberverbände (BDA)* zusammengeschlossen sind. Die Hauptaufgabe der BDA ist die Vertretung der Interessen der Arbeitgeber gegenüber den Arbeitnehmern im Rahmen der vom Grundgesetz gewährleisteten Tarifautonomie. Daher gehört z. B. der Verband Gesamtmetall als die Vereinigung der Arbeitgeber in der Metallindustrie und damit Kontrahent der Industriegewerkschaft Metall bei Lohnverhandlungen zu den in der Öffentlichkeit bekanntesten deutschen Verbänden.

Der *Deutsche Industrie- und Handelstag (DIHT)* als der dritte Spitzenverband der deutschen Unternehmer ist die nationale Vertretung der 82 Industrie- und Handelskammern. Diese örtlichen Institutionen sind öffentlich-rechtliche Zwangsverbände, denen der Staat die berufliche Fortbildung und Standesaufsicht anvertraut hat und denen daher jeder Unternehmer angehören muß. Die Industrie- und Handelskammern koordinieren im DIHT ihre Interessen auf freiwilliger Basis und versuchen diese bei der Regierung zur Geltung zu bringen.

Die Stärke aller Unternehmerverbände in Deutschland beruht weniger auf ihrer innerverbandlichen Willensbildung als vielmehr auf der Professionalität der jeweiligen Verbandsführung, die von eigenen Forschungsinstituten unterstützt wird. Vor allem ist sie ein Ausdruck der wirtschaftlichen Macht der einzelnen Großunternehmen, die diese Verbände tragen und dirigieren. Zunehmend läßt sich allerdings beobachten, daß einzelne deutsche Großunternehmen – insbesondere auf europäischer Ebene – die Vertretung ihrer Interessen nicht mehr den traditionellen Verbänden anvertrauen, sondern direkten Einfluß nehmen.

Der BDI übt Einfluß auf allen Ebenen des politischen Entscheidungsprozesses aus: von der supranationalen Ebene, insbesondere im Rahmen der Europäischen Union, bis hinunter zu den lokalen Entscheidungsinstanzen. Sein Machtschwerpunkt liegt jedoch eindeutig auf Bundesebene. Alle wesentlichen Maßnahmen deutscher Regierungen auf dem Gebiet der Wirtschafts- und Steuerpolitik sind von ihm beeinflußt, wenn nicht sogar angeregt worden. Der langjährige Präsident des Verbandes, Fritz Berg, hat sich einmal gerühmt, er brauche nur zu Bundeskanzler Adenauer zu gehen, und die Vorschläge von Bundeswirtschaftsminister Erhard seien vom Tisch. Das war vielleicht etwas übertrieben, doch hatte der BDI vor allem in der Ära Adenauer sehr engen Kontakt zur Regierung. Gleichwohl bedeutet dies nicht, wie in den sechziger und siebziger Jahren manche linken Kritiker des von ihnen so genannten »staatsmonopolistischen Kapitalismus« unterstellten, daß der BDI und durch ihn die Interessen von *big business* die deutsche Politik steuerten und die Bundesregierung eine Marionette der Großindustrie sei. Doch ist es den Unternehmen zumindest in den Jahren der CDU-Herrschaft stets eher als den Gewerkschaften gelungen, ihre Interessen zu sichern bzw. durchzusetzen. Auch unter einer sozialdemokratisch geführten Regierung auf Bundes- oder Landesebene sind die Unternehmerverbände ein wichtiger Machtfaktor in der deutschen Politik, hängt doch im marktwirtschaftlichen Wirtschaftssystem Deutschlands das Wirtschaftswachstum stark von der Investitionsbereitschaft der Unternehmer ab.

Nach dem Zusammenbruch des realsozialistischen Systems der DDR sind die bundesdeutschen Verbändestrukturen und damit auch die Unternehmerverbände auf das Gebiet der neuen Bundesländer übertragen worden. Dabei haben BDI und BDA vielfach gemeinsame Organisationen etabliert – eine Tendenz, die in Bayern aufgenommen wurde und sich in absehbarer Zeit vermutlich auch auf der gesamten Bundesebene durchsetzen wird, wie sich bereits im gemeinsamen Sitz im Berliner Regierungsviertel abzeichnet.

Die deutschen *Gewerkschaften* als die Organisationen der Arbeitnehmer haben, im Gegensatz zur deutschen Sozialdemokratie, die vor 1918 zwischen revolutionärer Ideologie und systemimmanenter praktischer Politik schwankte, seit ihrer Entstehung in der zweiten Hälfte des 19. Jahrhunderts eher eine Politik der pragmatischen Reform betrieben. An dieser Grundrichtung hat sich bis heute nichts geändert. Gleichwohl knüpften die Gewerkschaften an die notwendige Neuordnung der gesellschaftlichen Verhältnisse nach 1945 die Erwartung, bessere ökonomische und soziale Voraussetzungen für die neue deutsche Demokratie schaffen zu können. Sie wußten sich in ihren gesellschaftspolitischen Zielsetzungen, nämlich Sozialisierung der Großindustrie und Mitbestimmung der Arbeitnehmer in den Betrieben, mit den Sozialdemokraten unter Kurt Schumacher weitgehend einig. Was sie erstrebten, war eine Wirtschaftsdemokratie, die, wie immer sie auch im einzelnen ausgestaltet sein mochte, über die alte Herrschaft der Unternehmer im Sinne des traditionellen Kapitalismus hinausführen sollte.

Unternehmer und Gewerkschaften richteten sich nach 1945 gemeinsam gegen die auf Zerschlagung der deutschen Wirtschaftsmacht gerichteten alliierten Demontagen in den Westzonen. Es entwickelte sich eine soziale Partnerschaft, die auf einer gewissen Gemeinsamkeit der Ziele aufbaute: Erhaltung und Schaffung von Arbeitsplätzen, Steigerung der Produktion und Erhöhung des Lebensstandards. Sowohl die Verbände der Arbeitnehmer als auch die der Arbeitgeber waren grundsätzlich kompromißbereit.

Es ist oft hervorgehoben worden und die Unternehmer haben es selbst bestätigt, daß das westdeutsche »Wirtschaftswunder« ohne die disziplinierte Haltung der Gewerkschaften nicht zustande gekommen wäre. Diese haben sich in der Tat meistens auf Tarifstreitigkeiten beschränkt und es relativ kampflos hingenommen, daß die Interessen der Unternehmer in wachsendem Maße den Gang der wirtschaftlichen Entwicklung der Bundesrepublik bestimmten, von deren Erfolg ihrerseits die Arbeitnehmer und damit auch die Gewerkschaften profitierten. Zwar gelang es den deutschen Gewerkschaften durchaus, eine politisch bedeutsame Gegenmacht zu bilden, aber sie wurden nicht, wie anfangs erhofft, zur bestimmenden Kraft der westdeutschen Gesellschaft.

In den deutschen Gewerkschaften sind heute (Januar 2000), nach der deutschen Vereinigung, aber auch dem Mitgliederverlust der letzten Jahre, mit ca. 8 Millionen Mitgliedern ein knappes Drittel der deutschen Arbeitnehmer organisiert. Die einzelnen Gewerkschaften sind zusammengefaßt in einer 1949 gegründeten Dachorganisation, dem *Deutschen Gewerkschaftsbund* (*DGB*) mit Sitz in Düsseldorf. Die eigentliche Macht im deutschen Gewerkschaftswesen liegt jedoch bei den Spitzenfunktionären der Einzelgewerkschaften, in denen jeweils die Arbeiter und Angestellten bestimmter Industrie- und Wirtschaftszweige organisiert sind. Die bedeutendsten und politisch aktivsten sind die Industriegewerkschaft Metall (IGM) mit 2,7 Millionen und die Gewerkschaft Öffentliche Dienste, Transport und Verkehr (ÖTV) mit 1,5 Millionen Mitgliedern, gefolgt von der IG Bergbau-Chemie-Papier-Keramik mit 922000 Mitgliedern. Im Frühjahr 2001 hat sich nach mühevollen Vorverhandlungen die ÖTV mit der Gewerkschaft Handel, Banken und Versicherungen, der Deutschen Postgewerkschaft, der bisher außerhalb des DGB stehenden Deutschen Angestelltengewerkschaft (DAG) und der Industriegewerkschaft Medien zur Vereinten Dienstleistungsgewerkschaft (ver.di) zusammengeschlossen. Sie ist mit nahezu 3,2 Millionen Mitgliedern die größte Einzelgewerkschaft nicht nur in Deutschland, sondern in aller Welt. Doch angesichts des Traditionsbewußtseins in der Gewerkschaftsbewegung wird es noch einige Zeit dauern, bis dieser Gigant zusammengewachsen ist.

Die Einzelgewerkschaften schließen die Tarifverträge ab, der DGB ist lediglich die organisatorische Klammer der Bewegung und kann die konkrete Tarifpolitik der einzelnen Gewerkschaften nur wenig bestimmen. Die Vorsitzenden der Einzelgewerkschaften haben bisher argwöhnisch darüber gewacht, daß die (finanziell von ihnen abhängige) Bundeszentrale nicht zu mächtig wird. Reformbestrebungen mit dem Ziel strafferer zentraler Führung haben sich nicht durchsetzen können.

Ein wichtiger Grund für das Funktionieren des deutschen Gewerkschaftssystems im Sinne der konfliktregulierenden sozialen

Partnerschaft ist die Erfassung der Arbeitnehmer nach Betrieben, nicht nach Berufen. So gehört ein Schlosser in einer Papierfabrik nicht der Metallgewerkschaft, sondern der Gewerkschaft Bergbau-Chemie-Papier-Keramik an. Aus diesem Grund wurden die in anderen westlichen Ländern so häufigen und lähmenden Streiks kleiner Gruppen vermieden. Reguläre Streiks werden erst nach einer Urabstimmung durch die Gewerkschaftsmitglieder durchgeführt. In der Bundesrepublik haben die Gewerkschaften das Mittel des Streiks vergleichsweise wenig benutzt. Nicht nur scheint der Streik bei vielen Arbeitern nicht populär zu sein (es sei denn, es geht um wirklich entscheidende Lohn- und Arbeitsverbesserungen), auch gelang es zumeist, im Rahmen der Tarifautonomie ohne Arbeitskämpfe zu kontinuierlichen Fortschritten zu kommen. Streiks zur Durchsetzung politischer Ziele, z. B. der paritätischen Mitbestimmung, sind von den deutschen Gewerkschaften nicht ausgerufen worden, auch ist umstritten, ob sie juristisch zulässig sind. Das Relikt der revolutionären Ideologie, der Generalstreik, wird allenfalls als deklamatorisches Kampfmittel bemüht, eine wirksame Waffe der Gewerkschaften ist es nicht mehr.

Als der Deutsche Gewerkschaftsbund 1949 als Einheitsgewerkschaft unter dem angesehenen Vorsitzenden Hans Böckler gegründet wurde, meldete er seinen Anspruch auf Mitwirkung an der Gestaltung der sozialen Demokratie in einem Grundsatzprogramm zwar unüberhörbar an; die Fähigkeit, seinen politischen Prinzipien in der deutschen Gesellschaft Geltung zu verschaffen, schwand jedoch in dem Maße, in dem es zur erfolgreichen Restauration der kapitalistischen Wirtschaftsordnung unter Adenauer kam. 1951 erzielte der DGB seinen relativ größten Erfolg, als es ihm gelang, im Bereich der Montanindustrie die paritätische Mitbestimmung der Arbeitnehmer durchzusetzen. Deren Erweiterung auf andere Bereiche der Großindustrie im Sinne einer vollen Parität war seither das Ziel der deutschen Gewerkschaftsbewegung. Doch nur wenige Jahre später, bei der parlamentarischen Beratung des Betriebsverfassungsgesetzes und in der politischen Auseinandersetzung um das Kartellgesetz, gelang es den Gewerkschaften schon nicht mehr, ihre wichtigsten Forderungen voll durchzusetzen.

Die deutschen Gewerkschaften haben von Anfang an betont, mehr zu sein als ein wirtschaftlicher Interessenverband der Arbeitnehmer; als größte Massenorganisation der deutschen Gesellschaft erheben sie den Anspruch, Stützpfeiler der demokratischen Ordnung zu sein. Doch diesem ideologischen Programm entsprach die gewerkschaftliche Praxis in den letzten Jahrzehnten immer weniger. Die Gewerkschaften formulieren auch heute noch gesellschaftspolitische Ziele, die auf eine Veränderung der deutschen Wirtschafts- und Gesellschaftsstruktur durch Reformen gerichtet sind, im Mittelpunkt ihrer konkreten Arbeit steht aber nicht die allgemeine Gesellschaftspolitik, sondern die systemimmanente Tarifpolitik. In einem neuen, dem sogenannten »Düsseldorfer Grundsatzprogramm«, das 1963 das stärker sozialistisch orientierte erste Programm von München (von 1949) ablöste, bekannten sich die Gewerkschaften denn auch dazu, ein demokratischer Machtfaktor im organisierten System des westdeutschen Pluralismus zu sein. Als solcher spielen sie zweifelsohne immer noch eine maßgebliche Rolle.

Durch die Gründung von Einheitsgewerkschaften anstelle der früher bestehenden Richtungsgewerkschaften ist der Deutsche Gewerkschaftsbund zu parteipolitischer Neutralität verpflichtet. Ihm gehören Mitglieder aus allen politischen Parteien an. Im Gegensatz zu anderen westlichen Ländern, wo die Gewerkschaften direkt mit einer Arbeiterpartei (z. B. in Großbritannien mit der Labour Party) liiert sein können, ist in der Bundesrepublik Deutschland die Gewerkschaftsbewegung organisatorisch kein Teil der Sozialdemokratie, sie steht der SPD politisch jedoch ungleich näher als der CDU, ohne darum die SPD offiziell zu fördern oder finanziell direkt zu unterstützen.

In der DDR war der *Freie Deutsche Gewerkschaftsbund* (*FDGB*) nicht eine autonome Organisation zur Durchsetzung von Arbeitnehmerinteressen, sondern als eine zentralisierte Massenorganisation ein wichtiger Transformationsriemen der SED-Herrschaft. Da über den FDGB zahlreiche sozialpolitische Vergünstigungen wie selbst Ferienplätze vergeben wurden, war in der DDR die Mitgliedschaft in der Gewerkschaft praktisch für alle Werktätigen obligatorisch.

Aus der Erbmasse der FDGB-Gewerkschaften haben die DGB-Gewerkschaften nach 1990 zunächst 4 Millionen neue Mitglieder gewonnen, davon aber sehr bald wieder 1,7 Millionen aufgrund der wirtschaftlichen Misere in den neuen Bundesländern und überspannter Erwartungen der neuen Mitglieder an die Möglichkeiten demokratischer Gewerkschaften verloren.

Auch in den alten Bundesländern schwächen strukturelle Veränderungen, wie die Entwicklung von einer Industrie- zu einer Dienstleistungsgesellschaft, die hohe Arbeitslosigkeit und der allgemeine Trend zur Individualisierung, das traditionelle Mitgliederpotential der Gewerkschaften. So ist die Zahl der Mitglieder in den DGB-Gewerkschaften von 9,8 Millionen im Jahr 1994 auf 8 Millionen zu Beginn des Jahres 2000 abgesunken. Es kann daher nicht verwundern, daß die deutschen Gewerkschaften in den letzten Jahren zwischen einem Drittel und einem Viertel ihrer Mitglieder verloren haben und kleinere, finanzschwächere Gewerkschaften mit größeren fusionierten. So hat sich die IG Papier und Keramik mit der IG Chemie zusammengeschlossen. 1997 kamen die traditionsreiche IG Bergbau und die IG Leder hinzu, weshalb sie nun IGBCE heißt. Auf diese Weise ist die ursprüngliche Anzahl von 18 Einzelgewerkschaften auf heute (2001) 11 gesunken. Nicht nur die wirtschaftliche Rezession, auch die geschwächte Verhandlungsmacht der Gewerkschaften hat dazu geführt, daß die Arbeitnehmer heute kaum mehr höhere Löhne, geschweige denn Steigerungen des realen Einkommens durchsetzen können. Die Gewerkschaften müssen zufrieden sein, wenn sie Arbeitsplätze erhalten bzw. deren Abbau sozialverträglich gestalten können.

Neben dem Deutschen Gewerkschaftsbund existierte bis zur Gründung von ver.di noch die *Deutsche Angestellten-Gewerkschaft* (*DAG*), die 1998 rd. 500000 Mitglieder zählte, und besteht heute noch der eher konservative *Deutsche Beamtenbund* (*DBB*) mit mehr als 1,2 Millionen Mitgliedern. In den fünfziger Jahren wurde mit Unterstützung der CDU der Versuch unternommen, christliche Gewerkschaften ins Leben zu rufen, allerdings ohne viel Erfolg. Die Einheitsgewerkschaft ist zu einem nationalen Interesse geworden, an deren Erhaltung auch die Gegenseite interessiert ist.

Außer den Arbeitgeber- und Arbeitnehmerverbänden nehmen zahlreiche weitere Großverbände Einfluß auf das politische System der Bundesrepublik Deutschland. Als Musterbeispiel eines politisch schlagkräftigen Verbandes wird immer wieder der *Deutsche Bauernverband* genannt. Dieser Organisation zur Vertretung der agrarischen Interessen gehören in Deutschland über eine halbe Million Landwirte mit ihren Familien an, d. h. mehr als 90 Prozent der gesamten Bauernschaft. Dieser kaum zu überbietende Organisationsgrad ist vor allem auf die zahlreichen Serviceleistungen zurückzuführen, welche der Verband und das mit ihm verbundene Netzwerk aus Landwirtschaftskammern, Raiffeisenverbänden u. a. seinen Mitgliedern bieten. Die Spitze des Bauernverbandes besaß stets großen inhaltlichen wie personellen Einfluß auf die Landwirtschaftspolitik der Länder sowie des Bundes und über diesen auch auf die europäische Agrarpolitik, insbesondere zur Sicherung der europäischen Agrarsubventionen. Für die Strukturen der Organisations- und Durchsetzungsfähigkeit von Interessen ist es charakteristisch, daß sich die Gegeninteressen zu den agrarischen Produzenten auf der Seite der Konsumenten, aber auch der Naturschützer wesentlich schwächer organisieren lassen. So gehört der Bauernverband trotz des enormen Rückgangs der im primären Wirtschaftssektor Beschäftigten nach wie vor zu den wichtigsten Großverbänden, zumal unter eher konservativen Regierungen, die auf die Bauern als Stammwähler Rücksicht nehmen müssen. In jüngster Zeit haben die durch Tierseuchen geprägten Krisenerscheinungen auf dem europäischen Agrarmarkt auch die Einflußmacht des Bauernverbandes beeinträchtigt.

Obwohl die Deutschen in den vergangenen Jahren verstärkt aus den Religionsgemeinschaften ausgetreten sind, gehören die katholische Kirche mit 36 Prozent und die evangelischen Landeskirchen mit 35 Prozent der Bevölkerung als Mitgliedern (1998) immer noch zu den größten und einflußreichsten Organisationen in Deutschland. Allerdings bestreiten sie vehement, gesellschaftliche Interessengruppen zu sein; ihrem Selbstverständnis nach vertreten sie keine gesellschaftlichen Teilinteressen, sondern transzendente Heilsanliegen. Sozialwissenschaftlich ist aber festzustellen, daß die *Kirchen* in Deutschland stets erheblichen Einfluß auf die Politik genommen haben. Im Hinblick auf die Geschichte der Bundesrepublik hat sich das bereits bei der Formulierung des Grundgesetzes durch den Parlamentarischen Rat gezeigt, als die Kirchen nicht nur ihren Status als Körperschaften des öffentlichen Rechts, sondern auch die Gewährleistung des Religionsunterrichtes an den Schulen verfassungsrechtlich verankern konnten – was im internationalen Vergleich keineswegs selbstverständlich ist, man denke an Frankreich oder die USA. Auch bei der Beibehaltung der Erhebung der Kirchensteuer durch den Staat, bei der Regelung des Schwangerschaftsabbruchs, der Seelsorge in der Bundeswehr und auf vielen anderen Gebieten haben die Kirchen ihren Einfluß bei der Gesetzgebung des Bundes und der Länder geltend machen können. Die politische Relevanz der Kirchen dokumentieren nicht zuletzt die Verbindungsbüros der großen Religionsgemeinschaften am Sitz von Regierung und Parlament. Auf Dauer wird der Einfluß der Kirchen in Deutschland aber erheblich sinken, gehört doch ein wachsender Teil der Bevölkerung keiner Konfession an (1998:26 Prozent) und steigt auch unter nominellen Kirchenmitgliedern die Zahl derjenigen, die sich für areligiös halten (heute 47 Prozent). Dieser Schwund der Kirchenverbundenheit ist besonders stark in den neuen Bundesländern und unter jüngeren Menschen, er dürfte sich daher auf Dauer in der gesamten Gesellschaft durchsetzen.

Ziemlich unentbehrlich sind die kirchlichen Wohlfahrtsverbände, auf katholischer Seite die Caritas und auf evangelischer Seite das Diakonische Werk. Die Kirchen unterhalten damit die beiden größten der sechs *Wohlfahrtsverbände*, deren Tätigkeit für das sozialpolitische System Deutschlands kennzeichnend ist. In diesen Verbänden, zu denen noch die Arbeiterwohlfahrt, das Deutsche Rote Kreuz, der Paritätische Wohlfahrtsverband und die Zentralwohlfahrtsstelle der Juden in Deutschland hinzukommen, sind über eine Million hauptamtliche und zahlreiche weitere ehrenamtliche Mitarbeiterinnen bzw. Mitarbeiter in der Pflege tätig. Die Wohlfahrtspflege wird entsprechend dem Subsidiaritätsprinzip, wonach soziale Leistungen, wenn sie nicht von den einzelnen und den Familien getragen werden können, von den gesellschaftlichen Verbänden gesichert werden, durch nichtstaatliche Institutionen gewährleistet. Die vielfältigen pflegerischen Einrichtungen für behinderte und gebrechliche Mitmenschen spielen infolge des gesellschaftlichen Strukturwandels und insbesondere wegen der Veränderung der Altersstruktur in der Gesellschaft eine immer größere Rolle. Sie werden zu je einem Drittel aus staatlichen Zuwendungen, aus den Erstattungen der Sozialversicherungsträger und aus den Eigenmitteln der sie tragenden Organisationen finanziert. Infolgedessen haben die Wohlfahrtsverbände einen großen und legitimen Einfluß auf die Gestaltung der Sozialpolitik im umfassendsten Sinne.

Neben den großen Verbänden in den Bereichen von Produktion und Wohlfahrt kommt den Organisationen im Freizeitsektor erhebliche Bedeutung für das gesellschaftliche Leben, ja für das politische System in Deutschland zu. So ist der *Deutsche Sportbund* (*DSB*) mit knapp 27 Millionen Mitgliedern, davon 6,3 Millionen im Deutschen Fußballbund und 4,8 Millionen im Deutschen Turner-Bund, als größter Verband nicht nur ein erheblicher wirtschaftlicher Faktor, er spielt auch eine nicht zu unterschätzende Rolle als Werbeträger für die Bundesrepublik im In- und Ausland. Kontakte zwischen Sportfunktionären auf der einen und Politikern sowie einschlägigen Ministerialbürokraten auf der anderen Seite gehören zur Tagesordnung. Auch der *Allgemeine Deutsche Automobil-Club* (*ADAC*) mit 14,4 Millionen Mitgliedern fungiert keineswegs nur als unpolitische Service-Vereinigung für Autofahrer, sondern stellt in der Verkehrspolitik eine einflußreiche Lobby dar, z. B. wenn es um die Verhinderung von Geschwindigkeitsbeschränkungen geht.

Neben diesen großen und politisch einflußreichen Verbänden gibt es in Deutschland vor allem im Freizeitbereich eine Vielzahl kleinerer Vereine, denen zwar 60 Prozent aller Einwohner angehören, die aber ganz unpolitische Ziele haben und eher Ausdruck jenes traditionellen Geselligkeitsstrebens sind, das sich gerade in Zeiten der Individualisierung verstärkt zeigt.

Die deutsche Vereinigung hat in aller Regel eine Ausweitung des Tätigkeitsbereichs der westdeutschen Verbände auf Ostdeutschland zur Folge gehabt. Im kommunistischen System waren die Massenorganisationen keine autonomen Interessenverbände, doch in manchen Organisationen wie dem legendären Verband der Kleingärtner, Siedler und Kleintierzüchter mit 1,5 Millionen Mitgliedern, zu denen noch zahlreiche Familienangehörige kamen, hatten die DDR-Bürger eine gesellschaftliche Nische im politischen System der SED-Diktatur gefunden. Längst ist inzwischen dieser Verband in westdeutschen Verbänden aufgegangen, sind die ostdeutschen Imker dem westdeutschen Verband beigetreten und haben dessen Einheitshonigglas übernommen. Wenn sich aber auch die Organisationsstrukturen des Westens durchsetzten, haben sich doch besonders auf diesem, dem gesellschaftlichen Gebiet die Alltagsgewohnheiten der ostdeutschen Bevölkerung erhalten. Das ist namentlich für die Kirchen in den neuen Bundesländern eine Herausforderung: In der

DDR-Zeit von großen Volkskirchen zu kleineren Bekenntnisgemeinschaften geschrumpft, werden sie einen solchen Wandel kaum wieder rückgängig machen können – wahrscheinlich nehmen auch die Kirchen in Westdeutschland eine vergleichbare Entwicklung.

3. Interessenpluralismus

Der Pluralismus der gesellschaftlichen Interessengruppen ist fest im politischen System der Bundesrepublik verankert. Sowohl die Politiker vor Ort als auch auf Landes- und Bundesebene müssen auf Verbände und Vereine Rücksicht nehmen, wenn sie wiedergewählt werden wollen. Dabei setzen Interessengruppen ihren Druck dort an, wo die politischen Entscheidungen fallen. Faktisch bedeutet dies, daß die Verbände den Gesetzgebungsprozeß vor allem auf der Regierungsebene zu beeinflussen suchen, indem sie ihre Vorstellungen in den Ministerien vortragen und engen Kontakt mit den für ihre Anliegen zuständigen Referaten halten. Die Bundesministerien sind laut Geschäftsordnung gehalten, die Vertreter der Spitzenverbände schon in der Phase der Ausarbeitung eines Gesetzentwurfs anzuhören.

Der Einfluß der Verbände auf den Deutschen Bundestag ist relativ gering. Er wird immer dann mobilisiert, wenn damit zu rechnen ist, daß der Bundestag in seinen Ausschüssen eine Regierungsvorlage noch entscheidend verändert bzw. wenn es sich um Gesetzentwürfe aus dem Parlament selber handelt. Die Ausschüsse des Bundestages, die sachbezogen, d. h. in einem klar umrissenen Politikbereich arbeiten, sind naturgemäß eine Domäne der Verbandsvertreter. Fast ein Drittel aller Bundestagsabgeordneten sind bestimmten Interessengruppen eng verbunden. Einzelne Ausschüsse des Bundestages, so besonders der Landwirtschaftsausschuß und der sozialpolitische Ausschuß, setzen sich fast zur Hälfte aus eng mit Interessengruppen verbundenen Bundestagsmitgliedern zusammen. Dabei kommt es oft zu Vereinbarungen zwischen diesen über die parteipolitischen Fraktionsgrenzen hinweg.

Vorschläge zur Erzielung einer größeren Transparenz des Verbandseinflusses in Parlament und Regierung, wie sie von seiten der deutschen Politikwissenschaft gemacht wurden, sind kaum aufgegriffen worden. Immerhin müssen sich Verbandsvertreter in einer entsprechenden Liste beim Bundestag eintragen lassen; Bundestagsabgeordnete müssen angeben, ob sie für einen Verband tätig sind. Auch hat man seit einigen Jahren in den Ausschüssen des Parlaments verstärkt von der geschäftsordnungsmäßigen Möglichkeit der öffentlichen Anhörung von Sachverständigen, Interessenvertretern und anderen Personen Gebrauch gemacht. Diese *Hearings* haben in wichtigen Fragen zweifellos zu einer besseren Kommunikation zwischen Parlament und Gesellschaft beigetragen und den Gesetzgebungsprozeß mit beeinflußt.

Im übrigen finden fast alle wichtigen Verbände Gehör in den *Beiräten*, die in großer Zahl bei den Bundesministerien bestehen und deren Aufgabe es ist, Minister und Ministerialbürokratie durch den Sachverstand von Experten wie von Verbandsvertretern beratend zu unterstützen. Allerdings ist die Wirkung dieser Beiräte im politischen Entscheidungsprozeß nicht hoch anzusetzen; lediglich dem Sachverständigenrat zur Beurteilung der gesamtwirtschaftlichen Entwicklung, den sogenannten »Fünf Weisen«, wird in der Öffentlichkeit größere Bedeutung zugemessen.

Die Verbände nehmen auch erheblichen Einfluß auf die Parteien, sind diese doch im parlamentarischen Regierungssystem der Bundesrepublik Deutschland die eigentlichen Transformationsorgane zwischen Gesellschaft und Staat und wirken als Filter und Koordinatoren von Verbandsinteressen. Dies schlägt sich vor allem in der personellen Durchdringung von Parteifunktionen mit Repräsentanten der organisierten Interessen nieder. Traditionell nahe stehen sich die SPD und die Gewerkschaften, die CDU und die Unternehmerorganisationen bzw. der Bauernverband, die FDP und die Organisationen des Mittelstandes sowie die Freiberufler, schließlich die Grünen und die Umweltverbände sowie die Frauenbewegung. Die Verquickung von Verbänden und Parteien schlägt sich auch in der Parteienfinanzierung nieder, wobei illegale Spendenzuweisungen, z. B. bei der sogenannten Flick-Affäre und der seit Ende 1999 die CDU erschütternden Parteispendenaffäre, immer wieder Skandale ausgelöst haben, welche das Ansehen von Politikern und Parteien in ein schlechtes Licht rückten.

Allerdings darf man sich die Parteien keineswegs als Befehlsempfänger der gesellschaftlichen Verbandsinteressen vorstellen. Die einzelnen Parlamentarier und Regierungspolitiker gehören wie die meisten Staatsbürger einer Vielzahl von Verbänden an, deren politische Tendenzen eher in verschiedene Richtung gehen. Als ein konstruiertes Beispiel für solche komplexen Einflüsse sei eine gewerkschaftlich organisierte Beamtin katholischer Konfession in einer Umweltbehörde der neuen Bundesländer genannt, die damit von allen fünf Parteien umworben werden kann. So beruhen auch die Parteien und Fraktionen auf vielfältigen, oft widersprüchlichen Verbandsinteressen und gewinnen dadurch politischen Spielraum für Entscheidungen zum Wohle übergeordneter Interessen des Gemeinwesens.

Das in der Weimarer Republik so starke Unbehagen an den politischen Parteien hat sich in der Bundesrepublik tendenziell auf die Aktivität der Verbände verlagert. Man erkennt zwar an, daß sie unverzichtbar sind, weil sie zu einer offenen industriellen Gesellschaft gehören, beklagt aber zunehmend das Fehlen wirksamer Kontrollmöglichkeiten und die Unsichtbarkeit ihres weitreichenden politischen Wirkens. Die früher in Deutschland viel gepflegten Erörterungen über eine Institutionalisierung des Verbandseinflusses in Form eines gesonderten Wirtschafts- oder Sozialrates zur Vertretung von Verbandsinteressen sind hingegen nicht mehr aktuell.

In der modernen Demokratie tragen die Staatsorgane die politische Verantwortung für die wirtschaftliche und die damit zusammenhängende soziale Entwicklung, sie haben jedoch nicht die Macht, beide autonom zu bestimmen. Die durch Umfragen immer wieder bestätigte vorrangige Bedeutung wirtschaftlicher Faktoren bei Wahlen nötigt die politischen Parteien – vor allem diejenigen, welche die Regierung stellen –, die wirtschaftliche Entwicklung zu beeinflussen, d. h. mit ihren begrenzten Möglichkeiten auf die am Wirtschaftsprozeß maßgeblich beteiligten Gruppen und Institutionen einzuwirken, um zu günstigen Ergebnissen für ihre Anhänger und deren wirtschaftspolitische Ziele zu kommen. Deshalb pflegen sie möglichst intensive Kontakte zu den Verbänden und Interessengruppen des Wirtschaftslebens, wie umgekehrt die Verbände bestrebt sind, die politischen Parteien für ihre Interessenpolitik zu gewinnen. Hierbei ergeben sich naturgemäß verschiedene Schwerpunkte, die mit der Anhängerschaft und der Ideologie der Parteien zusammenhängen.

Staatsorgane, politische Parteien und Interessenverbände sind daher im heutigen System eine Symbiose eingegangen, für welche die neuere Politikwissenschaft den Begriff des *Korporatismus* wiederaufgenommen hat. Der autoritäre Korporatismus beruhte, wie bei den Ständen im Faschismus (Italien, Spanien) oder den Massenorganisationen im Kommunismus, auf vom totalitären Staat tendenziell gelenkten gesellschaftlichen Organisationen. Im liberalen Neokorporatismus findet auf der Basis prinzipieller Autonomie der Verbände eine wechselseitige Durchdringung von Staat und Verbänden statt, an der auch die politischen Parteien partizipieren. Unter den Bedingungen der parlamentarischen Demokratie ist mit Korporatismus ein Geflecht von Staatsorganen, Parteien und Großverbänden gemeint, aus deren Zusammenwirken die wirtschafts- und sozialpolitischen Entscheidungen des modernen Staates hervorgehen.

Aufgrund der politischen Verantwortung des Staates für die wirtschaftliche und soziale Entwicklung sucht dieser die gesellschaftlichen Großverbände auf eine möglichst einvernehmliche Politik im Interesse des allgemeinen Wohls zu verpflichten. Das kann in einer freien Gesellschaft nicht durch autoritative Anordnungen der Staatsorgane geschehen, sondern allein durch Unterredung, Übereinkunft und Ausgleich. Die institutionalisierten großen Verbandsinteressen – in erster Linie die Interessengruppen von Kapital und Arbeit – werden so zu notwendigen Partnern in einem Prozeß der Entscheidungsfindung, bei dem der Staat die institutionalisierten Gruppen und Sozialpartner zu einem für die Entwicklung der Gesellschaft günstigen und verantwortlichen Verhalten anzuhalten sucht. Beispiele für solche Zusammenarbeit sind die frühere »Konzertierte Aktion« der Arbeitgeber- und Arbeitnehmerorganisationen unter Bundeswirtschaftsminister Schiller oder die Bemühungen um eine Kostendämpfung im Gesundheitswesen unter Bundesgesundheitsminister Seehofer. Die derzeitige Bundesregierung hat sich zum Ziel gesetzt, in einem »Bündnis für Arbeit« (siehe oben S. 156) die Spitzenvertreter der Gewerkschaften und Unternehmen an einen Tisch zu bringen, damit sie in einem fairen Prozeß des Gebens und Nehmens gemeinsam zum Abbau der Arbeitslosigkeit beitragen. Der Staat hat dabei eine mehr koordinierende und moderierende Funktion. Gleiches gilt seit jeher für den Bereich der Tarifautonomie, in den der Staat nicht formell eingreifen darf, dessen

Auswirkungen ihm dennoch nicht gleichgültig sein können, weshalb er die Sozialpartner ständig zu einem wirtschaftlich und sozial vertretbaren Verhalten ermahnt, ohne ihre Autonomie anzutasten.

Politische Interessenwahrnehmung findet also nicht bloß seitens der Verbände zur Beeinflussung der staatlichen Entscheidungsorgane statt, sondern auch in umgekehrter Richtung. Sie hat sich auf diese Weise zu einem permanenten Prozeß der Politikverflechtung verdichtet, in dem staatliche Organe und Verbände gleichermaßen Agierende wie Reagierende sind. Daß die Vertreter von Regierung und Opposition bei den Tagungen und Kongressen der wichtigen Verbände in der Regel den gesellschaftlichen Interessen ihre Reverenz erweisen, bezeugt einmal mehr, wie eng verflochten Staat und Gesellschaft sind.

Obwohl man dem deutschen Interessenpluralismus eine gewisse Ausbalanciertheit und Stabilität nicht absprechen kann, sind doch in den letzten Jahren die Methoden zur Durchsetzung von Interessen teilweise aggressiver geworden. Die Verschärfung des Umgangstons der verschiedenen Verbände bedeutet im allgemeinen aber nicht, daß diese mehr am Konflikt an sich als an seiner friedlichen Austragung interessiert wären. Generell gilt, daß in einer entwickelten Industriegesellschaft wie in Deutschland eine Tendenz zu einer immer stärkeren Durchdringung der Gesellschaft mit den vielfältigsten Interessenorganisationen besteht, denn nur durch Organisation können gesellschaftliche Interessen dauerhaft auf sich aufmerksam machen.

Eine Wende der Verhältnisse zum Besseren dürfte in zwei Richtungen zu suchen sein. Einmal muß dem oligarchischen Trend, der Vorherrschaft von professionellen Spitzen und bürokratischen Stäben auch in den Verbänden, entgegengewirkt werden durch Bemühungen um eine Stärkung der verbandsinternen Demokratie, d. h. einer demokratischen Legitimierung der Aktivität der Verbände. Zum anderen muß die »anonyme Macht« (Samuel Finer) der Verbände einer größeren Transparenz weichen, indem ihre Organisationen und Aktivitäten mehr als bisher der Einsicht durch die Öffentlichkeit zugänglich gemacht werden. Wer wie die Verbände in der organisierten Gesellschaft der Bundesrepublik über so großen politischen Einfluß verfügt, der sollte diese Macht so demokratisch und so öffentlich wie möglich legitimieren.

IX. Kapitel

Parteien

1. Verfassungsrechtliche Stellung der Parteien

Die Bundesrepublik Deutschland gehört zu den wenigen demokratischen Staaten, in denen Stellung, organisatorische Prinzipien und Aufgaben der politischen Parteien in der Verfassung durch Art. 21 des Grundgesetzes und durch ein spezielles Parteiengesetz vom 24. Juli 1967 geregelt sind. Diese besondere Heraushebung der politischen Parteien in der Verfassung hat zwei Ursachen: Erstens wollten die Schöpfer des Grundgesetzes, im Gegensatz zur Weimarer Verfassung, die Möglichkeit schaffen, politische Parteien zu verbieten, die ihre Aktivität darauf richten, die demokratische Ordnung zu unterminieren und schließlich zu beseitigen, wie das die Nationalsozialisten getan hatten. Sie glaubten, daß die Möglichkeit des Verbots politischer Parteien die Entwicklung eines demokratischen Parteiensystems gewährleisten werde. Zweitens hielten sie es für notwendig, die Parteien als Organe der politischen Willensbildung verfassungsrechtlich zu legitimieren. Tatsächlich war in der Weimarer Republik unter einigen Rechtswissenschaftlern die absurde Auffassung verbreitet, die Parteien seien extrakonstitutionelle, also außerhalb der Staatsverfassung stehende Institutionen. Man sah bei den Debatten im Parlamentarischen Rat einen Widerspruch darin, daß die Parteien zwar das gesamte politische Leben durchdringen, aber in der (Weimarer) Verfassung gar nicht vorkommen. Um dem typisch deutschen Dilemma zu entgehen, öffentlich nur anerkennen zu können, was auch ausdrücklich rechtlich geregelt ist, hat man die Parteien, wie es in der Fachsprache der Juristen heißt, »konstitutionalisiert«.

Die deutsche Verfassungsjurisprudenz hat von diesem neuen rechtlichen Faktum beträchtliches Aufheben gemacht. Einige ihrer Vertreter, allen voran Gerhard Leibholz, der auch lange Jahre als Bundesverfassungsrichter die einschlägige Rechtsprechung beeinflußte, entwickelten daraus eine Theorie vom »Parteienstaat«: Parteien, die bislang freie Assoziationen der Gesellschaft gewesen waren, seien durch ihre Konstitutionalisierung in den Rang von Verfassungsorganen (wie z. B. Bundesregierung und Bundestag) aufgestiegen. Derartige Überlegungen haben für die Verfassungsrechtsprechung über die politischen Parteien tatsächlich eine wichtige Rolle gespielt. Ansonsten drückt die Formel vom Parteienstaat nichts anderes aus als die selbstverständliche Wahrheit, daß der moderne demokratische Staat durch politische Parteien regiert wird. Allerdings hat sich die Auffassung, die politischen Parteien hätten den Rang von Verfassungsorganen, letztlich nicht durchsetzen können. Die herrschende Meinung sieht in den politischen Parteien freie Vereinigungen der Gesellschaft mit politischen Zielsetzungen, die aufgrund ihrer eminenten Bedeutung für das Staatsleben besonderen Normierungen des Verfassungsrechts unterliegen. Diese Auffassung ist im Begriff des *Parteienprivilegs* zusammengefaßt worden.

Die theoretische Frage, ob die Parteien durch ihre verfassungsrechtliche Erwähnung zu quasi staatlichen Institutionen geworden seien, hat bei dem Urteil des Bundesverfassungsgerichts von 1966 über die Finanzierung der politischen Parteien durch den Staat erstmals eine wichtige Rolle gespielt. Die Parteien hatten sich aufgrund ihrer durch das Verfassungsrecht verbürgten Stellung schon bald nach Gründung der Bundesrepublik das Recht zugesprochen, Steuergelder für die Finanzierung ihrer Arbeit in Anspruch zu nehmen, die entsprechend der Zahl der Mandate auf die verschiedenen im Bundestag vertretenen Parteien verteilt wurden. Diese Mittel wurden anfangs angeblich nur für die politische Bildungsarbeit der Parteien verwendet, dienten tatsächlich jedoch der zusätzlichen Finanzierung der allgemeinen Parteiarbeit. Hätte das Karlsruher Gericht sich die Auffassung voll zu eigen gemacht, die Parteien seien Teile der staatlichen Organisation, so hätte es die Finanzierung der Parteien durch den Staat gutheißen müssen, da der Staat und seine Organe zur Erledigung ihrer Aufgaben Steuern erheben können. Das

Gericht machte eine nur aus der Tradition des deutschen Verfassungsrechts verständliche Unterscheidung zwischen der Willensbildung des Volkes, die sich durch die Parteien im staatsfreien Raum der Gesellschaft vollziehe, und der Willensbildung des Staates, die durch seine verfassungsmäßigen Organe erfolge. Da die Parteien diejenigen politischen Organisationen sind, welche die Kandidaten für die öffentlichen Ämter rekrutieren und aufstellen, kann der Staatswille ohne die vorausgehende Aktivität der Parteien nicht gebildet werden. Die Wahlen zu den Staatsorganen erscheinen in dieser Theorie somit als jene Einrichtungen, durch die es möglich wird, den politischen Willen des Volkes in einen staatlichen Willen zu transformieren. Demgemäß war es nach der Auffassung des Bundesverfassungsgerichts zulässig, den Parteien die jeweiligen Wahlkampfkosten zu erstatten.

Seither gibt es eine sich stetig ausweitende Praxis der *Finanzierung der politischen Parteien* durch öffentliche Mittel. Es begann relativ bescheiden mit einem Pro-Kopf-Beitrag von 2,50 DM, allerdings bezogen auf alle Wahlberechtigten, nicht wie heute auf die effektiven Wähler der einzelnen Parteien und gültig nur für Bundestagswahlen. Inzwischen liegt der Pro-Kopf-Beitrag bei 5 DM, und auch für die Landtags- und die Europawahlen werden von den Parteien entsprechende Beträge kassiert. Dadurch ist die Finanzierung der politischen Parteien durch öffentliche Mittel mittlerweile zu einer tragenden Säule des Finanzierungssystems der politischen Parteien in Deutschland geworden, mit weitreichenden Folgen für das Anwachsen der Parteiapparate und immer aufwendigere Wahlkämpfe. Nicht zuletzt bildet sie eine ständige Versuchung für die Parteien, immer mehr Steuergelder in ihre Kassen zu schleusen. Ohne das Bundesverfassungsgericht, das in immer neuen Anläufen die öffentliche Finanzierung der politischen Parteien unter dem Gesichtspunkt der Chancengleichheit, der Funktionsfähigkeit im demokratischen System und ihrer relativen Staatsunabhängigkeit überwacht, wären die politischen Parteien der Bundesrepublik nur schwer davon abzuhalten, sich immer ungenierter aus dem Staatssäckel zu bedienen. Sie begründen das mit der zweifellos richtigen Feststellung, daß in einer Massendemokratie die politische Willensbildung ohne die Mitwirkung der Parteien unmöglich sei, daß also politische Parteien für eine moderne Demokratie völlig unentbehrlich seien. Doch läßt sich daraus keineswegs zwingend ableiten, daß sie für ihre Tätigkeit in erheblichem Maße auf öffentliche Mittel angewiesen sind. Einiges spricht dafür, daß eine Reihe von kritischen Entwicklungen im Parteienstaat der Bundesrepublik, z. B. die Durchdringung nichtstaatlicher öffentlicher Institutionen sowie die »Verapparatung« und Bürokratisierung der großen Parteien, eine direkte Folge ihrer üppigen finanziellen Ausstattung sind. Nicht zuletzt hat die Finanzierung eines Teils der Wahlkampfkosten, die nach einem Urteil des Bundesverfassungsgerichts auch an Parteien gewährt wird, die lediglich 0,5 Prozent der Stimmen bei einer Wahl erhalten, dazu beigetragen, daß selbst extremistische Parteien wie die NPD und heute die Republikaner und die DVU einen beachtlichen Startvorteil haben. Dessen ungeachtet wird auch in Zukunft die Parteienfinanzierung durch öffentliche Mittel, d. h. Steuergelder, in einem beträchtlichen Umfang erhalten bleiben, zumal das Bundesverfassungsgericht ihr in dem Grundsatzurteil von 1966 den Weg geebnet hat.

Mit dem Spruch aus Karlsruhe in einem unmittelbaren Zusammenhang stand das 1967 verabschiedete *Parteiengesetz*, durch das erstmals in der deutschen Geschichte alle Regeln des Parteilebens in eine rechtlich verbindliche Form gegossen wurden. Die wichtigsten Abschnitte des Parteiengesetzes betreffen die innere Ordnung und die finanzielle Rechenschaftslegung der Parteien. Sie sind gehalten, über die Herkunft ihrer Mittel Bericht zu erstatten; er geht jährlich an den Bundestagspräsidenten und wird von diesem veröffentlicht. Dadurch kann sich die Öffentlichkeit einen gewissen Einblick in das Vermögen der politischen Parteien und über die Herkunft ihrer finanziellen Mittel verschaffen.

In der Frage der inneren Ordnung der Parteien mußte das Parteiengesetz ebenfalls eine Vorschrift des Grundgesetzes umsetzen, über die eine ebenso lebhafte Diskussion entstanden war wie über die Frage der Bedeutung der Konstitutionalisierung der Parteien. Art. 21 des Grundgesetzes schreibt vor, daß die innere Ordnung der Parteien demokratischen Grundsätzen entsprechen muß. Diese Bestimmung warf naturgemäß die Frage auf, unter welchen Bedingungen die Organisation einer Partei als demokratisch angesehen werden kann. Die Diskussion bewegte sich zwischen der weitverbreiteten These, daß eine Partei dann demokratisch organisiert sei, wenn ihre Willensbildung von unten nach oben verlaufe, und der konträren Auffassung, die innerparteiliche Demokratie sei bereits dann gewährleistet, wenn sich die Parteiführungen – genauso wie in der repräsentativen Demokratie als Ganzes – gegenüber den Parteimitgliedern verantworten, d. h. zur Wahl stellen müßten. Das Parteiengesetz selbst konnte diese theoretische Debatte nicht schlichten. Es hat aber in einem gewissen Umfang Vorkehrungen getroffen, daß die Führungsgremien der Parteien sich durch innerparteiliche demokratische Wahlen zu legitimieren und nur zu einem geringen Teil aus sogenannten Ex-officio-Mitgliedern bestehen dürfen. Außerdem hat man dafür Sorge getragen, daß den Parteischiedsgerichten, welche Streitigkeiten zwischen der Partei und ihren Mitgliedern schlichten, keine Vorstandsmitglieder und Parteifunktionäre angehören dürfen, um eine größere schiedsgerichtliche Unabhängigkeit zu gewährleisten.

Das Parteiengesetz hat auch die bereits bestehende Rechtslage über das *Verbot verfassungswidriger Parteien* zusammenhängend kodifiziert. Die Bestimmung des Art. 21 Abs. 2 GG über das Verbot von verfassungswidrigen Parteien ist in der öffentlichen Diskussion stets als eine bedeutsame Errungenschaft des Grundgesetzes gepriesen worden. Tatsächlich hat das Bundesverfassungsgericht auf Antrag der Bundesregierung zweimal politische Parteien verboten, weil diese gegen die vom Grundgesetz gewollte verfassungsmäßige Ordnung arbeiteten: 1952 die neonazistische Sozialistische Reichspartei (SRP) und 1956, nach einem fast vierjährigen Verfahren, die Kommunistische Partei Deutschlands (KPD). In beiden Fällen kam das Gericht zu dem Schluß, daß die betreffenden Parteien nicht demokratisch und darum samt eventuell sich bildenden Ersatzorganisationen zu verbieten seien. Im Falle der SRP hat das Verbot auch zu einem spürbaren Rückgang des frühen parteipolitisch organisierten Rechtsradikalismus geführt. Hinsichtlich des Verbots der KPD meldeten sich ab 1965 immer stärkere Zweifel an der Opportunität des Verbots, da die Kommunisten zum Teil im Untergrund weiterarbeiteten und es angesichts der Entwicklung der SPD von einer sozialistischen Arbeiterpartei zu einer Volkspartei der linken Mitte kein parteipolitisches Auffangbecken für linksradikale Gruppen in der Bundesrepublik mehr gab. Außerdem mußte das Verbot der KPD die seit der Großen Koalition von 1966 intensivierten Bemühungen um die Herstellung besserer Beziehungen zur DDR unter ihrer kommunistischen Führung erschweren. Man hat darum seitens der Bundesregierung die Neugründung einer Deutschen Kommunistischen Partei (DKP, 1968) in der Bundesrepublik geduldet, ja insgeheim begrüßt, obwohl die Verfassungsmäßigkeit dieser Partei, die sich weitgehend mit der Politik der Sowjetunion und der SED identifizierte, ebenfalls zweifelhaft erscheinen konnte. Die bisherigen Verbote richteten sich ausschließlich gegen politische Organisationen, die wahrscheinlich auch ohne ein Verbotsurteil im Parteiensystem der Bundesrepublik keine maßgebliche Rolle hätten spielen können.

Die geschilderten Erfahrungen zeigen, daß die im Grundgesetz vorgesehene Möglichkeit zum Verbot verfassungswidriger Parteien kein zuverlässiges Mittel zur Erhaltung eines demokratischen Parteiwesens darstellt. Entweder sind die Parteien, deren Verbot von der Regierung beantragt wird, für den Bestand der Demokratie keine wirkliche Gefahr, wie im Fall der SRP und der KPD, oder es kommt gar nicht zu einem Verbotsantrag bei potentiell gefährlichen Parteien, wie in der zweiten Hälfte der sechziger Jahre im Fall der NPD. Trotz der jahrzehntelangen Zurückhaltung bei der Anwendung des scharfen Schwertes des Parteiverbotes haben aber im Januar 2001 Bundesregierung, Bundestag und Bundesrat, auf Initiative von Bundesinnenminister Otto Schily, beim Bundesverfassungsgericht einen Verbotsantrag gegen die NPD eingereicht. Die Begründung zu diesem Antrag stellt vor allem darauf ab, daß die im Hinblick auf die Wählerschaft eher marginale Partei (NPD) vielfältige extremistische Aktionen und Organisationen unterstützt; mit ihrem Verbot soll ein Fanal gegen Ausländerhetze und Gewalttätigkeit gesetzt werden. Von Gegnern der Initiative zu einem Verbot der NPD wird zu bedenken gegeben, daß ein mögliches Scheitern des Antrags eine bedenkliche Aufwertung dieser Partei darstellen würde.

Weitgehend einig sind sich alle demokratischen Kräfte, daß die Bestimmung des Art. 21 Abs. 2 GG kein absolut sicheres Abwehrmittel gegen antidemokratische Parteien ist. Die Verbotsmöglichkeit wird vollends unwirksam, wenn große Parteien innerhalb des etablierten Parteiengefüges einen Wandlungsprozeß in Richtung auf antidemokratische Ziele durchmachen, die sie jedoch als demokratisch ausgeben. Die Möglichkeit, ein Parteiverbot zu beantragen, hat außerdem auf die in Frage kommenden extremistischen Parteien die Wirkung einer äußerlichen Anpassung an demokratische Verfahren und Inhalte. Die versteckte Gegnerschaft gegen das demokratische System ist jedoch mindestens ebenso gefährlich wie die offene, sie macht eine gerichtliche Verfolgung allerdings weitaus schwieriger. Deshalb hängt die Stabilität und demokratische Qualität des deutschen Parteiensystems weniger vom verfassungsrechtlichen Verbotsartikel ab, sondern vor allem davon, ob die führenden Parteien im politischen Alltag einen festen Konsens über die Grenzen des demokratischen Prinzips besitzen und ihn der Öffentlichkeit vermitteln können.

2. Das Parteiensystem

Die Stabilität der Bundesrepublik basiert weitgehend auf der Stabilität ihres Parteiensystems. Darunter wird die Gesamtheit der einzelnen Parteien und der zwischen ihnen bestehenden Beziehungen verstanden. Das Parteiensystem eines Landes hängt auch wesentlich vom Wahlverhalten und den Wahlergebnissen ab. Es wird nicht nur durch die Anzahl der Parteien, sondern noch mehr durch das zwischen ihnen bestehende Verhältnis, vor allem den Grad des Wettbewerbs und der Konfrontation zwischen den Parteien und den Parteilagern charakterisiert. In der Bundesrepublik Deutschland hat die Veränderung des tradierten deutschen Parteiensystems und der Wandel der einzelnen Parteien wesentlich zur Ausbildung stabiler demokratischer Verhältnisse beigetragen.

Überblickt man seine historische Entwicklung, so war das deutsche Parteiensystem auf die funktionalen Erfordernisse der parlamentarischen Demokratie denkbar schlecht vorbereitet. Die deutschen Parteien hatten sich in der zweiten Hälfte des 19. Jahrhunderts unter monarchischen Systemen gebildet, die den politischen Parteien nur sehr begrenzte Einwirkungsmöglichkeiten auf das politische Leben einräumten. Da es den deutschen Parteien namentlich im Kaiserreich bis 1918 nicht möglich war, Regierungsverantwortung zu übernehmen, blieben sie als sogenannte Weltanschauungsparteien stark ideologisch geprägt und interessengebunden. Sie waren nicht gehalten, die Kunst des demokratischen Kompromisses zu erlernen.

Als mit der Weimarer Republik das parlamentarische System eingeführt wurde, mußte es, bewirkt durch das Verhältniswahlrecht, mit einer Vielzahl von politischen Parteien arbeiten, die aufgrund starker ideologischer Unterschiede zu dauerhaften Koalitionsbildungen und tragfähigen Kompromissen kaum in der Lage waren. Hinzu kam, daß das Parteiensystem der Weimarer Republik von Anfang an mit einigen Parteien durchsetzt war, die eine prinzipielle Systemopposition gegen das demokratische Regierungssystem trieben. Die demokratischen Parteien, untereinander meist uneins und gegeneinander viel zu mißtrauisch, haben daher nur sehr wenige stabile parlamentarische Regierungen hervorgebracht. Die demokratiefeindlichen Parteien haben die Parteiendemokratie schon nach elf Jahren funktionsunfähig gemacht. Aus der zeitgenössischen Erfahrung der Weimarer Republik, die zu beweisen schien, daß die politischen Parteien nicht in der Lage sind, einen Staat zu regieren, hatte die in Deutschland schon vorher weit verbreitete Parteienkritik in den Krisenjahren der ersten deutschen Demokratie neue Nahrung gesogen. Parteien galten als Spalter der idealiter im Staate geeinten Nation, als Organisationen von Interessenten, die nicht das Wohl des Ganzen im Auge haben. Hitlers Triumph über den Parteienstaat der Weimarer Republik war darum weniger das Werk einer *Partei* im klassischen Sinne als vielmehr der Sieg einer auf die Einheit und Stärke der Nation gerichteten *Bewegung* gegen die politische Zersplitterung im demokratischen Parteienstaat.

Verglichen mit dem labilen Vielparteiensystem der Weimarer Republik hat das Parteiengefüge der Bundesrepublik einen völlig neuen Charakter gewonnen: Die ideologischen Schranken sind stark abgebaut, und der Konsens über die Demokratie herrscht vor. Die Zahl der im Bundestag vertretenen Parteien hat sich in den ersten beiden Jahrzehnten der Bundesrepublik auf drei reduziert. In diesem Dreiparteiensystem waren die beiden Hauptparteien, CDU/CSU und SPD, die Säulen und die eigentlichen Kontrahenten wie in einem Zweiparteiensystem, doch sind sie in der Regel nicht stark genug gewesen, um ohne die kleine dritte Partei, FDP, regieren zu können, die dadurch eine für die jeweilige Regierungsbildung disproportional wichtige Rolle spielte.

Das für die Stabilität der Bundesrepublik maßgebliche Gefüge des Dreiparteiensystems ist, sieht man vom vorübergehenden Auftauchen der rechtsextremen NPD in den sechziger Jahren ab, erstmals 1983 durch den Einzug der Partei der Grünen in den Bundestag aufgebrochen worden. Damit ist eine Veränderung des bislang so stabilen deutschen Parteiensystems eingeleitet worden, das sich seit Beginn der neunziger Jahre vom Muster eines gefestigten Systems zweier Hauptparteien und einer Nebenpartei entfernt, dem die Bundesrepublik in parteipolitischer Hinsicht über zwanzig Jahre lang eine so große Stabilität verdankte. Zwar hat die erste gesamtdeutsche Bundestagswahl im Dezember 1990 im wesentlichen noch einmal eine Bestätigung des alten Parteiensystems mit besonderen Erfolgen für die beiden bürgerlichen Parteien gebracht und der Bundesregierung unter Helmut Kohl eine stabile Mehrheitsbasis verschafft, doch ist die deutsche Parteienlandschaft 1990 durch den Einzug der ostdeutschen PDS sowie des Bündnis 90 ins Parlament in Bewegung geraten. Damit begann eine Reduzierung der Vormachtstellung der bisherigen staatstragenden Parteien CDU/CSU, SPD und FDP.

Durch die deutsche Vereinigung im Jahre 1990 ist das bundesdeutsche Parteiensystem zunächst keineswegs verändert, sondern lediglich auf die neuen Bundesländer ausgedehnt worden. Im Herbst 1989, als in der DDR der Unmut und Protest gegen die Diktatur der SED immer größer wurden, formierten sich dort zahlreiche Bürgerbewegungen wie das Neue Forum, Demokratie Jetzt und der Demokratische Aufbruch, aber auch eine Sozialdemokratische Partei der DDR (SDP). Zugleich lösten sich die bisher unter der Oberherrschaft der marxistisch-leninistischen Staatspartei stehenden sogenannten Blockparteien aus der bisherigen Vasallentreue und bemühten sich um eine personelle und programmatische Neuorientierung. Doch nach diesen Ansätzen eines eigenständigen Parteiensystems in einer freiheitlichen DDR übernahmen im Frühjahr 1990 während des Wahlkampfes für die erste freie Volkskammerwahl die westdeutschen Parteiapparate die Regie über die ostdeutschen Parteigruppierungen, schlossen diese zu Bündnissen zusammen und ordneten sie den Strategien der bundesdeutschen Parteizentralen unter. So benannte sich die SDP in SPD um. Die Ost-CDU, der sich schon zuvor die Demokratische Bauernpartei angeschlossen hatte, der Demokratische Aufbruch und die Deutsche Soziale Union wurden von Bundeskanzler Kohl zum Wahlbündnis »Allianz für Deutschland« zusammengezwungen. Die Liberaldemokratische Partei, in der bereits die Nationaldemokratische Partei aufgegangen war, die Deutsche Forumspartei und die neugegründete Ost-FDP bildeten den Bund Freier Demokraten. Abgeschlossen wurde der gesamtdeutsche Zusammenschluß der Parteien, als im Spätsommer und Herbst 1990 die formell noch eigenständigen Parteien in Vorbereitung des Beitritts der DDR zur Bundesrepublik am 3. Oktober 1990 und der ersten gesamtdeutschen Bundestagswahl am 2. Dezember 1990 mit den jeweiligen bundesdeutschen Parteiorganisationen fusionierten. Einzig die westdeutschen Grünen schlossen sich nicht mit dem ihnen nahestehenden ostdeutschen Bündnis 90 zusammen und wurden dafür bei der Bundestagswahl hart bestraft, scheiterten sie doch nach zwei Legislaturperioden in Bonn mit 4,8 Prozent der Wählerstimmen knapp an der Fünf-Prozent-Klausel und zogen, anders als Bündnis 90, nicht in das erste gesamtdeutsche Parlament ein.

Für die westdeutschen Parteien waren die gesamtdeutschen Parteizusammenschlüsse, bei allen Vorbehalten gegen eine mögliche Übernahme früherer Mitläufer des DDR-Systems, äußerlich zumeist ziemlich profitabel. Nicht nur führten sie ihnen Wähler und Mitglieder zu, wobei gerade die letzteren, wie bei der FDP, sehr schnell wieder verloren wurden. Auch konnten sie manche materiellen Aktiva der alten Blockparteien übernehmen – obwohl die »Unabhängige Kommission zur Überprüfung des Vermögens der Parteien und Massenorganisationen der DDR« seit Mai 1990 darum bemüht war, das von der SED ihren Blockparteien entgegen rechtsstaatlichen Grundsätzen übernommene Vermögen einzuziehen. Auf diese Weise sollte auch eine gewisse Chancengleichheit für ostdeutsche Neugründungen wie die Sozialdemokratische Partei hergestellt werden (deren Besitz war 1946 in der SED aufgegangen), die nun, 1989, in der DDR von neuem beginnen mußte.

Insgesamt hat die deutsche Vereinigung keinen Veränderungsschub im bundesdeutschen Parteiensystem bewirkt. Allein die PDS als die Nachfolgepartei der vormals in der DDR herrschenden SED trat neu hinzu. Sie blieb bis dato eine reine Ostpartei, konnte aber 1990 dank der vom Bundesverfassungsgericht für das Wahlgebiet der ehemaligen DDR verfügten separaten Fünf-Prozent-Klausel mit 17 Abgeordneten in den Bundestag einziehen. Das ostdeutsche Bündnis 90 entsandte 8 Abgeordnete. Die weitere Pluralisierung und Fragmentierung, die sich im bundesdeutschen Parteiensystem in den neunziger Jahren abgezeichnet hat, ist also nur zum geringen Teil eine Folge der deutschen Vereinigung; hauptsächlich wird sie allgemeinen gesellschaftlichen und politischen Wandlungsprozessen geschuldet, welche die bisherige Stabilität des deutschen Parteiensystems in Frage stellen.

Der Übergang zu einem gesamtdeutschen Fünfparteiensystem zeichnete sich schon bei den Landtagswahlen der ersten Hälfte der neunziger Jahre ab, er setzte sich auch bei der Bundestagswahl 1994 fort und wurde zuletzt bei der vorigen Bundestagswahl bestätigt. Am 27. September 1998 schickten die deutschen Wähler nicht nur, was selbstverständlich war, die beiden großen Parteien CDU/CSU und SPD, wenn auch in umgekehrter Reihenfolge, in den Deutschen Bundestag. Darüber hinaus gelang auch Bündnis 90/Die Grünen mit 6,7 Prozent und der FDP mit 6,2 Prozent der Einzug in das Parlament. Vor allem aber schaffte die PDS dieses Mal mit 5,1 Prozent den Sprung über die Fünfprozenthürde und somit den direkten Einzug in den Bundestag, nachdem man bei der Wahl von 1994 dank vier errungener *Direktmandate* diese Latte hatte unterlaufen können.

Es kennzeichnet allerdings den Zwischenstand des deutschen Vereinigungsprozesses, daß dieses gesamtdeutsche Fünfparteiensystem, das nun schon bei der dritten Bundestagswahl in Folge bestätigt worden ist, auf zwei sehr unterschiedlichen Dreiparteiensystemen in Ost- und Westdeutschland beruht. In den neuen Bundesländern ist die PDS zusammen mit der CDU und der SPD fester Bestandteil eines Dreiparteiensystems, während dort Bündnis 90/Die Grünen und die FDP in keinem Landtag mehr vertreten sind. In den alten Bundesländern setzt sich das Dreiparteiensystem meist aus den beiden großen Parteien und den Grünen zusammen; die FDP ist derzeit lediglich in Baden-Württemberg, Hessen, Nordrhein-Westfalen, Rheinland-Pfalz und Schleswig-Holstein in den Landtagen vertreten.

Nach der letzten Bundestagswahl vom September 1998 haben die großen Gewinne der SPD (+4,5 Prozent) und noch mehr die dra-

matischen Verluste der CDU/CSU (–6,3 Prozent) die Regierungsbildung durch eine rot-grüne Koalition nicht nur rechnerisch möglich, sondern auch politisch notwendig gemacht, die einzige Alternative wäre die Wiederholung einer ungeliebten Großen Koalition
gewesen. Sollte sich allerdings bei der nächsten Bundestagswahl der
Abstand zwischen den beiden großen Parteien wieder verringern,
so könnte in einem Fünfparteiensystem die Regierungsbildung –
zumal wenn eine parlamentarische Unterstützung oder Tolerierung
durch die postkommunistische PDS auf Bundesebene weiterhin abgelehnt wird – schwieriger werden als je zuvor in der Geschichte der
Bundesrepublik. Da auch nicht sicher ist, ob FDP und Grüne den
Sprung über die Fünfprozenthürde schaffen, wird vermutlich die
Regierungsbildung im Herbst 2002 spannender als je zuvor werden.
Doch dieser Unterhaltungseffekt von demokratischen Systemen ist
keineswegs von Nachteil.

3. Die einzelnen Parteien

(a) Die Sozialdemokratische Partei Deutschlands (SPD)

Die älteste, nach Mitgliedern größte und seit der Bundestagswahl
vom 27. 9. 1998 auch wieder führende deutsche Partei ist die SPD.
Die Sozialdemokraten sind stolz auf diese Tradition, auch wenn sie
ihnen immer wieder zur Last fällt, erschwert sie doch die Anpassungsprozesse, welche die Partei aufgrund des politischen, wirtschaftlichen und vor allem gesellschaftlichen Wandels durchmachen
muß. Die Anfänge der SPD gehen mit den Vorgängerparteien, dem
Allgemeinen Deutschen Arbeiterverein und der Sozialdemokratischen Arbeiterpartei, auf die Jahre 1863 bzw. 1869 zurück. Damit ist
sie nicht nur die älteste Partei in Deutschland, sondern war gleichzeitig auch international das erste Vorbild einer modernen Massen-
und Mitgliederpartei. So kann es nicht wundern, daß Geschichte
und Organisation der deutschen Sozialdemokratie von jeher im
Mittelpunkt des Interesses der Parteienforschung, insbesondere der
Parteiensoziologie gestanden haben – erinnert sei nur an die klassische Studie von Robert Michels »Zur Soziologie des Parteiwesens
in der modernen Gesellschaft« (1911). Im Kaiserreich übte die SPD
entschiedene Kritik am Wilhelminischen Obrigkeitsstaat und

wurde daher über Jahrzehnte verfolgt, während sie in der Weimarer Republik zum eigentlichen Träger der ersten deutschen Demokratie wurde. 1933 folgte das Verbot der Partei, ihre Führer und Mitglieder erlitten Verfolgungen oder mußten ins Exil. Kurt Schumacher (1895–1952), der in der Endphase der Weimarer Republik noch als junger Abgeordneter dem Reichstag angehört hatte, überlebte mit knapper Not das Konzentrationslager. Er wurde nach dem Zusammenbruch des Naziregimes zum kraftvollen Vorsitzenden der wiederbegründeten SPD in den drei Westzonen und verkörperte deren Hoffnung, als demokratische Traditionspartei den erneuten Aufbau einer Demokratie in Deutschland verantwortlich mitzugestalten.

Innerhalb der deutschen Linken war unmittelbar nach Kriegsende aufgrund des gemeinsamen Schicksals in der Nazizeit der Gedanke an eine Zusammenfassung von Kommunisten und Sozialdemokraten in *einer* Partei lebendig. Doch die Abhängigkeit der deutschen Kommunisten von der sowjetischen Führungsmacht und die undemokratischen Praktiken in der Sowjetischen Besatzungszone bewirkten sehr schnell eine scharfe, unversöhnliche Trennung von Sozialdemokraten und Kommunisten. Da die Kommunisten in den Westzonen aufgrund der Ost-West-Konfrontation in der Bevölkerung rapide an Ansehen verloren, entsprach der von Schumacher verkörperte Abgrenzungskurs der SPD in Westdeutschland der allgemeinen politischen Stimmung. In der Ostzone mußte sich die SPD im Frühjahr 1946 jedoch den von den Sowjets diktierten Forderungen beugen und die Zwangsvereinigung mit der KPD zur Sozialistischen Einheitspartei Deutschlands (SED) hinnehmen.

Die Auffassungen der deutschen Sozialdemokratie über die Neugestaltung Deutschlands nach der Befreiung von der Nazidiktatur waren von zwei Hauptzielen bestimmt: (1.) der Schaffung einer wirklich sozialistischen Demokratie auf der Grundlage der Umgestaltung der Wirtschaftsstruktur und (2.) der schnellstmöglichen Rückgewinnung deutscher Unabhängigkeit durch eine Politik betont nationaler Interessen.

In der ersten Frage geriet die SPD bereits im Frankfurter Wirtschaftsrat in die Minderheit, so daß sie keine Chance hatte, ihre wirtschaftspolitischen Vorstellungen ins Werk zu setzen, zumal diese nicht den Vorstellungen der amerikanischen Besatzungsmacht entsprachen. Der außerordentliche Erfolg der Wirtschaftspolitik Adenauers und Erhards entzog den wirtschaftspolitischen Konzepten der SPD immer mehr den Boden. Im Godesberger Programm von 1959 schwenkte sie schließlich unmißverständlich auf die von der CDU vorgezeichnete Linie der Sozialen Marktwirtschaft ein, welche die SPD seitdem grundsätzlich bejaht, auch wenn sie die Beseitigung sozialer Ungerechtigkeiten als besonderes Anliegen betonte.

Die härtesten Auseinandersetzungen zwischen Regierung und SPD-Opposition in den ersten Legislaturperioden des Deutschen Bundestages gab es jedoch auf dem Gebiet der Außen- und Deutschlandpolitik. Obwohl die SPD unter dem Druck der Verhältnisse der Errichtung eines provisorischen Weststaates zugestimmt hatte, suchte sie doch, im Gegensatz zu Adenauer, alles zu vermeiden, was dem Provisorium Bundesrepublik Dauer verleihen und damit die Aussichten auf eine Wiedervereinigung Deutschlands beeinträchtigen könnte. Sie widersetzte sich dem Vollzug der deutschen Westintegration, selbst den populären europäischen Plänen Adenauers, sie bekämpfte die Wiederbewaffnung, und sie erschien darum auch den westlichen Alliierten als sehr viel weniger kooperationsbereit als die regierenden bürgerlichen Parteien. Die SPD unter Schumacher übersah dabei, daß eine Politik der Verfolgung nationaler Interessen in einer Periode starker Abhängigkeit von den Westmächten nicht erfolgreich sein konnte, zumal den meisten deutschen Wählern das nationale Image der Partei, die so lange einer internationalen Tradition verpflichtet gewesen war, kaum überzeugend erschien.

Ein Jahr nach Verabschiedung des Godesberger Programms machte die SPD durch ihren Fraktions- und stellvertretenden Parteivorsitzenden Herbert Wehner 1960 im Bundestag deutlich, daß sie auch in den Fragen der Außenpolitik zu einer weitgehenden Gemeinsamkeit mit den bürgerlichen Parteien und zur Annahme der von der CDU geschaffenen Stellung der Bundesrepublik im Rahmen der westlichen Allianz und ihres militärischen Bündnissystems bereit sei. Danach begann eine Periode eher punktueller Opposition, die vielfach als Strategie der »Umarmung« charakterisiert worden ist. Die neue Politik Wehners, die darauf abzielte, auch dem bürgerlichen Milieu die SPD als eine vertrauenswürdige demokratische Alternative erscheinen zu lassen, zahlte sich von 1961 an in einem stetigen Zuwachs an Wählerstimmen aus. Indem sie sich als Volkspartei öffnete und damit in der Tat, über ihre Stammwähler in der gewerkschaftlich organisierten Arbeiterschaft hinaus, aus den bürgerlichen Mittelschichten neue Wähler hinzugewann, schuf die SPD die Voraussetzung für die Regierungsbeteiligung seit 1966 und schließlich die Regierungsführung nach den Wahlen von 1969. Als Regierungspartei konnte sie nun auch durch Taten unter Beweis stellen, daß sie in der Lage sei, dem Land durch Reformen Fortschritt, Sicherheit und Wohlstand zu geben.

Der parteiinterne Motor dieser Verwandlung der SPD war Wehner, ihr charismatischer Exponent war Willy Brandt, als langjähriger Regierender Bürgermeister von Berlin ein international respektierter Politiker. Trotz zweier Niederlagen bei den Bundestagswahlen von 1961 und 1965 blieb Brandt Vorsitzender der SPD, die er schließlich 1969 an die Regierungsspitze führen und 1972 für eine Legislaturperiode zur stärksten Bundestagspartei machen konnte. Im Zuge der starken Politisierung zwischen 1965 und 1975 gelang es der SPD, deren Mitgliederzahl in den fünfziger und sechziger Jahren bei etwas über einer halben Million stagnierte, zahlreiche neue Mitglieder zu gewinnen, so daß der Mitgliederbestand zeitweise auf über eine Million (1976) anstieg. In den achtziger und neunziger Jahren ist er erheblich abgesunken, Ende 2000 waren nur noch 735 000 Bürger Mitglied in dieser klassischen Mitgliederpartei.

Dank des in den sechziger Jahren einsetzenden Zustroms neuer Mitglieder und der allgemeinen sozialen Wandlungstendenzen der Industriegesellschaft ist die SPD auch in ihrer sozialen Zusammensetzung längst keine Arbeiterpartei mehr. Der Anteil der Arbeiter liegt heute bei etwas über 20 Prozent (1930 über 60 Prozent!). Noch immer spielt der Ortsverein als die unterste Gliederung der Partei im Parteileben der SPD eine wichtige, in jüngster Zeit allerdings nachlassende Rolle. Im übrigen gliedert sich die SPD nach Unterbezirken und Bezirken. Arbeitsgemeinschaften, die bestimmte Berufs- und Altersgruppen zusammenfassen, haben eine wichtige Funktion. Unter ihnen hat die Organisation der Jungsozialisten, der alle Parteimitglieder bis zum Alter von 35 Jahren automatisch angehören, in den siebziger Jahren am meisten für Furore gesorgt: Die *Jusos*, in deren Führung von der studentischen Protestbewegung politisierte neue Mitglieder dominierten, versuchten zwischen 1968 und 1975 die Partei ideologisch neu zu orientieren und die seit Godesberg eingeschlagene Richtung wieder rückgängig zu machen. Die von den Jusos entfesselten ideologischen Auseinandersetzungen haben die Partei mitunter stark verunsichert und ihr in einigen Bundesländern und Großstädten (z. B. Frankfurt und München) zeitweilig schmerzhafte politische Verluste eingetragen. Sie blieben allerdings eine historische Episode.

In den siebziger Jahren besaß die SPD – mit Willy Brandt als Parteivorsitzendem (bis 1987), Herbert Wehner als Fraktionsvorsitzendem (bis 1983) und Helmut Schmidt als Bundeskanzler (ab 1974 nach dem Rücktritt Brandts) – ein zwar nicht reibungslos funktionierendes, aber durch die Kraft ihrer Persönlichkeiten beeindruckendes Führungsgespann. Das für die – 1982 aus der Macht verdrängte – Partei enttäuschende Wahlergebnis vom März 1983, mit dem sie unter der Führung ihres neuen Kanzlerkandidaten und späteren Parteivorsitzenden Hans-Jochen Vogel unter die 40-Prozent-Marke abrutschte, erklärt sich zum einen aus der mangelnden Übereinstimmung eines beachtlichen Teiles der Partei mit der Politik ihres eigenen vormaligen Bundeskanzlers Schmidt, zum anderen aus den zunehmenden innerparteilichen Divergenzen über die Bewältigung der Krisen- und Umbruchssituation der Industriegesellschaft. Alternative, ökologische und pazifistische Gedanken wurden zum Sprengsatz innerhalb einer großen Massenpartei, die einst nicht nur mit dem sozialen, sondern auch mit dem technischen und industriellen Fortschritt im Bunde gewesen war.

Hans-Jochen Vogel, der Willy Brandt als Ersten Vorsitzenden 1987 ablöste und auch die SPD-Bundestagsfraktion führte, sollte die Übergabe der Verantwortung an die nächste Generation vorbereiten. Diese vollzog sich 1991 mit der Wahl des schleswig-holsteinischen Ministerpräsidenten Björn Engholm zum Parteivorsitzenden. Obwohl die SPD Ende der achtziger Jahre dank beachtlicher Erfolge in mehreren Bundesländern innenpolitisch günstige Voraussetzungen zu haben schien, auch bei der Bundestagswahl 1990 zum Erfolg zu kommen, machte ihr die deutsche Vereinigung einen Strich durch die Rechnung. In der Stunde des Zusammenbruchs der DDR und der Anbahnung der deutschen Einheit erwies sich die SPD, voran ihr Kanzlerkandidat Oskar Lafontaine, als unsicher und ängstlich. Auch mußte die SPD im Gebiet der DDR 1989 neu gegründet werden, da sie, 1946 von der KPD vereinnahmt, nicht wie die Blockparteien über eine Infrastruktur verfügte.

Die zögerliche Haltung der westdeutschen SPD in bezug auf die deutsche Einheit war mitverantwortlich für das schlechte Abschneiden der Sozialdemokraten bei den Wahlen im Osten Deutschlands, aber auch bei der entscheidenden Bundestagswahl im Dezember 1990, bei der sie auf 33 Prozent absackte. Nur in einem der fünf neuen Bundesländer, in Brandenburg, gelang es der SPD, im Rahmen einer sogenannten Ampelkoalition mit FDP und Bündnis 90, den Ministerpräsidenten, Manfred Stolpe, zu stellen. Auch in den Auseinandersetzungen über die Gestaltung des Einigungsprozesses und die sich aus dem Zusammenbruch des Sowjetkommunismus ergebenden Konsequenzen für die deutsche Außen- und Sicherheitspolitik konnte sich Anfang der neunziger Jahre die neue Führungsmannschaft der SPD nicht überzeugend profilieren.

Die Krisenhaftigkeit in der SPD offenbarte sich auch in den für diese Partei früher ganz untypischen häufigen Führungswechseln. Seit dem Rücktritt Willy Brandts im Jahre 1987 mußte die Partei bis heute bereits fünfmal einen neuen Vorsitzenden küren. Die Nachfolge Hans-Jochen Vogels, der die Partei nach innen konsolidierte, trat 1991 Björn Engholm an, der durch die sogenannte Barschel-Affäre nicht nur in das Amt des schleswig-holsteinischen Ministerpräsidenten, sondern auch in den Parteivorsitz der SPD emporgetragen worden war, durch seine eigene Verwicklung in diese Affäre aber auch beide Ämter wieder verlor. Nach Engholms Rücktritt hat im Sommer 1993 erstmals die Parteibasis in einer Mitgliederbefragung den Parteivorsitzenden bestimmt: Rudolf Scharping. Bei der Bundestagswahl im Oktober 1994 legte die SPD über drei Prozent zu und kam auf 36,4 Prozent der Wählerstimmen. Doch der grundsolide vormalige Ministerpräsident von Rheinland-Pfalz Scharping konnte in der Folgezeit die Ankündigung, die Opposition werde nach dem knappen Wahlausgang die bürgerliche Koalition jagen, kaum umsetzen – die Führungsquerelen im Trio Lafontaine-Scharping-Schröder sorgten stattdessen für ein Halali ganz eigener Art: Im November 1995 übernahm Oskar Lafontaine auf dem Mannheimer Parteitag nach einer mitreißenden Rede völlig überraschend den Parteivorsitz von Scharping.

Gerhard Schröder verstand es dann im März 1998, die Konkurrenz mit Oskar Lafontaine um die sozialdemokratische Kanzlerkandidatur für sich zu entscheiden, indem er die niedersächsische Landtagswahl zu einem Plebiszit über seine Bewerbung umdeutete. In der Folge führte der niedersächsische Ministerpräsident, inspiriert vom Stil des neuen britischen Premierministers Tony Blair, gegen Helmut Kohl als den langjährigen Amtsinhaber einen geschickten Wahlkampf, in dem er sich weniger durch ein alternatives Sachprogramm als durch die Verkörperung einer jüngeren Politikergeneration und ein fernsehgerechtes Auftreten profilierte. Diese sozialdemokratische Wahlkampfstrategie war erfolgreich: In den Bundestagswahlen vom September 1998 legte die SPD 4,5 Prozent zu und kam auf 40,9 Prozent der Wählerstimmen, ihr zweitbestes Wahlergebnis in den fünf Jahrzehnten bundesrepublikanischer Geschichte, übertroffen nur von den 45,8 Prozent, die Willy Brandt 1972 in dem Plebiszit über die neue Deutschland- und Ostpolitik errungen hatte. Der große Erfolg der SPD bei dieser Bundestagswahl läßt sich daran ablesen, daß sie 212 ihrer 298 Bundestagsmandate über die Erststimmen direkt errang, dabei der CDU 109 Wahlkreise abnahm.

Aufgrund dieses selbst die Sozialdemokraten in seiner Höhe überraschenden Sieges, der mehr infolge der Schwäche der bisherigen Regierungspartei CDU/CSU als der Stärke der SPD zustande kam, ist mit Gerhard Schröder zum dritten Mal ein Sozialdemokrat Bundeskanzler geworden. Doch mußte er, wie die ersten Monate der neuen rot-grünen Bundesregierung zeigten, seine Führungsposition an der Spitze der Bundespolitik erst noch unter Beweis stellen. In Oskar Lafontaine, der die Stellung des SPD-Parteivorsitzenden mit dem Amt des Bundesfinanzministers verband, stand zunächst neben Bundeskanzler Schröder nicht nur ein starker Partner, sondern auch ein potentieller Konkurrent. Lafontaine verkörperte eher die auf einen aktiven Staat und umfassende soziale Absicherung orientierte Traditionslinie, mit der die SPD ihre alten Wählerschichten in der Arbeiterschaft bzw. unter den Arbeitslosen zu binden sucht. Schröder auf der anderen Seite hat es mit seinem Programm einer Modernisierung von Wirtschaft und Gesellschaft verstanden, nicht nur der SPD jene wirtschaftspolitische Kompetenz zurückzugewinnen, die sie einmal unter Karl Schiller und Helmut Schmidt besaß, sondern auch unter dem Schlagwort der »neuen

Mitte« Wählerschichten in der Angestelltenschaft, der Akademikerschaft und den freien Berufen anzuziehen. So beinhaltete der plötzliche Rücktritt Lafontaines vom Parteivorsitz und die Übernahme dieses Amtes durch Gerhard Schröder im Frühjahr 1999 eine personalpolitische *und* eine programmatische Klärung an der Spitze der SPD. Der Bundeskanzler und Parteivorsitzende Schröder steht aber wie alle seine sozialdemokratischen Vorgänger vor der Aufgabe, die Erwartungen und Hoffnungen sowohl des alten wie des neuen Wählerpotentials der Partei zu erfüllen. Die durch den Spagat zwischen unterschiedlichen Wählerklientelen bewirkten Streßerscheinungen sind übrigens nicht auf die SPD beschränkt, sondern finden sich als Folgen des allgemeinen Strukturwandels und der Krise des Parteiensystems auch bei den anderen Parteien.

(b) Die Christlich-Demokratische Union (CDU)

Die CDU hat es lange Zeit infolge ihre rascheren Modernisierung, vor allem aber durch ihre langjährige Stellung an der Regierungsspitze besser verstanden, die Heterogenität in ihrer Mitglieder- und Wählerschaft auszugleichen, doch ihre Verbannung in die Opposition durch das Ergebnis der Bundestagswahlen vom September 1998 hat die entsprechenden Vermittlungsbemühungen wesentlich erschwert. Ihre Gründer nannten die nach dem Ende des Zweiten Weltkriegs völlig neu ins Leben gerufene Partei eine »Union«. Union meinte zwar zunächst die Vereinigung der Christen beider Konfessionen in einer einzigen politischen Partei. Die Union der Christdemokraten wurde jedoch als Regierungspartei vor allem zu einer Vereinigung der wichtigsten etablierten Interessengruppen mit teilweise gegensätzlichen Interessenlagen, die gleichwohl innerhalb der Partei friedlich nebeneinander existieren konnten. Als Unionspartei war die CDU – im Gegensatz zur straffer organisierten Sozialdemokratischen Partei – immer eine locker zusammengefügte Organisation von Landesverbänden, Politikern aller Ebenen und den hinter ihnen stehenden Interessengruppen, die weniger durch eine gemeinsame Ideologie als durch den Willen zur Bewahrung des Status quo der in den fünfziger Jahren geschaffenen deutschen Gesellschafts- und Wirtschaftsordnung und zur Erhaltung der Macht an der Spitze der Bundesregierung zusammengehalten wurde.

Den Gedanken einer alle Christen umschließenden politischen Partei hatten einige katholische Politiker der Zentrumspartei schon vor 1933 gehabt. Es bedurfte jedoch der Erfahrungen des Hitler-Regimes, insbesondere der gemeinsam erlittenen Verfolgung von Christen beider Konfessionen während der Nazizeit, um ihn zu verwirklichen. Als eine Partei von Christen wollte die CDU alle Volksschichten ansprechen; in der Tat ist die Wählerschaft keiner anderen deutschen Partei sozial so breit gefächert wie die der CDU. Die Idee einer Politik im Geiste eines weltoffenen Christentums und die Bindung an die Kirchen waren in den Gründungsjahren der Partei noch ziemlich stark, traten später jedoch in den Hintergrund. Die CDU wurde zur Partei eines gemäßigten Konservatismus, die, je länger sie an der Regierung blieb, der Tendenz erlag, sich als deutsche Staatspartei zu gebärden. Deshalb ist die Bundesrepublik Deutschland in den sechziger Jahren als »CDU-Staat« bezeichnet und kritisiert worden.

Ohne ihren langjährigen, autoritätsstarken Vorsitzenden Konrad Adenauer hätte die CDU das Gesicht der bundesdeutschen Politik nicht so nachhaltig prägen können. Adenauer war jedoch weniger ein Exponent seiner Partei als umgekehrt die Partei ein Instrument in der Hand ihres erfolgreichen Parteichefs. Man charakterisierte sie auch als »Kanzlerwahlverein«. Im Gegensatz zur SPD, die als Mitgliederpartei ein ziemlich intensives innerparteiliches Leben entfaltete, blieb die CDU bis in die siebziger Jahre vor allem eine Wählerpartei. In ihrem Kern war sie eine Sammlung von Honoratioren aus tendenziell konservativen Kreisen, in denen die innerparteiliche demokratische Willensbildung keine wichtige Rolle spielte. Durch ihren frühen Erfolg bei der deutschen Wählerschaft war die CDU vor allem darauf ausgerichtet, sich an der Macht zu halten. Der Erfolg der Adenauerschen Regierungspolitik wurde zum Erfolg auch für die Partei, obwohl die Partei selbst wenig eigene Initiativen entfaltete. Diese Eigenheit mußte zum Problem werden, sobald der Erfolg ausblieb.

Obwohl in keiner anderen Partei die latenten Interessengegensätze so groß sind wie in der CDU, in der es Arbeitnehmer und Arbeitgeber, Bauern und Großgrundbesitzer, Mittelständler und Großindustrielle, Handwerker und Industriemanager gibt, gelang es Adenauer durch seinen außenpolitischen Erfolg als Bundeskanzler und durch eine Politik wechselseitiger Befriedigung aller Interessen, die Partei zusammenzuhalten, weil das übergeordnete gemeinsame Interesse aller in der Partei vertretenen Gruppen der Machtbesitz war. Adenauer gab der CDU, im Gegensatz zu einigen stärker nationalen und sozialen Tendenzen der Anfangsperiode, durch seine Politik eine entschieden westliche, proeuropäische und antikommunistische Ausrichtung. Im innenpolitischen Bereich versicherte er sich der Unterstützung der deutschen Industrieführer und betrieb im übrigen eine – alle großen sozialen Interessen berücksichtigende – Politik des die Besitzverhältnisse kaum tangierenden pluralistischen Ausgleichs.

Die Dynamik des Anfangs, die dank des wirtschaftlichen Aufschwungs Massen von Wählern der CDU zugeführt hatte, begann aber in den sechziger Jahren mehr und mehr zu erlahmen. Die CDU, die als eine halbwegs progressive Kraft in die deutsche Politik eingetreten war, wurde mehr und mehr zur Verteidigerin des Gewordenen, ohne richtungweisende Konzeptionen für das moderne Deutschland zu entwickeln. So ergab sich nach dem Rücktritt Adenauers im Jahr 1963 das Bild einer schlaff gewordenen, von allzu vielen Interessen bestimmten, tendenziell konservativen Partei, die einem gewissen Immobilismus verfiel, den sie durch eine zum Teil pathetische, von nationalistischen Untertönen nicht immer freie Rhetorik zu verdecken suchte.

Nach dem Verlust der Regierung im Herbst 1969 und noch mehr der Wahlniederlage des Jahres 1972, welche die CDU als eine große Demütigung empfand, weil in dieser Wahl erstmals die SPD zur stärksten Partei im Deutschen Bundestag geworden war, war die CDU unter ihrem neuen Parteivorsitzenden Helmut Kohl bestrebt, sich als Partei zu erneuern und wieder das Image einer nach vorne gerichteten, nicht der konservativen Beharrung verpflichteten Partei zu gewinnen. Die Bemühungen des jungen rheinland-pfälzischen Ministerpräsidenten waren nicht ohne Erfolg, auch wenn die CDU/CSU ihr Ziel, bei den Wahlen von 1976 die absolute Mehrheit zu erringen, mit 48,6 Prozent der Wählerstimmen knapp verfehlte. Es gelang der Partei jedoch, ihre Mitgliedschaft, die bis 1969 bei ca. 300 000 stagniert hatte, auf heute 617 000 mehr als zu verdoppeln, so daß es nicht mehr zulässig ist, die CDU – und auch die bayerische CSU mit ca. 180 000 Mitgliedern – als bloße Wählerpartei zu charakterisieren. Zusammen mit der CSU, die in Bayern ihre Parteiorganisation besonders effektiv auszubauen verstand, übertreffen die Christdemokraten heute die Mitgliederzahl der SPD, auch wenn in ihrer Organisation das Prinzip der innerparteilichen Demokratie nicht immer so ernst genommen wird wie in der SPD.

Die Bemühungen der CDU um die Gewinnung eines neuen Profils wurden jedoch lange Zeit überschattet durch interne Auseinandersetzungen um die Führungspositionen innerhalb der Partei, insbesondere um die Position des Kanzlerkandidaten. 1980 gelang es dem ehrgeizigen Vorsitzenden der CSU, Franz Josef Strauß, die ungeschriebene Regel zu durchbrechen, daß der Kanzlerkandidat der Union stets der CDU als der weitaus größeren Partei anzugehören habe. Strauß verlor die Wahl gegen den sozialdemokratischen Bundeskanzler Helmut Schmidt. Dank des Bruchs der sozial-liberalen Koalition seitens der FDP wurde Helmut Kohl im Oktober 1982 durch ein konstruktives Mißtrauensvotum zum Bundeskanzler gewählt. Er hat diese Wahl im Frühjahr 1983 nach einer verfassungsrechtlich nicht unproblematischen Auflösung des Bundestages nachträglich durch das Wahlvolk bestätigen lassen und seine Stellung als Regierungschef in allen folgenden drei Bundestagswahlen mit Erfolg verteidigt. Helmut Kohl hatte Erfolg als ein durch und durch pragmatischer, machtbewußter Politiker, dem lange Zeit die große Ausstrahlung und die visionäre Kraft zu fehlen schien, der aber gerade durch seine intime Vertrautheit mit den oft verschlungenen Wegen innerhalb der CDU seine Machtposition in der Partei sicher zu behaupten wußte. Er verstand es in den achtziger Jahren trotz sich immer wieder vorwagender Kritik an seiner Kanzlerschaft, alle möglichen Konkurrenten innerhalb der Partei auf Distanz zu halten. Kohl bediente sich nicht wie Adenauer der Partei als eines bloßen Mittels der Machtausübung; er war so stark mit der Partei selbst verwachsen und durch sie groß geworden, daß Regierungspolitik und Parteipolitik sich relativ konfliktlos miteinander verbanden. Kohls Integrationsfunktion für die CDU lag im Gegensatz zu Adenauer weniger in seiner persönlichen Führungskraft und Ausstrahlung als in seiner distanzlosen Präsenz inmitten der Partei. Sie war für ihn Rückhalt und Bindung.

Die lange Erfolgsgeschichte der CDU, zu der Helmut Kohl in den siebziger Jahren als Parteireformer beigetragen, die er Ende der achtziger Jahre und zu Beginn der neunziger Jahre als Kanzler der deutschen Vereinigung fortgesetzt hat und schließlich in seinen Bemühungen um den europäischen Integrationsprozeß krönte, führte allerdings innerhalb der CDU zu einer Auszehrung im Hinblick auf die personelle und programmatische Erneuerung. Die CDU, die in den siebziger Jahren gerade unter ihrem damals neuen Vorsitzenden Kohl die Rolle eines Kanzlerwahlvereins überwunden hatte, kam in den neunziger Jahren unter Kanzler Kohl wieder in Gefahr, zu einem solchen zu werden.

Diese im innen- und außenpolitischen Erfolg des Bundeskanzlers Kohl angelegte Schwächung seiner Partei führte schließlich bei den Bundestagswahlen im September 1998 zu einer dramatischen Wahlniederlage der CDU. Die CDU/CSU verlor mehr als 6 Prozent der Wählerstimmen, 35,1 Prozent waren das schlechteste Ergebnis seit der ersten Bundestagswahl im August 1949. Einen direkten politischen Erdrutsch gab es in den neuen Bundesländern, die 1990 ausschlaggebend für den Sieg der Bundesregierung Kohl bei der ersten gesamtdeutschen Wahl gewesen waren. Doch 1998 wurde in Ostdeutschland mit einem Abrutsch um mehr als 10 Prozent auf 27,6 Prozent CDU-Stimmen die Niederlage der bisherigen Regierung besiegelt. In Ostdeutschland hat die CDU vor allem Wähler aus der Arbeiterschaft verloren, die sie 1990 noch zu 48 Prozent, 1998 aber nur mehr zu 24 Prozent gewählt haben. In ganz Deutschland war der allgemeine Wunsch nach einer Verjüngung der Regierenden neben der Enttäuschung über die anhaltende Arbeitslosigkeit das ausschlaggebende Motiv für den politischen Erdrutsch.

Die Eindeutigkeit des Wahlausgangs schien es der CDU/CSU zunächst leichtzumachen – auch im Vergleich zu 1969 –, den Weg in die Opposition zu akzeptieren und eine personelle sowie programmatische Erneuerung anzustreben. Helmut Kohl trug selbst wesentlich dazu bei, daß die Übergabe der Amtsgeschäfte im Herbst 1998 an den politischen Gegner undramatisch und stilvoll über die Bühne ging. Fast könnte man meinen, daß er, dem zeit seines Lebens so viel an politischer Macht lag, dem Wählervolk bewußt die Chance zu einem demokratischen Machtwechsel durch den Stimmzettel geben wollte. Ohne Zweifel hätte sein langjähriger Kronprinz Wolfgang Schäuble, wäre er zur Bundestagswahl als Nachfolger angetreten, ein besseres Ergebnis erzielt. Schäuble hatte Kohl bereits in den achtziger Jahren als Chef des Bundeskanzleramtes gedient, war dann 1990 als Bundesinnenminister der Verhandlungsführer bei der Ausarbeitung des Einigungsvertrages und sicherte danach als Fraktionsvorsitzender der CDU/CSU – trotz körperlicher Behinderung wegen eines Attentats, die ihn in den Rollstuhl zwang – die parlamentarische Gefolgschaft seines Kanzlers. Nachdem Helmut Kohl noch am Abend der Wahlniederlage als Vorsitzender der CDU zurückgetreten und sich auf den Ehrenvorsitz der Partei zurückgezogen hatte, übernahm Wolfgang Schäuble den Parteivorsitz, ein Amt, für das er strategische und programmatische Führungsstärke mitbrachte. Zunächst schien die Rechnung der CDU auf einen Wiederaufstieg voll aufzugehen, gewann die Partei doch 1999 zahlreiche Landtagswahlen und machte damit der neuen rot-grünen Bundesregierung ihre Mehrheit im Bundesrat abspenstig.

Ende des Jahres 1999 wurde aber die CDU von ihrer Vergangenheit mit voller Wucht eingeholt und mit einem Vorgang konfrontiert, von dem sie sich auch heute noch nicht wieder erholt hat, der Parteispendenaffäre. Stufenweise mußte die Führung der Partei unter Schäuble als Vorsitzendem und Angela Merkel als Generalsekretärin eingestehen, daß die Partei über Jahre mit geheimen Konten, schwarzen Kassen und anonymen Spenden ein Finanzierungssystem zugelassen hatte, das gegen den Buchstaben des Parteiengesetzes und den Geist des Parteienartikels der Verfassung verstieß. Daß der Altbundeskanzler und Ehrenvorsitzende dieses von ihm verantwortete »System Kohl« unter Verweis auf seine staatsmännischen Verdienste und sein Ehrenwort gegenüber den anonymen Geldgebern meinte rechtfertigen zu können, trug noch zu den Verschärfungen bei. Der Skandal führte Anfang 2000 zum Rücktritt nicht nur Helmut Kohls vom Ehrenvorsitz, sondern auch Wolfgang Schäubles vom Partei- und Fraktionsvorsitz, weil Schäuble ebenfalls eine anonyme Spende des deutsch-kanadischen Lobbyisten Schreiber entgegengenommen hatte.

An seine Stelle trat auf Druck der Parteibasis im April 2000 mit Angela Merkel jenes Mitglied der CDU-Führung, das sich als Generalsekretärin eindeutig für die volle Aufklärung der Parteispendenaffäre eingesetzt und von ihrem politischen Ziehvater Helmut Kohl abgesetzt hatte. Sie verkörpert nicht nur für die CDU, sondern auch für die Rekrutierung der politischen Elite Deutschlands ein doppeltes Novum: Übernahm doch mit Angela Merkel nicht nur erstmals eine Frau, sondern auch eine Deutsche aus den neuen Bundesländern die Spitze einer der beiden großen Parteien und damit potentiell auch die Funktion einer Kanzlerkandidatin bei den nächsten Bundestagswahlen. Doch bisher ist Merkel immer noch überwiegend damit beschäftigt, ihre Partei aus dem langen Schatten der Parteispendenaffäre und Helmut Kohls herauszuführen und ihre Autorität in der Parteiführung zu etablieren. Es ist der CDU unter ihrer Führung erst in Ansätzen gelungen, in zentralen Fragen der zukünftigen Politik einen Gegenentwurf zur Regierungspolitik von SPD und Bündnis 90/Die Grünen vorzulegen. Kritik an Einzelentscheidungen der Regierung und Hoffnung auf deren Schwächeerscheinungen hilft der Opposition zwar in Meinungsumfragen, reicht aber nicht zum sicheren Weg zurück an die Macht. Für Merkel als Vorsitzender der CDU kommt noch hinzu, daß diese Partei die Kanzlerkandidatur in einem höchst informellen und ungewissen Verfahren mit der CSU als der bayerischen Schwesterpartei abklären muß, deren Herr der Dame nur dann den ungehinderten Vortritt gewähren wird, wenn die Siegesaussichten der Opposition bei der kommenden Bundestagswahl gering sind.

(c) Die Christlich-Soziale Union (CSU)

Die Christlich-Soziale Union ist die christdemokratische Partei Bayerns, doch ist sie als Partei selbständig und organisatorisch von der CDU völlig unabhängig. Es hat sich gezeigt, daß diese Sonderstellung der bayerischen Partei relativ große Vorteile bringt, vor allem innerhalb der Fraktionsgemeinschaft mit der CDU im Deutschen Bundestag. Die CSU ist, verglichen mit der CDU, nicht nur in vielen Streitfragen der deutschen Politik eine ausgeprägter konservative Kraft, sie verfügt dank ihrer Geschlossenheit auch innerhalb der Fraktion der CDU/CSU über außerordentlichen Einfluß. Die CSU ist seit den sechziger Jahren die am wirksamsten organisierte und am stärksten mit der Gesellschaft verwachsene Landespartei in der Bundesrepublik Deutschland. In zäher, geduldiger, neue Herausforderungen nicht scheuender Aufbauarbeit hat sie ihren »alten Grundcharakter als katholische Integrationspartei des bäuerlichen, handwerklichen und kleingewerblichen Besitzmittelstandes« (Alf Mintzel) zwar nicht ganz preisgegeben, sich jedoch zu einer »gesamtbayrischen, interkonfessionellen Massenpartei volksparteilichen Charakters« von heute 180 000 Mitgliedern fortentwickelt. Die CSU hat es verstanden, in der Wahrnehmung der überwiegenden Mehrheit der Bayern, aber auch der außerbayerischen Deutschen die Identität einer bayerischen Staatspartei zu erringen.

Die CSU hat jedoch nicht nur im Freistaat Bayern, dem eigenständigsten unter allen deutschen Bundesländern, ihre politische Vormachtstellung in einer fast unüberwindbar erscheinenden Weise ausbauen können. Es ist ihr auch gelungen, maßgeblich auf die Bundespolitik einzuwirken und die Politik der Christdemokraten im Bund entscheidend mitzugestalten, nicht zuletzt dank ihres langjährigen Vorsitzenden Franz Josef Strauß, der die Partei fast nach Belieben beherrschte. Dieser hochintelligente, aber auch impulsive und umstrittene Politiker war einer der ersten Generalsekretäre der CSU. Er wurde bereits 1949 in den Ersten Deutschen Bundestag gewählt und organisierte in der zweiten Hälfte der fünfziger Jahre als Bundesverteidigungsminister den Ausbau der Bundeswehr, stolperte jedoch 1962 über die »Spiegel«-Affäre. Als Finanzminister der Großen Koalition (1966–1969) konnte er sich bundespolitisch rehabilitieren, zog sich aber in den siebziger Jahren während der sozial-liberalen Bundesregierung auf das Amt des bayerischen Ministerpräsidenten zurück. Doch auch danach hat Strauß als CSU-Vorsitzender nicht davor zurückgeschreckt, mit der Ausweitung seiner Partei auf das gesamte Bundesgebiet oder der Unterstützung einer anderen Partei in Bonn zu drohen, um die CDU seinen Absichten gefügig zu machen. Erst seine Nominierung zum Kanzlerkandidaten der beiden Unionsparteien im Herbst 1979 und damit zur beherrschenden Figur innerhalb der gesamten Union hat diesen Drohgesten ein Ende gesetzt. Sie dienten ganz offensichtlich allein dem überragenden politischen Ziel von Strauß, Bundeskanzler zu werden. Er hat dieses Ziel 1980 nicht erreicht, danach aber seinen Anspruch auf Einwirkung auf die Bundespolitik in der neuen Regierung Kohl immer wieder massiv zur Geltung gebracht. Mit dem plötzlichen Tod von Franz Josef Strauß 1988 ist die CSU in eine ruhigere Phase eingetreten.

Auf Strauß folgte als CSU-Vorsitzender Bundesfinanzminister Theo Waigel und als bayerischer Ministerpräsident Max Streibl. Infolge der deutschen Vereinigung und der damit verbundenen Vergrößerung der Wählerschaft ist nach 1990 das relative Gewicht der CSU in der bundesdeutschen Politik und speziell im Bündnis mit der CDU und der Koalition mit der FDP zunächst zurückgegangen. Die CSU hat eine Zeitlang versucht, diesen Bedeutungsschwund durch die Unterstützung ihrer Schwesterpartei DSU (Deutsche Soziale Union) in den neuen Bundesländern zu kompensieren; diese neue Partei blieb allerdings ohne Erfolg. Streibl mußte 1994 nach einer glanzlosen Amtszeit und aufgrund von Skandalen vom Amt des bayerischen Ministerpräsidenten zurücktreten, ihm folgte Edmund Stoiber.

Unter Stoiber hat dank der Erfolge der CSU im Superwahljahr 1994 auf Landes-, Bundes- und Europaebene und der wesentlich geringeren Verluste bei den Bundestags- und Landtagswahlen im Herbst 1998 der bundespolitische Einfluß der CSU wieder zugenommen. Vor allem aber ist die CSU von den seitdem die CDU beutelnden Parteispendenaffären verschont geblieben. Nachdem Theo Waigel nicht nur sein Amt als Bundesfinanzminister verloren, sondern auch den Vorsitz der CSU aufgegeben hat, ist Edmund Stoiber auch deren Vorsitzender geworden. Stoiber ist damit in die Fußstapfen von Franz Josef Strauß getreten. Obwohl im Habitus ganz anders als sein Vorvorgänger und Vorbild, ähnelt er diesem in seinen bundes- und europapolitischen Ambitionen. Doch wird sich der nüchtern kalkulierende bayerische Ministerpräsident sehr genau überlegen, ob er das Risiko eingehen wird, statt der ersten Position in München nur die zweite Geige in Berlin zu spielen. Beruht doch die landespolitische Stärke der CSU im Freistaat Bayern, aber auch die Grenze ihres bundespolitischen Einflusses in Deutschland auf der Erkenntnis der Politischen-Kultur-Forschung: »Bayerns Uhren gehen anders« (Jürgen Falter).

(d) Die Freie Demokratische Partei (FDP)

Die Liberalen können in Deutschland auf eine lange Tradition zurückblicken, die bereits in den Jahrzehnten vor der bürgerlichen Revolution von 1848/49 beginnt. Doch schon in der Bismarck-Zeit fehlte es ihnen an Einigkeit. Infolgedessen wurde damals und erst recht in der Weimarer Republik ihr Wählerstamm reduziert. In den Anfangsjahrzehnten der Bundesrepublik gelang es den sich in der Freien Demokratischen Partei zusammenschließenden Liberalen aber, sich als Koalitionspartner unentbehrlich zu machen, selbst wenn ihre Position als kleiner Dritter zwischen den beiden Großen ideologisch schwer zu behaupten und politisch eher undankbar ist. Da das liberale Gedankengut längst auch in den beiden großen Parteien rezipiert worden war, blieb der FDP im wesentlichen nur die Frontstellung gegen eine mögliche Konfessionalisierung der Politik durch die CDU/CSU oder gegen kollektivistische und planwirtschaftliche Tendenzen in der SPD. Immerhin gab und gibt es vor allem in den Mittelschichten und bei den kleineren Gewerbetreibenden genug Bürger, die aus diesen und verwandten Gründen weder die SPD noch die CDU unterstützen, sondern die FDP vorziehen.

Da die Mitglieder (vor 1989 ca. 65 000) und Wähler der FDP aus ganz verschiedenen Motiven zu der Partei stießen, bot diese von Anfang an ein uneinheitliches Bild mit divergierenden Tendenzen. In manchen, vor allem in den west- und norddeutschen Landesverbänden dominierte anfangs eine national-liberale Strömung, die sogar ehemalige Mitglieder der NSDAP angezogen hat. Im Süden, vor allem in Baden-Württemberg, woher der erste Führer der FDP, Theodor Heuss, kam, war die freisinnig-liberale und sozial-liberale Komponente vorherrschend. Angesichts der drückenden Übermacht der beiden großen Parteien mußte die FDP eine schwierige Balance zwischen den verschiedenen Interessen wahren, immer in der Furcht, ihre Wähler könnten schließlich doch zur CDU oder SPD abwandern oder die beiden großen Parteien könnten durch Einführung des Mehrheitswahlrechts der lästigen FDP den Garaus machen (womit sogar Adenauer geliebäugelt haben soll).

Angesichts des an marktwirtschaftlichen Prinzipien orientierten Aufbaus des Wirtschaftslebens in den Anfangsjahren der Bundesrepublik war die Bildung einer bürgerlichen Koalition aus CDU/CSU und FDP eine quasi natürliche Allianz, die auch immer wieder erneuert wurde, abgesehen von der Periode der christdemokratischen Alleinregierung zwischen 1957 und 1961. In der Rolle als kleiner bürgerlicher Koalitionspartner mußte die liberale Partei jedoch immer wieder deutlich machen, daß nicht nur Adenauer bzw. Erhard und die CDU, sondern auch sie die Bundesrepublik regierte. Aus diesem Grund kam es bei verschiedenen, teilweise berechtigten Anlässen zu Koalitionsspannungen, welche die Einheit des Bürgerblocks gefährdeten. Solche Konflikte sind schwer vermeidbar, wenn die liberale Partei überhaupt ein unabhängiges Image bewahren will.

Im Zuge der parteipolitischen Entwicklung, die aus der SPD neben der CDU/CSU die zweite deutsche Volkspartei machte, kam es durch einen inneren Wandlungsprozeß der FDP in der Phase der Opposition (1966–69) zu einer folgenschweren Verschiebung des deutschen Parteiensystems. In jener Zeit legte sich die F.D.P. mit den Pünktchen zwischen ihren Initialen nicht nur ein werbewirksames Logo zu, sie wurde 1969 auch erstmals koalitionsfähig nach beiden Seiten, was sie früher nur in der Theorie gewesen war. In ihrer Rolle als parlamentarische Opposition während der Großen Koalition gewannen die linksliberalen Kräfte in der Partei die Oberhand über die konservativen und nationalen Gruppierungen. Die unter großen Schwierigkeiten vollzogene Wandlung zu einer sozial-liberalen Partei führte über die Wahl des liberalen Sozialdemokraten Gustav Heinemann zum Bundespräsidenten im Frühjahr 1969 schließlich zum Bündnis der FDP mit der SPD in der Regierung Brandt/Scheel, ab 1974 Schmidt/Genscher.

Dank ihrer Wandlungsfähigkeit war die FDP zwar im Herbst 1969 zu einer politisch entscheidenden dritten Kraft geworden, sie hatte aber gleichzeitig fast die Hälfte ihrer Wählerschaft verloren, die in der Mehrheit zur CDU abwanderte. Damit war die FDP vor die Frage ihres Überlebens gestellt. Doch die Partei hat ihre damalige Existenzkrise besser als von ihr selbst erwartet überstanden und konnte Ende 1972 wieder 8,4 Prozent der Stimmen für sich erringen. Unter ihrem wendigen Vorsitzenden Hans-Dietrich Genscher übte sie einen wesentlichen, wenn oft auch nur bremsenden Einfluß auf die sozial-liberalen Bundesregierungen aus. Genscher war es auch, der zusammen mit Otto Graf Lambsdorff als Bundeswirtschaftsminister (1977–84) die Partei in den frühen achtziger Jahren wieder nach rechts orientierte und die Rückkehr zur bürgerlichen Koalition mit der CDU/CSU unter Helmut Kohl im Herbst 1982 vorbereitete.

Die staatliche Vereinigung Deutschlands am 3. 10. 1990 hat die Position der Liberalen zunächst deutlich gestärkt. Dazu trug nicht zuletzt das Verhandlungsgeschick Genschers bei, der als Außenminister aus seiner mitteldeutschen Herkunft nie ein Hehl gemacht hat und sich mit manchen Lorbeeren für die internationale Absicherung des Vereinigungsprozesses schmücken konnte. Aus den Bundestagswahlen vom Dezember 1990 ging die FDP mit beachtlichen 11 Prozent der Wählerstimmen hervor, wobei die Ergebnisse in den neuen Bundesländern noch darüber lagen und in Genschers Heimatstadt Halle/Saale phänomenal waren. Durch die Fusion mit der liberalen und nationaldemokratischen Blockpartei in der ehemaligen DDR war die Mitgliederzahl in der FDP nach der Vereinigung von 65 000 auf rd. 200 000 hochgeschnellt; inzwischen ist sie vor allem durch Austritte in den neuen Bundesländern wieder auf unter 63 000 abgesunken. Auch in der FDP sind ostdeutsche Parteimitglieder bisher kaum in Spitzenpositionen aufgestiegen, jüngste Ausnahme von der Regel ist die derzeitige Generalsekretärin Cornelia Pieper.

Nach dem vereinigungsbedingten Hoch hat die FDP in den neunziger Jahren wieder viele Tiefpunkte erlebt, die sie ums Überleben zittern ließen. Seit 1993 haben die Freidemokraten bei den meisten Landtagswahlen nicht mehr den Einzug in die Landesparlamente geschafft. Diese Gratwanderung am Rande der Existenz führte auch in der FDP zu einem häufigen Wechsel des Parteivorsitzes im letzten Jahrzehnt. Während Genscher und Lambsdorff in der bundesrepublikanischen Öffentlichkeit zwar nicht ganz unumstritten, aber doch anerkannt waren, kann man gleiches von ihren Nachfolgern Klaus Kinkel und Wolfgang Gerhardt nicht sagen. Bei der Bundestagswahl 1994 überlebte die FDP zwar mit 6,9 Prozent und im September 1998 mit 6,2 Prozent der Stimmen, doch viele davon waren sogenannte Leihstimmen von CDU-Anhängern, die auf diese Weise den Fortbestand der Regierung Kohl sichern wollten.

Nach dem Ende der bürgerlichen Koalition hat Guido Westerwelle, der agile und redegewandte Generalsekretär der FDP, seiner Partei 1998 eine neue Rolle als »putzmuntere Opposition« zugeschrieben. Im Mai 2001 ist er zum Bundesvorsitzenden gewählt worden und hat mit seinen 39 Jahren die FDP an die Spitze des personellen Verjüngungsprozesses aller deutschen Parteien gesetzt. Zusammen mit Jürgen Möllemann als dem liberalen Enfant terrible hat Westerwelle der FDP das ehrgeizige Ziel von 18 Prozent der Wählerstimmen gesetzt, um damit nach der nächsten Bundestagswahl in die Bundesregierung zurückzukehren. Bewußt verzichtet die FDP heute auf eine Koalitionsaussage und bietet sich auch für die Beteiligung an einer Regierung unter Kanzler Schröder an. Doch bleibt abzuwarten, ob jugendlicher Schwung und unverblümter Machtwille die Verengung des programmatischen Profils und Erosion der organisatorischen Basis ausgleichen können, welche die FDP in den letzten zwei Jahrzehnten erfahren hat. In Ländern und Kommunen ist ihre politische Präsenz sehr verkümmert, von dort kann die Bundespartei nur in beschränktem Maße Auffrischung erwarten. Auf der anderen Seite wurde der FDP während ihrer fünfzigjährigen Geschichte schon so oft der Untergang prophezeit – der dann nicht eingetreten ist –, daß auf sie das Sprichwort zuzutreffen scheint: »Totgesagte leben länger.«

(e) Bündnis 90 / Die Grünen

Gegen das etablierte Parteiensystem der Bundesrepublik hat sich während der siebziger Jahre ein Protestpotential in Gestalt der sogenannten »Bürgerinitiativbewegung« entwickelt. Unter Bürgerinitiativen versteht man den vorübergehenden oder auf längere Frist angelegten losen Zusammenschluß von Bürgern zwecks Durchsetzung eines bestimmten öffentlichen Interesses. Zum Schwerpunkt der Bürgerinitiativen hat sich der Umweltschutz entwickelt, obwohl es Bürgerinitiativen grundsätzlich für alle, meist punktuellen und lokalen gesellschaftlichen Zielsetzungen gibt. Das starke Aufkommen von Bürgerinitiativen in den siebziger Jahren war (1.) eine Folge des in der studentischen Protestbewegung zum ersten Mal massiv artikulierten Unbehagens an einer rein repräsentativen, von vielen als bürgerfern empfundenen Demokratie und der damit verbundenen Forderung nach stärkerer demokratischer Partizipation des einzelnen, (2.) ein Ausdruck wachsenden Unbehagens über einen durch die wirtschaftlich-technische Entwicklung der modernen Industriegesellschaft erzeugten vermeintlichen Verlust an Lebensqualität. In den meisten Bürgerinitiativen verband sich die Forderung nach stärkerer demokratischer Partizipation mit einer postmaterialistischen Sensibilität für Belastungen und Bedrohungen im Bereich der Umwelt, für die der Bau von Atomkraftwerken und heute besonders die Entsorgung des Atommülls beispielhaft sind, aber auch die Zerstörung von Wohngebieten und Landschaften durch Schnellstraßen und vieles andere mehr.

Es ist üblich geworden, die sich seit den siebziger Jahren außerhalb des etablierten Parteiensystems vollziehenden politischen Entwicklungen und Tendenzen als *Neue Soziale Bewegungen* zu bezeichnen. Bei diesen Bewegungen handelt es sich keineswegs um fest organisierte, sondern relativ fluktuierende Gebilde, die stark von der politischen Bewußtseinsbildung und den Konjunkturen der politischen Kultur abhängig sind. Sie erhielten das Adjektiv »neu« zur zeitlichen und inhaltlichen Abgrenzung von der Arbeiterbewegung als der klassischen alten sozialen Bewegung. Die Neuen Sozialen Bewegungen nahmen in der Bundesrepublik ihren Ausgang in der studentischen Protestbewegung der späten sechziger Jahre und übernahmen deren jugendlichen und unkonventionellen, oft provozierenden Politikstil. Zu ihnen zählten mit allen Verästelungen die Bürgerinitiativbewegung einschließlich der Ökologiebewegung, die Frauenbewegung und Anfang der achtziger Jahre die Friedensbewegung, die den Kampf gegen die Durchführung des NATO-Doppelbeschlusses zur Installierung von neuen atomaren Mittelstreckenraketen auf ihre Fahnen geschrieben hatte. Das »Zeitalter der Bewegungen« in der westdeutschen Politik hatte Anfang der achtziger Jahre bereits seinen Höhepunkt überschritten. Die durch die Wende von 1982 eingeleitete stärker konservativ orientierte Regierungspolitik machte deutlich, daß es sich bei den Neuen Sozialen Bewegungen um öffentlichkeitswirksame Minderheiten handelte.

Auch in der DDR traten in den achtziger Jahren in vermehrtem Maße Erscheinungsformen der Bürgerbewegungen und der Neuen Sozialen Bewegungen auf. Sie wurden von dem entsprechenden Phänomen in der Bundesrepublik und West-Berlin angeregt, mußten aber unter völlig anderen Rahmenbedingungen agieren und hatten daher auch eine ganz andere Systemfunktion. Außerhalb der von der SED gesteuerten und kontrollierten gesellschaftlichen Massenorganisationen stehend, waren sie massiver politischer Repression und Überwachung ausgesetzt und konnten sich lediglich unter dem Schutzschirm der Kirchen entfalten. In ihnen kamen reformorientierte Christen und Sozialisten zusammen, deren informelle Zirkel zu Kristallisationszentren der Regimekritik und schließlich im Herbst 1989 zu den eigentlichen Trägern der demokratischen Revolution in der DDR wurden. Da sie ganz überwiegend für die Demokratisierung und Liberalisierung ihres Staates, aber nicht für dessen Aufgehen in der Bundesrepublik plädierten, nahm das Gewicht der ostdeutschen Bürgerbewegungen infolge des Rufes der Mehrheit der Ostdeutschen nach deutscher Vereinigung immer mehr ab; die staatliche Vereinigung am 3. Oktober 1990 hat ihre Bedeutung für den politischen Alltag des vereinigten Deutschland nahezu ausgelöscht. Einige Repräsentanten der Bürgerbewegungen der DDR sind zu ostdeutschen Gallionsfiguren der bundesdeutschen Parteien geworden, insbesondere in der mit dem »Bündnis 90« zusammengeschlossenen Partei der (westdeutschen) Grünen. Andere wie Joachim Gauck an der Spitze der nach ihm benannten Behörde für die Sichtung der Stasi-Unterlagen und seine Nachfolgerin Marianne Birthler verwalten das Erbe der DDR-Vergangenheit. Wieder andere, etwa Wolfgang Schnur, verschwanden nach ihrer Enttarnung als ehemalige Stasi-Spitzel in der Versenkung. Die meisten aber haben sich, enttäuscht wegen der Nichtverwirklichung ihrer Träume, aus dem politischen Alltag des vereinigten Deutschland zurückgezogen.

Die Neuen Sozialen Bewegungen haben als ein wichtiges Stimulans für die Veränderung des politischen Bewußtseins fungiert und Anstöße für die inhaltliche Neuorientierung der Politik der etablierten Parteien vermittelt. Ihr wichtigstes Ergebnis war jedoch die Entstehung einer neuen politischen Partei, der Grünen. Die Bürgerinitiativen haben lange geschwankt, ob sie den Schritt zur Parteibildung wagen oder als kritisches Ferment gegenüber dem herrschenden Parteien-, Verwaltungs- und Verbändestaat weiterhin außerhalb des Parteiensystems agieren sollten. Sie entschieden sich schließlich für die Teilnahme an Wahlen, zunächst mit geringem Erfolg, bis durch einen ersten Erfolg bei den Bürgerschaftswahlen in Bremen 1979, bei den Landtagswahlen in Baden-Württemberg 1980 und bei mehreren nachfolgenden Wahlen in anderen Bundesländern der Sprung über die Fünf-Prozent-Hürde tatsächlich gelang. Den eigentlichen Durchbruch in die Bundespolitik erzielten die Grünen erst bei der Bundestagswahl vom 6. März 1983, als sie 5,6 Prozent der Stimmen errangen und damit als vierte Partei in den Bundestag einzogen. Dieser Erfolg schien der Bewegung zunächst großen Auftrieb zu geben, doch die Tatsache, daß die Grünen nicht eine Partei wie die anderen Parteien sein und werden wollten, machte ihnen zunächst die politische Repräsentation auf der parlamentarischen Bühne nicht leicht. Die Doppelstrategie, eine parlamentarische Partei zu sein, die politisch ernst genommen werden will, und gleichzeitig mit den Sozialen Bewegungen »an der Basis« verbunden zu bleiben, führte zu permanenten Konflikten zwischen Partei und Fraktion und auch innerhalb der Fraktion. Ihrem basisdemokratischen Anspruch gemäß wollten die Grünen jede Tendenz zur Oligarchisierung im Keim ersticken und hatten sich darum für das »Rotationsprinzip« entschieden: Ablösung der grünen Parlamentarier bereits nach einem oder zwei Mandatsjahren, also mitten in der Legislaturperiode. Dies erwies sich aber als schwer praktikabel und war auch verfassungsrechtlich umstritten, so daß die Rotation wieder fallengelassen wurde. Angesichts der in der Bewegung wie in der Fraktion nur schwer ausräumbaren Spannung zwischen einer Fundamentalopposition gegen das herrschende Industriesystem und dessen Politik sowie der Einsicht, daß man sich realistisch auf das System und seine Spielregeln einlassen muß, wenn man politisch etwas erreichen will, hatte die Fraktion der Grünen zunächst enorme Schwierigkeiten, im Bonner Bundestag eine effiziente parlamentarische Politik zu treiben.

Immerhin gelang es den Grünen bei der Bundestagswahl im Jahre 1987, ihren Stimmenanteil auf 8,3 Prozent zu steigern. Bei der ersten gesamtdeutschen Wahl im Dezember 1990 verfehlten sie dann knapp die Fünf-Prozent-Marke und waren nicht mehr im Deutschen Bundestag vertreten, nicht zuletzt weil sie sich zu spät für einen gesamtdeutschen Parteizusammenschluß (mit dem Bündnis 90) entschieden hatten. Dieser Mißerfolg bewirkte bei den Grünen einen erheblichen Schock, der einen politischen Lernprozeß in Gang setzte. Bis dahin litt die Partei der Grünen unter relativ chaotischen Willensbildungsprozessen, vor allem unter einem ziemlich unversöhnlichen Kampf zwischen einer linksideologisch motivierten Gruppe, die als sogenannte »Fundis« eine Fundamentalopposition gegen das kapitalistische Wirtschaftssystem für notwendig hielten, und der allmählich erstarkenden und sich schließlich in der Partei weitgehend durchsetzenden Gruppe der »Realos«, die bereit waren zur politischen Zusammenarbeit mit anderen Parteien im Rahmen geregelter Verfahrensweisen. So kam es in einigen Bundesländern (zeitweise Hessen und Niedersachsen, heute Nordrhein-Westfalen und Schleswig-Holstein) zu Koalitionen mit der SPD, die bestätigten, daß die Grünen in ihrer heutigen Verfassung zu einer wirksamen Politik im Rahmen einer allerdings nicht spannungsfreien Regierungsbeteiligung mit den Sozialdemokraten fähig geworden sind.

Die Grünen stellten sich anfangs gegen die deutsche Vereinigung, haben sich aber schließlich 1993 mit dem Bündnis 90 aus der ehemaligen DDR zu einer gemeinsamen Partei »Bündnis 90/Die Grünen« zusammengeschlossen. In dieser Partei sind heute knapp 50 000 Mitglieder, davon allerdings weniger als 3000 in den neuen Bundesländern. Nach einer personellen und programmatischen Konsolidierungsphase unter dem Parteisprecher Ludger Volmer kehrte die Partei im Oktober 1994 mit 7,3 Prozent der Wählerstimmen wieder in den Deutschen Bundestag zurück. In der folgenden Legislaturperiode gelang es ihr unter ihrem populistischen und medienwirksamen Fraktionssprecher Joseph (Joschka) Fischer, aber auch dank der Bemühungen des Parteisprechers Jürgen Trittin, ihre Kompetenz von einer Umwelt- und Friedenspartei zu einer potentiellen Regierungspartei auszubauen.

Obwohl bei der Bundestagswahl vom 27.9.1998 der Wähleranteil von Bündnis 90/Die Grünen auf 6,7 Prozent reduziert wurde, erreichte die Partei doch ihr großes Ziel einer Regierungsbeteiligung an der Seite der SPD. In der neuen rot-grünen Bundesregierung übernahm Joschka Fischer neben dem Amt des Vizekanzlers die Leitung des prestigeträchtigen Auswärtigen Amtes und hat es zur Überraschung der meisten in- und ausländischen Beobachter in wenigen Wochen verstanden, den diplomatischen Anzug eines Außenministers zu tragen. Inzwischen hat sich Fischer durch sein internationales Verhandlungsgeschick, aber auch seine wegweisenden Initiativen z. B. auf dem Gebiet der europäischen Integration staatsmännisches Ansehen in aller Welt erworben. Es ist durch die Enthüllungen und Angriffe auf seine Frankfurter 68er-Vergangenheit nicht geschmälert, eher noch gesteigert worden, gilt er doch als Musterbeispiel für die Integrationsfähigkeit des demokratischen Systems der Bundesrepublik Deutschland. Jürgen Trittin trat an die Spitze des Bundesministeriums für Umwelt, Naturschutz und Reaktorsicherheit, einem für Mitgliedschaft und Programm der Grünen von Anfang an zentralen Politikbereich. Der durch sein kantiges Auftreten gelegentlich provozierend wirkende Grüne hat durch den sogenannten Atomkompromiß nicht nur mit dem sozialdemokratischen Koalitionspartner, sondern mehr noch mit der Atomwirtschaft erreicht, daß aus der derzeitigen Ministerialaufgabe der Reaktorsicherheit der »geregelte« Ausstieg aus der Atomenergie wird. Hingegen ist die ursprüngliche grüne Bundesgesundheitsministerin Andrea Fischer nicht nur an den chronischen Finanzierungsproblemen ihres Politikbereichs, sondern vor allem an den antagonistischen Verbandsinteressen im deutschen Gesundheitswesen gescheitert und nach dem Ausbruch der BSE-Krise zum Rücktritt gedrängt worden. Es war ein kluger Schachzug der Grünen, daß sie Anfang des Jahres 2001 nicht wieder dieses undankbare Ministerium übernahmen, sondern ihre bisherige Parteisprecherin Renate Künast an die Spitze des umorganisierten Bundesministeriums für Verbraucherschutz, Ernährung und Landwirtschaft beriefen und sie damit beauftragten, eine ökologische Wende in der Lebensmittelproduktion einzuleiten. Sollte dies gelingen, dann können die grünen Politiker nicht nur ihrer traditionellen Basis ein Erfolgsbeispiel der Regierungsbeteiligung vorweisen, sondern auch für ihr parlamentarisches Überleben dringend erforderliche neue Wählerschichten ansprechen.

Den an der derzeitigen Bundesregierung beteiligten Politikern von Bündnis 90/Die Grünen ist auf erstaunliche Weise der Beweis gelungen, daß mit ihnen »Staat zu machen« ist. Bei der Umsetzung dieses in der deutschen wie in der internationalen Öffentlichkeit erworbenen Respekts in Wählerstimmen steht den Grünen allerdings immer noch ihre aus der Gründungsgeschichte stammende politische Kultur des Mißtrauens im Weg. Nicht nur beargwöhnen sich ihre verschiedenen politischen Strömungen in einem Maße, das eine größere Partei vielleicht verträgt, das für eine kleinere Partei knapp über der Fünf-Prozent-Klausel aber leicht selbstmörderisch werden kann. Auch mißtraut die Mehrzahl der einfachen Parteimitglieder und Stammwähler sowohl dem politischen System, in welchem ihre Partei agiert, als auch ihren eigenen politischen Repräsentanten. So ist es dem Bündnis 90/Die Grünen bisher noch nicht gelungen, durch eine Reform der Organisation und Struktur ihrer Partei deren Handlungsfähigkeit dauerhaft abzusichern. Statt dessen beschließen Delegiertenkonferenzen immer wieder rigoristische Vorschläge wie die Unvereinbarkeit von Regierungsamt und Abgeordnetenmandat, die gegen die Grundregeln des parlamentarischen Regierungssystems verstoßen und der Verfassungspraxis des präsidentiellen Systems, wenn nicht der konstitutionellen Monarchie zuzuordnen sind. Nachdem im Gefolge der Mordanschläge vom 11. September 2001 auch in Deutschland die sicherheitspolitischen Maßnahmen gegen Terroristen verstärkt und der Einsatz militärischer Kräfte gegen ihre Basen gebilligt worden sind, schweben die Grünen noch mehr in der Gefahr, durch ihre Beteiligung an der Regierung einen nennenswerten Teil ihrer aus der Friedensbewegung kommenden Stammwähler zu enttäuschen. Doch neue Wähler werden ihnen kaum vertrauen, wenn sie selbst so geringes Vertrauen in die eigene Partei und deren gewählte Spitzen und noch weniger in das politische System, in welchem sie Erfolg haben wollen, dokumentieren. Der Polit-Appeal Joschka Fischers mag dem Bündnis 90/Die Grünen nochmals den Einzug in den Bundestag und die Beteiligung an der Bundesregierung sichern, doch hat die Partei längst noch nicht ihren Lernprozeß von einer außerparlamentarischen Bewegung zu einer parlamentarischen Regierungspartei abgeschlossen.

(f) Linksradikale Parteien und Gruppierungen

Linksradikale Parteien haben in der Bundesrepublik nie annähernd so viele Wähler hinter sich gebracht wie auf der rechtsextremen Seite die NPD in der zweiten Hälfte der sechziger Jahre und die Republikaner Ende der achtziger und Anfang der neunziger Jahre. Dennoch hat es auch in der Bundesrepublik stets ein begrenztes linksradikales Potential gegeben. Es wurde nach dem Ende des Zweiten Weltkrieges zunächst durch die KPD repräsentiert, die 1956 vom Bundesverfassungsgericht verboten worden ist. 12 Jahre später wurde unter dem Namen »Deutsche Kommunistische Partei« (DKP) eine neue linke Partei gegründet, doch handelte es sich im wesentlichen um eine Nachfolgeorganisation der alten KPD. Die DKP hat sich wie zuvor die KPD eng an die in der DDR herrschende SED angelehnt. In Bundestagswahlen kam die DKP über einen durchschnittlichen Stimmenanteil von rund 0,3 Prozent nicht hinaus.

In der Abwehr des Linksradikalismus hat sich die Bundesregierung nach dem KPD-Verbot nicht mehr des Mittels des Parteiverbots bedient, da die von den linksradikalen Gruppierungen ausgehende Gefahr für die Parteiendemokratie als sehr gering einge-schätzt wurde und ein Parteiverbot auch aus außen- und deutsch-landpolitischen Gründen nicht opportun war. Man begnügte sich damit, einzelnen Mitgliedern linksradikaler Gruppen den Zugang zum öffentlichen Dienst zu verwehren. Die Anwendung des 1972 zwischen dem Bundeskanzler und den Ministerpräsidenten der Länder vereinbarten Radikalenerlasses führte zu unterschiedlichen Umsetzungen und zu rechtsstaatlichen Beanstandungen, welche das internationale Ansehen der Bundesrepublik als einer liberalen Demokratie in den siebziger Jahren stark beeinträchtigten. Hinzu kam, daß der enorme Verwaltungsaufwand zur Durchführung sol-cher Maßnahmen in keinem rechten Verhältnis zu dem erzielten Er-gebnis zu stehen schien. Fragwürdig war auch, daß der Radikalen-erlaß fast ausschließlich gegen Mitglieder von linksextremen Grup-pierungen angewandt wurde.

Aus dem Lager des linken Radikalismus, der seine Anhänger Anfang der siebziger Jahre vorwiegend in der studentischen Pro-testbewegung rekrutieren konnte, gingen neben zahlreichen Initia-toren von Neuen Sozialen Bewegungen und damit Gründern der Partei der Grünen auch verschiedene kleinere politische Gruppie-rungen von stark ideologisch-dogmatischer Ausrichtung hervor, z. B. die maoistische KPD, die sich 1980 selbst auflöste, sowie kri-minelle Vereinigungen junger Menschen wie die Rote Armee Frak-tion (RAF), die mit den Mitteln der terroristischen Gewalt das politische System der Bundesrepublik zu erschüttern versuchte. So unerheblich das Extremismusproblem in der Bundesrepublik ist, wenn man sich ausschließlich an den Wahlergebnissen orientiert, so hat es doch in den siebziger und achtziger Jahren durch kaltblütige Morde an Mitgliedern der wirtschaftlichen und politischen Elite der Bundesrepublik und die Reaktion der staatlichen Behörden zeit-weilig innenpolitische Bedeutung gewonnen und zu heftigen Aus-einandersetzungen über den liberalen Charakter des politischen Sy-stems sowie das im Grundgesetz angelegte Prinzip der wehrhaften Demokratie geführt.

Nach der deutschen Vereinigung hat sich die gesamtdeutsche Ge-sellschaft nicht nur mit der totalitären und teilweise terroristischen Vergangenheit der vormaligen SED auseinanderzusetzen. Sie wird auch mit der Frage konfrontiert, was aus dieser einst in der DDR unangefochten führenden Partei geworden ist. Im Zuge des Auflösungsprozesses des zweiten deutschen Staates hat sich diese Anfang 1990 in eine neue Partei umgewandelt, die den Namen »Partei des Demokratischen Sozialismus« (PDS) annahm. Wichtige Prinzipien der alten SED wie den Anspruch auf das Machtmonopol der Partei und die Organisation des »demokratischen Zentralismus« gelten in der PDS als aufgehoben; sie bekennt sich zum pluralistischen demokratischen System und erkennt die marktwirtschaftlichen Grundstrukturen an, will jedoch möglichst viel von der Idee des Sozialismus im Rahmen der neuen Ordnung bewahren und verwirklichen. Den Vorsitz der PDS übernahmen sozialistische Intellektuelle wie der charismatische Gregor Gysi und in seiner Nachfolge 1993 Lothar Bisky, die beide den Kreisen der politisch unbelasteten Kulturelite der früheren DDR entstammen. Nachdem die Basis der Partei im Mai 2000 ausgerechnet auf ihrem ersten Parteitag in Westdeutschland (Münster/Westfalen) dem auf eine gesamtdeutsche Perspektive zielenden Kurs dieser Führung eine Niederlage bereitet hatten, traten Bisky als Parteivorsitzender und Gysi als Fraktionsvorsitzender im Bundestag zurück. Ihre Nachfolger Gabi Zimmer und Roland Claus bemühen sich um die Fortsetzung des Reformkurses, stoßen aber ebenfalls auf erhebliche Vorbehalte und Widerstände bei der mehr orthodox eingestellten Mehrheit der Funktionäre und vor allem der Mitglieder der PDS.

Von den 2,1 Millionen Mitgliedern der SED haben nach dem Zusammenbruch der DDR und deren Vereinigung mit der Bundesrepublik noch 285000 den Übergang zur PDS mitgetragen. Seitdem ist diese Zahl kontinuierlich geschrumpft, sie liegt heute bei 84000 (davon 4000 in Westdeutschland). Der Schwund führt sich vor allem auf die Altersstruktur der Mitglieder zurück, die zu 60 Prozent über 60 Jahre alt sind. Die Mitglieder und Wähler der PDS sind zumeist Menschen, die zu den administrativ und gesellschaftlich Begünstigten der früheren DDR gehörten und sich im vereinigten Deutschland benachteiligt fühlen. Sie sind ganz überwiegend keine Arbeiter, sondern aktive oder im Ruhestand befindliche Angestellte und Ex-Funktionäre. Im Hinblick auf diese mehr an Tradition und Vergangenheit orientierte Parteibasis muß die PDS bestrebt sein, ein Stück der alten DDR-Identität zu bewahren, und kritisiert entschieden die Politik der westdeutschen »Vereinnahmung« der ehemaligen DDR. Da in den vergangenen Jahren angesichts der wirtschaftlichen und sozialen Verwerfungen des deutschen Vereinigungsprozesses die Zahl der Unzufriedenen in Ostdeutschland eher wieder größer geworden ist, wurde die PDS 1994 aufgrund von vier direkt gewonnenen Mandaten erneut in den Bundestag gewählt und konnte 1998 sogar mit einem gesamtdeutschen Ergebnis von 5,1 Prozent die Wahlrechtshürde direkt überspringen.

Die PDS ist heute in allen Landesparlamenten der neuen Bundesländer mit rund 20 Prozent der Sitze vertreten. In Sachsen-Anhalt ermöglicht sie schon seit 1994 durch ihre Tolerierungspolitik eine sozialdemokratische Minderheitsregierung, während sie 1998 in Mecklenburg-Vorpommern mit 24,4 Prozent ihr bisheriges Rekordergebnis in den neuen Bundesländern erreichte und zusammen mit der SPD die Landesregierung bildete. Seitdem sitzt die PDS auch im Bundesrat. Ihr größter taktischer Durchbruch gelang ihr im Juni 2001 in Berlin, als dort mit ihrer Hilfe die SPD den von der CDU gestellten Regierenden Bürgermeister Eberhard Diepgen stürzte und die Leitung des Berliner Senats übernahm.

Doch auch weiterhin ist die parlamentarische Zusammenarbeit mit der postkommunistischen PDS zwischen den und innerhalb der großen Parteien sehr umstritten. Die CDU hat der SPD mit Hinweis auf die Verhältnisse in Sachsen-Anhalt und Mecklenburg-Vorpommern in der sogenannten »Rote-Socken-Kampagne« vorgeworfen, sich mit den Erben der totalitären DDR-Diktatur einzulassen. Unter west- und ostdeutschen Sozialdemokraten bestehen, wie sich beim kürzlichen Regierungswechsel in Berlin wieder zeigte, ebenfalls Vorbehalte gegen die Zusammenarbeit mit der Nachfolgerin jener Partei, die 1946 die ostzonale SPD mit den Kommunisten zwangsvereinigt hat. Auf der anderen Seite kommen in vielen ostdeutschen Städten und Gemeinden SPD und CDU nicht umhin, mit der PDS als der zweitstärksten und auf kommunaler Ebene oft sogar stärksten politischen Kraft zusammenzuarbeiten.

Da die Parteiführung der PDS um die altersstrukturell bedingte Unsicherheit ihrer ostdeutschen Wählerbasis weiß, sucht sie schon seit Jahren die Partei zu einer linken Volkspartei mit gesamtdeutscher Ausstrahlungskraft links von der in die Mitte gerückten SPD zu reformieren. Zu diesen Bemühungen gehören nicht nur – im Wortlaut allerdings oft halbherzige – Entschuldigungen für die Untaten der SED z. B. bei der Zwangsvereinigung der ostdeutschen Sozialdemokraten in der SED, für den Bau der Berliner Mauer und das ganze Grenzregime der DDR. Auch die Bemühungen, durch eine Programmrevision zu einer vollen Akzeptanz der politischen, wirtschaftlichen und gesellschaftlichen Ordnung der Bundesrepublik Deutschland zu kommen, gehören dazu. Sie stoßen aber immer wieder auf breiten Widerspruch an der Parteibasis, die darin eine Anpassung an das kapitalistische System und eine Verleugnung der »positiven Errungenschaften« der alten DDR wittert.

Die Führung der PDS laviert zwischen der Tatsache, daß ihre Wählerhochburg in Ostdeutschland liegt, und der Einsicht, daß nur eine wesentliche Steigerung ihrer Wahlergebnisse in Westdeutschland (bei der letzten Bundestagswahl von 1998 1,1 Prozent) ihr zukünftiges Überleben im vereinigten Deutschland sichern kann. Ihr Dilemma besteht darin, daß ein nennenswerter Durchbruch in Westdeutschland erst dann gelingen wird, wenn sie hier ihr Image als eine Partei der ehemaligen DDR (»Ostalgie«) ablegen kann. Doch damit würde sie ihre bisher sichere Wählerbasis aufs Spiel setzen. Da der Vereinigungsprozeß mit seinen sozialpsychologischen und wirtschaftlichen Anpassungsproblemen noch längere Zeit in Anspruch nehmen wird, ist wohl auf absehbare Zeit noch mit der PDS als einer ostdeutschen Milieu- und Protestpartei zu rechnen, während eine gesamtdeutsche Zukunft als linke Volkspartei eher fraglich erscheint.

(g) Rechtsextreme Parteien

Verglichen mit dem Parteiensystem der Weimarer Republik, das eine maßgebliche Ursache für den Untergang der ersten deutschen Demokratie war, besaß die Entwicklung des Parteilebens in der Bundesrepublik den Vorzug der Konzentration auf nur wenige Parteien mit der Chance zum Machtwechsel zwischen den führenden Großparteien. Vor allem aber hatte es den Vorteil, daß Parteien, die in prinzipieller Opposition zum politischen System der Demokratie standen, nur vorübergehend Wahlerfolge verbuchen konnten. Bezüglich des Rechtsextremismus war dies vor allem eine Folge der allgemeinen Ächtung und Nichtzulassung politischer Gruppierungen, die mit dem Gedankengut und den Methoden des Nationalsozialismus in Verbindung gebracht werden konnten. Die neonazistische Sozialistische Reichspartei wurde 1952 durch das Bundesverfassungsgericht verboten.

Unter dem Eindruck dieses Urteils und angesichts der überwiegenden Grundstimmung in der deutschen Öffentlichkeit haben rechtsextreme Parteien später stets den Eindruck zu erwecken gesucht, daß sie mit der nationalsozialistischen Ideologie und Politik nichts mehr zu tun hätten. Dies gilt sowohl für die Nationaldemokratische Partei (NPD), die Mitte der sechziger Jahre im Gefolge der ersten wirtschaftlichen Rezession nach oben gekommen war, wie für die 1983 gegründete Partei der Republikaner, die vor der deutschen Vereinigung und ein paar Jahre später zu einem Sammelbecken für Rechtsextremisten und Protestwähler wurde. Die NPD konnte bei den Bundestagswahlen von 1969, welche die sozial-liberale Koalition einleiteten, nur 4,3 Prozent der Wählerstimmen erreichen und zog daher nicht in den Bundestag ein. Sie hat danach schnell an Bedeutung verloren und zur Zeit keine Chance, Sitze in Landtagen oder im Bundestag zu gewinnen. Die Partei ist sich dessen bewußt und setzt heute daher auf eine gestufte Strategie (»Kampf um die Straße, Kampf um die Köpfe, Kampf um die Parlamente«). Sie bemüht sich systematisch, den neonazistischen Flügel der Skinhead-Subkultur, insbesondere in den neuen Bundesländern, einzubinden. Zudem ist die NPD zur neuen Plattform für Aktivisten aus Organisationen geworden, welche die Innenminister in den 90er Jahren verboten hatten, wie die Freiheitliche Deutsche Arbeiterpartei (FAP) oder die Wiking-Jugend. Zahlreiche neonazistische Kräfte sind auf diese Weise in Vorstandsämter der NPD auf Bundes- und Landesebene aufgestiegen. Ein zweiter Teil der ehemaligen Mitgliedschaft verbotener Gruppen hat sich zu dezentralen, aber bundesweit vernetzten neonazistischen Kreisen ohne formale Struktur zusammengeschlossen, den »Freien Kameradschaften«. Wenn auch von Spannungen begleitet, arbeitet die NPD mit diesen Gruppen ständig zusammen. So hat die Partei in jüngsten Jahren einen Radikalisierungsprozeß durchlaufen, der Bundesregierung, Bundestag und Bundesrat veranlaßt hat, im Januar 2001 beim Bundesverfassungsgericht ein Verbotsverfahren gegen die NPD zu beantragen.

Politische Soziologen haben schon seit den sechziger Jahren auf ein Potential rechtsextrem eingestellter Wähler in der deutschen

Bevölkerung von 10 bis 15 Prozent aufmerksam gemacht. Eine Untersuchung von 1998 kommt zu ähnlichen Ergebnissen. Demnach liegt das rechtsextreme Einstellungspotential der Deutschen über 14 Jahren bei 13 Prozent, und acht Prozent der Wahlberechtigten können sich vorstellen, einer rechtsextremen Partei ihre Stimme zu geben. Der spektakuläre Erfolg der Republikaner und der Deutschen Volksunion des Verlegers Gerhard Frey (»National-Zeitung/Deutsche Wochen-Zeitung«) bei einigen Landtagswahlen Ende der achtziger und in den neunziger Jahren hat diese Tendenz bestätigt. Diese Parteien haben zwar nur eine geringe Mitgliederzahl (1999 insgesamt 37 000), konnten aber die um sich greifende Unzufriedenheit mit den etablierten Parteien und insbesondere den Fremdenhaß gegen die wachsende Zahl der Asylbewerber und gegen in Deutschland lebende Ausländer mit Erfolg auf ihre Mühlen leiten. Vor allem in Ostdeutschland mit seinen wirtschaftlichen und gesellschaftlichen Transformationsproblemen im Zuge des Vereinigungsprozesses haben die rechtsextremen Parteien in verunsicherten Bevölkerungsgruppen erheblichen Zulauf gefunden. In den neuen Bundesländern tritt Rechtsextremismus häufig weniger in fest organisierter Form auf, die in der alten Bundesrepublik vorherrschend ist, sondern in Form eines rechten, vorwiegend jugendlichen Lifestyles. »Deutschland den Deutschen!« ist eine charakteristische Parole rechtsextremer Gruppen, die trotz der demokratischen Beteuerungen ihrer Spitzenleute einige Affinitäten zum nationalsozialistischen Gedankengut aufweisen und die Verbrechen des Dritten Reiches verharmlosen, wenn nicht leugnen.

Obwohl die DVU im April 1998 bei den Landtagswahlen in Sachsen-Anhalt zu einem Überraschungserfolg von 12,9 Prozent kam, erreichten die untereinander verfehdeten rechtsextremen Parteien bei der Bundestagswahl im September 1998 Ergebnisse, die sie auch in der Summe nicht über die Fünfprozenthürde gebracht hätten: Republikaner 1,8 Prozent, DVU 1,2 Prozent und NPD 0,3 Prozent. Doch muß zu denken geben, daß 5 Prozent der Erstwähler in Gesamtdeutschland der DVU ihre Stimme gegeben und in Ostdeutschland 13 Prozent der 18–24jährigen rechtsextrem gewählt haben. Der Rechtsextremismus ist in Deutschland immer noch für böse Überraschungen gut.

Obwohl rechtsextreme Parteien und Gruppen von den demokratietragenden politischen Parteien in der Bundesrepublik nicht für tolerierbar gehalten werden, sind sie durch ihr politisches Gewicht potentiell in der Lage, die Stabilität und Regierungsfähigkeit des deutschen Parteiensystems in Zukunft zu beeinträchtigen. Sie halten überdies im Ausland die kritische Erinnerung an den deutschen Rechtsextremismus unter Hitler wach mit all seinen verheerenden Auswirkungen im Zweiten Weltkrieg. Seit dem Zusammenbruch der kommunistischen Systeme, der in vielen Ländern Europas den Nationalismus in erschreckender Weise neu entfacht hat, findet Rechtsextremismus auch in der internationalen Entwicklung eine gewisse Unterstützung. Allerdings gehört es zu den erfreulichen Anzeichen der Lernfähigkeit sowohl der Führungsschichten wie auch der Bevölkerung in Westdeutschland bzw. Gesamtdeutschland, daß sie in ihrer überwiegenden Mehrheit weder in den Zeiten der deutschen Teilung in nationalistischen Revanchismus noch nach der deutschen Vereinigung in nationale Euphorie gefallen sind. Einen größeren Unsicherheitsfaktor für alle etablierten deutschen Parteien stellt der rechtspopulistische Ruf nach mehr Sicherheit und Ordnung dar, wie er sich zuletzt Mitte September 2001 im Wahlerfolg der sogenannten Schill-Partei bei den Hamburger Bürgerschaftswahlen kundtat..

4. Probleme der deutschen Parteiendemokratie

Die Bundesrepublik Deutschland hat nach einer kurzen Phase der Konzentration des Parteiensystems in den fünfziger Jahren eine ziemlich stabile, auf wenige Parteien beschränkte und gut funktionierende Parteiendemokratie hervorgebracht. Seit Beginn der neunziger Jahre hat es aber den Anschein, als sei die Stabilität des alten Parteiensystems durch neuere Entwicklungen gefährdet. Zwar vermochte das Hinzutreten neuer Parteien durch die Einbeziehung der ehemaligen DDR in die staatliche und politische Ordnung der Bundesrepublik das bundesdeutsche Parteiensystem äußerlich nur unwesentlich zu verändern, sieht man von der PDS ab. Doch hat die Bereitschaft, sich in Wahlen für eine politische Partei auszusprechen, abgenommen; sie ist bei Bundestagswahlen unter die 80-Prozent-Marke gefallen und fällt bei anderen Wahlen noch weitaus tiefer. Auch die Neigung der Wähler, sich mit einer bestimmten Partei dauerhaft zu identifizieren, nimmt ab, während die Zahl der Wechselwähler, auf die keine Partei fest bauen kann, im Ansteigen begriffen ist. Vor allem aber ist die Mitgliedschaft in den Parteien rapide, wenn nicht drastisch gesunken: Seit 1990 haben die im Bundestag vertretenen Parteien mehr als ein Viertel ihrer Mitglieder verloren, ihre Mitgliederzahl ist von 2,3 auf 1,74 Millionen gesunken und macht nur noch 3 Prozent der Wahlberechtigten aus. Selbst die noch in den Parteien eingeschriebenen und Mitgliedsbeiträge zahlenden Staatsbürger nehmen nur zu einem Bruchteil aktiv am Parteileben teil, sie beteiligen sich kaum an der den Parteien im Grundgesetz aufgetragenen Mitwirkung an der politischen Willensbildung. Alle diese Tendenzen tragen zu einer zwar nicht dramatischen, aber doch merklichen Veränderung des Parteiensystems in der Bundesrepublik bei.

Die beiden großen Volksparteien erhalten zusammen nur noch etwa drei Viertel der abgegebenen Wählerstimmen, sie haben ihr deutliches Profil und ihre soziologische Verortung eingebüßt und setzen mehr und mehr auf Strategien, die ein fluktuierendes Wählerpotential anziehen sollen. So werden die etablierten Parteien zu Vermarktungsagenturen. Ihre Politiker verstehen sich immer mehr als Kommunikationsexperten, wobei der kurzfristige, in Wählerstimmen zu berechnende Erfolg im Vordergrund steht, also eine nur oberflächliche und vordergründige Ausrichtung an den momentanen Interessen der Wählerschaft, nicht aber die Orientierung an festen Prinzipien und die Entwicklung von Zukunftsperspektiven. Das Hauptaugenmerk der Wahlstrategen der großen Volksparteien ist in erster Linie auf die politisch ungebundenen Mittelschichten gerichtet, auf deren wechselnde politische Einstellung sie sich jedoch wenig verlassen können. Es wird die Tendenz sichtbar, daß sowohl die früher bestimmenden politisch-sozialen Milieus, aus denen die großen Parteien schöpften, ihr deutliches Profil verlieren, wie auch daß andererseits die Parteien durch ihre vordergründigen Wahlprogramme diese Auflösungserscheinungen weiter verstärken. Die Parteien büßen dadurch an gesellschaftlicher Bodenhaftung ein und werden zum Tätigkeitsfeld einer neuen Klasse von politischen Managern, die mehr und mehr in Versuchung geraten, nicht der jeweiligen politischen Partei und ihren Wählern zu dienen, sondern der Förderung ihrer Eigeninteressen – ein Vorgang, der stark zum heute allgemein zu beobachtenden Vertrauensschwund gegenüber den Politikern beigetragen hat. Die Fähigkeit der Volksparteien zur Integration der Bevölkerung nimmt ab; eine sich immer stärker differenzierende und auch auseinanderentwickelnde Gesellschaft (der »Ich-Kultur«) kann von den Volksparteien heute nicht mehr umfaßt, geschweige denn zusammengefügt werden. Die zentrifugalen Kräfte der gesellschaftlichen Entwicklung werden sich über kurz oder lang auch im Parteiensystem der Bundesrepublik deutlicher bemerkbar machen. Es bleibt abzuwarten, ob die großen Volksparteien in der Lage sein werden, die parteipolitischen Auswirkungen dieser Entwicklung einigermaßen abzufangen. Eine stärkere Fragmentierung des deutschen Parteiensystems mit möglichen Auswirkungen auf die Regierungsfähigkeit und Regierungsstabilität ist jedoch bereits erkennbar.

Mit diesen Veränderungen im deutschen Parteiensystem korrespondiert eine zwar schon immer latent vorhandene, aber seit Beginn der neunziger Jahre offen zutage tretende allgemeine Unzufriedenheit eines beachtlichen Teils der deutschen Bevölkerung mit den politischen Parteien insgesamt. Das Phänomen wird in der öffentlichen Diskussion mit den Ausdrücken »Parteienverdrossenheit« oder »Parteientfremdung« bezeichnet, die zum Ausdruck bringen, daß die deutschen Parteien ihre Hauptfunktion, zwischen Bürger und Staat bzw. der Gesellschaft und ihren politischen Institutionen effektiv und repräsentativ zu vermitteln, nicht mehr überzeugend wahrnehmen, zumindest aus der Sicht vieler Bürger. Vordergründig hatte und hat der neue Schub der Parteienverdrossenheit seine Ursachen in der breiten öffentlichen Diskussion der Privilegien, insbesondere der finanziellen Vorteile, die sich führende Vertreter aller politischen Parteien als Mandats- oder Amtsträger zu verschaffen wußten bzw. wissen, und der Aufdeckung umfangreicher und weitgestreuter Spendenskandale. Einflußreicher für die wachsende Mißstimmung gegenüber den Parteien ist aber die enorme Zunahme der Belastungen, welche die Bundesrepublik im Gefolge der deutschen Vereinigung und der Strukturkrise des Sozialstaates zu tragen hat. Es ist den politischen Parteien nicht gelungen, diese große Aufgabe möglichst gemeinschaftlich anzupakken, geschweige denn, die Bürger für die damit verbundenen Belastungen zu motivieren.

Die deutsche Parteiendemokratie sitzt also längst nicht mehr so sicher und unangefochten im Sattel, wie dies in den vergangenen Jahrzehnten der Fall war. Dessenungeachtet spielen die deutschen Parteien jedoch weit mehr als in einigen anderen westlichen Demokratien, z. B. den Vereinigten Staaten oder Frankreich, eine maßgebliche Rolle. Die Frage ist, ob die Parteien nicht vielleicht eine *zu große* Rolle im politischen Leben der Bundesrepublik spielen und ob ihre Repräsentanten dieser Rolle gewachsen sind. Einiges spricht dafür, daß die Bundesrepublik Deutschland zu sehr Parteienstaat geworden ist und zu sehr vom Wohl und Wehe der Parteien abhängt. Haben diese doch die Neigung, den Satz der Verfassung »Die Parteien wirken bei der politischen Willensbildung des Volkes mit« (Art. 21 GG) als exklusives Parteienprivileg zu interpretieren und allen nicht im Parlament vertretenen oder nicht wenigstens in politischen Parteien organisierten Gruppen, sofern sie nicht gleichzeitig etablierte Interessengruppen sind, das Recht auf politische Mitwirkung zu versagen. In der Tat werden in der Bundesrepublik alle politischen Entscheidungen durch Parteien und deren Vertreter getroffen. Es gibt in der deutschen Demokratie keine politischen Beschlüsse von Bedeutung, die nicht an die Parteien herangetragen, von ihnen vorbereitet und schließlich von ihnen gefällt werden. Dies heißt nicht, daß andere gesellschaftliche Gruppen keine Macht hätten, aber sie müssen ihre Macht innerhalb des Parteienstaates zur Wirkung bringen. Alle Macht ist durch Parteien vermittelt.

Das heutige Bild der deutschen Gesellschaft wird durch die große Aktionsweite ihres Parteiensystems bestimmt. Die politischen Parteien sind bemüht, Personen ihres Vertrauens in alle maßgeblichen gesellschaftlichen und kulturellen Organisationen zu lancieren. Die höchsten Posten bei den öffentlich-rechtlichen Rundfunk- und Fernsehanstalten, im Schulwesen und ganz regulär in den oberen Rängen des bürokratischen Apparates werden in Deutschland in der Regel nur von Kandidaten besetzt, die das »richtige« Parteibuch haben. Obwohl der Proporz nicht die Rolle gespielt hat wie im Österreich der langjährigen Großen Koalition, ist der Parteien- und Konfessionsproporz ein oft kritisiertes Charakteristikum der deutschen Politik geworden. Durch diese Praxis findet eine teilweise ungute Politisierung von nichtpolitischen Ämtern statt, die besser aus dem Parteienproporz herausgehalten und nach nichtpolitischen Kriterien besetzt werden sollten. Zugleich ermutigt dieser Trend karrierebewußte Männer und Frauen zum Parteibeitritt aus eher unpolitischen Motiven, was wiederum dem Parteileben wenig dienlich ist. Die deutschen Parteien wären deshalb gut beraten, würden sie der Tendenz zur Parteipolitisierung des sozialen Lebens gegensteuern und vordergründige Interessen ihrer Mitglieder zugunsten einer Stabilisierung des demokratischen Parteiwesens zurückstellen.

Auffällig ist ferner, daß alle etablierten Parteien seit zwei Jahrzehnten Schwierigkeiten haben, die junge Generation für sich zu interessieren und junge Mitglieder zu gewinnen. Zwar kommen in allen Parteien – zumal nach der letzten Bundestagswahl von 1998 – die Vierzig- und Fünfzigjährigen stärker zum Zuge, so daß ein deutlicher Generationenwechsel sichtbar wird. Doch die gegenwärtige Parteienfremdheit der Jugend bleibt ein Problem, das die Regeneration der Parteien und ihrer Politik ganz erheblich gefährdet. Selbst die junge Partei der Grünen, die im wesentlichen aus (inzwischen) Endvierzigjährigen zusammengesetzt ist, scheint große Mühe zu haben, jüngere Generationen zu gewinnen.

Auf alle Staatsbürger abschreckend wirken die durch die Medien vermittelten Enthüllungen über die sogenannte Verfilzung der politischen Parteien, vor allem dort, wo sie besonders lange an der Macht sind. Unter Verfilzung versteht man die ungenügend saubere Trennung zwischen Parteifunktion und Staatsfunktion sowie die Durchlässigkeit der Parteien für individuelle Interessen in Verbindung mit materiellen Vorteilen. Die Parteispendenaffären der siebziger Jahre und der jüngsten Zeit, bei der deutsche Wirtschaftsführer und Lobbyisten gegen die Bestimmungen des Parteiengesetzes und hinter dem Rücken der Steuerbehörden den Parteien auf geheimen Kanälen Millionenbeträge zufließen ließen, haben enthüllt, mit welch moralischer Unbedenklichkeit sich führende Parteifunktionäre und ihre Helfer über die gesetzlichen Bestimmungen zur Parteienfinanzierung hinwegsetzten. Solche und andere Affären haben das Ansehen der Parteien in der deutschen Öffentlichkeit erheblich beschädigt.

In der weitverbreiteten Parteienkritik schwingen allerdings, bei aller Berechtigung, auch traditionelle etatistische Elemente des politischen Denkens in Deutschland mit, deren Wiederbelebung in unserer parlamentarischen Demokratie nicht unproblematisch ist. Bei vielen Kritikern, selbst dem früheren Bundespräsidenten Richard von Weizsäcker, ist die Neigung zu beobachten, auf die Vorstellung von einem überparteilichen und homogenen Staat zu rekurrieren, der über der fragmentierten Gesellschaft und den Parteien als ihren Interessenvertretern stehen soll. Damit wird an alte konservative Denkmuster der Pluralismus- und Parlamentarismuskritik angeknüpft. Man neigt dazu, ein historisch überholtes Modell von Politik als Bereich ehrenamtlicher Tätigkeit von Honoratioren zu idealisieren und, hieran gemessen, die Realität von heute als grundsätzlich fragwürdig einzuschätzen. Max Webers Verständnis von »Politik als Beruf« (1919) ist bei vielen Meinungsmachern in Deutschland noch nicht angekommen.

Es wird leicht übersehen, daß die Parteien in einem harten Konkurrenzkampf um die Macht stehen und daß es dabei in aller Regel nicht gerade zimperlich zugeht, so daß die Parteienskepsis und die oft beklagte Parteienverdrossenheit in Deutschland zum Teil auch zu erklären sind durch ein zu hohes Anspruchsniveau, das an die Parteien herangetragen wird. Da die Parteien darauf angewiesen sind, in der Öffentlichkeit zu wirken, und da sie an allen Debatten, welche die Öffentlichkeit bewegen, in irgendeiner Weise teilnehmen, bleibt gar nicht aus, daß sie im kritischen Blickfeld der öffentlichen Meinung stehen und deshalb auch unter den häufigen Verzerrungen zu leiden haben, die die auf Neuigkeiten und Sensationen erpichten Medien ihren Konsumenten von der Realität des Alltags vermitteln.

Die Schuld für die wachsende Parteienverdrossenheit ist also keineswegs nur bei den Parteien zu suchen. Vielmehr haben allgemeine Veränderungen in der Gesellschaft dazu geführt, daß die Parteien heute nicht mehr mit jenem Einverständnis und Engagement rechnen können, das ihnen früher sicher war. Auch sie sind Opfer der in allen modernen Gesellschaften zu beobachtenden Individualisierung und Pluralisierung von Lebensformen. Gleichzeitig stehen die Parteien als die Hauptakteure des politischen Systems im Mittelpunkt wachsender Ansprüche, Bedürfnisbefriedigungen und Konsumhaltungen der Bürger. Das trifft nicht zuletzt für deren Neigung zu, Politik nur noch über die Medien zu rezipieren und sich durch Politik unterhalten zu lassen. So steht hinter der weitverbreiteten Unzufriedenheit mit den Parteien und dem Parteienstaat ein Unbehagen an gesellschaftlichen Veränderungen, die alle Bürger mitzutragen und zu verantworten haben.

Dennoch ist es ein ernstes Problem für die Zukunft des deutschen Parteiensystems, daß die Parteien zu mächtigen, gut finanzierten Großorganisationen mit einer spezifischen Eigendynamik geworden sind, die dazu tendieren, sich von der Gesellschaft zu lösen und zu einträglichen Unternehmen mit guten Versorgungsaussichten für alle Beteiligten zu werden. Der Weg zu einer solchen Verselbständigung der Parteien ist durch die staatliche Finanzierung der Wahlkampfkosten, die das Bundesverfassungsgericht bestätigt hat, zweifellos erleichtert worden. Die deutsche Parteiendemokratie ist auf dem Wege zu einem Parteienstaat, der kraft seines finanziell immer besser abgesicherten Eigendaseins Gefahr läuft, die im Parteiengesetz formulierte Verpflichtung aus dem Blick zu verlieren, »für eine ständige lebendige Verbindung zwischen dem Volk und den Staatsorganen zu sorgen«.

Es wird darum der Anstrengungen aller Parteien bedürfen, die Unentbehrlichkeit der Parteien für die Demokratie durch zeitgemäße und überzeugende Formen und Normen des Handelns unter Beweis zu stellen. Zu den notwendigen Reformen gehört die Aktivierung und Öffnung der Mitgliedschaft sowie die Flexibilisierung und Modernisierung der Organisation der Parteien, für die immer wieder auf die Möglichkeiten des Internets hingewiesen wird. Noch wichtiger ist die Einsicht der Parteibosse, daß ihre opportunistische Fixierung auf Meinungsumfragen zwar kurzfristige Wahlerfolge ermöglicht, aber nur die von den Parteien vermittelten alternativen Politik- und Sinnangebote langfristig das Vertrauen in die Demokratie bewahren. Gerät das Parteiensystem wirklich in die Vertrauenskrise, dann ist ein wichtiges Verbindungsglied zwischen Staat und Gesellschaft und damit das gesamte politische System unserer Demokratie in Gefahr.

X. Kapitel

Parlament

1. Wahlen und Wahlrecht

Das demokratische Grundprinzip des politischen Systems der Bundesrepublik Deutschland wird zu Beginn des Organisationsteils des Grundgesetzes in Art. 20 Abs. 2 folgendermaßen formuliert: »Alle Staatsgewalt geht vom Volke aus. Sie wird vom Volke in Wahlen und Abstimmungen und durch besondere Organe der Gesetzgebung, der vollziehenden Gewalt und der Rechtsprechung ausgeübt.« Abstimmungen sind in unserer Verfassung allerdings nur für den sehr seltenen Fall einer Entscheidung des Staatsvolkes über die Gebietsneugliederung der Bundesländer (Art. 29 GG) vorgesehen. Alle anderen Funktionen werden im Auftrag des Volkes ausgeübt.

Das politische System Deutschlands beruht damit überwiegend auf einer indirekten Demokratie und weist – zumindest auf Bundesebene – kaum Elemente der direkten Demokratie auf. Diese Grundsatzentscheidung des Parlamentarischen Rates *für* eine repräsentative und *gegen* eine plebiszitäre Demokratie beruhte auf der Überzeugung der Väter des Grundgesetzes, daß der Untergang der Weimarer Demokratie und die Machtergreifung Hitlers durch die nationalsozialistische Manipulation der Gefühle und Ressentiments der breiten Bevölkerung herbeigeführt worden seien, deren Instinkte daher durch die Wahl von Volksvertretern zu läutern seien. In den letzten Jahren sind allerdings verstärkt Überlegungen angestellt worden, durch Elemente direkter Demokratie der Politikverdrossenheit bei den Staatsbürgern entgegenzuwirken, zumal plebiszitäre Institutionen inzwischen auf der deutschen Länder- und Kommunalebene sehr verbreitet sind und sich bewährt haben.

Ein erster Versuch von SPD und FDP, im Rahmen der Verfassungsreformdebatte nach der deutschen Vereinigung in den Jahren 1992
bis 1994 die plebiszitären Komponenten zu stärken, ist am entschiedenen Widerspruch der CDU/CSU gescheitert. Nach der
Änderung der politischen Machtverhältnisse durch die Bundestagswahlen vom September 1998 haben SPD und Grüne als neue Regierungsparteien abermals die Initiative zur Ergänzung des parlamen-
tarisch-repräsentativen Systems der Bundesrepublik Deutschland
durch Elemente direkter Demokratie ergriffen, wobei sich ihre
Vorschläge auf den Gesetzgebungsprozeß beschränken und nicht
an die plebiszitäre Wahl des Bundespräsidenten oder gar des Bundeskanzlers denken. Doch nicht nur ist zwischen den beiden derzeitigen Koalitionsparteien die Höhe der Quoren für die Beteiligung
und Verabschiedung von Volksinitiativen, -begehren und -entschei-
den umstritten, auch bedarf die Umsetzung dieser Reformvor-
schläge angesichts der erforderlichen Zweidrittelmehrheit für Verfassungsänderungen der Zustimmung der immer noch widerstre-
benden Unionsparteien. So reduziert sich bis auf weiteres in der
Bundesrepublik Deutschland die Ausübung der Staatsgewalt durch
das Volk weitgehend auf die Teilnahme der Bürger und Bürgerinnen an Wahlen.

Die Wahlen zum Deutschen Bundestag als der zentralstaatlichen
Volksvertretung finden in der Regel alle vier Jahre statt. Nur für den
Fall einer Auflösung des Parlaments durch den Bundespräsidenten
ist eine vorzeitige Beendigung der Wahlperiode, der sogenannten
Legislaturperiode, möglich. Neuwahlen werden nur dann vorzeitig
angesetzt, wenn der Bundeskanzler die Vertrauensfrage stellt, dabei
keine Mehrheit erhält und der Bundestag sich nicht in der Lage
sieht, innerhalb von 21 Tagen einen neuen Bundeskanzler zu wählen. In der Geschichte der Bundesrepublik ist es bisher erst zweimal
zu einer Verkürzung der Wahlperiode durch die vorzeitige Auflösung des Parlaments nach der geschilderten Prozedur gemäß Art.
68 GG gekommen. Der 1969 gewählte Bundestag wurde bereits
nach drei Jahren im Herbst 1972 durch den Bundespräsidenten aufgelöst, weil wegen des Fraktionswechsels einiger sozial-liberaler
Abgeordneter eine parlamentarische Pattsituation entstanden war.
Durch sie wurde der Regierung Brandt die notwendige Mehrheit
entzogen, ohne daß die CDU/CSU-Opposition ihre Absicht ver-

wirklichen konnte, den Bundeskanzler durch ein konstruktives Mißtrauensvotum zu stürzen. Der damals beschrittene Weg zur Lösung der parlamentarischen Krise wurde einhellig gebilligt und führte bei den nachfolgenden Wahlen im November 1972 zu einer klaren Mehrheit für die sozial-liberalen Regierungsparteien.

Umstrittener war dasselbe Verfahren gut zehn Jahre später, als Anfang 1983 der durch ein erfolgreiches konstruktives Mißtrauensvotum gegen Helmut Schmidt (SPD) am 1. Oktober 1982 an die Macht gekommene Bundeskanzler Helmut Kohl (CDU) den Bundespräsidenten um die vorzeitige Auflösung des 1980 gewählten Bundestages ersuchte. Der Bundeskanzler befand sich diesmal nicht in einer parlamentarischen Notlage, sondern war im sicheren Besitz einer parlamentarischen Mehrheit, mit der er bis zum Ablauf der regulären Legislaturperiode hätte regieren können. Dennoch erwirkte er von Bundespräsident Karl Carstens die Auflösung des Bundestages, um seine (durch den Seitenwechsel der FDP mit einem gewissen Odium behaftete) Regierung durch Neuwahlen legitimieren zu lassen, was ihm in den Wahlen vom 6. März 1983 auch gelang.

Das Bundesverfassungsgericht hat diesen Vorgang, gegen den vier Bundestagsabgeordnete Verfassungsbeschwerde eingelegt hatten, zwar mit Bedenken als verfassungsrechtlich zulässig hingenommen, doch entsprach er nicht dem gemeinten verfassungspolitischen Sinn von Art. 68 GG, der die Parlamentsauflösung erschweren soll. Die existierende parlamentarische Mehrheit hinter Bundeskanzler Kohl mußte nämlich bei der Abstimmung über die Vertrauensfrage vortäuschen, keine Mehrheit zu sein, um auf diese Weise den Weg für Neuwahlen freizumachen. Damit schien ein vom Grundgesetz nicht intendierter Weg zur beliebigen Parlamentsauflösung seitens der regierenden Mehrheit eröffnet, wann immer ihr dies opportun erschiene. Die führenden Politiker der Regierungskoalition haben jedoch Bundespräsident und Bundesverfassungsgericht, deren beider Billigung sie benötigten, durch die Zusicherung zu überzeugen versucht, daß es sich um eine einmalige Ausnahmesituation handele und keineswegs beabsichtigt sei, von der Verfassungsregel der vierjährigen Dauer einer Legislaturperiode abzuweichen. Daher hat sich auch Anfang der neunziger Jahre in der durch die deutsche Vereinigung bewirkten Verfassungsreformdebatte der Vorschlag einer grundgesetzlichen Verankerung eines Selbstauflösungsrechtes des Bundestags (mit Zweidrittelmehrheit) nicht durchsetzen können.

(a) Wahlrecht

Das Wahlrecht zum Deutschen Bundestag beruht nach Art. 38 GG auf den Grundsätzen der allgemeinen, unmittelbaren, freien, gleichen und geheimen Wahl. *Allgemein* besagt, daß alle Staatsbürger, unabhängig von Geschlecht, Rasse, Sprache, Einkommen oder Besitz und dergleichen gesellschaftlichen Unterscheidungsmerkmalen mehr, stimmberechtigt sind. Die Wahl muß *unmittelbar* in dem Sinne sein, daß die Wähler die Abgeordneten ohne die Zwischenschaltung eines anderen Gremiums direkt bestimmen. *Gleich* meint, daß der Zählwert der Stimmen aller Wahlberechtigten gleich sein muß. Durch das Prinzip der *geheimen* Wahl wird gewährleistet, daß der Wähler eine nicht von anderen erkennbare Wahlentscheidung treffen kann. *Frei* fügt den vorgenannten klassischen Erfordernissen nichts Neues hinzu, sondern summiert noch einmal die Erfordernis an Wahlen in freiheitlichen Demokratien.

Über diese allgemeinen Grundsätze hinaus zeichnet sich das bundesdeutsche Wahlrecht durch die Besonderheit aus, daß der Wahlakt der Staatsbürger in zwei Teile zerfällt. Der deutsche Wähler hat nämlich bei der Bundestagswahl zwei Stimmen. Die *Erststimme* gibt er einem Kandidaten/einer Kandidatin seines Wahlkreises; mit dieser Stimme kann er also aus verschiedenen von den Parteien nominierten Wahlkreisbewerbern den sogenannten Direktkandidaten/die Direktkandidatin wählen. Mit seiner *Zweitstimme* wählt er unter verschiedenen (Landes-)Listen aus, die von den Landesverbänden der Parteien aufgestellt werden; mit dieser Stimme kann er also seine Parteipräferenz kundtun. Der erste Wahlakt ist eine Persönlichkeitswahl; es gewinnt, wer von den Kandidaten eines Wahlkreises – von denen es in der Bundesrepublik derzeit 328 gibt – die relativ meisten Stimmen auf sich vereinigt. Der zweite Wahlakt ist die sogenannte Listenwahl. Die Hälfte der Bundestagsabgeordneten wird somit in den Wahlkreisen direkt gewählt, die andere Hälfte über die Listen. Entscheidend für das Gesamtergebnis der jeweils zur Wahl angetretenen Parteien sind jedoch die Zweitstimmen, also die für die Listen abgegebenen Wählerstimmen. Die Verteilung der

Parlamentssitze erfolgt auf der Basis des Anteils an Zweitstimmen, den eine Partei erzielt; die Direktmandate einer Partei werden auf diesen Anteil verrechnet. Man bezeichnet daher das bundesdeutsche Wahlrecht auch als personalisiertes Verhältniswahlrecht.

Dem Wähler ist die Abgabe der Erst- und der Zweitstimme an einen Kandidaten/eine Kandidatin bzw. eine Liste unterschiedlicher Parteien erlaubt: das Stimmen-Splitting. Diese Möglichkeit hat in den letzten Jahrzehnten eine wachsende Zahl von Wählern zu einer Stimmabgabe motiviert, durch welche sie mit der Zweitstimme den Einzug der kleineren Koalitionspartei in den Bundestag sicherten, mit der Erststimme für die größere Partei der gewünschten Regierungskoalition aber die personelle Zusammensetzung des Parlaments zu beeinflussen suchten. Da viele Wähler sich über die unterschiedliche Bedeutung ihrer Erst- und Zweitstimme für die Zusammensetzung des Bundestages nicht im klaren sind und die Erststimme irrtümlich für wichtiger halten, haben kleinere Parteien ihren Wahlkampf auf die Gewinnung von Zweitstimmen aus dem Wählerpotential des größeren Koalitionspartners abgestellt.

Die Zahl der gewonnenen Direktmandate ist an sich nicht entscheidend für die numerische Zusammensetzung des Parlaments. Wenn aber eine Partei in einem Bundesland mehr Abgeordnete durch die Direktwahl gewinnt, als ihr nach den auf sie entfallenen Zweitstimmen zustehen, dann behält sie diese Mandate als sogenannte *Überhangmandate*. Dieser Fall ist zuletzt bei den Bundestagswahlen im September 1998 eingetreten, als die SPD zusätzlich zu den 285 Sitzen, die ihr gemäß der Verteilung nach den Zweitstimmen zustanden, 13 Überhangmandate gewann. Die Praxis der Überhangmandate wurde vom Bundesverfassungsgericht im Sommer 1997 als verfassungskonform gebilligt.

Vor der deutschen Vereinigung gab es in der damaligen Bundesrepublik 248 Wahlkreise. Die 22 Westberliner Bundestagsabgeordneten wurden ab 1949 aufgrund des besonderen – alliierten – Status von Berlin nicht direkt gewählt, sondern durch das Abgeordnetenhaus in (West-)Berlin bestimmt. Nach der Vereinigung – erstmals praktiziert bei der Bundestagswahl vom 2. Dezember 1990 – kamen in der nun größeren Bundesrepublik 8 Westberliner und 72 ostdeutsche Wahlkreise hinzu. Dank der Überhangmandate zählt der Bundestag in seiner laufenden 14., im Herbst 1998 begonnenen Legislaturperiode 669 Abgeordnete – ein ziemlich großes Parlament, das durch diese Größe nicht gerade arbeitsfähiger geworden ist. Eine Verkleinerung des Parlaments ist aber nicht leicht durchzusetzen, weil dazu die Wahlkreisgrenzen neu festgelegt und die Zahl der begehrten Mandate verringert werden müßten, woran keine Partei, am wenigsten die kleinen, ein originäres Interesse hat. Immerhin hat man sich trotz der Angst der Abgeordneten um den Verlust ihres Arbeitsplatzes, aber unter dem Eindruck der Forderung nach einem »schlanken Staat« im Herbst 1996 nach langen Verhandlungen darauf geeinigt, daß mit der 15. Wahlperiode, d. h. ab dem Jahre 2002, die Zahl der Wahlkreise auf 299 und damit die der Abgeordneten auf 598 verringert werden soll.

Im Prinzip beruht das bundesdeutsche Wahlsystem auf einem Proportional- oder Verhältniswahlrecht. Die Tatsache jedoch, daß eine Partei mindestens 5 Prozent der Stimmen im ganzen Wahlgebiet, also im gesamten Land, oder drei Direktmandate gewinnen muß, um im Bundestag vertreten zu sein, hat die – in der Weimarer Republik so nachteiligen – Auswirkungen des totalen Verhältniswahlrechts mit der Zersplitterung des parlamentarischen Parteiensystems eingeschränkt. Im Ersten Deutschen Bundestag (1949–53) gab es aufgrund einer schwächeren Sperrklausel noch elf verschiedene parlamentarische Parteien. Zwischen 1957 und 1983 waren nur mehr drei politische Parteien im Bundestag vertreten – eine klare Folge der Veränderung des Wahlrechts und der durch das Wahlrecht bewirkten Konzentration des Parteiensystems. Es ist unter normalen Verhältnissen außerordentlich schwer für eine neue Partei, die Fünfprozenthürde zu überspringen. Um kleinere Parteien dennoch zu ermutigen, am Wahlkampf teilzunehmen, hat das Bundesverfassungsgericht gegen den Willen der etablierten Parteien verfügt, daß nach dem Parteiengesetz allen Parteien, die mindestens 0,5 Prozent der im ganzen Land abgegebenen Stimmen errungen haben, die sogenannte Wahlkampfpauschale zu zahlen ist (vgl. oben S. 218 f.). Der Gesetzgeber hatte zuvor einen Anteil von 2,5 Prozent der abgegebenen Stimmen für notwendig erachtet.

Für die Partei der Grünen, die 1983 erstmals in den Bundestag einzogen, war diese Bestimmung eine wichtige finanzielle Hilfe auf ihrem Weg zur Auflockerung des bestehenden Dreiparteiensystems. Im übrigen hat gerade die Tatsache des Überspringens der

Fünfprozenthürde durch die Grünen gezeigt, daß die Sperrklausel das Aufkommen von neuen politischen Parteien nicht ausschließt, wie manche bis dahin befürchtet hatten. Die Fünfprozentklausel bewirkt somit keine absolute Bestandsgarantie für das etablierte Parteiensystem. Rechtsradikale Parteien haben die Sperrklausel bei einigen Landtagswahlen immer wieder auf Anhieb überspringen können. Die PDS, die in allen neuen Bundesländern über ein Fünftel der Wählerstimmen verfügt, war im 12. Deutschen Bundestag nach der deutschen Vereinigung aufgrund der einmaligen Teilung des Wahlgebietes in alte und neue Bundesländer vertreten, kam 1994 in den 13. Deutschen Bundestag, weil ihr 1994 der Gewinn von vier Direktmandaten in und um Ost-Berlin gelang, doch 1998 hat sie mit ihrem Ergebnis von 5,1 Prozent erstmals auch die gesamtdeutsche Fünfprozenthürde übersprungen und besitzt daher im gegenwärtigen 14. Deutschen Bundestag auch Fraktionsstatus.

(b) Kandidatenaufstellung

Die Aufstellung der Kandidaten für die Wahl in den Bundestag erfolgt entsprechend dem zweigeteilten Wahlvorgang in zwei verschiedenen Verfahren. Die Kandidaten der Wahlkreise für das durch die Erststimmen zu entscheidende Direktmandat werden von den Wahlkreisversammlungen der Parteien nominiert. Für etwa zwei Drittel der Abgeordneten, die in sogenannten sicheren Wahlkreisen kandidieren, ist diese Nominierung bereits die Vorwegnahme der Wahl. Wahlkreiskandidaten werden in der Regel von ihren Parteien auch durch Zuteilung eines vorderen Listenplatzes abgesichert.

Die für die Zweitstimmen zur Wahl stehenden Landeslisten werden von den Landesvorständen der Parteien vorbereitet und von den Landesdelegiertenversammlungen der Parteien beschlossen. Sie enthalten die Namen der Kandidaten in einer bestimmten Reihenfolge. Bei der Aufstellung der Landeslisten können die Parteien nicht sicher im voraus wissen, wie viele der Nominierten auf Grund der für die Liste abgegebenen Zweitstimmen in das Parlament einziehen werden. Daher gibt es oft scharfe Auseinandersetzungen über die Position der Listenplätze. Es hat sich bei den Parteien ein Verfahren eingespielt, das auch hier zur Berücksichtigung bestimmter Personen, Regionen und Interessengruppen führt. So werden

z. B. Frauen zumeist nur über die Landeslisten ins Parlament gewählt, weshalb ihnen heute bei den meisten Parteien eine bestimmte Quote der Listenplätze zusteht. Während die CDU und CSU auf ihren Listen den verschiedenen Interessengruppen innerhalb der Partei feste Plätze zuweisen, dienen bei der SPD die Listen vorwiegend der Berücksichtigung der regionalen Untergliederungen sowie der Absicherung von Kandidaten, deren Direktwahl ungewiß ist: Erhalten die Erststimmenbewerber nicht die relative Mehrheit in ihrem Wahlkreis, so ziehen viele von ihnen dennoch über die Landeslisten in den Bundestag ein.

Untersuchungen des Nominierungsprozesses haben ergeben, daß bei der Aufstellung der Kandidaten deren parlamentarische Qualifikation nur eine geringe Rolle spielt. Wichtiger sind, vor allem für die Wahlkreiskandidaten, der »gute Draht« zu den örtlichen Parteiorganisationen, die Verbundenheit mit den Problemen des Wahlkreises und, vor allem bei der SPD, treue Arbeit für die Partei. Im Gegensatz zu anderen Ländern haben die *Parteizentralen* in Deutschland auf die Nominierung der Kandidaten nur geringen Einfluß, im Gegenteil: Empfehlungen eines Bundesparteivorstandes zugunsten bestimmter Kandidaten wirken sich eher nachteilig aus.

Bei der Nominierung der Wahlkreiskandidaten durch die Parteien haben diejenigen die größten Chancen, die bereits ein Mandat im Bundestag innehaben. Sie werden in aller Regel wiederaufgestellt. Höchstens 25 Prozent der Nominierungen beruhen auf Kampfabstimmungen innerhalb der zuständigen Parteigremien, da meistens nur ein einziger Kandidat zur Auswahl steht. Mit dem stärkeren Eindringen der »68er« in die Parteipolitik haben die Kampfabstimmungen etwas zugenommen. Kleinere Parteien stellen zwar auch Kandidaten für Wahlkreise auf, konzentrieren ihre Auswahl jedoch ganz auf die Zusammenstellung der Landeslisten, da sie nicht erwarten können, ein Direktmandat zu erringen.

(c) Wahlrechtsreform und Wahlkämpfe

Eine Reform des Wahlrechts ist in der Bundesrepublik immer wieder diskutiert worden, am intensivsten in der Zeit der Großen Koalition zwischen 1966 und 1969, doch wurde sie nie verwirklicht. Bei den diversen Vorschlägen ging es nie darum, den Rest von Persönlichkeitswahl zu beseitigen, der in der Abgabe der Erststimme zum Ausdruck kommt, sondern immer nur um die mögliche Einführung eines relativen Mehrheitswahlrechts nach britischem Muster. Die CDU/CSU hat eine solche Wahlrechtsreform in gewissen Abständen immer wieder vorgeschlagen. Ihre offizielle Begründung war, das Zweiparteiensystem würde dadurch begünstigt und es könnten klare Verantwortlichkeiten bei der Regierungsbildung geschaffen werden. Zutreffender ist, daß sie selbst von einer solchen Veränderung des Wahlrechts zu profitieren hoffte. 1966, bei der Bildung der Großen Koalition unter Kiesinger/Brandt, waren erstmals auch führende sozialdemokratische Politiker bereit, durch die Einführung eines »mehrheitsbildenden Wahlrechts« ein Zweiparteiensystem mit klarer Trennung zwischen Regierung und Opposition herbeizuführen. Doch scheiterte dieser Versuch am Mißtrauen der ihrer Chancen nicht gewissen SPD, am harten Widerstand der FDP (damals einzige Oppositionspartei!) unter Walter Scheel sowie dem scharfen Protest der deutschen Öffentlichkeit, vor allem auf der Linken. Nach den Wahlen von 1972 lag die Einführung des Mehrheitswahlrechts nicht einmal mehr im Interesse von CDU/CSU, denn damals hatte die SPD in mehr Wahlkreisen direkte Gewinnchancen als die CDU. Der Versuch einer Wahlrechtsreform ist seitdem nicht wiederaufgenommen worden. Die kleineren Parteien wie FDP und Bündnis 90/Die Grünen lehnen ihn als Anschlag auf ihre Existenz ab; die größeren Parteien müssen nicht nur unter dem derzeitigen Wahlrecht auf die kleineren Parteien als möglichen Koalitionspartnern Rücksicht nehmen, sondern sind sich auch über die Konsequenzen einer Wahlrechtsreform hinsichtlich der Anzahl und der Zusammensetzung ihrer eigenen Mandatsträger zu ungewiß.

Das bundesdeutsche Wahlrecht wird heute mit seiner Mischung aus Persönlichkeits- und Listenwahl als gut proportioniert angesehen. Nur bei einem weniger stabilen Parteiensystem und dem Fehlen einer Sperrklausel könnten sich die aus der Weimarer Zeit bekannten negativen Wirkungen des Verhältniswahlrechts wieder einstellen. Die bisherigen Wahlen geben jedoch keinen Anlaß, das Wahlrecht zu verändern.

Aufgrund des Verhältniswahlrechts und mehr noch der Bedeutung des Fernsehens für die Wählerentscheidung werden Wahlkämpfe heute in Deutschland zumeist zentral und einheitlich für das ganze Bundesgebiet und weniger auf der Ebene der einzelnen Wahlkreise geführt. Sie sind, nicht zuletzt dank der starken finanziellen Unterstützung der Parteien aus dem Steuersäckel, ziemlich aufwendig. Dies bedeutet leider nicht, daß die Qualität der Wahlkampfauseinandersetzung erhöht wäre. Die Wahlkämpfe führen in aller Regel zu einer Verstärkung der Konfrontation zwischen den konkurrierenden Parteien und bewirken oft eine Verzerrung der tatsächlichen Verhältnisse (»Polarisation«). Ihr politischer Bildungseffekt tendiert gegen Null. Sie führen zu keiner ernsthaften und vertieften Auseinandersetzung über Sachprobleme, weil differenziertere Auseinandersetzungen sich kaum in Stimmengewinnen »auszahlen«. Wahlkämpfe sind dann am spannendsten, wenn eine ernsthafte Chance besteht, daß die Wahlen zu einer tatsächlichen Veränderung der politischen Machtverhältnisse führen. Zuletzt war das 1998 der Fall, als erstmals in der bundesrepublikanischen Geschichte Bundestagswahlen einen Regierungswechsel herbeiführten, der bislang immer nur durch einen Koalitionswechsel innerhalb einer Legislaturperiode zustande gekommen war.

Das Hauptinteresse der Parteien im Wahlkampf ist zum einen auf die Mobilisierung ihrer Stammwähler und zum anderen auf die Gewinnung neuer Wähler gerichtet. Die Zahl der vor der Stimmabgabe noch unentschiedenen Wähler ist von Bundestagswahl zu Bundestagswahl gestiegen, sie liegt nach Schätzung der Demoskopen heute bei nahezu einem Drittel. Daß diese Unentschiedenen und Wechselwähler vor allem der Mittelschicht entstammen, hat den Trend zur Gleichförmigkeit der Wahlparolen der Parteien erheblich verstärkt.

Nachwahlen wie die britischen *by-elections* gibt es in der Bundesrepublik Deutschland nicht. Beim Ausscheiden eines Abgeordneten aus dem Bundestag, etwa durch Tod, rückt der nächste Listenkandidat seiner Partei nach (Landeslisten behalten also für eine ganze Legislaturperiode ihre Bedeutung). Als politisches Stimmungsbarometer zwischen zwei Bundestagswahlterminen fungieren in Deutschland die Landtagswahlen, weniger die Kommunalwahlen. Die Landtagswahlen, die in den einzelnen Bundesländern zu verschiedenen Zeiten innerhalb von vier bis fünf Jahren abgehalten werden, werden meist stark durch bundespolitische Themen beherrscht, da den meisten Ländern wenig eigene politische Substanz verblieben ist. Landtagswahlen können gewisse Trends sichtbar machen, hatten aber nur in Ausnahmefällen direkte Rückwirkungen auf die Bundespolitik. Die wichtigste Auswirkung ist eine mögliche Veränderung der Mehrheitsverhältnisse im Bundesrat.

Vorschläge, alle Landtagswahlen auf einen einzigen Termin zwischen den Bundestagswahlen zu legen, um die Bundespolitik vom Starren auf Landtagswahlergebnisse unabhängiger zu machen, sind an verfassungsrechtlichen und politischen Hindernissen gescheitert. Allerdings fallen nach der deutschen Vereinigung aufgrund der Erhöhung der Zahl der Bundesländer von 11 auf 16 immer wieder einzelne Landtagswahlen auf den Zeitpunkt der Bundestagswahlen; so wurde beim letzten Termin am 27. September 1998 in Mecklenburg-Vorpommern auch der Landtag gewählt.

2. Der Bundestag im deutschen Regierungssystem

Aus den Wahlen gehen die Volksvertretungen hervor, auf Bundesebene der Deutsche Bundestag, das einzige direkt vom Staatsvolk gewählte Bundesorgan. Nie zuvor in der Geschichte des deutschen Parlamentarismus hat ein Parlament so konstruktiv und so wirksam die politischen Geschicke mitbestimmt wie in der Bundesrepublik Deutschland. Die Volksvertretungen der konstitutionellen Monarchien im 19. und frühen 20. Jahrhundert waren auf die Beteiligung an der Gesetzgebung und die Budgetbewilligung beschränkt. Einfluß auf die Regierungsbildung und die Regierungspolitik hatten sie so gut wie nicht. Der Reichstag der Weimarer Republik fungierte zwar innerhalb eines regulären parlamentarischen Regierungssystems, in welchem die Regierung aus dem Parlament hervorgeht und von ihm abhängig ist, er war aber aufgrund der damaligen Parteienzersplitterung unfähig zur Hervorbringung stabiler Regierungskoalitionen und ließ sich ab 1930 wegen seiner Unfähigkeit zu konstruktiver Zusammenarbeit sogar die Gesetzgebungskompetenz vom Reichspräsidenten aus der Hand nehmen, der mit »Notverordnungen« regierte. Das Weimarer Parlament war zwar stark gegenüber den jeweiligen Regierungen, aber es war eine negative, die Stabilität des demokratischen Gesamtsystems schwächende Stärke, auf die niemand sich als Vorbild für ein starkes Parlament berufen kann.

Die Väter des Grundgesetzes waren bestrebt, aus den negativen Erfahrungen der Weimarer Zeit positive Folgerungen zu ziehen. Sie entwickelten ein System, in dem die Regierung zwar aus dem Parlament hervorgehen muß, gegenüber dem Parlament jedoch eine größere Unabhängigkeit als in der Weimarer Republik besitzt. Die Verfassungsbestimmungen des Grundgesetzes stärken einerseits das Parlament, indem sie es dazu verpflichten, schon bei der Wahl des Bundeskanzlers eine tragfähige parlamentarische Mehrheit auf die Beine zu stellen. Andererseits wird das Parlament dadurch geschwächt, daß der Kanzler und seine Minister, sind sie einmal im Amt, größere Selbständigkeit haben als ihre Vorgänger zur Zeit der Weimarer Verfassung.

Die bundesdeutsche Konstruktion des Regierungssystems, bei welcher der Bundespräsident als Machtfaktor fast keine Rolle spielt, hat sich, vor allem wegen der Stabilität des Parteiensystems, ganz offensichtlich bewährt. Das parlamentarische System Deutschlands erfüllt in seinen wesentlichen Elementen seine Funktion: Es erlaubt die Bildung klarer Mehrheiten zur Wahl eines Bundeskanzlers und zur laufenden Unterstützung seiner Regierung. Die Regierungen bleiben in der Regel während der gesamten Legislaturperiode des Bundestags im Amt. Der Bundestag gliedert sich in eine die Regierung stützende und ihr Gesetzgebungsprogramm im Prinzip verwirklichende parlamentarische Mehrheit sowie eine parlamentarische Minderheit, die als Opposition Alternativen zur Regierungspolitik anzubieten, die Regierung zu kritisieren, zu kontrollieren und gegebenenfalls abzulösen sucht.

Obwohl das heutige parlamentarische Regierungssystem Deutschlands in vielem dem Vorbild Großbritanniens mit dem Unterhaus als »Mutter der Parlamente« folgt, wirkt immer noch die spezifische Parlamenttradition des deutschen Konstitutionalismus aus dem 19. und beginnenden 20. Jahrhundert nach. Der deutsche Parlamentarismus hat sein Selbstverständnis, seine Verfahren und seine Institutionen zu einer Zeit ausgebildet, als es die Aufgabe des gesamten Parlaments war, gegenüber der Regierung als dem Repräsentanten des Staates die Interessen der Gesellschaft zu artikulieren. Die deutsche parlamentarische Tradition ist noch heute so stark von der Konzeption eines Dualismus zwischen Regierung und Volksvertretung geprägt, daß diese auch noch im parlamentarischen System der Gegenwart, welches keine scharfe Trennung von Legislative und Exekutive kennt, das Selbstbild vieler Parlamentarier prägt. Über dieses Verständnis hat sich eine Praxis gelagert, die maßgeblich von den Erfordernissen des voll ausgebildeten parlamentarischen Systems bestimmt wird: Unterstützung der Regierung und ihrer Politik durch die Mehrheit der Parlamentarier und Reduktion des Dualismus zwischen Parlament und Regierung auf einen Gegensatz zwischen parlamentarischer Opposition einerseits und Regierung sowie Parlamentsmehrheit andererseits. So laufen im gegenwärtigen deutschen Parlamentarismus das verfassungs*rechtliche* Prinzip der Gewaltenteilung und das verfassungs*politische* Prinzip der Gewaltenverschränkung oft unverbunden nebeneinander her. Die Folge ist ein immer noch nicht völlig geklärtes Verständnis von der Funktion des Parlaments im parlamentarischen Regierungssystem, das bis in die Wissenschaft hineinreicht; weitere Folge ist eine zwiespältige Rolle des Bundestags im Verfassungsleben selbst. Durchgreifende Parlamentsreformen scheitern im wesentlichen am Fehlen einer einheitlichen Konzeption von der Funktion des Parlaments im deutschen Regierungssystem. Auftretende Konflikte, die aus der Koexistenz der beiden Prinzipien herrühren, werden meist pragmatisch geschlichtet; sie haben glücklicherweise bisher kein bedrohliches Ausmaß angenommen.

Gemessen an den beiden bekanntesten Modellen repräsentativer Demokratie, Großbritannien und den Vereinigten Staaten, stellt der bundesdeutsche Parlamentarismus eine Mischform dar. Der Bundestag ist weder ein vom Regierungschef unabhängiges Organ wie der amerikanische Kongreß, der als Ganzes ein starkes Gegengewicht zur Macht des Präsidenten bildet, noch wird er so stark von der Regierung beherrscht und kontrolliert wie das britische Unterhaus. Sieht man im amerikanischen Kongreß ein Parlament, das durch eigene Aktivität die Politik und Gesetzgebung des Landes entscheidend mitgestaltet (Arbeitsparlament), im britischen Unterhaus hingegen ein Instrument in der Hand der Regierung, wo durch die ständige Konfrontation zwischen Regierung und Opposition die wichtigen politischen Fragen vor den Ohren und Augen der Wählerschaft diskutiert werden (Redeparlament), so stellt der Deutsche Bundestag eine Verbindung aus beiden dar. Unter verfassungspolitischen Gesichtspunkten scheint er somit eine gute Balance herzustellen zwischen der Notwendigkeit, daß jede Regierung sich auf eine parlamentarische Mehrheit stützen muß, und der Selbständigkeit des gesamten Parlaments gegenüber der jeweiligen Regierung.

Der Deutsche Bundestag erfüllt im politischen System der Bundesrepublik Deutschland vier Hauptfunktionen: (a) Er ist das Zentrum des Gesetzgebungsprozesses. (b) Er ist das entscheidende Organ für die Regierungsbildung. (c) Er kontrolliert die Regierung und deren Politik. (d) Er dient schließlich als Organ der öffentlichen Repräsentation des deutschen Volkes. Während der Bundestag die ersten beiden Funktionen im wesentlichen gut erfüllt, gelingt ihm das bei der dritten Funktion nur teilweise und bei der vierten Funktion kaum.

(a) Der Bundestag im Gesetzgebungsprozeß

Der Bundestag wird in der Tradition des deutschen Konstitutionalismus oft als »die Legislative« bezeichnet, doch ist das irreführend. Faktisch verläuft der Prozeß der Gesetzgebung innerhalb eines Dreiecks von Bundesregierung, Bundestag und Bundesrat. Initiativen zu Gesetzen können von allen drei Organen ausgehen. Sie kommen jedoch selten vom Bundesrat, zu einem Viertel aus dem Bundestag und in ihrer großen Mehrheit von der Bundesregierung, d. h. aus den Bundesministerien. Dem Bundestag ist allerdings die Beschlußfassung (Verabschiedung) der Gesetze vorbehalten: Nur was er als Gesetz beschließt, wird Gesetz. Die Unterzeichnung (Ausfertigung) durch den Bundespräsidenten ist lediglich ein formaler Akt. So ist der Bundestag zwar nicht ausschließlich an der Gesetzgebung beteiligt, aber doch unstreitig das zentrale Organ im legislativen Prozeß.

Wie in den meisten modernen Demokratien besteht auch in der Bundesrepublik Deutschland hinsichtlich der *Gesetzesinitiative* ein klares Übergewicht der Exekutive. Dies gilt um so mehr, als auch viele Gesetzentwürfe, die aus der »Mitte des Hohen Hauses«, d. h. aus dem Parlament kommen, nur zwecks Beschleunigung des Verfahrens diesen Weg nehmen, in Wahrheit aber von der Regierung vorbereitet sind. Der Unterschied zum britischen Parlament liegt darin, daß der Bundestag in der Bearbeitung und Beeinflussung der Gesetzentwürfe eine viel freiere Hand gegenüber der Regierung hat als das britische Unterhaus. Die Regierung nimmt viel weniger direkten Einfluß auf Arbeits- und Zeitplan des Parlaments als in Großbritannien, sondern versucht stärker durch informelle Kontakte zwischen Regierung und Führung der Mehrheitsfraktion eine Übereinstimmung über die politischen Ziele und Strategien herzustellen. Niemand hindert den Bundestag daran, einen Gesetzentwurf der Regierung bei Bedarf völlig umzuarbeiten. Da die Regierung nicht zurücktreten oder die Vertrauensfrage stellen muß, wenn sie bei einer Abstimmung im Parlament unterliegen sollte, macht es ihr auch nicht viel aus, wenn ihre Gesetzesvorlagen durch den Bundestag stark abgeändert werden. Eine Reihe wichtiger Gesetze sind wesentlich anders aus dem Parlament hervorgegangen, als sie von den Ministern eingebracht wurden.

Die zentrale Rolle, die in Deutschland das Parlament im Gesetzgebungsverfahren spielt, hat sich auf das Verhältnis von Regierung und Opposition und auf die gesamte parlamentarische Arbeit des Bundestages ausgewirkt. Da die Gesetzgebung nicht in allen Phasen von der Regierung streng kontrolliert wird und die Regierungsmehrheit im Parlament nicht der »Durchpeitscher« der von der Regierung gewünschten gesetzgeberischen Maßnahmen ist, kann sich auch die Opposition darum bemühen, wenigstens einen Teil ihrer politischen Vorstellungen in dem Gesetzentwurf zur Geltung zu bringen. Dies geschieht vorwiegend in der Phase der Beratung in den Ausschüssen; sie ist im Gesetzgebungsverfahren des Bundestages auch die zweifellos wichtigste, weil dort in detaillierter Arbeit am Text die Vorlage für das Plenum beschlußreif gemacht wird. Da Alternativentwürfe der Opposition selten Aussicht auf eine Mehrheit haben, konzentriert sich die Opposition, zum Teil mit Erfolg, auf die Berücksichtigung ihrer Gesichtspunkte in den Ausschußberatungen. So erklärt sich, daß ein nicht geringer Teil der von der Bundesregierung eingebrachten und schließlich vom Bundestag verabschiedeten Gesetze (sofern es sich nicht um politisch besonders kontroverse Themen handelt) mit den Stimmen der Opposition angenommen werden.

Für die Stabilität einer Regierung ist es entscheidend, daß ein gutes Klima der Zusammenarbeit zwischen der Regierung und den die Regierung tragenden Fraktionen besteht. Bei besonders strittigen Gesetzgebungsvorhaben kann letztlich nur das sehr enge Zusammenspiel zwischen Bundeskanzler und Fachministern einerseits und den Fraktionsvorsitzenden der Regierungsparteien andererseits eine Einigung herbeiführen.

Der Bundestag behandelt Gesetzentwürfe traditionell in drei sogenannten *Lesungen*. Der typische Gesetzentwurf kommt aufgrund eines Beschlusses des Kabinetts zunächst an den Bundesrat, der dazu eine Stellungnahme abgibt, und geht dann an den Bundestag, dessen Ältestenrat bestimmt, wann das Gesetz auf die Tagesordnung des Plenums gesetzt wird. Sobald ein Termin festgesetzt ist, beraten die Fraktionen in ihren jeweiligen Arbeitskreisen sowie in der Vollversammlung über den Inhalt und beschließen ihre grundsätzliche Einstellung zum weiteren Verfahren. Der Regierungsentwurf kommt sodann zur ersten Lesung ins Parlament. Normalerweise wird er sofort, ohne Debatte, an die Ausschüsse zur Beratung überwiesen; nur bei wichtigen politischen Gesetzesmaterien findet eine erste Aussprache im Plenum statt. Die Ausschußphase, in der die Detailberatung des Gesetzes durch einen jeweils federführenden Ausschuß stattfindet – wobei aber noch andere Ausschüsse, die sachlich zuständig sind, in Aktion treten können –, dauert in der Regel mehrere Monate. In der zweiten Lesung trägt ein dafür nominierter Berichterstatter des Ausschusses den Inhalt des jeweiligen Entwurfes vor und bittet das Plenum, entsprechend dem Beschluß des Ausschusses, den Entwurf entweder unverändert anzunehmen oder ihn in einzelnen Punkten zu revidieren oder ihn sogar ganz abzulehnen. Vor der zweiten Lesung müssen sich die Fraktionen darüber klarwerden, ob und in welcher Form sie eventuelle Änderungsanträge stellen wollen. Kommt es nicht dazu, dann schließt sich an die zweite unmittelbar die dritte Lesung an. Werden Veränderungen des Gesetzestextes beschlossen, so erfolgt die dritte Lesung zu einem späteren Zeitpunkt.

Die Mehrzahl der vom Bundestag zu verabschiedenden Gesetze kann man unter die Routinegesetze rechnen, bei denen in der dritten Lesung überhaupt keine allgemeine Aussprache mehr stattfindet. Nur bei politisch wichtigen Gesetzgebungsvorhaben wird die dritte Lesung durch eine allgemeine Debatte abgeschlossen, an die sich die Abstimmung anschließt, welche darüber entscheidet, ob die Vorlage Gesetz wird oder nicht.

Zu den Ausschüssen, die den Inhalt der Gesetzgebung am nachhaltigsten beeinflussen können, gehört zweifellos der *Vermittlungsausschuß*. Er ist ein gemeinsamer Ausschuß von Bundestag und Bundesrat und tritt immer dann in Aktion, wenn zwischen den beiden gesetzgebenden Kammern keine einheitliche Auffassung im Hinblick auf den Gesetzestext erreicht wurde. Es ist die Aufgabe dieses je zur Hälfte aus Vertretern des Bundestages und des Bundesrates zusammengesetzten Gremiums, einen für beide Seiten tragfähigen Kompromiß zu finden. Der Vermittlungsausschuß hatte vor allem in den Jahren der sozial-liberalen Koalition, durch den 1969 innerhalb des Bundestages und der Bundesregierung vollzogenen Machtwechsel, enorme Bedeutung, denn im Bundesrat (vgl. hierzu unten S. 363) verfügte die parlamentarische Opposition der CDU/CSU von 1969 bis 1983 über eine Mehrheit. In umgekehrter Besetzung ist von 1991 bis 1998 das gleiche Phänomen wieder aufgetreten, als die SPD-geführten Länder über die Mehrheit im Bundesrat verfügten, während die Bundesregierung von der CDU/CSU und FDP gestellt wurde. Da die im September 1998 gewählte Bundesregierung aus SPD und den Grünen im folgenden Jahr durch Niederlagen in zahlreichen Landtagswahlen zwar ihre Mehrheit im Bundesrat verloren hat, aber auch die CDU und FDP nicht die Mehrzahl der Landesregierungen stellen, sondern in Bundesländern wie Berlin, Brandenburg und Rheinland-Pfalz Koalitionen von bundespolitischen Regierungs- und Oppositionsparteien bestehen, ist das Abstimmungsverhalten im Bundesrat unkalkulierbarer denn je und führt zu komplexen Verhandlungsrunden zwischen den politischen Lagern.

Über die Bundesgesetze, bei deren Verabschiedung die Zustimmung des Bundesrates erforderlich ist, enthält das politische System in Deutschland in den Zeiten unterschiedlicher Mehrheiten in Bundestag und Bundesrat praktisch ein Element der Großen Koalition, wenn nicht sogar der Allparteienregierung; der Vermittlungsausschuß ist faktisch deren Koalitionsausschuß. Diese Eigenart eines nicht nur parlamentarisch, sondern auch föderalistisch organisierten Regierungssystems hat erhebliche Rückwirkungen auf den Stil der Gesetzgebungsarbeit im Bundestag. So legt die föderalistische Ordnung auch im Bundestag einen mehr konsensualen als kontroversen Arbeitsstil in der Gesetzgebung nahe.

Nur ein gutes Drittel aller Gesetze, meistens die politisch unwichtigeren, durchläuft den Gesetzgebungsprozeß ohne Veränderungen. Nahezu die Hälfte wird in ihrem Inhalt, sei es im Bundestag, sei es im Vermittlungsprozeß mit dem Bundesrat, wesentlich verändert. Es ist für den deutschen Parlamentarismus ohnehin bemerkenswert, daß 90 Prozent aller Gesetze innerhalb einer Legislaturperiode einhellig, d. h. mit den Stimmen aller Fraktionen verabschiedet werden. Auch daran zeigt sich deutlich, wie stark das durchschnittliche Gesetzgebungsverfahren die Interessen aller am Gesetzgebungsprozeß beteiligten Institutionen zum Ausdruck bringt.

(b) Die parlamentarische Regierungsbildung

Die Bundesrepublik Deutschland verfügt entsprechend dem Vorbild Großbritanniens, dem sogenannten Westminster-Modell, über ein parlamentarisches Regierungssystem, das durch die Vereinbarkeit und die enge Zusammenarbeit von Regierung und Parlament(smehrheit) geprägt ist, im Gegensatz zum präsidentiellen Regierungssystem z. B. der USA, in dem sich Regierung und Parlament in relativer Unabhängigkeit gegenüberstehen. So wird in Deutschland der Bundeskanzler als der Regierungschef auf Vorschlag des Bundespräsidenten formell vom Bundestag gewählt. Normalerweise kann der Bundespräsident bei seinem Vorschlag an das Parlament nur zwischen den zwei Politikern wählen, die von den beiden großen Parteien als »Kanzlerkandidaten« für die Wahl präsentiert worden sind. Aufgrund des Wahlergebnisses und der jeweiligen Absprachen unter den möglichen Koalitionspartnern, die zumeist schon mit festen Koalitionsabsichten in den Wahlkampf gegangen sind, ist dem Bundespräsidenten faktisch nur das Recht verblieben, denjenigen Kandidaten vorzuschlagen, der mit einiger Sicherheit vom Parlament gewählt werden wird.

Da die Entscheidung über den Regierungschef meistens schon durch den Ausgang der Bundestagswahl in einer Art Personenplebiszit von den Wählern getroffen worden ist, hat sich die Einflußmöglichkeit des Parlaments auf die Regierungsbildung fast ganz auf die zweite Stufe verlagert, die Zusammensetzung des Kabinetts. Entgegen der alten deutschen Tradition, nach der Minister und selbst Kanzler nicht notwendig aus dem Parlament kommen müssen, hat sich in der Bundesrepublik relativ schnell die Praxis herausgebildet, die Kabinettsmitglieder aus den Reihen des Bundestages zu berufen. Die Ernennung eines sogenannten (zudem noch partei-losen) Fachmannes wie des derzeitigen Wirtschaftsministers Werner Müller oder Landespolitikers zum Bundesminister ist die Ausnahme; in aller Regel erwerben solche Regierungsmitglieder bei der nächsten Wahl den Status eines Bundestagsabgeordneten.

So gehört zur Funktion des Parlaments bei der Regierungsbildung auch die parlamentarische Rekrutierung und Sozialisation der künftigen Regierungsmitglieder. Dem dient insbesondere die Institution der parlamentarischen Staatssekretäre. Das sind Abgeordnete aus den Regierungsfraktionen, die in den einzelnen Ministerien den Minister insbesondere bei der Koordination zwischen Verwaltung und Parlament unterstützen und auf diese Weise das parlamentarische Regierungsgeschäft lernen.

In den Verhandlungen über die Regierungsbildung spielen die Führungskräfte der Fraktionen eine entscheidende Rolle. Der Bundeskanzler ist in seinen Entscheidungen über die Besetzung der Minister- und Staatssekretärposten erheblich von den Wünschen der Partei- und Fraktionsführungen abhängig. Der starke Einfluß der Parlamentsmehrheit auf die Regierungsbildung wird allerdings in der deutschen Öffentlichkeit in Unkenntnis des Funktionierens des parlamentarischen Regierungssystems oft als parteipolitischer Postenschacher empfunden. Es ist für den gewählten Kanzler nicht immer leicht, alle rivalisierenden Interessen bei der Kabinettsbildung zu befriedigen, vor allem wenn es sich, wie das in Deutschland die Regel ist, um ein Koalitionskabinett handelt. Der Bundeskanzler kann jedoch nur dann mit einer einigermaßen sicheren Unterstützung durch die Mehrheit des Hauses rechnen, wenn er die von den Fraktionsführern artikulierten Forderungen der Wahlsieger in etwa erfüllt.

Zu den Grundmerkmalen des parlamentarischen Regierungssystems der Bundesrepublik gehören die enge personelle Verflechtung und politische Zusammenarbeit von Regierung und Parlamentsmehrheit, die schon bei der Regierungsbildung gewährleistet sein müssen. Diese Aufgabe der Regierungsbildung hat der Deutsche Bundestag im Kontrast zum Reichstag der Weimarer Republik bisher mustergültig erfüllt, nicht nur bei der Umsetzung von Wahlentscheidungen wie zuletzt im Herbst 1998, sondern auch bei schwierigeren Koalitionsveränderungen während einer Wahlperiode wie 1966 bei der Bildung der Großen Koalition und 1982 beim Übergang von der sozial-liberalen zur christdemokratisch-liberalen Bundesregierung.

(c) Die parlamentarische Regierungskontrolle

Nach dem auch in Deutschland gängigen Verständnis ist es neben der legislativen Funktion die wesentliche Aufgabe des Parlaments, die Regierung zu kontrollieren. Weder in der Wissenschaft noch in der politischen Praxis ist jedoch unmißverständlich klar, was im heutigen parlamentarischen Regierungssystem Kontrolle bedeutet bzw. bedeuten kann. Ein Teil der Kritik am deutschen Parlamentarismus bezieht sich auf den Mangel einer echten Kontrolle der Regierung durch das Parlament, doch geht diese Kritik oft unausgesprochen von einem veralteten Parlamentsverständnis aus, das im gesamten Bundestag den notwendigen Gegenspieler der Regierung sieht.

In der politischen Praxis ist eine wirksame Kontrolle der Regierung im Sinne einer echten Abhängigkeit der Regierung vom Parlament nur in engen Grenzen möglich. Die Opposition hat als Parlamentsminderheit *per definitionem* nicht die Mehrheit hinter sich, die der Regierung eine Niederlage beibringen könnte. Die Parlamentsmehrheit hingegen, die nach den Verfassungsbestimmungen in der Lage wäre, der Regierung ihren Willen aufzuzwingen, kann kein Interesse daran haben, dies zu tun, da ihre Ziele weitgehend mit denen der Regierung identisch sind. Nur wenn es innerhalb der Parlamentsmehrheit Gruppen gibt, die aus dem einen oder anderen Grund entschlossen sind, dem Bundeskanzler oder einem Minister Schwierigkeiten zu machen, spürt die Regierung bzw. der betreffende Minister einen parlamentarischen Druck. In fast allen politischen Grundentscheidungen hingegen kann die Zusammenarbeit zwischen der Regierung und ihrer Parlamentsmehrheit mühelos sichergestellt werden. Daß die Regierungskoalition dabei die Stimmung in ihren Fraktionen berücksichtigen muß, wird man kaum als wirksame Kontrolle der Regierung durch diese Mehrheit bezeichnen können. So verbleibt das Interesse an einer Kontrolle der Regierung bei der oppositionellen Minderheit, die wiederum nicht die Macht hat, die Regierung »das Fürchten zu lehren«. Alles, was sie kann, ist, die Regierung vor dem Parlament und der Öffentlichkeit zu kritisieren und Punkte für den Ausgang der nächsten Wahlen zu sammeln. Während der Legislaturperiode kann die Opposition den Sturz der Regierung nicht herbeiführen, dieser ist nur durch ein Auseinanderbrechen der Regierungskoalition möglich.

Zur Kontrolle der Regierung durch das Parlament dienen im Bundestag die vielfachen Formen der *Interpellationen*, welche die Regierung beantworten muß. Dazu zählen unter anderem die Großen und Kleinen Anfragen. Um eine Verlebendigung der Debatten und schnellere Informationen zu erreichen, hat man die Fragestunde und, für dringende Angelegenheiten von unmittelbarer Bedeutung, die Aktuelle Stunde eingeführt. Beide Einrichtungen haben jedoch nicht jene politische Bedeutung erlangt, die etwa die *question time* im britischen Unterhaus besitzt. Insgesamt muß man feststellen, daß der Bundestag seine institutionellen Möglichkeiten, von der Regierung Auskunft und Begründungen zu verlangen, nicht besonders intensiv nutzt.

Kontrolle der Regierung findet darum im Bundestag weniger durch die sonst üblichen parlamentarischen Mittel der Interpellation und der politischen Debatte statt als durch die Mitwirkung an der Gesetzgebung. Da die Regierung dem Parlament einen gewissen Raum zur eigenen Gestaltung auch der von ihr vorgelegten Gesetze läßt, wird die dort praktizierbare legislative Mitgestaltung als eine Art Kontrolle angesehen.

Die geringe Kontrolltätigkeit des Parlaments wird auch erkennbar an der Art und Weise, in der es über politische Entscheidungen der Regierung informiert wird. Längst geben auch in Deutschland die Vertreter der Regierung, insbesondere der Regierungschef, wichtige politische Entscheidungen nicht zuerst vor dem Parlament bekannt, sondern tragen sie über andere Kanäle, vor allem über das Fernsehen, an die Öffentlichkeit. Das Parlament als Ganzes ist heute normalerweise nicht der erste Adressat politisch bedeutsamer Informationen der Regierung. Die spezifischen Kontrollinstrumente verlieren darum durch mangelnde Aktualität an Wirkung. Die meisten Fragestunden und Debatten über politische Vorgänge haben den Charakter von Nachhutgefechten, denn die eigentliche politische Auseinandersetzung ist in der politischen Öffentlichkeit schon lange vorher geführt worden. Damit wird, nicht zuletzt wegen der modernen Massenkommunikationsmedien, dem Parlament eine wichtige Funktion genommen, nämlich die eines Forums, auf dem wesentliche Entscheidungen zuerst debattiert werden.

Entscheidend für den schwachen Impetus des deutschen Parlaments, seine Kontrollchancen zu nutzen, scheint zu sein, daß den Parlamentariern, auch den Mitgliedern der Opposition, direkte Einflußnahme und Machtteilhabe wichtiger ist als jene Distanz zur Regierung, die erst echte Kontrolle erlaubt. Nur wer nicht mit seinen eigenen Interessen involviert ist, kann kontrollieren. Nicht nur in den Ausschüssen bemühen sich selbst Oppositionspolitiker um Arrangements mit der Regierung, auch im übrigen parlamentarischen Leben ist die Haltung der Parlamentarier üblicherweise darauf gerichtet, sich eher gut mit der Regierung und der hohen Ministerialbürokratie zu stellen. Außer in großen Debatten über die Grundlinien der Politik hat die Regierung von der Opposition als einer kontrollierenden Instanz relativ wenig zu fürchten, weil auch diese wenigstens ein bißchen »mitmischen« möchte.

Auch die *Untersuchungsausschüsse*, die traditionell als ein besonders starkes Mittel der Kontrolle angesehen werden, haben sich im Deutschen Bundestag nicht zu einem die Regierung ernstlich bedrängenden Kontrollinstrument entwickeln können. Zwar genügt bereits ein Viertel der Abgeordneten zur Einsetzung eines solchen Ausschusses, aber im Ausschuß selbst haben, den parlamentarischen Stärkeverhältnissen entsprechend, die Regierungsparteien die Mehrheit – und sie sind wenig daran interessiert, das Verhalten der Exekutive kritisch zu durchleuchten. Solche Ausschüsse haben zwar eine starke öffentliche Resonanz, aber ihre Ergebnisse führen kaum zu politischen Konsequenzen.

Auch das Verständnis von der Rolle der *Opposition* ist in der deutschen Öffentlichkeit und im Parlament selbst eher gering entwickelt. Die Deutschen scheinen wenig Sinn für die kritische Funktion einer parlamentarischen Partei zu haben, die das Regierungsprogramm und seine Ausführung kontinuierlich durch Kritik bzw. durch das Vortragen alternativer Lösungen begleitet. Als die SPD unter Kurt Schumacher Anfang der fünfziger Jahre eine massive Opposition gegen die Grundlinien der Adenauerschen Politik trieb, wurde sie von der CDU-Mehrheit als die Partei der »ewigen Neinsager« abqualifiziert. Später dann, als die SPD, immer noch in der Opposition, stärker in Richtung Regierungspolitik zu argumentieren und sich ihr anzupassen versuchte, höhnte man, daß sie die Regierung kopiere.

So ist der Bundestag unklar in seinem Selbstverständnis, zu schwach in seiner Kontrollfunktion und von zu geringer politischer Ausstrahlung auf die Bürger. Trotzdem funktioniert er weitaus besser, als die Öffentlichkeit gelegentlich meint.

(d) Die Öffentlichkeitsfunktion des Parlaments

Die zentrale Funktion des Bundestages in der deutschen Demokratie als dem einzigen direkt vom Volk gewählten Staatsorgan, das seinerseits – teilweise unter Mitwirkung der Ländervertretung – die übrigen Verfassungsorgane legitimiert, hängt wesentlich davon ab, ob und wie die Parlamentarier die Interessen der Staatsbürger öffentlich artikulieren und ihre Entscheidungen der Öffentlichkeit mitteilen. Ein Parlament, das nicht-öffentlich oder sogar geheim arbeitet, kann seine Aufgabe als Repräsentationsorgan des Staatsvolkes nicht zufriedenstellend erfüllen.

Der Bundestag hat es leider nie recht verstanden, zum nationalen Forum zu werden, auf dem die Probleme der deutschen Gesellschaft in einer repräsentativen Weise diskutiert werden. Seine Mitglieder sind zu sehr damit beschäftigt, durch Detailarbeit in der Gesetzgebung gestaltenden Einfluß auf die Politik zu nehmen, als daß sie Zeit und Verständnis für die informierende und erzieherische Funktion hätten, die einem Parlament als oberstem Repräsentationsorgan des Volkes zukommt. Weil das Parlament im Gefolge deutscher Traditionen glaubt, schon durch fleißige und gewissenhafte Arbeit seiner repräsentativen Funktion gerecht zu werden, neigt es dazu, die Darstellung und Konfrontation der Interessen und politischen Zielvorstellungen auf der parlamentarischen Bühne zu vernachlässigen. So stehen im Mittelpunkt des parlamentarischen Arbeitsalltags der Bundestagsabgeordneten nicht die streitbaren Debatten während der öffentlichen Plenarsitzungen, sondern die Vorarbeiten und Beratungen von Gesetzentwürfen in den nicht-öffentlichen Ausschußsitzungen. Ausnahmen bestätigen auch hier die Regel: Als in den fünfziger Jahren die großen Entscheidungen debattiert wurden, die den politischen Weg der Bundesrepublik bestimmen sollten (Europäische Verteidigungsgemeinschaft, Wiederbewaffnung, NATO-Beitritt), erlebte das Parlament, dank der massiven Opposition der SPD, Höhepunkte der politischen Auseinandersetzung. In der Folgezeit sind diese Parlamentsdebatten nicht nur eine Ausnahme geblieben, sie machen auch deutlich, daß sich in Deutschland Opposition und Regierungsparteien selten im Geiste eines partnerschaftlichen Respekts gegenüberstehen, sondern eher geneigt sind, dem Gegner dessen politische Auffassung zum Vorwurf zu machen und seine Politik für ruinös zu halten. Gleichzeitig besteht bei allen Gruppen des Parlaments, bei den Regierungsparteien *und* der Opposition, eine auffallende Empfindlichkeit gegenüber Angriffen, was zeigt, daß die Spielregeln einer fairen parlamentarischen Auseinandersetzung noch nicht sicher beherrscht werden.

Die rhetorischen Talente unter den deutschen Politikern sind heute eher rar, gerade weil der Typus des Parlamentariers mit Fachwissen die Alltagsarbeit des Bundestages beherrscht. Diese Eigenart des deutschen Parlamentarismus und der parlamentarischen Abgeordneten hat nachteilige Folgen für den Kommunikationsprozeß zwischen Parlament und Öffentlichkeit. Dessen strukturelle Schwäche wird auch durch die Einrichtung von *Public-Relations*-Büros des Bundestages, die (schon seit 1950 erscheinende und seit Jahresbeginn 2001 auch vom Deutschen Bundestag herausgegebene) Wochenzeitung »Das Parlament« oder den im April 1997 gestarteten Parlamentskanal »Phoenix« nur partiell behoben. Der Bundestag ist nur in Ausnahmefällen ein wirklich debattierendes Parlament gewesen und hat seine oben erwähnte Forumsfunktion längst an das Fernsehen verloren. Damit schwächt er seine politische Legitimität gegenüber der Öffentlichkeit. Das Parlament wird in der Bundesrepublik zwar nicht mehr, wie in früheren deutschen Verfassungsepochen, mißachtet, man begegnet ihm jedoch auch nicht mit besonderer Hochachtung, weder der Institution noch dem Gros seiner Mitglieder. Die Überwindung dieses Zustands setzt bei den meisten Bundestagsabgeordneten einen prinzipiellen Wandel des Selbstverständnisses vom Beruf des Politikers und Parlamentariers voraus – und bei vielen Bürgern den Willen, länger als die inzwischen berüchtigten anderthalb Minuten zuzuhören.

So ist der Deutsche Bundestag im Hinblick auf die Realisierung der ihm vom politischen System der Bundesrepublik Deutschland zugewiesenen Funktionen je nach der Perspektive, aus der man ihn betrachtet, ein schwaches oder ein relativ starkes Parlament: *schwach*, wenn man davon ausgeht, der Bundestag habe als höchstes Repräsentationsorgan des deutschen Volkes auch die politisch dominierende Kraft der staatlichen Willensbildung zu sein, d. h. er müsse auch Regierungsfunktionen wahrnehmen; *stark*, wenn man ihn, etwa im Vergleich zum britischen Unterhaus, als ein Parlament sieht, das eine relative Autonomie gegenüber der Regierung zu wahren vermag und mindestens seine Hauptfunktion, die Gesetzgebung, in gewisser Unabhängigkeit von der Exekutive ausübt.

3. Organisation und Arbeitsweise des Bundestages

(a) Die Fraktionen

Der Deutsche Bundestag als demokratische Volksvertretung mit derzeit 669 Mitgliedern, der auch nach der für das Jahr 2002 geplanten Verkleinerung auf 598 Abgeordnete zu den zahlenmäßig größten Parlamenten der Welt gehört, wäre ohne eine Untergliederung in zahlreiche Arbeitsebenen nicht funktionsfähig. Die wichtigste organisatorische Struktur des Parlaments ist seine Einteilung in *Fraktionen* als den Zusammenschlüssen der Abgeordneten *einer* Partei im Parlament. Nach der Geschäftsordnung des Deutschen Bundestages bedarf es zur Fraktionsbildung, entsprechend der Fünfprozenthürde im Wahlrecht, einer Mindeststärke von 5 Prozent der Mitglieder des Bundestages. Doch auch die Abgeordneten einer Partei, die wie die PDS im Zeitraum 1990 bis 1998 diese Zahl nicht erreichten, können eine sogenannte parlamentarische Gruppe bilden und dann als solche die parlamentarischen Privilegien der Fraktionen weitgehend in Anspruch nehmen. Durch die enge Verknüpfung der zentralen Parteiorganisationen mit den parlamentarischen Vertretungen der Partei existiert in der Bundesrepublik der Gegensatz zwischen Partei und Fraktion kaum mehr, wie er noch in der Weimarer Republik die parlamentarische Arbeit sehr erschwert hat. Zumeist fungieren die Vorsitzenden der beiden großen Parteien als Regierungschef bzw. parlamentarischer Oppositionsführer – Ausnahmen wie das sozialdemokratische Duumvirat von Lafontaine und Schröder nach der Bundestagswahl von 1998 und die

christdemokratische Doppelspitze von Angela Merkel als Partei-
chefin und Friedhelm Merz als Fraktionsvorsitzendem bestätigen
diese Regel, sind aber meistens nur Übergangslösungen.

Allerdings können weder die Regierung noch die parlamentarischen Vertretungen der Parteien, also die Fraktionen, durch Parteibeschlüsse in ihrem politischen Handeln festgelegt werden. Trotz
einer zeitweilig heftig geführten Debatte, vor allem auf der Linken,
sind verschiedentlich unternommene Bemühungen, die Fraktionen
und auch einzelne Abgeordnete an Parteibeschlüsse zu binden, d. h.
sie dem sogenannten *imperativen Mandat* zu unterwerfen, ohne Erfolg geblieben. Das imperative Mandat ist mit Art. 38 GG nicht vereinbar (siehe auch nächste Seite).

Die parlamentarische Tätigkeit der Abgeordneten, ob im Plenum oder in den Ausschüssen, wird ganz durch die Fraktionsor-
ganisation gesteuert. So werden die entscheidenden Ämter im Parlament aufgrund von Fraktionsbeschlüssen bzw. nach vorherigen
interfraktionellen Vereinbarungen besetzt. Der Bundestagsvor-
stand, der sich aus dem Präsidium des Bundestages und den Frakti-
onsgeschäftsführern zusammensetzt und *Ältestenrat* genannt wird,
koordiniert bei der Führung der Geschäfte des Parlaments und vor
allem seiner Tagesordnung in erster Linie die Interessen der Fraktionen. So benötigt der Abgeordnete, um als Parlamentarier Erfolg
zu haben, die Unterstützung seiner Fraktion. Nur in ihrem Rahmen
und mit ihrer Billigung kann er sich politisch profilieren. Dementsprechend bilden die Fraktionsvorsitzenden und die Mitglieder der
Fraktionsvorstände die Gruppe der wichtigsten Parlamentarier.
Von ihnen vor allem hängt das Funktionieren des parlamentarischen Betriebs ab. Fraktionslose Bundestagsabgeordnete, die es
aufgrund politischer Zerwürfnisse immer wieder einmal gibt, sind
also in diesem Fraktionenparlament ziemlich einflußlos.

Auch die formale Organisation des Bundestages wird von den
Fraktionen beherrscht. Präsident des Deutschen Bundestages wird
ein Vertreter der stärksten Fraktion; die Vizepräsidenten werden
heute von den übrigen Fraktionen gestellt. Nachdem die Grünen
bis 1994 nicht berücksichtigt wurden, ist seitdem die Fraktions-
stärke in allen Gremien die Ausgangsbasis für deren Zusammensetzung. Daher stellt heute auch die PDS eine Vizepräsidentin des
Bundestages.

Die politische Linie des Parlaments, die sich aus dem Gegeneinander von Regierungsmehrheit und Opposition ergibt, wird im
Rahmen der Fraktionen erarbeitet und von ihnen festgelegt. Bei
den großen Fraktionen, SPD und CDU/CSU mit jeweils mehr als
200 Abgeordneten, sind naturgemäß die Fraktionsführungen ziemlich mächtig, müssen jedoch auf die Stimmung innerhalb der Ge-
samtfraktion Rücksicht nehmen, wenn sie ihre Führungsrolle behaupten wollen. Aufgrund der losen Verkoppelung von Regierung
und Parlamentsmehrheit gehören die Fraktionsführer der Mehrheitsparteien zu den wichtigsten Persönlichkeiten des politischen
Lebens in der Bundesrepublik. Ihre Machtstellung hängt allerdings
von der Autorität und Ausstrahlungskraft des jeweiligen Bundeskanzlers ab.

Die Bedeutung der Fraktionen als politische Grundeinheiten des
Parlaments kommt auch darin zum Ausdruck, daß es den Parteien
im Bundestag gelungen ist, ihre Abgeordneten gut zu disziplinieren.
Abstimmungen zeigen zwar nicht das Bild einer starr ausgeübten
Fraktionsdisziplin, doch zumindest in den großen Parteien sind die
Fraktionsführer meist in der Lage, ein einheitliches Abstimmungsverhalten herbeizuführen, wenn es politisch notwendig erscheint.
Der in der Wissenschaft und in der politischen Bildung so stark dis-
kutierte verfassungsrechtliche Widerspruch im Grundgesetz zwischen dem freien Mandat der Abgeordneten (Art. 38 GG: »Die
Abgeordneten … sind Vertreter des ganzen Volkes, an Aufträge
und Weisungen nicht gebunden und nur ihrem Gewissen unterworfen«) und der durch die Parteiendemokratie (Art. 21 GG: »Die Parteien wirken bei der politischen Willensbildung des Volkes mit«)
notwendig gewordenen Parteidisziplin wird von der Masse der
Abgeordneten kaum als politisches Problem empfunden. Die Spannung zwischen dem Prinzip der individuellen Gewissensentschei-
dung und dem kollektiven Prinzip des Parteienstaates hat 1972 vorübergehend eine hochdramatische Rolle gespielt. Mehrere Mitglieder der damaligen SPD/FDP-Regierungsfraktionen verließen ihre
Parteien, wechselten zur CDU/CSU-Opposition über und beriefen
sich dabei stereotyp auf ihre grundgesetzlich geschützte Gewissens-
entscheidung. Obwohl der Mandatswechsel dieser »Überläufer«
verfassungsrechtlich zulässig war, erhoben sich Zweifel an seiner demokratischen Legitimität. Man machte geltend, daß eine Regie-

rung ihr Mandat aus den Wahlen und damit vom Volk erhält und es darum unzulässig sei, die Entscheidung des Volkes durch politische Akte einzelner Abgeordneter grundlegend zu ändern.

Außer in den Fraktionsführungsstäben, welche die parlamentarische Arbeit dirigieren und die über beträchtliche Mittel zur Beschäftigung von Assistenten und anderen Hilfskräften verfügen, vollzieht sich die Arbeit einer Bundestagsfraktion in sogenannten Arbeitskreisen und in der alle Fraktionsmitglieder umfassenden Fraktionssitzung. Die *Fraktionssitzung* dient der Darlegung und Diskussion der von den Abgeordneten einer Partei zu verfolgenden parlamentarischen Politik. Auf ihr werden alle Mitglieder über die anstehenden Entscheidungen und deren Vorbereitung informiert. Kritik an der Fraktionslinie und Alternativkonzepte können dort vorgebracht werden. Stärker sachbezogen arbeitet die Fraktion in ihren *Arbeitskreisen*, in denen die Politik der parlamentarischen Partei für bestimmte Sachbereiche diskutiert und festgelegt wird. Die Diskussion in den Arbeitskreisen dient vor allem der internen Klärung der Haltung der Fraktion für die Arbeit in den Ausschüssen des Parlaments.

(b) Die Ausschüsse

Der Bundestag ist in der Regel wenig attraktiv als Plenum, dem nur die notarielle Bestätigung und Verkündung bereits erarbeiteter Entscheidungen zukommt. Hingegen ist das deutsche Parlament sehr aktiv in seinen Ausschüssen. Aufgrund der bereits geschilderten Traditionen des deutschen Parlamentarismus bietet die Ausschußarbeit sowohl den in den Mehrheitsparteien vertretenen Interessen wie auch der Opposition die größte Aussicht, Einfluß auszuüben. Besonders die Ausschüsse, die starke wirtschaftliche und soziale Interessen berühren, werden maßgeblich von parlamentarischen Interessenvertretern geprägt.

Zahl und Größe der Ausschüsse haben seit der Konstituierung des ersten Bundestages geschwankt. Nachdem man zeitweilig fast 30 ständige Ausschüsse hatte, war man bestrebt, die Zahl der Ausschüsse zu reduzieren, um Überschneidungen und eine zu große Belastung einzelner Abgeordneter zu vermeiden. Doch erst ab der sechsten Legislaturperiode (1969–1972) wurde das Prinzip konsequent verwirklicht, daß jedem Bundesministerium ein entsprechender Bundestagsausschuß zugeordnet sein soll. Neben diesen zur Zeit 14 Ausschüssen gibt es dann noch die traditionellen Parlamentsausschüsse, z. B. den Geschäftsordnungsausschuß und den Petitionsausschuß. Der *Haushaltsausschuß*, dem traditionell ein Mitglied der Opposition vorsitzt, hat großen Einfluß sowohl im Parlament wie auch auf die Gestaltung der gesamten Regierungspolitik. Neu ins Leben gerufen wurden nach der Bundestagswahl von 1998 entsprechend den politischen Prioritäten der rot-grünen Bundesregierung Bundestagsausschüsse für Angelegenheiten der neuen Bundesländer, für Menschenrechte und humanitäre Hilfe sowie für Kultur und Medien. Insgesamt hat der Bundestag derzeit 23 ständige Ausschüsse. Diese sind unterschiedlich groß, die Zahl ihrer Mitglieder schwankt seit der deutschen Vereinigung zwischen 15 und 42, je nach der Bedeutung und Arbeitslast der Ausschüsse.

Die Ausschüsse dienen weniger der Kontrolle der Regierungstätigkeit auf dem ihnen zugewiesenen Sektor als der anfallenden Gesetzgebungsarbeit. Mit Ausnahme des Haushaltsausschusses, der auch ohne Diskussion im Plenum über finanzielle Materien entscheiden kann, dient die Arbeit in den Ausschüssen formal nur der Vorbereitung der Plenarentscheidungen. Das Ergebnis der Ausschußberatungen hat jedoch in der Regel die Aussicht, vom Plenum bzw. seiner Mehrheit ohne große Änderungen akzeptiert zu werden.

Die Tätigkeit in diesen ständigen Fachausschüssen verlangt von den Abgeordneten in erster Linie Sachverstand, um mit den höheren Ministerialbeamten, die den Beratungen beiwohnen, konkurrieren zu können. Viele Parlamentarier spezialisieren sich auf bestimmte Gebiete, damit sie in Ausschüssen eine führende Position einnehmen können. Dies hat dazu beigetragen, daß im Deutschen Bundestag der Typus des spezialisierten Abgeordneten vorherrscht und der Typus des Allround-Politikers eher die Ausnahme ist.

Der Vorsitz in den Ausschüssen wird entsprechend der Stärke der Fraktionen auf alle im Bundestag vertretenen Parteien verteilt. Da der Vorsitzende eines Ausschusses es bis zu einem gewissen Grad in der Hand hat, ob er die parlamentarische Arbeit vorantreiben will oder nicht, kommt ihm eine wichtige Rolle zu. Die Posten der Ausschußvorsitzenden gehören darum zu den begehrten Positionen des Bundestages, die mitunter Sprungbrett für eine Ministerlaufbahn sein können.

Trotz eines gewissen Drucks der Öffentlichkeit hat sich der Bundestag nicht dazu durchringen können, von seinem Grundsatz abzugehen, daß die Ausschüsse in nicht-öffentlicher Sitzung tagen. Die Öffentlichkeit ist die Ausnahme, nicht die Regel. In der Tat würde die generelle Öffentlichkeit der Beratungen die Chance vermindern, daß es in den Ausschüssen zu Vereinbarungen der Interessen quer durch die parteipolitischen Fronten kommt. Da aber gerade die Ausschußberatung diejenige Phase des Gesetzgebungsprozesses ist, in der die Anliegen der Interessenvertreter und auch der Opposition am ehesten zur Wirkung kommen können, und da die Nichtöffentlichkeit eine legere Form der Verhandlung ermöglicht, würde man durch die generelle Einführung des Öffentlichkeitsprinzips dem Ausschuß- bzw. Arbeitsparlament ein Stück seiner Besonderheit nehmen.

Statt dessen hat man in den letzten Jahrzehnten stärker von der Möglichkeit *öffentlicher Anhörungen* von Sachverständigen und Interessenvertretern Gebrauch gemacht und damit, vor allem bei politisch brisanten Gegenständen, die Verbindung zwischen Parlament und Öffentlichkeit etwas verbessern können. Während in den ersten vier Legislaturperioden Anhörungen nur ausnahmsweise stattfanden, sind sie seit 1969 für das Parlament in allen wichtigen und vor allem in sämtlichen umstrittenen Gesetzgebungsmaterien zur Regel geworden. Es kann als sicher gelten, daß der Bundestag auch in Zukunft sehr intensiv diese aus der amerikanischen Gesetzgebungspraxis übernommene Möglichkeit eines *Hearing* nutzen wird.

Will der Bundestag sich in umfangreichere und bedeutsame Sachkomplexe auch mit Hilfe wissenschaftlicher Sachverständiger einarbeiten, so kann er seit der Geschäftsordnungsreform von 1969 *Enquete-Kommissionen* einsetzen (von französisch *enquête*, Untersuchung). Enquete-Kommissionen dürfen aber nicht mit den schon genannten Untersuchungsausschüssen verwechselt werden. Die Enquete-Kommissionen setzen sich aus Abgeordneten und einer meist gleichgroßen Zahl externer Sachverständiger zusammen und sind daher im strengen Sinne keine Ausschüsse des Parlaments. In ihren Sitzungen werden, ausgehend von schriftlichen und mündlichen Expertisen, sowohl der wissenschaftliche Inhalt als auch die politische Bedeutung und zukünftige Gestaltungsnotwendigkeit einer aktuellen Materie erarbeitet; in einem Schlußbericht werden dann dem Bundestag und der Öffentlichkeit Empfehlungen unterbreitet. Enquete-Kommissionen des Bundestages haben sich beispielsweise nach der deutschen Vereinigung in der 12. und 13. Wahlperiode mit der »Aufarbeitung von Geschichte und Folgen der SED-Diktatur in Deutschland« auseinandergesetzt. Derzeit beschäftigen sich Enquete-Kommissionen des Deutschen Bundestages mit so aktuellen und kontroversen Fragen wie der Globalisierung der Weltwirtschaft, dem Recht und der Ethik der modernen Medizin sowie dem demographischen Wandel. Diese Themen illustrieren nicht nur die Funktion der wissenschaftlichen Politikberatung, sondern auch die Forums- oder Öffentlichkeitsfunktion, welche der Bundestag durch die Einrichtung der Enquete-Kommissionen wahrzunehmen sucht.

(c) Die Abgeordneten

»Mitglied des Deutschen Bundestages«, abgekürzt »MdB«, ist eine Bezeichnung, welche die meisten Abgeordneten ihrem Namen anfügen. Das Prestige der Bundestagsabgeordneten in der Öffentlichkeit ist weder besonders hoch noch besonders gering. Abgeordnete betonen zwar immer wieder ihre Verbundenheit mit ihren Wählern, gleichzeitig beanspruchen sie jedoch, zur politischen Elite zu gehören.

Entgegen den liberalen Honoratiorenversammlungen des deutschen Parlamentarismus im 19. Jahrhundert ist das deutsche Parlament im Zeitalter der Massendemokratie eine Vertretung aus fast allen sozialen Schichten und Bereichen, allerdings kein echter repräsentativer Querschnitt des Staatsvolkes. Drei Viertel aller heutigen Bundestagsabgeordneten haben ein Studium absolviert, fast die Hälfte von ihnen kommt aus dem öffentlichen Dienst. Diese Eigentümlichkeit der Abgeordnetensoziologie führt sich zurück einmal auf das erwähnte Selbstverständnis der deutschen Parlamentarier, das sich überwiegend an der gesetzgeberischen Funktion orientiert, zum anderen auf die Vorteile eines Postens im öffentlichen Dienst als Sprungbrett und Absicherung für die parlamentarisch-politische Karriere. So haben Angehörige des öffentlichen Dienstes, wenn sie bei einer Wahl kandidieren, ein Recht auf Freistellung für den Wahlkampf. Nach erfolgreicher Wahl müssen sie zwar beurlaubt werden, doch nach dem Ausscheiden aus dem Parlament ist ihnen die Rückkehr in den öffentlichen Dienst gewiß (früher sogar oft mit Beförderung auf eine höhere Position).

Die amtlichen Informationen über die berufliche Herkunft und Berufsgliederung der Mitglieder des Bundestages besagen wenig, zumal die Angaben, die darüber in den offiziellen Handbüchern und seit einigen Jahren auch im Internet zu finden sind, keinen genauen Aufschluß über die konkrete Berufsausübung geben. Heute kommen 45 Prozent der Abgeordneten aus dem öffentlichen Dienst, darunter ein gutes Drittel aus Lehrberufen. An die 12 Prozent sind als Angestellte in Industrie, Handel und Gewerbe tätig gewesen, weitere 10 Prozent in der gleichen Funktion in gesellschaftlichen Organisationen und Verbänden. Nur ein Fünftel der Bundestagsabgeordneten übt als Selbständige oder in Freien Berufen noch eine Arbeit aus, entspricht damit dem ursprünglich dem Parlamentarismus zugrundeliegenden Typ des Honoratiorenpolitikers. Unübersehbar und unaufhaltsam ist somit die Entwicklung der Parlamentarier zu Berufspolitikern, d. h. sie leben von ihrem Einkommen als Abgeordnete. Die Führungspositionen des Parlaments werden ganz überwiegend von professionellen Politikern eingenommen, während die Interessenvertreter sich fast ganz auf die Tätigkeit in den Ausschüssen konzentrieren. Ein Musterbeispiel dafür ist bisher der Einfluß der Bauernfunktionäre im Landwirtschaftsausschuß des Bundestages.

Die Art und Weise, in der die einzelnen Abgeordneten ihr Mandat wahrnehmen, ist sehr verschieden. Es gibt im Bundestag keinen klar herauskristallisierten Abgeordnetentypus, am wenigsten innerhalb der großen Gruppe derer, die in den Fraktionen und im Parlament über keinerlei Führungsfunktionen verfügen. Auch der Arbeitsaufwand und die Einsatzfreudigkeit der einzelnen Abgeordneten sind unterschiedlich hoch. Da es im deutschen Parlamentarismus die Unterscheidung zwischen *front bench* (Regierungsmitgliedern) und *back bench* (dem nicht der Regierung zugehörigen Teil der Fraktion) nicht in der gleichen institutionellen Ausprägung gibt wie in Großbritannien, wird der Terminus »Hinterbänkler« meist auf jene Abgeordnete angewandt, die sich nur schwach oder unauffällig an der parlamentarischen Arbeit im Plenum beteiligen und geringen Einfluß in der Fraktion haben. Gleichwohl kann ein

Abgeordneter, der im Plenum fast nie das Wort ergreift, in seinem Ausschuß eine wichtige Rolle spielen.

Viele Abgeordnete, die neu in den Bundestag kommen, haben gewisse Schwierigkeiten, sich mit der hochgradig entwickelten arbeitsteiligen Struktur des Parlaments anzufreunden und in diesem Gefüge einen Platz zu finden, der ihren manchmal zu hochgesteckten Erwartungen entspricht. Versuche, die individuelle »Ohnmacht« des einzelnen Abgeordneten durch den lockeren Zusammenschluß Gleichgesinnter in sogenannten »Kreisen« zu überwinden, können zwar auf das historische Beispiel der sogenannten »Kanalarbeiter«, einen Zusammenschluß eher rechtsstehender SPD-Bundestagsabgeordneter in den siebziger Jahren, verweisen, scheitern jedoch in der Regel an den institutionellen Organisationsformen der Fraktionen.

Die Masse der parlamentarischen Arbeit wird von gut der Hälfte der Parlamentsmitglieder bewältigt. Da die führenden Abgeordneten in aller Regel noch andere politische Ämter bekleiden, sind sie außerordentlich stark beansprucht. Die Pflege des Wahlkreises wird von den Abgeordneten, die dabei von ihren Wahlkreisbüros unterstützt werden, mit ganz unterschiedlicher Intensität wahrgenommen. Manche Abgeordnete konzentrieren sich besonders stark auf die Vertretung der Interessen ihres Wahlkreises. Allerdings sind die Möglichkeiten, für den Wahlkreis und für einzelne Bürger etwas zu tun, im föderalistischen System beschränkter als in Großbritannien. Doch sind seit den sechziger Jahren die Ansprüche der lokalen Parteiorganisationen an »ihre« Abgeordneten gestiegen.

Mitglieder des Bundestages neigen in steigendem Maße dazu, das Abgeordnetenmandat so lange wie möglich (also über mehrere Wahlperioden) zu behalten. Dieser Trend zum Berufsparlamentarier prägt sowohl ihre finanzielle Sicherstellung und wird auch umgekehrt durch deren Entwicklung gefördert. Einkommen und Pension, auf die ein Abgeordneter nach achtjähriger Zugehörigkeit zum Bundestag Anspruch hat, sind im Diätengesetz relativ großzügig geregelt. Auf diese Weise wird auch einem sonst nicht eben wohlhabenden Abgeordneten ein auskömmliches Leben gewährleistet. Durch ein Urteil des Bundesverfassungsgerichts vom Herbst 1975 ist die Bezahlung der Abgeordneten, die bis dahin als Aufwandsentschädigung (Diäten) galt, auf eine neue rechtliche Grundlage gestellt worden. Das Gericht entschied, daß die Wahrnehmung eines parlamentarischen Mandats einer Berufsausübung gleichkommt, ein Parlamentarier somit ein Berufspolitiker im vollen Sinne des Wortes ist. Damit entfiel die vormalige steuerrechtliche Privilegierung der Parlamentarier, gleichzeitig erhielten sie Anspruch auf ein substantielles Einkommen. Die Bundestagsabgeordneten erhalten heute (April 2001) ein Gehalt von DM 13 163,84, das regulär versteuert werden muß, zuzüglich eine steuerfreie Kostenpauschale von DM 6558,00, durch welche Mehraufwendungen für Zweitwohnung, Fahrten im Wahlkreis, Wahlkreisbüro und Verwaltungsaufwand abgedeckt werden sollen. Art. 48 Abs. 3 GG hat den Bundestagsabgeordneten das Recht zur freien Benutzung aller staatlichen Verkehrsmittel gewährt; auch nach den Privatisierungen können sie die Deutsche Bahn frei benutzen und erhalten Flug- sowie Schlafwagenkosten bei Nachweis von Mandatsreisen innerhalb der Bundesrepublik zurückerstattet.

Der Kern der heutigen Bundestagsmitglieder sind die *Berufsparlamentarier*: jene Politiker aus allen Parteien, die den Bundestag »managen«. Ihre Zahl ist nicht sehr groß, an die 50 Personen, die aber weitgehend Gang und Inhalt der parlamentarischen Arbeit bestimmen. Ein intimer Kenner des Parlaments, der ehemalige SPD-Abgeordnete und frühere Bundesverteidigungsminister Hans Apel, hat von einer »parlamentarischen Dreiklassengesellschaft« im Bundestag gesprochen. Sie bestehe aus der Gruppe der Berufsparlamentarier, den Interessenvertretern und dem Rest der Abgeordneten, die weder über große Büros noch über zahlreiches Hilfspersonal zur Erledigung ihrer parlamentarischen Aufgaben verfügen. Allerdings hat der Bundestag in den sechziger Jahren durch den Bau des Abgeordnetenhochhauses – den in Bonn weithin sichtbaren »Langen Eugen« (nach Eugen Gerstenmaier) –, durch die Bewilligung von Mitteln für Hilfskräfte und den Ausbau der Wissenschaftlichen Dienste dafür gesorgt, daß jeder Abgeordnete das für notwendig erachtete Minimum an Arbeitsmöglichkeiten und -unterstützung hat. Zu den Voraussetzungen des Umzugs des Deutschen Bundestages im Sommer 1999 von Bonn nach Berlin gehörte daher nicht nur der aufwendige Umbau des Reichstagsgebäudes mit seinen Sälen für Plenar- und Fraktionssitzungen, sondern auch der Neubau von zwei großen Funktionsgebäuden mit Arbeitsräumen für die einzelnen Abgeordneten, die Ausschüsse, die Bibliothek und dergleichen im Spreebogen gegenüber dem Reichstag.

4. Parlamentskritik und Parlamentsreform

Der Deutsche Bundestag und seine Abgeordneten haben seit Gründung der Bundesrepublik keine sonderlich gute Presse. Vor allem die Erhöhung der Abgeordnetendiäten ist ein immer wiederkehrendes Reizthema in den Medien. In der Öffentlichkeit herrscht aufgrund von Fernsehbildern aus dem halbleeren Plenarsaal weitgehend das Vorurteil, daß die Abgeordneten für viel Geld wenig tun. Zwar wird der bundesdeutsche Parlamentarismus nicht mehr wie in den Jahren der studentischen Systemkritik als notarielle Agentur der Interessen der Großindustrie pauschal in Frage gestellt, doch wird seine professionelle Realität immer noch am altliberalen Bild eines Honoratiorenparlaments gemessen und kritisiert. Auch die wissenschaftliche Parlamentskritik von seiten der Staatsrechtslehre, die oft noch das Parlamentsverständnis der längst vergangenen Verfassungsepoche des Konstitutionalismus zugrunde legt, trägt zu diesem nicht mehr zeitgemäßen Vorurteil bei. Die bundesdeutsche Politikwissenschaft hat sich unter dem Einfluß des britischen Modells und der Lehren ihres Berliner Gründungsvaters Ernst Fraenkel um eine Aufklärung der deutschen Öffentlichkeit über die Funktionsweisen von Parlament, Regierungsmehrheit und Oppositionsminderheit sowie die gesellschaftlichen Einflußstrukturen in einem parlamentarischen Regierungssystem bemüht, aber selbst ihre realistischere Sicht der parlamentarischen Verhältnisse kann nicht übersehen, daß der Deutsche Bundestag manche seiner Aufgaben nur beschränkt erfüllt.

Der Bundestag war seit den sechziger Jahren bestrebt, die vielfältige Kritik an seiner Arbeitsweise, soweit sie sachlich begründet ist, in zahlreichen Ansätzen zu einer Parlamentsreform aufzunehmen. Den Anfang machte die Reform von 1969, durch welche die Elemente eines Rede- und Debattenparlaments gestärkt werden sollten. 1980 trug man durch weitere Geschäftsordnungsänderungen der Tatsache Rechnung, daß der Bundestag heute weitgehend ein »Fraktionenparlament« (Uwe Thaysen) ist. In den achtziger Jahren bemühte sich eine »Interfraktionelle Initiative Parlamentsreform« unter der Leitung von Hildegard Hamm-Brücher um die Stärkung der Stellung der einzelnen Abgeordneten gegenüber der Regierung, doch ging die in Fragen der Parlamentsreform sehr engagierte ehemalige Staatsministerin im Auswärtigen Amt und damalige Vizepräsidentin der Bundestages dabei von einem überholten, altliberalen Parlamentsverständnis aus, das vor allem der Bedeutung der Fraktionen im parlamentarischen Regierungssystem nicht gerecht wird. Die Bemühungen um eine Änderung von parlamentsrechtlichen Bestimmungen im Grundgesetz im Rahmen der Verfassungsreformdebatte in der ersten Hälfte der neunziger Jahre, die unter anderem auf eine Verlängerung der Legislaturperiode des Bundestages von vier auf fünf Jahre und das Selbstauflösungsrecht des Parlaments zielten, fanden 1994 nicht die erforderliche Zweidrittelmehrheit. Das gleiche gilt für den 1995 unternommenen Versuch, die Regelung der Diäten aus der Kompetenz des Gesetzgebers herauszunehmen und durch Anbindung an die Gehaltsentwicklung der Richter an den obersten Bundesgerichten zu objektivieren. Im vorläufig letzten Anlauf zur Parlamentsreform ist schließlich 1996 vom 13. Deutschen Bundestag ein Paket von Vorschlägen verabschiedet worden, durch welches nicht nur die Abgeordnetenbezüge der allgemeinen Einkommensentwicklung angepaßt werden sollen, sondern auch die Verkleinerung des Bundestages in der 15. Legislaturperiode anvisiert wird und einige Geschäftsordnungsbestimmungen mit dem Ziel einer größeren Debattenfreundlichkeit geändert worden sind. Damit ist die notwendige Parlamentsreform aber sicherlich nicht abgeschlossen, das Thema ist wie die Parlamentskritik ein Dauerbrenner in Parlament, Öffentlichkeit und Wissenschaft.

Kompetente Beurteiler des deutschen Parlamentarismus wie der amerikanische Politikwissenschaftler Gerhard Loewenberg sehen das Hauptproblem des Bundestages in der Diskrepanz zwischen seiner Arbeit und dem Bild, das die Öffentlichkeit von dieser Arbeit hat. Während im großen und ganzen der Bundestag zentrale Funktionen im politischen System der Bundesrepublik zufriedenstellend wahrnimmt und es ihm gelungen ist, die Institution den Bedingungen der pluralistischen Massendemokratie anzupassen, entspricht das Bild, das die Öffentlichkeit und teilweise selbst Parlamentarier vom Bundestag haben, nicht seiner wirklichen Funktion. So wird die Teilnahme der Fraktionsführungen an der Regierungsbildung eher negativ beurteilt, obwohl sie Ausfluß der Macht der Fraktionen und damit des Parlaments ist. Die Mitwirkung des Bundestages bei der Gesetzgebung wird gern bagatellisiert, indem man das Parlament zum bloßen Erfüllungsgehilfen entweder der Regierung oder der großen Interessenverbände abstempelt, was beides in solcher Ausschließlichkeit nicht zutrifft. Nach wie vor hat die deutsche Öffentlichkeit nur wenig Verständnis dafür, daß parlamentarische Politik notwendig *Politik von Parteien* ist und dem Ausgleich von Interessen dient. Von der parlamentarischen Opposition wird scharfe Kritik an der Regierung erwartet und ihr Bemühen um einen Kompromiß mit der Mehrheit verurteilt; gleichzeitig wird ihr jedoch vorgehalten, sie sei nur ein Neinsager. Vor allem die komplexe Überlagerung des parlamentarischen durch das föderalistische Regierungssystem, wie sie sich vor allem in der Institution des Bundesrates manifestiert, wird verkannt.

Diese Unstimmigkeiten zwischen Anspruch und Wirklichkeit, zwischen Theorie und Praxis sind nicht nur der mangelnden Aufklärung der deutschen Öffentlichkeit über das Funktionieren des parlamentarischen Regierungssystems zuzuschreiben, sondern auch dem Bundestag selbst, der es nicht vermocht hat, seine repräsentative und kommunikative demokratische Funktion deutlicher darzustellen. Das deutsche Parlament verharrt immer noch in einer zu großen Distanz zum Staatsvolk, das es vertreten und dessen Probleme und Interessen es offen zum Ausdruck bringen soll. Die Parlamentsarbeit hat vor allem wegen des Gesetzgebungsdruckes eine Eigendynamik entwickelt, durch welche die politischen Probleme des Volkes in einer Weise transformiert werden, die den Bürger nicht (mehr) erkennen läßt, daß in diesem Parlament jene Fragen behandelt und entschieden werden, die ihn bewegen und betreffen. Darum haben weite Kreise der deutschen Bevölkerung den Eindruck, daß seine Beauftragten nicht Politik *für das Volk*, sondern Politik für sich selbst und die hinter ihnen stehenden Gruppen machen. Es fehlt, wie empirische Untersuchungen ergeben haben, den Bürgern das Gefühl, durch die repräsentativen Organe am demokratischen Regierungsprozeß mittelbar beteiligt zu sein. Das Bekenntnis zur parlamentarischen Demokratie der Bundesrepublik ist darum weniger Ausdruck des Vertrauens in die Institutionen dieser Demokratie als eine oberflächliche Zufriedenheit mit dem Funktionieren eines Systems, das bisher die Herausforderungen einigermaßen zu bewältigen verstand. Nach der deutschen Vereinigung ist dieses in den alten Bundesländern in Jahrzehnten gewachsene Systemvertrauen nicht nur in den neuen Ländern viel schwächer, es erscheint in ganz Deutschland angesichts der unsicheren wirtschaftlichen Lage und gesellschaftlichen Zukunft überaus zerbrechlich. Darum hängt für die Stellung des Bundestages im parlamentarischen Regierungssystem der Bundesrepublik viel davon ab, ob es gelingt, einer relativ gut funktionierenden Parlamentspraxis die unentbehrliche demokratische Legitimation zu verleihen.

In der Kritik am gegenwärtigen deutschen Parlamentarismus werden je nach politischer Richtung die negativen Punkte sehr verschieden gesetzt. Noch immer weit verbreitet, auf der Linken wie auf der Rechten, ist die irrtümliche Vorstellung, in der Debatte des Parlamentsplenums könnten unmittelbare Entscheidungen fallen und das Parlament sei auch zum Regieren da. Hinzu treten konkrete Anlässe, die – mit größerer Berechtigung – das Unbehagen am Bundestag nähren, etwa die Ergebnislosigkeit von Untersuchungsausschüssen oder das Sich-Arrangieren der Fraktionen hinter den Kulissen in bestimmten Fragen, die einer offenen Diskussion bedürften. Wenn man aber davon ausgeht, daß im parlamentarischen Regierungssystem die Aufgabe des in Regierungsmehrheit und Opposition gegliederten Parlaments darin besteht, ein engagierter Begleiter der Regierung zu sein – die einen stützend, die anderen kritisierend –, dann erweisen sich viele der jetzt gängigen Vorwürfe gegen den Parlamentarismus als kaum haltbar. Doch ist das deutsche Parlament mit seiner Aufgabe, der Öffentlichkeit sein Wirken und seine Probleme klarzumachen, nicht recht fertig geworden. Darin liegt seine Hauptschwäche.

Alle Reformen, die der Bundestag in der letzten Zeit eingeleitet hat, um die Qualität der Debatten zu verbessern und die Arbeitsmöglichkeiten seiner Mitglieder günstiger zu gestalten, haben kaum Änderungen in diesen Strukturschwächen bewirkt, sie werden darum von Kritikern des deutschen Parlaments als rein technische Reformen abgetan. Bessere Debattenmöglichkeiten bleiben vielfach ungenutzt, weil weder das Bedürfnis nach Debatten noch Lust am Debattieren besteht. Zwar sind die Fraktionen erheblich umfangreicher ausgestattet worden und haben auch die einzelnen Abgeordneten mehr Hilfskräfte erhalten. Doch damit wird kaum ein wirkliches Gegengewicht zum massiven Sachverstand der Ministerialbürokratie erreicht. Vielmehr führt diese Entwicklung die Parlamentarier noch weiter in die Spezialisierung und damit in eine gewisse Einseitigkeit. Die Straffung der Ausschüsse und die Festlegung langfristiger Arbeitspläne dienen zwar der Rationalisierung parlamentarischer Arbeit, haben aber keine große politische Wirkung nach außen. So erweisen sich alle Reformen, die im mühsamen Kompromiß zwischen Regierungs- und Oppositionsfraktionen zustande kommen, als kleine, zögerliche Schritte in verschiedene Richtungen.

Vor allem die Debatte in der Öffentlichkeit um die Abgeordnetenbezüge ist ein deutsches Trauerspiel. Zwar haben die MdBs öfter, auch in den letzten Jahren, mit Rücksicht auf die Wirtschaftsentwicklung in Deutschland auf jede Erhöhung ihrer Diäten verzichtet. Sie ist in den übrigen Jahren ziemlich maßvoll ausgefallen und liegt weit unter den Einkommenssteigerungen im öffentlichen Dienst, ganz zu schweigen von den leitenden Angestellten in der Wirtschaft. Dennoch reagiert man auf alle Diätenerhöhungen äußerst sensibel. Der deutschen Öffentlichkeit und vor allem ihren Meinungsführern in den Medien wird man in dieser Frage den Vorwurf nicht ersparen können, völlig überholten Vorstellungen von Parlamentariern als Honoratiorenpolitikern anzuhängen oder sogar billigen Sozialneid gegen die Berufspolitiker zu schüren. Der Bundestag allerdings muß sich fragen lassen, ob sein oft klammheimliches Taktieren *in puncto* Abgeordneteneinkünfte nicht gerade die unbegründeten Verdächte und Vorurteile weckt. Vom Beruf des Parlamentariers kann man in Deutschland nicht reich werden, und dessen Einkommen sollte eine angemessene Entlohnung für ein ziemlich strapaziöses und risikoreiches Arbeitsleben sein. Wenn die Staatsbürger ihre Volksvertreter nicht adäquat entlohnen, dürfen sie deren Befähigung nicht kritisieren, nicht über deren Nebeneinkünfte lamentieren und die Abwanderung von qualifizierten Abgeordneten in die Privatwirtschaft nicht beklagen.

Eine durchgreifende, seine Funktion im Regierungssystem eindeutiger fixierende Reform wird der Deutsche Bundestag vorerst nicht unternehmen, zumal er nicht weiß, welchen Parlamentstyp er anstreben soll. Die Reformempfehlungen, die er von außen erhält, entspringen ebenfalls keiner einheitlichen Konzeption von der Rolle des Parlaments im Regierungssystem. Die einen wollen mehr Debatte, die anderen mehr sachliche, zur Kontrolle befähigende Arbeit, wieder andere bessere Abgeordnete oder mehr Parteien im Parlament.

Zusammenfassend muß man feststellen, daß das deutsche Parlament vor allem in zwei Punkten gewisse Schwächen zeigt: Es vernachlässigt die Kommunikation zwischen Regierung und Bürgern, und es tut zu wenig, um die Bürger stellvertretend an der Lösung der Probleme der modernen Gesellschaft teilhaben zu lassen. Der Deutsche Bundestag ist eine Volksvertretung, in der sich das Volk nicht recht wiedererkennt. Erst wenn der Bundestag sich besser vor dem Volk darzustellen vermag, wird man mit vollem Recht sagen dürfen, daß er seine zentrale Funktion im Regierungssystem der Bundesrepublik mit Erfolg wahrnimmt.

XI. Kapitel

Regierung und Verwaltung

1. Die Kanzlerdemokratie

Die Deutschen sind ein ziemlich staatstreues Volk. In ihrer politischen Tradition gibt es – im Gegensatz zur liberalen westlichen Tradition – wenig, was sie veranlassen könnte, einer handlungsfähigen und kraftvollen Exekutive Mißtrauen entgegenzubringen. Wenn den Deutschen die Demokratie akzeptabel und eindrucksvoll dargestellt werden soll, dann nur über eine demokratische Variante, in der eine effektive Staatsgewalt regiert, die für Wohlstand, aber auch für Ruhe und Ordnung sorgt.

Die Demokratie wird heute von der großen Mehrheit der Deutschen gutgeheißen, weil es gelungen ist, demokratische Ordnung *und* Staatsautorität miteinander zu verbinden. Adenauer, der ziemlich streng regierende erste Kanzler der Bundesrepublik, hat es vermocht, die Deutschen davon zu überzeugen, daß sich Demokratie und staatliche Autorität, Freiheit und feste Führung sehr wohl miteinander vereinbaren lassen. Dies hat entscheidend zur Festigung der demokratischen Ordnung in der Bundesrepublik beigetragen, wenngleich dabei manche demokratischen Prinzipien, z. B. das Recht auf Opposition und Kritik, weniger stark beachtet wurden, ja teilweise sogar in Mißkredit geraten sind.

Für die besondere Struktur des politischen Systems der bundesdeutschen Demokratie hat sich schon früh der Begriff *Kanzlerdemokratie* eingebürgert. Er bringt zum Ausdruck, daß die demokratische Ordnung des Grundgesetzes ihr politisches Zentrum im Bundeskanzler als dem Regierungschef hat. Die Ausgestaltung der Bundesrepublik zu einer Kanzlerdemokratie ist jedoch nicht allein auf die deutsche Staatstradition zurückzuführen, sondern entspricht auch dem Entwicklungsprozeß des parlamentarischen Regierungssystems in anderen demokratischen Ländern, wo gleichfalls dem Chef der Exekutive ein wachsender Machtanteil zukommt. Während sich aber in Großbritannien die Entwicklung vom *Cabinet government* zum *Prime ministerial government* aufgrund der gewandelten politischen Bedingungen und der zunehmenden Aufgaben des Staates quasi automatisch ergeben hat, beruht die deutsche Kanzlerdemokratie auf einer Reihe von Verfassungsprinzipien, die der Parlamentarische Rat mit Absicht so konstruiert hat.

Es war der erklärte Wille der Schöpfer des Grundgesetzes, labile Regierungen wie zur Weimarer Zeit mitsamt ihrer schnellen Absetzbarkeit nach Möglichkeit zu verhindern. Wollte man die Macht der Regierung stärken, so mußte man die anderen Machtfaktoren des politischen Systems in ihrer Wirksamkeit beschränken. Daraus ergab sich zum einen, verglichen mit dem Staatsoberhaupt (Reichspräsidenten) der Weimarer Zeit, ein starker Machtverlust des Bundespräsidenten und zum anderen das Bestreben, die Abhängigkeit der Regierung vom Parlament weniger labil zu gestalten, als dies durch die Möglichkeit des einfachen Mißtrauensvotums gegenüber der gesamten Regierung und gegenüber einzelnen Ministern nach der Weimarer Reichsverfassung der Fall war. Der Bundestag wird hingegen durch die Grundgesetzbestimmungen als Wahlorgan des Bundeskanzlers in die Pflicht genommen. So kam es in den Verfassungsberatungen des Parlamentarischen Rates zur Konstruktion einer Exekutive, die ganz auf den Bundeskanzler ausgerichtet ist (*Kanzlerprinzip*). Man hat in diesen Bestimmungen eine wesentliche Ursache für die Stabilität nicht nur der Regierungen der zweiten deutschen Republik, sondern auch deren demokratischer Ordnung gesehen.

Zwar hat sich die heutige Dominanz des Bundeskanzlers im deutschen Regierungssystem erst durch die politische Praxis und vor allem die Amtsführung der bisherigen Regierungschefs in bald fünf Jahrzehnten voll ausgeprägt, doch die verfassungsrechtlichen Voraussetzungen einer Kanzlerdemokratie sind bereits im Grundgesetz gelegt. In den einschlägigen Art. 62–68 GG wurde festgelegt, daß der Bundeskanzler das Recht hat, die Bundesminister dem Bundespräsidenten zur Ernennung bzw. Entlassung vorzuschlagen und daß dementsprechend allein der Bundeskanzler der Adressat eines konstruktiven Mißtrauensvotums von seiten des Parlaments sein bzw. nur er selbst dem Parlament die Vertrauensfrage stellen kann. Somit besteht allein für den Bundeskanzler eine formelle Verantwortlichkeit gegenüber dem Parlament einschließlich aller Folgewirkungen: Stürzt der Regierungschef oder tritt er zurück, so gilt das auch für alle seine Minister.

In der politischen Praxis sind diese verfassungsrechtlichen Bestimmungen zum Kanzlerprinzip vor allem durch die parteienstaatliche Realität der Bundesrepublik sowohl abgemildert als auch verstärkt worden. Bei der Regierungsbildung kann der Bundeskanzler zwar durch eine geschickte Auswahl seiner Minister unter Umständen ein Kabinett zusammenstellen, das wenig Rivalität und ein Höchstmaß an Kooperation entwickelt, aber faktisch ist er bei der Auswahl seiner Minister gehalten, auf die vielfältigen Ansprüche einzugehen, die von seiten der Regierungsfraktionen sowie mächtiger Interessenverbände geltend gemacht werden. Wenn es sich um eine Koalitionsregierung handelt – was in aller Regel der Fall ist und selbst für die Zeit der Alleinregierung der CDU/CSU zwischen 1957 und 1961 zutraf –, muß der Bundeskanzler mit dem Regierungspartner festlegen, wie viele Ministersitze der Hauptfraktion und wie viele der Nebenfraktion zufallen. Dabei hat der kleinere Koalitionspartner im allgemeinen die Chance, im Kabinett stärker vertreten zu sein als im Parlament. Auch der mächtige Bundeskanzler hat im Hinblick auf die Bundesminister, die nicht von seiner eigenen Partei gestellt werden, nur eine Registrarfunktion. Ferner muß der Regierungschef die Ressorts entsprechend ihrer Gewichtigkeit verteilen, wobei die sogenannten klassischen Ministerien – Finanzen, Außen, Verteidigung, Innen und Justiz (vgl. S. 317 f.), dazu das Wirtschaftsministerium – meist höher im Rang stehen als die restlichen Ressorts. Und schließlich muß er bei der Regierungsbildung auf einen gewissen Proporz der Parteiflügel, der Regionen und, wenn die CDU/CSU regiert, der Konfessionen achten und dafür sorgen, daß bei stark interessenorientierten Ressorts (z. B. Wirtschaft, Arbeit und Soziales, bis zur BSE-Krise auch Landwirtschaft) die wichtigen Interessenverbände nicht vor den Kopf gestoßen werden. So verwundert es nicht, daß selbst Adenauer, den man immer wieder als Meister politischer Führungskunst rühmte, nach einem hohen Wahlsieg oft wochenlang brauchte, um eine Regierung zusammenzustellen. Auch später sind zusätzliche Ministerien oft nur geschaffen worden, damit Aspiranten auf Ministerposten und die hinter ihnen stehenden Gruppen zufriedengestellt werden konnten.

Aufgrund der im Art. 67 GG festgelegten Prozedur des *konstruktiven Mißtrauensvotums* kann der Bundestag keinen Minister, sondern nur den Kanzler abwählen, indem er gleichzeitig dessen Nachfolger wählt. Durch diese Bestimmung werden die einzelnen Regierungsmitglieder im parlamentarischen Regierungssystem der Bundesrepublik zwar verfassungsrechtlich unabhängiger vom Parlament, sind aber zugleich abhängiger vom Regierungschef. Sie sind mit dessen Amtszeit auf Gedeih und Verderb verbunden. Falls ein Minister, insbesondere aus den Reihen des Koalitionspartners, zu unabhängig und aufsässig wird, kann der Kanzler mit der Vertrauensfrage und also dem Bruch und Wechsel der Koalition drohen. In der politischen Praxis ist die Anwendung dieses scharfen Schwertes aber eher unwahrscheinlich, gefährdet der Kanzler doch damit nicht nur sein eigenes Amt, sondern auch die Führung der Regierung durch seine eigene Partei. Daher ist ein Regierungswechsel innerhalb einer Legislaturperiode in der Geschichte der Bundesrepublik auch die absolute Ausnahme geblieben und hat sich nur 1982 aufgrund des Übergangs der FDP aus der Koalition mit der SPD in die Koalition mit der CDU/CSU ereignet. Nur jenes eine Mal war der Antrag der bisherigen Opposition auf ein konstruktives Mißtrauensvotum erfolgreich; zu allen anderen Zeiten gehörte Art. 67 GG zu jenen Verfassungsbestimmungen, die nicht durch ihre Anwendung, sondern ihre Abschreckung wirken. Ein Regierungswechsel setzt in der politischen Praxis des parlamentarischen Regierungssystems der Bundesrepublik in der Regel eine entsprechende Wahlentscheidung der Staatsbürger aufgrund der im Wahlkampf gemachten Koalitionsaussagen der wahrscheinlichen Regierungsparteien voraus. Ein solcher parlamentarischer Machtwechsel aufgrund eines Wählervotums ist 1969 und wieder 1998 eingetreten.

Die eigentliche Basis für die Machtstellung des Bundeskanzlers liegt in der politischen Umsetzung seiner verfassungsrechtlichen *Richtlinienkompetenz.* Art. 65 GG legt fest: »Der Bundeskanzler bestimmt die Richtlinien der Politik und trägt dafür die Verantwortung.« Diese viel erörterte Richtlinienkompetenz des Bundeskanzlers sichert ihm im Kreis der Regierungsmitglieder die Entscheidungspriorität in allen Grundfragen der Regierungspolitik. Zwar heißt es in dem einleitenden Artikel zum Grundgesetzabschnitt über die Bundesregierung, daß diese aus dem Bundeskanzler und aus den Bundesministern besteht, wodurch der Kabinettscharakter der Regierung unterstrichen und anscheinend das Kollegialprinzip festgelegt wird. Doch alle anderen Bestimmungen der Verfassung sichern dem Kanzler einen so maßgeblichen Einfluß, daß dieser keineswegs nur als ein *Primus inter pares* innerhalb der Regierung fungiert, sondern nach innen und außen der Chef der Regierung ist. Seine Minister sind gehalten, sich den Richtlinien seiner Regierungspolitik zu fügen. Was die Richtlinien der Politik sind, ist nicht genau zu umschreiben. Man kann darunter die Grundsätze der Regierungspolitik, eine Art Gesamtplan verstehen. Die Richtlinien sind Produkt der Willensbildung der Parteien und der Parteifraktionen, sie werden festgehalten in Koalitionsabsprachen und -verträgen zwischen den Regierungsfraktionen verschiedener Parteien und in der Regierungserklärung, die jeder neue Bundeskanzler zu Beginn seiner Amtszeit dem Parlament gegenüber abgibt.

Zur Verwirklichung der Richtlinienkompetenz bedarf der Bundeskanzler eines entsprechenden organisatorischen Apparates. Das *Bundeskanzleramt* mit seinen rund 500 Mitarbeitern ist die dem Bundeskanzler unterstellte zentrale Bundesbehörde zur Leitung, Koordinierung und Planung der Regierungspolitik und damit die Schaltzentrale der Exekutive, dessen persönliches Zentrum der Kanzler selbst ist. In dieser Behörde laufen *idealiter* alle Informationen aus den Ministerien und für die Ministerien zusammen, hier werden die Entscheidungen des Kabinetts vorbereitet und die notwendigen Vorarbeiten für eine planende Gestaltung der Politik auf Bundesebene gemacht bzw. zusammengefaßt. Beim Bundeskanzleramt liegt auch die Aufsicht über die *Nachrichtendienste*; ferner ist ihm das *Presse- und Informationsamt*, das vom Sprecher der Bundesregierung geleitet wird, direkt unterstellt. Während früher ein Bundes- oder Staatsminister im Bundeskanzleramt die operative Deutschlandpolitik leitete – der bekannteste war Wolfgang Schäuble –, kümmert sich heute ein Staatsminister um die Angelegenheiten der ostdeutschen Bundesländer. Nach der rot-grünen Regierungsbildung 1998 ist im Bundeskanzleramt auch eine Abteilung für kulturelle Angelegenheiten und Medien eingerichtet worden, in dem die bisher verstreuten einschlägigen Aktivitäten des Bundes unter einem eigenen Staatsminister gebündelt werden. Im Ansatz handelt es sich dabei um ein Bundeskulturministerium, das aber mit Rücksicht auf die primäre Kompetenz der Länder in diesen Bereichen keinen eigenständigen Rang hat.

Das Bundeskanzleramt, das in Bonn anfangs in einer Gründerzeitvilla untergebracht war, hatte seit Beginn der siebziger Jahre sein Domizil in einem nüchternen Zweckbau, der lediglich durch eine von Helmut Schmidt vermittelte Großplastik des englischen Bildhauers Henry Moore verschönt wurde. Nachdem der Kanzler und sein Amt nach dem durch die deutsche Vereinigung bewirkten Umzug nach Berlin übergangsweise das frühere DDR-Staatsratsgebäude benutzten, ist die Verlagerung des deutschen Parlaments- und Regierungssitzes im Frühjahr 2001 durch den Einzug in das neugebaute Bundeskanzleramt abgeschlossen worden, an dessen modernistische Architektur sich die Öffentlichkeit erst noch gewöhnen muß. Das Kanzleramt wurde lange Jahre von einem beamteten Staatssekretär, ab 1969 von einem Chef im Rang eines Bundesministers, ab Ende 1972 wieder von einem Staatssekretär und ab 1984 erneut von einem sogenannten Bundesminister für besondere Aufgaben geleitet. Bundeskanzler Schröder hat zunächst diese Konstellation übernommen, doch nach dem Rücktritt von Bodo Hombach als Bundesminister für besondere Aufgaben liegt die Leitung des Amtes durch Frank-Walter Steinmeier seit Mitte 1999 wieder bei einem beamteten Staatssekretär, der diese Funktion bereits in der niedersächsischen Staatskanzlei unter dem damaligen Ministerpräsidenten Schröder ausgeübt hat.

Das Bundeskanzleramt hat sich im Laufe der Jahre ständig vergrößert. Es funktioniert wohl am besten, wenn seine Spitzen dem Bundeskanzler uneigennützig die nötige Entscheidungshilfe bieten, seine Mitarbeiter in enger Verbindung mit den einzelnen Ministerien stehen und dadurch eine gute Koordination der Regierungsarbeit sicherstellen können. Das war nicht immer der Fall. Adenauer hatte in seinem Staatssekretär Hans Globke zwar einen administrativ hervorragenden Behördenchef, der aber, wie zahlreiche Ministerialbürokraten der jungen Bundesrepublik, bereits dem Dritten Reich in herausgehobener Stellung gedient hatte und deshalb politisch sehr umstritten war. Unter Erhard und Kiesinger verlor das Bundeskanzleramt als Koordinations- und Lenkungsinstrument an Bedeutung. Mit dem Antritt der sozial-liberalen Koalition unter Willy Brandt wurde ab 1969 das Bundeskanzleramt nicht nur personell kräftig ausgeweitet und erhielt einen modernen Neubau; unter Kanzleramtsminister Horst Ehmke wurde auch der Versuch gemacht, aus der Behörde eine moderne Regierungszentrale im Dienst der Richtlinienkompetenz des Bundeskanzlers zu machen, die sich der fortschrittlichsten technischen Verfahren und sozialwissenschaftlichen Planungstheorien bediente. Dieser Versuch blieb allerdings wegen des Widerstandes der Bundesministerien und ihrer Bürokratien mehr oder weniger stecken. Helmut Schmidt kehrte zu den traditionellen administrativen Lenkungsformen zurück. Helmut Kohl hat mit einem kleinen Zirkel von ihm ergebenen Politikern, politischen Beamten und akademischen Beratern regiert, mit denen er aufgrund des besonderen Vertrauensverhältnisses eine »politische Familie« bildete. Der normale Behördenapparat mit seinen bürokratischen Regeln und Ministerialräten waren ihm ziemlich suspekt. Gerhard Schröder als derzeitiger Bundeskanzler arbeitet wie sein sozialdemokratischer Vorgänger Helmut Schmidt gut mit dem Verwaltungsapparat des Bundeskanzleramtes zusammen, hat sich aber gleichzeitig auch mit einem Kreis von informellen und formellen Beratern und Beratungsgremien wie dem 2001 etablierten »Nationalen Ethikrat« umgeben.

Das Ausmaß der Dominanz des Bundeskanzlers im bundesdeutschen Regierungssystem hängt von der jeweiligen Persönlichkeit des Amtsinhabers ab. Konrad Adenauer war aufgrund seines Erfahrungswissens und seiner Verhandlungsschläue auf außen- und innenpolitischem Gebiet der unangefochtene Führer seiner Regierung, mit Ausnahme der letzten Amtsjahre. Wer wie der damals ebenfalls der CDU angehörende Innenminister Gustav Heinemann oder der freidemokratische Justizminister Thomas Dehler dem »alten Fuchs« zu sehr in die Quere kam, wurde weggebissen. Ludwig Erhard als sein Nachfolger versuchte, ein ehrlicher Vermittler zwischen seinen Regierungskollegen zu sein, erwies sich aber bald als führungsschwacher Kanzler, der nicht in der Lage war, sich mit den ihm zur Verfügung stehenden Mitteln der Regierungstechnik durchzusetzen; er scheiterte an Rivalitäten im Kabinett, Ressortpartikularismus und an der relativen Selbständigkeit der Regierungsfraktionen. Kurt-Georg Kiesinger, der Bundeskanzler der Großen Koalition, war durch den sozialdemokratischen Koalitionspartner in seiner Führungsrolle stark eingeschränkt, wirkte mehr als Moderator und weniger als Kopf der Regierung. Unter seiner Kanzlerschaft hat der nach dem ersten Tagungsort (am Bodensee) benannte »Kreßbronner Kreis«, bestehend aus den führenden Kabinettsmitgliedern der beiden Parteien und deren Fraktionsvorsitzenden, faktisch die Richtlinien der Politik festgelegt. Willy Brandt setzte als Kanzler der sozial-liberalen Koalition, die mit dem Anspruch auf eine umfassende deutschland- und innenpolitische Reform antrat, auch im Kabinett auf die Überzeugungskraft des Wortes. Doch während er damit in der politischen Öffentlichkeit des In- und Auslandes charismatische Ausstrahlungskraft gewann, war er in den Niederungen der politisch-administrativen Alltagsarbeit eher überfordert. Sein sozialdemokratischer Nachfolger Helmut Schmidt war in seinen von Ölpreiskrise, Terrorismus und Verschärfung der weltpolitischen Spannungen überschatteten Regierungsjahren der geborene ökonomische und politische Krisenmanager, dem dabei allerdings die Unterstützung durch die Mehrheit seiner eigenen Partei und des um sein Überleben besorgten freidemokratischen Koalitionspartners abhanden kam. Im Gegensatz zu Schmidt konnte Helmut Kohl auf einer zuvor im Zuge der Parteireform der CDU gewonnenen Kontrolle über die eigene Partei aufbauen und dabei wie sein Vorbild Adenauer alle parteiinternen Kritiker wie Kurt Biedenkopf, Heiner Geißler oder Rita Süssmuth in die Schranken weisen oder wegloben, wenn sie seinem Machtanspruch gefährlich wurden. Staatsmännische Statur als deutscher Bundeskanzler hat Kohl erst durch und nach Herstellung der deutschen Einheit gewonnen, auch dank seines Ansehens in Europa und der Welt. Die Regierungsspitze der Bundesrepublik Deutschland hatte Kohl aufgrund seines personalpolitischen Sensoriums und der öffentlichen Autorität bis zum Ende seiner Kanzlerschaft fest im Griff, was der CDU eher zum Nachteil gereichte, konnte sie doch nicht jenen Personalwechsel herbeiführen, der die Wahlniederlage vom 27. September 1998 wenn nicht verhindert, so doch abgeschwächt hätte.

Inzwischen zeichnet sich auch ein spezifischer Regierungsstil von Bundeskanzler Gerhard Schröder ab. Im bisherigen persönlichen und politischen Lebenslauf hat Schröder, der seine politische Karriere Ende der siebziger Jahre als Juso-Bundesvorsitzender begann, erhebliche Anpassungsfähigkeit und Flexibilität bewiesen. Er verkörpert heute den modernen Typ eines pragmatischen und mediengewandten Berufspolitikers, der in allen westlichen Demokratien und deutschen Parteien an die Spitze getreten ist. Er ist stets für die Medien zugänglich und weiß sie, zumal mit der Verkündung von entschiedenen »Machtworten«, auf eine durchaus populistische Weise in den politischen Diskussionen und Kontroversen einzusetzen. Bei der Vorbereitung und Durchsetzung der politischen Entscheidungen verläßt sich Schröder im Gegensatz zu seinem Kanzlervorbild Helmut Schmidt weniger auf den Beamtenapparat mit seinem bürokratisch-hierarchischen Aufbau, sondern ist zum gelegentlichen Ärger des Apparates ein Anhänger flexibler und informeller Beratungs- und Leitungsstrukturen. Nachdem anfangs die Linke in der SPD erhebliche Vorbehalte gegenüber der Person und dem Programm der neuen Galionsfigur hatte, kann sich Schröder heute auf die uneingeschränkte Loyalität der SPD verlassen, auch dank der Unterstützung durch Franz Müntefering als Generalsekretär. Inzwischen hat auch Gerhard Schröder, wie die meisten seiner Vorgänger im Amt des Bundeskanzlers, die Ausstrahlungskraft eines Staatsmannes gewonnen. Den endgültigen Durchbruch zu diesem Ansehen brachte die Entschiedenheit, mit der er nach den fundamentalistischen Terroranschlägen sich nicht nur an die Seite der USA stellte, sondern auch die Bekämpfung des Terrorismus nach innen und außen, bis hin zum militärischen Engagement Deutschlands, verkündete. Bei der Bundestagswahl im September 2002 wird die SPD sicherlich auf den *Kanzlerbonus* ihres Parteivorsitzenden setzen.

So gibt das Grundgesetz also dem Bundeskanzler die Möglichkeit, seine Regierung straff zu führen, doch hängt jeweils von der Persönlichkeit des Kanzlers und den besonderen Bedingungen der Regierungszusammensetzung und Parteienkonstellation ab, ob er seine Richtlinienkompetenz voll ausüben kann. Die Verfassung erlaubt den starken Bundeskanzler, aber sie bringt ihn nicht automatisch hervor. Ein Kanzler, dem es gelingt, als starke und allseits kompetente Führungspersönlichkeit und sowohl als Motor wie Kontrolleur der gesamten Regierungspolitik zu erscheinen, hat die größten Aussichten, jenen Kanzlerbonus zu verstärken, der der regierenden

Partei, die den Kanzler stellt, bei allgemeinen Wahlen von der Bevölkerung in der Regel gutgeschrieben wird. Helmut Kohl setzte bei der letzten Bundestagswahl darauf, daß dieser Bonus die CDU/CSU wieder zum Sieg führen würde, doch hatte sich dieser Vorteil in seiner langen Amtszeit abgenutzt.

Die Charakterisierung des bundesdeutschen Regierungssystems als Kanzlerdemokratie beinhaltete in den ersten anderthalb Jahrzehnten der Bundesrepublik eine Kritik an der autokratischen Regierungsweise Adenauers. Später ist dieser Vorrang des Regierungschefs, der auch in anderen westlichen Demokratien zu beobachten ist, als Ausdruck der verstärkten Koordinations- und Leitungsbedürfnisse angesichts der immer komplexeren politischen Aufgaben, aber auch der durch die modernen Massenmedien, besonders das Fernsehen, verstärkten Personalisierungstendenzen erkannt worden. Infolge der Anonymisierung der heutigen Gesellschaft und Politik kann deren Komplexität von den Bürgern nur durch die Reduzierung auf von Personen verkörperte Alternativen bewältigt werden. So sind auch die Bundestagswahlen wesentlich zu Personalplebisziten über den Bundeskanzler und die von ihm verkörperte Politik geworden. Die sozialdemokratische Opposition hat dieser Entwicklung seit Anfang der sechziger Jahre durch die Aufstellung von *Kanzlerkandidaten* Rechnung getragen, welche damit in etwa die Rolle des britischen Oppositionsführers als Chef eines Schattenkabinetts übernehmen. Willy Brandt ist in den sechziger Jahren schließlich beim dritten Anlauf in das begehrte Kanzleramt gekommen. Nach dem Verlust der Regierungsführung hat die SPD seit Ende 1982 fünf Kanzlerkandidaten verschlissen, nicht nur durch deren jeweils persönlichen Autoritätsverlust, sondern mehr noch durch die beschränkte aktuelle Macht des Oppositionsführers. Eine ähnlich frustrierende Erfahrung scheint sich nach der Abwahl von Helmut Kohl für die oppositionelle CDU und ihre Spitzenkandidaten abzuzeichnen. Daher ziehen es die möglichen Kanzlerkandidaten der Opposition oft vor, als Ministerpräsidenten in den Ländern weiterhin gouvernementalen Kredit einzuheimsen und erst im Wahljahr als Kanzlerkandidaten auf die Bühne zu treten, wie dies Gerhard Schröder erfolgreich im Wahljahr 1998 vorexerziert hat.

Zum Glück hat in Deutschland die mit der Kanzlerdemokratie verbundene Personalisierung der Politik noch nicht dazu geführt, daß wie in anderen Staaten, vor allem in den USA, bei der Wähler-, sprich TV-Zuschauerschaft die eigentlich politischen Auswahl- und Bewertungskriterien für Regierungsämter, also programmatisches Profil, politische Vertrauenswürdigkeit und professionelle Lösungskompetenz, weitgehend durch Maßstäbe des medialen Auftritts, der individuellen Eloquenz und der privaten Lebensführung verdrängt worden sind. Es ist zu hoffen, daß es trotz mancher berechtigter Kritik an der Abkapselung der Politiker und entgegen weitverbreiteter populistischer Neidgefühle und Stimmungen bei der mehr oder weniger »klassischen« Präferenz für die Auswahl der politischen Klasse in Deutschland bleibt. Auch unter den Bedingungen der modernen Mediendemokratie scheint das parlamentarische Regierungssystem Deutschlands eher den Typus des Berufspolitikers zu fördern, an dessen Spitze der Inhaber des Bundeskanzleramtes steht.

2. Bundesminister und Bundesministerien

Bei der formalen Organisation der Bundesregierung spielen neben dem Kanzlerprinzip auch das Ressortprinzip und das Kollegialprinzip eine strukturierende Rolle. So wird die Dominanz des Regierungschefs eingegrenzt durch die Bestimmung in Art. 65 Abs. 2 GG, daß jeder Bundesminister seinen Geschäftsbereich selbständig und in eigener Verantwortung leitet. Der Bundeskanzler kann also nicht unter Umgehung des Ministers Beamten eines Bundesministeriums direkte Anweisungen geben, er kann nicht in die Ministerien »hineinregieren«. Kommt es zu Meinungsverschiedenheiten zwischen Ministern, entscheidet nicht der Kanzler allein, sondern das gesamte Kabinett. Wie stark dieses Kollegialprinzip durch die gemeinsame Beratung und Abstimmung über alle wichtigen Fragen im Kabinett praktiziert wird, hängt von der Führungsrolle des Bundeskanzlers ab. Die Minister sind immer wieder bestrebt, die Interessen ihres Ressorts in den Vordergrund zu stellen, um für ihren Aufgabenbereich zu politischen Erfolgen zu kommen: Sie verfolgen den sogenannten Ressortpartikularismus.

Das jeweilige politische Gewicht eines Ministers resultiert aus einer Reihe von Faktoren. So gibt es innerhalb der Struktur der Bundesministerien eher bedeutende wie auch weniger wichtige Ressorts. Zu den wichtigsten Ressorts gehört zweifellos an erster Stelle:

– das *Finanzministerium*, dessen Chef auch vom Grundgesetz besondere Befugnisse zugewiesen werden. So verfügt der Finanzminister über ein absolutes Vetorecht gegen über- und außerplanmäßige Ausgaben des Bundes und ein suspensives Veto gegen alle Beschlüsse der Bundesregierung von finanzieller Bedeutung. Hinzu kommt, daß es Oskar Lafontaine im Rahmen der Regierungsbildung von 1998 gelang, wichtige Grundsatzreferate vom Wirtschafts- in das Finanzministerium zu verlagern. Hans Eichel, der 1999 an Stelle von Lafontaine das Finanzministerium übernommen hat und kein politischer Konkurrent von Bundeskanzler Schröder ist, sondern mit dessen Unterstützung einen entschiedenen Kurs der Konsolidierung der Bundesfinanzen vertritt, gehört auch in der praktischen Politik und im öffentlichen Ansehen zu den deutschen Spitzenpolitikern.

– das *Auswärtige Amt*, das eigentliche Prestigeministerium, seine Leitung wird daher in der Regel vom führenden Regierungsmitglied des kleineren Koalitionspartners übernommen. So war Hans-Dietrich Genscher (FDP) von 1974 bis 1992 Bundesaußenminister. 1998 hat Joschka Fischer als Vizekanzler das Amt für die Grünen übernommen und darin durch seine Signale für die Europapolitik und Bemühungen um Krisenbewältigung, vor allem im Nahen Osten, staatsmännische Statur gewonnen. Daß alle bisherigen Bundeskanzler dazu neigten, der Außen- und Europapolitik jedenfalls nach der Anfangszeit ihrer Kanzlerschaft persönliche Priorität zu geben, hat den Handlungsspielraum der Bundesaußenminister eingeschränkt.

– das *Verteidigungsministerium*. Sein Chef ist Oberbefehlshaber der Streitkräfte in Friedenszeiten, während in Kriegszeiten *de jure* der Bundeskanzler diese Funktion übernimmt. Die Position an der Spitze des Bundesverteidigungsministeriums ist infolge seines großen Etats und insbesondere der damit verbundenen Probleme bei der Beschaffung der Wehrtechnik immer heikel; für Rudolf Scharping als den derzeitigen Amtsinhaber kommt hinzu, daß er die einschneidende Bundeswehrreform nach dem Ende des Kalten Krieges zu bewältigen hat (siehe unten S. 412 ff.).

– das *Innenministerium*, aus dem sich im Laufe der historischen Entwicklung zahlreiche weitere Ministerien ausdifferenziert haben.

Im Kern ist es mit seinem umfangreichen Personal immer noch für eine Vielfalt innenpolitischer Ordnungsfunktionen zuständig und könnte als »Polizeiministerium« des Bundes bezeichnet werden, wenn dieser Begriff in Deutschland nicht historisch vorbelastet wäre. Otto Schily ist mit seiner besonnenen Entschlossenheit eine Idealbesetzung für die Führung dieses Ministeriums, das durch die Terroristenbekämpfung noch an Bedeutung gewonnen hat.

– das *Justizministerium*, das wesentlich an der Beratung der übrigen Ministerien bei der Erarbeitung von Gesetzesvorlagen beteiligt ist.

Im Verlauf des 20. Jahrhunderts hat die qualitative Ausweitung der Staatstätigkeit vor allem auf den Gebieten der Infrastruktur und des Sozialstaates zur Bildung einer ganzen Anzahl neuerer Ministerien geführt. Schon im Ersten Weltkrieg wurde ein Wirtschaftsministerium eingerichtet, aus dem in der Weimarer Republik das Landwirtschafts- und das Arbeitsministerium ausgegliedert wurden. Das Bundeswirtschaftsministerium gehörte in den ersten Jahrzehnten der Bundesrepublik, insbesondere unter Ludwig Erhard, zu den einflußreichsten Ministerien und ist stets ein Hort marktwirtschaftlicher Wirtschaftsorientierung gewesen, sieht man von der mehr keynesianisch orientierten aktiven Konjunktursteuerung unter dem Sozialdemokraten Karl Schiller ab. Der Einfluß des Bundeswirtschaftsministeriums hat jedoch in den letzten Jahren aufgrund des geringeren politischen Profils seiner Minister und der europäischen Integration abgenommen.

Dem Rückstand der Bundesrepublik in der Forschung suchte man zunächst durch ein Atomministerium zu begegnen, aus dem später das Bundesministerium für Forschung und Technologie hervorgegangen ist. Obwohl die Kompetenz für das Bildungssystem weitgehend bei den Ländern liegt, soll dem in den sechziger Jahren wahrgenommenen »Bildungsnotstand« (Georg Picht) seit 1970 ein eigenes Bundesministerium für Bildung und Wissenschaft abhelfen. Bildungs- und Forschungsministerium sind 1994 zusammengelegt worden, nicht nur, um auf diese Weise die Zahl der Ministerien zu verkleinern, sondern auch, um ein »Zukunftsministerium« zu schaffen. Auf die Umweltproblematik wurde nach der AKW-Katastrophe von Tschernobyl 1986 mit der Errichtung eines Umweltministeriums reagiert, das gemäß seiner Amtsbezeichnung ebenfalls für

Naturschutz und Reaktorsicherheit zuständig ist. Für Jürgen Trittin als derzeitigen Bundesumweltminister kommt hinzu, daß er mit Rücksicht auf die grüne Stammwählerschaft seiner Partei besonders verpflichtet ist, den geregelten Ausstieg Deutschlands aus der Atomenergie anzubahnen. Auch die gesellschafts- und sozialpolitischen Schwerpunkte Familie, Senioren, Frauen und Jugend sind Bundesministerien anvertraut worden, die gleichfalls 1994 zu einem einzigen Ministerium zusammengefaßt wurden. Nachdem einige Bundesministerien durch Aufgabenerledigung (wie das Ministerium für innerdeutsche Beziehungen) oder Privatisierung des Gegenstandsbereichs (so Ende 1997 das Bundesministerium für Post und Telekommunikation) weggefallen sind, hat sich die Zahl der Bundesministerien, die zeitweise auf über 20 angewachsen war, noch unter der Regierung Kohl auf den heutigen Stand von 14 reduziert. Diese Zahl ist auch unter der rot-grünen Bundesregierung konstant geblieben, doch kommt es im Gefolge politischer Krisen und veränderter Prioritätensetzungen immer wieder nicht nur zu Personenwechseln an der Spitze der Bundesministerien, sondern auch zu Veränderungen in ihrer Aufgaben- und Organisationsstruktur. Das letzte große Beispiel dafür waren die Auswirkungen der BSE-Krise, die zu Beginn des Jahres 2001 nicht nur zur Neubesetzung der Leitung des Gesundheitsministeriums und des Landwirtschaftsministeriums führten, sondern auch aus dem letztgenannten Ministerium ein »Ministerium für Verbraucherschutz, Ernährung und Landwirtschaft« machten. Darin spiegelte sich die neue Betonung der Sorge um den Schutz der Konsumenten landwirtschaftlicher Produkte und eine Wende in der bisherigen Agrarpolitik wider, welche von der grünen Ministerin Renate Künast verkörpert wird, die erstmals nicht dem bäuerlichen Milieu entstammt.

Unter den Bundesministerien sind sehr große und einflußreiche, aber auch sehr kleine und eher unbedeutende Ministerien. Das politische Gewicht eines Bundesministers wird neben der relativen Bedeutung seines Ministeriums im Rahmen der Gesamtstruktur der Regierung auch durch den Rückhalt bestimmt, den er in seiner Partei und Parlamentsfraktion besitzt, die sogenannte »Hausmacht«. Kommt hinzu, daß er in der Kabinettsrunde ein sachlich gewichtiges Wort mitzureden versteht, so kann er starken Einfluß in der Regierung ausüben.

Die *Rekrutierung der Bundesminister* folgt sehr vielschichtigen Kriterien. Im parlamentarischen Regierungssystem der Bundesrepublik ist es die Regel, daß die Minister aus dem Kreis der Bundestagsabgeordneten hervorgehen und auf diese Weise in ihrer Person die Verzahnung von Regierung und Parlamentsmehrheit sicherstellen. Innerhalb jeder Fraktion gibt es eine kleine Gruppe führender Persönlichkeiten, die als *ministrabel* gelten, d. h. als befähigt, ein Ministeramt zu bekleiden. Nach britischem Vorbild verfügt die Bundesrepublik seit 1967 auch über *Parlamentarische Staatssekretäre*, die Mitglieder des Bundestages sein müssen und einem Bundesminister zur Unterstützung, insbesondere zur Vertretung gegenüber dem Bundestag, zugeteilt werden. Im Bundeskanzleramt und im Auswärtigen Amt können die Parlamentarischen Staatssekretäre aus internationalen Prestigegründen den Titel eines »Staatsministers« führen. Nach der letzten Regierungsbildung ist es durch eine Änderung der gesetzlichen Grundlage ermöglicht worden, im Kanzleramt auch einen Staatsminister zu ernennen, der kein Bundestagsmandat hat. Auf diese Weise gelangte Michael Naumann als der Beauftragte des Bundeskanzlers für kulturelle Angelegenheiten und Medien zum Staatsministertitel; nach seinem Ausscheiden hat im Januar 2001 Julian Nida-Rümelin Titel und Funktion übernommen. Da größere Bundesministerien mehrere Staatssekretäre haben, gibt es derzeit 24 Parlamentarische Staatssekretäre. Die Institution ist vor allem zur Schulung von künftigen Ministern gedacht, doch werden bei deren Auswahl keineswegs nur frühere Parlamentarische Staatssekretäre berücksichtigt. Unter diesem nicht fest definierten Kreis von Ministrablen muß der Kanzler auswählen, soweit ihm angesichts der Koalitions- und Interessenlage überhaupt noch Wahlmöglichkeiten bleiben. Ein Kabinett wird aus all diesen Gründen in der Regel nicht notwendigerweise die qualitative Spitze des politischen Führungspersonals verkörpern. Es kann gelegentlich durchaus im Interesse des Regierungschefs liegen, schwache, ihm jedoch treu ergebene oder für den Kontakt mit der Regierungsfraktion wichtige Politiker zu Ministern zu machen.

In der Bundesrepublik ist ein Ministeramt nicht nur begehrt, weil dessen Inhaber sichtbar an der von der Bevölkerung respektierten Staatsmacht teilhat und ihre Insignien für sich in Anspruch nehmen kann, sondern der Ministersessel ist auch relativ sicher. Im Gegensatz zur Praxis britischer Premierminister, die ihre Minister oft und manchmal sogar ohne klar erkennbaren Grund auswechseln, können deutsche Minister im Prinzip damit rechnen, so lange im Amt zu bleiben wie der Bundeskanzler, der sie vorgeschlagen hat. Ministerwechsel sind eher die Ausnahme, Rücktritte aus Widerspruch gegenüber dem Bundeskanzler oder auf Veranlassung des Bundeskanzlers ziemlich selten und meist die Folge persönlicher Fehltritte oder politischer Krisen, wie zuletzt nach der durch den BSE-Skandal verursachten Neuorientierung in der Landwirtschaftspolitik. Auch das Rotieren zwischen verschiedenen Ministerien, um Erfahrungen zu gewinnen, wie etwa bei der Ministerkarriere Helmut Schmidts, ist eher die Ausnahme. Vielmehr wird von einem deutschen Minister in der Regel erwartet, daß er ein Fachmann ist und die Materie beherrscht, die »seinem Hause« als Aufgabenbereich zugewiesen ist. Diese Orientierung am Fachmann hat zur Folge, daß deutsche Minister sich in einer Zwitterstellung befinden: Auf der einen Seite sollen sie als Behördenchefs ihren Bereich nach fachlichen Kriterien überblicken und leiten, auf der anderen Seite sollen sie als politische Spitzen der Ministerien und damit als Exponenten politischer Interessen fungieren, für die ihre Häuser instrumental sind. Wegen dieses Rollenkonflikts ist es nicht recht gelungen, allgemeine Kriterien für ministerielle Befähigung und Leistung zu entwickeln.

Sicher ist jedoch, daß die Bundesminister aufgrund ihrer fachlichen wie politischen Doppelbeanspruchung besonders stark belastet sind und wenig Zeit aufbringen können, ihren politischen Aufgabenbereich in einer langfristigen Perspektive zu sehen. Die von ihnen erwartete fachliche Funktion verführt sie unter dem Druck ihres Hauses zu einem gewissen Ressortpartikularismus, dem allein ein starker, zur Koordination fähiger Bundeskanzler wirksam gegensteuern kann. Die relative Stabilität der deutschen Bundeskabinette erklärt sich einerseits aus dem Festhalten der Minister an ihrem Amt sowie andererseits aus dem Bestreben des Kanzlers, möglichst wenig Veränderungen vorzunehmen, da diese als Eingeständnis einer Schwäche seiner Regierung gedeutet werden könnten.

Die Bundesminister haben innerhalb ihrer Ministerien ziemlich freie Hand in bezug auf die innere Ordnung ihrer Behörde und die Art der Aufgabenerfüllung. Die Verfahren der Geschäftsregelung innerhalb und zwischen den Ministerien sind jedoch durch die beiden gemeinsamen Geschäftsordnungen der Bundesregierung in teilweise minutiöser Weise fixiert worden, wodurch das Verwaltungshandeln jene charakteristische Schwerfälligkeit und Starre bekommen hat, die auch ein agiler Minister nur schwer überspielen kann. Auch der organisatorische Aufbau der Bundesministerien ist entsprechend den herkömmlichen Regeln der Bürokratie, wie sie auf klassische Weise von Max Weber definiert worden sind, arbeitsteilig und hierarchisch. Die Kommunikation innerhalb eines Ministeriums verläuft formal über den Dienstweg hinauf bzw. hinunter und wird durch ein striktes System von Mitzeichnungsregeln reglementiert, die selbst die Farbe der Paraphen festlegen, mit denen auf den unterschiedlichen Amtsebenen Vorgänge abgezeichnet werden.

An der Spitze des *Aufbaus der Bundesministerien* arbeitet dem Minister im Ministerbüro ein kleiner Kreis von jüngeren, besonders loyalen und vertrauten Beamten als persönlichen Referenten zu, die mit seinem Ausscheiden wechseln. Die behördeninterne Leitung in den Ministerien nehmen ein oder mehrere Staatssekretäre wahr, die als beamtete Staatssekretäre in der Regel in dem Ministerium Karriere gemacht haben. Die mittlere Leitungsebene in den Ministerien bilden die Abteilungs- und Unterabteilungsleiter, die vor allem Koordinierungsfunktionen ausüben. Sie sind wie die Staatssekretäre »*politische Beamte*«, die das besondere Vertrauen der Regierung bzw. ihres Ministers besitzen müssen. Politische Beamte können daher bei Verlust dieses Vertrauens ohne Angabe von Gründen in den einstweiligen Ruhestand versetzt werden. Diese Regelung, welche die personale Synchronisierung zwischen der politischen und administrativen Spitze im parlamentarischen Regierungssystem sichert und daher Sinn macht, stößt aber in der steuerzahlenden Öffentlichkeit immer wieder auf Unverständnis.

Die Grundgliederungen der Ministerien, zugleich deren eigentliche Arbeitseinheiten, sind die stark spezialisierten Referate, in großen Ministerien wie dem Bundesinnenministerium bis zu 100 an der Zahl. Die Referate wie die sie zusammenfassenden Unterabteilungen und Abteilungen betreuen in der Regel einen Ausschnitt des Aufgabenbereiches der Ministerien und stehen dabei in engem Kontakt mit den einschlägigen gesellschaftlichen Gruppen und Interessenverbänden, zu denen oft symbiotische Beziehungen nicht nur im

Hinblick auf die gegenseitige Informationsbeschaffung und das gemeinsame Interesse an der Erhöhung des politischen Gewichts ihres Bereichs, sondern auch im Hinblick auf den wechselseitigen Austausch von Personal bestehen. Als Musterbeispiele für enge Klientelbeziehungen werden immer wieder die Landwirtschaftsministerien auf Bundes- und Länderebene genannt, doch treffen diese Beobachtungen auch für die Abteilungen und Referate vieler anderer Ministerien zu. In den Referaten ist der Referatsleiter die zentrale Figur, dem Referenten und Sachbearbeiter zuarbeiten.

Wie in allen großen bürokratischen Organisationen hat die *Ministerialbeamtenschaft* als das Personal der Bundesministerien ein starkes Eigengewicht und ein spezifisches Gruppeninteresse entwickelt, das es den politischen Chefs dieser Behörden oft sehr schwer macht, Einfluß zu gewinnen und, wie es im Jargon heißt, das »Haus in den Griff zu bekommen«. Der Bundespersonalausschuß, der alle Ernennungen höherer Dienstgrade zu überprüfen hat, vermochte jahrelang die Auffrischung der Verwaltung durch begabte Außenseiter zu erschweren und den traditionellen Anspruch von Juristen auf die Besetzung der höheren Verwaltungsstellen weitgehend zu wahren. Die hergebrachte beamtenständische Ideologie sieht im beamteten Staatssekretär und nicht im Minister den eigentlichen Leiter des Ministeriums und Garanten administrativer und staatlicher Kontinuität, während bei ihr der Minister als Politiker eher in dem Ruf steht, eine vorübergehende Erscheinung zu sein. Es ist der CDU in den Aufbaujahren der Bundesrepublik gelungen, die hohe deutsche Ministerialbeamtenschaft mit Personen ihrer Couleur zu prägen. Beim Regierungswechsel 1969 stand darum die SPD vor dem Problem, einen großen Teil der leitenden Beamten durch Männer ihres Vertrauens – Frauen gelang erst in jüngster Zeit der Aufstieg in Spitzenpositionen der Ministerialbeamten – zu ersetzen, was einige Aufregung verursachte. Ein ähnliches Revirement erfolgte wieder, als im Herbst 1982 die Bundesregierung erneut von der CDU/CSU übernommen wurde. An diesen durchaus legalen Vorgängen zeigte sich, daß die von den Anhängern der Ideologie des überparteilichen Staates und seiner Verkörperung durch ein unabhängiges Berufsbeamtentum immer wieder beschworene Tradition der parteipolitischen Neutralität des Beamtentums unter den Bedingungen der parlamentarischen Demokratie zur Fiktion geworden ist. Karrierebewußte Beamte tun deshalb gut daran, sich einer Partei anzuschließen, wenn sie bis zu den höchsten Ämtern der Hierarchie gelangen wollen. Die 1998 gewählte rot-grüne Bundesregierung hat die meisten Staatssekretäre und viele Ministerialdirektoren aus der Ära Kohl in den einstweiligen Ruhestand versetzt, ist andererseits aber selbst in als konservativ eingeschätzten Bundesministerien wie dem Auswärtigen Amt auf eine erstaunliche Bereitschaft der Beamtenschaft zur nicht nur loyalen, sondern auch engagierten Zuarbeit gestoßen.

Aber nicht nur im Hinblick auf das Personal, sondern auch hinsichtlich ihrer Aufgaben verzahnen sich in den Bundesministerien die beiden Sphären von *Politik und Verwaltung* zum Erscheinungsbild einer politischen Verwaltung bzw. verwalteten Politik. Traditionell obliegen den Verwaltungen mit den Ministerialbeamten an der Spitze vor allem Exekutivaufgaben: die Ausführung und Umsetzung von Gesetzen in die gesellschaftliche Wirklichkeit. Im deutschen Bundesstaat ist der Gesetzesvollzug durch einen gestaffelten Verwaltungsaufbau jedoch weitgehend Aufgabe der Länder, so daß diese Exekutivaufgaben lediglich für die Ministerialbeamtenschaft auf Länderebene typisch sind. Hingegen dominieren im Bund und damit auch für dessen Ministerialbeamte die gesetzgeberischen Funktionen. Die vom Parlament zu beratenden und ratifizierenden Bundesgesetze gehen heute überwiegend auf Entwürfe der Bundesregierung und damit faktisch auf Vorlagen aus den Bundesministerien zurück. An erster Stelle der Funktionen der Ministerialbeamtenschaft des Bundes steht daher die Programmentwicklung, d. h. die Erarbeitung von Gesetzen, Rechtsverordnungen und Verwaltungsvorschriften. Herkömmlicherweise wird die Ministerialbürokratie dabei als Hilfsorgan der politischen Führung verstanden, arbeitet dieser durch den Entwurf von Gesetzestexten vor, welche dann vom Bundeskabinett als Regierungsvorlagen verabschiedet und dem Bundestag bzw. Bundesrat zugeleitet werden. In der politischen Wirklichkeit fallen viele Entscheidungen über die Initiative zu Gesetzentwürfen und deren Formulierungen bereits in den Bundesministerien. So wird meist den parlamentarischen Entscheidungsträgern von den Ministerien und deren Referaten nicht die ganze Bandbreite gesellschaftlicher Informationen und alternativer Gesetzesvarianten zugänglich gemacht, sondern nur ein in sich geschlossenes Legislativprogramm. Die Ministerialbeamten sind damit zum festen Bestandteil der politischen Führung geworden. Sie entlasten auf diese Weise den überforderten parlamentarischen Entscheidungsprozeß, gefährden aber auch dessen demokratische Grundprinzipien: Öffentlichkeit und Verantwortlichkeit.

Der politische Machtzuwachs der Ministerialbürokratie hat einen neuen Beamtentypus hervorgebracht. Die »klassischen Beamten« waren jeder Parteipolitik abgeneigt und verstanden sich als neutrales sowie kontinuitätssicherndes Ausführungsorgan der wechselnden politischen Entscheidungsträger. Die heutigen Ministerialbeamten hingegen agieren weitgehend als »politische Beamte«, sind mehr problem- als regelorientiert und scheuen politische Gestaltungsfunktionen nicht mehr. Hinter diesem politischen Bedeutungszuwachs der Ministerialbürokratien stehen tiefgreifende gesellschaftliche und politische Veränderungsprozesse und keine individuellen oder kollektiven Machtanmaßungen ihrer personellen Träger. Problematisch erscheinen vielmehr jene Ministerialbeamten, die beanspruchen, rein sachrational, rechts- und verwaltungstechnisch zu arbeiten, und die somit den politischen Gehalt ihrer Gestaltungsaufgabe leugnen und sich politischer Diskussion und Verantwortung entziehen.

Sowohl die Rechts- als auch die Politikwissenschaft haben die Bundesministerien und ihre Beamten lange Zeit als angeblich bloße Ausführungsorgane vernachlässigt. Mittlerweile setzt sich wenigstens unter Sozialwissenschaftlern eine neue Sicht der zentralen Rolle der Ministerialbürokratie im politischen System durch. Diese neue Sicht genügt gleichzeitig der geschilderten Realität und den Normen der parlamentarischen Demokratie.

3. Die Verwaltung

Die meisten Bundesministerien verfügen über keinen eigenen Verwaltungsapparat zum Vollzug der von ihnen und vom Bundesgesetzgeber getroffenen Entscheidungen, sondern müssen sich dazu der Hilfe und Mitwirkung der Länder bedienen. Die Verwaltung ist in der Bundesrepublik Deutschland aufgrund der grundgesetzlichen Kompetenzverteilungen im wesentlichen Angelegenheit der

Länder, sei es als deren eigenständige Aufgabe (z. B. im Bereich des Bildungssystems) oder als sogenannte Auftragsverwaltung (z. B. beim Bau und Unterhalt der Bundesautobahnen oder der Ausgabe der Reisepässe). So wendet sich der Bund an die Verwaltungen der Länder mit Aufträgen und Weisungen und wirkt durch den Erlaß von Verordnungen auf die konkrete Durchführung von Gesetzesbestimmungen bei den Länderverwaltungen ein. Dieses Übergewicht der Verwaltungstätigkeit bei den Ländern und den ihnen nachgeordneten Gemeinden schlägt sich auch in der Zusammensetzung des Verwaltungspersonals nieder: Von den 4,4 Millionen Beschäftigten im unmittelbaren öffentlichen Dienst waren 1999 35 Prozent bei den Gemeinden bzw. Gemeindeverbänden und 52,2 Prozent bei den Ländern, aber nur 11 Prozent beim Bund beschäftigt. Im unmittelbaren Bereich der Bundesministerien sind noch nicht einmal 20 000 Personen tätig, davon lediglich ungefähr 3000 in den erwähnten Funktionen der politischen Mitgestaltung durch die Ministerialbeamtenschaft.

Die Tatsache, daß die konkrete Detailarbeit der Verwaltung in Deutschland von den Ländern geleistet werden muß, hat dem Bundesrat eine außerordentlich starke Stellung im Gesetzgebungsprozeß verliehen, die sich nicht zuletzt als Mitwirkung unter Gesichtspunkten der Verwaltungstätigkeit bemerkbar macht. Das Fehlen einer zentralen Einheitsverwaltung gestaltet zwar den Verwaltungsgang etwas komplizierter, kann aber nicht als Schwäche der deutschen Verwaltung angesehen werden. Vielmehr hat sich die Zusammenarbeit zwischen Bund und Ländern auf Verwaltungsebene relativ gut eingespielt und gibt den Ländern über den Bundesrat auch hier ein nicht zu unterschätzendes Gewicht.

Als klassische Aufgabe der staatlichen Verwaltung wird die sogenannte *Hoheits- oder Eingriffsverwaltung* angesehen, dazu zählen der Rechtsschutz und die Steuererhebung, aber auch Ordnungsfunktionen wie das Einwohnermeldewesen und die Standesämter. In diesen Bereichen sind aber heute nur noch ein Sechstel aller öffentlich Bediensteten beschäftigt; im Zuge der Computerisierung wurde das Personal teilweise abgebaut. Einzige Ausnahme dieser Entwicklung stellt der Bereich der öffentlichen Sicherheit und Ordnung, sprich Polizei, dar, wo seit Beginn der siebziger Jahre kräftige Personalzuwächse zu verzeichnen sind.

Ein überproportionales Wachstum hat der öffentliche Dienst vor allem in jenen Aufgabenbereichen zu verzeichnen, die man zur *Leistungsverwaltung* rechnet, in denen der Staat seinen Bürgern »Daseinsvorsorge« (Ernst Forsthoff) gewährt. Mit der Industrialisierung und Urbanisierung der Lebensverhältnisse sind der Öffentlichen Hand immer mehr Funktionen zugefallen, die früher entweder im familiären und gesellschaftlichen Raum erfüllt wurden oder nach denen noch überhaupt kein Bedarf bestand. Insbesondere das Personal auf den Gebieten von Bildung, Wissenschaft und Kultur, aber auch im Bereich von Gesundheit, Sport und Erholung hat sich in den Jahrzehnten seit 1949 mehr als verdreifacht, vor allem durch einen steilen Anstieg in der zweiten Hälfte der sechziger und der ersten Hälfte der siebziger Jahre. Die Masse der deutschen Beamten stellen heute die 800 000 Lehrer einschließlich der Hochschullehrer, wobei allerdings das Lehrpersonal seit 1980 wieder merklich zurückgeht. Aufgrund des Aufgabenzuwachses des Bildungs- und Sozialstaates ist die Zahl der im öffentlichen Dienst Vollbeschäftigten von etwas über 2 Millionen im Jahre 1950 auf etwas über 5 Millionen im Jahre 1997 angestiegen. Zählt man auch die Beschäftigten im sogenannten mittelbaren öffentlichen Dienst, wie bei den Sozialversicherungsträgern und der Bundesanstalt für Arbeit, sowie die Teilzeitbeschäftigten hinzu, so ist heute in Deutschland mehr als jeder sechste Erwerbstätige im öffentlichen Dienst beschäftigt.

Entsprechend widersprüchlich ist das Verhältnis der deutschen Bürger zur staatlichen Verwaltung und zum öffentlichen Dienst. Auf der einen Seite ist staatliche Verwaltung Träger der Hoheitsgewalt des Staates, vor dem man in Deutschland Achtung hat und von dem vielfältige Leistungen erwartet werden. Auf der anderen Seite wird die staatliche Verwaltung als eine fordernde Instanz erfahren, die dem Bürger dauernd Schwierigkeiten macht und deren Aktivitäten darum Mißtrauen hervorrufen. So ist der Respekt gegenüber dem staatlichen Hoheitsträger und der Drang in den gut versorgten Staatsdienst oft mit einem starken Ressentiment gegen den Verwaltungsstaat verbunden. Kurt Tucholsky hat diesen Widerspruch auf den Punkt gebracht: »Es ist das Schicksal jedes Deutschen, vor dem Schalter zu stehen – und seine Sehnsucht, hinter dem Schalter zu sitzen.« Da die Bürger das politische System vor allem in Gestalt ihres täglichen Umgangs mit der Verwaltung erleben, ist diese zwiespältige Einstellung ein wesentlicher Grund zur Besorgnis über die Akzeptanz und Stabilität der Demokratie und Anlaß zu kontinuierlichen Reformbemühungen.

Zwar bestehen vielfältige Verfahren zur *Kontrolle der Verwaltung* und des öffentlichen Dienstes. Sie sind im Rechtsstaat an Gesetz und Recht gebunden und unterliegen daher einer engmaschigen Verwaltungsgerichtsbarkeit, welche die Interessen der Bürger gegenüber dem Staat schützen soll. Doch der mit der Rechtsstaatlichkeit einhergehende Formalismus und die Justizmäßigkeit wird von den Betroffenen, nach der deutschen Vereinigung insbesondere von den Bürgern der neuen Bundesländer, oft als gerechtigkeitsverhindernde Schikane empfunden und läßt die Verwaltung als eher statisch denn dynamisch erscheinen. Auch die Rechnungshöfe kontrollieren als unabhängige staatliche Instanzen auf Bundes- und Landesebene die sachgemäße Ausgabe und Verwendung der Finanzmittel der Verwaltung, doch kann diese Form der Kontrolle naturgemäß erst in einem zeitlichen Abstand von mehreren Jahren wirksam werden – wenn überhaupt –, so daß ein unmittelbarer Zugriff auf die gegenwärtige Durchführung staatlicher Aufgaben im Rahmen dieses Oberprüfungsverfahrens nicht möglich ist. Schließlich fällt im System der parlamentarischen Demokratie den gewählten Politikern die politische Verantwortung für die ihnen unterstellten Ressorts und Behörden zu, aber es kommt in Deutschland selten vor, daß ein Bundes- oder Landesminister bzw. ein Oberbürgermeister nach einer Panne in seinem Arbeitsbereich seinen Hut nimmt.

Die Verwaltung und der öffentliche Dienst sind in der Bundesrepublik Gegenstand nicht nur dauernder Kritik und Unbehagens, sondern auch mehr oder weniger erfolgreicher Reformbemühungen. Am leichtesten war noch das Ziel einer *Gebietsreform* zu verwirklichen. Der vielfach auf das frühe 19. Jahrhundert zurückgehende Zuschnitt der territorialen Gliederung in Regierungsbezirke, kreisfreie Städte, Landkreise und kreisangehörige Gemeinden erwies sich als zu unterschiedlich, wenig effizient und der Stadt–Land-Integration kaum förderlich. So konnten Ende der sechziger und Anfang der siebziger Jahre in fast allen Flächenstaaten der Bundesrepublik einschneidende Gebietsreformen durchgeführt werden, welche die Zahl der kreisfreien Städte und der Landkreise in etwa halbiert und die der kreisangehörigen Gemeinden um zwei Drittel reduziert haben (vgl. S. 379). Die Gebietsreformen verletzten zwar manchmal das gewachsene örtliche Selbstgefühl, trugen aber erheblich dazu bei, auch in den ländlichen Gebieten jene professionellen Verwaltungen und öffentlichen Dienstleistungen vor allem im Bereich von Freizeit und Verkehr sicherzustellen, die in den Städten selbstverständlich sind. Nach der deutschen Vereinigung sind auch in den neuen Bundesländern vergleichbare Gebietsreformen auf der Ebene der Kommunen und Kreise vorgenommen worden. Doch die schon im Grundgesetz vorgesehene Neugliederung und Reduzierung der Länder ist, bildlich gesprochen, ein föderalistisch-populistisches Trauerspiel, das von den Sachwaltern des Parteienbundesstaates mal so, mal so inszeniert wird und zuletzt 1996 bei der gescheiterten Vereinigung von Berlin und Brandenburg aufgeführt wurde. Allerdings kann man den Beitritt der Länder der ehemaligen DDR auch als eine Gebietsreform der Bundesrepublik verstehen, ist dadurch doch nicht nur ihr territorialer Umfang um fast 45 Prozent vergrößert worden. Zugleich traten im Osten wie im Westen gigantische Anpassungsschwierigkeiten auf der Ebene der Verwaltungen wie auch bei den jeweiligen Bürgern hinzu, welche die Probleme bei den Gebietsreformen auf den Ebenen der Länder und Kommunen weit in den Schatten stellen.

Gescheitert sind bisher alle Bemühungen um die *Reform* der Struktur und des Rechts *des öffentlichen Dienstes*. Traditionell setzt sich in Deutschland das Verwaltungspersonal im öffentlichen Dienst aus Beamten, Angestellten und Arbeitern zusammen. Dabei haben es die Beamten durch ihren Einfluß im Parlamentarischen Rat verstanden, für sich in Art. 33 GG nicht nur einen Vorbehalt bei der Ausübung hoheitsrechtlicher Befugnisse, sondern auch die Regelung des Rechts des öffentlichen Dienstes »unter Berücksichtigung der hergebrachten Grundsätze des Berufsbeamtentums« durchzusetzen. Zu diesen Grundsätzen gehören nicht nur die besonderen Formen des Beamtengehalts und der Pensionen, sondern auch die Unkündbarkeit des Beamtenverhältnisses – andererseits auch das Verbot des Streikrechts für Beamte. Durch ihre positive (bzw. negative) Privilegierung unterscheiden sich die Beamten grundsätzlich von allen anderen Arbeitsverhältnissen im öffentlichen Dienst und anderswo. Das Streikverbot hat allerdings zu keiner Stagnation bei ihren Einkommensverbesserungen geführt, die

Beamtengehälter werden entsprechend den von Angestellten und Arbeitern im öffentlichen Dienst gewerkschaftlich ausgehandelten oder erkämpften Prozenten gesteigert.

In der großen Aufbruchstimmung des Bonner Machtwechsels von 1969 wurde auch eine umfassende Reform des öffentlichen Dienstrechts durch Vereinheitlichung und Anpassung an die Prinzipien der Flexibilität, Leistung und Mobilität innerhalb des öffentlichen Dienstes ins Auge gefaßt. Doch die mit der Ausarbeitung dieser Reform betraute Studienkommission konnte sich nicht einigen, ob man aus allen öffentlichen Bediensteten entweder Beamte oder Angestellte machen sollte, wobei sich für den ersten Vorschlag die konservative Opposition und verständlicherweise der Beamtenbund, für den zweiten die damals regierenden Sozialdemokraten und die Gewerkschaften stark machten. Auch der damalige Innenminister Hans-Dietrich Genscher hatte kein Interesse daran, die traditionell freidemokratischen Wähler unter den Beamten zu verprellen. In den letzten Jahren ist die Reform des öffentlichen Dienstes wieder auf die politische Tagesordnung gelangt, wobei es dem vormaligen Bundesinnenminister Manfred Kanther mehr um eine Anpassung der hergebrachten Strukturen an die veränderten Bedingungen ging, den Sozialdemokraten – in dieser Frage angeführt von der schleswig-holsteinischen Ministerpräsidentin Heide Simonis – hingegen um eine Wiederaufnahme der umfassenden Reformbemühungen. Spätestens wenn in einigen Jahren die staatlichen Ausgaben für die Beamtenpensionen drastisch gestiegen sein werden, wird man wohl nicht umhinkommen, die »hergebrachten Grundsätze des Berufsbeamtentums« an die Regeln und Risiken der modernen Arbeitswelt anzupassen.

Die Personalausgaben sind schon heute der bei weitem größte Posten in den bundesdeutschen Staatshaushalten. Im Bemühen um die Reduzierung der öffentlichen Defizite und Schuldenlasten, aber auch um Deregulierung und Entbürokratisierung ist man in Deutschland in den letzten Jahren vermehrt dazu übergegangen, staatliche und kommunale Dienstleistungen und Betriebe zu privatisieren. Bahn, Post, Telekom und Lufthansa sind Musterbeispiele für die Bemühungen, durch Privatisierungen nicht nur flexiblere Unternehmensstrukturen, sondern auch einen »schlankeren Staat« zu erreichen.

Schon heute ist die öffentliche Verwaltung dabei, sich in ihren Umgangs- und Entscheidungsformen von der privaten Wirtschaft anregen zu lassen. Nicht nur die Schalterbarrieren in den Behörden werden abgebaut, auch das Verhalten gegenüber den Bürgern ist wesentlich freundlicher geworden. Sicherlich ist das Verhalten vieler Verwaltungsstellen in der Bundesrepublik durch ihren Formalismus und ihre Regelgebundenheit immer noch von einem bürokratischen Stil geprägt, doch von einer Bürokratie im Wortsinne einer Herrschaft der »Schreiberlinge« kann man in Deutschland nicht sprechen. Nicht nur ist die Sichtweise der Verwaltungen und ihres Personals viel zu eingeschränkt und fachbezogen, sondern es setzt sich auch die öffentliche Administration in der föderalistischen Ordnung der Bundesrepublik aus einer Vielzahl unterschiedlicher und sich gegenseitig kontrollierender Kräfte zusammen.

4. Der Bundespräsident

Die Institution des Staatsoberhauptes im politischen System der Bundesrepublik war am stärksten vom Mißtrauen des Verfassungsgebers gegen bestimmte Züge der Weimarer Konstitution betroffen. Der Reichspräsident war in Anlehnung an die konstitutionelle Tradition des Kaiserreiches nicht nur der oberste Repräsentant des Staates, sondern auch ein Mann von so großer Machtfülle, daß er als »Ersatzkaiser« (Theodor Eschenburg) charakterisiert worden ist. Er hatte den Oberbefehl über die Streitkräfte inne, er bestimmte den Reichskanzler, er war in Zeiten des Notstandes der Gesetzgeber. Vom Volk direkt auf sieben Jahre gewählt, konnte er sich auf eine lange, demokratisch legitimierte Amtsdauer einrichten. Dem Parlamentarischen Rat stand abschreckend vor Augen, welch unheilvolle Rolle Deutschlands zweiter Reichspräsident, der vormals kaiserliche Generalfeldmarschall Paul von Hindenburg, während der Endphase der Weimarer Republik beim Übergang in das Naziregime gespielt hatte.

Zunächst beseitigte der Parlamentarische Rat, dem alle plebiszitären Strukturelemente ein Greuel waren, die Volkswahl des Staatsoberhauptes. Der Bundespräsident wird vielmehr von der *Bundesversammlung* gewählt, einem Gremium, das zur Hälfte aus den Abgeordneten des Bundestages, zur anderen Hälfte aus Delegierten besteht, welche von den Landtagen im Verhältnis ihrer Parteistärke entsandt werden. Die Bundesversammlung hat damit derzeit über 1300 Mitglieder. Für die Wahl des Bundespräsidenten ist im ersten und zweiten Wahlgang die absolute Mehrheit der Stimmen der Bundesversammlung erforderlich, im dritten Wahlgang genügt die relative Mehrheit. Der Bundespräsident muß das 40. Lebensjahr vollendet haben. Die Wahl des Bundespräsidenten findet alle fünf Jahre statt, in der Regel am 23. Mai, dem Jahrestag der Verabschiedung des Grundgesetzes und damit dem Verfassungstag der Bundesrepublik (der aber nie ihr Staatsfeiertag wurde). Die Amtszeit des Bundespräsidenten beträgt also fünf Jahre; er kann *einmal* wiedergewählt werden. Obwohl bei der Wahl durch die Bundesversammlung deren parteipolitische Zusammensetzung ausschlaggebend ist, wird von dem gewählten Kandidaten erwartet, daß er mit Amtsantritt seine Parteimitgliedschaft ruhen läßt. Die Person des Bundespräsidenten soll über dem parteipolitischen Kampf und der machtpolitischen Auseinandersetzung stehen, sie soll die Einheit des Staates symbolisieren.

Das Grundgesetz beschränkt den Präsidenten fast vollständig auf die Funktion eines obersten Repräsentanten des Staates. Als solcher vertritt er die Bundesrepublik Deutschland nach innen wie nach außen und schließt in deren Namen Staatsverträge ab. Die dem Bundespräsidenten verbliebenen politischen Funktionen sind weitgehend formaler Natur. Sie werden allenfalls in kritischen Situationen des Staatslebens politisch bedeutsam. Bei der Ernennung des Bundeskanzlers kann er nur in einer höchst komplizierten Situation – wenn bei der Wahl des Kanzlers im Bundestag auch im dritten Wahlgang nur eine relative Mehrheit der Stimmen erreicht wird – zwischen der Ernennung des Kandidaten und der Auflösung des Parlaments entscheiden. Eine solche Situation ist bisher noch nicht eingetreten. Hingegen ist es schon zweimal vorgekommen, daß der Bundespräsident nach einer gescheiterten Vertrauensfrage des Bundeskanzlers den Bundestag aufgelöst hat: 1972, als es unter Willy Brandt zu einem parlamentarischen Patt zwischen Regierungs- und Oppositionsfraktionen kam, und 1982, als Helmut Kohl nach seiner parlamentarischen Wahl zum Bundeskanzler die plebiszitäre Bestätigung durch Neuwahlen anstrebte. Zu den mehr staatsnotariellen Funktionen des Bundespräsidenten gehört die Erfordernis seiner Unterschrift unter Bundesgesetze und Ernennungsurkunden von Bundesbeamten und Offizieren. Hier vollzieht er faktisch den Willen der anderen Staatsorgane; seine damit verbundenen Rechte zur Prüfung sind ziemlich begrenzt. In allen exekutiven Akten, die er vornimmt, ist er an die Gegenzeichnung des Bundeskanzlers oder des zuständigen Ministers gebunden. Direkter politischer Einfluß auf die übrigen Verfassungsorgane, insbesondere auf den Bundeskanzler, ist dem Bundespräsidenten verwehrt. Er hat jedoch das Recht auf Information. Sein Staatssekretär, der an der Spitze des Bundespräsidialamtes steht, nimmt an den Sitzungen des Bundeskabinetts teil.

Auch wenn die direkten politischen Eingriffsmöglichkeiten des Bundespräsidenten in der Tat außerordentlich gering sind, so hat er doch indirekte, nicht an formale Kompetenzen gebundene Einflußmöglichkeiten auf das politische Leben, die nicht unterschätzt werden dürfen. Zwar kann er kaum selbst politisch handeln, er vermag aber durch Ratschläge und Warnungen auf die anderen Staatsorgane einzuwirken. In dieser Eigenschaft als Friedensrichter und Schlichter ist der Bundespräsident meistens auf diskretes Vorgehen hinter den Kulissen verwiesen. Gleichzeitig kann er über den Appell an die Öffentlichkeit zu deren staatsbürgerlicher Aufklärung und Erziehung beitragen. So illustriert die Funktion des Bundespräsidenten im politischen System der Bundesrepublik, daß Politik und politischer Einfluß sich keineswegs auf den Bereich der politischen Entscheidung und Machtdurchsetzung beschränkt, sondern auch im Prozeß der öffentlichen Diskussion und Legitimation politischer Entschlüsse und Institutionen abläuft. Die Institution des Bundespräsidenten erscheint nur aus autoritär-obrigkeitsstaatlicher Perspektive unwichtig, in einem staatsbürgerlich-demokratischen Verständnis hingegen kommt ihr durchaus erhebliche Bedeutung zu.

Für das allgemeine Verständnis des Präsidentenamtes hat der erste Bundespräsident, *Theodor Heuss*, die Maßstäbe gesetzt. Der altliberale Schwabe sah seine Funktion nicht im engeren Sinne politisch, sondern verstand sich als geistiger Repräsentant des neuen deutschen Staates nach innen und außen. Durch seinen zivilen Charakter, seine Humanität und umfassende Bildung verlieh er seiner Amtsführung eine sehr persönliche Note. Ihm ging es darum, geistige und kulturelle Maßstäbe für die Entfaltung des noch unsicheren und schwachen demokratischen Bewußtseins der Bundesrepublik zu setzen. Diese politisch-kulturelle Funktion hat er in seiner zehnjährigen Amtszeit unter großer Zustimmung aller politischen Parteien und mit großem Ansehensgewinn im In- und Ausland hervorragend erfüllt, was auch dem von ihm repräsentierten Staat und dessen demokratischer Ordnung zugute kam. Dieses Amtsverständnis ging allerdings auf Kosten einer intensiveren politischen Einflußnahme selbst indirekter Art. So hat Theodor Heuss keine politischen Konflikte mit Konrad Adenauer riskiert und sich insbesondere in der Auseinandersetzung über die Verfassungsmäßigkeit der deutschen Wiederbewaffnung dem starken Willen des ersten Bundeskanzlers gebeugt.

Den von Heuss geprägten Stil hat sein Nachfolger *Heinrich Lübke*, ein Verlegenheitskandidat der CDU (nachdem Adenauer 1959 seine Absicht, selbst für das Präsidentenamt zu kandidieren, plötzlich wieder aufgegeben hatte), nicht ähnlich überzeugend fortführen können. Lübke war ein blasser, gleichwohl redlich bemühter, in den letzten Jahren seiner zehnjährigen Amtszeit gelegentlich fast peinlich wirkender Bundespräsident (der aber durch eine heimtückische Krankheit in Mitleidenschaft gezogen war). Der vormalige Bundeslandwirtschaftsminister hat weit stärker als Heuss unter der politischen Machtlosigkeit dieses Amtes gelitten, gerade weil ihm eine breitere Ausstrahlung versagt blieb.

Einen neuen und deutlicheren Akzent setzte dann wieder *Gustav Heinemann*. Nach dem FDP-Politiker Heuss und dem Christdemokraten Lübke war Heinemann, der in einem äußerst spannenden Wahlgang im März 1969 für fünf Jahre zum Bundespräsidenten gewählt wurde, der erste Sozialdemokrat als Staatsoberhaupt seit Friedrich Ebert, dem ersten Präsidenten (1919–1925) der Weimarer Republik. Heinemann verstand sich ganz als Bürgerpräsident, als Demokrat unter Demokraten, mit der Aufgabe und Pflicht, unparteiisch das ganze Volk zu vertreten. Er war bestrebt, das offizielle Dekorum, das den Bundespräsidenten bei seinen Funktionen umgibt, auf ein Minimum zu beschränken: Staatsrepräsentation sollte nüchtern-würdevoll, aber nicht pompös sein.

Vierter Bundespräsident wurde 1974 der Vorsitzende der FDP und erste Außenminister der sozial-liberalen Koalition, *Walter*

Scheel. Scheel hat das Amt gemäß seinem rheinischen Naturell wieder stärker im Sinne kultivierter, sich gleichwohl locker gebender staatlicher Repräsentation aufgefaßt und damit von neuem bestätigt, daß die Art und Weise, wie ein Bundespräsident seine Amtspflichten wahrnimmt, zu einem guten Teil durch seine je eigene Persönlichkeit geprägt wird.

Auf Walter Scheel, der gern eine weitere Amtszeit absolviert hätte, sich aber trotz großer Popularität angesichts der gewandelten Mehrheitsverhältnisse in der Bundesversammlung nicht mehr zur Wahl stellte, folgte 1979 mit dem ehemaligen CDU-Fraktionsvorsitzenden und Bundestagspräsidenten *Karl Carstens* noch zu Zeiten der sozial-liberalen Bundesregierung Schmidt/Genscher ein Politiker von stark konservativem Zuschnitt. Seine Wahl und seine Persönlichkeit waren Ausdruck einer auf die bewegten siebziger Jahre folgenden konservativen Tendenzwende in der deutschen Politik.

Der 1984 gewählte sechste Bundespräsident *Richard von Weizsäcker* (CDU) war wohl eine Idealbesetzung für dieses Amt; er wurde 1989 wiedergewählt. Das hohe Ansehen, das sich Richard von Weizsäcker innerhalb kürzester Zeit sowohl im Inland wie im Ausland erwarb, beruhte neben seinem ebenso würdevollen wie verbindlichen Auftreten insbesondere auf der Selbständigkeit und Unabhängigkeit seines politischen Urteils in allen Fragen, die für die Deutschen von Belang waren, auf seinem sicheren Gespür für die Probleme der Zeit und auf seiner Fähigkeit, Grundsatzfragen der politischen Ordnung auch dann zu artikulieren, wenn das für seine früheren Parteifreunde an der Spitze der Bundesregierung unangenehm war. Seine Rede vor dem Deutschen Bundestag am 8. Mai 1985 aus Anlaß der deutschen Kapitulation vor vierzig Jahren ist weit über die Grenzen Deutschlands hinaus als eine Meisterleistung in der Auseinandersetzung mit der deutschen Vergangenheit und ihren Folgerungen für die Gegenwart und Zukunft gewürdigt worden.

Roman Herzog als der 1994 gewählte Bundespräsident hat sich von dem großen Schatten seines Vorgängers nicht verdecken lassen. Vielmehr ist es dem vormaligen Grundgesetz-Kommentator und Präsidenten des Bundesverfassungsgerichts innerhalb kurzer Zeit gelungen, einen eigenen bürgernahen und jovialen Amtstil zu entwickeln, der demjenigen von Theodor Heuss – dem ersten deutschen Professor auf dem Präsidentenstuhl – nicht unähnlich war.

Obwohl Herzog in seiner Zeit als CDU-Politiker und Verfassungsrichter eher als ein Vertreter der Maxime von Recht und Ordnung
galt, verkörperte er doch als Bundespräsident die demokratische
Liberalität des deutschen Verfassungsstaates. In wegweisenden Reden hat er die Deutschen auf wichtige Zukunftsaufgaben, insbesondere in Bildung und Wissenschaft hingewiesen und sie aufgefordert,
sich einen »Ruck zu geben«.

Nachdem Roman Herzog die Möglichkeit einer erneuten Kandi-
datur ausgeschlossen hatte, wurde bei der letzten Bundespräsidentenwahl, die am 23. Mai 1999, dem 50. Jahrestag der Unterzeichnung des Grundgesetzes, im total renovierten Berliner Reichstag
stattfand, *Johannes Rau* von der rot-grünen Mehrheit zum neuen
Staatsoberhaupt gewählt. Auf den langjährigen nordrhein-westfälischen »Landesvater« schien wegen seiner integrativen Fähigkeiten
das Amt des Bundespräsidenten wie zugeschnitten. Doch zunächst
hat er sich mit dem Übergang vom nordrhein-westfälischen Ministerpräsidenten (mit exekutiven Möglichkeiten) in ein zwar würde-
volleres, aber mehr mit symbolischen als praktischen Mitteln ausgestattetes Amt etwas schwergetan. Inzwischen hat Johannes Rau mit
dem ihm eigenen Stil, der Gelassenheit und Profil verbindet, an Anerkennung gewonnen.

Insgesamt haben die Bundesdeutschen mit ihren bisher acht Präsidenten von Heuss bis Rau und sieben Kanzlern von Adenauer bis
Schröder Glück gehabt (Gerhard Schröder würde es sich verbitten,
über ihn bereits ein historisches Urteil zu treffen). Sie alle waren
nicht nur sehr ehrenwerte politische Persönlichkeiten, sondern haben überwiegend in ihren Ämtern an öffentlicher Autorität und
Statur gewonnen: die Bundespräsidenten mehr in repräsentativer
und legitimierender Hinsicht, die Bundeskanzler mehr in politik-
strukturierender und politikentscheidender Funktion. Das ist nicht
nur im Kontrast zu früheren deutschen Zeiten, sondern auch im internationalen Vergleich keineswegs selbstverständlich und hat wesentlich zum Ansehen und zur Stabilität der neuen deutschen Demokratie im Inland, ganz besonders aber im Ausland beigetragen.

XII. Kapitel

Rechtsstaat und Bundesverfassungsgericht

1. Prinzip und Organisation des Rechtsstaates

Neben dem Demokratiegebot, der Sozialstaatlichkeit und der föderalistischen Ordnung gehört das Rechtsstaatsprinzip zu den wichtigsten Maximen des politischen Systems der Bundesrepublik
Deutschland, wie sie im Grundgesetz in Art. 20 und 28 festgelegt
worden sind. Doch normiert die bundesdeutsche Verfassung nicht
nur das Prinzip des Rechtsstaates, sondern ist zugleich in ihrer politischen Leitfunktion ein wesentlicher Ausdruck der Rechtsstaatlichkeit der politischen Ordnung. Heute gehört es in Deutschland
zu den rechtsstaatlichen Selbstverständlichkeiten, daß die staatlichen Organe sich an die gesetzlichen Vorgaben halten und insbesondere die Grund- und Menschenrechte respektieren, daß ein umfassender Gerichtsschutz garantiert ist und daß die Instanzen der
Gerichtsbarkeit von den Institutionen der Gesetzgebung und Regierung getrennt sind. Viele dieser rechtsstaatlichen Ideen waren
bereits in den frühbürgerlichen Ideen der Aufklärung, insbesondere
den Lehren von Kant angelegt, doch ihre gegenwärtige Ausprägung
ist das Produkt der leidvollen Erfahrungen der Deutschen mit politischer Willkür, menschenverachtender Ungerechtigkeit und le-
bensvernichtendem Unrecht. Durch die rechtsstaatliche Ordnung
gewinnt heute das demokratische Staatsleben seine äußere Form
und Struktur, innerhalb deren der politische Prozeß unter Beachtung elementarer Werte und bestimmter Regeln abläuft. Staatliche
Machtausübung wird durch die rechtsstaatliche Ordnung begrenzt,
indem einerseits die Bereiche und Formen staatlichen Wirkens
durch Verfassung und Gesetze fixiert werden und andererseits dem

einzelnen ein rechtlich gesicherter freiheitlicher Entfaltungsraum gewährleistet wird.

Der ältere Begriff des Rechtsstaates zielte auf ein *formelles* Verständnis ab: Gefordert wurde die Bindung des Staates, seiner Behörden und Amtsträger an den Buchstaben der Gesetze und Verordnungen. Diese Lehre von der formellen Gesetzmäßigkeit allen staatlichen Handelns ist in Deutschland im frühen 19. Jahrhundert von liberalen Rechtslehrern als Reaktion auf den vorhergehenden Willkürstaat des Absolutismus entwickelt worden und hat sich trotz der politischen Niederlage des deutschen Bürgertums in der Paulskirchenrevolution (1849) in der Verfassungswirklichkeit des autoritären Kaiserreiches von 1871 weitgehend durchsetzen können. Die Prinzipien der Kalkulierbarkeit und Meßbarkeit allen staatlichen Handelns, insbesondere des Verbots rückwirkender Gesetze, erwiesen sich als eine wesentliche Voraussetzung für die Entfaltung der kapitalistischen Wirtschaftsordnung auch in Deutschland. An der Diktatur des Dritten Reiches zerbrach dann die bürgerlich-liberale Illusion, daß formell korrekt zustandegekommene Gesetze und die Ermächtigung staatlicher Behörden durch Gesetzesnormen notwendigerweise der Gerechtigkeit dienten. Vielmehr verstanden es die nationalsozialistischen Machthaber, nicht nur die unumschränkte Herrschaft ihres »Führers und Reichskanzlers« bzw. seiner Gefolgsleute, sondern auch die Entrechtung und Verfolgung ganzer Bevölkerungsteile in gesetzmäßiger Form festzulegen und durchzuführen. Dies erklärt zum Teil, warum sich das deutsche Berufsbeamtentum 1933 bis 1945 weitgehend als gehorsamer Diener des scheingesetzlichen Diktators erwies. Nur bei der kollektiven Vernichtung von Menschenleben – angefangen bei den Euthanasie-Tötungen im eigenen Land bis hin zu den Massenmorden im Osten – scheute man davor zurück, das überlieferte legalistische Instrumentarium einzusetzen, und agierte aufgrund außergesetzlicher Anordnungen, denen die Legitimität eines »Führerbefehls« zugesprochen wurde.

Nach der historischen Erfahrung, daß ein formeller Rechtsstaat den materiellen Unrechtsstaat nicht verhindern, sondern ihm sogar als Instrument dienen konnte, war es ein zentrales Anliegen der Mitglieder des Parlamentarisches Rates, im Grundgesetz eine ähnliche Pervertierung des Rechts auszuschließen. Sie ergänzten daher das formelle Rechtsstaatspostulat durch das Prinzip eines *materiellen* Rechtsstaates, wodurch der Rechtsstaat vor Mißbrauch geschützt werden soll. Danach muß staatliches Handeln nicht nur in formell korrekten Formen, sondern auch unter Beachtung elementarer *Grundwerte* erfolgen. Das Grundgesetz beinhaltet daher zum einen eine Organisationsverfassung, zum anderen eine sowohl die staatlichen Organe als auch die Staatsbürger bindende Wertordnung. Diese wurde dem Grundgesetz bewußt in dessen erstem Abschnitt »Die Grundrechte« (Art. 1–19 GG) vorangestellt. Als grundlegenden und wichtigsten Wert definiert gleich der erste Satz von Art. 1 GG: »Die Würde des Menschen ist unantastbar.«

Die Grundrechte sollen nicht nur den Freiheits- und Entfaltungsraum des einzelnen sichern, sondern auch alle staatlichen Institutionen in ihrem Umgang mit den Bürgern binden. Es entsprach den bitteren Erfahrungen einer Kluft zwischen formeller und materieller Rechtsstaatlichkeit, wenn in Art. 20 Abs. 3 GG ausdrücklich zwischen dem formellen »Gesetz« und dem materiellen »Recht« als Verpflichtung für vollziehende Gewalt und Rechtsprechung unterschieden wird. Auch die Verknüpfung von Rechtsstaats- und Sozialstaatsprinzip in Art. 28 Abs. 1 GG zum Konzept des »sozialen Rechtsstaates« zielt auf die Verbindung von formellen mit materiellen Elementen.

Zum Schutz der formellen wie auch materiellen Rechtlichkeit der gesamten staatlichen Tätigkeit wurde im Grundgesetz ein umfassender Rechtsweg gegen alle Akte der öffentlichen Gewalt geschaffen, der in der Errichtung einer ungewöhnlich starken Verfassungsgerichtsbarkeit gipfelt. Die Funktion der Rechtsprechung durch unabhängige Gerichte wird in der Verfassungsordnung des Grundgesetzes deutlich abgehoben von der legislativen und exekutiven Funktion; sie dient der Wahrung, gegebenenfalls auch der Konkretisierung des Rechts und seiner stetigen Fortbildung. Demgemäß ist das Prinzip der Gewaltenteilung in bezug auf die dritte Gewalt am konsequentesten, wenn auch nicht radikal durchgeführt worden. Während im parlamentarischen Regierungssystem der Bundesrepublik für die politische Führung die gleichzeitige Zugehörigkeit zu Parlament und Regierung durchaus kompatibel, wenn nicht sogar systemnotwendig ist, dürfen die Richter keiner politischen Institution angehören; die politischen Institutionen ihrerseits dürfen ihnen keine Anweisungen geben, auch die Justizminister nicht. Allerdings regelt die Legislative die Gerichtsverfassung und ihr Verfahren. Die Exekutive bestellt im Normalfall die Richter, während die höchsten Richter am Bundesverfassungsgericht und an den oberen Bundesgerichten durch den Bundestag oder den Bundesrat gewählt und berufen werden. Im übrigen gilt der strikte Grundsatz der richterlichen Unabhängigkeit: Die Richter sind nur dem Gesetz unterworfen, ihnen dürfen für die Erfüllung ihrer Aufgaben keine Weisungen erteilt werden, und sie können von der Exekutive nicht abgesetzt oder versetzt werden (Art. 97 GG). Richter haben daher einen besonderen Rechtsstatus, der an den Beamtenstatus angelehnt, aber nicht mit diesem identisch ist.

Die *Organisation der Gerichtsbarkeit* in Deutschland ist stark durch ihre jahrhundertealte Entstehungsgeschichte geprägt und daher überaus kompliziert. Auf die älteste Tradition kann die Strafgerichtsbarkeit und die Ziviljustiz der sogenannten ordentlichen Gerichtsbarkeit zurückblicken, die in der Regel über vier Instanzen von den Amtsgerichten über die Landgerichte und Oberlandesgerichte bis hin zum *Bundesgerichtshof* (*BGH*) verfügt. Dieses Gericht, mit fünf Senaten für Strafsachen und zehn Senaten für Zivilsachen, hat seinen Sitz in Karlsruhe (ein Senat residiert in Berlin). Die Richter des BGH konnten sich nach der deutschen Vereinigung übrigens erfolgreich gegen den Umzug nach Leipzig, die Stätte des früheren Reichsgerichts, wehren. – Der BGH darf nicht mit dem gleichfalls in Karlsruhe ansässigen anderen Gericht, dem Bundesverfassungsgericht, verwechselt werden.

Die übrigen vier Gerichtsbarkeiten sind dreistufig, bis auf die zweistufige Finanzgerichtsbarkeit. Gegenstand der *Verwaltungsgerichtsbarkeit* sind Streitigkeiten aus dem Verwaltungsrecht, insbesondere Klagen von Bürgern gegen Maßnahmen der öffentlichen Gewalt. Die Verwaltungsgerichtsbarkeit hat aufgrund der wachsenden Gesetzgebungstätigkeit und Leistungsverwaltung des Staates umfangmäßig stark an Bedeutung gewonnen. Das Bundesverwaltungsgericht als oberstes deutsches Verwaltungsgericht hat seinen Sitz bislang noch in (West-)Berlin im historischen Gebäude des Preußischen Oberverwaltungsgerichts (was in den Zeiten des Kalten Krieges der DDR ein Dorn im Auge war). Es wird 2003 anstelle des Bundesgerichtshofs nach Leipzig in das renovierte Gebäude des ehemaligen Reichsgerichts umziehen. Die *Arbeitsgerichtsbarkeit* entscheidet über Streitigkeiten aus dem Arbeitsrecht; an ihrer Spitze steht das Bundesarbeitsgericht, früher in Kassel, heute in Erfurt. Hingegen ist das Bundessozialgericht, das an der Spitze der *Sozialgerichtsbarkeit* über Streitigkeiten der Sozial- und Arbeitslosenversicherung, des Kassenarztrechts und dergleichen entscheidet, in Kassel geblieben. Auch der Bundesfinanzhof, die oberste Instanz der *Finanzgerichtsbarkeit* auf dem Gebiet des Steuerrechts, hat an seinem Sitz in München festgehalten. Die örtliche Verteilung dieser oberen Bundesgerichte, die um ihrer Unabhängigkeit willen bewußt nicht am Sitz von Bundestag und Bundesregierung angesiedelt sind, spiegelt das föderalistische Prinzip der Bundesrepublik wider. – In allen genannten Gerichtsbarkeiten, zu denen noch einfache Bundesgerichte zur Regelung des Patentschutzes und dienstrechtlicher Fälle von Beamten und Soldaten kommen, mit über 1100 Gerichten sind 21 000 Richter und 5000 Staatsanwälte tätig. In Deutschland praktizieren 76 000 Rechtsanwälte und 10 000 Notare (1999).

In der DDR war die Gerichtsbarkeit wesentlich »schlanker« organisiert, die Unabhängigkeit der Rechtsprechung und Richter entsprechend den Maximen der »sozialistischen Gesetzlichkeit« allerdings nicht gewährleistet. Vielmehr wurden im SED-Regime die Gerichte als Teil der einheitlichen Staatsgewalt verstanden und faktisch den politischen Anweisungen der Parteispitze unterworfen. Nach der deutschen Vereinigung sind nicht nur die Gesetze der Bundesrepublik Deutschland, sondern auch die Strukturen der westdeutschen Gerichtsorganisation auf die neuen Bundesländer übertragen worden; einerseits hat damit die Rechtsstaatlichkeit Einzug gehalten, andererseits sind vielen Menschen im Osten die komplexen Strukturen des bundesdeutschen Rechts- und Gerichtsalltags noch fremd. Die ostdeutsche Bürgerrechtlerin Bärbel Bohley meinte hierzu einmal: »Wir haben Gerechtigkeit erwartet und den Rechtsstaat erhalten.« Der Umgang mit Behörden und Gerichten gehört als Verwaltungs- und Rechtskultur zu jenem größeren Bereich der politischen Kultur, auf dem das Zusammenwachsen der Deutschen nach der Vereinigung wohl die längste Zeit benötigen wird.

Die Entschiedenheit, mit der Verfassungs- und Gesetzgeber in der Bundesrepublik danach getrachtet haben, den rechtsstaatlichen Charakter der politischen Ordnung zu untermauern, hat der Justiz zweifellos einen erheblichen Machtzuwachs verschafft. Von manchen kritischen Beobachtern wird sogar die Gefahr beschworen, daß der »Rechtsmittelstaat« in einen »Justizstaat« umschlagen könne, in welchem die Justiz nicht mehr eine neben anderen Gewalten, sondern eine übergeordnete Macht darstellt. Wenn sich die Tätigkeit der Gerichte auf die bloße Interpretation von Gesetzen und die Subsumtion von Einzelfällen unter die Normen beschränken würde, wäre mit einer solch herausgehobenen Stellung der Rechtsprechung keine Gefahr verbunden. Doch ist es inzwischen ein Allgemeinplatz, daß richterliche Entscheidungen nicht nur (auch) auf Ermessensspielraum beruhen, sondern gleicherweise von gesellschaftlichen Wertmaßstäben beeinflußt werden, wobei das gesellschaftliche Herkunftsmilieu der Juristen und ihre Sozialisation während der Ausbildung eine Rolle spielen. Deshalb wird in der Bundesrepublik immer wieder der Ruf nach einer organisatorischen Reform der Gerichtsbarkeit *und* nach einer inhaltlichen Neugestaltung der Juristenausbildung erhoben. Die auch in Zukunft sicherlich weitergehenden Bemühungen um eine Justizreform müssen in erster Linie die im jetzigen Gerichtssystem vorhandene Zersplitterung und Überlastung beseitigen. Derartige Reformen sind wegen der Kompliziertheit der Materie und der allgemeinen Empfindlichkeit aller Betroffenen in Fragen der Rechtsordnung ziemlich schwierig und mühsam. Sie müssen jedoch fortgesetzt werden, wenn der Rechtsstaat seine eigentliche Funktion erfüllen soll, nämlich ein Staat zu sein, der das Recht seiner Bürger wirkungsvoll und nach den Grundsätzen der Gerechtigkeit schützt und fördert.

2. Das Bundesverfassungsgericht

Sowohl die rechtsstaatliche Bedeutung als auch die politische Problematik der Gerichtsbarkeit im politischen System der Bundesrepublik kulminiert im *Bundesverfassungsgericht* (*BVerfG*). Bei diesem Gericht (Sitz: Karlsruhe) handelt es sich in formaler Hinsicht nicht, wie oft unterstellt wird, um das »oberste« deutsche Gericht, vergleichbar dem *Supreme Court* der USA in Washington, D.C., sondern um ein auf die Entscheidung verfassungsrechtlicher Fragen spezialisiertes Bundesgericht. In dem Bestreben, den Rechtsstaat für die Bürger zu einer Realität zu machen und den Staat mit all seinen Institutionen daran zu hindern, die Prinzipien des formellen und materiellen Rechts zu verletzen, hat der Parlamentarische Rat nicht nur eine umfassende richterliche Kontrolle aller Akte der Exekutive durch die Verwaltungsgerichte gewährleistet, sondern auch einen eigenen Verfassungsgerichtshof geschaffen.

Die wesentliche Aufgabe des Bundesverfassungsgerichts besteht darin, die Einhaltung der Regeln und Wertentscheidungen des Grundgesetzes gegenüber allen Verfassungsorganen wie auch allen Staatsbürgern zu sichern und die verbindliche Interpretation bzw. Weiterentwicklung der Verfassung zu gewährleisten. So ist in Deutschland auch das durch Direktwahlen demokratisch legitimierte Parlament keineswegs völlig souverän, sondern an die Verfassung und deren Interpretation durch das Bundesverfassungsgericht gebunden. Nur wenn eine Mehrheit von zwei Dritteln der Abgeordneten des Bundestages sowie der Mitglieder des Bundesrates das Grundgesetz selbst ändert, könnte ein derartiger Beschluß der möglichen Korrektur durch das Gericht entgehen. Nicht antasten, selbst nicht mit verfassungsändernder Zweidrittelmehrheit, darf der Gesetzgeber die im Grundgesetz verankerten Staatsziele einer demokratischen, föderalistischen, rechts- und sozialstaatlichen sowie republikanischen Staatsordnung und den Wesensgehalt der Grund- und Menschenrechte, wie er sich aus dem übergeordneten Staatszweck der Erhaltung der Menschenwürde ergibt (Art. 79 Abs. 3 GG). Damit unterliegt nicht nur die einfache Gesetzgebung, sondern auch die Verfassungsgesetzgebung der richterlichen Kontrolle.

In solch weitreichenden Funktionen des Bundesverfassungsgerichts schlägt sich das Axiom der Überordnung der Verfassung gegenüber dem politischen Handeln der anderen Staatsgewalten nieder. Das Grundgesetz ist der verbindliche rechtliche Rahmen, innerhalb dessen sich das Staatsleben vollziehen soll. Rudolf Smend, der liberal-konservative Staatsrechtslehrer der Weimarer und Bonner Republik, dessen Verfassungstheorie eine maßgebliche Orientierung für das Bundesverfassungsgericht war, sah die integrative Funktion dieses Gerichtes für die Rechtsstaatlichkeit der Bundesrepublik in einem dreifachen Sinne: »Es [das Verfassungsgericht] schafft Ordnung in dem weiten Bereich verfassungsrechtlicher Fragen, in dem nur eine unabhängige Justiz höchsten Ranges echte Ordnung schaffen kann. Es verstärkt die Fundamente unseres politischen Daseins, indem es uns die Rechtsstaatlichkeit unseres Gemeinwesens und die gewährleistete Würde des freien Bürgers als Wirklichkeit erleben läßt. Es kämpft um die Herrschaft des Rechten und Guten, indem es diese höchsten irdischen Werte zur Grundlage seiner Entscheidungen macht.«

Das Bundesverfassungsgericht ist damit der »Hüter der Verfassung« (der Begriff geht eigentlich auf Carl Schmitt zurück, den in der Weimarer Republik konservativ-autoritären, im Dritten Reich totalitären Staatstheoretiker, der ihn allerdings nicht auf ein Verfassungsgericht, sondern auf den Reichspräsidenten, später den »Führer« angewendet wissen wollte). In der Bundesrepublik entscheidet das Bundesverfassungsgericht, wie in konkreten Streitfällen der konstitutionelle Rahmen beschaffen ist, an den die Politik sich zu halten hat. Kurz und knapp gesagt: Nicht auf die Verfassung kommt es an, sondern darauf, wie diese vom Bundesverfassungsgericht interpretiert wird.

Im internationalen Vergleich verfügt die Bundesrepublik über die extensivste Verfassungsgerichtsbarkeit aller Staaten. Dies kommt organisatorisch darin zum Ausdruck, daß das Bundesverfassungsgericht ein unabhängiges Verfassungsorgan ist, welches auch mit seinem Haushalt keiner anderen Behörde, nicht einmal dem Bundesjustizministerium, untersteht. Als Verfassungsorgan steht es gleichberechtigt neben Bundestag, Bundesregierung, Bundesrat und Bundespräsident, den übrigen Verfassungsorganen. Die Macht des Bundesverfassungsgerichts erwächst aus der Fülle seiner rechtsprechenden Kompetenzen und der politischen Bedeutung, welche es nicht nur für den Regierungsprozeß, sondern auch für das Verhältnis zwischen Bürger und Staat hat. Nach seinem eigenen Urteil wirkt es »machtverteilend und machtbegrenzend auf die anderen Verfassungsorgane« ein. Nach dem Urteil mancher Kritiker fungiert es als eine Art Superlegislative, die nicht nur den Gesetzgeber in die Schranken weisen, sondern auch seine Stelle einnehmen könne. Doch macht die Funktion des berufenen richterlichen Hüters das Bundesverfassungsgericht noch nicht, wie einige meinen, zur obersten Verfassungseinrichtung, vielmehr fügt sie dieses Gericht in das vom Grundgesetz intendierte System von *checks and balances* ein: ein System von Gewalten und Gegengewalten, worin die Verfassungsrechtsprechung zwar nicht das entscheidende, aber auf Antrag eines der anderen Verfassungsorgane gemäß ihrer richterlichen Funktion oft das letzte Wort hat.

Die rechtsprechenden Funktionen des Bundesverfassungsgerichts ergeben sich aus den Art. 93–100 GG und dem Gesetz über das Bundesverfassungsgericht von 1951, dem Gründungsjahr des BVerfG. Sie umfassen fünf Bereiche:

(1.) Das Bundesverfassungsgericht entscheidet Streitigkeiten zwischen Bund und Ländern bzw. zwischen den Ländern. Die Entscheidung solcher *bundesstaatsrechtlicher Streitigkeiten*, bei der die Bundesregierung und die Länderregierungen antragsberechtigt sind, ist eine traditionelle Aufgabe der Staatsgerichtsbarkeit in Deutschland.

(2.) Das Bundesverfassungsgericht entscheidet Streitigkeiten zwischen Organen des Bundes. Mögliche Antragsteller bei diesen sogenannten *Organstreitigkeiten* sind nicht nur Bundespräsident, Bundesrat, Bundesregierung und Bundestag, sondern auch einzelne Fraktionen des Parlaments. Auf diesem Wege kann auch die parlamentarische Opposition, wenn sie sich in ihren Rechten beeinträchtigt sieht, gegen die Regierungsmehrheit klagen.

(3.) Das Bundesverfassungsgericht prüft die Vereinbarkeit von Bundesgesetzen mit der Verfassung bzw. von Landesrecht mit Bundesrecht. Diese sogenannten *Normenkontrollverfahren* basieren auf dem Grundsatz, daß niedrigere Rechtsnormen (z. B. Gesetze und Rechtsverordnungen) mit höherrangigen Normen (der Verfassung) übereinstimmen müssen. Durch die Normenkontrolle übt das Gericht auch legislative Macht aus. Aus formaljuristischer Sicht geschieht dies zwar nur in negativer Weise, indem ein Gesetz für verfassungswidrig erklärt wird und daraufhin vom Gesetzgeber neu formuliert werden muß. Durch die Hinweise in den ausführlichen Urteilsbegründungen, wie die entsprechende Materie verfassungskonform geregelt werden könne, übt das Gericht faktisch aber auch eine positive Gesetzgebungsfunktion aus. Beispielhaft sind die jüngsten Entscheidungen des Karlsruher Gerichts zum Familienlastenausgleich und zur Pflegeversicherung, durch die das Sozialstaatsprinzip des Grundgesetzes sehr konkret weiterentwickelt wurde und dem Gesetzgeber höchst präzise zeitliche und inhaltliche Vorgaben gemacht wurden. Diese quasi-legislative Funktion des Bundesverfassungsgerichts ist nicht unumstritten.

(4.) Das Bundesverfassungsgericht führt die im Grundgesetz vor allem im Rahmen der Konzeption der *wehrhaften Demokratie* vorgesehenen quasistrafrechtlichen Verfahren durch, insbesondere beim Antrag auf das Verbot einer Partei als verfassungswidrig (Art. 21 GG) oder auf Verwirkung von Grundrechten bei deren Mißbrauch im Kampf gegen die freiheitlich-demokratische Grundordnung (Art. 18 GG). Nachdem die Möglichkeit des Parteienverbotes durch das Bundesverfassungsgericht nach den Verfahren gegen die SRP und KPD in den fünfziger Jahren 45 Jahre lang nicht wahrgenommen wurde, ist sie 2001 durch den Antrag auf Feststellung der Verfassungswidrigkeit der NPD reaktiviert worden. Die Möglichkeit einer Anklage gegen den Bundespräsidenten und Bundesrichter wegen vorsätzlicher Verletzung des Grundgesetzes gehört ebenfalls in diese Kategorie, ist allerdings noch nie relevant geworden.

(5.) Das Bundesverfassungsgericht trifft die Entscheidung bei *Verfassungsbeschwerden*. Mit einer Verfassungsbeschwerde kann sich jeder Bürger an das Gericht wenden, der glaubt, er sei durch die öffentliche Gewalt in seinen Grundrechten verletzt worden. Auch Gesetze oder Gerichtsurteile, die den Kläger direkt in einem Grundrecht verletzen, können Gegenstand einer Verfassungsbeschwerde sein. Auf diese Weise können auch letztinstanzliche Entscheidungen der einzelnen Gerichtsbarkeiten nochmals auf ihre Vereinbarkeit mit der Verfassung überprüft werden, was dem Bundesverfassungsgericht den irrtümlichen Nimbus eines »obersten Gerichts« eingetragen hat. Mögliche Antragsteller sind alle Bürger, nicht nur deutsche Staatsangehörige, sondern auch die von Entscheidungen der deutschen Staatsgewalt betroffenen Ausländer, z. B. bei Nicht-Gewährung des Aufenthalts- und Asylrechts. Die Möglichkeit von Verfassungsbeschwerden, die im Grundgesetz noch nicht vorgesehen war, sondern erst 1951 durch das Bundesverfassungsgerichtsgesetz eröffnet wurde, hat in der Folgezeit wesentlich zum Vertrauen der Bevölkerung in das Gericht wie auch in das gesamte politische System beigetragen. Doch ist das Bundesverfassungsgericht zunehmend mit Verfassungsbeschwerden überschwemmt worden (heute im Jahresdurchschnitt 4700), sie machen an die 95 Prozent der beim Gericht anhängigen Verfahren aus, haben aber nur eine Erfolgsaussicht von etwa 3 Prozent. Daher sind beim Bundesverfassungsgericht kleinere Kammern zur Vorprüfung von Verfassungsbeschwerden eingerichtet worden, und man überlegt, nach amerikanischem Muster nur noch solche Verfassungsbeschwerden anzunehmen, deren Entscheidung für den Grundrechtsschutz von besonderer Bedeutung ist.

Die Entscheidung verfassungsrechtlicher Streitigkeiten ist im Bundesverfassungsgericht aufgeteilt auf zwei Senate, in denen jeweils acht Verfassungsrichter und -richterinnen tätig sind. Ihnen arbeitet ein kleiner Kreis von juristischen Mitarbeitern zu, die man gelegentlich als informellen »dritten Senat« charakterisiert hat. Diese Mitarbeiter bestehen aus jüngeren hochqualifizierten Richtern, die vielfach am Anfang einer Karriere stehen, die sie in die oberen Bundesgerichte oder zurück an das Bundesverfassungsgericht führt. Die beiden Senatsvorsitzenden fungieren abwechselnd als Präsident bzw. Vizepräsident des Gerichts. Der Präsident/die Präsidentin des Bundesverfassungsgerichts gehört zu den namhaften Repräsentanten der Bundesrepublik Deutschland, und so wundert es nicht, daß Roman Herzog 1994 vom Karlsruher Präsidentenstuhl an die Spitze des Staates wechselte. Präsidentin des Gerichts ist z.Zt. (2001) Jutta Limbach (SPD), Vizepräsident Hans-Jürgen Papier (CSU). Es ist Ausdruck des hohen Ansehens des Bundesverfassungsgerichts, daß auch Frau Limbach als künftige Kandidatin für die Bundespräsidentschaft im Gespräch ist.

Immer wieder ist über die parteipolitische Neigung der einzelnen Bundesverfassungsrichter spekuliert und lange Zeit sogar im Anschluß an eine Behauptung Adenauers zwischen dem Ersten Senat als dem angeblich »roten« und dem Zweiten als dem »schwarzen« Senat unterschieden worden. Diese Vermutungen gehen auf das politisch geprägte *Auswahlverfahren für die Bundesverfassungsrichter* zurück. Sie werden für 12 Jahre je zur Hälfte vom Bundesrat und vom Bundestag, in letzterem von einem besonderen Richterwahlausschuß, gewählt; Wiederwahl ist ausgeschlossen. Verständlicherweise spielen parteipolitische Erwartungen und Neigungen eine nicht unbedeutende Rolle. So ist es üblich, daß der Vorsitzende des Ersten Senats von der CDU vorgeschlagen wird, während man den Vorsitz des Zweiten Senats in der Regel einem Kandidaten der SPD überläßt. Da die Wahl aber nicht nur zwischen Bundestag und Bundesrat aufgeteilt ist, sondern noch dazu mit Zweidrittelmehrheit erfolgen muß, können die einzelnen Parteien, selbst wenn sie über die Regierungsmehrheit verfügen, ihre Kandidaten nicht durchboxen – gegenseitige Rücksichtnahme ist erforderlich. Daher verabredet man in der Regel paketartige Personalvorschläge (»Wählst du meinen Kandidaten, unterstütze ich deinen Kandidaten«). Von solchen informellen Absprachen haben bisher gleichermaßen der CDU/CSU und der SPD nahestehende Kandidaten und auch – zumindest im Vergleich zu anderen politischen Spitzenpositionen – Frauen profitiert, die inzwischen fünf von sechzehn Bundesverfassungsrichterposten innehaben. Die CDU hat der FDP einen ihr zustehenden Sitz abgetreten. Ein den Grünen nahestehender Jurist ist bisher noch nicht in das Bundesverfassungsgericht gewählt worden.

Die Parteien sind immer wieder in den Erwartungen, die sie in bestimmte Kandidaten gesetzt haben, enttäuscht worden. So hat der als konservativ geltende vormalige Staatsrechtslehrer und baden-württembergische Innenminister Roman Herzog manche liberale Gerichtsentscheidung mitgetragen, was seine früheren Parteifreunde in der Bundesregierung verärgert hat, während der in seinem Fach hochangesehene, der SPD angehörende Ernst-Wolfgang Böckenförde 1993 mit den von der CDU nominierten Richtern gegen die Fristenlösung beim Schwangerschaftsabbruch gestimmt hat. Zu solchen Überraschungen für die parteipolitischen Strategen kommt es bei den Entscheidungen des Bundesverfassungsgerichts immer wieder, weil sich seine Richter trotz des Auswahlverfahrens nicht primär durch ihre politische Orientierung, sondern ihre hohe fachliche Qualifikation auszeichnen. Der Posten eines Verfassungsrichters stellt die Krönung einer deutschen Richterlaufbahn dar, und da sich seine Inhaber nicht um eine Wiederwahl bewerben müssen, beweisen ihre Urteile nicht nur in juristischer, sondern auch in politischer Hinsicht ihre Unabhängigkeit.

Die Urteile des Bundesverfassungsgerichts haben für das Verständnis der demokratischen Rechtsordnung der Bundesrepublik und ihre Anpassung an den gesellschaftlichen und politischen Wandel entscheidende Akzente gesetzt. Die Rechtsprechung zu den Grundrechten, insbesondere zur Meinungsfreiheit, hat entscheidend zur Liberalität der Bundesrepublik beigetragen, es sei nur an das wegweisende Lüth-Urteil von 1958 erinnert, aber auch an die Entscheidung von 1994 zur umstrittenen Verwendung des Tucholsky-Zitats »Soldaten sind Mörder«. Das Gericht hat auch durch Urteile zur Finanzierung von Parteien, zum Parteienverbot oder, nach der deutschen Vereinigung, zum Wahlrecht maßgeblich die weitere Entwicklung des politischen Systems im engeren Sinne bestimmt. Dabei hat sich das Verfassungsgericht in vielen Fällen nicht gescheut, der Regierung oder dem Parlament juristische Niederlagen beizubringen. So hat es 1961 den Plänen Adenauers für die Errichtung eines regierungsnahen Deutschland-Fernsehens einen Riegel vorgeschoben. Auch die Reformpolitik der sozial-liberalen Koalition unter den Bundeskanzlern Willy Brandt und Helmut Schmidt war mehrfach Gegenstand von Entscheidungen des Gerichts: Wesentliche Gesetzesbestimmungen zur Hochschulreform, dem Schwangerschaftsabbruch und der Verweigerung des Wehrdienstes wurden von ihm aufgehoben. Doch selbst wenn parlamentarische Mehrheitsentscheidungen von den Richtern in Karlsruhe als verfassungskonform hingenommen wurden, enthielt die Begründung oft sehr starke Restriktionen, was 1975 im Fall des Grundlagenvertrags (zwischen den beiden deutschen Staaten) einen prominenten SPD-Politiker sogar zu einer öffentlichen Verbalinjurie gegen das Gericht hinriß. Nachdem 1982 die CDU/CSU wieder die Regierung in Bonn übernommen hatte, konnte sich Bundeskanzler Kohl zwar über die verfassungsgerichtliche Hinnahme seines gewagten Manövers zur Auflösung und Neuwahl des Bundestages Anfang 1983 freuen, aber im Jahr 1995 trieb außer der Gerichtsentscheidung zu dem erwähnten Tucholsky-Zitat vor allem das Verbot des Anbringens von Kruzifixen in bayerischen Klassenzimmern die konservativen Koalitionäre zur Weißglut. Die teilweise massive Richterschelte durch enttäuschte Politiker hat die Autorität des Bundesverfassungsgerichts indessen eher gefördert: Bei der deutschen Öffentlichkeit verstärkte sich der Eindruck, in diesem Gericht einen Wahrer des allgemeinen Interesses zu besitzen, der sich keiner direkten politischen Pression beugt.

Das Bundesverfassungsgericht hat lange an der traditionellen Auffassung der deutschen Rechtslehre und Richterschaft festgehalten, ein Gericht könne sein Ansehen nur dadurch sichern, daß es einen einhelligen Richterspruch fälle und sich über den Verlauf der individuellen Meinungsbildung, der zu einem Urteil »im Namen des Volkes« führt, ganz ausschweige. Nach fast zwei Jahrzehnten seiner Tätigkeit ist das Gericht jedoch zu der Überzeugung gelangt, die Veröffentlichung abweichender oder konkurrierender (zum selben Ergebnis wie die Mehrheit kommender, aber anders begründeter) Minderheitsvoten neben der Begründung der Mehrheitsentscheidung sei im Interesse einer dynamischen Verfassungsinterpretation und wegen der Transparenz des richterlichen Entscheidungsprozesses wünschenswert. Eine entsprechende Änderung des Bundesverfassungsgerichtsgesetzes ist Ende 1970 vom Bundestag beschlossen worden. Abweichende Voten sind in der bisherigen Praxis des Bundesverfassungsgerichts zwar nicht besonders häufig gewesen, vor allem nicht in schriftlicher Form, sie werden aber zunehmend bei umstrittenen Entscheidungen vorgelegt, die in der Öffentlichkeit besonderes Interesse finden. In diesem Sinne wirkte die Veröffentlichung von *dissenting* und *concurring opinions* nach amerikanischem Vorbild positiv und meinungsbildend auf die öffentliche Debatte ein. So hat das Bundesverfassungsgericht zu einer Verlebendigung der Diskussion über Verfassungsprobleme beigetragen und unmittelbar deutlich gemacht, daß die Rechtsfindung gerade in den eminent politischen Fragen des Verfassungslebens wandelnden Gesichtspunkten und Methoden unterliegt, daß es eine Pluralität von Auffassungen gibt und daß der Entscheidungsprozeß in einem solchen Kollegium nicht immer einhellig abläuft. Das Gericht unterstützt auf solche Weise den Wandel von der traditionellen deutschen Ideologie eines homogenen und unpolitischen Staates zur pluralistischen Wirklichkeit des politischen Gemeinwesens der Gegenwart.

In der umfangreichen rechts- und politikwissenschaftlichen Literatur über die deutsche Verfassungsgerichtsbarkeit spielt die Frage eine wichtige Rolle, ob ein Gericht mit so starken Befugnissen nicht den Rechtsstaat zum Justizstaat, den Gesetzesstaat zum Richterstaat mache. Es wird befürchtet, daß eine Juridifizierung (Verrechtlichung) der Politik im Gegenzug zu einer Politisierung der Justiz führen könne, wie man sie in dem gelegentlichen parteipolitischen Gezerre um die Auswahl der Bundesverfassungsrichter erkennt. In der Tat ist die Verfassungsgerichtsbarkeit innerhalb eines politischen Systems um so wirkungsvoller, je ausschließlicher sie ursprüngliche Funktionen der Gerichtsbarkeit wahrnimmt. Das Gericht wird stets dann in seinem Element sein, wenn der Charakter der zu lösenden Fälle vorwiegend rechtlicher Natur ist. Handelt es sich jedoch um vorwiegend politische Fragen, so ist ein Gericht seiner Natur nach schlecht gerüstet, in solchen Fragen bindende Entscheidungen zu treffen. Das Bundesverfassungsgericht bemüht sich daher, entsprechend der angelsächsischen Doktrin des *judicial self-restraint*, in Fragen vorwiegend politischen Charakters um richterliche Zurückhaltung. Doch liegt es in aller Regel nicht in seiner Macht, der richterlichen Entscheidung über vorwiegend politische Streitfragen auszuweichen, wenn es in einer solchen Situation angerufen wird.

Aufgrund der stark ausgeprägten juristischen Mentalität der deutschen politischen Klasse sind sowohl die Organe, die das Gericht anzurufen berechtigt sind, wie auch das Gericht selbst nicht immer frei von der Versuchung, die juristische Dogmatik über die Komplexität des Politischen zu stellen. Die Verantwortung für diese Entwicklung liegt teils bei dem Gericht selbst, das trotz seines offiziellen Bekenntnisses zu politischer Zurückhaltung nicht durchgehend dem *judicial activism* widerstanden hat. In weit größerem Maße liegt die Verantwortung für eine Juridifizierung der Politik freilich bei den jeweiligen Antragstellern, kann doch das Bundesverfassungsgericht nicht von sich aus tätig werden, sondern nur auf Antrag der anderen Verfassungsorgane. Diese sind in Deutschland allzu leicht geneigt, politische Niederlagen auf dem Schauplatz der Parlamente in scheinbare Siege vor dem Gericht verwandeln zu wollen. Dies zeigte sich in besonders eklatanter Weise, als das Bundesverfassungsgericht die von der Mehrheit des Bundestages 1975 nach langen Debatten gefällte Entscheidung zugunsten der Fristenlösung für die Unterbrechung von Schwangerschaften (§ 218 StGB) als verfassungswidrig zurückwies. Dasselbe wiederholte sich 1992/93, als die von einer interfraktionellen Mehrheit des Bundestages getragene Fristenlösung erneut von konservativen Kräften vor dem Bundesverfassungsgericht in Frage gestellt wurde, dieses Mal allerdings mit Präzisierungen bestand.

Das Bundesverfassungsgericht hat einen wesentlichen Beitrag nicht nur zur Rechtsstaatlichkeit der Bundesrepublik, sondern auch zur Legitimität und damit zur Stabilität ihres politischen Systems geleistet. Es hat sich als ein wichtiges Element des Gewaltenteilungssystems der Bundesrepublik erwiesen. Die Tätigkeit des Bundesverfassungsgerichts hat unbestritten zu einer Vertiefung der Idee des freiheitlich-demokratischen Rechtsstaates beigetragen. In seiner Rechtsprechung ist alles in allem ein liberaler Grundzug vorherrschend, der sich von der eher konservativen Tendenz der Rechtsprechung einiger oberster Bundesgerichte deutlich abhebt. Das Karlsruher Gericht fungiert als ein wirklicher Hüter der Verfassung, gerade weil es weiß, daß die Respektierung der Verfassung letzten Endes die Sache aller Bürger ist.

XIII. Kapitel

Bundesstaat

1. Die föderative Ordnung

Schon in ihrem Staatsnamen symbolisiert die Bundesrepublik Deutschland die Bedeutung des Föderalismus. Dieser gehört neben der Demokratie, der Republik, dem Rechtsstaat und dem Sozialstaat zu den fünf grundlegenden Verfassungsprinzipien, auf denen nach Art. 20 GG ihr politisches System beruht und die nach Art. 79 Abs. 3 GG als unabänderlich gelten.

Das bundesstaatliche Ordnungsprinzip, wonach die staatlichen Funktionen zwischen einem Zentralstaat und den Gliedstaaten aufgeteilt werden, kann in Deutschland auf eine lange Tradition zurückblicken. In Mitteleuropa haben hier bis weit in die Neuzeit eine Vielzahl von selbständigen politischen Einheiten nebeneinander bestanden; es kam nicht wie in Frankreich und Großbritannien zu jenen straff regierten Königreichen, die an der Wiege der modernen Nationalstaaten standen. In Deutschland fanden sich die Herrschaften – von Staaten im modernen Sinne konnte man höchstens bei Bayern, Österreich und Preußen sprechen – nur zu mehr oder weniger lockeren Bündnissen zusammen, über lange Jahrhunderte in der Gestalt des Römischen Reiches Deutscher Nation oder (nach dessen Auflösung 1806) in den ersten zwei Dritteln des 19. Jahrhunderts im Deutschen Bund. Als schließlich in den Jahren 1866 bis 1871 auch Deutschland als »verspätete Nation« (Helmuth Plessner) seine nationalstaatliche Einheit mit »Blut und Eisen« durchsetzte, wie Otto von Bismarck als Gründer und erster Kanzler des Deutschen Reiches später sagte, geschah das in Gestalt eines Bundes regierender Fürsten (und dreier Stadtrepubliken). Das Deutsche

Reich von 1871 war ein autoritär-monarchischer Bundesstaat, der auf der historisch geprägten Individualität seiner Gliedstaaten aufbauen und ihre geschichtlich gewachsene Mannigfaltigkeit erhalten, aber gleichwohl in allen Fragen der nationalen Einheit zu einem gemeinschaftlichen Zusammenwirken gelangen wollte. Die bundesstaatliche Einheit sollte aus der regionalen Vielfalt hervorgehen, ohne diese zu gefährden. So ist der deutsche Föderalismus von seinen Ursprüngen her primär historisch legitimiert.

Die Weimarer Republik behielt den bundesstaatlichen Aufbau bei, auch wenn die autoritär-monarchischen durch demokratisch-republikanische Strukturen ersetzt und die zentrale Ebene vor allem auf dem Gebiet der Finanzverfassung gestärkt wurde. Im diktatorischen Einheitsstaat des sogenannten Dritten Reiches hingegen wurden die Länder nicht nur »gleichgeschaltet«, sondern auch in ihrer Eigenständigkeit weitgehend ausgehöhlt.

Nach dem Untergang des Hitler-Regimes knüpfte man bei der Wiederbelebung demokratischer Staatlichkeit nach 1945 daher bewußt an die älteren föderalistischen Traditionen Deutschlands an. Zwar hatten die westlichen Militärgouverneure eine demokratische Verfassung »föderalistischen Typs« vorgeschrieben, als sie im Frühjahr 1948 die deutschen Länder-Ministerpräsidenten dazu ermächtigten, eine verfassungsgebende Versammlung für den zu gründenden deutschen Weststaat einzuberufen, doch hatten die im Parlamentarischen Rat versammelten 65 Delegierten auch nichts anderes im Sinn: Sie wollten ebenfalls einen Bundesstaat. So kann von einem Oktroi der föderalistischen Verfassung durch die Alliierten nicht gesprochen werden. Die Grundentscheidung für eine bundesstaatliche Ordnung entsprach auch der Vorgeschichte der Bundesrepublik Deutschland, beruhte deren Staatsgründung doch auf der vorangegangenen Wiedergewinnung deutscher Staatlichkeit nach der Auflösung des Dritten Reiches durch die 1945/46 neugegründeten deutschen Länder, aus deren Bund unter Führung der Ministerpräsidenten der Länder 1948/49 der neue deutsche Zentralstaat hervorging – wenn auch infolge des Kalten Krieges einstweilen auf den Westen Deutschlands beschränkt.

Umstritten war im Parlamentarischen Rat lediglich, welchem System der Länderbeteiligung an Bundesangelegenheiten man den Vorzug geben sollte. Zwei Alternativen standen zur Diskussion:

Man konnte entweder nach amerikanischem Vorbild das Senatsprinzip wählen, bei dem die zweite, von den Bundesländern zu bildende Kammer mit Abgeordneten beschickt wird, die vom Volk direkt oder durch Landesparlamente gewählt werden; oder man konnte das traditionelle deutsche Ratsprinzip übernehmen, bei dem die Mitglieder der zweiten Kammer Abgesandte der Länderregierungen und an deren Instruktionen gebunden sind. Man entschied sich für die deutsche Tradition, d. h. der Bundesrat repräsentiert die Länderinteressen beim Bund durch ernannte, *nicht* gewählte Regierungsvertreter. Dementsprechend fungiert die Ländervertretung im Prozeß der staatlichen Willensbildung vornehmlich als ein Instrument der Exekutive und der Bürokratie, nicht jedoch als ein zusätzliches Organ der demokratischen Willensbildung.

Trotz dieser Entscheidung der Verfassungsgeber für ein Gestaltungsprinzip, das laut offizieller Bekundung »im geschichtlichen Prozeß der deutschen Staatswerdung tief verwurzelt« ist, entbrannte innerhalb des Parlamentarischen Rates Streit über die konkrete Festlegung und Abgrenzung der Zuständigkeiten von Bund und Ländern, insbesondere über die Aufteilung der Gesetzgebungskompetenz und der Finanzen auf Zentralstaat und Gliedstaaten. Die Kompromisse, die man schließlich fand, scheinen auf den ersten Blick den Ländern in der Verfassung des Gesamtstaates mehr Gewicht zu geben als dem Bund. Zwar ist das Recht des Bundes dem der Länder grundsätzlich übergeordnet (»Bundesrecht bricht Landesrecht«), aber ebenso grundsätzlich haben die Länder die Befugnis zur Gesetzgebung, sofern der Bund nicht ausdrücklich durch die Verfassung das Recht dazu besitzt. Faktisch ist jedoch die im Grundgesetz zwischen Bund und Ländern geteilte Gesetzgebungskompetenz heute weitgehend beim Bund konzentriert, die Länderparlamente sind als Legislativorgane ziemlich bedeutungslos geworden. Hingegen liegt die Ausführung der Gesetze, d. h. die Verwaltung und auch die Organisation der Rechtsprechung, weitgehend in der Hand der Länder.

Während die Bundesrepublik Deutschland mit ihrer föderalistischen *Struktur* und deren Kompetenzgefüge grundsätzlich an historische Vorgänger anknüpfte, nahm ihr bundesstaatlicher *Alltag* durch die Gestalt der Länder doch neue Formen und letztlich eine veränderte politische Funktion an. Von den hergebrachten deutschen Ländern hatten nämlich nur Bayern (der weitaus älteste Staat auf deutschem Boden) und die beiden Hansestädte Hamburg und Bremen die Systemumbrüche der jüngsten deutschen Vergangenheit überlebt. Im Südwesten Deutschlands fanden sich die während der Besatzungszeit etablierten drei Länder Baden, Württemberg-Baden und Württemberg-Hohenzollern 1952 in einer Volksabstimmung zu Baden-Württemberg zusammen, in welchem die beiden historischen Landesteile und deren Selbstgefühl fortleben. Alle anderen Länder der 1949 geschaffenen Bundesrepublik waren sozusagen neue Staatswesen, denen sowohl eine historische Tradition wie auch das Merkmal deutlicher Stammesunterschiede innerhalb der Bevölkerungen mehr oder weniger fehlten. Beim Zuschnitt dieser neuen Länder nach Kriegsende kam nicht nur die Gliederung Deutschlands in Besatzungszonen zum Tragen, sondern vor allem die durch die vier Siegermächte im Jahre 1946 verfügte staatliche Auflösung Preußens. Hatte Preußen bis dahin mit seinem sich von Aachen bis Königsberg erstreckenden Staatsgebiet und zwei Dritteln der deutschen Bevölkerung ein das föderalistische Gleichgewicht im Deutschen Reich verzerrendes Übergewicht, so wurden jetzt durch Dekret der Besatzungsmächte aus den ehemals preußischen »Provinzen« die Länder Schleswig-Holstein, Niedersachsen, Nordrhein-Westfalen, Rheinland-Pfalz, Hessen und – bis 1957 in einem autonomen Status an Frankreich (zwangs)angelehnt – das Saarland neu geschaffen. Diesen künstlichen Einheiten ist inzwischen in fünfzigjähriger Geschichte einiges an eigenständigem Profil und Selbstbewußtsein zugewachsen, doch handelt es sich bei ihnen mehr um politische Verwaltungseinheiten als um historisch fundierte Gliedstaaten der Bundesrepublik.

Hinzu kommt, daß die Flüchtlingsströme nach 1945 und die mit der Entfaltung der Industriegesellschaft verbundene soziale Mobilität die ethnischen Differenzierungen zwischen den deutschen Ländern zwar nicht beseitigt, aber doch etwas verwischt haben. Zur Einebnung der Mannigfaltigkeit der Gliedstaaten hat im übrigen auch die Sozialstaatsgesetzgebung des Bundes maßgeblich beigetragen. Sozialstaatliche Leistungen müssen einheitlich und gleichmäßig erbracht werden, eine Differenzierung nach Ländern würde den Maximen sozialer Gerechtigkeit und der gebotenen »Einheitlichkeit der Lebensverhältnisse« nach Art. 72 GG zuwiderlaufen.

Aus all diesen Gründen, vor allem aber wegen der zentralisierenden Tendenzen, welche die moderne Industriegesellschaft zwangsläufig hervorbringt, ist das Gewicht des Bundes im Verhältnis von Bund und Ländern heute viel stärker geworden, als es der Verfassungsgeber beabsichtigt hatte.

Die Länder haben wegen der zentralisierenden Tendenzen der modernen Gesellschaft heute kaum mehr die Chance, ein spezifisches politisches Eigenleben und eine differenzierte staatliche Eigenqualität zu entwickeln. Ihre politische Funktion ist reduziert auf eine gewisse Begrenzung der Macht des Gesamtstaates, also eine Art politische Gewaltenteilung. Die föderalistische Ordnung in der Bundesrepublik beruht also weniger auf regionalen Unterschieden als vielmehr auf verfassungspolitischen Überlegungen: Neben der horizontalen Gewaltenteilung zwischen den staatlichen Institutionen Legislative, Exekutive und Judikative soll eine zusätzliche, vertikale Dimension der Gewaltenteilung gesichert werden. In dieser Funktion haben die Bundesländer über die Institution des Bundesrates ein relativ großes Gewicht im deutschen Verfassungssystem.

Bei der Regelung der Gesetzgebungszuständigkeit unterscheidet das Grundgesetz formal zwischen (1.) ausschließlicher Gesetzgebung des Bundes, (2.) konkurrierender Gesetzgebung von Bund und Ländern und (3.) der Rahmengesetzgebung durch den Bund, deren detaillierte Ausfüllung den Ländern vorbehalten ist. Entscheidend für das große Übergewicht des Bundes im heutigen Gesetzgebungsprozeß wurde die Inanspruchnahme der meisten Bereiche der konkurrierenden Gesetzgebung durch den Bund unter Hinweis auf die Notwendigkeit einer einheitlichen Regelung der Lebensverhältnisse. Der legislativen Zuständigkeit der Länder blieb wenig mehr als die Regelung kultureller Angelegenheiten (vor allem Bildungswesen), das Polizei- und das Kommunalrecht. Doch selbst in diesen wenigen den Ländern noch verbliebenen Reservaten eigener legislativer Zuständigkeit macht sich in wachsendem Maße der Zwang bemerkbar, zu gemeinsamen politischen Richtlinien und Entscheidungen zu kommen. Die Länder haben sich darum im Laufe der Jahre veranlaßt gesehen, ihre eigene Tätigkeit durch Konferenzen der Länderminister zu koordinieren, um allzugroße Unterschiede der Politik und Verwaltung zwischen den einzelnen Ländern zu vermeiden. Die Beschlüsse dieser Fachministerkonferenzen, die durch

Zusammenkünfte der Regierungschefs aller Länder ergänzt werden, können zwar formal die Länderparlamente nicht binden, schränken jedoch den Rest von Parlamentssouveränität, der den deutschen Landtagen verblieben ist, noch weiter ein.

Exemplarisch für diese Ebene der Selbstkoordination zwischen den Ländern, die faktisch auf eine Absprache zwischen den Länderregierungen (und Länderbürokratien) hinausläuft, ist der Bereich des Bildungswesens einschließlich der Hochschulen. Hier spielt die *Kultusministerkonferenz* mit ihren Ausschüssen und ihrem Sekretariat eine nicht nur koordinierende, sondern vereinheitlichende Rolle. Dieses Beispiel macht auch deutlich, daß hinter solchen Tendenzen zu einem »unitarischen Bundesstaat« (Konrad Hesse) nicht bloß Kungeleien der politischen und bürokratischen Klasse stecken. Ausschlaggebend sind vielmehr die Erwartungen der Bundesbürger, in jedem Bundesland dieselben staatlichen Dienstleistungen zu erhalten und freizügig von einem in ein anderes Bundesland umziehen zu können, ohne sich z. B. um die Schulabschlüsse und den Hochschulzugang der Kinder sorgen zu müssen.

Die im Grundgesetz vorgesehene, relativ gleichgewichtige Kompetenzverteilung zwischen Bund und Ländern hat den Prozeß der inneren Aushöhlung des traditionellen Föderalismus durch die unitarisierenden Tendenzen der modernen Industriegesellschaft nicht aufhalten können. Die Kompetenzverteilung hat immer wieder zu Konflikten zwischen den Interessen des Gesamtstaates und dem Interesse der Länder an der Wahrung ihrer Eigenständigkeit geführt, bei denen die Länder im allgemeinen den kürzeren zogen.

Die Länder waren – mit Ausnahme der Gründung des aus Baden und Württemberg gebildeten Südweststaates – auch nicht in der Lage, eine ausgewogene Neugliederung des Bundesgebietes vorzunehmen, wie sie bereits 1948 von den Besatzungsmächten angeregt und in Art. 29 GG verfassungsrechtlich ermöglicht wird. Zuletzt ist 1996 der Versuch, die Länder Brandenburg und Berlin zu fusionieren, in einer Volksabstimmung gescheitert. Kleine und große Länder, Stadtstaaten und Flächenstaaten, finanzschwache und finanzstarke Länder existieren nebeneinander, ohne daß es gelänge, eine Föderation von fünf bis sieben in ihrer Größe und Wirtschaftskraft einigermaßen ausgeglichenen neuen Bundesländern zu schaffen, wie es optimal für die föderative Struktur der Bundesrepublik sein dürfte. Haupthindernis einer sinnvollen, dem Balancebedürfnis entsprechenden Neugliederung der Länderstruktur ist jedoch weniger ein spezifisches Landesbewußtsein der Bevölkerung als vielmehr das Eigeninteresse von Landespolitikern sowie Landesbürokraten und das wachsende Gewicht der seit 1945 entfalteten Tradition.

Die Koordinations- und Kooperationspraxis im deutschen Föderalismus, die durch zahllose Staatsverträge und Verwaltungsabkommen zwischen den Ländern bzw. zwischen Bund und Ländern abgestützt wird, vollzieht sich weitgehend unter Ausschluß der jeweiligen Länder-Volksvertretungen. Der praktizierte Föderalismus ist vorwiegend eine Angelegenheit von Bürokraten und entzieht sich größtenteils der parlamentarischen Kontrolle. – Dieses Phänomen eines gouvernemental-bürokratischen Föderalismus prägt übrigens auch die föderalistischen Bemühungen auf europäischer Ebene. Die Entwicklung der Europäischen Union wird weitgehend vom Ministerrat, der sich aus den Regierungschefs und den Fachministern der Mitgliedstaaten zusammensetzt, und den Brüsseler Euro-Bürokraten mit der Europäischen Kommission an der Spitze bestimmt. Das Europäische Parlament in Straßburg hat trotz vieler Reformappelle und -bemühungen immer noch wenig politische Macht.

2. Der Bundesrat

Das wichtigste Organ des bundesdeutschen Föderalismus ist der Bundesrat. Äußerlich steht dieser allerdings im Schatten des Bundestages. Obwohl die Sitzungen des Bundesrates unweit des Bundestages stattfinden – in Bonn in jener Aula der alten Pädagogischen Akademie, in welcher 1948/49 der Parlamentarische Rat das Grundgesetz erarbeitete, in Berlin seit Sommer 2000 im ehemaligen Preußischen Herrenhaus –, bringt die Öffentlichkeit seiner Arbeit nicht so viel Interesse entgegen wie den meisten Debatten des Parlaments. Man darf den Grund für diesen von beinahe allen Bundesratspräsidenten bei ihren Antrittsreden beklagten Mangel an Popularität nicht in erster Linie in der verfassungsmäßigen Stellung des Bundesrates im politischen Gefüge der Bundesrepublik suchen. Gewiß kommt dem Bundesrat bei der Gesetzgebung nicht die Bedeutung zu, welche der Bundestag hat. Gleichwohl ist seine verfassungsrechtliche Stellung stärker als die vieler anderer zweiter Kammern (etwa in England oder Frankreich), wenn auch schwächer als die des Senats der USA oder des Deutschen Bundesrates nach der Verfassung von 1871. Jedenfalls hat der Bundesrat faktisch ein weitaus größeres politisches Gewicht, als es aufgrund seiner Ausstrahlung und Wirkung in der Öffentlichkeit den Anschein hat.

Funktion und Kompetenzen des Bundesrates leiten sich aus dem in Art. 50 GG formulierten Grundsatz her: »Durch den Bundesrat wirken die Länder bei der Gesetzgebung und Verwaltung des Bundes [...] mit.« Der Bundesrat ist als Länderkammer das gemeinsame Organ der Länder auf Bundesebene. Er hat in erster Linie die Aufgabe, die Interessen und die Verwaltungserfahrung der Länder in der Gesetzgebung des Bundes zur Geltung zu bringen. Dies bedeutet, daß er auf die Entscheidungen von Bundesregierung und Bundestag sowohl kontrollierend als auch korrigierend einwirken kann. Alle Beobachter sind sich darin einig, daß er von diesem Recht regen und positiven Gebrauch macht.

Im Bundesrat sind die einzelnen Länder unterschiedlich stark vertreten. Seit der mit der deutschen Vereinigung 1990 verbundenen Grundgesetzänderung entsenden Länder mit über 7 Millionen Einwohnern 6 Vertreter in den Bundesrat, solche unter 2 Millionen 3, die übrigen sind durch 4 bzw. 5 Stimmen vertreten. Die vier großen Bundesländer Nordrhein-Westfalen (rd. 18 Mio. Einwohner), Bayern (12 Mio.), Baden-Württemberg (rd. 10,5 Mio.) und Niedersachsen (rd. 8 Mio.) verfügen somit über 24 von insgesamt 68 Stimmen im Bundesrat und damit über eine Sperrminorität gegen Verfassungsänderungen, jedoch keine Mehrheit zur Verabschiedung einfacher Gesetze (obwohl in den genannten Ländern die Mehrzahl der Bundesbürger lebt). Die Stimmengewichtung im Bundesrat soll also sicherstellen, daß weder die großen die kleinen Bundesländer majorisieren können noch umgekehrt. Da die Mitglieder des Bundesrates kein freies Mandat haben, sondern auf Weisung ihrer Landesregierungen handeln, können die Stimmen eines Landes nur geschlossen abgegeben werden.

Plenarsitzungen des Bundesrates, die in der Regel alle zwei bis vier Wochen an Freitagen stattfinden – wobei der Vorsitz jährlich zwischen den Ministerpräsidenten der Länder wechselt –, verlaufen in relativ unaufgeregter Atmosphäre. Sie sind durch die vorausgehende Ausschußarbeit so gründlich vorbereitet, daß es kaum zu längeren Debatten kommt. Das Plenum des Bundesrates fungiert weitgehend als Ratifikationsorgan. Die eigentliche Arbeit des Bundesrates wird von einem Stab von Ministerialbeamten aus den Ländern geleistet, die normalerweise über recht engen Kontakt zu ihren Kollegen in den Bundesministerien verfügen. Sie behandeln in den 13 ständigen Ausschüssen des Bundesrates die Vorlagen für das Plenum bis zur Beschlußreife. Der jüngste, inzwischen aber wichtigste Ausschuß des Bundesrates ist die Europakammer, die 1992 durch eine Grundgesetzänderung im Gefolge der Maastrichter Beschlüsse zur weiteren Entwicklung der Europäischen Union eingerichtet wurde (Art. 52 Abs. 3a GG). Diese Kammer bereitet nicht nur die Stellungnahmen des Bundesrates zu den Vorlagen der Europäischen Union vor, sondern kann sie in Eilfällen auch anstelle des Plenums beschließen. So verzahnen sich die beiden föderativen Ordnungen auf nationaler und europäischer Ebene. Den angestrebten Zielen des Aufgehens der Bundesrepublik Deutschland in einem europäischen Bundesstaat und insbesondere der Mitwirkung der Länder an der Übertragung von Hoheitsrechten von der Bundesrepublik Deutschland auf die Europäische Union nach dem neugefaßten Art. 23 GG wird so Rechnung getragen.

Die Bundesregierung ist verpflichtet, alle vom Kabinett verabschiedeten Gesetzentwürfe zunächst dem Bundesrat zuzuleiten. Erst dann, nach einer Frist von vier Wochen, gehen sie an den Bundestag weiter (sogenannter 1. Durchgang). Alle vom Bundestag verabschiedeten Gesetze müssen daraufhin noch einmal den Bundesrat passieren (2. Durchgang). Bei Gesetzen, welche die Interessen der Länder berühren, z. B. deren Verwaltungszuständigkeit oder Finanzen, muß der Bundesrat einem Gesetz ausdrücklich zustimmen bzw. kann er dessen Annahme verweigern und damit das Zustandekommen des Gesetzes verhindern. Bei anderen Gesetzen kann er Einspruch erheben. Diesen Einspruch kann der Bundestag mit der absoluten Mehrheit seiner Stimmen zurückweisen.

Kommt es zu keiner Übereinstimmung zwischen Bundesrat und Bundestag, kann jede Seite den Vermittlungsausschuß anrufen, der aus 16 Vertretern des Bundesrates und ebenso vielen Abgeordneten des Bundestages besteht. Der *Vermittlungsausschuß* hat eine positive Bilanz: Es gelang ihm bisher in den meisten Fällen, die zwischen den beiden Verfassungsorganen aufgekommenen Differenzen auszuräumen. Dabei hat sich gezeigt, daß in der Mehrzahl der strittigen Fälle die Auffassung des Bundesrates im Vermittlungsausschuß eher durchdringen konnte als die des Bundestages. Dies hängt nicht zuletzt damit zusammen, daß im Bundesrat der bürokratische Sachverstand besonders ausgeprägt ist und die Berufung auf administrative Probleme ein von den Vertretern des Bundestages schwer zu entkräftendes Argument darstellt. Bei Kontroversen rein politischer Natur erweist sich hingegen normalerweise der Bundestag als stärker, doch gibt es da keinen Automatismus.

Der Hauptgrund für die bedeutsame Stellung des Bundesrates im Gesetzgebungsprozeß liegt darin, daß der Bundesrat es verstanden hat, fast alle wichtigen Gesetze von seiner Zustimmung abhängig zu machen, weil diese in der Regel von den Länderverwaltungen durchgeführt werden müssen. Hinzu kommt, daß auch die Rechtsverordnungen und allgemeinen Verwaltungsvorschriften der Bundesregierung der Zustimmung des Bundesrates bedürfen.

Die vom Bundesrat ausgehende *Kontrolle* ist weitgehend eine Kontrolle der Bundesexekutive und -legislative durch die Exekutiven der Länder. Die Länderparlamente sind an den Entscheidungen des Bundesrates überhaupt nicht beteiligt. Es handelt sich also nicht um eine parlamentarische Kontrolle.

Die Länder wirken auch an den personalpolitischen Entscheidungen des Bundes wie der Wahl des Bundespräsidenten durch die Bundesversammlung, der Besetzung der höchsten Gerichte und der Zusammensetzung des Zentralbankrates der Deutschen Bundesbank mit. So wählt der Bundesrat die Hälfte der Richter des Bundesverfassungsgerichtes und bestimmt im Wechsel mit dem Bundestag dessen Präsidenten und Vizepräsidenten. Die Bedeutung des föderalistischen Prinzips dokumentiert sich auch in der Tatsache, daß der Präsident des Bundesrates als Stellvertreter des Bundespräsidenten fungiert.

Es liegt auf der Hand, daß der Bundesrat dank seiner starken Stellung im Gesetzgebungsprozeß auch zu einem Instrument parteipolitischer Einflußnahme geworden ist. Während nämlich Bundesregierung und Bundestag in der Regel eine einheitliche politische Linie verfolgen, da die Regierung die Unterstützung der Bundestagsmehrheit hat, kann der Bundesrat die Politik der Regierung konterkarieren oder zumindest korrigieren. Die Wahrnehmung dieser Möglichkeit liegt besonders dann nahe, wenn die Bundestagsopposition über die Stimmenmehrheit im Bundesrat verfügt. Diese Konstellation war in der Geschichte des Bundesrepublik bisher zweimal in längeren Zeitabschnitten gegeben: Von 1969 bis 1982 stand während der sozial-liberalen Regierungen im Bund die CDU/CSU an der Spitze der Mehrzahl der Länderregierungen, während umgekehrt seit 1991 die SPD die meisten Ministerpräsidenten stellte, obwohl im Bund bis zum Herbst 1998 eine Koalition von CDU/CSU und FDP regierte. In beiden Fällen war die parlamentarische Opposition versucht, ihre Bundesratsmehrheit gegen die von der Bundestagsmehrheit getragene Bundesregierung einzusetzen und die Politik der Bundesregierung zu blockieren oder ihren Vorstellungen entsprechend abzuändern. Die jeweilige Bundesregierung und die sie tragenden Parteien haben nicht versäumt, eine solche Politik als systemwidrig zu verurteilen, weil sie dem demokratischen Mandat des Bundestages widerspreche. Sie hatten bzw. haben ihrerseits ein großes Interesse daran, auch im Bundesrat über sichere Mehrheiten zu verfügen, um eventuelle Konflikte zwischen den gesetzgebenden Organen von vornherein zu vermeiden.

Die in der Institution des Bundesrates zum Ausdruck kommende enge Verflechtung von Landes- und Bundespolitik hat faktisch dazu geführt, daß der Bund relativ stark auf die Landespolitik Einfluß nimmt. Das zeigt sich nicht nur bei den Regierungsbildungen in den Ländern, die oft unter bundespolitischen Gesichtspunkten erfolgen – sei es, daß die Bonner Koalition durch eine parteipolitische Dublette auf Landesebene abgestützt wird, sei es, daß eine Landeskoalition aus den Bonner Oppositionsparteien als Vorbild für kommende Bundesregierungen zu funktionieren hat. Noch offensichtlicher wird die Überlagerung der Landes- durch die Bundespolitik bei Landtagswahlen, vor denen mitunter nicht landespolitische, sondern bundespolitische Themen die Wahlkämpfe bestimmen und bundesstaatliche Wählermotive entscheidend sind. Im deutschen Wahlsystem gibt es zwar nicht, wie in den Ländern mit Mehrheitswahlsystem, z. B. Großbritannien, die Möglichkeit von Nachwahlen, die als Stimmungsbarometer für die aktuelle Einschätzung von Regierung und Opposition durch die Wählerschaft dienen könnten, doch fungieren in der Bundesrepublik die Landtagswahlen oft als »zwischenzeitliche« Bundestagswahlen. Dieser Umstand illustriert eine allgemeine Regel in politischen Systemen: Wenn ein Teilsystem starken Einfluß auf ein anderes nehmen kann, darf es nicht verwundern, wenn dieses umgekehrt auf das erstere zurückwirkt. So hat in der Bundesrepublik der große Einfluß der Länder auf die Bundespolitik dazu geführt, daß umgekehrt die Landespolitik weitgehend von bundespolitischen Gesichtspunkten dominiert wird.

Die bundespolitische Unitarisierung der Landespolitik ist aber nicht, wie oft behauptet wird, grenzenlos. Der Parteienstaat dominiert nicht eindeutig über den Bundesstaat, sondern beide stehen in einem eigentümlichen Wechselverhältnis. Die Parteiorganisationen in den Ländern sind keineswegs treue Erfüllungsgehilfen der Bundesparteizentralen, sondern zeichnen sich durch unterschiedliche regionale Profile und Sonderinteressen aus. Hinzu kommt, daß heute die Länderregierungen sich nach einer Vielzahl von Koalitionstypen zusammensetzen, die keineswegs eindeutig dem Vorbild der Bundeskoalition oder -opposition folgen. Vor allem gibt es zahlreiche politische Fragen, bei denen sich weniger die großen Parteilager als vielmehr die Interessen des Bundes auf der einen und der Länder (welcher Regierungscouleur auch immer) auf der anderen Seite gegenüberstehen. Das trifft besonders auf die traditionell umstrittene Verteilung der Staatsfinanzen zu. Im vereinigten Deutschland verläuft auch der Gegensatz von alten und neuen Bundesländern oft quer zu den parteipolitischen Frontstellungen.

Nach der letzten Bundestagswahl hatte die neue Bundestagsmehrheit von SPD und Grünen auch die Mehrheit im Bundesrat, verlor sie aber im Lauf des Jahres 1999 durch Wahlniederlagen bei zahlreichen Landtagswahlen, ohne daß es der CDU/CSU gelang, nun ihrerseits den Bundesrat zu dominieren. In einigen Ländern sind vielmehr Koalitionen aus Parteien an der Macht, die im Bund sowohl in der Regierung als auch in der Opposition sind, es seien nur die großen Koalitionen von SPD und CDU in Brandenburg, Bremen und bis zum Sommer 2001 in Berlin genannt. An sich enthalten sich solche Landesregierungen bei bundespolitischen Kontroversen im Bundesrat, doch ist es der Regierung Schröder durch Finanzzusagen und taktisches Geschick gelungen, bei der Steuer- wie der Rentenreform Landesregierungen mit CDU-Beteiligung auf ihre Seite zu ziehen. Insgesamt zeigt sich, daß Divergenzen zwischen der Bundesregierung und dem Bundesrat weniger auf verschiedenartige parteipolitische Konstellationen als auf unterschiedliche Interessen von Bund und Ländern zurückzuführen sind. Heute noch gilt der einst von Gerhard Schröder als niedersächsischem Ministerpräsidenten verkündete Satz: »Erst das Land, dann die Partei.« So nehmen es auch sozialdemokratisch regierte Länder nicht hin, wenn die sozialdemokratisch geführte Bundesregierung Reformgesetze beschließt, die zu Lasten der Länder gehen. Dieser strukturgegebene Interessengegensatz von Bund und Ländern erklärt außerdem, warum es zu so eigentümlichen politischen Allianzen wie zwischen dem nordrhein-westfälischen Ministerpräsidenten Wolfgang Clement (SPD) und seinem bayerischen Kollegen Edmund Stoiber (CSU) kommen kann.

Für den Bundesrat bewirkt eine derartig vielschichtige und widersprüchliche Interessenkonstellation, daß er trotz mancher rhetorischer Drohungen der Opposition im Bundestag kaum dauerhaft als – effektiveres – Ersatzorgan zur Durchsetzung von deren Politik dient. Eher kann festgestellt werden, daß sich wegen der starken Mitsprache der Länder in der Bundespolitik ein Element der permanenten großen Koalition, wenn nicht sogar der Allparteienregierung im politischen System der Bundesrepublik entwickelt hat. So verstärkt das politische Gewicht des Bundesrates die Tendenz des bundesdeutschen politischen Systems, mehr auf Kompromiß und Kooperation als auf Konfrontation zu setzen. Die unbestreitbare Macht des Bundesrates beruht gerade nicht auf der Fähigkeit zur selbständigen Gestaltung und Beeinflussung des Staatslebens, sondern auf seiner Kontrolle von Bundestag und Bundesregierung. Bei dieser Kontrolle geht es weniger um politische Richtungsänderung als vielmehr um Detailkontrolle und legislative Mitgestaltung. Der Bundesrat kann nicht kontinuierlich Obstruktion gegenüber der Regierung treiben und hat es bisher auch kaum getan.

Zu den positivsten Wirkungen des föderalistischen Systems gehört sein Einfluß auf die politische Elitenbildung in der Bundesrepublik. Viele Bundespolitiker haben ihre politische Karriere in den Ländern begonnen, und die meisten deutschen Bundeskanzler, von Kurt-Georg Kiesinger, Willy Brandt über Helmut Kohl bis zu Gerhard Schröder, haben als Regierungschefs in den Ländern politisches Profil gewonnen. Der jüngste Kanzlerwechsel hat diese Bedeutung des Föderalismus für die Elitenrekrutierung nochmal besonders klar unter Beweis gestellt, war Schröder doch zuvor nicht nur Ministerpräsident, sondern hat es auch verstanden, die niedersächsischen Landtagswahlen vom März 1998 als Plebiszit für seine gesamtdeutsche Kanzlerkandidatur einzusetzen. So können Parteien, die auf Bundesebene in die Opposition verbannt sind, ihre Regierungsfähigkeit in den Ländern unter Beweis stellen. Diese personalpolitische Komponente des föderalistischen Systems war in den Jahren von 1949 bis 1966 für die SPD von großer Wichtigkeit, von 1969 bis 1982 für die CDU/CSU und von 1982 bis 1998 wieder für die SPD. Es ist eine spannende Frage, ob sich die politische Regeneration der derzeitigen Bundesopposition ebenfalls von den Ländern aus ereignen wird. Noch beschränken sich die landespolitischen Hochburgen der CDU auf Baden-Württemberg, Hessen und Sachsen bzw. der CSU auf Bayern. Unter den konservativen Länderfürsten hat derzeit Edmund Stoiber die größten Chancen auf eine Kanzlerkandidatur. Dieses Muster einer föderalistischen Elitenrekrutierung gilt auch für die kleineren Parteien. So hat die Partei der Grünen erste Erfahrungen in politischen Führungspositionen auf Landesebene – neben der Arbeit in den Kommunen – gewonnen. Umgekehrt muß sich die FDP, zumal nachdem sie aus der Bundesregierung, wenn auch nicht dem Bundestag ausgeschieden ist, darüber Sorgen machen, daß sie nur in wenigen Landesparlamenten und in noch weniger Landesregierungen vertreten ist, ganz zu schweigen von der kommunalen Ebene.

Die eigentliche Rechtfertigung des deutschen Föderalismus ist heute weniger, daß er die Interessen der Länder und ihrer Bewohner sichert und fördert, denn diese Interessen sind kaum mehr länderspezifisch. Seine Aufgaben sind vielmehr, das Prinzip der Teilung und Beschränkung politischer Gewalt zur Wirkung zu bringen, und zwar sowohl durch regionale Machtverteilung als auch durch innerexekutive Kontrolle. In diesem Sinne hat der deutsche Föderalismus eine berechtigte politische Funktion in der Gegenwart wie auch in der Zukunft.

3. Der bundesstaatliche Vereinigungsprozeß

Die Vereinigung der ehemaligen DDR mit der Bundesrepublik Deutschland war im Jahre 1990 die große Stunde des bundesdeutschen Föderalismus; sie bleibt auf absehbare Zeit aber auch seine fortdauernde Aufgabe. Es war selbstverständlich, daß der Zusammenschluß der beiden deutschen Staaten in föderalistischen Formen erfolgen würde – doch deren Gestalt war nicht unumstritten.

Nach der Überwindung der kommunistischen Diktatur in der DDR durch die demokratische Revolution vom Herbst 1989 hofften sowohl ostdeutsche Bürgerrechtler als auch politische Kräfte in Westdeutschland, daß beide Staaten zunächst eine Konföderation eingehen, also weiterbestehen und lediglich einen Dachverband mit eigenen Hoheitsrechten und Institutionen bilden würden. Auch der Zehn-Punkte-Plan von Bundeskanzler Kohl Ende November 1989 stellte auf eine längere Zeitperspektive ab, um so über eine staatenbündische zu einer bundesstaatlichen Vereinigung zu kommen. Diese längerfristigen Pläne machte aber der rasante politische und vor allem wirtschaftliche Kollaps der DDR hinfällig.

Die zweite Möglichkeit zur deutschen Vereinigung bestand in der Konstituierung eines neuen deutschen Bundesstaates über Art. 146 GG, wonach das deutsche Volk in freier Entscheidung eine neue Verfassung beschließen kann, durch welche das Grundgesetz als 1949 verabschiedete Übergangsordnung für das geteilte Deutschland seine Gültigkeit verloren hätte. Doch auch dieser Weg wurde nicht gewählt, weil man die mit ihm verbundenen langwierigen und schwierigen Verfassungsdebatten, vor allem im Hinblick auf den weltpolitischen Veränderungsdruck des Jahres 1990, vermeiden wollte und die Mehrheit der ostdeutschen Bevölkerung damals die Vereinigung nicht mit einer *anderen* Bundesrepublik, sondern mit deren bewährter Ordnung wollte, für welche das Grundgesetz ein Synonym war (vgl. IV. Kap.).

Daher haben die Regierungen der beiden deutschen Staaten, die im Sommer 1990 den Einigungsvertrag aushandelten, durch welchen am 3. Oktober 1990 die staatliche Einheit Deutschlands wiederhergestellt wurde, den in Art. 23 GG vorgesehenen Weg des *Beitritts* einzelner Länder zum Geltungsbereich des Grundgesetzes der Bundesrepublik gewählt. Diese verfassungsrechtliche Möglichkeit hatte schon einmal das Saarland wahrgenommen, wo sich 1955 die Mehrheit der Bürger in einer Volksabstimmung *gegen* einen unabhängigen europäischen Status und für die Vereinigung mit der Bundesrepublik ausgesprochen und diese Anfang 1957 vollzogen hatte. Die Erinnerung an die mit dieser sogenannten »kleinen Wiedervereinigung« des Saarlandes verbundenen wirtschaftlichen Anpassungsprobleme mögen Oskar Lafontaine, 1990 Ministerpräsident des Saarlandes und sozialdemokratischer Kanzlerkandidat, bewogen haben, seine Skepsis gegen die Folgelasten einer schnellen »großen Wiedervereinigung« zu artikulieren. Doch in den Verhandlungen über die deutsche Vereinigung stimmten schließlich im Sommer 1990 nicht nur die Vertreter der sozialdemokratischen Bundestagsopposition, sondern auch die sozialdemokratischen Länderchefs der Bundesrepublik der Herstellung der staatlichen Einheit Deutschlands über den Beitritt der ehemaligen DDR zur Bundesrepublik Deutschland als dem verfassungsrechtlich einfachsten und politisch schnellsten Weg zu. Dadurch wurde die rechtliche Ordnung der Bundesrepublik Deutschland pauschal auf das Gebiet zwischen Elbe und Oder übertragen, allerdings in einigen Punkten durch die Detailbestimmungen des Einigungsvertrages vom 31. August 1990 und vor allem seiner vielhundertseitigen Anlagen inhaltlich abgemildert und zeitlich gestreckt.

Die staatliche Einheit Deutschlands wurde am 3. Oktober 1990 durch den Beitritt von Brandenburg, Mecklenburg-Vorpommern, Sachsen, Sachsen-Anhalt und Thüringen sowie des Ostteils von Berlin zur Bundesrepublik Deutschland vollendet, wie es in Art. 1 des Einigungsvertrages und auch in der geänderten Präambel des Grundgesetzes heißt. Nationalfeiertag ist seitdem der 3. Oktober als »Tag der Deutschen Einheit«, der den 17. Juni als gesetzlichen Feiertag ablöste (der weiterhin Gedenktag an den Arbeiteraufstand in der DDR im Jahr 1953 bleibt). Die genannten fünf Bundesländer waren aber zu diesem Zeitpunkt noch gar nicht (wieder) existent; sie wurden auf der Grundlage des Ländereinführungsgesetzes der Volkskammer der DDR vom 22. Juli 1990 erst eine Woche nach der deutschen Vereinigung mit den Landtagswahlen in diesen Ländern am 14. 10. 1990 neu konstituiert. Die vereinigte Bundesrepublik knüpft mit den »neuen Bundesländern«, wie sie seitdem in der Umgangssprache heißen, also an die früheren Länder der SBZ/DDR an.

1990 wurden auch andere Modelle diskutiert. So hätte man durchaus die ganze DDR zu *einem* neuen Bundesland machen können, das mit seinen damals 16 Millionen Einwohnern immer noch, wenn auch knapp, hinter Nordrhein-Westfalen als dem bevölkerungsreichsten Land Westdeutschlands gestanden hätte. Doch im Hinblick auf die Anknüpfung an die alte DDR kam für die Mehrheit ihrer Bevölkerung, jedenfalls in der Euphorie der deutschen Vereinigung, eine solche Lösung nicht in Frage. Andere Vorschläge stellten auf die Bildung von zwei neuen Bundesländern ab, einem im Norden und einem im Süden der DDR, und sogar die Verknüpfung von Territorien in Ostdeutschland mit Gebieten in Westdeutschland, etwa der Zusammenschluß von Mecklenburg und Schleswig-Holstein oder von Thüringen und Hessen zu *einem* Bundesland, wurde erwogen. Letzten Endes griff man aber auf die historischen, wenn auch kurzlebigen Länder der Nachkriegszeit zurück. Diese waren bereits im Sommer 1945 auf Befehl der Militäradministration in der Sowjetischen Besatzungszone (SMAD) errichtet worden und wurden 1949 auch zur Grundlage der zweiten deutschen Staatsgründung gemacht. Art. 1 Abs. 1 der ersten DDR-Verfassung postulierte: »Deutschland ist eine unteilbare demokratische Republik; sie baut sich auf den deutschen Ländern auf.« Doch schon 1952 schaffte die DDR-Führung im Zuge des offenen Übergangs zu den Prinzipien des »Aufbaus des Sozialismus« und des »demokratischen Zentralismus« die fünf Länder zugunsten von 14 Bezirken ab, zu denen noch Ost-Berlin als »Hauptstadt der DDR« im Range eines 15. Bezirkes hinzukam. Seitdem war die DDR ein zentralistischer Einheitsstaat, in welchem die staatlichen Organe auf Bezirks-, Kreis- und Kommunalebene formal als Ausführungsorgane der obersten staatlichen Behörden in Berlin (faktisch jedoch der zentralen Parteiführung und -bürokratie) fungierten.

Wie die meisten westdeutschen Länder bei ihrer Gründung in der Nachkriegszeit mehr besatzungspolitische Kunstprodukte als das Ergebnis historischer Tradition waren, so auch die ostdeutschen Länder. Allein Sachsen kann in seinem Territorialumfang an das alte Königreich Sachsen anknüpfen und hat daher in eigentümlicher Parallelität zu Bayern den nach dem Ende der Monarchie 1919 eingeführten Begriff »Freistaat« wiederaufleben lassen. Das benachbarte Thüringen geht auf den Zusammenschluß einer Vielzahl mitteldeutscher Klein- und Kleinstherrschaften zu Beginn der Weimarer Republik zurück. Ein ähnliches politisches Produkt der jüngsten deutschen Geschichte ist Sachsen-Anhalt, das 1947 aus der vormals preußischen Provinz Sachsen und dem Gebiet der früher anhaltinischen Fürstentümer zusammengefügt wurde. Mecklenburg-Vorpommern im Norden der ehemaligen DDR kann an die alte und altertümliche Tradition der mecklenburgischen Großherzogtümer anknüpfen, aber der vorpommersche Landesteil im Osten dieses Bundeslandes hat als Rest der früheren preußischen Provinz Pommern (deren Großteil heute zu Polen gehört) ein ganz anderes historisches Selbstverständnis, was bis heute die Homogenität dieses Landes in Zweifel stellt. Brandenburg schließlich, das sich wie ein Ring um die alte und neue Hauptstadt Berlin legt, verfügt als Kernprovinz des einstigen Preußens zwar über eine historische Identität, die allerdings seiner Zukunftsorientierung oft im Wege steht, wie wohl auch der gescheiterte Ausgang der Volksabstimmung im Mai 1996 über die Fusion mit Berlin zeigte.

Die fünf neuen Bundesländer, wie weit immer ihre geschichtliche Legitimität zurückreicht, waren nach dem Untergang der zentralistischen DDR für die Mehrheit der Ostdeutschen der natürliche Anknüpfungspunkt für die Bildung eines föderalistischen Selbstbewußtseins.

Die bestehenden Bundesländer im Westen und Süden Deutschlands haben die Konstituierung der neuen Bundesländer in Mittel- und Ostdeutschland zunächst mit Rat und Tat unterstützt. Erfahrene Beamte wurden zum Aufbau der Länder- und Kommunalverwaltungen entsandt, westdeutsche Gesetze und Ordnungen als Muster angeboten und, wenn auch in bescheidenerem Umfang, finanzielle Startmittel zur Verfügung gestellt. Das geschah nicht immer uneigennützig zur Förderung und Verankerung des föderalistischen Gedankens in der ehemaligen DDR, vielmehr waren mit solchen Hilfsaktionen auch parteienbundesstaatliche Kalküle verbunden, wie die einzelnen Partnerschaften zeigen. So förderte der CSU-regierte Freistaat Bayern den Freistaat Sachsen, der entgegen seinen früheren Traditionen zu einer konservativen Hochburg in Deutschland wurde. Die CDU-Landesregierung von Hessen griff dem benachbarten Thüringen und dessen CDU-Regierung unter die Arme, während das sozialdemokratisch regierte Nordrhein-Westfalen seine

Ressourcen im sozialdemokratisch dominierten Brandenburg und später auch in Sachsen-Anhalt einsetzte (nachdem dieses von einer CDU- zu einer SPD-geführten Landesregierung übergegangen war). Ganz offensichtlich hoffte man nach der deutschen Vereinigung auf den Ausbau und die Stärkung des jeweiligen Parteilagers im Bundesrat. Inzwischen sind parteipolitisch motivierte Koalitionen zwischen alten und neuen Bundesländern längst von dem strukturellen Gegensatz zwischen den alten und neuen Ländern überlagert worden.

Das große Leistungsgefälle zwischen den Ländern im Osten und im Westen der vereinigten Bundesrepublik droht das föderalistische Gleichgewicht nicht nur zwischen den Ländern, sondern auch zwischen Ländern und Bund dauerhaft in Frage zu stellen. Die fünf neuen Bundesländer in der ehemaligen DDR gehören, mit Ausnahme Sachsens, im Hinblick auf ihre Einwohnerzahl zu den kleineren Bundesländern, gefolgt nur noch vom Saarland und den beiden hanseatischen Stadtstaaten als den Schlußlichtern. Viel gravierender für die Kluft zwischen den alten und den neuen Bundesländern sind die Unterschiede in ihrer Wirtschaftskraft, gemessen am *Bruttoinlandsprodukt pro Kopf der Bevölkerung.* Auch die ärmsten westdeutschen Länder, das Saarland, Schleswig-Holstein und Rheinland-Pfalz, liegen dabei noch immer deutlich vor den ostdeutschen Bundesländern. Wie groß die Spanne durch die deutsche Vereinigung geworden ist, kann man daran ermessen, daß Hamburg an der Spitze der wirtschaftlichen Leistungskraft mehr als das dreifache Bruttoinlandsprodukt pro Kopf seiner Einwohner aufweist als Mecklenburg-Vorpommern und Sachsen-Anhalt am Ende der Skala.

Die Deutschen in Ost und West erwarten zu Recht, daß diese Unterschiede in der Leistungskraft ihrer Bundesländer nicht auf ihren persönlichen und öffentlichen Lebensstandard durchschlagen oder zumindest in absehbarer Zeit abgebaut werden. Die Ostdeutschen können sich dabei auf die grundgesetzliche Verpflichtung (Art. 72 GG Abs. 2) zur »Herstellung einheitlicher Lebensverhältnisse« berufen, die allerdings durch die Verfassungsreform von 1994 auf das Ziel der »Herstellung gleichwertiger Lebensverhältnisse im Bundesgebiet« abgemildert wurde. Wie diese Angleichung zu finanzieren ist, war von Anfang an das umstrittenste Thema der deutschen Vereinigung. Die westdeutschen Länder und besonders die sozialdemokratischen Ministerpräsidenten unter Führung von Oskar Lafontaine waren von Anfang an skeptischer und wehrten sich gegen alle Regelungen, die ihnen einen größeren Anteil an den ihrer Ansicht nach unabsehbaren Vereinigungslasten aufbürden würden. Sie waren in diesem Spiel um den Schwarzen Peter der Finanzierung der deutschen Vereinigung weitgehend erfolgreich.

Trotzdem haben die alten Bundesländer eher einen Pyrrhussieg errungen. Sie konnten zwar eine relative Schonung ihrer knappen Kassen erreichen, stärkten aber den zentralstaatlichen Einfluß in der Bundesrepublik: Indem der Bund den größten Teil der Kosten der deutschen Einheit übernahm, gewann er im politischen System Deutschlands, das schon zuvor durch unitarisierende Tendenzen charakterisiert war, noch an Bedeutung. Da die neuen Bundesländer, ganz gleich wie sich ihre Landesregierungen zusammensetzen, vom Bund mehr Geld als von den alten Ländern erwarten können, hat sich nach der deutschen Vereinigung eine bundesstaatliche »Schlachtordnung« ergeben, bei der zumeist die im gesamtdeutschen Maßstab relativ reichen westdeutschen Bundesländer auf der einen Seite und die relativ armen ostdeutschen Bundesländer sowie der Bund auf der anderen Seite einander gegenüberstehen.

Seit Beginn der Bundesrepublik geht es bei der bundesstaatlichen Ordnung vor allem um die Finanzen, deren Erhebung und Verteilung schon bei der Ausarbeitung des Grundgesetzes im Jahr 1948/49 nicht nur zwischen den deutschen Politikern, sondern auch zwischen diesen und den Alliierten höchst umstritten waren. Art. 107 des Grundgesetzes verpflichtet zu einem »angemessenen Ausgleich der unterschiedlichen Finanzkraft der Länder«. Heraus kam eine sehr komplexe Finanzverfassung – komplex, weil sie auf einem schwierigen System der Steuerzuständigkeiten und auf einem horizontalen Finanzausgleich zwischen den einzelnen Bundesländern sowie einem vertikalen Finanzausgleich zwischen Bund und Ländern beruht. Die westdeutschen Länder haben bei der Ausarbeitung des Einigungsvertrages im Sommer 1990 durchgesetzt, daß die ostdeutschen Länder nicht gleich in diesen Finanzausgleich einbezogen wurden. Wäre das geschehen, hätten die zehn Bundesländer im Westen riesige Summen an die Bundesländer im Osten zahlen und sich diesen auf halber Strecke annähern, also große Einschnitte in ihren öffentlichen Haushalten und Dienstleistungen vornehmen müssen. Statt dessen wurde ein Fonds »Deutsche Einheit« geschaffen, dessen Mittel durch einen gedeckelten Beitrag der westlichen Bundesländer, vor allem aber durch Beiträge des Bundes aufgebracht wurden.

1995 ist man wieder zum alten System des Finanzausgleichs unter Einbezug der ostdeutschen Bundesländer zurückgekehrt, denen allerdings im Rahmen eines sogenannten Solidarpaktes vom Bund Milliardensummen zur Angleichung ihrer Infrastruktur zur Verfügung gestellt wurden. So ist durch die Folgekosten der deutschen Vereinigung das ganze System der föderalen Finanzbeziehungen in der Bundesrepublik noch komplizierter und undurchsichtiger geworden, als es bereits war. Alle Beteiligten sind sich einig in der Forderung nach einer Reform der Finanzverfassung; deren Richtung ist aber zwischen den wohlhabenderen und den ärmeren sowie den alten und den neuen Bundesländern, schließlich zwischen den drei Ebenen Bund, Länder und Kommunen höchst umstritten. Auf Klage der drei Geberländer Hessen, Bayern und Baden-Württemberg – Nordrhein-Westfalen gehört auch zu dieser Gruppe – hat das Bundesverfassungsgericht im November 1999 entschieden, daß die generellen Maßstäbe der föderativen Umverteilungen bis zum Jahr 2003 klargestellt und es auf dieser allgemeinen Grundlage bis zum Jahr 2005 zu einem neuen konkreten Finanzausgleichsgesetz kommen müsse (das war übrigens bereits das vierte Urteil des Gerichtes zur bundesstaatlichen Finanzverfassung). Schon im Juni 2001 haben Bundesregierung und alle 16 Landesregierungen nach dramatischen Verhandlungsrunden diesen verfassungsrichterlichen Auflagen mit einer Übereinkunft scheinbar genügt. Sie ist von ihnen als »Erfolg für alle« gefeiert worden, bei dem es »keine Gewinner oder Verlierer« unter den Ländern gegeben habe. Möglich geworden ist dieses Ergebnis aber nur durch größere Leistungen des Bundes im Rahmen des allgemeinen vertikalen Finanzausgleichs und durch dessen Selbstverpflichtung, in den Jahren 2005 bis 2019 im Rahmen eines Solidarpaktes II den neuen Bundesländern einschließlich Berlins weitere 306 Milliarden zur Verfügung zu stellen. Alle finanziellen Bemessungskriterien und daraus folgenden Transaktionen mögen im einzelnen begründet und sinnvoll sein, doch bedeutet die Einigung vom Juni 2001 nur eine leichte Modifikation des bisherigen Systems; sie trägt wenig zur vom Bundesverfassungsgericht geforderten Transparenz des bundesdeutschen Finanzausgleichs und allgemein des deutschen Föderalismus bei. Bezeichnend ist, daß während dieser dramatischen Finanzverhandlungen zwischen dem Bundeskanzler, dem Bundesfinanzminister und den Länderministerpräsidenten und -finanzministern nur der Bund und das Land Nordrhein-Westfalen imstande waren, auf ihren Computeranlagen das genaue Ergebnis der Beschlüsse auf Mark und Pfennig zu berechnen. Dabei interessierte es doch alle Beteiligten an erster Stelle, um ein geflügeltes Wort von Altbundeskanzler Kohl zu zitieren, »was hinten herauskam«. Obwohl Finanzausgleich und Solidarpakt damit bis 2020 neu geregelt worden sind, wird es sicherlich schon bald wieder zu neuen Auseinandersetzungen und Verhandlungen über diese heikle Materie kommen.

Seit den ersten Jahren der Bundesrepublik ist auch immer wieder propagiert worden, durch eine *Neugliederung* und vor allem Zusammenfassung von Bundesländern leistungsfähigere Gebietseinheiten zu schaffen. Auf diese Weise sollten nicht nur Kosten gespart, sondern vor allem das Gefälle zwischen den einzelnen Bundesländern und damit die Notwendigkeit zum Finanzausgleich vermindert werden: durch die Zusammenfassung eher strukturschwacher mit strukturstärkeren Regionen in *einem* Bundesland, wie das bereits innerhalb von Ländern wie Bayern, Baden-Württemberg, Hessen und Nordrhein-Westfalen der Fall ist. Nachdem viele Neugliederungsvorschläge in der alten Bundesrepublik – mit Ausnahme des Zusammenschlusses der drei südwestdeutschen Länder im Jahre 1952 zum Land Baden-Württemberg – gescheitert sind, setzte man 1990 die Hoffnung auf eine durch die deutsche Vereinigung ermöglichte Reform. Doch in der ehemaligen DDR wurden nicht nur sehr kleine und weitgehend strukturschwache Bundesländer konstituiert, auch die vom Einigungsvertrag erleichterte Möglichkeit, die beiden Bundesländer Berlin und Brandenburg zu fusionieren, scheiterte im Mai 1996. Zwar sprachen sich die beiden Landesregierungen und in der Volksabstimmung auch die Mehrheit der Berliner Bürger, vor allem im Westteil der Stadt, für die Fusion aus, aber im Land Brandenburg wurde sie von den Bürgern eindeutig abgelehnt. Dabei spielten nicht nur historische Anhänglichkeiten an die hergebrachte territoriale Identität und Vorbehalte vor allem aus DDR-Zeiten gegen Berlin als dominierende Hauptstadt eine Rolle, sondern mehr noch das Mißtrauen gegenüber einem weiteren Fusionsexperiment sechs Jahre nach der deutschen Vereinigung. So entfiel die von einem Land »Berlin-Brandenburg« erhoffte Signalwirkung für eine bundesweite Neugliederung. Auf absehbare Zeit wird sich wohl die Gebietsreform der bundesdeutschen Länder nicht realisieren lassen.

Die Geschichte des bundesdeutschen Föderalismus, von seiner Etablierung in den Westzonen nach 1945 bis hin zur deutschen Vereinigung von 1990, belegt einmal mehr, daß nichts dauerhafter ist als Provisorien. Viele Analytiker in den Medien, Politiker und wissenschaftliche Sachverständige haben immer wieder Strukturreformen des föderalistischen Systems vorgeschlagen, durch welche die Aufgabenteilung und die Finanzbeziehungen zwischen Bund und Ländern transparenter und nicht nur die Länder mehr Gestaltungsräume, sondern vor allem die Landesparlamente mehr Verantwortung erhalten sollten. Herausgekommen sind bisher nur minimale Anpassungsänderungen und beschränkte Nachbesserungen, wie sie eine Politik der kleinen Schritte, des *Inkrementalismus*, kennzeichnen. Während sich alle Beobachter in diesem Befund einig sind, herrscht großer Dissens in seiner Bewertung. Für die Kritiker des föderalistischen Alltags der Bundesrepublik Deutschland ist dieser immer verwickelter und damit fortschrittshemmender und unkontrollierbarer geworden. Die Gegenseite sieht im bundesdeutschen Föderalismus ein »dynamisches System« (Arthur Benz), das sich auf erstaunliche Weise den gewandelten Bedürfnissen und Verhältnissen angepaßt habe.

Mit der Beurteilung des deutschen Föderalismus ist es ähnlich wie mit der Gesamteinschätzung des politischen Systems der Bundesrepublik. Während es innerhalb Deutschlands als reformbedürftig und modernitätshemmend eingeschätzt wird, gilt es vielen internationalen Beobachtern als ein vorbildhaftes Modell, welches föderalistische Reformdebatten wie in Kanada oder den Ländern des ehemaligen Ostblocks anregt. Letztlich zu entscheiden ist dieser Meinungsstreit der Denkschulen nicht, er hängt von den Prioritäten ab, die man bei den Bewertungen setzt. Ohne Zweifel hat das föderalistische System in Deutschland sowohl die politische Kultur der Kooperation und des Konsenses zwischen den politischen Lagern auf erfreuliche Weise gefördert, als auch die problematische deutsche Tradition der Konfliktscheu und des Rückzugs aus der politischen Öffentlichkeit in bürokratische Verhandlungszirkel bestärkt. Aus international vergleichender Sicht sind die Deutschen durch ihre Erfahrungen mit bürokratischen, föderalistischen und korporatistischen Aushandlungsprozessen besser auf die Teilhabe am ähnlich strukturierten europäischen Einigungsprozeß vorbereitet als z. B. Staaten mit einer zentralistischen Tradition wie Frankreich und Großbritannien.

4. Kommunalpolitik

Im föderalistischen System Deutschlands gibt es unterhalb des Bundes und der Länder noch eine weitere Ebene, die Gemeinden und Gemeindeverbände. In formaljuristischer Sicht, die sich im Begriff der »kommunalen Selbstverwaltung« niederschlägt, werden die Gemeinden allerdings nicht als eigenständiger staatlicher Bereich angesehen, sondern den Ländern zugeordnet, da sie deren Gesetzgebung und Rechtsaufsicht unterworfen sind. Doch im Hinblick auf die *politische* Bedeutung der kommunalen Selbstverwaltung, insbesondere für das Prinzip der vertikalen Gewaltenteilung, kann von den Gemeinden, Städten und Kreisen durchaus als einer weiteren, der dritten Ebene des demokratischen Bundesstaates gesprochen werden. Deshalb hat sich auch in der politikwissenschaftlichen Diskussion der Begriff der »Kommunalpolitik« eingebürgert. Die Politikwissenschaft hat sich allerdings lange Zeit um die Probleme der Kommunalpolitik wenig gekümmert und das Feld gerne den spezialisierten Juristen und Sachverständigen für bestimmte Aufgaben der Kommunalpolitik überlassen.

Das Verständnis der Struktur des kommunalen Verfassungs- und Entscheidungssystems in Deutschland wurde bisher durch ihre Vielfalt erschwert. Es konnten bei der Organisation der Gemeindeverwaltungen vier Formen von Kommunalverfassungen unterschieden werden: norddeutsche Ratsverfassung, Magistratsverfassung, Bürgermeisterverfassung und süddeutsche Ratsverfassung. Diese Verfassungstypologie ist durch zum Teil weitreichende Reformen in den westdeutschen Bundesländern zwischen 1991 bis 1996 hinfällig geworden. Die Einführung der Direktwahl der Bürgermeister hat inzwischen in alle Kommunalverfassungen – insbesondere ist die nordrhein-westfälische Reform von 1994 zu nennen – Eingang gefunden, was als Annäherung an die süddeutsche Ratsverfassung verstanden werden kann, aber auch als Entstehung eines neuen Typus interpretiert wird.

Grundsätzlich gilt laut Art. 28 Abs. 2 GG, daß die Gemeinden das Recht haben, die Angelegenheiten der örtlichen Gemeinschaft in eigener Verantwortung zu regeln (Selbstverwaltung). Sie sind dabei an die von Bund und Ländern erlassenen Gesetze gebunden. Welche Aufgaben im einzelnen die Gemeinden selbständig erledigen können, ist verfassungsrechtlich nicht genau festgelegt. Die Gemeindebehörden fungieren sowohl als ausführende Organe des Staates als auch als selbständige politische Körperschaften, die in eigener Regie bestimmte Aufgaben wahrnehmen.

Ziel der Kommunalpolitik ist es, die in einer örtlichen Gemeinschaft lebenden Menschen zur Erledigung ihrer eigenen Angelegenheiten zu aktivieren und damit Demokratie auf der lokalen Ebene zu praktizieren. Dieser in Deutschland schon zu Beginn des 19. Jahrhunderts von Karl Freiherrn vom Stein, dem Reformer Preußens, propagierte Gedanke der gemeindlichen Selbstverwaltung als Mittel zur Partizipation der Bürger an den öffentlichen Angelegenheiten ist mehr Ideologie geblieben als lebendige Praxis geworden. Zwar ist das politische Leben der deutschen Gemeinden nach demokratischen Gesichtspunkten geordnet – es finden regelmäßig Wahlen statt, die Exekutive wird im Prinzip durch eine Vertretungskörperschaft kontrolliert –, doch ist die Kommunalpolitik nur in sehr begrenztem Maße ein Feld zur Einübung des Bürgers in demokratische Praxis geworden. Die populäre Annahme, daß die Bürger im Bereich der Kommunalpolitik ihren eigenen Problemen viel näher seien und deshalb interessierter Anteil nähmen, trifft unter den Bedingungen der modernen Industriegesellschaft und der Massendemokratie kaum mehr zu. Nur in bestimmten Fällen ist das Interesse der Bürger an kommunalpolitischen Entscheidungen noch auf breiter Basis mobilisierbar. In der Kommunalpolitik der größeren Gemeinden und Städte dominieren die komplizierten Fragen der Sicherung der gemeindlichen Wohlfahrt im technisierten Zeitalter, während in kleineren Gemeinden, noch vielfach auf Honoratiorenbasis, nicht sehr viel mehr als Kirchturmpolitik betrieben wird – von beidem ist der Normalbürger gleichermaßen ausgeschlossen.

Dennoch wäre es irrig, die verbreitete Auffassung zu unterstützen, Kommunalpolitik sei in ihrem Kein unpolitisch und dort am schlechtesten, wo Parteipolitik eine Rolle spielt. Das Vorurteil gegenüber der Parteipolitik verhilft zwar gelegentlich sogenannten Rathausparteien, die sich zum Zwecke einer Kommunalwahl aus unabhängigen Bürgern bilden, zu einigen Sitzen im Gemeindeparlament und gelegentlich auch zu einem Bürgermeisterposten, aber auch in der Kommunalpolitik haben wir es im großen und ganzen mit denselben Parteien zu tun wie auf Bundesebene. Gerade die Kommunalpolitik hat sich für manche Politiker als ein Sprungbrett in die große Politik erwiesen. In ihr kommt es aufgrund lokaler Bedingungen allerdings noch am ehesten zu signifikanten Abweichungen vom nationalen Muster politischen Verhaltens.

Die moderne Industriegesellschaft verlangt von den Gemeinden wachsende Aufwendungen, um die von ihren Einwohnern erwarteten öffentlichen Dienstleistungen und Infrastrukturen bereitstellen zu können. Zu den kommunalen Aufgaben gehören eine Vielzahl von Tätigkeiten in den Bereichen Sozialwesen, Bildung, Freizeit, Wirtschaftsförderung und Entsorgung sowie in der Regel die Versorgungsbetriebe für Gas, Elektrizität, Wasser und den Nahverkehr. Die finanziellen Mittel der Gemeinden für diese Leistungen waren und sind im Durchschnitt zu gering und zu unterschiedlich verteilt, um eine gleichmäßige Entwicklung zu gewährleisten. Zwar besitzen die Gemeinden relative Finanzautonomie, aber die Einnahmen aus der Grund- und Gewerbesteuer, mit denen sie ihre Arbeit im wesentlichen finanzieren, sind ziemlich ungleich verteilt: Städte mit vielen Betrieben und starker Industriekonzentration sind gegenüber reinen Wohngemeinden oder agrarischen Siedlungen finanziell stark im Vorteil. Die Abhängigkeit der finanziellen Leistungsfähigkeit der Gemeinden vom Gewerbesteueraufkommen hat in der Vergangenheit die Gemeinden dazu verleitet, Industrie um fast jeden Preis und ziemlich wahllos an sich zu ziehen, ohne auf übergeordnete Gesichtspunkte der Raumplanung und des Umweltschutzes Rücksicht zu nehmen. Erst durch die Finanzreform von 1969 ist die finanzielle Situation der Gemeinden etwas befriedigender geregelt worden. Diese Finanzreform machte die Gemeinden nicht mehr so stark vom Gewerbesteueraufkommen abhängig, stärkte den interkommunalen Finanzausgleich durch die Länder und beseitigte damit allzu krasse Unterschiede in der Finanzausstattung der Gemeinden. Diese sind nunmehr auch an der Einkommens- und Körperschaftssteuer beteiligt. Insgesamt ist aber die Finanznot der Kommunen, die sich auch in einer übergroßen Schuldenlast niederschlägt, nicht behoben worden.

Die Bundesrepublik ist in den sechziger Jahren auch auf dem kommunalen Sektor in eine Phase stärkerer Veränderungen und notwendiger Reformen eingetreten. Nach dem Wiederaufbau, der weitgehend restaurativ, ohne genügenden Vorausblick in die Probleme und Aufgaben einer industriellen Gesellschaft, vollzogen wurde, zeigten sich mit der wachsenden Industrialisierung des gesamten Landes immer stärker gewisse Mängel der traditionellen Gemeindestruktur und -verwaltung. Notwendig wurde vor allem eine Neugliederung und Umstrukturierung vieler Gemeinden und Landkreise, um lebensfähige, effektive kommunale Einheiten zu schaffen. Dies war das Ziel der kommunalen Gebietsreform, die in der Verantwortung der Bundesländer in den siebziger Jahren durchgeführt wurde. Sie hat die Zahl der selbständigen Gemeinden in der Bundesrepublik von über 25000 auf rund 8000 verringert. Gebietsreformen waren und sind politisch hart umkämpft, und nicht immer nahmen und nehmen die Planer genügend Rücksicht auf Bürgerinteressen und gewachsene historische Strukturen, so daß das erreichte Ergebnis – nicht zuletzt unter dem Gesichtspunkt demokratischer Partizipationschancen – nicht einhellig als positiv gewertet wird. Auch die Bürgerinitiativen, die mehr und mehr zu einem kritischen Faktor im kommunalen Leben geworden sind, verdanken dem Kampf gegen bürgerfremde Planungen wesentliche Impulse. Doch im Gegensatz zur (nicht durchgeführten) Neugliederung der Bundesländer war die Gebietsreform auf der kommunalen Ebene insofern erfolgreich, als sie tatsächlich zu leistungsfähigeren Einheiten geführt hat.

Die Gemeinden besitzen zwar theoretisch und kraft der Verfassung Eigenständigkeit, allerdings schränken das Sozialstaatsprinzip und der ihm innewohnende Gedanke der Schaffung relativ gleicher Lebensverhältnisse für alle Bürger in der Bundesrepublik den originären Entscheidungsbereich der kommunalen Instanzen in wachsendem Maße ein. Die kommunalen Verwaltungen müssen sich in zunehmendem Maße des Spielraums vergewissern, den ihnen die Staatsaufsicht für die Durchführung bestimmter Aufgaben beläßt, und geraten auf diesem Wege zwangsläufig in die Nähe der übergeordneten staatlichen Verwaltung – mit der Folge, daß die kommunale Selbstverwaltung an Eigenwert und Bedeutung verliert. Es ist deshalb weitgehend Ideologie geblieben, daß die Bürger in den Problemen und Verhältnissen ihrer Gemeinden einen unmittelbaren Zugang zur Politik finden könnten. Vielmehr sind die Bedingungen, unter denen das System der kommunalen Selbstverwaltung arbeitet, im Prinzip die gleichen wie in der übergreifenden politischen Struktur. Deshalb ist es der kommunalen Selbstverwaltung nur begrenzt möglich, die Bürger stärker und unmittelbar an den politischen Entscheidungen und am Wohl und Wehe der Gemeinden zu beteiligen. Bei der Art der kommunalen Selbstverwaltung in der Bundesrepublik Deutschland geht es vorwiegend darum, ein zusätzliches Element der Machtverteilung und politischen Differenzierung zu besitzen.

Die auch in den alten Bundesländern immer breitere Kluft zwischen den Erwartungen der Bürger an die kommunalen Dienstleistungen und den Möglichkeiten der Kommunen ist in den neuen Bundesländern besonders groß. In der DDR war die gemeindliche Selbstverwaltung zwar noch in der (ersten) Verfassung von 1949 verankert worden, sie wurde aber 1952/53, parallel zur Ablösung der Länder, im Zuge des »demokratischen Zentralismus« ebenfalls aufgehoben. Seitdem waren in der DDR die kommunalen Gebietskörperschaften offiziell örtliche Organe der zentralen Staatsgewalt; faktisch unterstanden sie den Anweisungen und der Kontrolle der lokalen und zentralen Parteibürokratie. Nach dem Zusammenbruch der SED-Diktatur wurde in der DDR von der erstmals frei gewählten Volkskammer im Mai 1990 eine neue Kommunalverfassung eingeführt. 1993/94 gaben sich dann alle neuen Bundesländer eigene Kommunalverfassungen. Bei der Verwirklichung des Programms einer demokratischen und rechtsstaatlichen Selbstverwaltung hakt es in den Städten und Gemeinden der früheren DDR aber immer noch an allen Ecken und Enden. Die ostdeutschen Kommunen, aufgrund des Erbes der DDR mit ihrem aufgeblähten Staatsapparat personell überbesetzt (eine typisch realsozialistische

»Arbeitsbeschaffungsmaßnahme«), können sich ihr Personal eigentlich gar nicht mehr leisten. Ihre Finanzlage ist im Vergleich zu Westdeutschland noch weit schlimmer, sie sind völlig von den Zuschüssen ihrer Länder und mehr noch von den besonderen Aufbauprogrammen des Bundes abhängig. Zwar konnten in den fünf neuen Bundesländern durch die Zusammenlegung von Kreisen leistungsfähigere Verwaltungseinheiten geschaffen werden. Doch noch immer dominieren unter den ostdeutschen Kommunen Zwerggemeinden mit weniger als 500 Einwohnern. Bundesländer wie Sachsen haben Pläne für eine zweite kommunale Gebietsreform verkündet.

Das von der Wirtschaftskrise seit Beginn der neunziger Jahre ständig vergrößerte Dilemma – einerseits gehen die öffentlichen Ressourcen immer mehr zurück, andererseits müssen die öffentlichen Haushalte immer mehr Bürger mit Sozialleistungen unterstützen – trifft in Deutschland besonders die Städte und Gemeinden; in ganz besonderem Maße sind die ostdeutschen Kommunen mit dieser Zwangslage konfrontiert. So stellt die *Krise des Sozialstaates* insbesondere das föderalistische System der Bundesrepublik, welches auf die kooperative Sicherung der Gleichwertigkeit der Lebensverhältnisse abstellt, vor eine elementare Bewährungsprobe. Sie muß vor allem in den Städten und Gemeinden gemeistert werden, weil auf dieser untersten Ebene des Bundesstaates politisches System und Bürger täglich miteinander konfrontiert sind und nicht in die Anonymität zentralstaatlicher Regelungen und Verwaltungsakte ausgewichen werden kann.

XIV. Kapitel

Internationale Beziehungen

Auf dem Gebiet der internationalen Beziehungen hat das Jahr 1989/90 mit seinen deutschland-, europa- und weltpolitischen Veränderungen eine dramatische Wende für die Bundesrepublik gebracht. Damals hat dieser Staat nicht nur durch die deutsche Vereinigung sein Territorium erweitert und die Bevölkerungszahl erhöht. Auch haben der Zusammenbruch des kommunistischen Lagers und das Ende des Kalten Krieges zu einer neuen europäischen und weltpolitischen Konstellation geführt, in der Deutschland notwendigerweise eine von Grund auf veränderte internationale Rolle zufällt.

In den vier Jahrzehnten der Teilung lagen die beiden deutschen Staaten an der Nahtstelle der beiden Weltlager, sie fungierten als Vorposten in deren Kaltem Krieg: Die westdeutsche Bundesrepublik war der Juniorpartner im westlichen Bündnissystem, die ostdeutsche Republik mehr oder weniger der Erfüllungsgehilfe der sowjetischen Politik. Mit der deutschen Vereinigung und der damit verbundenen politischen Veränderung Europas rückte Deutschland sowohl geographisch als auch politisch wieder in die Mitte des europäischen Kontinents, wurde zur »Zentralmacht Europas« (Hans-Peter Schwarz). Nachdem die Rücksichtnahme auf das Ziel der Wiederherstellung der deutschen Einheit hinfällig geworden war, wurde Deutschland zu einem normalen nationalstaatlichen Akteur im Konzert der Mächte. Die internationale Zustimmung zur deutschen Vereinigung konnte aber nur erreicht werden, weil die Bundesrepublik sich glaubhaft dafür verbürgte, die in den Jahren der deutschen Teilung entwickelten Grundprinzipien ihrer Außenpolitik beizubehalten. Auch unter den neuen Bedingungen wirken diese Grundprinzipien fort, wenngleich in aktualisierter und

modifizierter Form. Auf dieser Einsicht beruhen ebenfalls die außenpolitischen Koalitionsvereinbarungen der 1998 gewählten rot-
grünen Bundesregierung.

1. Westintegration

Der Anschluß an das Bündnis der westlichen Demokratien war und
ist die wichtigste Grundlage der deutschen Außenpolitik, ja der gesamten Existenz der Bundesrepublik. Nach dem Untergang des Naziregimes und der Teilung Deutschlands im Gefolge des Kalten
Krieges bot sich auf diesem Wege dem westdeutschen Teilstaat in
den fünfziger Jahren die Möglichkeit, die Vormundschaft der westlichen Siegermächte zu lockern und einen Status der teilweisen politischen Gleichberechtigung innerhalb der westlichen Allianz zu
erwerben. Die Verwirklichung dieses Ziels war das Verdienst des
ersten Bundeskanzlers Konrad Adenauer.

Die Grundlinien der Adenauerschen Außenpolitik waren ebenso
klar wie einfach: Deutschland in Gestalt der Bundesrepublik sollte
wieder zu einem anerkannten und gleichwertigen Partner der Völ-
kerfamilie werden. Adenauer war entschlossen, wenigstens den
westlichen Teil Deutschlands so fest wie möglich in das westliche
Staatensystem zu integrieren, um die Bundesrepublik gegen jeden
Versuch einer Neutralisierung Deutschlands immun zu machen und
Ansätze zur traditionellen deutschen Schaukelpolitik zwischen Ost
und West im Keime zu ersticken. Ohne Westintegration, so fürch-
tete er, würde auch der Westen Deutschlands früher oder später in
den Sog der sowjetischen Machtpolitik geraten.

Ein wesentlicher Schlüssel zur Erreichung dieses politischen
Ziels war für Adenauer die Bereitschaft zur Wiederbewaffnung.
Ohne den Ausbruch des Kalten Krieges und die Entstehung der bipolaren Machtstruktur zwischen den von den beiden Supermächten
beherrschten Blöcken des Westens und des Ostens hätte Adenauer
nicht so erfolgreich operieren können. Der Trumpf in der Hand
Adenauers war die Bereitschaft, durch die Wiederbewaffnung der
Bundesrepublik das Verteidigungssystem des Westens zu verstärken. Der erste Bundeskanzler bot deshalb, schon wenige Jahre nach
der totalen militärischen Niederlage und der Entmilitarisierung

Deutschlands und gegen großen innenpolitischen Widerstand in der Bundesrepublik, Anfang der fünfziger Jahre den Amerikanern eine Wiederbewaffnung der Bundesrepublik an.

Das globale Sicherheits- und Wirtschaftsinteresse, das bei Adenauer von Anfang an eine wichtige Rolle gespielt hat, verwies ihn auf eine enge transatlantische Partnerschaft mit den Vereinigten Staaten als der militärischen und ökonomischen Führungsmacht des Westens. Die bundesdeutschen *Beziehungen zu den Vereinigten Staaten* erreichten unter dem amerikanischen Außenminister John Foster Dulles einen Höhepunkt an Intensität und Übereinstimmung. Dulles war, wie dann Adenauer, ein Anhänger der »Politik der Stärke« auf militärischem und wirtschaftlichem Gebiet. Adenauer hat die Präsenz der sowjetischen Militärmacht an der Elbe und die sowjetische Herrschaft über den östlichen Teil Deutschlands bzw. ganz Osteuropa immer als eminent gefährlich angesehen und war überzeugt, daß mit den Sowjets überhaupt nur noch aus einer Position der Stärke heraus zu reden sei. Er begründete darum sein (verbales) Festhalten am Ziel der deutschen Wiedervereinigung, das in offenem Gegensatz zur praktizierten Politik der Westintegration zu stehen schien, mit der Versicherung, allein durch eine Politik der Stärke könne die Sowjetunion veranlaßt werden, ihrer »Zone« die Freiheit zu geben. Die Herstellung eines guten Einvernehmens mit den Vereinigten Staaten wurde erleichtert durch die spektakulären Erfolge im politischen und wirtschaftlichen Wiederaufbau der Bundesrepublik. Es beruhigte die USA, daß mit ihrer Hilfe in der Bundesrepublik politisch stabile und ökonomisch prosperierende Verhältnisse Einzug hielten. Mit der Rückendeckung von Amerikanern, Briten und Franzosen wies Adenauer jeden Versuch der Sowjets, darunter die Stalin-Note vom März 1952, zurück, durch Angebote für ein neutralistisches Gesamtdeutschland die westdeutsche Wiederbewaffnung zu verhindern.

Seine geistig-kulturelle und europäische Orientierung motivierte Adenauer zur *Aussöhnung mit Frankreich*, den in siebzig Jahren von Deutschland dreimal mit Krieg überzogenen Nachbarn jenseits des Rheins. Ohne Frankreich war eine kontinentale Zusammenarbeit undenkbar. Die Aussöhnung mit Frankreich entsprach dem Bedürfnis der beiden Völker, die jahrzehntelang in zum Teil erbitterter »Erbfeindschaft« gelebt hatten, nach den Schrecken des

Weltkrieges einen Neuanfang ihrer Beziehungen zu suchen. Ab 1945 war Frankreich zunächst diejenige Siegermacht gewesen, welche gegenüber Deutschland als Ganzem die härteste Besatzungspolitik einschlug. Dann aber setzte sich bei führenden Politikern der Vierten Republik, wie Robert Schuman, die Einsicht durch, daß den Sicherheitsbedürfnissen Frankreichs eine in europäische Organisationen und westliche Bündnisse eingebundene Bundesrepublik mehr entspräche als ein auf Dauer geknebeltes und unzufriedenes Besatzungsgebiet. Die deutsch-französische Politik des Ausgleichs und der Verständigung wurde auch nicht mehr zurückgeworfen durch das Scheitern der von Adenauer unterstützten Europäisierung des Saargebietes, dessen Bevölkerung sich 1955 mehrheitlich für den Anschluß an die Bundesrepublik aussprach. Ihren ersten Höhepunkt erreichte die Aussöhnung zwischen den beiden Staaten, als sich zwischen Adenauer und Charles de Gaulle – beide zuletzt befreundet – eine enge politische Zusammenarbeit entfaltete, die 1963 zur Unterzeichnung des deutsch-französischen Freundschaftsvertrages führte, der regelmäßige Konsultationen der führenden Politiker beider Länder in allen wichtigen politischen Fragen institutionalisiert hat. Aufgrund des durch die Vereinigten Staaten garantierten Sicherheitsinteresses, das in der Bundesrepublik immer schwer wog, konnte Adenauer allerdings die von de Gaulle betriebene französische Abgrenzung gegenüber den USA nicht unterstützen. Die Nachfolger de Gaulles haben die transatlantischen Kontroversen aber wieder etwas entschärft, seitdem hat sich die Allianz zwischen Frankreich und der Bundesrepublik über alle unterschiedlichen parteipolitischen Orientierungen hinweg noch vertieft. So arbeitete in den siebziger Jahren der sozialdemokratische Bundeskanzler Helmut Schmidt eng mit dem liberal-konservativen Präsidenten Valéry Giscard d'Estaing zusammen, während in den achtziger Jahren der Christdemokrat Helmut Kohl mit dem Sozialisten François Mitterrand befreundet war. Dieses Vertrauensverhältnis war 1990 ausschlaggebend für die französische Zustimmung zur deutschen Vereinigung. Auch heute ist die Partnerschaft zwischen Frankreich und der Bundesrepublik Deutschland die treibende Kraft im europäischen Integrationsprozeß.

In den vier Jahrzehnten der westdeutschen Bundesrepublik ist die Politik der Westintegration zur Grundlage nicht nur der außenpolitischen Beziehungen, sondern auch der innenpolitischen Entwicklung geworden. Das wird besonders deutlich in der Überwindung jener krisenhaften Phasen, als die Westorientierung existentiell in Frage gestellt wurde. In den fünfziger Jahren und Anfang der achtziger Jahre haben linke Kräfte in der Bundesrepublik für einen Kurs der Abwendung von der westlichen Militärallianz plädiert. Beide Male sind die beteiligten Kräfte, früher große Teile der Sozialdemokratie und später die aus der Friedensbewegung hervorgegangenen Grünen, zu Anhängern eines gewandelten westlichen Bündnisses geworden. In den sechziger und siebziger Jahren haben aus Anlaß des Vietnamkriegs heftige antiamerikanische Protestströmungen in der Bundesrepublik auf sich aufmerksam gemacht. Heute sind die damaligen studentenbewegten Kritiker ganz überwiegend Anhänger einer von der Diskussion in den Vereinigten Staaten inspirierten *civil society*. In Deutschland hat die Zivilisationskritik zwar immer wieder auch die Formen eines Antiamerikanismus angenommen, doch im Alltag wie in der politischen Standortbestimmung ist bis auf kleine rechte Gruppen unumstritten, daß Deutschland an die Seite der westlichen Demokratien gehört.

Noch wichtiger als die politische, wirtschaftliche und militärische Westintegration ist die Westorientierung der *politischen Kultur* der Deutschen. Sie erst hat jenes Vertrauen ermöglicht, das 1990 die europäischen Nachbarn und die internationale Staatenwelt der deutschen Vereinigung zustimmen ließ. Daher kann als sicher gelten, daß auch die vereinigte Bundesrepublik die Westintegration mit ihren vielfachen Facetten beibehält und fortsetzen wird – wenn es noch eines letzten Beweises dafür bedurft hätte, dann hat ihn die so gut wie einhellige Solidarisierung der deutschen Bevölkerung und Politiker mit den von fundamentalistischen Terroristen angegriffenen USA im September 2001 gebracht.

2. Europapolitik

Die Bundesrepublik gehörte von Anfang an zu den energischen Verfechtern einer europäischen Einigung. In der Nachkriegszeit war vor allem bei der Jugend der Gedanke eines geeinten Europa mächtig, eines »Europa ohne Grenzen«, ohne nationalistische Rivalitäten, eines zunächst westeuropäischen Bundesstaates, der später *alle* Staaten Europas umfassen und eine selbständige dritte Kraft in der Welt darstellen sollte.

Das deutsche Interesse am Aufbau eines geeinten Europa war indessen keineswegs so altruistisch, wie es sich zuweilen ausgab. Während für die anderen europäischen Nationalstaaten der Verzicht auf Souveränitätsrechte ein Opfer bedeutete, waren die supranationalen Zusammenschlüsse für die junge Bundesrepublik der Weg zu größerer Selbständigkeit und zu mehr eigenem politischem Gewicht. Für die Deutschen in der Bundesrepublik war »Europa« nicht nur Ersatz für das durch Hitler so schändlich besudelte Ideal der deutschen Nation, auf diesem Wege hofften sie auch wieder Eingang in den Kreis der europäischen Nationen zu finden. Allein über die europäische Integration bot sich der Bundesrepublik die Chance, aus der »selbstverschuldeten Unmündigkeit«, nicht nur in der Außenpolitik, schrittweise wieder herauszukommen und eine gleichberechtigte Partnerschaft aufzubauen. Adenauers entscheidendes außenpolitisches Motiv war die Verhinderung einer internationalen Isolierung der Bundesrepublik durch die zunehmende Einfügung des westdeutschen Staates in ein europäisches und atlantisches System, das sowohl der Bundesrepublik Sicherheit wie andererseits den Nachbarn Schutz vor einem neuerlichen deutschen »Sonderweg« gab. Folglich wurde die Bundesrepublik in den fünfziger Jahren nach und nach Mitglied einer Reihe europäischer bzw. internationaler Organisationen wie dem Europarat, der Organisation für wirtschaftliche Zusammenarbeit und Entwicklung (OECD) sowie der Europäischen Wirtschaftsgemeinschaft (EWG).

Hinter den europäischen Zusammenschlüssen stand von Anfang an die Erwartung, daß die wirtschaftliche Einigung die politische Einigung Europas im Gefolge haben werde. Die Keimzelle der heutigen Europäischen Union (EU) war die Europäische Gemeinschaft für Kohle und Stahl (EGKS, Montanunion). Sie ist 1952 gegründet worden, um den französisch-deutschen Streit über die Beherrschung der Montanindustrie vor allem im Ruhrgebiet zu entschärfen. Belgien, die Bundesrepublik Deutschland, Frankreich, Italien, Luxemburg und die Niederlande, alles Mitglieder der Montanunion, schlossen dann 1957 die Römischen Verträge, die Gründungsurkunde der EWG. Deren Institutionen wurden 1967 mit der

EGKS und der Europäischen Atomgemeinschaft zur Europäischen Gemeinschaft (EG) verschmolzen. Die EG wiederum ist 1993, nach dem Inkrafttreten des Maastrichter Vertrags mit seinen weitergehenden Zielen der wirtschaftlichen und politischen Integration, in Europäische Union (EU) umbenannt worden.

Was rückblickend wie eine geradlinige Erfolgsgeschichte der europäischen Integration aussieht, waren tatsächlich eher mühsame Fortschritte. Denn während die Bundesrepublik immer zu den vorwärtsdrängenden Kräften der europäischen Einigung gehörte, blockierte in den sechziger Jahren Präsident de Gaulle den europäischen Entscheidungsprozeß aus Sorge um die Souveränität Frankreichs; in den achtziger und neunziger Jahren führten die in Großbritannien regierenden Konservativen unter Margaret Thatcher und John Major eine Blockade- und Verweigerungspolitik gegen den weiteren europäischen Integrationsprozeß. Auch die anderen Mitgliedstaaten – einschließlich Deutschlands – wissen ihre nationalen Interessen im europäischen Geschäft wort- und trickreich zur Geltung zu bringen.

Trotz des Schneckengangs im europäischen Einigungsprozeß und aller Frustrationen in der Gegenwart hat sich die über vierzigjährige Geschichte der europäischen Gemeinschaft durch einen quantitativen und qualitativen Wachstumsprozeß ausgezeichnet, dessen Motor neben Frankreich vor allem die Bundesrepublik war. 1973 traten zu den sechs kleineuropäischen Gründungsmitgliedern noch Dänemark, Großbritannien und Irland; durch den Beitritt Griechenlands (1981), Portugals und Spaniens (1986) gelang nach der westeuropäischen auch die südeuropäische Ausweitung. 1995 kamen Österreich, Schweden und Finnland hinzu, während der Beitritt Norwegens am negativen Ausgang auch des zweiten Referendums der norwegischen Bevölkerung scheiterte. Damit hat die Europäische Union heute 15 Mitgliedstaaten. Der Beitritt weiterer Staaten vor allem Mittel- und Osteuropas (Polen, Litauen, Lettland, Estland, Tschechien, Slowakei, Ungarn, Slowenien, Rumänien, Bulgarien), aber auch Maltas und Zyperns soll möglichst bis 2003 erreicht werden; das Beitrittsgesuch der Türkei liegt zwar schon lange vor, ist aber im Hinblick auf die Menschenrechtslage und Strömungen in jenem Land zum islamischen Fundamentalismus nach wie vor umstritten. Die Bundesrepublik Deutschland hat den europäischen Erweiterungsprozeß, zumal nach den Veränderungen von 1989/90 auf dem alten Kontinent, immer nachdrücklich unterstützt, selbst wenn die zahlenmäßige Ausweitung von derzeit 15 Staaten mit 375 Millionen Bürgern auf 27 Staaten mit 482 Millionen Europäern mit erheblichen Anpassungsproblemen und auch Gefahren für den Zusammenhalt der Union verbunden ist.

Auch im Hinblick auf ihre Funktionen hat die europäische Staatengemeinschaft eine stete Vergrößerung erfahren. Sie begann mit der Regulierung der Kohle- und Stahlindustrie sowie der Schaffung einer Zollunion. Mit der Gründung der EWG kam die Vergemeinschaftung ausgewählter wirtschaftspolitischer Bereiche wie der Handels- und Verkehrspolitik, vor allem aber der neuralgischen und skandalträchtigen Agrarpolitik hinzu. Die Einführung des europäischen Binnenmarktes, aber auch die Erweiterung um weniger entwickelte Mitgliedstaaten an der europäischen Peripherie machten eine regionale Strukturpolitik notwendig, von der in der Bundesrepublik auch die sogenannten Zonenrandgebiete zur DDR profitierten. Während die europäische Zusammenarbeit auf den breiten Feldern der Wirtschaftspolitik weit vorangeschritten ist, bemüht man sich in jüngster Zeit um die Koordination in den Bereichen der Innen- und Justizpolitik sowie der Außen- und Sicherheitspolitik – nicht immer mit Erfolg, wie die Friedensbemühungen der Europäischen Union im Balkankonflikt zeigten. Das Amt eines Hohen Repräsentanten der Europäischen Union auf dem Gebiet der Außen- und Sicherheitspolitik, das im Jahr 1999 erstmals besetzt wurde, soll die europäischen Koordinations- und Integrationsbemühungen auf diesem Politikfeld voranbringen.

Die Gemeinschaft tut sich vor allem mit der Entwicklung ihrer inneren Strukturen ziemlich schwer. Immer noch dominiert mit der Brüsseler Kommission und ihrem Verwaltungsapparat das bürokratisch-exekutive Element, während das parlamentarisch-kontrollierende Element in Gestalt des in Straßburg tagenden Europäischen Parlaments trotz dessen Direktwahl eher gering entwickelt ist. Die Sicherstellung von demokratischer Legitimation und bürgerschaftlicher Transparenz gehört daher zu den größten Aufgaben des politischen Systems nicht nur auf nationaler, sondern auch auf europäischer Ebene.

Die europäischen Partnerstaaten der Bundesrepublik Deutschland waren 1989/90 über den Zusammenbruch der DDR und die anschließende deutsche Vereinigung erheblich beunruhigt. Kleinere Nachbarländer befürchteten, daß das vergrößerte Deutschland nun wieder zu nationalstaatlicher Arroganz und hegemonialer Überheblichkeit neigen würde, während die größeren wie Frankreich argwöhnten, das vereinigte Deutschland, in seinem altbekannten geopolitischen Dilemma, würde seinen Einsatz für den europäischen Integrationsprozeß verringern. Doch dann gingen der deutsche Vereinigungsprozeß *und* die europäische Integration in den programmatischen Erklärungen der deutschen Bundesregierung wie auch in der politischen Wirklichkeit sozusagen Hand in Hand. Die EG und insbesondere die Europäische Kommission in Brüssel unter ihrem damaligen Präsidenten Jacques Delors unterstützten ohne Zögern die wirtschaftsinstitutionelle Absicherung des deutschen Vereinigungsprozesses durch entsprechende Beschlüsse und Maßnahmen. Auch Helmut Kohl ließ von Anfang an keinen Zweifel daran aufkommen, daß die deutsche Vereinigung und die europäische Integration von deutscher Seite nicht nur miteinander zu vereinbaren seien, sondern einander sogar bedingten. In diesem Sinne sprachen sich Kohl und Mitterrand im April 1990 für eine Beschleunigung der politischen Union und eine Vertiefung der Wirtschafts- und Währungsunion aus. Es hat hohen symbolischen Wert, daß derjenige Grundgesetzartikel, über dessen Beitrittsklausel im Oktober 1990 die deutsche Vereinigung vollzogen worden ist, danach eine neue Formulierung erhielt, welche die Mitwirkung des vereinigten Deutschland am europäischen Integrationsprozeß zum Verfassungsgebot macht. Art. 23 Abs. 1 GG lautet heute: »Zur Verwirklichung eines vereinten Europas wirkt die Bundesrepublik Deutschland bei der Entwicklung der Europäischen Union mit, die demokratischen, rechtsstaatlichen, sozialen und föderativen Grundsätzen und dem Grundsatz der Subsidiarität verpflichtet ist und einen diesem Grundgesetz im wesentlichen vergleichbaren Grundrechtsschutz gewährleistet. Der Bund kann hierzu durch Gesetz mit Zustimmung des Bundesrates Hoheitsrechte übertragen.«

Obwohl die Bundesrepublik Deutschland seit 1990 durch die wirtschaftlichen, gesellschaftlichen und kulturellen Folgeprobleme der deutschen Vereinigung stärker als erwartet belastet wird, hat sie doch in den neunziger Jahren unter der in dieser Frage entschiedenen und inspirierten Führung Helmut Kohls wesentlich zur weiteren Entwicklung der europäischen Integration beigetragen. So war es höchst angemessen, daß Kohl nach seinem Ausscheiden aus dem Amt des Bundeskanzlers Ende 1998 von der Europäischen Union mit der Würde eines europäischen Ehrenbürgers ausgezeichnet wurde, die vor ihm nur Jean Monnet, der Vater der Europäischen Gemeinschaft für Kohle und Stahl, erhalten hatte. Auf die von Bundeskanzler Kohl und Staatspräsident Mitterrand eingeleitete Initiative geht auch der Vertrag über die Europäische Union (EU) zurück, der 1991 auf der Gipfelkonferenz der europäischen Regierungschefs im holländischen Maastricht verabschiedet wurde und am 1. November 1993 in Kraft trat. Die hier versprochenen Integrationsbemühungen haben die Regierungschefs in ihrem Amsterdamer Vertrag 1997 nochmals bestätigt und fortzuschreiben gesucht. Im Mittelpunkt dieser Vereinbarungen steht eine Vertiefung der Zusammenarbeit in der Außen- und Sicherheits- sowie der Innen- und Justizpolitik, vor allem aber die Vollendung der Wirtschafts- und Währungsunion.

Zum 1. Januar 1999 wurde in 11 der 15 Mitgliedstaaten der Europäischen Union eine einheitliche europäische Währung eingeführt. Griechenland hat die volkswirtschaftlichen Kriterien für die Einführung des »Euro« noch nicht erfüllt, während Großbritannien, Dänemark und Schweden die Entwicklung dieses ehrgeizigen und umstrittenen Integrationsprojekts noch abwarten. Die Konvergenzkriterien auf den Gebieten der Preisstabilität, der Staatsverschuldung, der Währungsstabilität und der Zinshöhe, wesentlich auf deutsche Initiative hin eingeführt, fungierten als Hebel in den Mitgliedstaaten der EU zur Durchsetzung einschneidender Strukturveränderungen bei den staatlichen Einnahmen sowie Ausgaben. Sie waren daher auch in Deutschland zwischen den Parteien, aber ebenfalls in der Bevölkerung ziemlich umstritten. Die Einführung des Euro zum Jahresbeginn 1999 hat zunächst einmal bewirkt, daß zwischen der neuen europäischen Währung und den noch bis Anfang 2002 weiterexistierenden nationalen Währungen feste Wechselkurse eingerichtet wurden. Damit ist in Europa nicht nur die Konvergenz der Währungen festgeschrieben worden, sondern wird auch die endgültige Angleichung der separaten Nationalökonomien unausweichlich. Als Hüter über die monetäre und volkswirtschaftliche Stabilität der neuen Währung ist die Europäische Zentralbank eingesetzt worden, die in Frankfurt am Main residiert und deren Struktur und Funktionen weitgehend am Vorbild der Deutschen Bundesbank ausgerichtet worden sind. Mit beiden Entscheidungen haben die europäischen Partner Deutschland den bitteren Abschied von seiner eigenen Währung versüßt, verkörpert die D-Mark doch in den Augen der Deutschen mehr als alle anderen Einrichtungen und Erfolge den wirtschaftlichen Aufschwung, die politische Stabilität und die internationale Reputation, welche die Bundesrepublik in den ersten fünf Jahrzehnten ihrer Existenz erreicht hat.

Die neue Bundesregierung unter Kanzler Gerhard Schröder und Außenminister Joschka Fischer ist bereits kurz nach Amtsantritt voll in die europäische Pflicht genommen worden, hatte Deutschland doch bereits in der ersten Hälfte des Jahres 1999 die Präsidentschaft im Europäischen Rat der Regierungschefs inne. Bevor die EU, die als kleineuropäische Wirtschafts- und Landwirtschaftsunion angefangen hat, durch die Annahme der vorliegenden Beitrittsgesuche zu einer wirklich gesamteuropäischen Gemeinschaft werden kann, muß sie durch umfassende Reformen erweiterungsfähig werden. Dabei geht es nicht nur um die Neuordnung der europäischen Agrar-, Regional- und Finanzpolitik – drei Gebiete, die zwar eng miteinander verknüpft sind, deren gemeinsame Neuregelung aber der Quadratur eines Kreises ähnelt. Vor allem muß das institutionelle Gefüge Europas in Ordnung gebracht werden. Hierzu gehören nicht nur mehr organisatorische Fragen wie die zukünftige Größe und Zusammensetzung der Europäischen Kommission, die Gewichtung der Stimmen der Mitgliedstaaten im Europäischen Ministerrat und der Übergang vom Einstimmigkeitspostulat zur Mehrheitsentscheidung. Auch fundamentale Wertentscheidungen wie die Aufstellung einer europäischen Grundrechtscharta und die Stärkung des demokratischen Elements in der Europäischen Union stehen an. Bisher dominieren bei der Formulierung und Ausführung der europäischen Gemeinschaftspolitik die bürokratisch-gouvernementalen Instanzen in Brüssel. Doch die Stärkung der europäischen Mitbestimmungsrechte der Bürger in den einzelnen Staaten kann durchaus bewirken, daß ihre Neigung zu nationalen Egoismen und Europaskepsis den europäischen Einigungsprozeß blockieren und zurückwerfen. Vielfältige Vorschläge, um Europa in bessere Verfassung zu bringen, was nicht unbedingt eine geschriebene Verfassungsurkunde impliziert, sind gemacht worden. In Deutschland konkurrieren Bundeskanzler und Bundesaußenminister (wie alle ihre Amtsvorgänger) um den Vorrang bei der praktischen Europapolitik, aber auch um die Meinungsführerschaft bei der Reform der Europäischen Union gemäß den Prinzipien von Effektivität und Demokratie. Generell wird die europapolitische Kompetenz der Bundesregierung daran gemessen werden, ob sie die deutschen Interessen insbesondere am Abbau der übermäßigen Nettobelastung der Bundesrepublik durch den Haushalt der EU wirksam vertritt, ob sie darüber hinaus auch europäisches Verhandlungsgeschick beweist und vor allem, ob sie Gespür für die europäische Verantwortung Deutschlands zeigt.

Trotz mancher Zweifel und vieler Rückschläge im europäischen Einigungswerk ist Europa, also das Zusammenwachsen der politischen, wirtschaftlichen, kulturellen und militärischen Funktionen auf dem über Jahrhunderte von Kriegen heimgesuchten Kontinent, eine Tatsache von größter Bedeutung für die Bundesrepublik Deutschland und eine dauerhafte Grundkomponente ihrer internationalen Beziehungen. Dank ihrer wirtschaftlichen Stärke spielt die Bundesrepublik in den wichtigsten europäischen Gremien eine führende Rolle, ist aber bemüht, dies eher zu verbergen, um alle Befürchtungen einer deutschen Hegemonie in Europa nach Möglichkeit zu zerstreuen. In Abwandlung eines Slogans aus den USA kann man feststellen: »Was gut ist für Europa, ist auch gut für Deutschland.« Das trifft nicht nur für die Wirtschaft, sondern auch für die Politik zu. Finanziell leistet Deutschland zwar die höchsten Beiträge in die europäische Gemeinschaftskasse, profitiert aber als traditionelles Exportland in besonderem Maße von dem vergrößerten Binnenmarkt; fast zwei Drittel der deutschen Ausfuhren gehen in Partnerstaaten der Union. In politischer Hinsicht ermöglicht die Europäische Union der Bundesrepublik Deutschland einen Einfluß, der ohne die Einbindung in Europa bei den Nachbarn auf größte Vorbehalte und Widerstände stoßen würde. Kulturell eröffnet die europäische Integration den Deutschen vielseitige Erfahrungen, von denen insbesondere die jüngeren Generationen profitieren. Schon heute gehört in Europa der akademische Austausch vor allem zwischen Studierenden zu den erfolgreichsten Programmen. So rückt Deutschland durch den europäischen Einigungsprozeß – nicht nur geographisch – wieder in die Mitte des Kontinents, mit allen damit verbundenen Chancen, aber auch Verpflichtungen.

3. Deutschland- und Ostpolitik

Die westlich orientierte Außenpolitik Adenauers war, wie schon gesagt, zunächst heftig umstritten. Die Politik der Westintegration mußte zwangsläufig das primäre nationale Ziel der deutschen Politik, die Wiedervereinigung des geteilten Deutschlands, in Frage stellen, die auch in der Präambel des Grundgesetzes gefordert worden ist. Schließlich wurde – je länger, desto mehr – offensichtlich, daß Adenauers stereotype Versicherung, seine prowestliche Außenpolitik fördere die Wiedervereinigung, mit den weltpolitischen Gegebenheiten nicht übereinstimmte. Die Politik der Stärke hatte ganz im Gegenteil dazu beigetragen, die Grenzen zwischen dem westlichen und östlichen Machtbereich in Deutschland zu verfestigen, bis sie 1961 durch den Bau der Berliner Mauer völlig undurchlässig gemacht wurden.

Nach der Kuba-Krise und dem 1964 erfolgten Abgang von Nikita S. Chruschtschow hatte sich ab der zweiten Hälfte der sechziger Jahre eine weltweite Entspannung (»Detente«) zwischen den Supermächten einzustellen begonnen. Ihr folgte die bundesdeutsche Außenpolitik insofern, als sie einen Ausgleich mit dem Osten suchte, ohne die von Adenauer bewerkstelligte Westintegration zur Disposition zu stellen. Die neue Ostpolitik der Bundesrepublik, in ersten Ansätzen schon von Außenminister Gerhard Schröder in der Regierung Erhard eingeleitet und entschiedener in der Großen Koalition von Willy Brandt als Außenminister und Herbert Wehner als Minister für gesamtdeutsche Fragen gefördert, gipfelte während der Regierung Brandt/Scheel im Sommer 1970 in der Unterzeichnung eines Vertrages zwischen der Bundesrepublik und der Sowjetunion über »Gewaltverzicht und gemeinsame Beziehungen« sowie der Unterzeichnung eines Vertrages mit Polen im Dezember 1970, worin nun auch von Bonn die Oder-Neiße-Grenze anerkannt wurde. Diese Verträge sollten den Weg für eine Entspannung in Europa und für bessere Beziehungen zwischen der Bundesrepublik und den Ländern des Sowjetblocks, insbesondere mit der DDR, bereiten. Im Grundlagenvertrag von 1972 vereinbarte dann die Bundesrepublik Deutschland mit der DDR die Formalisierung und Normalisierung der innerdeutschen Beziehungen. Nach dieser staatsrechtlichen Anerkennung durch die Bundesrepublik wurde die DDR von den meisten Staaten der Welt völkerrechtlich anerkannt, und im September 1973 sind die beiden deutschen Staaten in die Vereinten Nationen aufgenommen worden.

Der bundesdeutschen Außenpolitik hat die Erledigung der lange offengebliebenen Fragen im Verhältnis zu Osteuropa einschließlich der DDR eine wirksame Unterstützung seitens des internationalen Staatensystems gesichert. Die Öffnung nach Osten erfolgte auf der Basis einer soliden und unzweifelhaften, auch von Moskau anerkannten Verankerung der Bundesrepublik im politischen und militärischen System des Westens. Willy Brandt ist darum mit Recht als der deutsche Staatsmann gerühmt worden, der Adenauers Werk der Westintegration durch seine Politik der Verständigung mit dem Osten abgerundet und einen neuen Freiraum für die bundesdeutsche Außenpolitik gewonnen hat.

Von der deutschlandpolitischen Entspannung hat wesentlich die Stellung Berlins im geteilten Deutschland profitiert. In der Deutschlandfrage spielte nach dem Zweiten Weltkrieg *Berlin* als Hauptstadt des ehemaligen Deutschen Reiches stets eine zentrale Rolle. Den vier Besatzungszonen, in die Deutschland aufgeteilt war, entsprachen in Berlin die vier Sektoren der Kriegsalliierten. Innerhalb Berlins vollzog sich in der Nachkriegszeit derselbe Prozeß der Trennung und Teilung, der auch zur Entstehung der zwei deutschen Staaten führte, nur daß hier der Gegensatz zwischen Ost und West wegen der räumlichen Nähe der Sektoren noch einschneidender war. Für die Sowjetunion war der Viermächtestatus Berlins höchst unbequem, denn Berlin lag geographisch im Territorium der sowjetischen Zone, der späteren DDR. Die Sowjets hatten im Zuge der Verschärfung des Ost-West-Konflikts immer weniger Interesse daran, den West-Alliierten die erforderlichen Zugangswege nach Berlin zu Lande, zu Wasser und in der Luft offenzuhalten, geschweige denn ein Interesse an der Errichtung einer Bastion der demokratischen Lebensform und eines Schaufensters des westlichen Kapitalismus inmitten eines Gebietes, das ihr Machtbereich war. 1948/49 scheiterte die Sowjetunion unter Stalin mit ihrem Versuch, den Westmächten durch eine Blockade den Verbleib in West-Berlin unmöglich zu machen. In den fünfziger Jahren war die geteilte Stadt das Schlupfloch im Eisernen Vorhang, durch das zweieinhalb Millionen Flüchtlinge aus der DDR, oft besonders qualifizierte Arbeitskräfte, den Weg in die Freiheit fanden. Nachdem die Bemühungen des sowjetischen Parteichefs Chruschtschow, mit diplomatischem Druck die Westmächte aus Berlin zu vertreiben – das nur mit Vorbehalten zur Bundesrepublik gehörende West-Berlin sollte zu einer »selbständigen politischen Einheit« gemacht werden –, nichts gefruchtet hatten, errichtete das SED-Regime mit Zustimmung der sowjetischen Führung ab dem 13. August 1961 Sperrmauern längs ihrer Sektoren- und Staatsgrenze zu West-Berlin (die Grenze der DDR zur Bundesrepublik war bereits dicht, ausgenommen die Transitwege). Daß die Westalliierten den Bau der Berliner Mauer nicht verhinderten und der physischen Zerreißung der noch nicht völlig getrennten Stadt keinen Widerstand entgegensetzten, machte den Berlinern und der Weltöffentlichkeit die Prioritäten der westlichen Schutzmächte in Berlin klar: vorrangig die Sicherung West-Berlins auf lange Sicht. Zehn Jahre später, im Sommer 1971, unterzeichneten die Botschafter der vier Mächte ein Berlin-Abkommen, das im Kern auf eine juristische Fixierung des *Status quo* (mit einigen kleinen Abstrichen) und zahlreichen Verbesserungen für die Westberliner Bewohner hinauslief. Das Berlin-Abkommen hat die Lage der Stadt stabilisiert, ohne freilich alle jene Probleme lösen zu können, die sich aus der geographischen Lage West-Berlins inmitten der DDR ergaben. Die geteilte Hauptstadt des ehemaligen Deutschen Reiches war in den Jahrzehnten der deutschen Teilung eine stete Erinnerung daran, daß die »deutsche Frage« noch nicht gelöst war.

Die Hoffnungen auf eine zügige Fortsetzung der Entspannung zwischen Ost und West, die man an die 1975 in Helsinki abgehaltene Konferenz für Sicherheit und Zusammenarbeit in Europa (KSZE) knüpfte, gingen nur teilweise in Erfüllung, es kam immer wieder zu Rückschlägen (z. B. nach der Invasion der Sowjets in Afghanistan 1980). Auch das Verhältnis der beiden deutschen Staaten zueinander ließ sich, trotz einer Reihe nützlicher Abmachungen über Erleichterungen im innerdeutschen Reiseverkehr, nicht grundsätzlich verbessern, weil die DDR-Führung unter SED-Chef Erich Honekker jede Aufweichung ihrer Machtposition durch zu enge Kontakte mit der Bundesrepublik rigoros abzuwehren suchte und die Mauer sowie die innerdeutsche Staatsgrenze hermetisch geschlossen hielt. Trotz aller Abgrenzungsmaßnahmen wurde die innere Lage des SED-Regimes aber zunehmend schwieriger.

Helmut Kohl hat als Bundeskanzler die Deutschlandpolitik seiner sozialdemokratischen Vorgänger im wesentlichen fortgeführt und 1987 den Staatsratsvorsitzenden Erich Honecker sogar mit allen protokollarischen Ehren in der Bundesrepublik empfangen – an die reale Möglichkeit einer Wiedervereinigung »in Frieden und Freiheit« glaubte damals im Ernst niemand (mehr). So waren es dann auch nicht die deutschlandpolitischen Bemühungen und Deklamationen der wechselnden Bundesregierungen, sondern die Veränderungen im Ostblock unter Michail S. Gorbatschow und die inneren Krisen und Protestbewegungen in der DDR, die 1989/90 zum Zusammenbruch des zweiten deutschen Staates und damit zur deutschen Vereinigung geführt haben.

Wenngleich also die Bonner Deutschlandpolitik in den vierzig Jahren der Teilung die Wiederherstellung der deutschen Einheit nicht erreichen konnte, trug sie doch wesentlich dazu bei, das Thema auf der Agenda zu halten und das Zusammengehörigkeitsgefühl der Menschen in den beiden deutschen Staaten wachzuhalten. Nach der staatlichen Vereinigung Deutschlands am 3. 10. 1990 ist die Deutschlandpolitik als außenpolitisches Handlungsfeld hinfällig geworden; das Zusammenwachsen Ost- und Westdeutschlands ist heute eine innenpolitische Aufgabe. (Die Auswirkungen der deutschen Vereinigung auf die faktische und symbolische Bedeutung Berlins werden im Schlußkapitel dieses Buches nochmal zur Sprache kommen.) Hingegen ist die Ostpolitik als außenpolitisches Handlungsfeld durch die Vereinigung nicht hinfällig geworden, sondern hat neue und noch bedeutsamere Dimensionen gewonnen. Heute wird das Verhältnis der Bundesrepublik zu den osteuropäischen Staaten – einschließlich der Nachfolgestaaten der aufgelösten Sowjetunion, allen voran natürlich Rußland – nicht mehr von deutschlandpolitischen Zielen dominiert, sondern hat die

Herstellung und Sicherung partnerschaftlicher Beziehungen zu allen neun Nachbarstaaten des vereinigten Deutschlands in der Mitte Europas zum Ziel.

4. Deutsche Außenpolitik nach der Vereinigung

Die staatliche Vereinigung Deutschlands ist nur möglich geworden, weil ihr die anderen Mitglieder der Völkergemeinschaft, insbesondere die Siegermächte des Zweiten Weltkrieges zugestimmt haben, manche allerdings erst nach Zögern und unter inneren Vorbehalten. Die wichtigste Voraussetzung für dieses internationale Einverständnis war das Vertrauen, das sich die Bundesrepublik in den vier Jahrzehnten seit der Gründung 1949 durch ihre demokratische Stabilität sowie durch die Qualität ihrer internationalen Beziehungen in West und Ost erworben hatte. Zwar erhielt die Bundesrepublik Deutschland mit der internationalen Zustimmung zu ihrer Erweiterung um die ehemalige DDR völkerrechtlich die volle Souveränität zurück und damit die uneingeschränkte Entscheidungsfreiheit über ihre Außenpolitik, doch politisch stand und steht sie bei der Völkergemeinschaft im Wort, an den Grundprinzipien ihrer Außenpolitik festzuhalten und diese weiterzuentwickeln.

Dazu gehört an erster Stelle die Mitgliedschaft in den von Westeuropa ausgehenden, aber bald ganz Europa umfassenden Organisationen und Prozessen der europäischen Integration. Nur durch diese Einbindung können den Nachbarstaaten die historisch begründeten, tiefsitzenden Ängste vor deutschen Hegemonialgelüsten genommen werden. Weiterhin kommt dem deutschen Engagement im transatlantischen Sicherheitssystem unter Führung der USA große Bedeutung zu. Hierdurch soll gewährleistet werden, daß Deutschland nie wieder zu einer vagabundierenden Militärmacht wird, welche ihre Nachbarn überfallen und die Welt in einen Krieg hineinziehen kann. Neben diesen in den fünfziger Jahren von der CDU/CSU unter Konrad Adenauer durchgesetzten Axiomen der Westbindung steht seit den siebziger Jahren die von Willy Brandt verkörperte Einsicht in die Notwendigkeit guter Ostverbindungen der Bundesrepublik, die auch nach dem Regierungswechsel 1982 von Helmut Kohl fortgesetzt wurde und schließlich die Zustimmung der sowjetischen Führung zur deutschen Vereinigung er-möglicht hat. Deutsche Ostpolitik beinhaltet vor allem den politi-schen und wirtschaftlichen Einsatz Deutschlands für die Staaten Ost- und Südosteuropas, die den Anschluß an die europäische Ge-meinschaft suchen und dabei (auch) auf die Fürsprache der Bun-desrepublik setzen.

Von der Bundesrepublik Deutschland wird heute erwartet, daß sie sich nicht mehr auf das historische Spiel einer Schaukelpolitik zwischen Ost und West einläßt, sondern wegen ihrer Mittellage im Zentrum Europas aktiv und energisch zur Förderung und Vermitt-lung zwischen den eher an der Peripherie liegenden Regionen und Staaten beiträgt. Hervorstechendes Merkmal der bundesdeutschen Außenpolitik ist daher ihre gewollte und immer wieder neu zu rea-lisierende Einbettung in den internationalen Zusammenhang, d. h. die Bemühung, keine rein nationalstaatlich orientierte Außenpoli-tik zu treiben, sondern auf allen Feldern zu versuchen, im Zusam-menwirken mit den anderen Staaten zu (auch national) tragbaren und günstigen Ergebnissen zu kommen. An die Stelle des Unilate-ralismus, bei dem ein Staat seine Interessen einseitig durchzusetzen trachtet und auf gute internationale Beziehungen keinen Wert legt, und des Bilateralismus, bei dem lediglich zweiseitige Kontakte mit anderen Staaten gepflegt werden, ist in der bundesdeutschen Au-ßenpolitik heute das Prinzip des *Multilateralismus* getreten: Ver-knüpfung möglichst vielfältiger internationaler Handlungsstränge mit einer Vielzahl, wenn nicht der Gesamtheit der Staatenakteure.

Alle diese außenpolitischen Axiome beruhen nicht lediglich auf der Einsicht in die gegenwärtigen Strukturen und zukünftigen Be-dürfnisse des Staatensystems, sondern gründen sich auf historische Schlußfolgerungen aus der gescheiterten deutschen Außenpolitik früherer politischer Systeme in Deutschland, besonders der Aggres-sions- und Hegemonialpolitik des Naziregimes – die Erinnerungen daran gehören heute noch zu den traumatischen Belastungen des internationalen Umgangs mit den Deutschen.

Die normativen Grundlagen für eine deutsche Außenpolitik der unbedingten Friedfertigkeit, Vertragstreue, Kooperations- und Kompromißbereitschaft sowie des Respekts vor den Interessen und Empfindlichkeiten anderer Staaten sind bereits 1949 gelegt worden. So hat sich die neugegründete Bundesrepublik Deutschland in der

Präambel des Grundgesetzes verpflichtet, »als gleichberechtigtes Glied in einem vereinten Europa dem Frieden der Welt zu dienen«, in Art. 26 GG hat sie Handlungen für verfassungswidrig und strafwürdig erklärt, die geeignet sind, das friedliche Zusammenleben der Völker zu stören, insbesondere die Führung eines Angriffskrieges. Gleichzeitig wird der Bund nach Art. 24 GG ermächtigt, Hoheitsrechte auf zwischenstaatliche Einrichtungen zu übertragen und zur Wahrung des Friedens an kollektiven Sicherheitssystemen teilzunehmen. Nach der deutschen Vereinigung wurde durch die Verfassungsreform von 1994 mit dem neuen Art. 23 GG der verfassungsrechtliche Weg für die weitere Entwicklung der Europäischen Union geebnet (siehe oben S. 390). Art. 88 GG ermöglicht die Übertragung der Aufgaben und Befugnisse der Bundesbank auf eine Europäische Zentralbank. Verfassungsrechtlich wie politisch soll sowohl in Deutschland als auch bei seinen Nachbarn kein Zweifel daran aufkommen, daß die Bundesrepublik auch nach der deutschen Vereinigung den in vier Jahrzehnten ausgeprägten Grundprinzipien ihrer Außenpolitik folgen wird.

Gleichzeitig haben sich jedoch im Gefolge der weltpolitischen Wende von 1989/90 die internationalen Rahmenbedingungen der deutschen Außenpolitik in einem unerhörten Ausmaß verändert. Der Ost-West-Gegensatz zwischen den beiden ideologischen und militärischen Blöcken, der seit dem Zweiten Weltkrieg das System der internationalen Politik prägte, ist durch den Zerfall des kommunistischen Lagers hinfällig geworden. Der Zusammenbruch der Vorherrschaft der Sowjetunion und deren Auflösung in eine Reihe einzelner Staaten, deren Kern in der »Gemeinschaft Unabhängiger Staaten« (GUS) unter Führung Rußlands nur notdürftig kooperiert, hat in Osteuropa eigenständige Nationalstaaten wie Polen, Ungarn oder die baltischen Republiken entstehen lassen. Zwar sind die USA als derzeit einzige unbestrittene Weltmacht der einflußreichste Akteur in der internationalen Politik, doch ist an die Stelle der früheren Bipolarität eine komplexe Multipolarität der internationalen Beziehungen mit zahlreichen kontinentalen und regionalen Subzentren getreten, zu denen in Europa sicher auch das vereinigte Deutschland gehört. Lagen die beiden deutschen Staaten früher an einer der weltpolitischen Trennungslinien und waren damit sowohl Vorposten als auch Peripherie der antagonistischen Machtblöcke, so liegt Deutschland heute, nach der Öffnung der europäischen Grenzen und Systeme, im Herzen des Kontinents und im Schnittpunkt seiner Nord-Süd- und Ost-West-Verbindungen.

Die gewachsene Macht der vereinigten Bundesrepublik ist nur zum geringeren Teil ihrem Zuwachs an territorialer und bevölkerungsmäßiger Größe geschuldet, auch wenn Deutschland heute nach Rußland der bevölkerungsreichste Staat Europas ist. Viel bedeutender als quantitative Veränderungen ist der qualitative Wandel, welchen der außenpolitische Handlungsspielraum Deutschlands im Gefolge der weltpolitischen Wende von 1989/90 erfahren hat. Seit dem Zerfall des kommunistischen Blocks und dem damit verbundenen Ende der Ost-West-Konfrontation ist in den internationalen Beziehungen die Bedeutung militärischer Macht zurückgegangen; andere Faktoren, insbesondere das wirtschaftliche Potential, haben an Relevanz gewonnen. Von dieser Entwicklung profitiert notwendigerweise Deutschland, das, gemessen am Bruttosozialprodukt, trotz aller wirtschaftlichen Probleme nach den USA und Japan immer noch über das drittgrößte Wirtschaftspotential der Welt verfügt.

Die Bundesrepublik Deutschland ist durch die Vereinigung in den Kreis der Nationalstaaten zurückgekehrt, die ungeachtet aller regionalen und kontinentalen Integrationsbemühungen noch immer die eigentlichen Träger der internationalen Politik sind. Sie braucht heute bei der Definition und Durchsetzung ihrer nationalen Interessen nicht mehr auf das Ziel der Wiedererlangung der staatlichen Einheit Rücksicht zu nehmen. Gleichzeitig hält die Bundesrepublik auch als saturierter Nationalstaat an ihrer europäischen und transatlantischen Integration fest und ist damit ein *postmoderner* Nationalstaat. Deutschland hat nach der Ablösung der alliierten Vorbehaltsrechte durch den Zwei-plus-Vier-Vertrag von 1990 seine volle völkerrechtliche Souveränität zurückerhalten, zugleich jedoch seinen politischen Willen zur Übertragung staatlicher Souveränitätsrechte an überstaatliche Gemeinschaften bestätigt und ausgebaut. Durch diesen Verzicht trägt der deutsche Staat der Erkenntnis Rechnung, daß seine gewachsene Macht nicht nur einen Zuwachs an Einflußmöglichkeiten mit sich bringt, sondern auch ein größeres Mißtrauen von seiten der anderen Staaten bewirkt, dem nur durch überstaatliche Einbindungen begegnet werden kann. So bestätigt sich auch in den internationalen Beziehungen die allgemeine Regel, daß größere Rechte vermehrte Pflichten nach sich ziehen, wenn die Akzeptanz des Machtzuwachses durch die anderen Staaten gesichert werden soll.

Diese Dialektik von größeren Einflußmöglichkeiten und gewachsenen Verpflichtungen kommt insbesondere in der deutschen Außenpolitik gegenüber den osteuropäischen Ländern zum Tragen. Noch befinden sich die meisten der aus der sowjetischen Herrschaft entlassenen osteuropäischen Länder, aber auch Rußland und die anderen Nachfolgestaaten der Sowjetunion in einem labilen Übergangsprozeß auf der Suche nach gesellschaftlicher, politischer und wirtschaftlicher Stabilität. Die Hoffnungen vieler osteuropäischer Politiker auf westliche Unterstützung richten sich auch auf Deutschland. Hierbei spielen sowohl historische Gründe eine Rolle – Deutschland hatte vor allem im 19. und beginnenden 20. Jahrhundert großen kulturellen Einfluß auf Osteuropa – als auch aktuelle Gegebenheiten: Der Zusammenbruch des kommunistischen Lagers und das Ende der sowjetischen Herrschaft haben wesentlich zur Ermöglichung der deutschen Vereinigung beigetragen. Die Bundesrepublik hat nach der Vereinigung mit ihren osteuropäischen Nachbarn Freundschaftsverträge geschlossen, die einer friedlichen Zusammenarbeit den Weg ebnen sollen. Auch das schwierige Bemühen der Tschechischen Republik und der Bundesrepublik, zu einer Versöhnungserklärung über das wechselseitig zugefügte Leid zu kommen, soll die Aussöhnung mit den osteuropäischen Völkern fortsetzen. Als wirtschaftlich stärkste Macht in Europa ist Deutschland für die den Weg zurück nach Europa beschreitenden Länder Osteuropas der vorrangige Adressat für wirtschaftliche, technische und finanzielle Hilfe, die sie dringend nötig haben. Hinter der deutschen Hilfsbereitschaft stehen dabei durchaus auch eigennützige Interessen, ist doch die Bundesrepublik Deutschland an stabilen politischen Verhältnissen und Handelsmärkten an ihren neuen Ostgrenzen interessiert; außerdem muß sie jene Zuwanderungen fürchten, die durch eine langanhaltende Armut und Instabilität in Osteuropa ausgelöst werden könnten. Die schwerste außenpolitische Sorge gegenüber dem Osten stellt allerdings noch die Ungewißheit über den innen- und außenpolitischen Weg Rußlands dar, denn ein Rückfall des größten Flächenstaates Europas in Diktatur,

Nationalismus oder wieder Kommunismus würde nicht nur den Demokratisierungsprozeß, sondern auch den Frieden im östlichen Europa elementar gefährden. Daher ist Deutschland besonders darum bemüht, Rußland durch die Erweiterungspläne der NATO nicht zu verärgern und es statt dessen in eine gesamteuropäische Friedensgemeinschaft zu integrieren.

Im Westen steht der europäische Integrationsprozeß weiterhin im Mittelpunkt der deutschen Außenpolitik. Dabei geht es um die ineinander verschränkte Doppelaufgabe der quantitativen Erweiterung der Gemeinschaft und der qualitativen Reform ihrer Strukturen und Politiken. Die Vertiefung der Europäischen Union hat inzwischen sowohl hinsichtlich der mit ihr verbundenen innerdeutschen Auswirkungen als auch im Hinblick auf die Intensität der öffentlichen Debatte eine solche Gestalt angenommen, daß man die Europapolitik längst mehr der Innen- als der Außenpolitik zuordnen muß. In den transatlantischen Beziehungen ist das Verteidigungsbündnis der NATO durch den Wegfall der kommunistischen Bedrohung nicht überflüssig geworden, sucht aber nach einem neuen Verständnis als umfassendere Sicherheitsgemeinschaft, wozu auch die umstrittene Frage der Ost-Erweiterung der NATO gehört. Schon bevor sich die deutsche Vereinigung abzeichnete, hat der damalige amerikanische Präsident George Bush im Mai 1989 aus Anlaß des 40. Jahrestages der Gründung der Bundesrepublik dem deutschen Verbündeten eine »*partnership in leadership*« angeboten. Daß mit jeder außenpolitischen Rangerhöhung auch erheblich mehr globale Pflichten verbunden sind, machte 1990/91 der Golfkrieg deutlich, als sich die Bundesrepublik – wie Japan – nur durch Zahlung von mehreren Milliarden Dollar den Erwartungen ihrer Verbündeten entziehen konnte, im Nahen Osten mitzukämpfen. Auf Dauer wird sich diese Politik der Ersatzzahlungen nicht fortsetzen lassen, nicht nur weil die deutschen finanziellen Ressourcen knapper werden, sondern auch weil die Staatengemeinschaft bei der Bundesrepublik auf direktes internationales Engagement drängen wird. Das hat zunächst zum Einsatz der Bundeswehr im Rahmen von Blauhelmaktionen der Vereinten Nationen in Somalia und Kambodscha geführt und dann bei der Friedenssicherung auf dem Balkan: Mitte der neunziger Jahre in Bosnien, ab 1999 im jugoslawischen Kosovo mit der Beteiligung an dem Luftkrieg der NATO gegen die Serben und anschließend an der friedenssichernden Bodentruppe.

Insgesamt sind nach dem Ende des Ost-West-Konflikts und nach erfolgter deutscher Vereinigung die Strukturen der deutschen Außenpolitik komplexer und die Anforderungen an sie schwieriger geworden, um so mehr, als sich unter den gewandelten weltpolitischen Verhältnissen noch keine »neue Weltordnung« herausgebildet hat. Es wird erheblicher internationaler Überzeugungsarbeit bedürfen, bis die anderen Staaten das außenpolitische Grundverständnis Deutschlands akzeptieren: eine »Zivilmacht« (Hanns Maull) zu sein, die der Aggressivität des alten Nationalstaates abgeschworen hat und mit ihrem Machtpotential behutsam daran mitwirkt, die Welt friedlich und überlebensfähig zu gestalten – was nicht als egoistische Ausrede, sondern als zukunftsweisender Weg für die internationale Ordnung zu verstehen ist.

Diese außenpolitischen Neuorientierungen Deutschlands standen in der ersten Hälfte der neunziger Jahre im Mittelpunkt nicht nur schwieriger diplomatischer Abklärungen, sondern auch innenpolitischer Debatten und heftiger Parteienstreitigkeiten – bis hin zum Weg vor das Verfassungsgericht. Die Deutschen tun sich schwer mit der Tatsache, daß sie sich nicht mehr wie in den Zeiten der Teilung hinter ihren zu Bündnispartnern gewordenen Besatzungsmächten verstecken können, sondern fortan auf eigenes Risiko handeln müssen. Noch ist ihnen der Zuwachs an Verantwortung unheimlich, zumal wenn er sich nicht auf das gewohnte Gebiet ökonomischer Macht (»Weltmeister im Export«), sondern auf politische Aktionsfelder bezieht. Nachdem sich die Westdeutschen seit den siebziger Jahren mit dem Teilstaat Bundesrepublik als einem postnationalen Verfassungsstaat angefreundet haben, fällt es ihnen nicht gerade leicht, die überraschend wiedergewonnene Nationalstaatlichkeit nicht nur hinzunehmen, sondern auch zu bejahen.

Doch gerade der Regierungswechsel vom Herbst 1998 dokumentiert, in welchem Maße die Deutschen inzwischen auch auf dem Gebiet der internationalen Beziehungen in jenem Findungsprozeß vorangekommen sind, den sie auf dem Gebiet der innenpolitischen Identität schon weitgehend erfolgreich abgeschlossen haben. Im ersten Satz des einschlägigen Kapitels der Koalitionsvereinbarungen von SPD und Grünen wurde die Weiterentwicklung der Grundlinien bisheriger deutscher Außenpolitik festgelegt, und die rot-grüne Bundesregierung hat seit ihrem Amtsantritt immer wieder sowohl die Verpflichtung zur Kontinuität der Prinzipien bundesdeutscher Außenpolitik als auch die Notwendigkeit zu deren Anpassung an gewandelte Bedingungen betont. Im Sinne dieser Aktualisierung postulierte Bundeskanzler Schröder bereits in seiner ersten Regierungserklärung ein »neues deutsches Selbstbewußtsein« und sprach damit etwas aus, was die übrigen Nationalstaaten als selbstverständlich annehmen, doch die bisherigen deutschen Spitzenpolitiker aus Angst vor den Schatten der Vergangenheit kaum zu formulieren wagten. Insbesondere Außenminister Fischer wird nicht müde, die »Kontinuität der Grundlagen und Berechenbarkeit deutscher Außenpolitik« auch auf die militärischen Verpflichtungen Deutschlands im nordatlantischen Bündnis zu beziehen, gleichzeitig aber nicht nur dessen Anpassung an die gewandelte Weltlage, sondern auch eine weitere Zivilisierung und Verrechtlichung der internationalen Beziehungen zu fordern. Zynische Beobachter mögen die staatsmännischen Töne der grünen Politiker an der Spitze des Auswärtigen Amtes als Kniefall vor den Sachzwängen der Regierungsbeteiligung abtun, in Wirklichkeit belegen sie eine grundlegende Einsicht in die Natur nicht nur der internationalen Beziehungen, sondern jeder politischen Gestaltungsaufgabe: Politik ist weder die prinzipienlose Hinnahme der Wirklichkeit noch die realitätsfremde Postulierung von moralischen Normen, sondern der mühsame Versuch, politische Leitvorstellungen in einem langwierigen Prozeß in die Praxis umzusetzen. Diese Verbindung von normativer Orientierung und empirischer Rücksichtnahme macht eine erfreuliche Kontinuitätslinie bundesdeutscher Außenpolitik von Konrad Adenauer bis zu Joschka Fischer aus.

5. Die Bundeswehr

Besonders einschneidend sind die Konsequenzen des weltpolitischen Wandels seit 1989 auf dem Gebiet der Sicherheitspolitik, insbesondere hinsichtlich der Funktion und Organisation der deutschen Bundeswehr.

Nachdem die militaristische Expansion Hitlerdeutschlands niedergerungen war, zeigten sich die Siegermächte des Zweiten Weltkrieges auf der Potsdamer Konferenz im Sommer 1945 darin einig, das deutsche Militärpotential auf Dauer zu zerschlagen. Doch der Ausbruch des Ost-West-Konflikts zwischen den vormaligen Alliierten, in dessen Mittelpunkt – in Europa – die Auseinandersetzung um die Zukunft Deutschlands stand, hat diese Vorsätze schnell Makulatur werden lassen. Bereits bei der Gründung des Weststaates war den Amerikanern, welche die Hauptlast der sich verschärfenden Auseinandersetzung mit der Sowjetunion zu tragen hatten, der Gedanke nicht fremd, die Bundesrepublik Deutschland in die militärische Verteidigung des Westens gegen den Kommunismus einzubeziehen. Parallel dazu ging die Sowjetunion (wenn auch zunächst verdeckt) an den Aufbau bewaffneter Kräfte im Oststaat DDR.

Adenauer hat die Absichten der Amerikaner früh erkannt und für seine politischen Ziele eingesetzt. Im Zuge der Verschärfung des Kalten Krieges, vor allem im Gefolge des im Juni 1950 ausgebrochenen Koreakrieges, erschien ein westdeutscher Verteidigungsbeitrag als das geeignete politische Mittel, um für die eben entstandene Bundesrepublik zwei wesentliche Ziele zu erreichen: Sicherheit gegenüber dem Osten und Aufnahme in das Bündnis der westlichen Nationen als gleichberechtigter Partner.

Der allem Militärischen überdrüssigen Bevölkerung wurde die Notwendigkeit der Wiederbewaffnung durch den Hinweis auf den von Adenauer permanent beschworenen »Ernst der Lage«, die drohende kommunistische Gefahr, plausibel gemacht. Dennoch war es für die Mehrzahl der Deutschen nicht leicht einzusehen, daß dieselben Siegermächte, die nach 1945 unablässig den deutschen Militarismus gebrandmarkt hatten, ein paar Jahre später bereits die Aufstellung deutscher Truppen forderten. Der öffentliche Widerstand gegen die Remilitarisierung wurde politisch von der parlamentarischen Opposition der SPD unterstützt, die in den Debatten des Bundestages vergeblich gegen die westlichen Bündnisverträge vorzugehen versuchte. Dabei richtete sich die Ablehnung zunächst gegen das Konzept einer Europäischen Verteidigungsgemeinschaft (EVG) – es scheiterte 1954 an Frankreich – und dann gegen die Ersatzlösung des Beitritts der Bundesrepublik zur Westeuropäischen Union (WEU) und zum Nordatlantikpakt (NATO) aufgrund der Pariser Verträge vom Oktober 1954. Der Widerstand gegen die Remilitarisierung der Bundesrepublik verebbte jedoch rascher als erwartet. Zum einen war das Sicherheitsinteresse der meisten Westdeutschen gegenüber der »Gefahr aus dem Osten« so ausgeprägt, daß sie sich der Forderung nach Wiederbewaffnung nur schwer verschließen mochten. Zum anderen waren die Bundesregierung und die mit dem Aufbau der neuen Armee Beauftragten bemüht, alle Vorkehrungen zu treffen, um eine Restauration der alten Wehrmacht und ihrer Traditionen zu vermeiden. Als am 12. November 1955, dem 200. Geburtstag des preußischen Heeresreformers Gerhard von Scharnhorst, die ersten hundert freiwilligen Berufssoldaten in der Kaserne von Andernach südlich von Bonn von Bundeskanzler Adenauer begrüßt wurden, billigte die öffentliche Meinung wohl längst mehrheitlich die Wiederbewaffnung. Kurz darauf wurde in der DDR die Aufstellung einer »Nationalen Volksarmee« (NVA) mit äußerlich bewußten Anklängen an die Wehrmachtstradition verkündet. Der Bundestag beschloß durch eine Verfassungsergänzung (Art. 12 a GG) entsprechend der Konzeption der preußischen Heeresreform von 1806 die allgemeine Wehrpflicht; bald darauf hat auch die DDR die Wehrpflicht eingeführt. Mitten in Deutschland standen sich damit zwei deutsche Armeen als Speerspitzen der beiden feindlichen Weltlager gegenüber.

Die damaligen Befürchtungen eines Wiederauflebens des deutschen Militarismus haben sich in den folgenden Jahrzehnten im wesentlichen als unbegründet erwiesen. Die Remilitarisierung Deutschlands hat den demokratischen Charakter der Bundesrepublik nicht ernstlich in Frage gestellt. Vor allem hat sich im Gegensatz zu den historischen Erfahrungen in Deutschland der *Primat der zivilen politischen Führung* als unangefochtene Maxime durchgesetzt. Es gibt bis heute nicht das geringste Anzeichen dafür, daß in Deutschland die Streitkräfte zu einem »Staat im Staate« werden oder gar die Oberherrschaft über die Politik anstreben könnten. Der Vorrang der politischen Führung ist in der Bundeswehr unbestritten, und durch die weitgehende Integration der deutschen Truppenverbände in die NATO ist die Gefahr einer selbständigen deutschen Militärpolitik gebannt.

Schwerer tat und tut sich die Bundeswehr mit ihren historischen Legitimationsbemühungen. Der politischen Führung war von Anfang an klar, daß man nicht bruchlos an ältere deutsche Militärtraditionen anknüpfen konnte. Zu umstritten war schon damals, ob die Wehrmacht im Dritten Reich nicht eine der Stützen der Hitlerdiktatur gewesen ist und ob sie nicht während des Zweiten Weltkrieges neben der SS in völkerrechtswidrige Aktionen verwickelt war. Daher propagierte man beim Aufbau der Bundeswehr offiziell das Leitbild vom »Staatsbürger in Uniform« und hob die Männer des militärischen Widerstandes gegen Hitler, wie Oberst Claus Graf Schenk von Stauffenberg, als Vorbilder hervor. Bei den alten und neuen Berufsoffizieren bestanden jedoch nicht nur erhebliche Bedenken gegen die Verschwörer des 20. Juli 1944 als angebliche »Verräter« – von Vorbehalten gegen Wehrmachtsdeserteure ganz zu schweigen –, die Aufstellung der Bundeswehr wurde von vielen auch als allgemeine Rehabilitation des deutschen Soldatentums verstanden. Im Streit um die Benennung z. B. von Kasernen fanden diese Meinungsunterschiede immer wieder Ausdruck.

Nicht nur die zivile politische Führung, sondern auch reformgesinnte Berufssoldaten, vor allem der seit Anfang der fünfziger Jahre in Bonn mit der planerischen Vorarbeit für das innere Gefüge künftiger Streitkräfte beauftragte Wolf Graf von Baudissin, waren bemüht, an die Stelle fragwürdiger deutscher Militärtraditionen eine neue Konzeption für Stil und Ziele der Ausbildung und Personalführung in der Bundeswehr zu setzen. Unter dem Motto der »*inneren Führung*« sollte eine dem Geist des Grundgesetzes entsprechende Wehrverfassung entwickelt werden, welche auf die Erziehung der Soldaten für eine demokratische Armee abzielt: Erziehung dahingehend, daß der Soldat nur dann die freiheitlich-demokratische Grundordnung wirklich verteidigen kann, wenn er sie innerlich bejaht und auch im Rahmen seines Dienstes als Soldat auf die staatsbürgerlichen Rechte nicht verzichten muß. So können Bundeswehrangehörige – anders als frühere deutsche Soldaten – die Grundrechte, z. B. das Wahlrecht, voll wahrnehmen. Die mehr praktische Seite des Konzepts ist eine möglichst enge Verbindung der Tätigkeit der Soldaten mit den zivilen beruflichen und technischen Aspekten der industriellen Gesellschaft, wie sie auch die Gründung der Bundeswehrhochschulen in Hamburg und München zu Anfang der siebziger Jahre betonte.

Der Aufbau der Bundeswehr garantiert eine klare Führungsrolle des zivilen *Bundesverteidigungsministers*, der in Friedenszeiten den

Oberbefehl über die Streitkräfte hat. In Kriegszeiten geht das Oberkommando *de jure* auf den Bundeskanzler über. Das Bundesverteidigungsministerium verfügt neben dem parlamentarischen Staatssekretär über zwei beamtete Staatssekretäre, von denen der eine für die Verwaltung, der andere für die (skandalanfälligen) Rüstungsangelegenheiten zuständig ist. An der *militärischen Spitze* der Bundeswehr steht der *Generalinspekteur* als der ranghöchste Soldat der Bundeswehr. Zum militärischen Führungsstab gehören ferner die Inspekteure des Heeres, der Luftwaffe und der Marine sowie der Inspekteur des Sanitäts- und Gesundheitswesens. Die Inspekteure der einzelnen Teilstreitkräfte sind dem Verteidigungsminister gegenüber für die Einsatzbereitschaft der Streitkräfte verantwortlich und wirken an der Erarbeitung der Gesamtkonzeption der Verteidigungspolitik mit.

Das Parlament hat bei der Gründung der Bundeswehr im Jahre 1955 durch eine Verfassungsänderung nicht nur deren Aufgabe auf die Verteidigung beschränkt, sondern auch sichergestellt, daß die Streitkräfte über das Haushaltsrecht einer strikten parlamentarischen Kontrolle unterliegen (Art. 87a GG). Innerhalb des Bundestages nimmt der Verteidigungsausschuß in besonderer Weise die Beaufsichtigung der Streitkräfte wahr. Dieser Ausschuß gehört zu den vom Grundgesetz zwingend vorgeschriebenen Ausschüssen; er kann auch zwischen den Wahl- und Sitzungsperioden des Parlaments tagen sowie als Untersuchungsausschuß tätig werden, wenn ein Viertel seiner Mitglieder es verlangt. Der Ausschuß hat von Anfang an eine besonders rege Aktivität entfaltet, die sich auch auf die Entscheidung über die Anschaffung neuer Waffensysteme erstreckt.

Die wichtigste parlamentarische Instanz für die Angelegenheiten der Bundeswehr ist jedoch die Institution des *Wehrbeauftragten.* Der Wehrbeauftragte entspricht dem schwedischen »Ombudsmann« für die Streitkräfte und ist in der Absicht geschaffen worden, die Entwicklung der Bundeswehr zu einer demokratischen Armee zu fördern. Der (oder die) Wehrbeauftragte, als erfahrenes Mitglied des Parlaments vom Bundestag auf fünf Jahre gewählt, fungiert als ein mit erheblichen Vollmachten ausgestattetes Hilfsorgan des Bundestages bei der parlamentarischen Kontrolle der Bundeswehr und erstattet dem Parlament jährlich einen Bericht. Die zur Zeit (2001) mit Willfried Penner (SPD) besetzte Position dient in erster Linie als Anlaufstelle für Soldaten, die sich mit Beschwerden direkt an den Wehrbeauftragten, d. h. an das Parlament, wenden können. Von dieser Möglichkeit ist bisher intensiv Gebrauch gemacht worden.

Militärischer Auftrag, Organisation und Umfang der Bundeswehr sind durch die Vereinigung Deutschlands, den Zusammenbruch des Sowjetblocks und die Auflösung des Warschauer Paktes vor eine völlig neue Lage gestellt worden. In den Armeen der beiden deutschen Staaten waren 670000 Mann unter Waffen. Bundeskanzler Kohl und der sowjetische Präsident Gorbatschow vereinbarten im Sommer 1990 die Reduzierung der deutschen Streitkräfte auf 370000 Mann, die bis Ende 1994 vollzogen wurde. Am 3. Oktober 1990, dem Tag der deutschen Vereinigung, übernahm die Bundeswehr vertragsgemäß alle Mannschaften und die gesamte Ausrüstung der – hiermit aufgelösten – NVA. In der Folgezeit sind ein Drittel der ostdeutschen Soldaten, die sich für eine Fortführung ihres Militärdienstes entschieden hatten, fest in die Bundeswehr eingegliedert worden, darunter 3000 Offiziere, mehr als 7000 Unteroffiziere und einige Mannschaftsgrade. Die Bundeswehrführung hat sich bemüht, die Soldaten aus den beiden Armeen an Standorten in den neuen und alten Bundesländern zu durchmischen, und hat dabei, nach dem Urteil von Experten, ein gelungenes Beispiel für den ansonsten eher schwierigen Prozeß der deutschen Vereinigung gesetzt.

Dem Bundesministerium der Verteidigung unterstehen heute (2001) 186000 Berufs- und Zeitsoldaten und 124000 Grundwehrdienstleistende, also insgesamt 310000 Soldaten, außerdem 120000 Zivilbeschäftigte, die in der Bundeswehrverwaltung vielfältigste Aufgaben erfüllen. Damit hat das Verteidigungsministerium trotz des umfangreichen Personalabbaus nach 1990 immer noch den größten Personalbestand unter allen Bundesministerien.

Mit dem Ende des Ost-West-Konflikts hat sich der militärische Auftrag der Bundeswehr erheblich verändert. Das traditionelle Feindbild in Gestalt des Sowjetkommunismus gibt es nicht mehr. Die NATO und mit ihr die Bundeswehr müssen daher ihre Aufgaben und Strategien völlig neu definieren und konzipieren. An die Stelle des Kalten Krieges sind zahlreiche kleinere Konflikte und

Bürgerkriege getreten, selbst in Europa, welche den Friedenswillen der Völkergemeinschaft elementar herausfordern. Damit stellte sich der deutschen Sicherheitspolitik die Frage, ob sie an einem rein defensiven Verteidigungsauftrag der Bundeswehr innerhalb des NATO-Gebietes festhalten oder auch zum Einsatz von UN-Blauhelmkontingenten und militärischen Kampfverbänden zur Friedenssicherung in aller Welt beitragen soll. Nachdem sich das vereinigte Deutschland, wie auch Japan, Anfang der neunziger Jahre noch vom militärischen Engagement im Golfkrieg freikaufen konnte, sind wenige Jahre später deutsche Sanitätseinheiten in Kambodscha und Transporttruppen zur Unterstützung der UN-Friedensmission in Somalia sowie Flugzeuge zur Überwachung der UN-Blockade des ehemaligen Jugoslawien eingesetzt worden. Die heftige innenpolitische Debatte in der Bundesrepublik über Bundeswehreinsätze »out of area«, also außerhalb des NATO-Gebietes, mündete in der Anrufung des Bundesverfassungsgerichts in Karlsruhe durch die SPD als damalige parlamentarische Opposition. Das Gericht entschied im Juli 1994, daß Bundeswehreinsätze bei allen Friedensmissionen der NATO und der WEU zur Umsetzung von UN-Beschlüssen legitim sind, daß aber für die Entsendung *bewaffneter* Streitkräfte die vorherige Zustimmung des Bundestages erforderlich ist. Diese wurde denn auch im März 1999 von der nun rot-grünen Bundesregierung für die aktive Beteiligung der Bundeswehr an dem Luftkrieg gegen die jugoslawisch-serbische Unterdrückungspolitik im Kosovo und die anschließende Beteiligung von 7000 Bundeswehrsoldaten an der Friedenssicherung eingeholt. Mit diesem Beschluß wurde eine weitere Schwelle überschritten, konnte die NATO doch für diese Krisenintervention aufgrund der ablehnenden Haltung Rußlands und Chinas kein Mandat der UNO vorweisen.

Die Funktion der Streitkräfte hat sich nach der Epochenwende von 1989/90 immer mehr von der Landesverteidigung auf die Friedenserhaltung und -erzwingung, also auf eine internationale »Polizeifunktion« verlagert. Zwar hat das Bundesverfassungsgericht die Entwicklung juristisch gebilligt. Die elementaren Fragen nach Erfolgsaussicht, Dauer und Risiko solcher militärischer Friedensaktionen, vor allem nach der Notwendigkeit präventiver Maßnahmen auf dem Gebiet der Konfliktreduzierung und -vermeidung, z. B. durch eine großzügigere Entwicklungshilfe im Rahmen der Nord-Süd-Politik, sind damit aber noch längst nicht beantwortet. Internationale Sicherheitspolitik kann heute, das hat die Staatengemeinschaft nach den Attentaten vom September 2001 erkannt, nicht mehr nur Militärpolitik sein, sie umfaßt ebenso polizeiliche und ideologische Abwehr von Terroristen sowie Bemühungen zur Krisenprävention durch die internationale Sozial- und Wirtschaftspolitik.

Die aktuelle Debatte über die Sicherheitspolitik im allgemeinen und die Funktion der Bundeswehr im besonderen ist vor allem durch die Grünen und deren Beteiligung an der neuen Bundesregierung angestoßen worden. Ende der siebziger Jahre als radikalpazifistische Oppositionsbewegung gegen den Nachrüstungsbeschluß entstanden, traten die Grünen in den achtziger Jahren für die Auflösung der NATO und letzten Endes auch für die Abschaffung der Bundeswehr ein. Doch inzwischen haben sie unter der Leitung Joschka Fischers mehrheitlich eingesehen, daß es menschenrechtsverachtende Diktaturen und völkervernichtende Konflikte in der Welt gibt, die den Einsatz von Waffen zur Wiederherstellung des Friedens notwendig machen. Die Grünen fordern aber, daß solche friedenserhaltenden und -schaffenden Militäreinsätze an die Normen und Standards der Vereinten Nationen und der Organisation für Sicherheit und Zusammenarbeit in Europa (OSZE) gebunden werden und die friedenspolitische Funktion dieser Organisationen nicht eingeschränkt, sondern ausgeweitet wird. Vor allem weisen sie darauf hin, daß Deutschland nach dem geplanten Beitritt von Polen, Ungarn und Tschechien zur NATO nur noch von Bündnispartnern umgeben sein wird (von der Schweiz abgesehen) und daher die Aufgabe der Landesverteidigung zurücktritt.

Vorschläge zur Anpassung der Wehrpolitik an die veränderte Sicherheitslage waren auch die Aufgabe einer vom neuen Bundesverteidigungsminister Rudolf Scharping nach Amtsantritt eingesetzten Wehrstrukturkommission. Sie legte im März 2000 einen Bericht vor, wonach die Bundeswehr im Hinblick auf ihre veränderten Aufgaben zu groß, falsch zusammengesetzt und zunehmend unmodern sei. Die Kommission unter der Leitung des früheren Bundespräsidenten Richard von Weizsäcker forderte eine erhebliche Reduzierung der Friedensstärke der Bundeswehr auf 240 000 Soldaten und ihre Umstrukturierung auf die wahrscheinlichsten Einsätze der Krisenvorsorge und -bewältigung. Doch scheute sie wie dann auch der Verteidigungsminister und seine Partei vor der naheliegenden Konsequenz aus dem gewandelten Auftrag der Bundeswehr zurück, sie von einer Wehrpflicht- in eine Berufsarmee umzuwandeln. Nur die Grünen vertraten bisher diese Position.

Schon heute verfügt die Bundeswehr neben den bisherigen Hauptverteidigungskräften (HVK) über Krisenreaktionskräfte (KRK) für internationale Friedenseinsätze, deren Personal von 60 000 Soldaten vor allem aus Berufssoldaten besteht. Ihre Zahl soll nach Auffassung aller Fachleute und verantwortlichen Politiker noch wesentlich aufgestockt werden, während der Umfang der Wehrdienstleistenden weiter reduziert werden soll. Damit wird die Frage immer akuter, ob nicht auch in Deutschland, wie in den USA, Großbritannien und jüngst in Frankreich, die bisherige Wehrpflichtarmee in eine Berufsarmee umzuwandeln ist. Für die Beibehaltung der *allgemeinen Wehrpflicht* wird mit Blick auf die deutsche Geschichte angeführt, daß eine Berufsarmee die Demokratie gefährden könne, wie in der Weimarer Republik, und daß die allgemeine Wehrpflicht der staatsbürgerlichen Integration diene. Auch würde auf diese Weise der *zivile Ersatzdienst* gesichert, der von Wehrdienstverweigerern absolviert wird und als Stütze für die Aufrechterhaltung von Dienstleistungen im Gesundheitswesen und anderen Bereichen des Sozialstaates unentbehrlich erscheint. Derartige Begründungen haben aber im Hinblick auf die heutige gesellschaftliche und militärische Realität kaum Bestand. Unter Berücksichtigung der vertraglich begrenzten Stärke der Bundeswehr kann nur noch weniger als die Hälfte eines Jahrgangs zum Wehrdienst eingezogen werden, so daß ein erhebliches Maß an Ungerechtigkeit für die Wehrpflichtigen besteht. Außerdem erfordern die komplizierten internationalen Friedensaufgaben der Bundeswehr eine Spezialisierung und Technisierung, die nur eine Berufsarmee garantieren kann. Schließlich sollte die Sicherung des sozialen Dienstleistungssystems der Bundesrepublik nicht durch die – sehr anerkennenswerten – Leistungen der »Zivis«, sondern (wenn überhaupt) durch eine allgemeine Sozialpflicht für Jugendliche beiderlei Geschlechts erfolgen. Mithin spricht alles für die baldige Aufgabe der allgemeinen Wehrpflicht zugunsten einer Berufsarmee auch in Deutschland. Nachdem Anfang 2000 der Europäische Gerichtshof deutsche Frauen zum freiwilligen Dienst an der Waffe zugelassen hat, ist es durchaus möglich, daß es das Bundesverfassungsgericht – bei der Entscheidung über eine ihm vorliegende Klage eines männlichen Wehrpflichtigen – nahelegt, die drastisch verkleinerte Bundeswehr zu einer reinen Berufsarmee umzugestalten.

Der letzte und eindrücklichste Beleg für den Wandel deutscher Außen- und Militärpolitik nach der deutschen Vereinigung und dem Ende des Kalten Krieges war die Reaktion der Bundesrepublik auf die fundamentalistischen Terroranschläge in New York und Washington am 11. September 2001. Schon am folgenden Tag erklärte die rot-grüne Bundesregierung unter Zustimmung aller im Bundestag vertretenen Parteien mit Ausnahme der PDS, daß Deutschland sich an der internationalen Koalition gegen den Terrorismus auch mit militärischen Aktionen beteiligen würde. Gleichzeitig bemühte sich die deutsche Diplomatie um den Schulterschluß der NATO mit Rußland und die Entschärfung des Nahostkonfliktes als des Herdes des islamistischen Fundamentalismus. Durch diese Übernahme einer aktiven Rolle bei der Lösung internationaler Konflikte ist die Bundesrepublik endlich erwachsen geworden: Sie übernimmt Verantwortlichkeiten, die ihrer geographischen Lage und wirtschaftlichen Größe, aber auch der eigenen Erfahrung internationaler Hilfe beim Aufbau einer freiheitlichen Demokratie und Wiederherstellung der staatlichen Einheit in Deutschland entsprechen.

Die Veränderungen sind von manchen Beobachtern als schleichende Militarisierung der deutschen Außen- und Innenpolitik kritisiert worden, wobei ein Wiederaufleben unheilvoller deutscher Traditionen an die Wand gemalt wurde. Bei nüchternem Blick auf die gesellschaftlichen Realitäten und politischen Zusammenhänge erscheinen solche Szenarien übertrieben. Zwar haben neonazistische Ausschreitungen das Erscheinungsbild der Bundeswehr erschüttert, doch letztlich handelt es sich dabei um Ausstrahlungen von gesamtgesellschaftlichen Protesterscheinungen der rechtsextremistischen Jugendszene. Insgesamt ist festzustellen, daß Militär und militärische Werte in der bundesdeutschen Gesellschaft längst nicht mehr jene Rolle wie vor 1945 spielen. In der deutschen Außenpolitik ist keine Militarisierung festzustellen, die Bundeswehr ist vielmehr ein subsidiäres Instrument einer höchst zivilen Politik.

XV. Kapitel

Von der Bonner zur Berliner Republik

Wie stabil ist das politische System der Bundesrepublik Deutschland? Dieser Frage kommt nach der endgültigen Verlagerung des Sitzes von Regierung und Parlament von Bonn nach Berlin im Jahr 1999 besondere Bedeutung zu. Der Umzug des Bundestages und Bundesrates, des Bundeskanzlers und der Mehrheit sowohl der Bundesministerien als auch der in ihnen beschäftigten Ministerialbeamten vom Rhein an die Spree fand seinen Höhepunkt in der letzten Bundespräsidentenwahl am 23. Mai 1999, dem 50. Jahrestag der Verkündigung des Bonner Grundgesetzes, dem ersten Staatsakt in dem totalrenovierten Gebäude des historischen Reichstages. Berlin ist damit wieder zur politischen Metropole Deutschlands geworden, nachdem es sich in den Jahren der deutschen Teilung aus westdeutscher Perspektive lediglich deklamatorisch mit dem Titel der deutschen Hauptstadt schmücken durfte und von dem ostdeutschen Teilstaat als »Hauptstadt der DDR« in Anspruch genommen wurde.

Bei der Verlagerung des deutschen Parlaments- und Regierungssitzes handelte es sich nicht lediglich um einen Ortswechsel von Institutionen und Amtsträgern, sondern um einen Vorgang von großer politischer und symbolischer Bedeutung. In ihm manifestiert sich der Wandel der Rahmenbedingungen, den die Bundesrepublik Deutschland durch den Zusammenbruch des Sowjetblocks sowie der Ost-West-Konfrontation und den Beitritt der Länder der ehemaligen DDR erfahren hat. Der größeren Bundesrepublik entspricht eine größere Hauptstadt, die von der Westgrenze in die Nähe der nun offenen Ostgrenze Deutschlands, von den alten in die neuen Bundesländer verlegt worden ist. Der Umzug der Bundeshauptstadt im Jahr 1999 beruhte damit nicht nur auf dem demokratischen Vollzug des Bundestagsbeschlusses vom 20. Juni 1991 (siehe oben S. 33 f.), sondern beinhaltete auch die politische Anerkennung der innen- und außenpolitischen Veränderungen des Jahres 1990.

Manchen in- und ausländischen Beobachtern ist die symbolische Bedeutung des Übergangs von einer »Bonner Republik« zu einer »Berliner Republik« unheimlich gewesen. Sie befürchteten, daß an die Stelle der mit Bonn assoziierten politischen Kultur der Bescheidenheit und Westorientierung wieder jene Großmannssucht und Schaukelpolitik treten könnte, die mit dem Namen Berlins verknüpft wird. In der Tat verkörpert Berlin nicht nur die zwiespältige Geschichte Preußens, das sowohl ein Kultur- als auch ein Militärstaat war, sondern auch den Horror des Hitlerregimes und die zweite deutsche Diktatur der DDR. Doch gleichzeitig ist Berlin auch die Stadt der preußischen Reformen vom Anfang des 19. Jahrhunderts, die Kulturmetropole des beginnenden 20. Jahrhunderts, die Stadt der Resistenz gegen die sowjetischen Expansionsbemühungen im Kalten Krieg und neben Leipzig jene Großstadt in der DDR, in der die friedliche Revolution vom Herbst 1989 das SED-Regime zum Einsturz brachte. So repräsentiert die Bundeshauptstadt Berlin alle Ambivalenzen und Verwerfungen der deutschen Geschichte, doch sollte diese Tatsache als positive Chance und nicht als negative Belastung verstanden werden. Nicht zuletzt symbolisiert Berlin wie kein anderer Ort in der Welt deren Teilung in zwei antagonistische Lager und zugleich mit der Öffnung der Mauer am 9. November 1989 die Überwindung dieser globalen Spaltung. Doch auch im Hinblick auf die deutsche Gegenwart ist Berlin prototypischer für die gesellschaftlichen Spannungsherde und wirtschaftlichen Strukturprobleme, mit denen die deutsche Politik konfrontiert ist, als die idyllische Universitätsstadt am Rhein mit ihrem bürgerlichen Milieu.

Mit der Feststellung, daß Berlin als Hauptstadt die historischen Belastungen und die zukünftigen Herausforderungen deutscher Politik auf prototypische Weise repräsentiert, ist die skeptische Frage noch nicht beantwortet, ob die Bundesrepublik Deutschland in ihrer Zukunft als Berliner Republik so stabil sein wird wie in ihrer Vergangenheit als Bonner Republik. Die Beantwortung dieser Frage setzt allerdings voraus, daß wir dem Begriff der Stabilität in seiner doppelten Bedeutung gerecht werden, darunter sowohl Beständigkeit als auch Standfestigkeit des Systems verstehen. So beruht die Stabilität eines politischen Systems sowohl auf der Dauerhaftigkeit, Verläßlichkeit und Vorhersehbarkeit seiner einzelnen Institutionen, Prozesse und Entscheidungsinhalte als auch auf seiner Fähigkeit, größere Erschütterungen in der Binnenstruktur sowie der internationalen Umwelt zu verarbeiten und zu seiner Gleichgewichtslage zurückzukehren. Stabilität setzt sowohl Kontinuität als auch Wandel, genauer gesagt: *Kontinuität im Wandel* voraus. Gemessen an diesen Kriterien zeichnet sich das politische System der Bundesrepublik durch eine erstaunliche Stabilität aus.

Diese Feststellung trifft vor allem im historischen Vergleich zu. Als die Bundesrepublik Deutschland vor zweieinhalb Jahren den 50. Jahrestag ihrer Gründung feierte, konnte sie bereits auf eine längere Dauer als andere vorangehende politische Ordnungen in Deutschland während der letzten 200 Jahre zurückblicken: Der autoritäre Deutsche Bund hat mit dem Intermezzo der bürgerlich-liberalen Revolution von 1848/49 immerhin 49 Jahre, das obrigkeitsstaatliche Wilhelminische Kaiserreich 48 Jahre, die Weimarer Republik als erste deutsche Demokratie 14 Jahre, die nationalsozialistische Diktatur zwölf Jahre und die kommunistische Diktatur in der DDR 40 Jahre bestanden. Zwar ist die Langlebigkeit einer politischen Ordnung nicht notwendigerweise ein Gütesiegel für Freiheit und Demokratie, doch im Fall der Bundesrepublik belegt sie, wie ein langwieriger innenpolitischer und internationaler Lernprozeß eines Volkes zur dauerhaften Stabilität seiner parlamentarisch demokratischen Ordnung führen kann.

Diese Stabilität erklärt sich vor allem durch eine glückliche Balance zwischen der Kontinuität der Grundstrukturen des politischen Systems Deutschlands und der Flexibilität ihrer Umsetzungen in der politischen Praxis. Eine solche Balance hat es dem bundesdeutschen System erlaubt, auf Veränderungen der innen- und außenpolitischen Konstellationen, der gesellschaftlichen Erwartungen und wirtschaftlichen Lagen einzugehen, ohne das ursprüngliche Verfassungskonzept in Frage zu stellen. Vielmehr ist dieser politische Grundkonsens aus den Anpassungsprozessen gestärkt hervorgegangen.

Die erstaunliche innere Beständigkeit des politischen Systems der Bundesrepublik Deutschland gerade in Zeiten des äußeren Wandels wurde erstmals an der Wende von den sechziger zu den siebziger Jahren deutlich. Die Forderungen der rebellierenden Jugend nach umfassenden Veränderungen führten nicht zur »Transformation der Demokratie«, wie der Titel eines damals vielgelesenen und -zitierten Buches von Johannes Agnoli und Peter Brückner lautete, sondern zur Reform der parlamentarischen Demokratie. Nicht die politischen Spielregeln wurden geändert, wie von der Studentenbewegung gefordert, sondern die nachwachsende Generation wurde mit ihren neuen Anliegen der Bürger-, Umwelt-, Frauen- und Friedensbewegung in den Kreis der Teilnehmer am tradierten politischen Spiel aufgenommen. Der jüngste Beweis für diese erstaunliche Integrationskraft des politischen Systems Deutschlands war die schließliche Übernahme von Regierungsverantwortung auch auf Bundesebene durch die Grünen nach den letzten Bundestagswahlen.

Zwei Jahrzehnte später an der Wende von den achtziger zu den neunziger Jahren erfuhr die Bundesrepublik Deutschland durch den Zusammenbruch der DDR und das Ende der Ost-West-Konfrontation eine revolutionäre Veränderung ihrer politischen Rahmenbedingungen. Entgegen manchen Prognosen hat die deutsche Vereinigung die politische Ordnung der Bundesrepublik weder in ihren Institutionen noch in ihren Strukturen wesentlich verändert. Die Ostdeutschen wollten sich in ihrer großen Mehrheit dem bundesrepublikanischen System anschließen und die Westdeutschen an den gewohnten Bedingungen festhalten, während die Bürgerrechtler in der DDR mit ihrer Forderung nach einer demokratischen Alternative im zweiten deutschen Staat und die Intellektuellen in der Bundesrepublik mit ihrer Hoffnung auf eine umfassende Verfassungsrevision eindeutig in der Minderheit waren. Nicht nur aus Gründen des politischen Zeitdrucks, sondern auch des demokratischen Mehrheitswillens haben wir heute in den neuen Bundesländern dieselben staatlichen Institutionen, im wesentlichen auch dieselben Parteien und Verbände, und in ganz Deutschland gelten dieselben Gesetze und Rechte wie in der alten Bundesrepublik vor 1990. Diese Konstanz entsprach nicht nur dem politischen Willen der überwiegenden Mehrheit der West- und Ostdeutschen, sie ermöglichte auch eine zügige Durchführung des staatlich-administrativen Vereinigungsprozesses, der allerdings auf den Gebieten von Wirtschaft, Kultur und Gesellschaft noch Jahre zu seiner Vollendung brauchen wird.

Insofern ist der Einigungsprozeß zugleich auch ein Stück Bewährung der gewachsenen Demokratie der Bundesrepublik unter den durch das Hinzutreten der fünf neuen Bundesländer veränderten Verhältnissen, er hat aber die Substanz des politischen Systems der Bundesrepublik nicht ernsthaft tangieren können. Durch den Übergang der Bonner zur Berliner Republik im Gefolge der deutschen Vereinigung sind in der Bundesrepublik die Regeln des politischen Spiels kaum verändert worden, allerdings neue Teilnehmer hinzugetreten. Die neuen Mitbürger müssen sich in für sie ungewohnte Spielregeln hineinfinden, auch die alten Teilnehmer haben sich an die neuen Mitspieler gewöhnen müssen. Für die Stabilität der demokratischen Ordnung in Gesamtdeutschland wird die entscheidende Frage sein, ob die durch die deutsche Vereinigung bedingten Gewöhnungsprobleme in einem behutsamen Wandlungsprozeß abgebaut werden können oder langfristig eingefroren bleiben. Insgesamt aber haben sich in der Geschichte der Bundesrepublik die Elemente der Kontinuität als stärker und bestimmender erwiesen als die Elemente des Wandels, obwohl die Fähigkeit zu schrittweisen Anpassungen an neue Herausforderungen bisher gerade eine Stärke der Bundesrepublik darstellte.

Ein wesentliches Element der politischen Stabilität in der Bundesrepublik ist sicherlich, zumal im Vergleich mit der ersten deutschen Demokratie, der Weimarer Republik, und mit anderen europäischen Staaten, die Kontinuität der Regierungsverhältnisse. An der Spitze der Bundesregierung haben bisher sieben Bundeskanzler gestanden, von denen vier von der CDU gestellt wurden, die damit zwei Drittel der bundesrepublikanischen Jahre dominiert hat. Helmut Kohl hat mit seiner 16jährigen Amtszeit sein Vorbild Konrad Adenauer noch um zwei Jahre übertroffen. Doch in jenem Augenblick, in dem die politische Dominanz dieses Kanzlers und seiner Partei über die Bundesrepublik Deutschland zu einer für Demokratien nicht ungefährlichen Hyperstabilität zu werden drohte, sind sie von den deutschen Wählern in einer klaren Entscheidung abgewählt und ist die Regierung den bisherigen Oppositionsparteien anvertraut worden. Das eindeutige Mandat der Bundestagswahlen vom September 1998 für eine rot-grüne Koalition belegt, daß der Mut der Wähler größer war als die Courage der beteiligten Parteien. Gleichzeitig dokumentiert die undramatische Weise, in der dieser Regierungswechsel in Deutschland über die Bühne ging, die

Stabilität des demokratischen Systems, das auf einem periodischen Wandel der Regierungsverhältnisse beruht. Es zeichnet sich ab, daß die Deutschen bei den nächsten Bundestagswahlen im September 2002 Bundeskanzler Gerhard Schröder wie allen seinen Amtsvorgängern die Chance einer zweiten Regierungsperiode geben werden, wenn auch im Hinblick auf das Abschneiden der kleineren Parteien unsicher ist, mit welcher Koalition er regieren wird.

Auch das bundesdeutsche Parteiensystem zeichnet sich durch eine erstaunliche Stabilität aus. Zwar haben die deutschen Parteien in den letzten Jahren an Ansehen und Integrationskraft verloren – nicht nur aus Gründen, die sie selbst zu verantworten haben, sondern auch im Gefolge allgemeiner gesellschaftlicher Wandlungsprozesse. Doch noch immer konzentrieren die Wähler ihre Stimmen weitgehend auf jene großen bundesdeutschen Sammlungsparteien, die sich in den fünfziger Jahren in einem Konzentrationsprozeß etabliert haben. Kleinere Splitterparteien in der Mitte und extremistische Parteien an der Rändern des politischen Spektrums haben in der Bundesrepublik trotz aller Unkenrufe kaum eine Chance, nicht nur aufgrund der wahlrechtlichen Hürden, sondern auch wegen des breiten staatsbürgerlichen Einvernehmens in der Mitte. Die Tatsache, daß mit den Grünen seit Beginn der achtziger Jahre eine neue Partei hinzugekommen ist, die sich in den neunziger Jahren etablieren und schließlich Regierungsverantwortung übernehmen konnte, hat das deutsche Parteiensystem nicht gesprengt, sondern eher konsolidiert. Der PDS hingegen ist es trotz aller Bekenntnisse zu den grundgesetzlichen Regeln des bundesrepublikanischen Systems noch nicht gelungen, sich einen dauerhaften Platz in der politischen Landschaft Gesamtdeutschlands zu sichern. Sie ist eine weitgehend auf die neuen Bundesländer beschränkte regionale Protestpartei und wegen des bei vielen ihrer Wähler immer noch mitschwingenden Ressentiments gegen den Zusammenbruch der DDR und deren Beitritt zur Bundesrepublik auch ein Erinnerungsposten an die noch unvollendete deutsche Vereinigung. Von der PDS droht keine Gefahr für das deutsche Parteiensystem, es sei denn, die übrigen Parteien stilisieren sie zu einer solchen Gefahr und werten sie damit auf. Sie bildet, zumindest auf Bundesebene, nur einen Unsicherheitsfaktor in der Arithmetik der Regierungsbildung zwischen den übrigen vier parlamentarischen Parteien.

Keine der Parteien steht in einer destabilisierenden Fundamentalopposition zum politischen System der Bundesrepublik Deutschland, wie das bei den extremistischen Parteien in der Weimarer Republik der Fall war und wesentlich zum Untergang der ersten deutschen Demokratie beigetragen hat. Alle heutigen Parteien wollen die Regierungsposition auf Bundesebene behaupten oder erlangen und sind durch ihre Teilhabe an Länderregierungen auch in den gesamtstaatlichen Entscheidungsprozeß involviert. So bewirkt die Überlagerung des parlamentarischen Regierungssystems durch ein föderalistisches Gefüge eine gouvernemental-administrative Politikverflechtung, in welche noch dazu die großen Interessenverbände eingebunden sind. Wir können daher in Deutschland – entgegen dem ersten Anschein des im Grundgesetz konzipierten Regierungsmodells – eine eigentümliche Verschiebung von einer Mehrheits- und Konfliktdemokratie hin zu einer Konkordanz- und Konsensdemokratie (Übereinstimmungsdemokratie) konstatieren. Formal gesehen mögen in der Bundesrepublik der demokratische Wettbewerb und der Mehrheitsentscheid ausschlaggebend sein, doch in der politischen Wirklichkeit spielen die Entscheidungsmaximen des Aushandelns und gütlichen Einvernehmens eine wichtigere Rolle. Im Hinblick auf die Stabilität des politischen Systems liegt der Vorteil dieser konkordanzdemokratischen Tendenzen, wie sie in reinerer Form in der Schweiz, Österreich und Belgien zu beobachten sind, nicht nur in der Beteiligung der politischen Minderheiten, sondern auch in der Integration der meisten gesellschaftlichen Gruppen in den staatlichen Entscheidungsprozeß. Nachteilig sind allerdings die großen Kosten der überaus komplexen Entscheidungs- und Konsensfindung, sowohl was ihre zeitliche Dauer als auch was ihre Sensibilität für neue Herausforderungen angeht.

Die konkordanzdemokratischen Züge des politischen Systems der Bundesrepublik verleihen ihm große Stabilität im Sinne von Beständigkeit und Dauer, schränken aber seine Fähigkeit, auf neue Aufgaben und Lagen zu reagieren, erheblich ein. In der sozialwissenschaftlichen Fachsprache ist diese Eigenart einer nur schrittweisen und verzögerten Anpassung an veränderte Umweltbedingungen sowie eines ungenügenden Antizipierens von notwendigen Veränderungen als *Inkrementalismus* (von lateinisch *incrementum*, allmähliches Wachsen), auf englisch *muddling through* (salopp:

Durchwursteln) bezeichnet worden. In der Tat ist das politische System der Bundesrepublik Deutschland weniger auf kühne Neuregelungen angelegt. Das hat auch die bisherige Regierungspraxis der derzeitigen Koalition zur Enttäuschung vor allem der grünen Wähler gezeigt. Doch die Kritik an der mangelnden Innovationsfähigkeit unseres politischen Systems sollte nicht übersehen, daß die Bundesrepublik in fast einem halben Jahrhundert ihrer Geschichte in vielen kleinen Schritten zu ganz erheblichen Problemlösungen gelangt ist, auch im internationalen Vergleich. In dem abgelaufenen 20. Jahrhundert haben die Deutschen mit großen historischen Systemexperimenten, sei es der Herstellung der »reinen Volksgemeinschaft« im Dritten Reich oder des in der DDR propagierten Weges in das »kommunistische Paradies«, ziemlich bittere Erfahrungen machen müssen. Daher ist es nur zu verständlich, daß sie heute in ihrer Mehrheit allen großen Abenteuern und Veränderungen gegenüber eher skeptisch sind und mehr auf die schrittweise Annäherung an gewandelte Bedingungen und Ressourcen setzen.

Die Stabilität eines politischen Systems beruht wesentlich auf dem Vertrauen, das ihm entgegengebracht wird. In Deutschland herrscht schon seit einigen Jahren eine weit verbreitete Stimmung der Unzufriedenheit mit Politik und Politikern. Das hat bereits 1992 dazu geführt, daß »Politikverdrossenheit« zum Wort des Jahres gekürt wurde. Doch wird man gut daran tun, von diesen unübersehbaren Zeichen der Frustration und Kritik der Bürger an der Politik nicht pauschal auf eine Ablehnung des politischen Systems zu schließen. Vielmehr genießen die einzelnen Institutionen der bundesrepublikanischen Demokratie ein sehr unterschiedliches Vertrauen bei der Bevölkerung:

Die Parteien und ihre Funktionsträger stehen auf dem untersten Rang der immer wieder demoskopisch erfragten Skala des öffentlichen Vertrauens in politische Kerninstitutionen. Die allgemeine Parteienverdrossenheit ist sicherlich im Hinblick auf viele von den Parteien zu verantwortende faule Kompromisse und umstrittene Skandale gerechtfertigt. Doch macht sie auch die Parteien zu Sündenböcken für allgemeine Strukturentwicklungen und Probleme in Gesellschaft und Wirtschaft, die sie nicht zu verantworten haben und für deren Lösung sie keine Patentrezepte vorlegen können. Schließlich schwingt in der Bundesrepublik bei der Kritik an den

Parteien auch immer noch jene fragwürdige deutsche Ideologie mit, die den Staat als Verkörperung des Gemeinwohls und der Gesamtheit über die Parteien als Repräsentanten der egoistischen Partikularinteressen der Gesellschaft stellt.

Auch andere politische Organe wie die Bundesregierung und der Bundestag, aber auch gesellschaftliche Kräfte wie die Gewerkschaften und öffentliche Institutionen wie die Presse, das Fernsehen und die Kirchen genießen in Deutschland kein sonderlich großes Vertrauen, wenngleich ihnen nicht so viel Mißtrauen entgegenschlägt wie den Parteien. Auf der anderen Seite gibt es zentrale Institutionen des politischen Systems der Bundesrepublik, denen die Bürger sehr hohe Achtung entgegenbringen. An die Spitze der positiven Einschätzung konnten sich in den Jahren der alten Bundesrepublik die Gerichtsbarkeit und insbesondere das Bundesverfassungsgericht setzen, gefolgt von der Polizei, also Organe, die für die Einhaltung der politischen Spielregeln von großer Bedeutung sind. Auch Bundespräsident, Bundesrat und Bundeswehr genießen ein noch überdurchschnittliches Institutionenvertrauen. Nur wer in den Fehler verfällt, die Parteien mit dem Staat gleichzusetzen, was ja gerade den Parteien von deren Kritikern immer wieder vorgeworfen wird, kann von der Parteienverdrossenheit auf eine allgemeine Systemverdrossenheit schließen. Wenn sich allerdings bei den Bürgern die Auffassung verfestigt, daß es sich bei den Parteien um eine sich abkapselnde politische Klasse handelt, auf welche sie keinen Einfluß nehmen können und die ihnen nicht offensteht, kann die Parteienverdrossenheit die Stabilität des demokratischen Systems auf Dauer gefährden.

Für die demokratische Stabilität des politischen Systems der Bundesrepublik Deutschland spricht vor allem, daß das Interesse ihrer Bürger an der Politik über die Jahrzehnte hinweg ständig zugenommen hat und heute, sowohl im historischen wie im internationalen Vergleich, außergewöhnlich hoch ist. Als ein Beleg dafür kann die hohe Wahlbeteiligung angeführt werden, die in der letzten Bundestagswahl vom September 1998 bei über 82 Prozent der Stimmberechtigten lag. In den fünfziger Jahren wirkten noch viele unpolitische Auffassungen und obrigkeitsstaatliche Werte der vordemokratischen Zeit nach, und die junge Demokratie gewann ihre Akzeptanz erst indirekt und langsam durch die wirtschaftlichen Erfolge, die sie verzeichnen konnte. Lange Zeit bestand daher im In- wie Ausland die Befürchtung, es würde sich bei der Bonner Republik nur um eine »Schönwetter-Demokratie« handeln, die wie die Weimarer Republik schließlich von wirtschaftlichen und gesellschaftlichen Stürmen hinweggefegt werden würde. Doch hat die bundesrepublikanische Demokratie nicht nur in den sechziger und siebziger Jahren wirtschaftliche Krisen und einschneidende Generationenkonflikte überstanden, sondern sie wird seitdem auch von der großen Mehrheit ihrer Bürger als politisches System direkt akzeptiert. Seit Beginn der neunziger Jahre ist aufgrund der durch die deutsche Vereinigung und den wirtschaftlichen Strukturwandel hervorgerufenen Anpassungskrisen und deren ungenügende Bewältigung durch die politischen Institutionen die Systemzufriedenheit der Bundesbürger zurückgegangen, aber es gibt keine Anzeichen dafür, daß die Grundstrukturen des demokratischen Systems von nennenswerten Teilen der Bevölkerung in Frage gestellt werden.

Dieser im Ganzen optimistische Befund hinsichtlich der demokratischen Stabilität braucht auch im Hinblick auf die politischen Einstellungen der Deutschen in der früheren DDR nicht relativiert zu werden. Zwar wirken in den neuen Bundesländern ältere, obrigkeitsstaatliche Traditionen noch nach. Zum Beispiel orientiert man sich dort stärker an den wohlfahrtsstaatlichen Leistungen als an den demokratischen Strukturen eines Systems. Das Vertrauen zu den politischen Kerninstitutionen ist niedriger als in den alten Bundesländern, aber ähnlich wie dort verteilt. Lediglich das Vertrauen zur Polizei ist ganz erheblich geringer und die Skepsis gegenüber den Parteien noch um ein Vielfaches größer als im Westen. Beides darf angesichts der Erfahrungen der Ostdeutschen mit diesen Institutionen in der Zeit des SED-Regimes nicht verwundern. Gleichzeitig zeichnen sich jedoch auch die neuen Bundesbürger durch ein großes Interesse an Politik und ein ausgeprägtes Demokratievertrauen aus. Auch auf dem Gebiet der politischen Kultur wachsen die Deutschen seit der Vereinigung von 1990 langsam zusammen. Der Prozeß der aktiven Akzeptanz des demokratischen Systems, der in Westdeutschland zwei Jahrzehnte benötigt hat, wird auch in Ostdeutschland noch Jahre erfordern, zumal er heute nicht, wie in den fünfziger und sechziger Jahren in der Bundesrepublik, unter günstigen wirtschaftlichen Vorzeichen steht. Für die Ostdeutschen könnte die Tatsache, daß die Bundeshauptstadt nun in ihrer Mitte liegt, nachdem die Westdeutschen ihnen bisher nur wenige politische und symbolische Spitzenämter (einzige wichtige Ausnahme: der Bundestagspräsident) anvertraut haben, als Impuls zu mehr Systemvertrauen wirken.

Das Bild, das die größere Bundesrepublik als Berliner Republik der deutschen und internationalen Öffentlichkeit heute bietet, ist eher unscharf. Die anfängliche Freude über den Fall der Mauer und die Überwindung der Teilung Deutschlands, die allerdings kaum national gefärbt war, ist vielfach in Mißmut, Frustration, Enttäuschung und Skepsis umgeschlagen. Der Vereinigungsprozeß ist mühsam und teuer geworden. Von seinem bisherigen Verlauf sind viele Bürger im Osten Deutschlands so enttäuscht, daß sie Gefahr laufen, die neugewonnene Freiheit und die Chance zur demokratischen Entwicklung geringzuachten. Im Westen Deutschlands empfinden die primär auf ihre Wohlstandssicherung erpichten Bürger die noch auf Jahre hinaus notwendige materielle Unterstützung der fünf neuen Bundesländer weithin als ein Ärgernis und wollen von nationaler Solidarität nur noch wenig wissen.

Es sollte den Deutschen bei diesem schwierigen Prozeß der Anpassung aneinander und insbesondere den Bürgern in den neuen Bundesländern bei der Gewöhnung an die früher bewunderten, aber auch heute noch als ungewohnt, wenn nicht fremd empfundenen politischen und administrativen Strukturen der Bundesrepublik Mut machen, daß das Ausland wesentlich gelassener und zuversichtlicher über die Stabilität und Leistungskraft der deutschen Demokratie denkt als die Deutschen selbst. Zwar wird die historische Erinnerung der europäischen Nachbarn an die Aggression und den Terror, beide von Deutschen in der Mitte des 20. Jahrhunderts über sie gebracht, wohl nie ganz vergehen. Doch am Ende dieses Jahrhunderts hatten die Staaten in Ost und West wieder so viel Vertrauen in den friedlichen Charakter der deutschen Politik und die demokratische Grundstruktur des politischen Systems der Bundesrepublik gewonnen, daß sie der deutschen Vereinigung zustimmen konnten und den Übergang von der Bonner zur Berliner Republik als eine Selbstverständlichkeit ansahen. Allerdings erwarten die übrigen Staaten von dem vereinigten Deutschland, daß es ein größeres außenpolitisches Selbst- und Verantwortungsbewußtsein zeigt. Die

Wahrnehmung dieser Verantwortung im internationalen Bereich bedarf einer umsichtigen, den Verlockungen nationalstaatlicher Machtpolitik entschieden widerstehenden Handhabung mit dem Ziel, das neue Deutschland nicht nur zu einer verläßlichen rechtsstaatlichen und sozialen Demokratie auszubauen, sondern es zu einer den Frieden fördernden und verteidigenden »Zivilmacht« (Hanns Maull) in der Mitte Europas zu machen. Vertrauen ist ein sehr empfindliches Gut, zumal im Fall der Deutschen und der historischen Erfahrungen mit ihnen.

Die wesentlichste Voraussetzung für die Stabilität des politischen Systems in der Bundesrepublik liegt bei den Staatsbürgern selbst. Die Deutschen sind noch dabei, ein volles demokratisches Selbstvertrauen zu gewinnen, das sich sowohl von nationaler Selbstüberheblichkeit als auch von kollektiven Selbstzweifeln grundlegend unterscheidet. Ihre wiedergewonnene politische Mittellage in Europa ist keine Einladung zu neuen hegemonialen Träumen, sondern eine Verpflichtung zu verantwortlicher Politik. Gleichzeitig ist die Erinnerung an die Schrecken der deutschen Vergangenheit kein antifaschistisches Alibi, sich vor den Aufgaben der Gegenwart und Zukunft zu drücken.

Die Bundesrepublik Deutschland, heute in der Gestalt einer »Berliner Republik«, ist inzwischen nicht nur ein »normaler Staat« (Kurt Sontheimer), sie ist auch eine »normale Demokratie«. Mit den übrigen westlichen Demokratien hat sie eine relativ stabile politische Ordnung und inzwischen auch deren Herausforderung durch schwierige Strukturprobleme in Wirtschaft und Gesellschaft gemeinsam. Die Deutschen müssen zu der Einsicht kommen, daß sich politische Beteiligung in einer partizipativen Demokratie nicht nur in einem hohen politischen Informationsgrad und hoher Wahlbeteiligung, kritischer Beobachtung der Politiker und Wahrnehmung plebiszitärer Strukturen, sondern mehr noch im mitbürgerlichen Umgang untereinander und mit anderen Menschen dokumentiert. So liegt die Verantwortung für die Bewahrung des politischen Systems Deutschlands nicht lediglich im Schutz seiner demokratischen Strukturen durch die staatlichen Organe oder im demokratischen Verhalten seiner politischen Repräsentanten, sie liegt vor allem bei den Staatsbürgern selbst. Ihnen eröffnet die im Grundgesetz konzipierte demokratische Ordnung entgegen der allgemeinen Vermutung viele direkte und indirekte Einflußmöglichkeiten auf den Prozeß der politischen Meinungs- und Willensbildung. Die Tatsache, daß die Wählerschaft bei den Bundestagswahlen vom September 1998 noch eindeutiger als 1969 von ihrem Recht als Volkssouverän Gebrauch gemacht hat, einen Regierungswechsel herbeizuführen, beweist nicht nur den Fortschritt im demokratischen Lernprozeß der Deutschen, sondern hat auch die legitimatorische Akzeptanz des politischen Systems der Bundesrepublik Deutschland noch verstärkt.

Die Stabilität des politischen Systems der Bundesrepublik Deutschland gründet zum einen darauf, daß seine Institutionen, Prozesse und Vertrauensstrukturen beim Übergang von der Bonner zur Berliner Republik im Kern beibehalten worden sind. Sie beruht zum anderen aber auch darauf, daß und wie das hergebrachte politische System die veränderten Rahmenbedingungen und neuen Aufgaben, bei aller Kritik an einzelnen Details, akzeptiert und aufgenommen hat. Die Berliner Republik ist nicht identisch mit der Bonner Republik, sie baut aber auf jener auf.

Das Verhältnis von Bonner und Berliner Republik kann mit dem dialektischen Begriff der *Aufhebung* erklärt werden, wie ihn Hegel verstand. In einem dreifachen Sinne ist die Bonner Republik in der Berliner Republik aufgehoben: Ihre Grundstrukturen sind bewahrt worden, einzelne Erscheinungsformen aber hinfällig geworden, doch insgesamt ermöglichen es die inneren, europäischen und internationalen Veränderungen, die dem Übergang von der Bonner zur Berliner Republik zugrunde liegen, das politische System der Bundesrepublik Deutschland auf eine höhere Ebene zu heben. Diese Kontinuität unseres politischen Systems bei seinem gleichzeitigen Wandel wird am neuen Haus des Deutschen Bundestages höchst anschaulich: Das Gebäude in der Mitte Berlins baut auf den Fundamenten des alten Reichstages auf und übernimmt dessen Außenmauern, zugleich erhielt es eine völlig neue Inneneinrichtung und vor allem eine modernistische, für Besucher zugängliche Kuppel, während sein Portal immer noch von der alten Inschrift gekrönt wird, welche die Parlamentarier allerdings erst im Kriegsjahr 1916 gegen den Willen Kaiser Wilhelms II. durchsetzen konnten: »Dem deutschen Volke«.

Weiterführende Literatur

I. Kapitel: Die deutsche Teilung (1945–1949)

Benz, Wolfgang: Die Gründung der Bundesrepublik, München 1984.

Kleßmann, Christoph: Die doppelte Staatsgründung. Deutsche Geschichte 1945–1955, Bonn 5. Auflage 1991.

Loth, Wilfried: Die Teilung der Welt. Geschichte des kalten Krieges 1941–1955, München 2000.

Morsey, Rudolf: Die Bundesrepublik Deutschland. Entstehung und Entwicklung bis 1969, München 3. Auflage 1995.

Naimark, Norman M.: Die Russen in Deutschland, Berlin 1997.

Niclauß, Karlheinz: Der Weg zum Grundgesetz. Demokratiegründung in Westdeutschland 1945–1949, Paderborn 1998.

II. Kapitel: Geschichte der Bundesrepublik Deutschland (1949–1990)

Benz, Wolfgang (Hg.): Die Geschichte der Bundesrepublik Deutschland, 4 Bde. Frankfurt am Main 2. Aufl. 1989.

Bleek, Wilhelm/Maull, Hanns (Hg.): Ein ganz normaler Staat? Perspektiven nach 40 Jahren Bundesrepublik, München 1989.

Bracher, Karl-Dietrich u. a. (Hg.): Geschichte der Bundesrepublik Deutschland, 6 Bde. Stuttgart 1995.

Görtemacher, Manfred: Geschichte der Bundesrepublik Deutschland, München 1999.

Kleßmann, Christoph: Zwei Staaten, eine Nation. Deutsche Geschichte 1955–1970, Bonn 1988.

Lehmann, Hans-Georg: Deutschland-Chronik, Bonn 1996.

Ritter, Gerhard A.: Über Deutschland. Die Bundesrepublik in der deutschen Geschichte, München 1998.

Rupp, Hans Karl: Politische Geschichte der Bundesrepublik Deutschland, München 3. Aufl. 2000.

Thränhardt, Dietrich: Geschichte der Bundesrepublik Deutschland, Frankfurt am Main 2. Aufl. 1996.

III. Kapitel: Geschichte der Deutschen Demokratischen Republik (1949–1990)

Deutscher Bundestag (Hg.): Materialien der Enquete-Kommission »Aufarbeitung von Geschichte und Folgen der SED-Diktatur in Deutschland«, 9 Bde. in 18 Teilbde. Baden-Baden 1995.

Mählert, Ulrich: Kleine Geschichte der DDR, München 1998.

Neubert, Ehrhard: Geschichte der Opposition in der DDR, Berlin 1997.

Schroeder, Klaus / Alisch, Steffen: Der SED-Staat. Geschichte und Sozialstrukturen der DDR, München 1998.

Sontheimer, Kurt / Bleek, Wilhelm: Die DDR. Politik – Gesellschaft -Wirtschaft, Hamburg 5. Aufl. 1979.

Staritz, Dietrich: Geschichte der DDR, Frankfurt am Main 2. Aufl. 1996.

Weber, Hermann: Die DDR 1945–1990, München 3. Auflage 2000.

IV. Kapitel: Die deutsche Vereinigung (1989–2001)

Bruck, Elke / Wagner, Peter M.: (Hg.): Wege zum 2+4-Vertrag. Die äußeren Aspekte der deutschen Einheit, München 1996.

Deutscher Bundestag (Hg.): Materialien der Enquete-Kommission »Überwindung der Folgen der SED-Diktatur im Prozeß der deutschen Einheit«, 8 Bde. in 14 Teilbde. Baden-Baden 1999.

Gensicke, Thomas: Die neuen Bundesbürger. Eine Transformation ohne Integration, Opladen 1998.

Hertle, Hans-Hermann: Der Fall der Mauer. Die unbeabsichtigte Selbstauflösung des SED-Staates, Opladen 1996.

Münch, Ingo von (Hg.): Dokumente der Wiedervereinigung Deutschlands, Stuttgart 1991.

Schäuble, Wolfgang: Der Vertrag. Wie ich über die deutsche Einheit verhandelte, Stuttgart 3. Auflage 1991.

Süß, Werner (Hg.): Deutschland in den neunziger Jahren, Opladen 2001.

Thierse, Wolfgang / Spittmann-Rühle, Ilse / Kuppe, Johannes L. (Hg.): Zehn Jahre Deutsche Einheit, Opladen 2001.

Weidenfeld, Werner / Korte, Karl Rudolf (Hg.): Handbuch zur deutschen Einheit 1949–1989–1999, Frankfurt am Main / New York 1999.

V. Kapitel: Wirtschaft

Abelshauser, Werner: Wirtschaftsgeschichte der Bundesrepublik Deutschland, Frankfurt am Main 1991.

Hartwich, Hans-Hermann (Hg.): Die Europäisierung des deutschen Wirtschaftssystems, Opladen 1998.

Lampert, Heinz: Die Wirtschafts- und Sozialordnung der Bundesrepublik Deutschland, München 11. Aufl. 1992.

Maydell, Bernd von: Die Umwandlung der Arbeits- und Sozialordnung, Opladen 1996.

VI. Kapitel: Gesellschaft

Bertram, Hans u. a. (Hg.): Sozialer und demographischer Wandel in den neuen Bundesländern, Opladen 1996.

Geißler, Rainer: Die Sozialstruktur der Bundesrepublik Deutschland, Opladen 1996.

Glatzer, Wolfgang / Ostner, Ilona (Hg.): Deutschland im Wandel. Sozialstrukturelle Analysen, Opladen 1999.

Heinze, Rolf G. / Schmid, Josef / Strünck, Christoph: Vom Wohlfahrtsstaat zum Wettbewerbsstaat, Opladen 1999.

Müller, Walter (Hg.): Soziale Ungleichheit, Opladen 1997.

Schäfers, Bernhard / Zapf, Wolfgang (Hg.): Handwörterbuch zur Gesellschaft Deutschlands. Opladen 2. Aufl. 2000.

VII. Kapitel: Politische Kultur

Berg-Schlosser, Dirk / Schissler, Jakob (Hg.): Politische Kultur in Deutschland, Opladen 1987.

Falter, Jürgen / Gabriel, Oscar / Rattinger, Hans (Hg.): Wirklich ein Volk? Die politischen Orientierungen von Ost- und Westdeutschen im Vergleich, Opladen 2000.

Greiffenhagen, Martin / Greiffenhagen, Sylvia (Hg.): Handwörterbuch zur politischen Kultur der Bundesrepublik Deutschland, Wiesbaden 2. Aufl. 2001.

Greiffenhagen, Sylvia und Martin: Ein schwieriges Vaterland. Zur politischen Kultur im vereinigten Deutschland, München 1993.

Meulemann, Heiner: Werte und nationale Identitäten im vereinten Deutschland, Opladen 1998

Plessner, Helmuth: Die verspätete Nation. Über die Verführbarkeit bürgerlichen Geistes, Frankfurt am Main 1974.

Sontheimer, Kurt: Deutschlands politische Kultur, München 1990.

VIII. Kapitel: Verbände

Abromeit, Heidrun: Interessenvermittlung zwischen Konkurrenz und Konkordanz, Opladen 1993.

Alemann, Ulrich von: Organisierte Interessen in der Bundesrepublik, Opladen 2. Aufl. 1989.

Heinze, Rolf G.: Verbändepolitik und Neokorporatismus. Zur politischen Soziologie politischer Interessen, Opladen 1981.

Mayntz, Renate (Hg.): Verbände zwischen Mitgliederinteressen und Gemeinwohl, Gütersloh 1992.

Niedermeyer, Oskar (Hg.): Intermediäre Strukturen in Ostdeutschland, Opladen 1996.

IX. Kapitel: Parteien

Alemann, Ulrich von: Das Parteiensystem der Bundesrepublik Deutschland, Opladen 2. Aufl. 2001.

Gabriel, Oskar W./Niedermayer, Oskar/Stöss, Richard (Hg.): Parteiendemokratie in Deutschland, Opladen 1997.

Kleinmann, Hans-Otto: Geschichte der CDU 1945–1992, Stuttgart 1993.

Lösche, Peter: Kleine Geschichte der deutschen Parteien, Stuttgart 2. Aufl. 1994.

Lösche, Peter/Walter, Franz: Die SPD. Klassenpartei – Volkspartei – Quotenpartei, Darmstadt 1992.

Lösche, Peter/Walter, Franz: Die FDP. Richtungsstreit und Zukunftszweifel, Darmstadt 1996.

Mintzel, Alf: Die CSU, Opladen 2. Aufl. 1978.

Neugebauer, Gero/Stöss, Richard (Hg.): Die PDS. Geschichte–Organisation–Wähler–Konkurrenten, Opladen 1996.

Niclauß, Karlheinz: Das Parteiensystem der Bundesrepublik Deutschland, Paderborn 1995.

Niedermeyer, Oskar (Hg.): Die Parteien nach der Bundestagswahl 1998, Opladen 1999.

Oberreuter, Heinrich/Mintzel, Alf (Hg.): Parteien in der Bundesrepublik Deutschland, Bonn 1992.

Raschke, Joachim: Die Zukunft der Grünen, Frankfurt am Main/New York 2001.

Schmid, Josef: Die CDU. Organisationsstrukturen, Politiken und Funktionsweisen einer Partei im Föderalismus, Opladen 1990.

Schubarth, Werner/Stöss, Richard (Hg.): Rechtsextremismus in der Bundesrepublik Deutschland, Opladen 2001.

X. Kapitel: Parlament

Ismayr, Wolfgang: Der Deutsche Bundestag im politischen System der Bundesrepublik Deutschland, Opladen 2000.

Korte, Karl-Rudolf: Wahlen in der Bundesrepublik Deutschland, Bonn 1998.

Roth, Dieter: Empirische Wahlforschung, Opladen 1998.

Schindler, Peter: Datenhandbuch zur Geschichte des Deutschen Bundestages, Baden-Baden 1994.

Schüttemeyer, Suzanne S.: Fraktionen im Deutschen Bundestag 1949–1997, Opladen 1997.

Sebaldt, Marin: Die Thematisierungsfunktion der Opposition, Frankfurt/M. 1994.

XI. Kapitel: Regierung und Verwaltung

Benz, Arthur u. a. (Hg.): Verwaltungsreformen und Verwaltungspolitik im Prozeß der deutschen Einigung, Baden-Baden 1993.

König, Klaus/Siedentopf, Heinrich (Hg.): Öffentliche Verwaltung in Deutschland, Baden-Baden 1997.

Konegen, Norbert/Kevenhörster, Paul/Woyke Wichard (Hg.): Politik und Verwaltung nach der Jahrtausendwende, Opladen 1998.

Mayntz, Renate: Soziologie der öffentlichen Verwaltung, Heidelberg 4. Aufl. 1997.

Niclauß, Karlheinz: Kanzlerdemokratie, Stuttgart 1988.

Schmidt, Manfred G.: Regieren in der Bundesrepublik Deutschland, Opladen 1992.

Sontheimer, Kurt/Bleek, Wilhelm: Abschied vom Berufsbeamtentum, Hamburg 1973.

Winter, Ingelore M.: Unsere Bundespräsidenten, Düsseldorf 1990.

Wollmann, Helmut u. a. (Hg.): Transformation der politischen und administrativen Strukturen in Ostdeutschland, Opladen 1996.

XII. Kapitel: Rechtsstaat und Bundesverfassungsgericht

Benda, Ernst u. a. (Hg.): Handbuch des Verfassungsrechts der Bundesrepublik Deutschland, Berlin 2. Aufl 1994.

Grimm, Dieter: Die Verfassung und die Politik. Einsprüche in Störfällen, München 2001.

Hesse, Konrad: Grundzüge des Verfassungsrechts der Bundesrepublik Deutschland, Heidelberg 20. Aufl. 1995.

Isensee, Josef/Kirchhof, Paul (Hg.): Handbuch des Staatsrechts der Bundesrepublik Deutschland, 10 Bde. Heidelberg 1987 ff.

Limbach, Jutta: Das Bundesverfassungsgericht, München 2001.

Maunz, Theodor/Zippelius, Reinhold: Deutsches Staatsrecht. Ein Studienbuch, München. 30. Aufl 1998.

XIII. Kapitel: Bundesstaat

Kilper, Heiderose/Lhotta, Roland: Föderalismus in der Bundesrepublik Deutschland. Eine Einführung, Opladen 1996.

Kleinfeld, Ralf: Kommunalpolitik. Eine problemorientierte Einführung, Opladen 1996.

Laufer, Heinz/Münch, Ursula: Das föderative System der Bundesrepublik Deutschland, Opladen 1998.

Naßmacher, Hiltrud/Naßmacher, Karl-Heinz: Kommunalpolitik in Deutschland, Opladen 2. Aufl. 1999.

Schmidt, Manfred G.: Politikverflechtung zwischen Bund, Ländern und Gemeinden, Hagen 1991.

Schneider, Herbert: Ministerpräsidenten. Profil eines politischen Amtes im deutschen Föderalismus, Opladen 2001.

Sturm, Roland: Föderalismus in der Bundesrepublik Deutschland, Opladen 2001.

Wehling, Hans-Georg (Hg.): Die deutschen Länder. Geschichte, Politik, Wirtschaft, Opladen 2000.

Wollmann, Helmut/Roth, Roland: Kommunalpolitik, Opladen 2. Aufl. 1999.

XIV. Kapitel: Internationale Beziehungen

Bredow, Wilfried von: Demokratie und Streitkräfte, Wiesbaden 2000.

Hacke, Christian: Weltmacht wider Willen. Die Außenpolitik der Bundesrepublik Deutschland, Frankfurt am Main/Berlin 1997.

Kaiser, Karl/Maull, Hans W. (Hg.): Deutschlands neue Außenpolitik, 4 Bde., München 1994–1998.

Schöllgen, Gregor: Die Außenpolitik der Bundesrepublik Deutschland 1949–1999, München 1999.

Schwarz, Hans-Peter: Die Zentralmacht Europas. Deutschlands Rückkehr auf die Weltbühne, Berlin 1994.

Sturm, Roland/Pehle, Heinrich: Das neue deutsche Regierungssystem. Die Europäisierung von Institutionen, Entscheidungsprozessen und Politikfeldern, Opladen 2001.

Weidenfeld, Werner (Hg.): Europa-Handbuch, Gütersloh 1999.

XV. Kapitel: Von der Bonner zur Berliner Republik

Andersen, Uwe/Woyke, Wichard (Hg.): Handwörterbuch des politischen Systems der Bundesrepublik Deutschland, Opladen 4. Auflage 2000.

Hesse, Joachim-Jens/Ellwein, Thomas: Das Regierungssystem der Bundesrepublik Deutschland, Wiesbaden 8. Aufl 1997.

Holtmann, Everhard/Ellwein, Thomas (Hg.): 50 Jahre Bundesrepublik Deutschland, Opladen 1999.

Markovits, Andrei S., Reich, Simon: Das deutsche Dilemma. Die Berliner Republik zwischen Macht und Machtverzicht, Berlin 1998.

Schmidt, Manfred G.: Wörterbuch zur Politik, Stuttgart 1995.

Weidenfeld, Werner/Korte, Karl-Rudolf (Hg.): Deutschland-Trendbuch, Opladen 2001.

Zeittafel (1945–2001)

1945   *8. 5.* Bedingungslose Kapitulation des Deutschen Reiches: Aufteilung Deutschlands in vier Besatzungszonen.

2. 8. Abschlußerklärung der Potsdamer Konferenz der Weltkriegsalliierten Großbritannien, Sowjetunion und USA.

1946   *21./22. 4.* Gründungsparteitag der Sozialistischen Einheitspartei Deutschlands (SED).

1947   *5.–8. 6.* Scheitern der gesamtdeutschen Ministerpräsidentenkonferenz in München.

6./7. 12. Tagung des I. Deutschen Volkskongresses in Ost-Berlin.

1948   *20. 3.* Auszug der Sowjetunion aus dem Alliierten Kontrollrat für Deutschland in Berlin.

2. 6. Währungsreform in den Westzonen und in West-Berlin: Einführung der D-Mark.

18. 6. Beginn der sowjetischen Blockade gegen West-Berlin; amerikanische Luftbrücke.

23. 6. Währungsreform in der Sowjetischen Besatzungszone Deutschlands (SBZ).

1. 9. Zusammentritt des Parlamentarischen Rates in Bonn.

1949   *23. 5.* Verkündung des Grundgesetzes, Konstituierung der Bundesrepublik Deutschland auf dem Gebiet der Westzonen.

3. 6. Annahme der (ersten) Verfassung für eine »deutsche demokratische Republik« durch den III. Volkskongreß.

14. 8. Wahlen zum 1. Deutschen Bundestag: CDU/CSU 31,0 %; SPD 29,2 %; FDP 11,9 %; KPD 5,7 %.

12. 9. Wahl von Theodor Heuss (FDP) zum ersten Bundespräsidenten.

15. 9. Wahl Konrad Adenauers (CDU) zum ersten Bundeskanzler; Bildung einer Koalitionsregierung aus CDU/CSU, FDP und DP.

1949 *7. 10.* Konstituierung der Deutschen Demokratischen Republik (DDR) auf dem Gebiet der Ostzone.

1950 *8. 7.* Die Bundesrepublik wird assoziiertes Mitglied des Europarates.

25. 7. Wahl von Walter Ulbricht zum Generalsekretär der SED durch deren Zentralkomitee.

1952 *12. 7.* Die 2. Parteikonferenz der SED beschließt die »planmäßige Errichtung der Grundlagen des Sozialismus in der DDR«.

10. 9. Unterzeichnung des Wiedergutmachungsabkommens zwischen der Bundesrepublik und Israel.

1953 *16./17. 6.* Arbeiteraufstand in Ost-Berlin und der DDR, Niederschlagung durch sowjetische Streitkräfte.

6. 9. Wahlen zum 2. Deutschen Bundestag: CDU/CSU 45, 2 %; SPD 28, 8 %; FDP 9,5 %; GB/BHE 5,9 %.

1954 *23. 10.* Aufnahme der BRD in die NATO und die Westeuropäische Union (WEU).

1955 *5. 5.* BRD wird souverän (aber Weitergelten von Vorbehaltsrechten der alliierten Mächte).

20. 9. Ähnliche Souveränitätserklärung für die DDR, deren bewaffnete Kräfte dem Warschauer Pakt unterstellt werden.

1957 *1. 1.* Vereinigung des Saarlandes mit der BRD.

15. 9. Wahlen zum 3. Deutschen Bundestag: CDU/CSU 50,2 %; SPD 31,8 %; FDP 7,7 %.

1958 *1. 1.* Die Römischen Verträge über EWG und EURATOM treten in Kraft.

1959 *1. 7.* Wahl von Heinrich Lübke (CDU) zum zweiten Bundespräsidenten.

13.–15. 11. SPD-Parteitag in Bad Godesberg verabschiedet ein neues Grundsatzprogramm.

1961 *13. 8.* Beginn der Errichtung der Mauer in Berlin und an der Westgrenze der DDR.

17. 9. Wahlen zum 4. Deutschen Bundestag: CDU/CSU 45,4 %; SPD 36,2 %; FDP 12,8 %.

1963 *16. 10.* Rücktritt Adenauers, Wahl von Ludwig Erhard (CDU) zum Bundeskanzler.

1965 *19. 5.* Wahlen zum 5. Deutschen Bundestag: CDU/CSU 47,6 %; SPD 39,3 %; FDP 9,5 %.

1966 *1. 12.* Nach Rücktritt von Bundeskanzler Erhard Bildung der Großen Koalition aus CDU/CSU und SPD unter Bundeskanzler Kurt-Georg Kiesinger.

1968 *11. 4.* Nach einem Attentat auf den Studentenführer Rudi Dutschke in West-Berlin kommt es zu schweren Unruhen in der ganzen Bundesrepublik.

9. 4. Neue (sozialistische) Verfassung der DDR.

1969 *5. 3.* Wahl von Gustav Heinemann (SPD) zum dritten Bundespräsidenten.

28. 9. Wahlen zum 6. Deutschen Bundestag: CDU/CSU 46,1 %; SPD 42,7 %; FDP 5,8 %. Bildung einer Koalitionsregierung aus SPD und FDP unter Bundeskanzler Willy Brandt.

1971 *3. 5.* Walter Ulbricht als Erster Sekretär der SED durch Erich Honecker abgelöst.

3. 9. Vier-Mächte-Abkommen über Berlin unterzeichnet.

1972 *28. 1.* Die Regierungschefs von Bund und Ländern verabschieden den sog. Radikalenerlaß.

27. 4. Erfolgloses Mißtrauensvotum gegen Bundeskanzler Brandt.

19. 11. Vorgezogene Wahlen zum 7. Deutschen Bundestag: SPD 45,8 %; CDU/CSU 44,9 %; FDP 8,4 %. Bestätigung der sozial-liberalen Regierung Brandt/Scheel.

21. 12. Unterzeichnung des Grundlagenvertrages zwischen der BRD und der DDR.

1974 *6. 5.* Rücktritt von Brandt (Guillaume-Affäre); neuer Bundeskanzler Helmut Schmidt (SPD).

15. 5. Wahl von Walter Scheel (FDP) zum vierten Bundespräsidenten.

1975 *30. 7.–1. 8.* Konferenz für Sicherheit und Zusammenarbeit in Europa (KSZE) in Helsinki.

1976 *3. 10.* Wahlen zum 8. Deutschen Bundestag: CDU/CSU 48,6 %; SPD 42,6 %; FDP 7,9 %.

1977 »Deutscher Herbst«: Höhepunkt der RAF-Anschläge gegen Repräsentanten aus Wirtschaft und Politik.

1979 *23. 5.* Wahl von Karl Carstens (CDU) zum fünften Bundespräsidenten.

1980 *12./13. 1.* Gründungskongreß der »Grünen«.

5. 10. Wahlen zum 9. Deutschen Bundestag: CDU/CSU 44,5 %; SPD 42,9 %; FDP 7,0 %.

1982 *17. 9.* Nach Absetzbewegungen der FDP kündigt Bundeskanzler Schmidt die sozial-liberale Koalition.

1. 10. Erfolgreiches Mißtrauensvotum gegen Bundeskanzler Schmidt; mit Unterstützung der FDP wird der CDU-Vorsitzende Helmut Kohl neuer Bundeskanzler.

1983	6. 3. Vorgezogene Wahlen zum 10. Deutschen Bundestag: CDU/CSU 48,8 %; SPD 38,2 %; FDP 7,0 %; Die Grünen 5,6 %.

1983 6. 3.   Vorgezogene Wahlen zum 10. Deutschen Bundestag: CDU/CSU 48,8 %; SPD 38,2 %; FDP 7,0 %; Die Grünen 5,6 %.

1984 23. 5.   Wahl von Richard von Weizsäcker (CDU) zum sechsten Bundespräsidenten.

1987 25. 1.   Wahlen zum 11. Deutschen Bundestag: CDU/CSU 44,3 %; SPD 37,0 %; FDP 9,1 %; Die Grünen 8,3 %.

7.–11. 9.   Besuch des Vorsitzenden der Staatsrates der DDR und Generalsekretärs der SED, Erich Honecker, in der Bundesrepublik Deutschland.

1989 7. 5.   Proteste in der DDR gegen Fälschungen bei den Kommunalwahlen.

September/Oktober Ausreisewelle und Massendemonstrationen in der DDR erschüttern das SED-Regime.

7. 10.   Feier des 40. Jahrestages der DDR.

18. 10.   Erich Honecker verliert alle politischen Ämter, Egon Krenz (für kurze Zeit) neuer Generalsekretär der SED.

9. 11.   Öffnung der Mauer in Berlin und der Grenzen zwischen der DDR und der BRD.

1990 18. 3.   Erste freie Volkskammerwahlen in der DDR: Wahlsieg der (Ost-)CDU, Bildung einer Koalitionsregierung unter Lothar de Maizière.

22. 6.   Verabschiedung des Staatsvertrages zwischen der BRD und der DDR über eine Währungs-, Wirtschafts- und Sozialunion.

31. 8.   Unterzeichnung des Einigungsvertrages zwischen den beiden deutschen Staaten.

3. 10.   Beitritt der Länder der ehemaligen DDR zur Bundesrepublik Deutschland.

2. 12.   Wahlen zum (ersten gesamtdeutschen) 12. Deutschen Bundestag: CDU/CSU 43,8 %; SPD 33,5 %; FDP 11,0 %. Bestätigung der Koalitionsregierung Kohl/Genscher.

1991 20. 6.   Bundestag beschließt mit knapper Stimmenmehrheit die Verlegung des Sitzes von Parlament und Regierung nach Berlin.

1993 26. 5.   Bundestag beschließt eine Grundgesetzänderung zur Einschränkung des Asylrechts.

1994 23. 5.   Wahl von Roman Herzog (CDU) zum siebten Bundespräsidenten.

16. 10.   Wahlen zum 13. Deutschen Bundestag: CDU / CSU 41,4 %; SPD 36,4 %; Bündnis 90 / Die Grünen 7,3 %;

FDP 6,9 %; PDS 4,4 %. Knappe Bestätigung der Koalitionsregierung Kohl/Kinkel.

1995 *24. 10.*   Bundesregierung stimmt Beteiligung der Bundeswehr an UN-Friedensmission in Bosnien zu.

1996 *5. 5.*   Volksabstimmung über Fusion mit Bundesland Berlin scheitert in Brandenburg.

1998 *1. 3.*   Bei der Landtagswahl in Niedersachsen siegt die SPD; Gerhard Schröder wird Kanzlerkandidat der SPD.

27. 9.   Wahlen zum 14. Deutschen Bundestag: SPD 40,9 %; CDU/CSU 35,1 %; Bündnis 90/Die Grünen 6,7 %; FDP 6,2 %; PDS 5,1 %. Erhebliche Verluste der CDU und Gewinne der SPD ermöglichen die Bildung einer rot-grünen Koalitionsregierung.

27. 10.   Wahl von Gerhard Schröder zum Bundeskanzler.

7. 11.   Wolfgang Schäuble wird nach dem Rücktritt von Helmut Kohl Vorsitzender der CDU.

1999 *1. 1.*   Einführung der gemeinsamen europäischen Währung (Euro).

23. 5.   Wahl von Johannes Rau (SPD) zum achten Bundespräsidenten.

1. 7.   Bundestag verabschiedet sich von Bonn.

4. 12.   Spendenaffäre der CDU wird bekannt.

2000 *10. 4.*   Angela Merkel Vorsitzende der CDU nach Rücktritt von Wolfgang Schäuble.

29. 9.   Bundesrat tagt erstmals in Berlin.

8. 11.   Bundesregierung beschließt Antrag beim Bundesverfassungsgericht auf Verbot der NPD.

2001 *5. 5.*   Der Neubau des Bundeskanzleramtes in Berlin wird bezogen.

11. 9.   Nach den Anschlägen in New York und Washington stimmt die große Mehrheit des Deutschen Bundestages dem internationalen Kampf gegen den Terrorismus auch mit militärischer Beteiligung der Deutschen zu.

Personenregister

Ferdinand Seibt

Das alte böse Lied

Rückblicke auf die deutsche Ge-
schichte 1900 bis 1945. 403 Seiten.
SP 3457

Ferdinand Seibt versucht zu
ergründen, was unsere Groß-
väter und -mütter wirklich wissen konnten, was sie tatsächlich zu sehen vermochten und
was sie persönlich bewegt hat.
Nicht den nachträglichen Er-
klärungsmustern gilt sein Interesse, sondern den Erfahrungen und Erlebnissen. Sein
Buch gewinnt daraus eine
große Anschaulichkeit und
legt Zusammenhänge frei,
die bisher kaum beachtet wurden. Die Linie von der »Ur-
katastrophe des 20. Jahrhunderts«, dem Kriegsausbruch
1914, über die bürgerliche Rat-
losigkeit in der Weimarer Republik bis zu Hitlers Helfern
wird präzise gezogen und aus
der Zeit heraus erklärt. Eine
unverzichtbare Lektüre für
das Verständnis des vergangenen Jahrhunderts.

Andreas von Bülow

Im Namen des Staates

CIA, BND und die kriminellen
Machenschaften der Geheim-
dienste. 637 Seiten. SP 3050

Der sogenannte KoKo-Unter-
suchungsausschuß im Deut-
schen Bundestag sollte eigentlich Klarheit in die Stasi-Ma-
chenschaften des Herrn
Schalck-Golodkowski brin-
gen. Doch sobald die Rede auf
westliche Geheimdienste und
ihre Rolle im schmutzigen
Spiel um Waffen, Geld und
Drogen kam, wurde abge-
blockt. Die Bösen saßen nur
im Osten – BND, CIA und
Mossad waren sauber. Der Abgeordnete von Bülow wurde
mißtrauisch, begann auf eigene Faust zu recherchieren
und deckte schließlich eine
systematische Verschränkung
geheimdienstlicher Operationen mit der organisierten Kri-
minalität und dem Terrorismus auf: Geheimdienste pro-
duzieren Schwarzgeld, mit
dem sie illegale Operationen
finanzieren, machen Gewinne
im Rauschgifthandel und ver-
üben Attentate – die Liste ist
ebenso lang wie aufsehenerre-
gend. Ein packender und
schockierender Tatsachenbe-
richt.

Friedemann Bedürftig

Taschenlexikon Karl V.
247 Seiten. SP 2870

In seinem Reich ging die Sonne nicht unter: Karl V. (1500–1558) ist eine Schlüsselfigur am Ausgang des Mittelalters. Als Kaiser verkörperte er das Ringen zwischen Beharrung und Aufbruch und brachte die Kaisermacht noch einmal zu ungeahnter Entfaltung.

Taschenlexikon Bismarck
240 Seiten. SP 2593

Hundert Jahre nach dem Tod des »Eisernen Kanzlers« hat seine Figur nichts an Faszination verloren. Freilich stellen wir Bismarck nicht mehr auf den Sockel, wie es zu seiner Zeit üblich war. Und doch bewundert jede Generation erneut Weitsicht, Energie und politisches Gespür dieses Geschichte-Machers. Seine Gestaltungskraft, sein souveränes Jonglieren mit den Mächten, aber auch sein entschiedener Wille zum Frieden sichern ihm ungebrochenes Interesse.

Taschenlexikon Deutschland nach 1945
Mit einem Vorwort von Kurt Sontheimer. 459 Seiten mit zahlreichen Abbildungen. SP 2495

Der Zweite Weltkrieg war 1945 zu Ende – inzwischen ist mehr als ein halbes Jahrhundert vergangen, eine Epoche mit vielen Facetten, prall von Ereignissen, in Deutschland eine Zeit des Neuanfangs, der Teilung, des Aufbaus zweier deutscher Staaten mit eigenen Institutionen und eigener Geschichte, die schließlich 1990 wieder zusammengeführt werden konnten. Wir müssen über beide deutsche Staaten Bescheid wissen, wenn die Grenzen auch in den Köpfen und Herzen endlich fallen sollen. Dieses Lexikon erfaßt daher Begriffe und Personen, Organisationen und Verträge, politische Entwicklungen und Stationen in Deutschland nach 1945. Zahlreiche Querverweise regen zu inhaltlich zusammenhängender Lektüre an, Fotos und Grafiken machen sie anschaulich.

Politik und Zeitgeschichte

Brigitte Hamann
Hitlers Wien

Lehrjahre eines Diktators.
652 Seiten. SP 2653

Brigitte Hamann auf Spurensuche in Hitlers Wien. Niemand hat bisher eine derartige Fülle von zeitgenössischen Quellen ausgewertet. Die Autorin ist damit zu *der* Expertin für Hitlers frühe Jahre in Wien geworden. Ihr Buch ist die umfassendste Biographie des jungen Hitler und zugleich das Porträt einer Stadt, die ihm verhaßt war und in die er 1938 als Triumphator zurückkehren sollte.

»Die Lektüre des Buches ist ein erstaunliches Erlebnis. Unbewußt ertappt sich der Leser zunächst dabei, Verständnis für das schmächtige Bürschchen aufzubringen, das sich mittellos in einer Großstadt wie Wien durchs Leben schlagen muß, einer Stadt, die der Einwanderung aus dem Osten kaum Herr wird – die Ernüchterung bleibt aber nicht aus. Brigitte Hamann entfaltet das Soziogramm der Habsburg-Metropole, beschreibt die Bevölkerungsschichten (Österreicher, Deutsche, Slawen, Ungarn, Ruthenen, Böhmen u. a.), eruierte die Mietpreise und Lebenshaltungskosten, sogar Hitlers Monatseinkommen, führt uns das Leben in dieser Stadt plastisch vor Augen. Als deprimierendes Fazit bleibt der Gedanke, daß nicht, aber auch gar nichts von Hitlers politischen Wahnvorstellungen ein Eigenprodukt war. Nicht nur in diesem Sinne war Hitler der größte Betrüger dieses Jahrhunderts.«
Süddeutsche Zeitung

»Dieses Buch wird unentbehrlich sein für die künftige Hitlerforschung, die nun überhaupt erst richtig einsetzen kann – eine Herausforderung nicht nur für Zeithistoriker, sondern ebenso für Soziologen, Politologen und Psychologen.«
Karl-Heinz Janßen. Die Zeit